中国人力资源和社会保障年鉴

（文献卷）

CHINA HUMAN RESOURCES AND SOCIAL SECURITY YEARBOOK

2017

中国劳动社会保障出版社
中国人事出版社

图书在版编目(CIP)数据

中国人力资源和社会保障年鉴. 2017/人力资源和社会保障部组织编写. -- 北京：中国劳动社会保障出版社：中国人事出版社，2017

ISBN 978-7-5167-1493-5

Ⅰ.①中… Ⅱ.①人… Ⅲ.①人力资源管理-中国-2017-年鉴②社会保障-中国-2017-年鉴 Ⅳ.①F249.21-54②D632.1-54

中国版本图书馆 CIP 数据核字(2017)第 289237 号

中国劳动社会保障出版社
中 国 人 事 出 版 社 **出版发行**

（北京市惠新东街 1 号 邮政编码：100029）

*

北京盛通印刷股份有限公司印刷装订 新华书店经销

880 毫米×1230 毫米 16 开本 62 印张 1.25 彩色印张 1485 千字

2017 年 12 月第 1 版 2017 年 12 月第 1 次印刷

定价：498.00 元

读者服务部电话：（010） 64929211/84209103/84626437

营销部电话：（010） 84414641

出版社网址：http://www.class.com.cn

《中国人力资源和社会保障年鉴》编辑委员会成员

《中国人力资源和社会保障年鉴》
编辑部成员

2016 年 12 月 28 日，人力资源社会保障部部长尹蔚民出席全国人力资源和社会保障工作会议并作工作报告。

2016 年 2 月 1 日，人力资源社会保障部部长尹蔚民看望技能大师赵大坪。

2016 年 11 月 17 日，中国政府获国际社会保障协会“社会保障杰出成就奖”，人力资源社会保障部部长尹蔚民代表中国政府接受奖项。

2016年10月28日，人力资源社会保障部纪检组组长耿文清出席部传达党的十八届六中全会精神大会并讲话。

2016年12月23日，人力资源社会保障部纪检组组长耿文清到安徽省六安市金寨县人社局服务窗口调研。

2016 年 3 月 22 日，人力资源社会保障部副部长信长星主持全国就业工作座谈会。

2016 年 7 月 27 日，人力资源社会保障部副部长信长星到青海省西宁市创业孵化基地调研。

2016 年 1 月 19 日，人力资源社会保障部副部长、国家外国专家局局长张建国出席全国引进国外智力工作会议并讲话。

2016 年 1 月 4 日，人力资源社会保障部副部长、国家外国专家局局长张建国看望外国老专家伊莎白。

2016 年 12 月 29 日，人力资源社会保障部副部长傅兴国出席全国人力资源和社会保障工作会议暨优质服务窗口表彰大会并作总结讲话。

2016 年 2 月 1 日，人力资源社会保障部副部长邱小平出席全国优秀农民工和农民工工作先进集体表彰大会并宣读表彰决定。

2016 年 12 月 7 日，人力资源社会保障部副部长邱小平到河北省石家庄市和平东路小学调研。

2016 年 4 月 12 日，人力资源社会保障部副部长汤涛出席全国职业能力建设工作座谈会并讲话。

2016 年 3 月 29 日，人力资源社会保障部副部长汤涛到四川东材科技集团股份有限公司调研。

2016 年 1 月 6 日，人力资源社会保障部副部长孔昌生出席部直属机关党校 2015 年秋季班结业典礼并讲话。

2016 年 12 月 1 日，人力资源社会保障部副部长孔昌生到云南省普洱市思茅区倚象镇调研。

2016年3月25日，人力资源社会保障部副部长游钧出席全国社会保险局长座谈会并讲话。

2016年10月27日，人力资源社会保障部副部长游钧到浙江省杭州市社保局调研。

2016 年 7 月 6 日，人力资源社会保障部副部长张义珍到中国科学院调研并召开座谈会。

2016 年 4 月 28 日，人力资源社会保障部副部长张义珍到贵州省六盘水市钟山区调研。

2016 年 9 月 6 日，人力资源社会保障部部长尹蔚民与国际劳工组织总干事盖·莱德在北京共同签署《中华人民共和国人力资源和社会保障部与国际劳工组织合作谅解备忘录》。

2016 年 9 月 20 日，人力资源社会保障部部长尹蔚民出席在成都召开的国际行政科学学会暨国际行政院校联合会 2016 年联合大会开幕式并致辞。

2016年6月8日，人力资源社会保障部副部长信长星在瑞士日内瓦出席国际劳工大会并发言。

2016年9月27日，人力资源社会保障部副部长邱小平出席金砖国家劳工就业部长会议。

2016年10月31日，人力资源社会保障部副部长孔昌生会见法国外交和国际发展部部长让－马克·艾罗。

2016年1月29日，全国公务员管理工作会议在北京召开。

2016 年 3 月 22 日，全国就业工作座谈会在北京召开。

2016 年 3 月 28 日，人力资源社会保障部部长尹蔚民，纪检组组长耿文清，副部长信长星、邱小平、孔昌生、游钧、张义珍出席以"走近社保卡"为主题的"12333 全国统一咨询日"活动。

2016 年 4 月 26 日，人力资源社会保障部举办“两学一做”学习教育学习党章专题辅导报告会暨党组中心组学习扩大会。

2016 年 6 月 15 日，人力资源社会保障部召开巡视整改工作动员部署会。

2016 年 8 月 26 日，中组部、人力资源社会保障部、国家公务员局联合组织的 2016 年中央机关新录用公务员宣誓仪式暨公务员先进模范事迹报告会在北京举行。

2016 年 8 月 29 日，人力资源社会保障部部长尹蔚民与河南省省长陈润儿签署共同推进河南省农民工返乡创业工作备忘录。

2016 年 9 月 18 日，国务院任命的国家工作人员首次宪法宣誓仪式在国务院小礼堂举行，人力资源社会保障部部长尹蔚民、副部长信长星参加。

2016 年 12 月 28-29 日，全国人力资源和社会保障工作会议暨优质服务窗口表彰大会在北京召开。

编辑说明

一、《中国人力资源和社会保障年鉴（2017)》是关于人力资源和社会保障工作的专业性史料工具书。全书收录了2016年度我国人力资源社会保障工作重要文献、资料和数据，记录了2016年度我国人力资源社会保障事业发展概况，客观反映了人力资源社会保障工作改革发展成就、经验以及今后需要继续研究解决的问题。该书是对党政机关领导干部和各部门工作人员、人力资源社会保障系统工作者、企业领导和人力资源管理者，以及人力资源社会保障科研理论工作者有价值的参考用书和工具书。

二、本年鉴分文献卷、工作卷两卷。文献卷包括人力资源和社会保障重要文献、2016年人力资源和社会保障大事记。工作卷包括人力资源和社会保障工作概览、全国人力资源和社会保障工作、地方人力资源和社会保障工作、人力资源和社会保障统计资料。

三、本年鉴中，全国人力资源和社会保障工作分为28个部分：就业工作、人力资源市场建设与管理、职业能力建设、军转安置、专业技术人才工作、事业单位人事管理、公务员管理、城镇职工养老保险、失业保险、医疗保险、工伤保险、生育保险、城乡居民基本养老保险、社会保险经办管理、社会保险基金监管、劳动关系、劳动人事争议调解仲裁、机关事业单位工资福利离退休工作、农民工工作和发展家庭服务业促进就业工作、法治建设、劳动保障监察、规划统计、信息化建设、科学研究、窗口单位作风建设与干部教育培训和评选表彰、新闻宣传政务信息报刊与出版、国际及与港澳台地区交流合作、社团活动；地方人力资源和社会保障工作 47 篇。

《中国人力资源和社会保障年鉴（2017)》的编辑出版是在全国人力资源社会保障系统的共同努力下完成的。在此，向所有参加编辑出版工作的领导和同志表示衷心的感谢。

《中国人力资源和社会保障年鉴》编辑部

2017 年 10 月

目　录

文献卷

人力资源和社会保障重要文献

一、党和国家领导人关于人力资源和社会保障工作的活动和讲话

二、人力资源和社会保障部领导的讲话

（二）人社部文件

（三）联合发文

人力资源和社会保障大事记

工作卷

人力资源和社会保障工作概览

全国人力资源和社会保障工作

地方人力资源和社会保障工作

统计资料

人力资源和社会保障重要文献

一、党和国家领导人关于人力资源和社会保障工作的活动和讲话

习近平在网络安全和信息化工作座谈会上的讲话（节选）

（2016年4月19日）

人才是第一资源。古往今来，人才都是富国之本、兴邦大计。我说过，要把我们的事业发展好，就要聚天下英才而用之。要干一番大事业，就要有这种眼界、这种魄力、这种气度。

“得人者兴，失人者崩。”网络空间的竞争，归根结底是人才竞争。建设网络强国，没有一支优秀的人才队伍，没有人才创造力迸发、活力涌流，是难以成功的。念好了人才经，才能事半功倍。对我国来说，改革开放初期，资本比较稀缺，所以我们出台了很多鼓励引进资本的政策，比如“两免三减半”。现在，资本已经不那么稀缺了，但人才特别是高端人才依然稀缺。我们的脑子要转过弯来，既要重视资本，更要重视人才，引进人才力度要进一步加大，人才体制机制改革步子要进一步迈开。网信领域可以先行先试，抓紧调研，制定吸引人才、培养人才、留住人才的办法。（新华社北京2016年4月25日电）

习近平在知识分子、劳动模范、青年代表座谈会上的讲话（节选）

（2016年4月26日）

各级党委和政府要关心和爱护广大劳动群众，切实把党和国家相关政策措施落实到位，不断推进相关领域改革创新，坚决扫除制约广大劳动群众就业创业的体制机制和政策障碍，不断完善就业创业扶持政策、降低就业创业成本，支持广大劳动群众积极就业、大胆创业。要切实维护广大劳动群众合法权益，帮助广大劳动群众排忧解难，积极构建和谐劳动关系。

现在，我国经济发展进入新常态，经济发展方式正在深刻转变，经济结构正在深刻调整，这对部分劳动群众就业带来了暂时的影响。各级党委和政府要落实好失业人员再就业和生活保障、财政专项奖补等支持政策，落实和完善援助措施，创造更多就业岗位，通过鼓励企业吸纳、公益性岗位安置、社会政策托底等多种渠道帮助就业困难人员，实现零就业家庭动态“清零”，确保安置分流有序、社会和谐稳定。（新华社合肥2016年4月30日电）

习近平主持召开中央财经领导小组第十三次会议强调 坚定不移推进供给侧结构性改革 在发展中不断扩大中等收入群体（节选）

中共中央总书记、国家主席、中央军委主席、中央财经领导小组组长习近平5月16日上午主持召开中央财经领导小组第十三次会议，分别研究落实供给侧结构性改革、扩大中等收入群体工作。习近平发表重要讲话强调，推进供给侧结构性改革，是综合研判世界经济形势和我国经济发展新常态作出的重大决策，各地区各部门要把思想和行动统一到党中央决策部署上来，重点推进“三去一降一补”，不能因为包袱重而等待、困难多而不作为、有风险而躲避、有阵痛而不前，要树立必胜信念，坚定不移把这项工作向前推进。要坚持以人民为中心的发展思想，在全社会大力弘扬勤劳致富、艰苦奋斗精神，激励人们通过劳动创造美好生活，不断提高生活水平。

习近平强调，扩大中等收入群体，关系全面建成小康社会目标的实现，是转方式调结构的必然要求，是维护社会和谐稳定、国家长治久安的必然要求。扩大中等收入群体，必须坚持有质量有效益的发展，保持宏观经济稳定，为人民群众生活改善打下更为雄厚的基础；必须弘扬勤劳致富精神，激励人们通过劳动创造美好生活；必须完善收入分配制度，坚持按劳分配为主体、多种分配方式并存的制度，把按劳分配和按生产要素分配结合起来，处理好政府、企业、居民三者分配关系；必须强化人力资本，加大人力资本投入力度，着力把教育质量搞上去，建设现代职业教育体系；必须发挥好企业家作用，帮助企业解决困难、化解困惑，保障各种要素投入获得回报；必须加强产权保护，健全现代产权制度，加强对国有资产所有权、经营权、企业法人财产权保护，加强对非公有制经济产权保护，加强知识产权保护，增强人民群众财产安全感。（新华社北京2016年5月16日电）

习近平对党和国家功勋荣誉表彰工作作出重要指示强调发挥功勋荣誉精神引领典型示范作用推动全社会见贤思齐崇尚英雄争做先锋（节选）

中共中央总书记、国家主席、中央军委主席习近平近日对党和国家功勋荣誉表彰工作作出重要指示强调，要充分发挥党和国家功勋荣誉表彰的精神引领、典型示范作用，推动全社会形成见贤思齐、崇尚英雄、争做先锋的良好氛围。

习近平指出，建立健全党和国家功勋荣誉表彰制度，是完善和发展中国特色社会主义制度、推进国家治理体系和治理能力现代化的必然要求，是培育和弘扬社会主义核心价值观、增强中国特色社会主义事业凝聚力和感召力的重要手段。要加强统筹规划，从党和国家工作大局出发，牢牢把握正确方向，加强科学谋划，确保功勋荣誉表彰制度有效管用、稳定持久；要突出功绩导向，坚持以德为先，以功绩为重要衡量标准，严格掌握标准，做到宁缺毋滥，经得起实践、人民、历史检验；要坚持依法依规，严格按照规定的标准和程序开展工作，完善配套法规，维护功勋荣誉表彰的公正性和权威性；要抓好功勋荣誉表彰制度的宣传解读，阐释重大意义，为实现“两个一百年”奋斗目标、实现中华民族伟大复兴的中国梦汇聚强大精神力量。（新华社北京 2016 年 5 月 18 日电）

习近平对深化国防和军队改革期间军队转业干部安置工作作出重要指示强调关心关爱军转干部创新安置工作机制为促进国防和军队改革提供政策保证（节选）

日前，习近平在中共中央政治局常委会会议审议深化国防和军队改革期间军队转业干部安置工作文件时发表重要讲话。他强调，要高度重视军转安置工作，关心关爱军转干部，创新安置工作机制，做好宣传舆论工作，确保军转安置工作圆满完成，为促进国防和军队改革顺利进行提供有力政策保证。

习近平指出，要充分认识做好深化国防和军队改革期间军转安置工作的重大意义，把做好军转安置工作作为关系国防和军队改革的一件大事、一项政治任务摆在突出位置，加强组织领导。军转安置是一项复杂工作，要统筹兼顾，全面落实各项政策。军队和地方要加强协作配合，形成合力开展工作。

习近平强调，军转干部是党和国家的宝贵财富，是建设中国特色社会主义的重要力量。军队干部转业地方工作，是他们人生的重大转折，要安置好，也要使用好，继续发挥他们的作用。要严肃安置工作纪律，不允许以任何理由拒绝接收军转干部，确保党中央政令畅通。

习近平指出，军转干部安置工作的出路在于深化改革。要坚持为经济社会发展和军队建设服务的方针，贯彻妥善安置、合理使用、人尽其才、各得其所的原则，推进退役军官安置管理保障体制机制改革和政策制度创新，逐步完善服务保障体系和相关政策法规。要营造支持国防和军队改革、关心爱护军转干部的浓厚社会氛围。要教育广大军转干部保持和发扬人民军队优良传统，自觉服从国防和军队改革大局，听从组织安排，积极到党和人民最需要的地方建功立业。（新华社北京 2016 年 6 月 7 日电）

李克强在钢铁煤炭行业化解过剩产能实现脱困发展工作座谈会上强调综合施策　标本兼治以结构性改革促进困难行业脱困发展（节选）

1月4日，中共中央政治局常委、国务院总理李克强在太原主持召开钢铁煤炭行业化解过剩产能、实现脱困发展工作座谈会，研究部署相关工作。

李克强指出，要妥善安置职工。兜牢民生保障底线，通过转岗就业、扶持创业、内部退养、公益性岗位安置等方式，合理安排分流职工，维护其合法权益。

李克强强调，培育新动能和改造传统动能形成双轮驱动是治本之策。目前我国钢铁、煤炭装备大多处在世界先进水平，企业生产经营之所以困难，很重要的因素是富余人员多。近几年通过实施创新驱动发展战略，开展大众创业、万众创新和“互联网＋”行动等，创造了大量就业岗位，为传统产业减员增效升级创造了良好条件。产业结构调整优化不能只盯老产业，更要注重发展新产业、新业态等新动能，打造“双引擎”，为传统产业减少富余人员、拓展新的就业创造条件，通过开拓创新、提高劳动生产率焕发新的生机。

马凯、杨晶参加座谈会。（新华社太原2016年1月7日电）

李克强对全国优秀农民工和农民工工作先进集体表彰大会作出重要批示强调 着力稳定和扩大农民工就业 切实维护劳动保障权益 让发展成果更多惠及全体农民工

全国优秀农民工和农民工工作先进集体表彰大会2月1日在京召开。中共中央政治局常委、国务院总理李克强作出重要批示。

批示指出：农民工是推动国家现代化建设的重要力量，为促进经济社会发展作出了巨大贡献。谨向受表彰的全国优秀农民工和农民工工作先进集体表示热烈祝贺！向广大农民工朋友致以诚挚问候和新春祝福！“十三五”时期，积极推进以人为核心的新型城镇化，落实和完善居住证制度，进一步做好为农民工服务工作，使更多农民工成为有技能的新型产业工人和平等享受权益的新市民，这对于打好扶贫攻坚战、促进社会公平正义具有重大意义。各地区、各有关部门要深化体制机制改革，着力稳定和扩大农民工就业，切实维护劳动保障权益，有序推进农民工融入城市，让发展成果更多惠及全体农民工。希望广大农民工继续发挥自强不息、爱岗敬业的时代精神，踊跃投身大众创业、万众创新，为全面建成小康社会作出更大贡献。

此次会议国务院农民工工作领导小组共表彰了981名全国优秀农民工和100个全国农民工工作先进集体。农民工代表在会上发出倡议，号召广大农民工争做新时代的建设者，争做新时代劳动模范，争做新时代优秀人才，争做新时代文明公民，为全面建成小康社会、实现中华民族伟大复兴的中国梦作出新的贡献！（新华社北京2016年2月1日电）

李克强在二十国集团财长和央行行长会议上的视频讲话（节选）

国务院总理李克强2月26日晚向在上海举办的二十国集团（G20）财长和央行行长会议发表视频讲话。

李克强指出，中国作为最大的发展中国家，同各国一道为世界经济增长作出了重要贡献。去年，中国国内生产总值增长6.9%，这是在经济总量超过了10万亿美元的高基数上取得的，在主要经济体中位居前列，特别是结构调整取得积极进展，服务业所占份额超过50%，消费对经济增长的贡献率大幅提升。一个最大的亮点是，城镇新增就业人口超过1 300万，这其中包括数百万应届高校毕业生。中国经济增长速度放缓，但就业稳定，而且有所增加。这表明中国在培育新动能、发展新经济方面已经取得明显成效。（新华社上海2016年2月26日电）

李克强在部分省（市）政府主要负责人经济形势座谈会上强调 坚定信心促改革　上下合力抓发展 为经济持续稳中向好蓄能增势（节选）

4月11日，中共中央政治局常委、国务院总理李克强主持召开部分省（市）政府主要负责人经济形势座谈会，分析研究当前经济运行情况，并对做好下一步经济工作提出要求。中共中央政治局常委、国务院副总理张高丽出席。

李克强说，要实施降费，支持各地从实际出发，在国家统一框架下，阶段性降低“五险一金”。加大清理各种不合理收费力度，减轻企业负担。要激励创新，推动大众创业、万众创新蓬勃发展，搭建更多开放平台，提供更优服务，助力新经济成长，壮大新动能力量。

李克强强调，发展的根本是为了民生。当前，我国经济地区、行业走势分化明显，部分企业经营困难，个别地方财政收支压力加大。各地区各部门要切实担起保民生的责任，以更有效的举措，坚决稳住就业这个经济运行的“底盘”，尤其要做好高校、中职毕业生和复转军人等就业工作。稳定农业生产，落实“菜篮子”市长负责制，保障困难群众基本生活，确保职工养老金按时足额发放。及时了解群众意愿，回应社会关切。各级领导干部要认真贯彻党的基本路线，以让人民过上更好日子为追求，勇于作为和担当，敢闯敢试，做到守土有责、造福一方，用好的发展成绩向人民交好答卷。

刘延东、汪洋、马凯、杨晶、王勇参加会议。（新华社北京2016年4月11日电）

李克强考察人力资源社会保障部并主持召开就业工作座谈会强调突出重点　兜牢底线　多措并举在推动经济发展中促进就业稳定增加

5 月 6 日，中共中央政治局常委、国务院总理李克强到人力资源社会保障部考察并主持召开就业工作座谈会。

李克强来到就业促进司，详细了解就业市场情况和最新就业信息。相关负责人介绍，当前就业形势总体稳定，主要就业指标保持在合理区间。李克强说，就业直接关系经济社会发展大局，及时掌握完整准确的就业数据至关重要。稳增长很大程度上就是保就业，就业稳定收入就会增长，民生就会逐步改善。要紧紧盯住就业形势新变化，加强对苗头性问题的分析研判，为宏观调控提供科学依据。

有关司局工作人员正在就农民工就业形势进行会商，李克强与他们交流，仔细了解当前农民工就业遇到的主要问题、相关政策落实情况。他说，农民工是庞大而特殊的就业群体，就业状况受经济形势变化影响最直接。要千方百计拓宽农民工就业渠道，这不仅能增加他们的收入，也有利于推动新型城镇化和农业现代化协调发展。

座谈会上，人力资源社会保障部、教育部主要负责人作了汇报，前程无忧网负责人发了言。李克强说，近三年在经济增速放缓形势下，就业不降反增，每年新增城镇就业 1 300 多万人，成为经济社会发展的一大亮点，人力资源社会保障、教育等系统广大干部职工作出了重要贡献，相关促进就业的社会中介组织也发挥了积极作用。当前经济下行压力仍然较大，稳增长更是要着眼于保就业、增收入、惠民生，针对我国经济正处于新旧动能转换的关键时期、就业领域总量压力和结构性矛盾并存，要牢牢扭住发展这个第一要务不放松，努力推动发展转向更多依靠人力人才资源和创新上来，坚持实施积极的就业政策，以稳定增长守住就业基本盘，以调整结构拓展就业新空间，以深化改革激发就业潜力与活力，形成促进扩大就业的综合效应和持续动力。

李克强强调，稳定就业必须突出重点。今年高校毕业生有 765 万人，创历史新高，加上中职毕业生，人数达 1 200 多万人，还有其他一些重点保障对象，要把促进他们就业放在突出位置。我们推动经济转型升级必须实现就业转型，现在很多传统产业扩大就业受限，要着力发展新经济，通过催生新技术、新产业、新业态、新商业模式加快成长，创造更多适合高素质年轻群体的就业岗位。要落实和完善大学生就业促进计划和创业引领计划，通过持续推进简政放权、放管结合、优化服务改革，创造良好的就业创业环境，大力实施创新驱动发展战略，推动大众创业、万众创新，更多发挥社会力量作用，发展就业容量大的服务业、民营经济和小微企业，运用“互联网＋就业”新模式，在更广阔领域实现就业供需对接。要积极促进农民工就业，加强就业指导、职业介绍、权益保护等服务。加大对贫困家庭农民工的就业扶持。积极支持有条件的外出务工人员返乡创业，带动更多就业。要落实好复转军人就业相关政策，确保他们得到妥善安置。

李克强说，促进就业创业还要织密织牢社会保障安全网，兜住底线。要确保养老金按时足额发放，发挥好失业保险、大病保险的“稳定器”作用，解除居民干事创业的后顾之忧。在今年加大淘汰落后产能过程中，要努力使富余员工通过企业内部挖潜、开展“双创”、政府专项资金扶持等措施，实现转岗就业，对一时难以就业的，要通过职业培训、托底保障等方式，增强他们的信心，保证基本生活。要帮助经济困难地区解决就业问题，防止出现较大范围失业风险。更多关注就业特殊困难群体，确保有就业能力的零就业家庭至少有一人就业。

李克强指出，就业是各级政府必须完成的硬任务，也是各个部门的共同责任。要协调配合、主动作为，把稳就业放在突出位置，作为制定政策、发展产业、投资工程的重要导向。大家一起努力，共同想办法、出实招，确保完成全年就业目标，为推动经济转型升级提供有力保障。

马凯、杨晶参加上述活动。（新华社北京2016年5月6日电）

李克强在全国推进简政放权放管结合优化服务改革电视电话会议上的讲话（节选）

5 月 9 日，国务院在北京召开全国推进简政放权放管结合优化服务改革电视电话会议。中共中央政治局常委、国务院总理李克强发表重要讲话。

李克强指出，我国有 9 亿多劳动力、1 亿多受过高等教育和有专业技能的人才，人民群众勤劳而智慧，这是我们发展的最大资本和动力源泉。推进社会创造创新，首先要推进政府治理创新。只有加快推进政府职能转变，以敬民之心，行简政之道、革烦苛之弊，施公平之策、开便利之门，推动“双创”深入开展，才能加快发展新经济、培育壮大新动能、改造提升传统动能，推动发展转向更多依靠人力人才资源和创新，提高全要素生产率，使更多的人依靠勤劳和智慧富起来，让中国经济的无限活力充分迸发出来。深化“放管服”改革、推动“双创”和发展新经济与改造提升传统产业，是有机统一的整体，要统筹安排、协同推进。

李克强要求，要着力提高“双创”服务效率。大众创业万众创新是推动发展的强大动力，也是人民群众的迫切愿望。这几年，“双创”对于扩大就业、促进新经济发展、支撑新旧动能转换发挥了关键作用，是供给侧结构性改革的重要举措。今年就业压力很大，有 765 万名高校毕业生、500 多万名中职毕业生需要就业，还有退役军人需要安置。特别是在推进重点行业化解过剩产能过程中，不能造成大量富余职工失业，而要通过多方面措施创造新岗位实现转岗就业。同时，还得给农民工就业留出空间，1 000 万人以上的城镇新增就业目标必须达到。现在每天新增的 4 万户市场主体，是扩大就业的主要渠道。“双创”仍有很大发展空间，群众和企业参与的积极性很高，还有大量农民工返乡创业，但也遇到不少障碍。各地区各部门要因势利导，主动服务、跟踪服务，扶上马送一程，及时解决遇到的困难和问题，努力营造良好的就业创业环境。要加大对企业减税降费力度。落实好已出台的小微企业所得税优惠、固定资产加速折旧、阶段性降低“五险一金”费率等政策。（新华社北京 2016 年 5 月 22 日电）

李克强在首届世界旅游发展大会开幕式上的致辞（节选）

5月19日，国务院总理李克强出席首届世界旅游发展大会开幕式并致辞。

李克强指出，旅游业是大众创业、万众创新的大舞台。创新是引领发展的第一动力。做优做强中国旅游业，迫切需要依靠创新驱动，转变发展方式，不断提高发展质量和水平。中国各地都有丰富的旅游资源，旅游产业链条也长，适合各层次的劳动力就业创业，是大众创业、万众创新最活跃的领域之一。2015年，中国旅游业直接就业人数近2 800万人，加上间接就业总计吸纳8 000万人就业，约占全国就业总数的10%。我们将进一步完善激励政策、搭建公共服务平台、加强职业教育和职业技能培训，为更多群众参与旅游产品开发和服务创造良好的环境条件。（新华社北京2016年5月19日电）

李克强对全国普通高等学校毕业生就业创业工作电视电话会议作出重要批示强调 各方面同心协力 多方拓宽就业渠道 确保今年高校毕业生就业水平不降低

全国普通高等学校毕业生就业创业工作电视电话会议5月20日在京召开。中共中央政治局常委、国务院总理李克强作出重要批示。批示指出：高校毕业生是国家的宝贵财富。近年来，各地区、各部门、各高校主动作为，千方百计促就业扶创业，高校毕业生就业一直保持较高水平，成绩来之不易。今年经济下行压力仍然较大，高校毕业生人数再创历史新高，各级政府一定要把促进毕业生就业创业作为当前十分重要而紧迫的任务，措施想得更实，工作抓得更紧。要进一步实施大学生就业创业促进计划，加强就业市场供需衔接和精准帮扶，多方拓宽就业渠道；进一步深入推进简政放权和商事制度改革，为广大毕业生投身创业创新清障减负，以创业带动就业；进一步加快发展新经济，不断催生新技术、新产业、新业态、新模式，创造更多适合高素质年轻群体的就业岗位。各方面同心协力，确保今年高校毕业生就业水平不降低，为完成全年经济社会发展目标任务作出新贡献。中共中央政治局委员、国务院副总理刘延东，中共中央政治局委员、国务院副总理马凯出席会议并讲话。（新华社北京2016年5月20日电）

李克强对举办2016年“世界青年技能日”活动作出重要批示强调 引导广大青年大力弘扬工匠精神 推动中国制造实现转型升级

在7月15日“世界青年技能日”到来之际，中共中央政治局常委、国务院总理李克强作出重要批示。批示指出：青年是国家的宝贵财富，是推动经济社会发展的中坚力量。青年兴则民族兴，青年强则国家竞争力强。青年应成为实施创新驱动发展战略、推动大众创业万众创新的主力军。举办“世界青年技能日”活动，就是要营造尊重劳动、崇尚技能的社会氛围，引导广大青年大力弘扬工匠精神，走上技能成长成才之路。各地区、各部门要多措并举，创造良好环境，培养造就数量充足、结构合理、素质优良、技艺精湛的青年技能人才队伍，促进就业结构优化，推动中国制造实现转型升级、中国经济发展跃上中高端。（新华社北京2016年7月14日电）

李克强在经济发展和民生改善座谈会上强调 牢把发展第一要务　更好保障基本民生 以改革开放创新推动中国经济持续向好（节选）

11 月 14 日，中共中央政治局常委、国务院总理李克强主持召开座谈会，就做好经济发展和民生改善等工作听取有关专家、企业负责人的意见建议。中共中央政治局常委、国务院副总理张高丽出席。

李克强说，发展的根本目的是保障和改善民生，破解民生难题、回应民生关切、满足民生需求也会增添发展动力。在当前财政收支矛盾突出的情况下，保基本的力度不能减弱，要确保稳住就业“基本盘”，守住养老金发放等民生底线。持续深化医改，创新机制打破层级等壁垒，形成医保与医疗协作、重点医院与基层诊所资源融合的利益共同体，使群众享受质量更高、成本更低的医疗服务。

刘延东、汪洋、杨晶、王勇参加座谈会。

（新华社北京 2016 年 11 月 15 日电）

李克强对推进职业教育现代化座谈会作出重要批示强调 切实把职业教育摆在更加突出的位置 加快培育大批具有专业技能与工匠精神的高素质劳动者和人才

推进职业教育现代化座谈会12月2日在京召开。中共中央政治局常委、国务院总理李克强作出重要批示。批示指出：加快发展现代职业教育，对于发挥我国人力和人才资源巨大优势、提升实体经济综合竞争力具有重要意义。在各方面共同努力下，近年来职业教育改革发展取得了显著成就，应予充分肯定。“十三五”时期，希望围绕贯彻党中央、国务院重大战略部署，落实新发展理念，切实把职业教育摆在更加突出的位置，加快构建现代职业教育体系。坚持面向市场、服务发展、促进就业的办学方向，进一步深化改革创新，强化产教融合、校企合作，积极鼓励和支持社会力量参与，努力建成一批高水平的职业学校和骨干专业，加快培育大批具有专业技能与工匠精神的高素质劳动者和人才，深度融入大众创业、万众创新和“中国制造2025”的实践之中，促进新动能发展和产业升级，带动扩大就业和脱贫攻坚，为推动经济保持中高速增长、迈向中高端水平作出新贡献。（新华社北京2016年12月2日电）

李克强在会见全国先进个体工商户代表时强调 积极投身创业创新　坚持守法诚信经营 为推动经济社会发展作出新贡献（节选）

12月5日，中共中央政治局常委、国务院总理李克强在北京会见全国先进个体工商户代表，与他们合影留念并作重要讲话。

李克强说，个体私营等非公有制经济是社会主义市场经济的重要组成部分，是中国特色社会主义事业的重要建设力量，吸纳了全国40％左右的就业人员，在促进增长、活跃市场、创造财富、满足群众多样化需求等方面发挥了重要作用。党中央、国务院始终高度重视个体私营等非公有制经济发展，制定实施了一系列鼓励、支持、引导的政策措施，近期又出台了《关于完善产权制度依法保护产权的意见》，不断深化简政放权、放管结合、优化服务，大力推进商事制度改革，个体私营等非公有制经济发展又迎来新的巨大机遇。

李克强指出，我国经济保持中高速增长、迈向中高端水平，需要千千万万富有活力市场主体的支撑。希望广大个体工商户积极投身大众创业、万众创新，充分借助我国丰富人力资源优势，发扬敢为天下先精神，瞄准市场需求，捕捉发掘商机，依托“互联网＋”等平台，在创造群众需要的商品与服务中吸纳更多就业、实现更好发展。

杨晶、吉炳轩、王勇、王钦敏参加上述活动。（新华社北京2016年12月5日电）

刘云山看望慰问北戴河暑期休假专家

受习近平总书记委托，中共中央政治局常委、中央书记处书记刘云山5日在北戴河看望暑期休假专家，代表党中央、国务院向广大专家人才致以诚挚问候。

邀请专家暑期到北戴河休假，是党和国家重视和关心专家人才的一项制度性安排。自2001年以来，党中央、国务院先后邀请16批900多位专家学者参加休假活动。参加今年休假活动的56位专家主要是以国家“万人计划”专家为主体的国内各领域优秀人才代表，他们在各自领域都作出了重要贡献。

刘云山指出，党中央高度重视人才工作，关心人才成长和发展。党的十八大以来，习近平总书记作出一系列重要指示，强调办好中国的事情关键在党、关键在人、关键在人才，为做好新形势下的人才工作指明了方向。随着党和国家人才政策的贯彻落实、人才发展体制机制改革的深入推进，我国人才发展环境会越来越好，各类人才施展才华的舞台会越来越宽广。

刘云山强调，全国科技创新大会和哲学社会科学工作座谈会的召开，是具有全局性意义的大事。实现习近平总书记提出的建设世界科技强国、构建中国特色哲学社会科学的战略任务，广大专家人才肩负着光荣的使命和责任，应当有高度的自信，有强烈的担当，有更大的作为。希望广大专家人才顺应时代要求，聚焦奋斗目标，坚定中国特色社会主义道路自信、理论自信、制度自信、文化自信，紧紧围绕党和国家事业发展需要，确定研究方向，深化研究课题，努力实现新的创造、取得新的业绩。要秉持求真求实的科学精神，锐意进取、大胆探索、勇攀高峰，带队伍、出成果、育人才，为建设世界科技强国、构建中国特色哲学社会科学贡献智慧和力量。各级党委和政府要树立强烈的人才意识，真诚关心人才、爱护人才、成就人才；党委组织部门要加强对人才工作的组织协调，为人才建功立业创造平台。对优秀专家人才要给予更多的宣传和点赞，推动形成崇尚科学、尊重创新、爱才重才的社会风气。

中共中央政治局委员、国务院副总理马凯，中共中央政治局委员、中央组织部部长赵乐际参加看望活动。（新华社北戴河2016年8月5日电）

刘延东出席2016年职业教育活动周启动仪式暨全国职业院校技能大赛开幕式时强调 弘扬工匠精神　打造技能强国

中共中央政治局委员、国务院副总理刘延东5月8日出席2016年职业教育活动周启动仪式暨全国职业院校技能大赛开幕式时强调，要全面贯彻党中央、国务院关于加快发展现代职业教育的决策部署，更加注重技术技能人才培养，大力弘扬工匠精神，办好中国特色、世界水平的现代职业教育，为全面建成小康社会提供充足的技术技能人才支撑。

刘延东指出，今年是《职业教育法》颁布实施20周年，中国近现代职业教育产生150周年。近年来职业教育快速发展，现代职业教育体系框架基本形成，发展理念日趋成熟，释放出巨大人才红利，为国家现代化建设作出了重要贡献。

刘延东强调，“十三五”时期，职业教育要坚持服务发展、促进就业的办学方向，紧扣提高质量、促进公平两大主题，着眼经济社会发展和供给侧改革的需求，着力深化改革、加快发展，不断提升发展质量、服务能力和现代化水平。要把职业教育摆在更加突出位置，推动职业教育与经济社会同步规划、同步发展，与经济新常态下产业结构升级、技术更新换代和大众创业、万众创新的时代需求更加契合，确保中央决策部署落地生根。要紧跟新技术革命和产业发展潮流，适应产业结构调整的需要，适应广大人民群众生产生活的需求，创造和提供优质的教育供给，加快培养发展高端制造业、现代服务业、战略性新兴产业等急需的高质量技术技能人才，进一步服务好国家战略。要教育学生坚定理想信念、崇尚劳动、敬业守信，精益求精、敢于创新、报国成才，掌握中高端技术技能，成长为支撑“中国制造”走向“优质制造”、“精品制造”的生力军。要落实好逐步分类推进中等职业教育免除学杂费等政策，统筹办好各级各类职业教育和培训，实行国家基本职业培训包制度，为阻断贫困代际传递、实施精准扶贫、精准脱贫作出更大贡献。（新华社天津2016年5月8日电）

汪洋在扶贫劳务输出对接试点工作座谈会上强调
实现精准对接促进稳定就业
切实提高劳务输出脱贫成效

国务院副总理、国务院扶贫开发领导小组组长汪洋26日在深圳召开扶贫劳务输出对接试点工作座谈会。他强调，劳务输出是贫困农户短期内增收脱贫最直接见效的办法，也是输出地、输入地政府落实扶贫责任的重要体现。要认真贯彻中央扶贫开发工作会议精神，坚持精准扶贫、精准脱贫，坚持政府推动、市场主导，建立和完善输出地与输入地劳务对接机制，确保有外出务工意愿的贫困劳动力实现精准输出、有效接收、稳定就业，为打赢脱贫攻坚战奠定坚实基础。

根据国务院工作部署，广东和湖南、湖北三省共同开展劳务输出对接试点工作。座谈会上，试点地区、用工企业、就业服务机构和建档立卡务工人员围绕做好劳务精准对接提出了意见建议。汪洋对前期试点工作予以充分肯定，强调要围绕对接精准、稳定就业，促进劳务输出脱贫取得实效。输出地要做好建档立卡务工人员摸底排查、信息识别、组织动员等基础工作，加强在输入地的相关服务工作。输入地要做好对接，加强就业培训，完善社会保障和基本公共服务，特别是要促进已转移贫困劳动力稳定就业。对接收建档立卡务工人员较多的用工企业，可以适当方式给予支持。

汪洋强调，试点工作重在试出经验。要做好试点全程记录，及时总结提炼可复制、可推广的经验，加快在全国范围内实施，充分发挥试点工作的示范带动作用，不断增强劳务输出脱贫的针对性和有效性。（新华社广州2016年4月26日电）

马凯在国务院就业工作部际联席会议上强调 全力抓好就业 筑牢民生之本

3月1日，国务院就业工作部际联席会议全体会议在北京召开。中共中央政治局委员、国务院副总理马凯出席会议并讲话。

马凯指出，2015年就业任务顺利完成，“十二五”就业工作圆满收官。五年来，就业规模持续扩大，结构更加优化，质量进一步提升，累计新增就业超过6 400万人，城镇登记失业率保持在4.1%左右的较低水平。就业形势保持总体稳定，提振了信心，支持了改革，增加了收入，成为经济社会发展的一大亮点。

马凯强调，就业是最大的民生。当前和今后一个时期，就业总量矛盾依然存在，结构性矛盾更加凸显，青年就业任务十分艰巨，特别是结构调整任务异常繁重，就业工作面临比以往更大的压力。各地区、各部门要认真贯彻落实党中央、国务院决策部署，牢固树立新发展理念，加强组织领导，完善政策措施，做好就业服务，努力实现“十三五”就业良好开局。要坚持实施就业优先战略，稳定经济增长，调整经济结构，形成经济发展和扩大就业的联动效应。要大力推动大众创业、万众创新，发挥创新创业促就业的倍增效应，落实鼓励农民工等人员返乡创业三年行动计划。要做好化解产能过剩中职工安置工作，加大对重点地区、重点行业的指导和支持，稳妥、有序、多渠道安置分流职工。要深入实施大学生就业促进和创业引领计划，扎实做好高校毕业生等重点群体就业。要继续推进职业培训行动和职业技能提升计划，大力提升劳动者就业能力。（新华社北京2016年3月1日电）

马凯在贯彻落实全面治理拖欠农民工工资问题的意见电视电话会议上强调 加大清欠力度　完善长效机制 切实做好保障农民工工资支付工作

贯彻落实全面治理拖欠农民工工资问题的意见电视电话会议5月13日在北京召开。中共中央政治局委员、国务院副总理马凯出席会议并讲话。

马凯指出，经过多年努力，保障农民工工资支付工作取得明显成效，但当前造成欠薪顽疾的深层次矛盾尚未消除，经济下行压力及部分行业产能严重过剩等加大了解决拖欠农民工工资问题的难度，拖欠农民工工资问题在部分地区、行业出现反弹势头，必须引起高度重视。

马凯强调，切实维护劳动报酬权益，事关广大农民工切身利益和社会公平正义。各地区、各部门要认真贯彻落实好党中央、国务院决策部署和《国务院办公厅关于全面治理拖欠农民工工资问题的意见》，标本兼治、综合治理，坚决打好治欠保支攻坚战。要落实农民工工资支付主体责任，依法督促企业全面实行农民工实名制管理，按月足额支付工资；要完善工资支付保障机制措施，推行工资保证金、专用账户管理、银行代发等制度；要全面排查化解欠薪风险隐患，加大对欠薪违法行为的处置力度，提高企业违法成本；要开展工程建设等重点领域专项整治，解决好“去产能”过程中的欠薪问题。各地要加强领导，按照“属地管理、分级负责、谁主管谁负责”的原则，完善工作体制，落实相关责任，强化督查问责，切实维护农民工合法权益。（新华社北京2016年5月13日电）

马凯出席二十国集团劳工就业部长会议开幕式并致辞

2016年二十国集团劳工就业部长会议7月12日在北京开幕，中共中央政治局委员、国务院副总理马凯出席开幕式并致辞。

马凯指出，就业是民生之本，也是世界性难题。中国政府历来高度重视就业工作，坚持把就业作为保障和改善民生的头等大事、作为经济社会发展的优先目标。近年来，在经济下行压力加大的情况下，中国就业局势保持基本稳定。“十三五”时期，中国将继续实施更加积极的就业政策，创造更多就业岗位，着力解决结构性就业矛盾，鼓励以创业带动就业，努力实现比较充分和高质量的就业。

马凯强调，实现充分就业是各国政府和国际社会的重要职责。各国应加强政策协调，加快推动结构性改革和结构性调整，促进世界经济早日复苏繁荣；选择有利于扩大就业的经济发展战略，注重经济增长与增加就业的协调一致；更加重视和鼓励创业，为创业者提供政策扶持、资金支持、技术服务，营造良好环境；根据经济转型升级和劳动力市场需求变化，加大职业培训力度，努力提高劳动者就业能力；保障职工的劳动报酬、休息休假等权利，消除影响平等就业的制度障碍和就业歧视，为实现全球更加充分、更加适应、更高质量的就业作出新的更大贡献！（新华社北京2016年7月12日电）

马凯出席中国政府友谊奖颁奖仪式并讲话

2016年度中国政府友谊奖颁奖仪式9月29日下午在中南海隆重举行。中共中央政治局委员、国务院副总理马凯向获奖外国专家颁奖并讲话。

马凯首先代表中国政府向获奖专家表示热烈祝贺，向所有在华工作的外国专家及其亲属表示诚挚问候。他指出，新中国成立67年来，特别是改革开放以来，大批外国专家投身中国现代化建设事业，为促进中国经济社会发展、增进中外交流合作发挥了重要作用。

马凯强调，中国正在实施“十三五”规划，热忱欢迎外国专家与中国人民一起共谋事业发展，共创美好未来。希望更多外国专家，积极参与中国的创新发展，创造更多创新成果。积极参与中国的协调发展，为促进区域协调、协同、共同发展发挥作用。积极参与中国的绿色发展，为推进美丽中国建设贡献智慧。积极参与中国的开放发展，大力促进中外经贸合作和人文交流。积极参与中国的共享发展，为增进民生福祉作出更大贡献。中国政府将采取更积极、更开放、更有效的人才引进政策，实施外国人来华工作许可制度，切实保护外国专家合法权益，营造良好人才发展环境。

国家外国专家局局长张建国宣读了授予50名外国专家中国政府友谊奖的决定。

中国政府友谊奖是为表彰在中国现代化建设中作出突出贡献的外国专家而设立的最高荣誉奖项。本年度共有来自18个国家的50名外国专家获得友谊奖。（新华社北京2016年9月29日电）

马凯在高技能人才座谈会上强调
弘扬工匠精神　培育大国工匠
为制造强国建设提供高技能人才支撑

高技能人才座谈会 12 月 8 日在北京召开。中共中央政治局委员、国务院副总理马凯出席会议并讲话。

马凯首先代表党中央、国务院向第十三届中华技能大奖获得者和全国技术能手表示热烈祝贺。他指出，高技能人才是我国人才队伍的重要组成部分，是工人队伍的核心骨干和优秀代表，是创新技术技能、创造社会财富的重要力量，在推动技术创新、经济发展和社会进步中发挥着重要作用。

马凯强调，实施创新驱动发展战略，落实中国制造 2025，推动经济提质增效升级、迈向中高端水平，必须加快培养一支数量充足、素质优良、结构合理的技能人才队伍。要完善制度保障，落实和健全政策措施，创造有利于技能人才成长的开发培养、选拔使用、引进聚集的体制机制。要加大培养力度，创新“校企双制、工学一体”的技能人才培养模式，完善以企业行业为主体、职业院校为基础、学校教育与企业培养紧密联系、政府推动与社会支持相互结合的高技能人才培养体系。要营造良好氛围，引导全社会尊重、重视、关心高技能人才的培养和成长，提高技能人才待遇水平和社会地位。广大高技能人才要将大国工匠精神薪火相传，培育和弘扬精益求精、爱岗敬业、勇于创新的优秀品格，为实现中华民族伟大复兴的中国梦作出新的贡献。（新华社北京 2016 年 12 月 8 日电）

赵乐际在中央人才工作协调小组第42次会议上强调为决胜全面建成小康社会提供有力人才支撑

中共中央政治局委员、中组部部长赵乐际2日主持召开中央人才工作协调小组第42次会议，强调要深入学习贯彻习近平总书记系列重要讲话精神，紧紧围绕“四个全面”战略布局，牢固树立和自觉践行创新、协调、绿色、开放、共享发展理念，聚焦建设人才强国目标，加快推进人才发展体制改革和政策创新，广开进贤之路、广纳天下英才，为“十三五”开好局起好步、夺取全面建成小康社会决胜阶段伟大胜利提供有力人才支撑。

赵乐际指出，破解发展难题、增强发展动力、厚植发展优势，需要充分发挥人才第一资源的作用。人才工作要主动服务党和国家工作大局，认真落实党的十八届五中全会通过的“十三五”规划建议关于人才工作的重要部署，围绕“一带一路”建设、京津冀协同发展、长江经济带建设、精准扶贫等重大战略，大力引进、培养急需紧缺人才。要优化人才资源配置，清除人才流动障碍，提高社会横向和纵向流动性，鼓励人才向基层和艰苦边远地区等最需要的地方流动。完善人才激励政策，健全市场化、社会化人才服务体系。坚持党管人才原则，调动各地各部门和用人单位积极性，精准推进各项工作落实，营造识才爱才敬才用才的社会环境、政策环境、文化环境。（新华社北京2016年2月2日电）

杨晶在中央和国家机关信访工作会议上强调 强化责任担当　以更高标准做好新形势下的信访工作

中共中央书记处书记、国务委员杨晶7日在中央和国家机关信访工作会议上强调，要深入学习贯彻党的十八届六中全会精神，学习贯彻习近平总书记关于信访工作的重要指示批示精神和李克强总理批示要求，增强“四个意识”，强化责任担当，以更高标准做好新形势下的信访工作。

杨晶指出，党的十八大以来，中央和国家机关深入推进信访工作制度改革，在提升理念、完善机制、创新方法等方面取得显著成绩。与此同时，工作中还存在一些与新形势新任务不适应的问题，要采取有效措施加以解决。

杨晶强调，要深刻认识做好中央和国家机关信访工作的重要性紧迫性，紧紧围绕党和国家中心工作，加强顶层设计，从政策层面预防和化解信访突出问题。要主动作为、以上率下，着力提升信访工作信息化、规范化、法治化水平。要坚持依法行政，落实信访工作责任制，严格实施一岗双责、失职追责。要强化工作保障，提高信访干部队伍素质能力，为维护群众合法权益、促进社会和谐稳定作出新的贡献。（新华社北京2016年11月7日电）

二、人力资源和社会保障部领导的讲话

在全国就业工作座谈会上的讲话

尹蔚民

（2016年3月22日）

党中央、国务院高度重视就业工作。习近平总书记多次强调要充分认识就业工作的极端重要性，强调社会政策要托底，守住民生底线，在党的十八届五中全会、中央经济工作会议和其他一系列重要会议上，多次对做好新时期就业工作提出明确要求。李克强总理指出，2016年结构调整任务重，就业工作面临比以往更大的压力。人力资源社会保障部要会同相关部门早着手，把工作考虑得更细，针对不同群体分类施策，尤其要加强对重点地区的指导和支持，确保完成全年就业目标，为推动经济转型升级提供有力保障。近期针对形势变化，又作出一系列重要批示，提出了新的要求。马凯副总理也多次对做好就业工作提出明确要求，在国务院就业工作部际联席会议上对此作了全面部署。这次会议的主要任务，就是要贯彻落实党的十八届五中全会、中央经济工作会议和全国“两会”精神，深入学习领会习近平总书记、李克强总理和马凯副总理关于就业工作的重要讲话、批示精神，总结经验，分析形势，部署做好2016年就业工作，并专题部署化解过剩产能中的职工安置工作。

过去的一年，面对复杂的经济形势，在党中央、国务院坚强领导下，我们同各部门和社会各方面一道，攻坚克难，开拓创新，圆满完成了各项目标任务，全年实现城镇新增就业1 312万人，年末城镇登记失业率保持在4.05%的较低水平，保持了就业形势的总体稳定。党中央、国务院对此给予了充分肯定。李克强总理在《政府工作报告》中指出，就业形势总体稳定，新增就业超过预期目标，成为经济运行的一大亮点。马凯副总理在2016年3月初召开的国务院就业工作部际联席会上，对去年乃至“十二五”时期的就业工作进行了全面总结，对所取得的成绩也给予了充分肯定。

同时也要看到，当前和今后一个时期，经济下行压力向就业层面的传导效应逐步显现，供求总量矛盾仍然很大，结构性矛盾更加凸显，特别是化解过剩产能将涉及部分职工下岗分流，行业性、区域性失业风险上升，就业形势将更加复杂。我们要坚决贯彻落实党中央、国务院的决策部署，把做好就业工作作为全系统第一位的任务，以确保完成就业目标任务、确保就业局势总体稳定为目标，以化解过剩产能中的职工安置工作和高校毕业生就业为重点，坚持改革创新，注重公平正义，加强统筹协调，推进可持续发展，全力兜住民生底线，努力实现“十三五”就业工作良好开局。这次会议印发了马凯副总理在国务院就业工作部际联席会议上的讲话。马凯副总理的讲话很全面，既充分肯定了2015年乃至“十二五”以来就业工作取得的成绩，又分析了当前就业工作面临的形势，对做好2016年就业工作作出了部署，提出了要求。我们要认真贯彻落实。

下面，我重点强调六个问题。

一、稳妥做好化解钢铁煤炭过剩产能中的职工安置工作

化解过剩产能是2016年供给侧结构性改革的首要任务，妥善安置职工则是其中的关键，也是难点。初步统计，仅钢铁、煤炭两个行业去产能就涉及职工180万人，再考虑到其他过剩行业的生产经营困难以及“僵尸企业”出清，职工安置任务相当繁重。若减员特别是规模减员发生在经济发达地区，转岗就业门路比较多，矛盾还相对容易化解，一旦集中在接续产业不多、再就业门路狭窄的资源型城市或独立工矿区，则区域性失业风险将很大。同时，由于多数产能过剩行业的企业长期生产经营困难，降薪甚至欠薪、欠保问题多发，由此引发的劳动关系矛盾可能也会增多。

对于做好化解过剩产能中的职工安置工作，党中央、国务院十分重视。习近平总书记强调，结构性改革是绕不过的坎，是必须要做的手术。在具体推进过程中，要切实做好职工安置工作，特别注意防范失业风险。李克强总理也指出，推动化解煤炭、钢铁行业过剩产能，特别是做好分流职工转岗安置，是2016年的一项重点工作，必须集中专门力量，抽调专人负责，尽快拿出方案，积极稳妥加以推进。春节前，国务院常务会议研究确定了钢铁、煤炭行业化解过剩产能的意见，之后下发了两个文件，明确了两大行业去产能过程中的职工安置等一揽子政策。中央财政还安排了1 000亿元奖补资金，主要用于职工安置。“两会”结束后的新闻发布会上，李克强总理明确表示，“我们必须做到产能要去，但大量职工的饭碗不能丢，而且争取让他们拿上新饭碗”，“要避免出现大规模的‘下岗潮’”。“两会”后的第一次国务院常务会议上，李克强总理强调，对人民作出的承诺必须兑现，同时又对这项工作提出了明确要求。中央下决心推进供给侧结构性改革的大政方针已定，化解钢铁、煤炭过剩产能是先手棋。我们人社部门的主要责任，就是在各级党委、政府的领导下，积极稳妥地安置好职工，确保不出现较大规模的“下岗潮”，确保不出现较大规模的群体性事件。这是中央的明确要求，也是人社部门必须肩负的使命担当。

前期部里会同有关方面制定了化解钢铁、煤炭过剩产能职工安置工作的意见，正在报请国务院批准，随后将印发实施。总的考虑是，企业主体、地方组织、中央支持、依法依规，多渠道分流安置职工。文件主要明确了职工安置的四条渠道：一是企业内部挖潜。统筹运用援企稳岗补贴、鼓励企业吸纳失业人员补贴等政策，引导企业利用现有的场地、设施和技术，挖掘一批新的就业机会，内部分流安置一批富余人员，而不是简单地把职工推向社会。二是转岗就业创业。启动实施再就业帮扶行动。将确实要离开原企业的劳动者纳入就业创业政策扶持体系，加大职业培训、职业指导和职业介绍力度，增强他们的就业创业能力和职业转换能力，促进转岗人员尽快再就业或自主创业，尽最大努力缩短其失业周期。三是允许内部退养。对距法定退休年龄不足5年、再就业困难的大龄职工，职工自愿、企业同意，可实行内部退养，由企业发放生活费，并缴纳基本养老和医疗保险费，达到退休年龄时正式办理退休手续。企业主体消亡的，可通过预留社会保险费和生活费、社会托管、代发代缴的方式实行退养。四是公益性岗位兜底。对就业困难人员要提供“一对一”的就业援助，对确实难以市场就业的大龄困难人员和零就业家庭人员，通过公益性岗位托底帮扶。2016年新增或腾退的公益性岗位，要优先用于安排化解过剩产能涉及人员。在这个过程中，尤其要注意妥善处理劳动关系，积极接续社会保险。

以上是从大的方面明确了四条安置渠道，给出了一些新的政策。但这并不是说，有这四条渠道就万事大吉了，具体到各地而言，情况千差万别，有大量的工作要做。当务之急是要抓紧制定各地区去产能职工安置工作的具体办法，明确具体政策、工作措施和组织体系。一要摸清底数。要主动协调有关部门，了解掌握去产能推进的总体安排和工作节奏，全面摸清涉及企业特别是职工的基本情况，建立精准到企、具体到人的基础台账。在此基础上，厘清企业与职工间的工资、社保、经济补偿等债权债务关系，算好职工安置可能涉及的欠费欠薪、经济补偿、再就业等方面的资金大账，争取地方政府和财政等部门的支持，确保职工安置经费的落实。二要指导企业制定好职工分流安置方案。要指导企业和职工在充分协商的基础上，明确职工安置的基本原则和可能涉及的问题，因地制宜、因企施策、因人而异，制定切实可行、积极稳妥的职工安置方案，让职工真正有出路、有希望。在方案制定中，要充分听取职工意见，方案必须征得职工代表大会的同意，未经职代会同意、没有足够资金支持的方案不得实施。同时要耐心细致地做好政策宣传解释，正确引导企业和职工预期。一些先行地区和企业职工安置工作做得好的一条重要经验，就是方案做得细、做得实，同时思想政治工作也做得细、做得深入，这些经验值得各地借鉴。三要落实责任。就是要把职工安置工作作为2016年和今后一个时期人社系统的一项重点任务，部里已经成立了信长星同志牵头、邱小平同志协助、游钧同志参加、有关司局组成的工作班子。各地也要成立工作班子，主要负责同志牵头抓总，分管同志具体负责，各有关单位形成合力，明确任务、明确责任、明确时限、明确要求，确保企业职工分流过程中的劳动关系处理稳妥规范，职工离开企业后的社会保险待遇及时落实，促进就业创业的各项服务和政策切实有效。同时还要做好应对突发事件的工作和政策预案，全力避免重大风险。在工作过程中，要注意及时总结一些地区和企业做得好的经验，加以宣传和推广。同时对困难较大、问题较多的企业和地区，要加强重点指导和帮助。河北省和杭钢的经验表明，只要各级党委、政府高度重视，企业主体责任到位，这项工作就能平稳顺利实施。总之，做好化解过剩产能中的职工安置工作是我们人社系统2016年要打好的一场硬仗，也是对全系统干部职工工作责任、工作能力、工作作风的一次检验。今天采取视频会的方式，请各地厅局一把手参加，进行动员部署，目的就是要统一思想，提高认识，明确任务，落实责任，全力以赴打赢这场硬仗。

二、进一步做好高校毕业生就业工作

高校毕业生就业依然是就业工作的重中之重。近年来，习近平总书记、李克强总理等中央领导同志多次作出重要批示指示，国务院年年下发文件、召开会议进行部署和安排，各地区也是全力以赴，做了大量工作。经过上下共同努力，在高校毕业生数量连年攀升的情况下，保持了就业局势的基本稳定。“十二五”期间高校毕业生年底总体就业率都稳定在90%以上。大学生创业规模在不断扩大，有超过100万人通过创业引领计划成功进行了创业。这些成绩是来之不易的。

青年就业问题始终是一个世界性难题，青年失业率一般高出社会总体失业率一倍左右，我国也不例外，高校毕业生就业问题同样是一个重点、难点问题。从规模上看，2016年供给总量仍然处于高位。2016届高校毕业生达到765万人，比上届又增加了16万人，再加上往年未就业的毕业生，总量压力非常大。从结构上看，在经济下行、需求减弱的背景下，供给持续高企与有效岗位不足的矛盾更加突出，确保高校毕业生就业保持在目前较高的水平，任务十分艰巨。

我们要继续把高校毕业生就业摆在就业工作首位，以实施就业促进计划和创业引领计划为主要抓手，精准施策，力争所有有就业意愿的未就业毕业生都能实现就业，努力提高大学生创业比例。两项计划是为高校毕业生量身定制的主打措施，是精准发力的有效手段，要继续下功夫做细做实。实施大学生就业促进计划，要把握好实名制服务这个关键，完善信息获取、登记反馈、跟踪管理工作机制。根据未就业毕业生的需求，制定个性化求职就业方案，提供岗位信息、培训见习等服务。对其中就业困难的，尤其是农村贫困、少数民族、长期失业的毕业生，要重点关注，提供“一人一策”的专项帮扶。实施大学生创业引领计划，要更加注重运用各类社会力量和服务载体，推动政策、资源向创业大学生延伸。落实好各项便利化措施，提供多渠道的资金支持，开发一批适合大学生的创业培训和创业服务项目，组织多种形式的创业交流和辅导活动，进一步提升大学生创业水平和能力。

做好高校毕业生就业工作，还要在拓宽渠道、主动服务这两大方向上下功夫。要把握发展新机遇，千方百计挖掘岗位。高校毕业生有知识优势，适应力强、接受新事物快。当前新技术、新产业、新业态加快成长，要综合运用财税、金融、资金补贴等政策，支持发展一批适合高校毕业生就业的新形态、新模式，努力拓展多元化的就业空间。前不久，李克强总理在这方面作了重要批示。他指出，当前新业态新模式加快成长，对发展非正规就业、促进灵活就业要高度重视，积极拓宽多元化就业渠道，相关配套措施应抓紧研究完善。同时，还要求开拓思路，努力培育新业态，提供新的就业岗位，继续想方设法增加就业岗位。在新经济大发展背景下，如何拓展新的就业岗位，还要下更大力气。要着力夯实基层就业渠道，结合创新公共服务方式和政府购买服务，开发一批基层公共管理和社会服务领域就业岗位，并进一步健全基层服务保障机制，推动解决毕业生基层就业面临的实际困难，做好档案户口免费管理服务等工作，积极畅通就业渠道。要发挥部门资源优势主动服务促进对接。人社部门掌握就业政策，有不少市场信息和服务资源。各地要发挥好牵头部门作用，将工作着力点提早向高校延伸，特别是要指导大中城市人社部门与所在地高校直接对接，联合开展就业服务活动，推进就业信息服务平台与高校校园网互通共享信息，提供岗位信息，开展职业指导，促进人岗匹配。还要主动适应毕业生灵活多样的服务需求，多组织开展具有本地特色的专业性、行业性招聘服务，多运用新媒体、新技术点对点地提供信息，提高服务实效。

三、进一步加大政策落实力度

积极的就业政策，是推动就业创业的根本支撑。这些年，我们不断完善就业政策体系，2015 年国务院下发了促进就业创业的 23 号文件，这个文件的突出点，是丰富了创业政策。各地在落实过程中，因地制宜，创新举措，在推动政策落地上有不少新突破、新亮点，有的加大了资金补贴力度，有的扩大了政策享受范围，有的开展了形式多样的宣传培训活动。总的看，政策落实情况是好的，在稳定就业局势方面发挥了积极作用。但从调研情况特别是第三方评估情况看，工作进展还不平衡，有的地方文件出台不及时，有的政策知晓度不高，有的操作办法还不够便利，仍然有不少劳动者反映政策看得见、摸不着、享受不到。当前就业形势更加复杂，劳动者就业创业面临更多困难，对政府的政策扶持也会有更多期待，必须狠抓政策落实完善，让劳动者有实实在在的获得感。

在落实政策方面，要督导地市和区县尽快出台本地化的操作办法，省级文件没有出台的个别地方要抓紧出台。要优化简化政策审批流程，能不要的证明材料一律不要，能简化的审核程序要尽量简化，没有规定的前置条件不能附加，要通过立规矩，实实在在地压缩政策审批期限和流程。各地要在省本级或选择一两个地市开展就业政策网上办理的试点，提升政策审批的便利化。还要加强政策宣传解读和监督检查，注重运用新媒体和大众媒体，以群众喜闻乐见、更接地气的方式做好宣传，使就业政策应享尽知，并通过效能评估和监督考核，以更严格的督查问责杜绝不作为、慢作为现象，确保各项政策落实到位。

在完善政策方面，当前最为紧要的是做好应对规模失业的工作预案和政策储备。在经济下行、需求疲弱、结构调整等多重因素交织影响下，企业减员增多，失业水平有所上升，钢铁、煤炭等产能过剩行业及这些行业集中度高的地区失业风险攀升。李克强总理明确要求，要加强形势研判，做好应对预案。这方面部里已经着手研究，各地特别是就业压力大的省份也要立即行动。必须要有底线思维，要未雨绸缪，把工作做到前面。凡事预则立，不预则废。一定要做好预案，一旦发生规模失业风险，该启动哪一级的响应，有些什么样的政策措施，工作应该怎么做，舆论应该怎样引导，第一现场应该如何处置，都要有预案。这样一旦有突发事件，就会比较主动，不至于处于被动应付的状态。要密切关注形势变化，敏锐捕捉苗头性问题，建立健全科学高效的形势监测办法和风险预警指标，确定风险可能发生后的应急政策措施和快速响应工作机制，确保应对风险的各项准备及时到位。

此外，要结合“十三五”规划的制定实施，进一步加强财税、金融、产业、投资、贸易等经济政策与就业政策的相互衔接，顺应新技术、新产业、新业态蓬勃发展的新趋势，加大对灵活就业、新就业形态的研究与支持。还要配合国务院法制办抓紧修订《失业保险条例》，并做好政策衔接和贯彻落实工作。

四、着力推动以创业带动就业

创业是推动就业的不竭源泉。近年来，大众创业、万众创新正成为拉动经济增长的新引擎、扩大就业的主阵地。2015 年全国日均新创设企业 1.2 万户，在工商部门新注册的创业大学生也比上年增长 16.9%。各地人社部门在推动创业工作上也是有声有色，落实创业扶持政策以及创业园区、创业孵化基地建设、开展创业大赛、创业服务、创业培训等方面都有许多新探索、新亮点。各地人社部门作为就业创业工作的牵头部门，要在原有工作基础上，进一步加大工作力度，通过政策落地、培训提质、服务增效、活动助力推动创业创新。

一要抓创业培训扩量提质。扩量，就是要顺应大众创业、万众创新的新形势，动员各方面的力量和资源，面向所有有创业意愿和培训需求的各类劳动者大规模开展创业培训。提质，就是要针对大学生、返乡农民工、失业人员和转岗职工等重点群体的不同创业特点，把握企业在初创期、成长期等不同阶段的需求，开发更具针对性的创业培训课程，加强师资队伍建设，强化培训绩效评估，并不断运用新技术新手段，全面提升创业培训质量。

二要抓创业服务全面拓展。在服务内容上，要把创业孵化基地、创业园区打造成集创业培训、政策咨询、开业指导、融资服务、跟踪扶持于一体的综合性服务平台，为创业者提供低成本、高效率的优质服务。在服务供给上，目前市场中有很多专业化的众创空间和创业孵化机构，要充分发挥这些机构贴近市场、专业高效的优势，运用好就业创业服务补助政策和政府购买服务成果机制，鼓励他们参与政府组织的创业创新服务活动，为创业创新者搭建更多专业化平台。

三要抓创业活动营造氛围。配合有关部门组织好双创活动周，重点是办好“中国创翼”青年创业创新大赛等人社系统直接组织的创业活动，各地也要结合实际打造富有地方特色的品牌活动，营造鼓励创业创新的浓厚氛围。还要继续推进农民工等人员返乡创业、创业型城市创建等工作，通过抓项目推动政策落实和服务改善，使创业创新蔚然成风。2015 年专门下发了支持农民工返乡创业的意见，提出了一些支持政策。这也是我们部门推动创业一个有效的抓手和平台。要从更高的站位去认识这项工作，使工业化、城镇化进程更符合我国实际，让农民工不再需要大规模地在城乡间流动迁徙。推动中小城镇发展，尽量让农民工就近就地就业创业，是个有效方式。

在促进“双创”方面，人社部门还有一项重要职责，就是进一步推进简政放权，这是降低创业门槛、释放创新活力的重要手段。这两年我们分 5 批取消了 272 项职业资格，也取消和下放了一批行政许可，社会反响是好的，但群众仍有不少反映。要按照国务院的要求，继续深化行政审批制度改革，下决心再取消一批职业资格，再取消一批行政审批事项，再取消一批不必要的证明材料，进一步扫清影响创业创新的“拦路虎”，创造更加宽松便利的市场环境。

五、大力加强职业培训

职业培训是做好就业工作的基础性工作和根本措施。近年来，职业培训工作发展迅猛。“十二五”期间，全国累计有 9 700 万人次接受了政府补贴的职业培训，比“十一五”时期增加 2 300 万人次，为稳定就业奠定了基础。从发展看，化解“人岗不匹配”的结构性矛盾需要提升劳动者技能水平，做好化解过剩产能中的职工安置工作需要增强职工的再就业转换能力，新业态、新技术的涌现也将使得新型技能人才需求激增。可以说，职业培训工作对于促进就业的作用较以往更加重要，任务也更加繁重。党的十八届五中全会明确了做好新时期职业培训工作的目标和方向，部里正在研究制定建立终身职业培训制度的意见，就是以大规模开展职业培训、大幅度提高劳动者素质为目标，推动建立覆盖城乡全体劳动者、贯穿劳动者学习工作终身、适应劳动者需求的职业培训制度，使职业培训工作有一个大的发展、质的提升。这其中有三个关键方面：

一是规模要扩大。要把有需求的城乡全体劳动者全部纳入职业培训范围。以新生代农民工职业技能提升计划、未就业高校毕业生技能就业行动等系列计划为主要抓手，落实贫困家庭子女、未升学初高中毕业生、失业人员和转岗职工、退役军人等群体免费职业培训政策，努力扩大培训规模，基本消除劳动者无技能从业现象。当前尤其要做好失业人员和转岗职工的职业培训，这是做好化解过剩产能中职工安置工作的重要举措。培训中，要做到广覆盖，有需求的职工都能至少接受一次职业培训；高质量，要做到培训一人，合格一人，真正掌握一门技能；有实效，要做到培训项目因地制宜，符合市场需求，对转岗就业和创业真正有作用。

二是方式要多元。要充分鼓励各类企业和培训机构广泛开展职业培训，形成以企业为主体、职业院校和培训机构为基础、社会多方参与的大培训格局，动员各类优质资源向职业培训聚集。要以贴近劳动者为宗旨，加强培训方式创新，加快开发职业培训包，推广“慕课”（指大规模开放性的在线课程）等“互联网＋职业培训”模式，推行更加便利化的时间安排，更加简易化的补贴报销程序，最大限度方便劳动者接受职业培训。

三是质量要提升。要破除职业培训中的学科教育思维，推行“校企双制、工学一体”的技工培养模式，继续开展企业新型学徒制试点，充分运用职业培训补贴政策，引导培训更适应产业升级和企业岗位需要，切实提高培训的针对性和有效性。要创新人才培养、使用、评价、激励机制，消除人才流动障碍，提高技术工人待遇，为经济转型升级提供坚实的人才支撑。

六、加强和改进公共就业创业服务

公共就业创业服务，是促进市场匹配的主要手段，也是实施就业政策的重要载体。近年来，公共就业服务体系和制度不断健全，对推动就业创业、稳定就业局势发挥了重要作用。新的形势下，劳动力市场的深刻变化、社会多元化和劳动力诉求的多样化，都对公共就业创业服务提出了新的更高要求。要以满足服务对象日益增长的多元化需求为目标，加强公共就业创业服务“供给侧”和“需求侧”的统筹和对接，以需求引导供给，以供给改善需求，努力打造更加优质高效的公共就业创业服务。当前要重点从三个方面着力：

一是推进均等化。要按照国务院推进户籍制度改革总体部署，完善就业失业登记管理办法，保障城镇常住人员享有与本地户籍人员同等的劳动就业权利，落实均等化的公共就业创业服务，并逐步推动享受同等的就业创业扶持政策。实现均等化的一个重要基础是标准化。2016 年部里将加快公共就业创业服务标准研发进度，研究制定国家标准，以进一步简化和规范服务流程，统一服务标准。各地也要加大工作推进力度，明确各层级公共就业服务机构和平台的职责定位、服务内容和服务标准，全面规范公共就业创业服务流程。

二是提高针对性。要细分服务对象，根据去产能过程中需安置职工、高校毕业生、农村转移劳动力、就业困难人员等不同群体及企业招聘用工中的不同特点和诉求，提供有针对性的就业信息、职业指导和政策咨询。对一些失业集中、矛盾突出的群体、企业和地区以及一些用工大户，要倡导主动服务，甚至可以组织专业化团队提供定制服务，对于特殊困难地区还要考虑运用整个系统的力量，开展跨地区服务对接和援助。中央扶贫工作会议明确了打赢脱贫攻坚战的几条渠道，其中很重要的一条就是对于贫困地区劳务输出，要加强对口支援帮扶。以后还要按照国务院的要求，对这项工作进行专题部署。另外还要加强服务队伍能力建设，开展经常性业务培训，通过购买服务调动专业资源、创新服务手段和模式，提高服务的专业化水平和能力，更好满足多元化的服务需求。

三是用好信息化。信息化是大势所趋，也是事业发展的重要契机，就业领域的信息化建设必须跟上时代步伐。当前重点是要推动以“互联网＋”为代表的新技术、新手段在就业管理和服务领域的广泛运用，实现岗位信息发布、就业创业服务、就业政策实施等各项就业工作的全程信息化。在此基础上，推进区域间的信息共享与对接，抓紧打造覆盖全体劳动者就业失业信息的统一监测平台、互联互通全国岗位信息的统一招聘平台，全面提升就业工作的管理服务能力，进而提高就业形势分析研判的准确性和可靠性。

就业事关经济发展和民生改善大局，就业稳则心定、家宁、国安。我们要始终做到守土有责、主动负责、敢于担当，坚持把确保就业局势稳定作为政治责任，毫不动摇地摆在全系统工作的首位，以坚定的信心、过硬的本领和良好的作风，扎实做好各项就业工作，为全面建成小康社会作出更大贡献！

围绕全面建成小康社会目标　推进人力资源和社会保障事业全面协调可持续发展

——在人力资源和社会保障事业发展“十三五”规划纲要实施动员视频会议上的讲话

尹蔚民

（2016年7月14日）

《人力资源和社会保障事业发展“十三五”规划纲要》经部党组会审议通过，并报请国务院领导同志审阅同意，日前已经正式印发。今天，我们召开视频会，对全国人力资源社会保障系统学习贯彻规划纲要进行动员部署，目的是动员全系统和各方面力量，紧紧围绕全面建成小康社会目标，落实规划纲要各项任务，推进人力资源和社会保障事业全面协调可持续发展。刚才，江苏、湖北、四川、辽宁4个省的厅长作了发言，介绍了本省“十三五”规划的制定情况，提出了贯彻落实规划纲要的措施和下一步考虑，讲得都很好，大家可以相互学习借鉴。下面，我讲三点意见。

一、充分认识规划纲要引领人社事业发展的重要意义

“十三五”时期是全面建成小康社会、实现我们党确定的第一个百年奋斗目标的决胜阶段。制定和实施好人社事业发展“十三五”规划纲要，明确事业发展的指导思想、基本原则、目标要求、重大举措，描绘未来五年人社事业发展蓝图，事关全面建成小康社会目标的实现，事关人社事业持续健康发展，意义重大而深远。

（一）实施规划纲要是贯彻落实党的十八届五中全会精神，完成全面建成小康社会目标任务的重要举措。

党的十八届五中全会围绕“五位一体”总体布局和“四个全面”战略布局，适应经济发展新常态，首次系统论述了创新、协调、绿色、开放、共享的发展理念，并对未来五年经济社会发展作出了全面部署。根据党的十八届五中全会规划建议制定的《国民经济和社会发展第十三个五年规划纲要》，体现了新发展理念对实践的新要求，反映了人民意愿和社会期盼，描绘了未来五年我国经济社会发展的宏伟蓝图，是全面建成小康社会决胜阶段的行动指南，也是人力资源社会保障部门履行职责的重要依据和遵循。

国家“十三五”规划纲要中涉及人社工作的目标任务主要集中在就业、社会保障、人才队伍建设、工资收入分配等方面，提出实现比较充分和高质量就业、建立更加公平更可持续的社会保障制度、迈进创新型国家和人才强国

行列、缩小收入差距等。我们根据党的十八届五中全会规划建议和国家“十三五”规划纲要确定了“十三五”时期人力资源和社会保障事业发展的指导思想、基本原则、发展目标、主要指标和一系列重大政策、重大项目、重大工程。党的十八届五中全会规划建议和国家“十三五”规划纲要涉及人社工作的目标任务在我们的规划纲要中得到了全面贯彻落实。贯彻实施规划纲要，对于落实中央决策部署，如期完成全面建成小康社会赋予人社部门的各项目标任务，具有重要意义。

（二）实施规划纲要是适应把握引领经济发展新常态，推进人力资源和社会保障事业创新发展的重要抓手。

“十三五”时期，经济发展进入新常态。我们对于面临的国际国内经济形势要有清醒的认识。从国际来看，国际金融危机深层次影响依然存在，世界经济仍在深度调整之中，经济贸易增长乏力，不稳定不确定因素增多。从国内来看，经济发展长期向好的基本面没有改变，但面临的问题、矛盾、风险也在增加，这些都不可避免对人社事业发展带来影响，仍然是机遇和挑战并存。

规划纲要在全面总结过去五年工作的基础上，深刻认识“十三五”时期的新形势新任务新要求，积极适应经济发展新常态，坚持问题导向和目标导向，提出了一系列针对性强、覆盖面广、可操作的政策举措。这其中既有重大战略，也有具体任务；既有体制机制改革，也有政策制度创新；既有面向全社会的普惠性政策，也有面向重点群体的针对性措施，不少政策举措关系到国计民生和亿万群众的切身利益。把这些政策举措落实好，对于我们更好地推进新时期人力资源和社会保障事业创新发展，具有关键作用。

（三）实施规划纲要是着力保障和改善民生、促进共享发展的重要依托。

党中央、国务院高度重视保障和改善民生。党的十八届五中全会首次提出坚持以人民为中心的发展思想，强调人民是推动发展的根本力量，实现好、维护好、发展好最广大人民的根本利益是发展的根本目的，必须坚持人民主体地位，把增进人民福祉、促进人的全面发展作为发展的出发点和落脚点，必须坚持发展为了人民、发展依靠人民、发展成果由人民共享，使全体人民在共建共享中有更多获得感。

人力资源社会保障部门作为重要的民生部门，在共享发展中肩负着重要的职责和使命，我们必须把以人民为中心的思想落到实处，按照人人参与、人人尽力、人人共享的要求，坚守底线、突出重点、完善制度、引导预期，注重机会公平，保障基本民生，实现全体人民共同迈入全面小康社会。为此，规划纲要将“以人为本、促进共享”作为指导人社事业发展的基本原则，提出了一系列保障和改善民生的制度安排与政策措施。贯彻实施规划纲要，把这些制度安排和政策措施落到实处，可以使全体人民在共建共享中有更多获得感，使发展成果更多更公平地惠及全体人民。

二、全面理解和准确把握规划纲要的主要内容

规划纲要分为 9 章 39 节，提出了“十三五”时期人社事业发展的 7 大目标和 15 项主要指标，阐述了人社工作六大板块和基本公共服务的重点任务和重大举措，其中设置了 14 个专栏，是指导今后一个时期人社事业发展的纲领性文件，各级人力资源社会保障部门要深入理解，准确把握。

（一）深入理解把握“十三五”时期人社事业发展的指导思想和基本原则。

规划纲要贯彻落实中央精神、紧密结合工作实际，提出了“十三五”时期人社事业发展的指导思想。这就是在“五位一体”总体布局、“四个全面”战略布局和新发展理念的指引下，坚持“坚守底线、突出重点、完善制度、引导预期”的民生工作思路，贯穿“民生为本、人才优先”的工作主线，统筹推进人社领域六大板块和基本公共服务体系建设，推动人力资源和社会保障事业全面协调可持续发

展，为实现全面建成小康社会目标提供支撑和保障。

为更好地体现指导思想，规划纲要提出必须坚持围绕中心、服务大局，以人为本、促进共享，深化改革、创新驱动，突出重点、统筹协调，践行法治、维护公平的原则。这五条原则，是贯彻落实中央精神和新发展理念的具体体现，是人力资源和社会保障事业发展规律的集中反映，是未来五年我们统筹推进各项工作的基本遵循，必须全面认识、深入理解，切实运用到实践中去，指引我们的事业沿着正确的轨道前进。

（二）全面落实“十三五”时期人社事业发展的目标任务。

“十三五”时期是人力资源和社会保障事业改革发展的攻坚期，任务艰巨繁重。规划纲要围绕全面建成小康社会目标，提出了就业创业、社会保障、人才队伍建设、人事制度改革、工资收入分配、劳动关系、公共服务等七个方面的发展目标和重点任务。各级人力资源社会保障部门要统筹推进，把这些目标任务落实好。

第一，实现比较充分和更高质量就业。就业是民生之本。“十三五”时期要实施就业优先战略和更加积极的就业政策，促进经济发展与扩大就业的良性互动，实现城镇新增就业5 000万人以上，登记失业率控制在5%以内；促进以创业带动就业，消除限制创业的制度性障碍；继续把高校毕业生就业摆在就业工作的首位，做好化解过剩产能中职工安置工作，统筹做好各类重点群体就业；完善人力资源市场机制；强化职业培训，全方位提升劳动者就业创业能力。

第二，建立更加公平更可持续的社会保障制度。社会保障是民生之基。“十三五”时期要实施全民参保计划，基本养老保险参保率要达到90%，基本医疗保险参保率稳定在95%以上，基本实现法定人员全覆盖；完善社会保障制度体系，实现职工基础养老金全国统筹，制定出台渐进式延迟退休年龄政策，规范失业保险基金收支管理，整合城乡居民基本医疗保险制度，推进基本医保异地就医结算，合并实施生育保险和基本医疗保险，全面实施工伤保险省级统筹，完善社会保险转移接续政策，探索建立长期护理保险制度；建立待遇合理调整机制；适当降低社会保险费率；拓宽社会保险基金投资渠道，确保基金安全可持续运行。

第三，建设高素质人才队伍。人才资源是第一资源。“十三五”时期要深入实施人才优先发展战略，深化人才发展体制机制改革；加强专业技术人才队伍和技能人才队伍建设，专业技术人才总量要达到7 500万人，高、中、初级专业技术人才比例达到10∶40∶50，高技能人才总量达到5 500万人；实施更加开放的人才政策，形成具有国际竞争力的人才制度优势，加快推进我国由人才大国迈进人才强国行列。

第四，提高人事管理科学化水平。深化干部人事制度改革是全面从严治党的内在要求。“十三五”时期要完善公务员制度，深化分类改革，健全考试录用制度，完善奖励机制，健全培训制度，着力打造一支信念坚定、为民服务、勤政务实、敢于担当、清正廉洁的公务员队伍；深化事业单位人事制度改革，建立健全事业单位人事管理政策法规体系；推进中国特色退役军官安置制度建设。

第五，推动形成合理有序的工资收入分配格局。收入分配是民心所系。“十三五”时期要深化工资制度改革，完善企业、机关事业单位工资决定和正常调整机制，加强和改进政府对工资收入分配的宏观调控，正确处理公平和效率的关系，规范工资收入分配秩序，缩小工资收入分配差距。

第六，构建中国特色和谐劳动关系。构建和谐劳动关系是建设社会主义和谐社会的重要基础。“十三五”时期要加强劳动关系法律制度和标准建设；健全劳动关系协调机制，企业劳动合同签订率要达到90%以上；完善劳动人事争议调解和仲裁制度，劳动人事争议调解成功率达到60%以上，仲裁结案率达到90%以上；加强劳动保障监察执法能力建设，劳动保障监察举报投诉案件结案率达到95%以上；全面加强为农民工服务工作，保障农民工合法权益。

第七，提升公共服务能力和水平。增加公共服务供给、实现基本公共服务均等化是推动实现全面建成小康社会的客观要求。“十三五”时期要推进基本公共服务均等化、标准化、信息化，建立健全公共服务制度，加强公共服务能力建设；充分发挥人社部门职能作用，加大脱贫攻坚工作力度。

（三）着力抓好专栏中重大政策项目工程的落实。

规划纲要设置了14个专栏，其中既有指标，又有重大政策、重大项目、重大工程等。专栏中提出的重大政策和工程项目，是落实规划纲要的重要抓手，是推动事业发展的支撑和保障，要扎实推进、全面落实。

专栏中提出的完善社会保险制度、健全事业单位人事管理政策法规体系、建立薪酬调查和信息发布制度等，都是“十三五”时期需要重点落实的重大政策。为充分履行人社部门在脱贫攻坚中负有的重要职责，规划纲要单设加大脱贫攻坚工作力度一节，并设置脱贫攻坚行动计划专栏，提出实施就业脱贫、技能脱贫、社保脱贫、人才脱贫等具体措施，通过与相关部门的协调配合，实现1 000万人转移就业脱贫。

专栏中提出的高校毕业生就业促进和创业引领计划、劳动者素质提升行动、公共实训基地建设、专业技术人才知识更新工程、国家高技能人才振兴计划、金保工程二期、基层劳动就业和社会保障服务设施建设、省市级人力资源市场和社会保障服务中心建设、社会保障卡工程等工程项目，是“十三五”时期加强公共服务能力建设的重要保障。各级人社部门要结合实际情况，积极争取政府支持，加强与有关部门的沟通，争取资金、落实项目，抓好工程建设和管理。

三、认真做好规划纲要组织实施工作

规划纲要已经发布，我们要按照习近平总书记“一分部署，九分落实”的指示精神和李克强总理提出的“规划不是要挂在墙上，而是要落在地上”的要求，精心做好组织实施工作，确保如期完成规划纲要提出的目标任务。

（一）加强组织领导。各级人力资源社会保障部门要加强对规划纲要贯彻实施的领导，主动向当地党委、政府汇报，与当地发展规划相衔接，积极争取领导的重视和相关部门的支持，为规划纲要的顺利实施提供组织和财政保障。要加强人力资源和社会保障法治建设，为规划实施提供法治保障。

（二）健全实施机制。各级人力资源社会保障部门要加强统筹协调和督促检查，制定规划目标任务分解方案和重大项目实施管理办法，明确实施主体、时间表和路线图。要发扬“钉钉子”精神和工匠精神，一件接着一件办，件件有落实。要做好年度计划编制实施工作，加强统计调查和监测评估，强化规划实施的科研支撑，促进城乡区域协调发展和对外交流。

（三）加强宣传引导。规划纲要印发后，部里将开展系列宣传活动，引导形成正确的舆论导向。各级人力资源社会保障部门要认真学习领会规划纲要，将规划宣传工作与规划实施紧密结合、同步落实。大力宣传各地在推动规划实施中的经验、做法和成效，营造有利于规划实施的良好氛围。

（四）抓紧制定出台本地区的规划。目前，各省市人力资源和社会保障事业发展“十三五”规划编制工作大多已基本完成，部分地区还是地方重点专项规划，各地要加快进度，对照规划纲要对本地区的规划进行必要的修改完善，确保重要指标和重点任务相互衔接，尽快出台，及时向部里备案。

同志们，五年规划蓝图已经绘就，集结冲锋的号角已经吹响。在全面建成小康社会的伟大征程中，人社部门责任重大、任务艰巨、使命光荣。让我们更加紧密地团结在以习近平同志为总书记的党中央周围，勇于担当、攻坚克难，以贯彻实施规划纲要为抓手，全面完成党中央、国务院赋予我们的各项任务，为实现我们党确定的第一个百年奋斗目标，实现中华民族伟大复兴的中国梦，贡献我们的力量！

扎实推进人力资源和社会保障事业改革发展 以优异成绩迎接党的十九大胜利召开

尹蔚民

（2016年12月28日）

这次会议的主要任务是，学习贯彻党的十八届六中全会精神，深入贯彻习近平总书记系列重要讲话精神，落实中央经济工作会议部署，总结2016年工作，分析当前形势，安排部署2017年重点任务。刚才，我们对全国人力资源社会保障系统2014—2016年度优质服务窗口进行了表彰，他们是人力资源社会保障系统扎实工作、真挚为民的先进代表，我代表部党组，向受到表彰的单位表示热烈的祝贺！全系统要以他们为榜样，肩负起全面建成小康社会赋予我们的历史使命，振奋精神、勇挑重担，以更高的标准、更务实的作风做好人力资源和社会保障各项工作。

下面，我讲三个问题。

一、关于2016年人力资源和社会保障工作的回顾

2016年是全面建成小康社会决胜阶段和“十三五”时期的开局之年，也是推进供给侧结构性改革的关键之年。面对纷繁复杂的国内外形势，在以习近平同志为核心的党中央坚强领导下，我们认真贯彻落实党中央、国务院决策部署，锐意改革、扎实工作，全面完成全年目标任务，实现了“十三五”良好开局。

（一）全力以赴做好重点群体就业工作，就业局势保持总体稳定。做好就业工作对于保持经济社会平稳运行、推进供给侧结构性改革具有突出的重要意义。我们把就业工作作为第一位的任务，积极应对新形势新情况，实施就业优先战略和更加积极的就业政策，不断丰富完善促进就业创业的政策措施，保持了就业局势总体稳定。预计全年城镇新增就业可达到1 300万人以上，超额完成1 000万人的目标任务，年末城镇登记失业率为4.1%左右，低于4.5%的年度控制目标。2016年5月，李克强总理专程到人力资源社会保障部视察就业工作，并作出重要指示，提出明确要求。系统上下深受鼓舞，认真抓好落实，极大地促进了就业创业工作。我们坚持把促进高校毕业生就业摆在就业工作首位，组织实施高校毕业生就业创业促进计划，深入实施高校毕业生“三支一扶”计划，引导和鼓励高校毕业生到基层工作，多方拓宽就业渠道，采取有针对性的服务措施，在高校毕业生数量常年高位运行且逐年增加的情况下，可望实现高校毕业生就业水平不降低的目标。坚持着力做好去产能中的职工安置工作。化解过剩产能是推进供给侧结构性改革的重要举措，而职工安置是其中的关键。系统上下立足职能职责，扎实做好钢铁、煤炭行业化解过剩产能职工安置工作，制定指导意

见和具体实施办法，建立工作机制，摸清底数，强化服务，加强分类指导，采取多种措施，加强突发事件预防和处置，职工安置工作平稳有序开展。坚持做好就业扶贫和农民工返乡创业工作。加强就业援助，确保零就业家庭实现动态清零。出台切实做好就业扶贫工作的指导意见，通过劳务协作试点、技能脱贫、创建就业“扶贫车间”等多种形式，扎实做好农村贫困劳动力转移就业工作。实施三年行动计划，促进更多农民工返乡就业创业。同时，加强就业服务体系建设，出台加快推进公共就业服务信息化建设应用指导意见，人力资源市场整合步伐加快，公共就业服务能力和水平明显增强。推进人力资源服务业快速发展，创新人力资源市场事中事后监管方式，市场在促进就业中的作用进一步发挥。加大职业培训工作力度，实施职业培训行动计划，劳动者素质得到进一步提高。

（二）以深化社保制度改革为引领，社会保障安全网进一步织密扎牢。社会保障是2016年经济社会发展需要着力推进的重点改革领域，对于兜牢民生底线具有十分重要的作用。我们以更加公平更可持续为目标，深入推进社会保障制度改革，覆盖城乡社会保障体系建设取得积极进展。全面实施机关事业单位养老保险制度，第一次实现企业和机关事业单位退休人员养老金待遇同步调整。各地认真测算、精心组织，调整后的养老金已确保发放到位，1亿多名退休人员受益。认真落实全国卫生与健康大会精神，积极推进“三医联动”，探索深化医保支付方式改革，发挥医保在深化医药卫生体制改革中的基础性作用。整合城乡居民基本医疗保险制度取得积极进展，24个省份出台整合制度相关文件，积极推动“六个统一”和管理体制整合，制度运行总体平稳，初步形成社保统一管理大格局。城乡居民基本医疗保险补助标准提高到420元，参保人员待遇得到更好保障。推进大病保险全覆盖，积极缓解困难群体的大额医疗费用负担。制定生育保险和医疗保险合并实施的办法，开展长期护理保险制度试点。加快推进医保异地就医结算，建立和完善省级异地就医联网结算系统，30个省份实现了省内异地就医持卡结算，全国跨省异地就医直接结算工作取得积极进展。作为供给侧结构性改革中降成本的一项重要举措，在2015年降低失业、工伤、生育保险费率的基础上，2016年再次阶段性降低养老保险单位缴费费率和失业保险费率，预计全年可降低企业成本1 200多亿元。基本养老保险基金投资管理正式启动，6个省份委托社保基金理事会对基本养老保险基金开展投资运营。职业年金基金管理暂行办法出台实施。推进基金监督行政执法与刑事司法衔接，加大对社保领域违法犯罪行为惩处力度。加快实施全民参保计划，积极开展扩面征缴工作，社会保险覆盖范围持续扩大。预计年底基本养老、基本医疗、失业、工伤、生育保险参保人数分别达到8.83亿人、7亿人、1.8亿人、2.19亿人、1.84亿人，同比分别增加2 400万人、3 400万人、700万人、500万人、600万人。社会保险基金收支基本平衡，全国五项社会保险基金总收入为5.1万亿元，总支出为4.5万亿元，分别比2015年年底增加0.5万亿元、0.6万亿元。我国在覆盖城乡社会保障体系建设中取得的成就获得国际社会的充分肯定和高度评价，国际社会保障协会授予中国政府“社会保障杰出成就奖”。

（三）以深化人才评价机制改革为重点，人才队伍建设进一步加强。创新驱动，实质上是人才驱动。中央制定实施深化人才体制机制改革的意见，对推进人才工作作出一系列部署。我们认真抓好落实，按照职责分工，切实履行政府人才综合管理职能，推进人才工作取得新进展，进一步激发了人才创新创业活力。在总结各地探索经验的基础上，推出深化职称制度改革、分类推进人才评价机制改革，建立适合不同人才成长规律和实际特点的评价机制，多年来困扰人才工作的难点问题将得到有效化解。深入落实国务院转变政府职能、推进“放管服”改革任务要求，大幅削减职业资格许可和认定事项，在前五批已取消272项国务院部门设置的职业资格基础上，又分两批取消职业资格162项，总计取消434项，完成国务院确定取消70%的目标，各地也都取消了自行设置的职业资格，人才负担和制度性成本持续降低。研究制定国家职业资格目录清单管理制度，提出国家职业资格目录，职业资格规范化管理进一步加强。继续实施重大人才工程，专业技术人才知识更新工程、高技能人才振兴计划、政府特殊津贴人员选拔、万名专家服务基层行动计划、博士后创新人才支持计划、农民工职业技能提升计划等深入推进。大力弘扬“工匠精神”，2016年7月，李克强总理对世界青年技能日作出重要批示，全国开展了多种形式的宣传活动，隆重表彰了30名中华技能大奖获得者和299名全国技术能手，突出宣传了一批优秀技能人才的典型。首次制定实施技工教育“十三五”规划，将技工院校改革发展推向深入，校企合作广泛开展，企业新型学徒制试点取得成效，各类技能竞赛规模扩大，全年新增高技能人才290万人。党中央、国务院出台加强新形势下引进外国人才工作的意见，统筹国内国际两种人才资源，为当前和今后一个时期引才引智改革发展作出顶层设计，有利于实施更积极、更开放、更有效的人才引进政策。大力实施国家“千人计划”外专项目和高端外国专家项目，完善外国专家管理及留学人员回国服务体系，精心组织中国政府友谊奖等活动，取得良好引才引智效果。

（四）进一步深化人事制度改革，公务员队伍建设不断加强，事业单位人事管理不断规范，军转安置任务顺利完成。深化干部人事制度改革，是全面从严治党的内在要求。我们以推进公务员分类管理改革为引领，促进公务员管理进一步科学化规范化。经过十几年的探索，在公务员分类管理方面取得重大突破，出台专业技术类、行政执法类公务员管理规定，分别建立了单独的职务序列和管理制度。建立国务院及其工作部门任命的工作人员任职宪法宣誓制度，制定加强公务员职业道德建设的意见，公务员考录、公开遴选、平时考核、表彰奖励、培训等工作取得新进展。进一步加强事业单位人事管理，研究制定事业单位工作人员奖励规定，出台做好艰苦边远地区县乡事业单位公开招聘工作的意见，探索建立机关事业单位防治“吃空饷”问题长效机制。研究制定深化国防和军队改革期间军转安置工作的特殊措施和倾斜政策，全面落实全国军转安置工作会议部署，出台政法部门接收安置军转干部工作的意见。各地积极探索，创新军转培训方式，大力扶持自主择业干部就业创业，不断提升管理服务的质量和水平。

（五）扎实推进工资收入分配制度改革，薪酬分配的激励导向作用进一步发挥。深化收入分配制度改革，是推动共享发展的重要基础。中央对扩大中等收入群体、缩小工资收入分配差距作出新部署，提出新要求。我们积极探索，统筹推进，工资收入分配制度逐步健全。深化国有企业负责人薪酬制度改革工作取得积极进展，中央企业已按照新的制度执行，地方国有企业逐步推进。各地根据实际情况稳慎调整最低工资标准。继续开展企业薪酬试调查工作，为正式建立薪酬调查和信息发布制度奠定了基础。积极稳慎推进机关事业单位收入分配制度改革，建立实施机关事业单位基本工资正常增长机制，稳步推进公务员和企业相当人员工资调查比较工作。制定完善艰苦边远地区津贴增长机制的意见和地区附加津贴制度实施方案，基层和艰苦边远地区工资待遇水平进一步提高，调动了基层干部工作的积极性。配合公务员分类改革开展法官、检察官、人民警察工资制度改革试点等工作。积极推动建立符合事业单位特点的薪酬制度。研究制定完善公立医院薪酬制度改革试点的指导意见和完善事业单位高层次人才收入分配激励的意见，组织中央事业单位实施绩效工资工作。这些意见的实施和试点工作的开展，在探索适应不同职业群体的工资政策方面又迈出重要一步。

（六）积极构建和谐劳动关系，劳动者合法权益得到有效维护。构建和谐劳动关系，是社会和谐稳定的重要基础。面对日趋复杂的劳动关系形势，我们主动应对经济下行、化解过剩产能、处置“僵尸企业”等对劳动关系产生的影响，加大劳动关系领域风险防范力度，劳动关系总体和谐稳定。积极稳妥做好化解过剩产能中的劳动关系处理工作。深入贯彻落实全面治理拖欠农民工工资问题的意见，开展专项行动，加强源头治理，保障农民工工资支付长效机制逐步健全。进一步健全协调劳动关系三方机制，深入推进集体合同制度实施攻坚计划。以农民工、小企业为重点，督促企业和职工依法签订劳动合同。研究制定进一步加强劳动人事争议调解仲裁完善多元处理机制的意见，修订劳动人事争议仲裁办案规则和组织规则，扎实推进劳动人事争议调解工作，将劳动争议预防调解示范工作由国有企业扩大到非公有制企业，调解仲裁效能进一步增强。制定出台重大劳动保障违法行为社会公布办法和企业劳动保障守法诚信等级评价办法，推动建立“双随机一公开”监管机制，加大对企业违法行为监督和惩戒力度，劳动保障监察执法成效明显。围绕有序推进农民工市民化，为农民工服务工作取得新成效。

同时，制定实施人力资源和社会保障事业发展“十三五”规划纲要，各地结合实际制定本地区规划。制定实施“互联网＋人社”行动计划，金保工程二期项目顺利推进，信息系统建设创新发展，年底社会保障卡持卡人数预计超过9.6亿人。全面推进法治建设，出台法治人社五年实施纲要，行政审批制度改革深入推进，法规和规范性文件清理成效明显。信访维稳工作扎实有效，新闻舆论工作平稳有序，成功举办二十国集团劳工就业部长会议。持续推进人社系统基层基础工作，加强窗口单位作风建设，不断提高公共服务能力。

回顾一年来的工作，我们积极应对挑战，勇于开拓进取，不断研究新情况、解决新问题，工作中呈现很多亮点，以下几个方面尤为突出：一是在经济下行压力加大、化解过剩产能任务艰巨、城镇新成长劳动力增多的情况下，稳住了就业基本盘，拓展了就业增长新空间，为经济平稳运行和社会和谐稳定作出积极贡献，受到党中央、国务院充分肯定。二是公务员分类管理、人才评价引进机制改革取得重大突破，工资管理由以往的大一统模式转向探索适应不同职业群体特点的工资政策，这些具有标志性意义的改革迈出重要步伐，对于破解制约我们事业发展的瓶颈具有重大而深远的意义。三是在经济领域风险向社会领域传导趋势明显的情况下，着力防范化解过剩产能职工安置、社保基金收支矛盾、拖欠农民工工资、人事考试等风险隐患，守住了不发生系统性区域性风险的底线，为社会和谐稳定作出重要贡献。四是立足于为群众提供更加方便快捷的服务和改进工作方式，加大公共服务信息化建设力度，积极推进“互联网＋人社”，服务模式不断创新，工作流程不断优化，群众的获得感进一步增强。

总结一年来的工作，我们坚持理论和实践相结合，不断探索工作规律，逐步形成推进工作的好做法好经验，以下几个方面尤为重要：坚持围绕中心、服务大局。这是做好工作的根本要求。只有牢固树立大局意识，在大局下定位和谋划，更加自觉地与以习近平同志为核心的党中央保持高度一致，坚持以人民为中心的发展思想，把增进人民福祉、促进人的全面发展作为我们的根本任务，才能找准工作的方位和坐标，认清我们的地位和作用，把中央精神与我们的实际紧密结合，不折不扣地把中央的决策部署落到实处。坚持改革创新、勇于担当。这是推进事业发展的强大动力。只有解放思想、坚定信心，增强进取意识和责任担当，坚持目标导向和问题导向，注重顶层设计与尊重基层首创相结合，形成改革合力，才能创造性地提出解决问题的新思路新办法，有效破解体制机制障碍。坚持突出重点、统筹兼顾。这是推进工作的基本方法。只有切实把就业工作摆在首要位置，时刻记在心上、抓在手上，集中力量把重点工作落实好，弹好钢琴、转好盘子，才能以重点工作的突破带动整体工作，协调推进各项事业取得新发展。坚持提升能力、改进作风。这是落实任务的根本保障。只有以更高的标准、更严的要求坚决推进全面从严治党，不断加强自身建设，提升干部队伍素质，持续改进工作作风，才能切实提高为群众服务的能力和水平，树立勤政为民务实的良好形象，为事业发展提供坚强保障。

2016年工作取得的成绩确实来之不易，这得益于党中央、国务院对人力资源和社会保障工作的高度重视，得益于各级党委、政府的正确领导和有关部门的支持配合，凝聚着全国人力资源和社会保障系统干部职工的辛勤劳动。在此，我代表部党组向有关单位和部门，向全国人力资源和社会保障系统广大干部职工致以崇高的敬意和衷心的感谢！

同时也必须看到，我们自身工作还存在一些突出问题。工作落实抓得还不够，部分改革任务出台和落地滞后，相应的配套政策未能及时跟进，一些政策措施出台后群众的获得感不强。各地工作进展也不平衡，任务落实和推进差异较大。个别地区不能有效研判应对倾向性苗头性问题，风险防控意识不强。一些制约事业发展的体制机制等重点难点问题，还没有及时拿出有效的解决办法。这些问题，都需要我们切实加以改进。

二、关于2017年的主要工作任务

2017年将召开党的第十九次全国代表大会，以优异成绩迎接党的十九大胜利召开，是一项光荣的政治任务，是围绕中心、服务大局最重要的体现。我们要增强“四个意识”，在党和国家的大局下来谋划、推进和落实工作，以更加坚定的信心、更加振奋的精神和更加扎实的作风，全力推进各项工作再上新台阶。

2017年也是实施“十三五”规划的重要一年和推进供给侧结构性改革的深化之年。从国际范围看，世界经济仍将处于缓慢复苏的进程中，复杂性、不稳定性和不确定性将进一步凸显。从国内看，“三期叠加”阶段性特征明显，经济稳定运行的基础还不牢固，经济下行压力依然较大，产能过剩和需求结构升级矛盾突出，经济增长内生动力不足，一些资源型和传统产业比重大的地区困难增多，社会风险积累。这些给就业、社会保障、劳动关系等工作带来的影响日趋明显，做好2017年的工作依然存在许多风险挑战，困难不可低估，要有清醒的认识。

党中央、国务院高度重视民生工作。习近平总书记强调“发展经济的根本目的是更好保障和改善民生”，明确提出“坚守底线，突出重点，完善制度，引导预期”工作思路。这为我们做好工作提供了行动指南和根本遵循。必须充分认识到，我国发展仍处于可以大有作为的重要战略机遇期，经济发展向好的基本面没有改变。当前，我国经济呈现缓中趋稳、稳中向好的态势，经济运行保持在合理区间，经济结构继续优化，改革开放取得新突破，人民生活持续改善，发展也具备较大的回旋余地。还要看到，经过多年努力，人力资源和社会保障领域改革的“四梁八柱”已基本搭建起来，工作机制日趋完善，为做好2017年工作奠定了坚实基础。

我们必须深刻把握经济社会发展的大局和大势，坚定信心、积极进取，充分利用一切积极因素和有利条件，切实保障和改善民生，做好人力资源和社会保障各项工作，不断增强群众的获得感，为党的十九大胜利召开增光添彩。必须增强忧患意识和底线思维，保持清醒头脑，把困难和问题估计足，防范化解风险隐患，切实担起责、把好关，牢牢兜住民生底线，决不能添乱。

做好2017年人力资源和社会保障工作的总体要求是：全面贯彻党的十八大和十八届三中、四中、五中、六中全会精神，深入贯彻习近平总书记系列重要讲话精神，统筹推进“五位一体”总体布局和协调推进“四个全面”战略布局，坚持以人民为中心的发展思想，坚持稳中求进工作总基调，牢固树立和贯彻落实新发展理念，适应把握引领经济发展新常态，围绕“民生为本、人才优先”工作主线，积极促进就业创业，深化社会保障制度改革，加快人才队伍建设，推进人事制度改革，完善工资收入分配制度，构建和谐劳动关系，加强公共服务体系建设，持续改革创新，筑牢民生底线，防范化解风险，增强群众获得感，以优异成绩迎接党的十九大胜利召开。

（一）全力确保就业局势稳定。2017 年就业形势依然复杂严峻。就业总量压力仍然较大。需在城镇就业的新成长劳动力在 1 500 万人以上，特别是高校毕业生达到 795 万人的历史高位，同比增加 30 万人，已占到新成长劳动力的一半以上。此外，还有新转移农村劳动力 300 多万人，也需要在城镇有一定的就业空间。同时，结构性就业矛盾更加突出。一方面，产业转型升级、技术进步所需的高层次和技能人才招不到，一线普工不好招；另一方面，大龄低技能劳动者和部分高校毕业生就业更加困难，结构性和摩擦性失业增多。2017 年化解过剩产能职工安置任务更加繁重，尤其是一些产业结构单一、再就业门路较窄的地区，压力更大。但我们也要看到，我国经济总量增大和结构优化，特别是“大众创业、万众创新”蓬勃发展，新技术新业态不断涌现，对就业的拉动能力进一步增强。就业政策措施日趋完善，职业培训和公共就业服务逐步加强，促进就业效能进一步显现。正是基于这些考虑，经过深入研究，确定 2017 年就业工作目标为：全国城镇新增就业 1 100 万人以上，全国城镇登记失业率控制在 4.5％以内。与往年相比，城镇新增就业增加了 100 万人，这是经济社会发展对就业的内在要求，是我们必须完成的任务，对于引导市场预期也具有积极作用。

2017 年，要继续把确保就业局势稳定作为全系统第一位的工作，全力以赴抓实抓好。一是完善落实稳定和扩大就业的政策。要根据形势变化，针对新情况新问题，研究完善有利于稳定和扩大就业的政策措施，通过产业、财税、金融、贸易等一揽子政策协同配合，推动经济增长带动就业，扶持新就业形态发展，不断拓展就业新空间。同时，要加强政策宣传、督促检查、效果评估，推动政策落地见效。二是做好重点群体就业工作。这是稳定就业形势的关键。要继续把高校毕业生就业摆在就业工作首位。发挥好牵头协调作用，会同有关部门深入实施高校毕业生就业创业促进计划，落实好新一轮高校毕业生“三支一扶”计划，进一步引导和鼓励高校毕业生到基层工作，多渠道促进高校毕业生就业创业。要积极稳妥做好化解过剩产能职工安置工作。各地要及时总结前期工作经验，梳理和研究解决存在的问题，全面落实各项政策，提供资金保障，支持和指导企业做细做实安置工作，“一企一策”，及时帮助企业协调解决安置中遇到的困难，做到转岗不下岗，确保完成中央确定的安置目标。对去产能任务重、待岗职工多、失业风险大的地区，开展就业援助专项行动，发挥失业保险援企稳岗作用。要把就业脱贫作为政治任务认真落实。要精准施策，帮助就业困难人员尽快就业，确保零就业家庭动态清零。要落实好就业扶贫工作的指导意见，多管齐下，提高就业扶贫精准度，促进农村贫困劳动力就业，带动促进贫困人口脱贫。三是突出抓好创业带动就业工作。各地在支持大学生、农民工、科研人员等群体创业方面，积极探索，主动作为，出台了一系列含金量高的政策措施，创业环境不断优化，“大众创业、万众创新”氛围日益浓厚，创业带动就业的成效逐步显现。要进一步推进简政放权和行政审批制度改革，落实好各项创业优惠政策，加强创业服务和创业培训，推进创业孵化示范基地建设，积极开展各类创业创新活动，营造鼓励创业创新的社会氛围。四是大力加强职业技能培训。要建立终身职业技能培训制度，创新完善政策措施。根据转岗职工、高校毕业生、农民工、就业困难人员等不同群体的特点，开展专项职业培训行动，落实培训补贴政策，创新培训模式，整合资源、提高效能，进一步增强职业培训的针对性和实效性，提高劳动者就业和转岗能力。五是加强公共就业服务。提高公共就业创业服务专业化、标准化水平，实现服务精准化、便民化，加强就业信息化建设和应用，完善劳动力资源管理信息监测体系，进一步提升服务能力和管理水平。开展多层次、多形式的就业创业服务专项活动。创新人力资源市场事中事后监管方式，推进人力资源服务业发展。同时，密切关注经济和就业形势变化，加强就业失业动态监测，完善失业风险预警和快速响应工作机制，努力防范失业风险。

（二）深化社会保障制度改革。当前，社会保障制度在增强公平性、适应流动性、保障可持续性方面都面临严峻挑战。在增强公平性方面，部分劳动者还没有纳入社会保险，社会保险权益没有得到保障。在适应流动性方面，社保关系转移接续还不顺畅，异地就医结算系统还没有完全建立起来。在保障可持续性方面，随着人口老龄化、阶段性降低费率、养老金待遇调整，基金当期收支缺口将进一步扩大，保发放压力持续增加。随着医疗待遇水平提高、医疗费用持续高位增长，基金收支平衡压力增大。同时，群众社会保障权益意识逐步增强，对公平享有社会保障、不断提高保障水平、方便快捷获得服务有了更高更多的期盼。也要看到，我国综合国力和经济实力增强，社会保障物质基础进一步夯实。经过多年改革发展，覆盖城乡居民的社会保障体系基本建立，社会共识在逐步形成。这些都为进一步做好社会保障工作奠定了良好基础。

2017年，社会保障工作最突出的主题仍然是改革。我们要从增强公平性、适应流动性、保障可持续性出发，既抓好已出台改革举措的落实，又按计划推出新的重点改革举措，进一步健全社会保障制度。一是深化养老保险制度改革。这是中央确定的五大关键性改革任务之一，是2017年改革的重头戏，关乎社会保障制度的长远发展。各地要按照统一部署，精心组织，上下联动，确保改革任务落实落地。目前，部分地区机关事业单位养老保险制度改革进展比较缓慢。各地要高度重视，积极克服困难，加大推进力度，确保实施到位。二是继续推进医疗保险制度改革。认真落实全国卫生与健康大会决策部署，推进“三医联动”，关键是要积极推进医保支付方式改革，加强医保基金预算管理，推进按病种付费等多种支付方式，强化对医疗行为的监管，真正发挥医保在医改中的基础性作用。同时，改进职工医保个人账户，积极开展门诊费用统筹。要全面推进城乡居民医保整合，已经整合的地方要理顺管理体制，提高服务效能，确保基金安全，还没整合的要主动作为，积极发挥职能作用，尽快实现整合。要继续提高城乡居民医保财政补助标准，同步提高个人缴费标准。要加快建立国家异地就医联网结算系统，确保2017年基本实现符合条件的异地就医住院费用直接结算。加强基本医保、大病保险、医疗救助等各项制度有效对接。开展长期护理保险试点和医疗保险与生育保险合并实施试点工作。积极推进工伤保险省级统筹。三是进一步提升社会保险经办管理服务能力。要深入推进“五证合一”登记制度改革。健全社保经办服务标准化体系。创新管理手段和服务方式，加快电子社保建设步伐，提高社保经办规范化、信息化、专业化水平。全面实施全民参保计划，基本建成全国全民参保数据库。同时，要确保养老金按时足额发放。2017年要继续提高基本养老金标准，各地要强化主体责任，加强扩面征缴，严格支出管理，多渠道筹集资金，确保养老金发放。要稳慎推进基本养老保险基金投资运营，加强基金监管，多措并举增强基金支撑能力。

（三）创新人才工作体制机制。当前，我国人才发展总体水平还不够高，特别是高层次创新型人才、高技能人才匮乏，人才队伍的整体规模、素质能力、结构分布都与需求还不相适应。同时，人才工作制度体系不够健全、评价标准不够科学、评价机制不够完善等问题还没有得到很好解决，做好人才工作的思想观念还不能适应新形势新要求，人才的有效激励不足，流动性障碍依然存在。实施人才强国战略、创新驱动发展战略对人才工作都提出了新的更高要求。我们必须进一步解放思想，继续在创新人才评价和激励机制上下功夫，这是调动人才积极性、主动性和创造性，激发各类人才创新活力和潜力的关键。

2017年，要全面贯彻落实中央深化人才发展体制机制改革的意见，着力抓好人才评价等相关改革任务的落实落地，全面推进各项人才工作。一是全面深化职称制度改革。这是现行职称制度30多年来第一次全面系统改革，着眼于解决评价标准不科学、用人主体自主权落实不够等突出问题，具有激发人才队伍活力的重要作用。要加快制定配套政策，积极稳妥实施。已出台人才评价创新性政策的地方，要加强与新制度的有序衔接，确保平稳过渡。同时，扎实做好分类推进人才评价机制改革工作，会同各地各部门制定实施方案，分类建立符合不同人才成长规律和实际特点的评价机制。二是加强专业技术人才队伍建设。以“高精尖缺”为重点，实施专业技术人才知识更新工程、百千万人才工程、万名专家服务基层行动计划、新疆西藏特培等重点人才项目。实施好博士后创新人才支持计划、留学人员回国创新创业启动支持计划。破除人才流动障碍，研究建立高层次急需紧缺人才优先落户制度，完善鼓励引导人才向基层和艰苦边远地区流动的政策措施。三是加强技能人才队伍建设。研究完善技能人才职业技能等级认定和提高待遇政策，畅通技能人才职业发展通道。实施国家高技能人才振兴计划，加强高技能人才培训基地和技能大师工作室建设，推进企业新型学徒制、职业训练院、职业培训包等改革试点。做好第44届世界技能大赛参赛和第46届世界技能大赛申办工作。四是加大引进外国人才工作力度。以深入学习贯彻加强新形势下引进外国人才工作的意见作为外专工作主线，认真总结“两证整合”试点工作经验，全面实施外国人来华工作许可制度，统筹抓好引进外国人才和智力工作。五是做好减少职业资格许可认定的后续工作。建立国家职业资格目录清单管理制度，清单外一律不得许可和认定职业资格，清单内除准入类职业资格外一律不得与就业创业挂钩，公布之后要保持相对稳定，实行动态调整。要加强减少职业资格的督导检查和事中、事后监管，确保落实到位。对取消的涉及人数较多的职业资格，要做好政策解释，分类妥善处理。

（四）积极推进人事制度改革。当前，公务员队伍的素质与新的形势要求还不完全适应，特别是在经济发展新常态下，不少公务员存在着本领恐慌，不会为、不善为；也有的精神懈怠，缺乏担当，不作为、慢作为。对此，我们虽然采取了一些措施，但尚未从根本上解决。公务员法规体系不够完善，基层公务员队伍建设比较薄弱，公务员选拔任用、评价激励机制不够健全，还不能完全适应全面从严治党、推进国家治理体系和治理能力现代化的要求。事业单位人事管理法规建设滞后，分类推进事业单位人事制度改革的任务还非常艰巨。军转干部安置渠道狭窄，计划分配难度增大，安置工作任务繁重。公务员是治国理政的骨干，事业单位工作人员是公共服务的主要提供者，军转干部是重要的人才资源，深化人事制度改革就是要充分调动各类人员的积极性主动性创造性。

2017年，要着力推进实施公务员分类管理改革，扎实做好事业单位人事管理和军转安置工作，全面提升人事管理的科学化水平。一是推进专业技术类、行政执法类公务员分类改革。这是公务员管理制度的一项重大改革，要搞好调查摸底，合理确定不同类别的职位范围，完善配套政策，使新制度平稳运行。要及时研究完善适合不同类别公务员的分类录用、考核、培训等制度，实行科学化精细化管理。同时，进一步规范表彰奖励工作，完善公务员录用制度，出台公务员平时考核办法，制定聘任制公务员管理规定，做好公务员培训工作，推进公务员职业道德建设。二是积极稳妥开展公务员职务与职级并行制度试点工作。试点地区要统筹考虑衔接平衡问题，平稳推进现有人员顺利入轨。要加强对试点地区的指导，总结经验，为全面实施奠定基础。同时，要积极探索、深入研究，建立健全干部的正向激励和职业保障机制。三是深化事业单位人事制度改革。深入实施事业单位人事管理条例，研究出台考核、竞聘上岗规定，制定监督、培训相关配套政策，进一步完善公开招聘制度，制定事业单位公开招聘违纪违规行为处理办法。试点推行事业单位管理岗位职员等级晋升制度。促进事业单位专业技术人员创新创业，推动建立高校、科研院所和企业科研人员双向交流机制。四是认真做好军转安置工作。要深入贯彻落实中央关于深化国防和军队改革期间军转工作的部署和要求，不断改进安置办法，拓宽安置渠道，圆满完成安置任务。认真做好政法部门接收安置军队转业干部工作。进一步加大自主择业军转干部就业创业扶持力度，加强管理服务。五是加强人事考试安全工作。人事考试出问题不仅影响考试公平，还可能引发重大社会风险，严重损害党和政府形象。要从完善管理制度、健全政策法规、提高技术水平等多个层面综合施策，主动预防化解考试安全风险，确保不发生泄密、大规模作弊的恶性事件，确保不发生内外勾结、徇私舞弊的严重问题。对发生考试安全问题的地方和部门要倒查责任，依法依规予以问责。

（五）健全工资收入分配制度。当前，基层工作人员收入不高，一线企业职工收入偏低，不同行业、不同地区、不同群体之间的工资收入差距不合理现象依然比较突出，分配秩序也还不规范，对我们推进工资制度改革、优化分配结构、统筹平衡好各群体利益关系提出了要求。中央对于扩大中等收入群体、健全收入分配制度作出重要部署，提出重大举措，其中有多项任务都需要我们研究和落实。

2017 年，我们要继续改革完善体现人力资本和劳动价值、促进机会公平、鼓励创新的工资收入分配政策，努力缩小工资收入分配差距、扩大中等收入群体。一是深化企业工资收入分配制度改革。深入实施国有企业负责人薪酬制度改革，加大督促指导力度，继续在中央企业和省管企业负责人中落实好改革政策，加快推进地市以下国有企业负责人薪酬制度改革。结合落实董事会职权和推行职业经理人制度改革，积极稳妥开展国有企业职业经理人市场化薪酬分配改革试点，建立差异化薪酬分配办法。推进国有企业工资决定机制改革，建立健全与劳动力市场基本适应、与企业经济效益和劳动生产率挂钩的工资决定和正常增长机制。完善企业工资分配宏观指导制度，建立企业薪酬调查和信息发布制度。开展制造业人工成本监测工作。调整最低工资标准，是对低收入劳动者的一个重要保障措施，也是影响企业人工成本的一个重要因素，需要我们谨慎研究对待。要充分考虑当前企业的生产经营状况，继续稳慎把握最低工资标准的调整频率和幅度，引导职工形成合理预期。二是完善公务员工资制度。适应公务员分类改革的要求，研究制定相关配套工资政策。总结法官、检察官工资制度改革试点和公安机关执法勤务警员、警务技术职务序列改革配套工资政策试点经验，进一步完善相关制度。研究制定完善公务员奖金制度的意见和调整艰苦边远地区津贴实施范围和类别方案，做好实施地区附加津贴制度的准备工作。继续推进公务员和企业相当人员工资调查比较工作。三是完善事业单位工资制度。组织实施公立医院薪酬制度改革试点，在总结评估的基础上制定指导意见。完善事业单位高层次人才激励政策，进一步调动高层次人才的积极性。

（六）确保劳动关系和谐稳定。当前，经济领域的矛盾和风险将进一步向劳动关系领域传导，劳动关系矛盾纠纷可能增多，新的就业形态、就业方式产生的劳动关系矛盾逐步显现，特别是，随着劳动力供求格局变化，新生代劳动者话语权、权益诉求及表达方式都发生明显变化，加之新媒体信息快速传播效应，劳动关系领域风险防控难度进一步加大。

2017 年，劳动关系领域最重要的任务就是确保劳动关系和谐稳定，不发生影响全局的系统性区域性风险。一是解决劳动关系领域的突出矛盾。要关注重点领域和薄弱环节，继续加强动态监测，做好劳动关系突出矛盾排查化解工作，完善突发事件应急处置预案，及时发现、有效化解劳动关系矛盾风险。尤其是要注重解决拖欠农民工工资问题，由于形成欠薪的主要源头因素尚未得到根本解决，保障农民工工资支付任务依然十分艰巨。各地要进一步落实全面治理拖欠农民工工资问题的意见，切实承担起属地监管责任，加强源头治理，扎实开展专项整治，确保农民工按时足额拿到工资。二是做好劳动关系协调工作。继续指导企业在化解过剩产能中依法妥善处理职工劳动关系，维护好分流安置职工合法权益。以工资集体协商为重点，健全集体协商和集体合同制度。进一步探索完善协调劳动关系三方机制，深入开展和谐劳动关系创建活动。三是加强调解仲裁和监察执法工作。要进一步推进争议处理效能建设，加强专业性劳动争议预防调解工作，健全争议仲裁制度，完善仲裁办案规则，建立裁审衔接的工作机制。要积极推进劳动保障监察执法体制改革，加快建立“双随机一公开”机制，组织好各项专项执法检查，推行劳动保障守法诚信等级评价，依法公布重大劳动保障违法行为，加大违法失信行为惩戒力度，维护劳动者合法权益。同时，进一步发挥统筹协调、组织推动作用，持续推进家庭服务业健康发展，全面加强为农民工服务工作。

这里，我特别强调一下加强公共服务体系建设问题。要把加强公共服务特别是公共服务的信息化建设摆在更加重要的位置。这不仅仅会让群众办事更加便捷，更加有获得感，同时也会大大提升我们的工作效率和质量，改变我们的工作方式、工作方法甚至决策方式。要加快社会保障卡发行和推广应用，组织实施“互联网＋人社”行动计划，加大信息化网络化建设力度，推进数据开放和跨部门信息共享，构建人社大数据，运用互联网思维创新工作模式和流程，在提升公共服务能力和水平的同时，为科学决策提供重要支撑。同时，要稳步实施人力资源和社会保障事业发展“十三五”规划纲要，全面推进法治人社建设，加强新闻宣传舆论引导，深入推进窗口单位作风建设，夯实事业发展基础。

总之，2017 年的工作任务重、头绪多、要求高，需要我们统筹兼顾，协调推进。在对全盘工作的把握上，要更加突出抓重点、抓改革、抓风险防控、促能力提升，为党的十九大胜利召开营造良好氛围。抓重点，就是要始终把促进就业作为我们系统的重点工作，一如既往地摆在各项工作的首位，举全系统之力，综合施策，精准发力，确保完成就业目标任务，确保就业局势稳定。这是我们为党的十九大胜利召开作出的最重要的贡献。抓改革，就是要继续把深化改革摆在更加突出的位置，作为贯穿全年工作的主线。发挥改革牵引作用，以改革的强大动力破解事业发展的瓶颈难题，推进事业发展。抓风险防控，就是要增强底线思维和忧患意识，始终绷紧风险这根弦，着力防控规模性失业、社保基金支付能力、劳动关系、人事考试安全等重点领域风险，坚决守住底线，防止影响和干扰大局。这在 2017 年工作中尤其具有重要意义。促服务能力提升，就是要坚持民生为本，以增进人民福祉、促进人的全面发展作为我们的根本任务。我们不仅要把政策制定好，更要为群众提供便捷优质高效的服务，通过强基层打基础，补齐公共服务短板，增强人民群众的获得感幸福感。这要作为全系统始终坚持和努力的方向。

三、关于 2017 年工作的几点要求

2017 年的目标任务已经明确，关键是要抓好落实。各级人力资源社会保障部门要凝心聚力、勇于担当、锐意进取，积极推动各项工作落到实处。

（一）围绕中心，服务大局。当前和今后一个时期最重要的任务，就是学习贯彻党的十八届六中全会精神，以优异的成绩迎接党的十九大胜利召开。要深入学习贯彻习近平总书记系列重要讲话精神，进一步增强“四个意识”，特别是核心意识、看齐意识，自觉在思想上政

治上行动上同以习近平同志为核心的党中央保持高度一致。坚决服从大局需要，一切从大局出发，不折不扣推进中央各项重大决策部署落实落地，扎扎实实做好人力资源和社会保障各项工作，为大局增光添彩。

（二）勇于担当，狠抓落实。我们事业改革发展任务繁重、责任重大，必须以更加饱满的精神、更加昂扬的斗志，增强责任意识，积极进取、奋发有为，在问题面前不回避、困难面前不畏缩，扎实推进各项改革和重点目标任务。要坚持问题导向和目标导向，只要看准了、认定了，就坚决地改、坚定地干。要以“钉钉子”精神狠抓落实，明确任务、明确责任、明确时限、明确要求，层层压实责任。要强化督促检查、问责问效，确保落实落地、见到实效。

（三）化解风险，坚守底线。人社领域全部工作都涉及人，大部分涉及民生，和人民群众切身利益息息相关，社会高度关注，稍有不慎就可能引发社会风险。做好人社工作，尤其要增强底线思维和忧患意识。要关口前移，加强研判，健全社会稳定风险预警和评估机制，认真排查和梳理矛盾风险点，对可能引发影响社会稳定的问题早发现、早处理。要完善社会风险化解机制，明确主体、责任到位，决不能因为我们的政策失误和管理疏漏而引发不稳定事件，决不能因为我们的工作不到位而引发系统性、区域性风险。

（四）从严从实，加强党建。推进全面从严治党，建设一支政治上、思想上、业务上、作风上都过硬的干部队伍是我们事业发展的重要保障。各级人力资源社会保障部门都要高度重视党的建设，把全面从严治党要求在我们系统落到实处。要严格落实新形势下党内政治生活的若干准则和党内监督条例，坚决把纪律和规矩挺在前面。要认真落实主体责任，履行一岗双责，层层传导压力。要进一步加强党员干部教育监督管理，强化廉政风险防控，筑牢拒腐防变的思想防线和制度防线，努力建设一支忠诚干净担当的干部队伍。

同志们，做好2017年的人力资源和社会保障工作，任务艰巨、责任重大、使命光荣。我们要更加紧密地团结在以习近平同志为核心的党中央周围，坚定信心、开拓进取，努力完成各项工作任务，以优异成绩迎接党的十九大胜利召开。

严格执行党规党纪　实践好“四种形态”不断把人社系统党风廉政建设引向深入

——在全国人社系统2016年党风廉政建设工作座谈会上的讲话

耿文清

（2016年5月10日）

党的十八大以来，以习近平同志为总书记的党中央把全面从严治党纳入“四个全面”战略布局，把党风廉政建设和反腐败斗争作为全面从严治党的重要内容，正风肃纪，反腐惩恶，取得了重大成效。按照中央的决策部署，部党组认真抓好贯彻落实，每年召开系统党风廉政建设工作会议，总结2015年工作，交流各地经验，部署2016年工作。刚才，孔昌生同志代表部党风廉政建设工作领导小组总结了2015年的工作，分析了面临的形势，部署了2016年全系统党风廉政建设工作的主要任务，内容全面，重点突出，要求明确。大家要认真学习领会，结合实际抓好落实。下面，我就如何进一步加强系统党风廉政建设再强调几点意见。

一、深入贯彻落实中央纪委第六次全会和国务院第四次廉政工作会议精神，进一步提高对抓好系统党风廉政建设工作重要性紧迫性的认识

习近平总书记在中央纪委第六次全会上发表重要讲话，充分肯定了党风廉政建设和反腐败斗争取得新的重大成效，深刻分析了依然严峻复杂的形势，强调要坚定不移推进党风廉政建设和反腐败斗争。李克强总理在国务院第四次廉政工作会议上指出，反腐倡廉制度不健全，少数干部不作为、不会为、乱作为，重点领域及群众身边的腐败问题不容忽视。王岐山同志强调，党中央对党风廉政建设和反腐败斗争形势依然严峻复杂的判断没有变，旗帜立场不会变，目标任务不能变。我们要深入学习贯彻中央纪委第六次全会和国务院第四次廉政工作会议精神，把思想和行动统一到中央对反腐倡廉形势的科学判断和决策部署上来，结合实际抓好贯彻落实。

2015年以来，部党组认真履行全面从严治党主体责任，大力加强部机关党风廉政建设和系统政风行风建设，扎实开展“三严三实”专题教育，加强廉政风险防控机制建设，推进实施党员领导干部廉洁从政行为规范、社会保险工作人员和人事考试工作人员纪律规定、就业专项资金管理等纪律规定和深化政务公开的意见等一系列制度规范，定期进行党风廉政形势分析，在全系统开展多种形式的监督检查和专项治理活动，着力推进党风政风行风建设，着力提升能力素质、打造服务品牌，树立人社部门良好形象，着力加强法治建设、提高依法行政能力，部机关及系统党风廉政建设各项工作取得了明显成效。

在充分肯定成绩的同时，我们必须清醒地看到，人社工作直接涉及群众切身利益，廉政风险点多面广，违规违纪问题时有发生，党风廉政建设和反腐败工作形势依然严峻、任务依然艰巨，来不得半点懈怠、容不得一丝疏忽。部机关仍然存在极个别人以权谋私甚至贪污受贿、不如实报告个人事项等问题，还有极个别人在中央“八项规定”出台后公款吃喝旅游及收受购物卡等问题，“小金库”问题和违规使用会议费问题也没有从根本上杜绝。各级人社部门面对党风廉政建设新形势新情况，也存在一些突出的问题和薄弱环节。一是一些领导干部党的意识和“一岗双责”意识不强，层层传导压力不够，重业务、轻廉政的情况比较普遍，主动思考、积极防控做得不够。二是各级人社部门机关党委、纪委负责党风廉政建设具体工作，多数存在力量不足、能力不强、经验欠缺的问题。有的机关党委只有2～3个人，有的甚至没有专职纪委干部，平时忙于机关党建日常工作，对纪检工作不熟悉不了解，无法适应驻厅（局）纪检组“三转”的要求，工作被动、疲于应付。三是党风廉政建设工作机制不完善。目前多数省市驻厅纪检组监察室把过去承担的党风廉政日常工作逐步移交机关党委，处于过渡期，新的工作机制还不够完善。四是人社工作业务领域廉政风险较高，特别是一些基层单位，社保资金监管以及信息化建设等领域违纪违法案件易发多发。以上情况必须引起我们高度重视，按照中央和部党组要求，下真功夫、下大气力认真加以解决。

二、坚持突出重点，上下紧密配合，坚定不移推进系统党风廉政建设和反腐败工作

人社工作直接涉及老百姓的切身利益，需要系统上下协调一致，齐心协力共同下好“一盘棋”。近年来，各级人社部门对党风廉政建设工作高度重视，做了大量工作。刚才，昌生同志谈到，2015年，我们在全系统开展了整治机关事业单位“吃空饷”、事业单位公开招聘、强化社保基金就业资金监管、清理拖欠农民工工资、保障人事考试安全等5个方面的专项治理，都取得了非常好的效果。特别是窗口服务单位，从加强党和人民群众血肉联系的高度，把作风建设当作一件大事来抓，解决了大量群众反映强烈的突出问题，使广大人民群众对人社部门有了更多的认同感、信任感，这是系统上下共同努力的结果。但是，我们也要看到，取得的成果还是初步的，基础还不稳固，一些深层次的问题还没有从根本上解决，在有些方面系统上下还没有形成合力。从部机关看，调查研究还不够深入，作风建设还需要强化，有些政策出台前论证不够充分，广泛深入听取基层部门和广大群众的意见不够；对地方情况的了解有的不够及时，开展分类指导、有针对性地解决基层实际问题方面做得不够。从地方情况看，有的对政策把握不够准确，没有聚焦到群众反映的突出问题上，在结合实际抓落实上还存在不尽责、不到位等现象；有的基层窗口单位仍然存在“庸、懒、散、拖”等问题，工作人员素质和工作作风需要改进。对此，需要进一步加强人社系统的沟通协调和上下联动，进一步聚焦突出问题，回应群众关切，以上带下、以下促上，攻坚克难、务求实效。要紧盯重点任务，特别是继续开展专项治理的5个方面工作，都是需要系统上下联动加强整改的重点项目，要不折不扣地抓好落实。部机关要做出表率，进一步改进作风，主动查找、认领存在的问题，深入细致开展研究论证，进一步提高决策科学化民主化水平。各地要按照部里的统一部署，细化分解任务，结合实际创造性地开展工作，促进各项惠民政策在基层落地生根。在窗口单位建设方面，人社领域的公共服务与人民群众的期望相比仍然存在不小差距，要坚持问题导向，把握当前重点，下大气力解决存在的突出问题，从服务内容、办事流程、跟踪反馈、结果评价等方面不断改进，使服务更加精细、规范、高效，让人民群众有实实在在的获得感。

三、坚持把纪律挺在前面，实践好“四种形态”

全面从严治党任务依然艰巨繁重，各级人社部门要切实增强政治意识、大局意识、核心意识、看齐意识，坚持把纪律挺在前面，运用“四种形态”，坚决落实从严治党要求。一是着力坚持挺纪在前。习近平总书记在中央纪委第六次全会上进一步强调，要把纪律建设摆在更加突出位置。少数党员干部没有把中央和部党组的要求放在心上，缺乏基本的党性观念和纪律规矩意识。对此我们要高度重视，严肃对待。要健全完善制度，扎紧党纪党规的笼子；要深入开展纪律教育，使党员、干部增强纪律意识；要狠抓执纪监督，维护纪律严肃性；要养成纪律自觉，把他律要求转化为内在追求。二是着力坚持抓早抓小。发现党员干部的苗头性问题，及时运用函询、诫勉谈话等方式，早打招呼早提醒，防止小问题演变成大问题。要实践好监督执纪的“四种形态”，党内关系要正常化，批评和自我批评要经常开展，让咬耳扯袖、红脸出汗成为常态；党纪轻处分和组织处理要成为大多数；对严重违纪的重处分、作出重大职务调整应当是少数；严重违纪涉嫌违法立案审查的只能是极极少数。扩大谈话函询覆盖面，坚决把违纪违规存量减下来，使党纪轻处分经常使用，坚决遏制严重违纪违规增量。三是着力保持正风反腐高压态势。王岐山同志强调，要力度不减、节奏不变，持续保持遏制腐败的高压态势。坚决减存量、遏增量，确保实现不敢腐的目标，强化不能腐、不想腐的机制。各级人社部门党组织主要负责同志要严格落实全面从严治党第一责任人的责任，领导班子其他成员要对分管单位的从严治党负领导责任，一级抓一级，层层抓落实。不要因为事情小就不以为然，也不要因为怕得罪人而回避矛盾，发现问题就要及时处置。要加强对干部的教育和管理，把功夫下在平常，从具体事情抓起。要把问责作为全面从严治党的重要抓手，对执行党的路线方针政策不力，管党治党主体责任缺失、监督责任缺位，给党的事业造成严重损害，“四风”和腐败问题多发频发，选人用人失察、任用干部连续出现问题，巡视整改不落实的，都要严肃追究责任。坚持“一案双查”，综合运用批评教育、诫勉谈话、通报批评、组织处理、纪律处分等方式追责，使管党治党真正从“宽松软”走向“严紧硬”，真正做到总书记所讲的真管真严、敢管敢严、长管长严，努力打造风清气正的人社系统政治生态。

四、健全完善监督机制，着力构建“不敢腐、不能腐、不想腐”的体制机制

习近平总书记指出，许多违纪违法的一把手之所以从“好干部”沦为“阶下囚”，有理想信念动摇、外部“围猎”的原因，更有日常管理监督不力的原因。从部机关近年发生的违纪违法案件看，也充分暴露出我们在监督机制方面还存在漏洞，既有对各单位主要负责人的监督制度不完善、监督工作不到位的问题，也有单位内部议事决策规则和制度不健全或形同虚设，以及重要事项不经单位领导班子集体决策的问题，导致有的严重违纪违法行为未能及时发现、制止和纠正。我们要从中认真汲取教训，切实加强制度建设，强化监督措施。按照总书记的要求，把坚持民主集中制作为强化党内监督的核心，把民主基础上的集中和集中指导下的民主有机结合起来，把上级对下级、同级之间以及下级对上级的监督充分调动起来，确保党内监督落到实处、见到实效。要严格党内政治生活，坚持党性原则和同志友谊基础上的团结，用好批评与自我批评这个武器，增强党内生活的政治性、原则性、战斗性，坚决反对党内生活庸俗化和好人主义。机关党委、纪委要切实承担起党风廉政建设工作职责，为党组发挥好参谋助手作用。要把更多时间和精力用在对各单位履行主体责任情况的监督上。要适时开展灵活多样的监督检查，善于捕捉问题和发现薄弱环节，提出改进意见和建议。要根据不断变化的形势，提出完善和加强廉政风险防控机制建设的意见建议。中央巡视组刚刚完成对部机关的巡视工作。我们要以此次巡视为契机，对巡视中发现的问题进行整改，全面推进惩治和预防腐败体系建设，严格加强党内监督，建成不敢腐的惩戒机制、不能腐的防范机制、不易腐的保障机制。

同志们，2016 年党风廉政建设工作任务十分繁重，我们要按照中央的部署和部党组的要求，求真务实、真抓实干，贯彻落实好这次会议精神，不断开创党风廉政建设和反腐败斗争新局面，为顺利推进人社事业改革发展提供坚强保证！

在全国就业工作座谈会结束时的讲话

信长星

（2016 年 3 月 23 日）

这次会议十分重要。昨天上午的大会以视频会的形式，直接开到各省（区、市）人社厅（局），尹蔚民部长传达了总书记、总理关于就业工作的重要指示精神，对全年工作特别是做好化解过剩产能中的职工安置工作作出了部署，具有很强的思想性、针对性和可操作性。与会同志进行了深入讨论，提出了许多好的意见和建议，相关司局要认真研究。下面，我再讲几点意见。

一、统一思想认识

做好工作，统一思想是前提。在当前就业形势更趋复杂、任务更加繁重的情况下，系统上下更要统一认识，统一步调。

统一认识，关键要认清责任。习近平总书记在党的十八届五中全会和中央经济工作会议上，对做好就业工作作出重要指示，特别强调要抓好结构性改革中的失业人员再就业和生活保障工作，守住民生底线。李克强总理多次作出重要批示，提出一系列明确要求。张高丽、刘延东、马凯等领导同志也多次作出批示。这充分体现了党中央、国务院对就业工作的高度重视，同时也赋予我们更重大的责任。尹蔚民部长一直强调，2016 年是一场“硬仗”，要有“打硬仗”的准备。各地一定要有清醒的认识、担当的自觉，关键时刻要顶得上去，绝不能掉链子。

统一认识，必须准确把握形势。当前就业形势总体稳定的格局没有变，但经济减速、结构调整对就业的影响正在加深加速，就业形势更加复杂。从面上看，城镇新增就业、登记失业率等主要指标走势弱于往年，工时减少、收入下降甚至欠薪欠保等隐性失业压力加大。从点上看，资源型和重化工业集中的部分地区、钢铁煤炭等产能严重过剩行业以及大龄低技能的失业群体，正在经历转型的阵痛。再考虑到经济下行压力依然较大和就业滞后性特点，形势不容乐观，对此要有充分的思想准备。

统一认识，还要切实增强风险意识、底线思维。要把困难估计充分、把问题考虑充分、把预案准备充分，做好应对风险的思想准备和政策储备，在真正发生情况时，要能第一时间有序启动预案；要努力把工作做实做细，做在前面，尽最大努力防范失业风险，维护大局稳定。习近平总书记强调要守住民生底线，具体到 2016 年的去产能职工安置和就业工作上，底线在哪里？关键要守住两条：不发生影响社会稳定的重大群体性事件；不出现区域性失业率大幅攀升和就业情况恶化。

二、突出工作重点

2016 年就业工作重中之重是化解过剩产能职工安置和促进毕业生就业。比较而言，职工安置工作可能风险更多、难度更大，在钢铁、煤炭等行业比较集中的地区更是复杂敏感的大问题。能否做好这项工作，直接关系结构性改革大局。习近平总书记在经济工作会上明确要求做好职工安置工作，防范引发社会风险。李克强总理在两会记者招待会上强调要把握好去产能和稳就业之间的平衡，提供社会保障和托底帮扶。马凯副总理在国务院就业工作部际联席会议上也提出明确要求，尹蔚民部长在这次会上将其作为第一位的问题向全系统作了全面部署。就业系统要认真学习领会，全面抓好落实。承担牵头任务的，要勇于担当，切实负责，统筹谋划，确保不出问题；协助有关处室工作的，要积极配合，主动作为，把拟分流职工需要的就业政策、就业服务和失业保险待遇等各项工作抓好。

具体工作要在做实做细上下功夫。一是调查摸底要细要实。要开展摸排行动，最大限度地掌握化解过剩产能涉及企业特别是职工情况。部里将相应建立实名制数据库，各地摸排情况要及时入库、动态更新。二是方案制定要细要实。当前最紧要的是抓紧明确地方职工安置具体政策，确定人社厅局内部工作任务和职责分工。各地要在部里文件的基础上做加法、再细化，还要有长远眼光，不能为了应急出台提前退休之类的政策。要积极指导或参与指导企业制定职工安置方案，在劳动关系部门明确劳动关系处理规则的同时，细化做实职工安置的具体渠道，明确职业介绍、技能培训、政策扶持的具体安排，确保每一名拟分流职工都有着落。三是实施过程要细要实。要深入细致地处理好每个环节，力争本轮职工安置工作不留遗留问题，不发生群体性事件。最根本的还是要发挥党的执政优势和思想政治工作优势，这方面要借鉴河北和杭钢的经验。

对于毕业生就业工作，马凯副总理和尹蔚民部长已作了全面部署。这几年，毕业生就业基本稳定在较高水平，但今后几年压力会越来越大，须臾不可放松。做好这项工作，主打还是两个计划。大学生就业促进计划是重要抓手，涵盖了促进毕业生就业创业的政策、措施、服务。对此，一要做实，二要充实。之所以强调做实，是因为现在还不够扎实，特别是在实名制管理方面，有的地方还没有真正把实名制系统建立起来，有的地方虽然建了系统，但信息不够扎实、缺项漏项不少，各地要加强工作抽查，夯实基础。2017 年部里将全面依托实名制，开展毕业生登记统计和管理服务。强调充实，就是要依托计划，把政策、服务等措施落实到位。还要不断拓展创新，根据毕业生需要和形势发展，本着简便、易行、管用的原则，不断出新招实招。

创业引领计划成效明显，截至 2015 年年底，已经提前完成了“引领 80 万大学生创业”的目标。各地要在此基础上，结合双创工作要求，总结经验、更进一步。重点要用好各方面支持创业的资金，抓好政策的细化落实，提高政策效率。用好政府购买服务机制，办好用好各类创业载体，明确创业服务项目和服务标准。用好创业培训补贴政策，进一步丰富适合大学生的创业培训项目，充实创业培训师资，配合教育部门加快推进创新创业教育的普及。还要搞好双创周活动。

党的十八届三中全会提出的高校毕业生方面的四项改革任务，2016—2017 年要全部出成果，这也需要上下联动，共同推进改革任务按时完成。

三、做好失业保险工作

在推进供给侧结构性改革过程中，失业保险任务越来越重。2015 年按照国务院部署，降了费率，扩大了稳岗补贴范围。到 2015 年年底，共减少企业缴费 280 亿元以上；向近 9 万户企业发放稳岗补贴 105 亿元，惠及 1 729 万名职工。2016 年，经济下行压力进一步加大，化解过剩产能任务十分艰巨，局部地区、行业企业裁员和失业风险会加大，必须紧紧围绕就业，更好发挥失业保险保生活、预防失业、促进就业的作用。

一要落实好稳岗补贴政策。要突出重点，对企业生产经营发生严重困难、转产、重大技术革新、经营方式调整的，要及时按规定受理和审核发放稳岗补贴，稳住一批就业岗位，帮助企业渡过难关。要正确理解失业保险的性质和稳岗补贴的功能。失业保险不是商业保险，基本原则是强制性。失业保险预防失业，给予稳岗补贴，主要是希望企业采取培训、降薪、分享岗位、分享工时这些措施来度过暂时性的困难，而不是用来调动缴费积极性。这是失业保险的基本理念问题，对此要统一认识。二要确保失业人员基本生活。要加大失业保险扩面征缴工作力度，将更多劳动者纳入覆盖范围；加强失业保险基金管理和运行情况分析，有效管控风险；对困难地区，特别是化解过剩产能任务重的地区，要提高基金统筹层次，加大调剂力度，增强调剂互济能力；按时足额发放失业保险金，兜牢民生底线。三要加强失业动态监测和失业预警。这项工作在目前的形势下要进一步做细做实。要优化监测样本结构，完善监测指标，加强对监测数据的深度挖掘和分析应用。要重点关注化解过剩产能的几个重点地区、重点行业，把情况反映得更充分、更细致。失业预警试点地区要加快探索建立和完善失业预警指标体系、监测预警方法和应急预案，提高监测预警的科学性。四要抓紧修订出台《失业保险条例》。这是人力资源社会保障部一项重要改革举措。2015 年年底，条例修订草案送审稿已上报国务院。争取上半年出台。条例出台后，各地要做好条例学习宣传和贯彻落实工作。东七省要注意做好与条例接轨的准备工作，确保平稳过渡。

四、管好用好就业资金

就业资金是政策落实和工作开展的保障和支撑。2015 年年底，人力资源社会保障部和财政部共同出台了资金管理办法。这个办法有“增”有“简”。在“增”上，主要是调整了部分补贴科目的内容，有的扩大了范围，有的增加了功能，在内容上增加了对创业的支持，在方向上增加了向社会购买服务成果，将来公共就业服务有些具体工作可以采取购买服务的方式。在“简”上，一是简化程序，审核工作调整为人社部门负责到底，不再由财政部门复核；二是减少证明，取消了身份证复印件等证明材料；三是减少环节，将公岗补贴等资金直补受益人，减少资金在中间环节的流转，同时赋予地方更多自主权，地方新增支出不必再向两部备案，授权省里确定就业创业服务补贴购买基本就业创业服务成果范围。总之，搞这个办法，希望既能规范资金使用，又能给地方创新政策留出空间。新办法已于 2016 年 1 月 1 日起实施，各地要抓紧主动协调财政部门尽快出台配套文件。重点要明确就业创业服务补贴具体操作办法，确定地方需要新增的支出项目，提高操作性。同时还要加强对地市、区县出台操作办法的指导调度。

同时，也要在推进使用上下大力气。一要提高资金使用效益。就业专项资金年均筹集已在 900 亿元左右，但因种种原因结余不少。各地要持之以恒加大政策实施力度，以政策落实带动资金支出，还要经得起审计。要积极协调财政部门做好年度决算工作，对结余继续增多的，要分析原因，研究解决办法，结果要向部里报告。这是国务院和审计部门对专项资金支出的硬要求，部里需要汇总分析并向有关方面作出说明。二要强化资金安全监管。新办法取消了新增补贴项目备案、财政部门抽查等规定，权力下放了，程序精简了，也意味着地方在监管上风险更大、责任更重。要落实完善管理制度，强化建设内控机制，坚持公开公示，经常性地开展监督检查和廉政教育，确保资金安全。三要争取更多投入。2016 年中央财政预算已经全国人大审议通过，就业补助资金规模与 2015 年持平，在中央财政收入增幅大幅下滑、部分专项资金整合或被削减的背景下实属不易。各地要争取地方政府和财政部门的理解支持，调整结构，盘活资金，做好应对复杂挑战的资金准备，保障政策落实。

五、努力防范失业风险

中央反复强调，要避免发生系统性、区域

性风险。当前，下行压力加大、去产能任务加重、企业效益下滑加剧等因素叠加，隐性失业显性化压力加大，区域性、行业性失业风险上升。防范失业风险特别是防范失业风险演变为社会风险，不仅是一项业务工作，更是一项政治责任。关键是抓住两个方面。一方面，要见微知著，敏锐捕捉风险点。面上，加强就业形势分析研判，密切关注宏观经济、就业重点指标数据变化情况。点上，针对重点地区、行业、企业，建立定期调度制度，定点联系、定期监测、定向调研，必要时增加一些关键指标的统计监测频次，全面主动梳理风险点，开展风险评估和动态监测。要不放过任何苗头性小微问题，把工作做在前面。另一方面，要主动应对、化解风险。要强化政策落实和就业服务，坚决防止出现因政策执行不力、工作缺位引发群众不满的情况，群体性事件一旦发生，要第一时间控制事态、了解情况、妥善处理，避免点上风险扩散蔓延，产生连锁反应。对百人以上的群体性事件，要第一时间将有关情况报告部里。还要抓紧制定应对规模性失业风险的预案，做好应对风险的各项政策储备和工作应急响应机制，尤其要加大对重点地区的资金和政策支持力度，守住不发生区域性系统性风险的底线。还要高度重视舆论引导工作。要通过主动发声，客观介绍就业形势，宣传就业创业政策，稳定就业预期，提振信心。对一些舆论热点问题，要认真对待。有误解的，可通过专家访谈、新闻发布、实地采访等方式，发出权威声音；对容易诱发连锁反应、借机煽动造谣的，要及时商新闻部门在第一时间进行管控，避免广为传播引起更多问题；对确实存在的一些现实问题，要正视，不回避，但要注意分寸，把握导向，还要积极争取理解支持。

最后再强调三项工作。

一是就业扶贫工作。中央对打赢脱贫攻坚战高度重视，就业扶贫是其中的重要内容。这项工作就业部门责无旁贷，必须摆在重要位置切实抓紧抓好。要以政府推动、市场主导为原则，以有就业能力和意愿的建档立卡农村贫困人口为对象，通过精准识别、信息对接、定向培训、劳务协作等措施，帮助他们实现就业。要尊重贫困劳动者的意愿和企业的用工自主权，发挥市场机制实现双赢。要开展跨省劳务协作，也要充分挖掘省内就业机会，加强省内劳务协作，着力引导就近就地就业。上周汪洋副总理召开会议，研究劳务协作扶贫工作，要求湖南、广东开展试点工作。湖南、广东要勇于担当、积极作为、大胆探索。

二是就业援藏援青援疆工作。这项工作具有重要的政治意义。第六次西藏工作座谈会及关于西藏和四省藏区工作的两个文件，第五次对口援疆工作座谈会和国务院刚刚下发的对口援疆工作意见，对做好就业援疆援藏工作都提出了明确要求。各地要从全局出发，做好就业援藏援青援疆工作。西藏、青海、新疆要做好宣传教育和技能培训，引导少数民族劳动者转变观念，提高就业技能；对要在家乡就业的，着力开发区内省内就业岗位；对要外出就业的，组织开展劳务输出。对口支援省市要主动向受援地提供岗位信息，积极接纳少数民族劳动者，帮助他们融入内地。这方面广东做得很好，确定了一批企业作为劳务基地，还给予专门的经费支持。新疆也专门为出疆劳动者提供交通补贴。各地要积极借鉴这些好的经验，部里也要注意总结推广。

三是加强廉政建设。不论是就业专项资金使用、失业保险基金管理，还是各项扶持政策审批、稳岗补贴发放，都要时刻绷紧廉政这根弦，既要防止企业“骗补贴”，又要防止我们的管理人员在廉洁上发生问题。加强制度建设，健全监督约束机制，规范操作程序，严格按照规定条件和程序发放补贴资金。严格监督执纪问责，对违法违纪违规的，发现一起查处一起，绝不姑息。大力推进公开透明，主动接受各方监督，做到长抓不懈、警钟长鸣。

在2016年部年中务虚会上的发言

信长星

（2016年7月28日）

我侧重围绕就业和公务员管理工作谈点看法，供大家参考。

一、关于就业工作

2016年上半年，就业工作取得新进展。去产能职工安置方面，出台了政策，明确了分流安置渠道，召开会议进行了部署，上线了职工实名制信息系统落实精准帮扶，推进情况总体上看是平稳的。高校毕业生就业方面，立足早谋划早推动，年初即下发通知对全年工作作出安排，5月国务院召开电视电话会，随后通过党组调研督查、开展公共就业服务进校园、改进窗口单位作风建设等方式，推动各项扶持政策落实到位。农村劳动力转移就业方面，突出抓好就业脱贫。会同扶贫办组织了广东和湖北、湖南的劳务协作试点，在贫困人口摸排、输出输入地劳务协作、就业脱贫政策等方面，初步摸索出一些可复制、可推广的经验。

经过上下共同努力，半年来就业形势总体上继续保持了平稳态势。从就业核心指标看，1—6月城镇新增就业717万人，同比减少1万人，减幅较一季度和上年同期均有所收窄。失业率低位运行，2016年以来31个大城市城镇调查失业率保持在5.1%左右，进入二季度后逐月回落，6月为5.0%。企业用工和市场监测数据与新增就业、失业率指标走势也基本吻合。对3万多家企业的动态监测显示，上半年岗位流失趋缓，除5月数据略有波动外，其他月份岗位流失率逐月收窄。100个城市二季度市场求人倍率为1.05，反映出市场供求基本平衡。重点群体就业基本稳定。2016届高校毕业生签约率与上年同期基本持平，略有降低；农村劳动力转移就业稳中略增。

同时要清醒看到，经济下行压力还在持续，随着去产能、去库存等结构性改革措施的落实，对就业的影响将进一步凸显，部分领域、部分地区就业形势不容乐观，一些苗头性、趋势性问题需密切关注。从面上看，市场需求持续下滑，100个城市市场招聘岗位数二季度同比下降9.5%，降幅较去年同期增加了4.1个百分点。失业规模有所上升，二季度末城镇登记失业人数达到978万人，比上年末增加12万人；领取失业保险金人数逐月增加，6月为237万人，比上年末增加10.3万人。从区域看，走势分化在加剧。服务业、新业态发展活跃的东部地区和大城市，就业回旋余地大，形势稳中向好。而钢煤等产能过剩行业集中、资源占比大的东北三省及山西等省份，企业生产经营困难，就业形势趋紧。中小城市就业问题也值得关注，全国调查失业率高于31个大城市失业率，就说明了这个问题。从群体看，高校毕业生就业受到供给增加和需求减弱的双重压力，失业率居高不下。6月，16～24岁青年失业率为10.91%，农民工就业受到结构调整特别是去产能影响，失业有所增加。由于一些新生代农民工既没有参加失业保险，失去工作后又不像老农民工那样随时愿意返乡，缓冲余地比城镇职工和老农民工都要少，存在影响社会稳定的隐忧。同时，2016 年钢铁、煤炭去产能涉及职工 80 多万人，攻坚硬仗主要在下半年，再加上部分大龄职工技能单一，职工分流安置任务十分繁重。

做好下半年就业工作，要以稳定局势为目标，重点把握好三个层面的工作：一是突出做好重点群体就业工作。统筹实施大学生就业促进计划和创业引领计划，努力提高高校毕业生就业创业水平。拓展农村劳动力转移就业渠道，总结推广劳务协作试点经验，扎实推进就业扶贫。加强对地方的督促指导，多渠道稳妥有序做好化解过剩产能中的职工安置工作。二是推动政策和服务创新。积极协调有关部门，抓紧研究完善有利于稳定和扩大就业的新一轮政策。创新就业服务理念和方式，推动“互联网＋”在就业领域广泛应用。三是防范失业风险。密切关注经济和就业形势变化，增强敏锐性和预见性，盯住重点地区和重点群体，盯住关键指标和苗头性、倾向性问题，做好预测预警和及时应对，防止小苗头演变成大事件。总之，要按照尹蔚民部长要求，把促进就业作为政治责任扛在肩上，落实在各项工作中，全力以赴完成全年就业目标任务，确保就业大局稳定。

二、关于公务员工作

先讲讲分类管理。实行分类管理是推进公务员队伍专业化建设的基础性工作。近日，中共中央办公厅、国务院办公厅印发了《专业技术类公务员管理规定（试行）》和《行政执法类公务员管理规定（试行）》。这两个文件在公务员管理制度改革中具有关键性作用，将涵盖 300 多万名从事专业技术、行政执法工作的公务员，为他们建立单独的职务序列和管理制度，从而改变目前用综合管理类的一套制度管理全部公务员的局面。上半年，一些地方提前热身，进行调查摸底和测算，起草实施意见，为实施分类管理做了充分准备。下一步要会同相关部门研究制定专业技术类、行政执法类公务员职务职数设置办法和专业技术类公务员任职资格评定办法及有关工资政策，同时要精心做好学习培训和宣传工作，搞好调查摸底，科学制定划分标准，合理确定不同类别的职位范围，设计好衔接过渡办法，使新制度平稳入轨运行。要提前谋划分类后各项管理工作，及时研究完善适合不同类别公务员的考录、考核、培训等制度，逐步开展分类招录、分类考核、分类培训等，提高公务员管理的精细化、科学化水平。

分类管理中还有一项重要工作是人民警察分类管理。经中央全面深化改革领导小组审议同意，出台了《公安机关执法勤务警员职务序列改革试点方案》和《公安机关警务技术职务序列改革试点方案》。为平稳有序开展试点，与中组部、公安部共同研究起草了《公安机关执法勤务警员职务序列改革试点套改工作实施方案》和《公安机关警务技术职务序列改革试点套改工作实施方案》，并在广东进行了模拟套改，在此基础上对套改方案进行了修改，已上报国务院。下半年，要按照试点方案和套改方案要求，在河北、吉林、上海等 10 省区市确定的试点单位和公安部相关直属单位组织实施公安机关执法勤务警员、警务技术职务序列改革试点工作。试点地方公务员局要严格按照政策规定，严格条件、标准和工作程序，积极会同有关部门认真组织实施试点工作。要结合队伍实际，认真分析实施中可能遇到的情况和问题，及时研究提出解决办法，同时要加强舆论引导。

再讲讲在地市以上机关探索建立公务员职务与职级并行制度问题。上半年，在尹蔚民部长直接带领下，人力资源社会保障部、国家公务员局与中共中央组织部一道在进行多维度统计分析、模拟测算、专题调研、专家论证的基础上，起草了《地市以上机关建立公务员职务与职级并行制度的试点意见》（以下简称《试点意见》），建立职务与职级并行制度是拓展公务员职业发展通道，特别是解决基层公务员职业发展空间狭窄、加强公务员正向激励、激发广大公务员主动作为、积极作为的有效手段。基于目前的设计，基本思路是将现行非领导职务改造成职级，建立体现综合管理类公务员工作性质和职业特点的职级序列，实行领导职务与职级并行。职级制度建立后，三类公务员将具有符合各自特点的职级（或职务）序列及其管理制度，并为实施分类考录、考核、培训等奠定基础。在具体制度设计上，坚持问题导向，针对长期以来非领导职务属性界定不清晰，职务设置与机构规格联系画等号，职数比例低，基层公务员晋升台阶过少，持续激励不足等突出问题，重新确定职级定位、属性和功能，不与领导职责挂钩，在职级设置、比例确定上注重向基层一线倾斜。对搞好非领导职务制度与职级制度的有机衔接也已有所考虑。待中央审议通过《试点意见》并按程序获得法律授权后，将正式启动试点工作，试点地区和单位要认真负责，精心组织，平稳推进。试点范围严格按要求掌握，不得擅自进行。

贯彻落实党的十八届五中全会精神 全面开创引进国外智力事业发展新局面

——在2016年全国引进国外智力工作会议上的讲话

张建国

（2016年1月19日）

这次会议的主要任务是，全面贯彻党的十八大和十八届三中、四中、五中全会精神，深入贯彻落实习近平总书记系列重要讲话精神，特别是关于引进国外人才和智力系列重要讲话和批示精神，按照中央经济工作会议部署，回顾总结“十二五”时期引进国外智力工作，研究分析“十三五”时期面临的形势任务，安排部署2016年重点工作，为全面建成小康社会提供更加有力的国外人才和智力支持。下面，我讲四点意见。

一、“十二五”时期引进国外智力工作简要回顾

过去的五年，是引进国外智力事业发展进程中极不平凡的五年，也是极具特殊意义的重要历史时期。在党中央、国务院正确领导下，全系统以服务科学发展为主题、以促进加快转变经济发展方式为主线，锐意改革创新，奋力开拓进取，勇于攻坚克难，圆满完成“十二五”规划目标任务，取得一系列历史性成就，为推动引进国外智力事业的改革发展奠定了坚实基础，为经济社会持续健康发展发挥了不可替代的重要作用。

——引进国外人才和智力理论实现新发展。习近平总书记高度重视引进国外人才和智力工作，先后三次与外国专家座谈并发表重要讲话，2015年又专门作出重要批示。习近平总书记的系列重要讲话和批示，全面、完整、系统、深刻阐述了在中国特色社会主义建设过程中为什么要引进国外人才和智力、怎么样引进以及体制机制改革创新等重大理论和现实问题，蕴含着一系列新思想、新论断、新观点和新要求，为新时期引进国外智力事业的改革发展提供科学指南。一是确立“聚天下英才而用之”的战略思想。引进用好国外人才和智力是党和国家长期坚持的重要战略方针，是创造人才红利、推动创新发展的重要手段，是提升对外开放水平、全面深化改革的重要力量，也是扩大中外文明交流互鉴、增进同世界各国人民友谊的重要途径。我们比历史上任何时期都更加需要广开进贤之路、广泛汇聚海外英才，吸引和集聚各类创新人才特别是我们最缺的人才。二是强调永远做一个学习大国，推动人们在眼界上、思想上、知识上、技术上走向开放，学习和应用世界先进知识和技术，大力培养国内创新人才。三是发挥市场在配置国外人

才智力资源中的决定性作用和更好发挥政府作用，进一步发挥市场需求的导向作用和用人单位的主体作用，激发各类市场主体引进人才智力的内生动力和活力，强化政府宏观指导、制度建设、公共服务、环境营造等职责。四是遵循国际人才流动规律，借鉴发达国家先进经验和有益做法，制定实施更加积极、更加开放、更加有效的人才引进政策，不唯地域引进人才，不求所有开发人才，不拘一格用好人才。五是要求外国专家主管部门继续完善引进外国人才体制机制，切实保护知识产权，保障外国人才合法权益，对作出突出贡献的外国人才给予表彰奖励，让有志于来华发展的外国人才来得了、待得住、用得好、流得动，形成具有国际竞争力的人才制度优势，使外国人才的专长和中国发展的需要紧密契合，为外国人才施展才能、实现梦想提供更加广阔的舞台。

——引进国外人才和智力工作取得新成效。过去的五年是引智规划发挥牵引作用的五年。国家外专局会同人力资源社会保障部、发展改革委、科技部、公安部编制实施了第一个由国务院批复的国家级专项规划《国家引进国外智力“十二五”规划》，各地结合实际编制了各具特色的规划。规划的实施，为经济社会发展提供更加有力的国外人才和智力保障。一是以需求为导向，境外来华专家规模不断扩大。来华专家由2011年52.9万人次增加到2015年60余万人次，年均增长5%以上；五年总量达300万人次，比“十一五”增长30%左右。二是以高端为引领，引进人才结构不断优化。2011年启动实施了国家“外专千人计划”，截至目前入选专家313名。上海、天津、安徽、湖北等省市也相继实施外专百人（千人）计划，入选专家总数327人。三是服务国家重大战略，引智在经济社会发展全局中的地位进一步提升。作为“一带一路”、京津冀协同发展等国家重大战略成员单位，参与制定有关人才引进政策和具体举措，大力实施创新型国家建设、产业转型升级、区域协调发展、两型社会建设等引智工程以及独联体与东欧国家引智专项、软件与集成电路引智专项、高校国际化示范学院推进计划、学科创新引智计划等重点项目。四是引智成果示范推广成效明显。五年建成引智基地78家、示范单位91家，一批效益好、价值高的引智成果实现产业化，一批成果在“一带一路”沿线国家得到推广。引进了一批国外先进适用的知识体系和职业认证，近20万人以不同形式学习或参加考试认证。

——出国（境）培训质量效益得到新提升。坚持从严控制、为我所用、突出重点、少而精的原则，出国（境）培训质量和实效稳步提升。一是加强总量控制，培训规模日趋科学合理。五年来，全国派出因公出国（境）培训人员24.4万人。从严控制党政领导干部类培训项目。坚持以提升能力为核心，服务各类人才队伍建设成效凸显。依托国家重大人才工程、重大科技专项，加大社会保障、信息网络安全、新材料研制、先进制造等领域专业技术人才培训力度，特别是中长期项目支持力度。二是改革项目管理方式，加强监督管理。深化培训项目申报管理改革，制定培训项目审批细则，明确标准时限，优化工作流程，实现网上申报、网上受理、网上审批；初步建立境外培训动态管理体系，做到事前可预防、事中可控制、事后可追溯；强化境外培训团组监管，制定违规违纪行为处理办法，严肃查处通报各类违纪违规行为12起。三是加强合作，大力开发境外优质教育培训资源。深化与国（境）外著名大学、科研机构、大型企业、专业培训机构的合作，五年新开辟渠道37家，培训合作机构达到238家。

——法制建设取得新突破。一是深入贯彻落实习近平总书记重要讲话和批示精神，加强新时期引进国外智力工作顶层设计取得实质性进展。会同中央组织部、人力资源社会保障部、外交部、发展改革委、教育部、科技部、公安部、财政部等部门，在广泛征求意见的基础上，起草了《关于加强新形势下引进外国人才工作的意见（送审稿）》（以下简称《意见》）。《意见》已经国家外专局党组会议、人力资源社会保障部部务会议、中央组织部部务会议、中央人才工作协调小组审议通过，并于2015年年底报请国务院常务会议审议。二是主动参与立法，法治政府部门建设不断深化。2012年以来，参与《中华人民共和国出境入境管理法》和《中华人民共和国外国人入境出境管理条例》制定工作，吸引外国人才首次列为立法目的，明确外国专家主管部门法定职责，确立外国人工作许可、外国人在中国境内工作指导目录、人才签证等法律制度。会同人力资源社会保障部，开展《外国人在中国工作管理条例（草案）》调研论证和起草工作；参与制定《关于加强外国人永久居留服务管理的意见》。组织开展外国人在中国境内工作指导目录及计点积分制度研究和试点工作。落实《国家中长期人才发展规划纲要（2010—2020年）》，开展具有中国特色的技术移民法律制度前期研究工作。三是加强统筹协调，不断完善吸引外籍高层次人才来华工作政策。2012年12月，与中央组织部、外交部、公安部、人力资源社会保障部联合颁布实施《关于为外籍高层次人才来华提供签证及居留便利有关问题的通知》，明确中央、部门和地方各类重点引才计划引进的外籍高层次人才均可享受签证和居留特惠政策。2015年9月，会同外交部、公安部、人力资源社会保障部制定实施《关于进一步完善外国专家短期来华相关办理程序的通知》，规定来华停留不超过90天的外国专家，免办工作许可，凭设区市以上外国专家主管部门邀请函办理多次往返“F字签证”。四是参与出国（境）培训相关党内法规的制定工作。《党政机关厉行节约反对浪费工作条例》和《干部教育培训工作条例》对加强和规范因公出国（境）培训工作作出制度性安排，提出具体要求。五是同步推进行政审批改革与信息化建设。进一步优化外国专家来华工作许可管理系统，规范行政许可和内部审批事项。开发开放“三库（专家库、项目库、成果库）资源系统”。加强国家外专局门户网站和英文网站建设，开通政务微博、官方微信等新媒体平台。

——体制改革和机制创新迈出新步伐。一是加强外国人来华工作统一管理取得实质性进展。2015年12月，国务院审改办决定将“外国人入境就业许可”和“外国专家来华工作许可”整合为“外国人来华工作许可”，中央层面由国家外专局组织实施，地方实施部门由地方人民政府结合实际参照执行。这为建立权责一致、运转高效、法治保障的外国人工作管理服务体制奠定了坚实基础。近年来，北京、天津、上海、广西、宁夏、深圳、福州等地在统一外国人来华工作管理方面大胆探索、先行先试，积累了可复制可推广的经验和做法。二是外国人才表彰奖励体系不断完善。中国政府“友谊奖”作为中国政府表彰在华工作外国专家的最高荣誉奖项，逐步走上规范化、制度化轨道。2015年6月，全国评比达标表彰工作协调小组办公室批复中国政府“友谊奖”为长期表彰项目。五年来，共有300名外国专家荣获中国政府“友谊奖”，累计已有来自70个国家和地区的1 449名外国专家获此殊荣。各地先后设立了具有地方特色的表彰项目，据统计，设有省级奖项39个，累计表彰外国专家4 072名。三是外国专家建言献策机制逐步健全。2012年以来，紧密围绕经济社会发展关键领域和重大问题听取外国专家意见建议，为党中央、国务院以及相关部门决策提供政策咨询和决策参考。注重突出外国专家智库特点，先后提交建言30余篇，习近平总书记，李克强总理，张高丽、刘延东、马凯、汪洋副总理等中央领导同志多次批示有关部门认真研究。每年春节前夕，李克强总理都召开外国专家座谈会听取意见建议。2015年1月，与国务院研究室联合主办外国专家座谈会，第一次就《政府工作报告》征求外国专家建议，彰显我开放包容、虚心学习的宽广胸襟和科学民主决策的国际形象，受到李克强总理的充分肯定和支持。

——国际人才交流合作跃上新台阶。一是初步形成主体多元、覆盖广泛的网络体系。驻外机构建设进一步加强，2015 年在我驻乌克兰使馆设立专门编制，截至目前已在 11 个国家和地区设立 13 个办事机构；与 60 多个国家和地区的 300 多个组织建立了交流合作关系，形成遍布世界各地、涉及各领域、涵盖各层次人才的交流格局。二是政府间合作日益加强。2013 年与科隆市政府签署《环境治理行动计划》；2014 年在中韩、中匈两国领导人见证下，分别与韩国职业能力开发署、匈牙利国家创新署签署了合作备忘录；2015 年与加拿大农业和农业食品部续签合作协议等。三是国际人才市场建设稳步推进。五年新建 5 家中国国际人才市场分市场或专业市场，总数达 32 家。四是品牌引领作用更加突出。中国国际人才交流大会、中美工程技术研讨会等已成为知名品牌，在国内外产生良好反响，赢得广泛赞誉，影响力不断提升。

五年来，引进国外智力事业硕果累累，成就斐然，各项工作取得长足进步和突破性进展，积累了不少宝贵经验。主要有：一是必须坚持正确的发展方向，始终紧紧围绕服务经济社会发展大局；二是必须坚持改革创新、依法行政，开放包容、合作共赢，逐步完善中国特色引进国外人才和智力法规制度体系；三是必须坚持开发、引进、用好国外人才和智力资源相结合，积极探索事业发展的有效途径；四是必须坚持充分发挥市场配置资源的决定性作用和用人单位的主体作用，充分调动各方面的积极性，形成事业发展的合力。这些都是工作实践的科学总结，我们要自觉坚持并不断丰富完善。

“十二五”时期引进国外智力事业发展取得的成就，是党中央、国务院正确领导的结果，是地方党委、政府高度重视和各有关部门关心支持的结果，更凝聚着全国外专系统的智慧、心血和汗水。在此，我代表国家外专局，向各地各部门以及全系统干部职工致以崇高的敬意和衷心的感谢！

二、“十三五”时期引进国外智力发展形势和主要任务

党的十八届五中全会深刻分析了全面建成小康社会决胜阶段我国发展环境的基本特征，作出了我国仍处于大有可为的重要战略机遇期，也面临诸多矛盾叠加、风险隐患增多的严峻挑战的重大判断；强调要加快建设人才强国，深入实施人才优先战略，推进人才发展体制改革和政策创新，形成具有国际竞争力的人才制度优势，加快形成有利于创新发展的市场环境、产权制度、投融资体制、分配制度、人才培养引进使用机制；推动人才结构战略性调整，突出“高精尖缺”导向，实施重大人才工程，着力发现、培养、集聚战略科学家、科技领军人才、企业家人才、高技能人才队伍，实施更加开放的创新人才引进政策，更大力度引进急需紧缺人才，聚天下英才而用之，发挥政府投入引导作用，鼓励企业、高校、科研院所、社会组织、个人等有序参与人才资源开发和人才引进。总的看，“十三五”时期仍是引进国外智力事业发展的重要战略机遇期和黄金发展期，我们要把握认识新常态、适应新常态、引领新常态这一经济发展的大逻辑，认清形势，顺势而为，乘势而上，转型发展，为经济社会发展提供更有力的人才智力支持。

（一）深刻领会五大发展理念，全面把握总体要求。

在新的起点上推进引进国外智力事业持续健康发展，必须准确把握、牢固树立和贯彻落实创新、协调、绿色、开放、共享的五大发展理念。

第一，坚持改革创新，培育事业发展新动力。改革是发展的最强大动力和最大红利，创新是引领发展的第一动力和持续动力，人才则是发展的第一支撑。必须把改革创新摆在我们事业发展的核心位置，厚植事业发展的内生动力。要紧紧围绕建设创新型国家和迈入人才强国的战略目标，围绕实施创新驱动发展战略和人才优先发展战略，加强顶层设计和宏观管

理，释放新需求，创造新供给。要以破除体制机制障碍为主攻方向，以体制机制、政策理论、法规制度、项目平台的创新，激发市场活力、用人主体引才引智动力、外国人才创新创业潜力，提升出国（境）培训质量效益，进而增强国外人才和智力对创新发展的支撑力。

第二，坚持统筹协调，形成平衡发展新格局。统筹协调是我们事业健康持续发展的内在要求，是补齐短板的必然选择。当前，引进国外人才和智力规模不合理、结构不科学，尤其是高端紧缺人才引进不足、境外优质培训资源供给不足，区域行业发展不平衡，立法滞后与政策碎片化并存，“强政府”与“弱市场”的不协调，制约了整体效能的发挥。必须统筹谋划，处理好当前和长远、全局和局部、整体推进和重点突破的关系，下功夫解决上述问题，努力使事业发展与国家总体战略和改革发展的大势相协调，发挥比较优势，补齐短板，形成事业平衡发展新格局和整体发展水平的大幅提升。

第三，坚持开放共享，拓展事业发展新空间。开放是国家繁荣发展的必由之路，共享是发展的出发点和落脚点。当前，国际经济合作与竞争局面正在发生深刻变革，引进来、走出去在广度、深度、节奏方面也在发生深刻变化。必须顺应与世界经济深度融合的趋势，奉行互利共赢的开放战略，服务国家对外开放新格局，丰富人才对外开放新内涵，更加注重推进高水平双向开放，以开放拓空间、以共享求共赢，增强对“一带一路”倡议等重大战略的支撑力，吸引更多外国人才来华创新创业、培养更多国内创新人才。

（二）准确把握形势，确立发展的主要目标和总体思路。

从全球范围看，新一轮科技革命和产业变革正在孕育兴起，创新成为各国竞争战略的新支点，人才成为国际竞争的新焦点，引进国外智力面临的挑战前所未有，面临的外部环境复杂多变前所未有。从国内发展看，我国经济发展进入新常态，增长速度转向中高速、发展方式转向质量效益型、发展动力转向创新驱动，推动经济社会持续健康发展对国外人才和智力需求前所未有。

也应当看到，我们面临许多有利因素，我国市场空间广阔，发展潜力巨大，对国外人才的吸引力逐渐增强。以习近平同志为总书记的党中央高度重视引进国外人才和智力工作，地方党委、政府和社会各界对引智认识空前提高。这些都是我们在国际竞争中抢占制高点、赢得主动权的有利条件。

主要目标：到 2020 年，初步建成适应我国改革发展和对外开放需要，理念先进、制度完善、体制科学、机制灵活的引进国外人才和智力工作体系，实现外国人才来得了、待得住、用得好、流得动，高效开发利用境外优质培训教育资源，做到引智规模更加科学、结构更加优化、布局更加合理、作用更加充分，努力使我国成为世界优秀人才集聚高地，较好满足我国经济社会发展对国外人才和智力的需求。

总体思路：坚持围绕中心、服务大局，践行“聚天下英才而用之”战略思想，聚焦国家重大战略需求，以“高精尖缺”为导向，以灵活多样的方式，引进高端急需紧缺人才，培养国内创新人才；把制定实施更开放的引进国外人才和智力制度放在优先位置，围绕最紧迫、有影响、可实现的重大政策，大胆探索实践，营造国外人才创新创业和因公出国（境）培训的良好生态和政策环境；以更好发挥市场导向作用和用人单位主体作用为突破口，进一步厘清政府与市场的边界，鼓励用人单位主动引才引智，强化市场发现、市场认可、市场评价，更大范围、更高层次、更有效率地配置国外人才和智力资源。

（三）开拓进取，努力构建具有国际竞争力的人才制度。

制度建设最具根本性、全局性、稳定性和长期性，也是外国专家主管部门的最主要职责和根本任务。未来五年乃至更长一段时间，必须更加重视制度建设，提高制度的科学性、权威性、有效性，以“六个着力”为重点，逐步打造具有国际竞争力的人才制度优势。一是着力深化外国人才管理体制改革。建立统一、权威、高效的外国人才管理服务体制。制定实施国家引进外国人才发展战略规划。二是着力创新引进外国人才模式。探索建立首席科学家、访问学者制度，科研院所、高校等岗位全球招聘人才制度，外国杰出人才建言献策与参与我国智库建设制度等，鼓励企业等各类主体走出去开发利用本地人才。三是着力健全外国人才使用机制。制定外国人才有序参与国家科技计划、主持重大项目的管理办法。完善外国人才创新创造利益回报机制和表彰奖励制度。鼓励外国人才平等参与我国科技奖项评选。四是着力推进引进外国人才法治化。探索建立中国特色技术移民制度。制定外国人工作管理法规制度，完善外国人来华工作许可和签证、居留、永久居留的转换衔接制度。建立健全与国际接轨的在华外国人才社会基本保障体系。五是着力健全政府、用人主体和社会多元化投入机制。运用多种投入方式支持引进人才，整合引进外国人才专项资金。完善国际人才交流合作基金。探索建立国家猎头和专门的风险资金，畅通外国人才创新创业融资渠道。六是着力打造若干具有全球影响力的国际优秀人才集聚高地。遵循人才集聚规律，选择若干重大创新领域和地区对各项重点改革举措先行先试，引领示范和深入推进人才对外开放。

三、狠抓落实，全面做好2016年重点工作

2016年是“十三五”开局之年，是全面建成小康社会进入决胜阶段的第一年，也是推进结构性改革的攻坚之年，做好引进国外人才和智力工作意义重大。2016年工作的总体要求是：全面贯彻党的十八大和十八届三中、四中、五中全会精神，深入学习贯彻落实习近平总书记系列重要讲话精神，特别是关于引进国外人才和智力工作系列重要讲话和批示精神，紧紧围绕“四个全面”战略布局，牢固树立五大发展理念，践行“聚天下英才而用之”战略思想，更加注重推动管理服务体制机制改革和法治建设，更加注重引进高端急需紧缺人才，更加注重提升出国（境）培训质量效益，努力实现“十三五”发展的良好开局。

（一）深入学习贯彻落实习近平总书记关于引进国外人才和智力系列重要讲话和批示精神，践行“聚天下英才而用之”战略思想。

党的十八大以来，习近平总书记关于引进国外人才和智力工作的系列重要讲话和重要指示精神，思想丰富深刻，内容博大精深，进一步凸显引进国外人才和智力工作在党和国家事业发展全局中的地位和作用，为新形势下我们事业的改革发展注入新的强大动力和活力，更是我们做好工作的强大思想武器。当前和今后一个时期，全系统的首要政治任务，就是要端正学风、潜心领悟系列重要讲话和批示精神，联系实际、学以致用，武装头脑、指导实践、推动工作。

一是深刻领会理解系列重要讲话和批示的精神实质和丰富内涵，进一步增强政治责任感和历史使命感。习近平总书记系列重要讲话和重要批示，从国家战略和全局高度，提出“聚天下英才而用之”的战略思想，进一步指明引进国外人才和智力工作的方向目标和重点任务，具有很强的全局性、前瞻性、针对性和指导性，是引进国外智力事业的统领性文献，是我们必须长期坚持的根本行动指南。全国外专系统干部职工要自觉增强政治责任感，在前期学习研讨基础上持久学习、深刻领会，同时要与学习党的十八届五中全会、中央经济工作会议精神和习近平总书记系列重要讲话精神结合起来，全面系统、融会贯通、深刻把握其中蕴含的精髓实质。面对挑战和重大发展机遇，我们要进一步增强担当意识，坚决克服各种消极畏难情绪，积极作为、迎难而上，把学习成果转化为“忠诚干净担当”的过硬作风，转化为主动融入和服务国家发展战略的务实举措，转化为推动事业改革发展的有效措施和办法。

二是超前谋划部署，扎实做好综合性指导文件出台后的贯彻落实。贯彻习近平总书记系

列重要讲话和批示精神，最重要的举措就是，从战略上谋划制定一个既遵循国际惯例，又符合我国国情的加强引进外国人才的顶层设计方案。2014 年以来，我们着力推动制定《关于加强新形势下引进外国人才工作的意见》（以下简称《意见》）。目前，《意见》（送审稿）已进入国务院常务会议审议阶段。《意见》以“聚天下英才而用之”战略思想为统领，着力从国际发展趋势、瞄准人才重大战略需求、解决突出问题和薄弱环节等方面，统筹考虑发展需要和现实能力、长远目标和近期工作，坚持问题导向，用改革的思路、创新的办法，研究提出了引进外国人才工作的总体思路、主要目标、重点任务和保障措施。按照程序，《意见》经国务院常务会议审议后将报请党中央审议，预计 2016 年可以出台。这将是我国引进国外智力事业发展史上又一具有里程碑意义的纲领性文件，意义重大而深远。贯彻落实好《意见》将是 2016 年乃至今后几年全国外专系统最重要的政治任务，届时国家外专局将召开专门会议部署，大家务必做到未雨绸缪，心中有数，早作安排。

三是加强调研论证，科学编制引进国外人才和智力“十三五”规划。要深入贯彻落实“聚天下英才而用之”的战略思想，突出改革创新，统筹谋划今后五年的目标任务、主攻方向、体制机制和重大政策；更加注重统筹分析国际国内形势，更加注重统筹国外人才智力资源配置和国内人才培养；既要规划五年阶段性目标，又要重视与中长期发展目标相衔接；既要提出解决当前紧迫问题的政策措施，又要加强长远发展的制度设计。编制“十三五”规划是一项系统工程，环节多、范围广，政策性专业性都很强。要加强协调配合，集中大家智慧，编制出富有时代精神、体现创新内涵的规划。要加强与地方规划的有机衔接，保证规划有依据、有支撑、能落地。要加强领导，组建精干队伍、落实工作责任、加强研究论证，确保规划编制的质量和效果。

（二）突出“高精尖缺”导向，为经济社会发展提供国外人才和智力保障。

围绕国家重大发展战略，尤其要围绕推动形成“四大板块”、“三大战略”对高端人才的迫切需求，加快实施创新驱动发展战略，深入开展大众创业、万众创新，大力引进国外创新创业人才。

一是加强服务管理，继续推进“外专千人计划”和高端外国专家项目。认真总结经验，加强与相关部门的沟通协调，扎实做好新一轮项目申报和平台评审工作，加强两个项目的互相衔接，重点引进战略科学家、顶尖科技人才和创新创业领军人才。要注重完善配套制度和措施办法，抓好监督实施，强化跟踪服务。

二是多措并举，提升重点项目质量效益。按照扶优扶强原则，进一步压缩项目规模，加大支持力度，设立国家外专局和省区市两级重点引智项目。启动实施首席外国专家项目和青年外国专家项目。实施深入推进高校国际化示范学院推进计划，加大对地方院校的支持力度。紧贴国家重大科技项目、重大创新领域国家实验室、国际大科学计划、大科学工程建设，研究提出切实可行的政策措施或项目平台。积极推进“丝路人才和智力交流项目”落地实施。建立重点项目绩效评估与引智资源分配相结合机制。

三是强化示范引领，扩大成果共享。坚持把引智成果作为检验项目成效的重要手段，以引智基地和示范单位为平台，进一步做好示范推广和普惠共享。探索将引智基地纳入“一带一路”倡议相关项目支持范围，发挥基地在“走出去”中的作用。加大对高校开展引智基地和示范单位建设的指导和支持力度。更好发挥“国家引进国外智力示范区”的示范带动作用。

（三）切实提升出国（境）培训质量和效益，更好服务人才队伍建设。

一是加强出国（境）培训总体规划。坚持以我为主、为我所用、趋利避害、注重实效，以人才资源能力建设为核心，合理确定培训规模，优化培训结构，择优选派培训对象，提高专业技术人才和中长期项目比重，加强与行业主管部门合作，开展重点专项培训，着力培养战略科学家、科技领军人才、企业家和高技能人才。

二是严格出国（境）培训监督管理。继续推进制度建设，健全与相关部门协同配合工作机制，严格项目申报和人员选派的审核把关，防止规模反弹，强化过程监管和效果评价，严肃查处违规违纪行为。

三是开发国（境）外优质教育培训资源。继续按照向高层次发展、按需开辟、有进有出的原则，与国外著名大学、知名企业和研究机构合作，探索建立境外精品培训课程资源库，着力构建出国（境）培训资源共享平台。

（四）加快法治政府建设，深入推进依法行政。

《法治政府建设实施纲要（2015—2020年）》（以下简称《纲要》），对推进法治政府建设作出全面部署。要按照依法治国和《纲要》的具体要求，深入推进依法行政，努力实现职能科学、权责法定、执法严明、公开公正、廉洁高效、守法诚信的法治政府建设目标。

一是健全政策法规体系。继续会同人力资源社会保障部加快推进《外国人在中国工作管理条例（草案）》的调研论证、起草和报请审议进程。积极参与《外国人永久居留服务管理条例》的制定工作。制定进一步加强出国（境）培训工作管理意见。进一步完善外国专家建言献策制度。

二是完善法治监督体系。探索制定外国专家主管部门法治评价指标体系和评价办法，强化执法考评，研究建立政府法律顾问制度和法治建设专家库。严格实施国家外专局重大行政决策和规范性文件合法性审查制度。参照《国务院部门权力和责任清单编制试点方案》要求，加快国家外专局权力清单、责任清单、负面清单制定工作，厘清责任事项、责任主体、责任方式。

三是完善外国专家短期来华服务管理制度。实施《关于进一步完善外国专家短期来华相关办理程序的通知》，是让外国人才“来得了”的重要制度，也是加强地方外国专家主管部门职能的重要方面。目前，副省级以上外国专家主管部门全部通过备案审查。2016年要稳步推进设区市级外国专家主管部门的备案审查工作，按照属地管理原则，最大限度地为用人主体引进短期专家提供便利。要加强教育培训，提升业务能力，确保每一份邀请函都经得起检验。国家外专局要逐步完善监管制度，规范标准程序，加强监督检查，严肃查处违规违纪行为。

四是支持鼓励地方大胆探索实践，为引进外国人才工作全面改革创新积累经验。为破解创新驱动发展的瓶颈制约，中央决定在部分区域系统推进全面创新改革试验，将强化激励、人才为先确立为基本原则之一，将实施更加积极开放的创新人才引进政策作为改革试验重点任务。试点地区的外国专家主管部门主动加强与相关部门协调配合、主动加强与国家外专局沟通，一些人才引进中的难点热点问题也都列入试验范围，比如，降低永久居留门槛、放宽人才引进政策、开展技术移民试点、在华外国留学生毕业后就业等。对此，相关地区的外国专家主管部门要在国务院正式批复试验方案后，抓紧拟订具体的实施方案和落地措施。国家外专局要加强沟通协调指导，确保改革试验取得实效。

（五）加强协同配合，积极稳妥推进外国人来华工作许可整合工作。

外国人在华工作管理和服务是一项政治性、政策性都很强的工作，直接关系对外开放的国际形象。整合许可工作务必精心组织、周密部署，上下联动、协同推进，平稳过渡、高效运行。

一是充分认识重大意义。整合许可工作不仅可以减少重复审批、避免监管漏洞、提高办事效率，也是进一步加强对外国人来华工作管理的重大举措，对于外国专家主管部门转变职能、简政放权、创新管理方式，更好履行监督管理、公共服务职责，具有十分重要的意义；

也将有利于理顺部门职责关系，强化落实监管责任，形成一体化、专业化、高效率的监管体系。

二是明确工作目标。要通过整合，探索创新事前事中和事后监管，优化公共服务，推动形成统一管理、互联互通、协同监管的外国人工作管理体系，提升管理服务的科学化、规范化、法治化水平。

三是综合施策，加强管理。加强部门间协同配合，与人力资源社会保障部共同制定外国人来华工作政策，与外交部、公安部等部门协调一致，确保政策衔接、信息共享、监管协同。推行一个窗口服务，探索实施分类管理，完善外国人才评价体系，统一外国人来华工作许可的标准程序，制定颁布外国人在中国境内工作指导目录。国家外专局要加强对地方许可整合工作的指导，各地要结合实际确定实施机构和人员。

四是开展试点，分步实施。2016 年 3 月到 6 月在八个全面创新改革试验区以及甘肃、广西、宁夏等已实行统一管理的地区开展试点。有条件的地区，也可以参照执行。2016 年 12 月底完成整合工作。

（六）推进信息化建设，提升服务管理水平。

加强信息化建设，注重充分运用大数据的先进理念、技术和资源，是更加准确了解市场主体需求，提高服务和监管的针对性、有效性的重要方式，是提高政府服务和监管能力的必然要求。

一是加快建设和完善信息资源共享系统。要在已有工作基础上，有效整合、采集、运用各类数据，丰富“三库”资源，尽快在全系统实现互联互通、开放共享，提升精细化管理和精准服务能力。

二是推进“互联网＋行政审批”服务方式。推广出国（境）培训工作信息化管理经验，建立统一的行政审批网上受理平台，逐步实现所有政府内部审批事项和行政许可网上申报、在线审批、实时监管。

三是强化安全管理和防护，保障网络安全和数据安全。建立科学有效的网络监管模式，做到既高效便捷使用相关信息资源，又有效保障外国专家信息安全。

四、全面从严治党，加强自身建设

面对艰巨繁重的任务，各级外国专家主管部门要牢固树立政治意识、大局意识、核心意识、看齐意识，振奋精神、锐意进取，主动作为，教育引导党员干部自觉把“三严三实”的要求转化为改进作风、干事创业的强大动力，推动各项工作落到实处。

第一，要勇于担当，改进作风。一分部署，九分落实。深入贯彻落实党中央、国务院的新部署新要求，抓住和用好事业发展的重大机遇，全系统上下要加强协调配合，始终保持奋发有为、积极向上的精神状态，敢于直面矛盾和问题，敢于啃硬骨头，脚踏实地、真抓实干，以“钉钉子”的精神确保目标任务落地生根。

第二，要清正廉洁，为民务实。始终把纪律和规矩挺在前面，坚持领导带头、率先垂范，更好发挥表率作用。从严教育、管理和监督干部，深入开展党风廉政教育，坚持用制度管人管事管权，切实筑牢清正廉洁的思想防线。继续实施《重点项目巡视检查工作暂行办法》，及时发现问题，堵塞漏洞，确保财政资金合规高效使用。

第三，要夯实基础，强化基层。各地要根据工作任务变化，加强机构建设，充实人员力量。要加强干部队伍的教育培训和实践锻炼，全面提高工作人员的法治思维和依法行政能力，努力造就一支具有战略思维、通晓国际规则、具有跨文化交流沟通能力的专业化、国际化干部队伍。

同志们，全面做好 2016 年的工作责任重大、使命光荣而艰巨。让我们紧密团结在以习近平同志为总书记的党中央周围，以改革的精神、创新的思维、长远的眼光、务实的作风，上下一心，敢于担当，攻坚克难，扎实做好各项工作，为全面建成小康社会作出新的更大贡献！

在实施外国人来华工作许可制度试点工作座谈会上的讲话

张建国

（2016 年 9 月 8 日）

这次会议的主要任务是深入贯彻习近平总书记系列重要讲话精神，特别是关于引进国外人才和智力工作系列重要讲话和批示精神，认真落实国务院审改办要求，进一步健全外国人来华工作管理服务机制，部署外国人来华工作许可制度试点工作（以下简称“两证整合”工作），正式启动试点阶段任务。

下面，我讲三点意见。

一、凝聚共识，深刻理解“两证整合”工作的重大意义

2015 年 12 月，国务院审改办决定将“外国人入境就业许可”和“外国专家来华工作许可”整合为“外国人来华工作许可”，中央层面由国家外专局组织实施，地方实施部门由地方人民政府结合实际参照执行。“两证整合”涉及外国人来华工作管理部门的职能定位和调整，涉及外国人才管理理念的创新与变革，涉及引智事业改革发展的方向和未来，责任重大、意义深远，必须高度重视，稳妥推进。

第一，做好“两证整合”，是深入贯彻中央领导同志重要讲话和批示精神的重要举措。

党的十八大以来，新一届中央领导集体给予引智工作前所未有的关注和重视。习近平总书记先后三次与外国专家座谈交流，听取意见建议，提出了一系列新思想新要求，充分体现了“聚天下英才而用之”的战略思想，为推动新时期引智事业改革发展提供了基本遵循。总书记强调的“外国专家主管部门要继续完善外国人才引进体制机制，让有志于来华发展的外国人才‘来得了、待得住、用得好、流得动’”的具体要求，更为我们进一步改进外国人管理服务工作指明了方向。李克强总理每年都结合经济社会发展重点任务，对中国政府“友谊奖”获奖专家和春节前座谈活动提出新的要求。2016 年的《政府工作报告》分工方案明确，“实施更积极、更开放、更有效的人才引进政策”由国家外专局牵头落实，这是国家外专局首次牵头实施政府工作报告任务事项。“两证整合”工作，旨在进一步破除现行外国人来华工作管理体制存在的职能交叉分散、管理多头、政出多门、沟通不畅等诸多障碍，有利于减少重复审批、避免监管漏洞、提高办事效率，对于落实中央领导同志批示精神，推动建立权责统一、运转高效、法治保障的外国人才工作管理体制，必将起到积极的推动作用。

第二，做好“两证整合”，是推动建立更加开放的人才引进机制、更好参与国际人才竞争的有力抓手。

2016 年中央印发了《关于深化人才发展

体制机制改革的意见》（以下简称《意见》），吹响了进一步扩大人才开放的嘹亮号角。《意见》明确提出，“要树立全球视野和战略眼光，充分开发利用国内国际人才资源，主动参与国际人才竞争，完善更加开放、更加灵活的人才培养、吸引和使用机制”。当今世界，创新成为世界各国竞争战略的支点，国际人才竞争更加激烈。“高精尖缺”人才引进不足、领军拔尖人才稀少，仍是制约我国引智工作的主要问题之一。突破高端引才瓶颈，要求我们必须破除束缚人才发展的思想观念，建立更加开放的人才体制机制，以全球视野选才，放眼全球配置创新要素，在全球范围内吸引集聚更多顶尖创新人才。“两证整合”工作的根本着眼点，正是遵循“鼓励高端、控制一般、限制低端”的基本思路，通过体制机制改革，构建具有国际竞争力的引才用才机制，推进外国人才管理制度体系建设，进而提高外国人才管理服务水平，促进外国人才引进数量、质量和结构更好满足国家经济社会发展需要、适应国家创新驱动战略实施，实现“聚天下英才而用之”。

第三，做好“两证整合”是深化国务院“放管服”改革的积极实践。

政贵清简。简政放权是推动人才发展体制机制改革的“先手棋”，是贯穿引才用才改革举措的一条红线。外专局按照国务院关于“简政放权、放管结合、优化服务”的统一部署和要求，加快政府职能转变，大力推进简政放权，四项行政许可只保留了一项，其他纳入政府内部审批事项，引智活力得到有效激发。同时，我们必须清醒地认识到，外国人来华管理服务工作政治性、政策性强，涉及领域广、部门多，其核心仍然是处理好政府和市场的关系。“两证整合”不仅仅是简单地将两个许可进行合并，而是通过整合，实现管理制度的创新、服务质量的优化，产生 1＋1＞2 的效应。“两证整合”后，外国人来华工作在全国范围内将实现统一管理，管理的内容也是全链条的，这对我们的管理水平和管理能力提出了更多挑战。一方面要强化政府在外国人宏观管理、政策制定、公共服务等方面的职能，把更多精力放在工作许可、计划引导、政策激励、短期邀请上；另一方面要坚持人才需求导向，进一步厘清用人单位、市场和政府的分工职责，充分放权给用人单位，清除阻碍外国人才管理创新的障碍，让各类优秀人才的创新创造活力最大限度迸发出来。

二、明确思路，准确把握“两证整合”工作的基本原则

在人力资源社会保障部、外交部、公安部的大力支持和配合下，历经半年多的沟通协调和调查研究，“两证整合”工作取得了初步进展。外专局成立了实施外国人来华工作许可领导小组及办事机构，由我任组长，先后赴天津、上海、云南、山东等地调研，与一线工作人员和外国专家座谈交流，较全面地掌握了基本情况，在此基础上明确了分类管理、流程优化、大数据管理、试点先行等总体工作思路。有关具体情况、基本流程以及《外国人来华工作许可服务指南》等政策性文件的解读等，在接下来的议程中，政策法规司的同志们还会详细向大家介绍。

需要强调的是，各地外专局在推进“两证整合”工作中，因地制宜、积极实践，取得了明显成效，值得大家学习借鉴。天津外专局率先在全国设立外国人来华工作处，对在津工作外国人才实施分类管理，实现外国人来华工作的网上申报、网上查询、信息共享；上海外专局在张江建立国际人才试验区，开设申请中国“绿卡”认定窗口，建立市场认定人才机制，实施科技创新职业清单，完善海外人才居住证制度，努力为外国高端人才创新创业提供更多便利化措施；云南外专局专门为外国专家就医服务开通“绿色通道”，提供从医疗设施到就医人员的双语服务，着力优化外国人才创新创业软环境建设；青岛外专局设立“外国人来华工作许可”窗口，优化工作流程，完善配套保障措施，确保政策衔接、平稳过渡。

全面做好这项工作，我认为，需要把握以

下几项原则：

第一，以政策统筹为前提，建立统一协调的管理体制机制。

一是强化顶层设计。与人力资源社会保障部共同制定外国人来中国工作的有关政策。同时，尽快梳理现有的外国专家管理和外国人就业管理方面的政策文件，及时废止不合适的管理政策，有效解决制度“碎片化”问题，切实提高“两证整合”的系统性、整体性、协同性。二是整合管理体制。按照统一管理、权责一致的要求，调整外国人管理机构设置、职能分工，建立分工明确、上下联动、运转高效的外国人在中国工作管理机制。三是建立统筹协调机制。主动加强与人力资源社会保障部、外交部、公安部等部门的沟通协调，特别是对业务流程的共同认可、信息共享机制的确立、联合执法监督等，确保政策衔接、信息互通、监管协同。

第二，以分类管理为基础，实现科学有序管理。

“两证整合”后，我们的管理目标将由主要围绕高端人才引进管理，向高层次外国人才、来华就业的外国人等更加多元化的管理转变，管理对象的规模也将大幅增加，管理难度明显提高。按照“鼓励高端、控制一般、限制低端”的基本思路，对高层次专家和一般外国人实施分类管理将势在必行。一是以综合性指导文件出台为契机，提前谋划有关实施细则，加快制定外国人来华工作分类管理规定，实现外国人来华工作许可与人才签证、工作签证、外国人在中国境内工作指导目录等制度的内在协调性、体系性。二是对“高精尖缺”特殊人才，要围绕“三更”、“四得”目标，实施“绿色通道”等便利化服务措施，打造更加开放包容的引才用才环境和服务体系；对中端人才，要立足国内就业总体情况，在总量控制的基础上提供相应便利；对于低端外国人就业，要加以限制。

第三，以数据管理为手段，简化流程信息，创新管理方式。

“两证整合”对外国人管理服务工作的精细化、精准化水平提出了更高要求。一是启动运行全国统一的外国人来华工作管理信息化系统。实施一网管理、数据共享，实现网上申报、限时办结、实时查询、过程留痕、全程监督，确保信息公开透明，数据集中统一。给予长期工作外国人一人一码，终身不变，动态管理记录其在华工作管理、服务、信用记录等情况。二是建立信息共享互联机制。加强与外交部、公安部、人力资源社会保障部、文化部等部门协调沟通，优化许可流程，精简材料数量，实现信息互联共享，切实提高审批效率。三是加强事中事后监管。要改变重事前审批轻事中事后监管的现状，落实好“两随机一公开”事后监管机制。在总结近年来试点经验的基础上，逐步实施工作指导目录、计点积分、市场需求测试等通用工具。探索建立在华工作外国人信用评定和使用制度，完善对在中国工作的外国人奖励制度，切实保障在华工作外国人的合法权益。

第四，以地方实施为主体，鼓励先行先试，确保平稳过渡。

根据工作安排，综合考虑地方职能部门机构队伍现状、来华工作外国人劳动力市场发展等实际情况，我们研究决定，在京津冀、上海、安徽、山东、广东、四川、宁夏等省区市率先启动“两证整合”工作试点，从政策法规、职责整合、工作流程、办公系统、部门协调等各方面梳理问题、探索实践，形成一批可复制可推广的经验和模式。希望各试点地区以高度的责任感、使命感，勇于作为、敢于担当，把握好节奏和进度，稳步推进落实。同时，我们也鼓励其他有条件的地区，根据“两证整合”的工作方向和总体思路，积极开展先行先试，特别是妥善做好机构整合和职能调整，为全面实施“两证整合”做好各项准备。

三、强化责任，统筹抓好“两证整合”试点工作的推进落实

“两证整合”是推进外国人来华工作“放

管服”改革的突破口，是破解外国人在华工作多头管理的重要举措。我们要牢固树立政治意识、大局意识，严格落实责任，稳妥推进各项工作，以扎实的工作作风，务实的工作成果，营造更具吸引力的国际化、法治化、便利化引才用才环境。

第一，加强组织领导，确保工作平稳有序。

《外国人来华工作许可试点实施方案》将在这次会后印发实施。国家外专局要加强对试点工作的协调与指导，试点地区要在当地政府的领导下，结合本地实际，确定外国人来华工作许可职能机构、人员配置、管理模式等，推进政府职能优化配置和统筹整合，理顺职责关系，稳妥推进“两证整合”工作，确保上下联动、协同推进、平稳运行。要做好“两证整合”工作的安全风险防控、预警、处置等制度，加强舆情监控，实现平稳过渡。

第二，加强队伍建设，及时开展督导培训。

国家外专局要跟踪了解实施进展情况，鼓励地方从实际出发，创造性地开展工作。同时加强工作督导和业务培训，掌握和研究解决实施中出现的新情况新问题，及时推广好经验好做法。各地外专局要以“两证整合”为契机，进一步推进外国人来华工作管理机构建设，强化工作人员业务培训，不断提高工作能力和服务质量。

第三，加强对外宣传，营造良好舆论氛围。

加强舆论宣传引导，及时解读“两证整合”相关政策举措，让群众了解整合情况，监督整合进程，评价整合效果，提高“两证整合”工作的社会认知度、认可度，形成推动工作的良好舆论氛围。要全面推进政务公开，及时发布权威信息，发挥社会监督和舆论监督作用，回应社会关切，引导社会预期，及时解决服务对象反映的问题，实现试点工作中社会力量的有效参与、良性互动。

同志们，“两证整合”工作任务艰巨，使命光荣，我们要坚决贯彻落实党中央、国务院关于新形势下引进国外人才和智力工作的各项部署要求，紧紧抓住外国人来华工作许可“两证整合”的重要机遇，坚持改革创新、强化担当责任，大力实施更积极、更开放、更有效的人才政策，不断拓展引智事业改革发展新空间新途径，为国家经济社会发展作出新的更大贡献！

在全国农民工工作暨家庭服务业工作办公室主任座谈会上的讲话

邱小平

（2016年2月1日）

这次会议的主要任务是，深入贯彻党的十八大和十八届三中、四中、五中全会精神以及中央经济工作会议等会议精神，认真学习贯彻李克强总理重要批示和马凯副总理重要讲话精神，落实国务院农民工工作领导小组第四次全体会议部署要求，总结“十二五”时期的农民工工作和家庭服务业工作，分析“十三五”时期的形势任务，重点研究部署2016年工作。

一、关于2015年和“十二五”时期农民工工作及家庭服务业工作取得的进展

2015年是“十二五”收官之年，也是全面贯彻落实《国务院关于进一步做好为农民工服务工作的意见》第一年。在党中央、国务院的坚强领导下，各地区、各有关部门主动作为，锐意进取，推动农民工工作和家庭服务业工作取得新的进展。农民工就业规模稳中有增，返乡创业人员明显增多；农民工职业技能培训取得新成效，培训实效性逐步增强；农民工劳动保障权益维护得到加强，工资收入水平继续提高；户籍制度改革加快推进，农民工享受的城镇基本公共服务又有改善，农民工社会融合迈出新步伐。家庭服务业规范化职业化建设力度加大，行业发展水平得到提升。

2015年的工作进展，是在过去事业发展的基础上取得的。“十二五”时期，为农民工服务和发展家庭服务业的政策措施不断完善，事业发展上了新的台阶。

——农民工就业创业规模持续扩大。建立完善城乡平等的就业制度，健全覆盖城乡的公共就业服务体系，完善和落实促进农民工就业创业政策，加强农民工培训的综合协调，实施农民工职业技能提升计划等计划和行动，明显改善了农民工就业创业环境，提升了农民工就业创业能力。全国农民工总量从2010年的2.42亿人增加到2015年的2.77亿人。2014年和2015年，全国培训农民工分别达到2 293万人次和2 069万人次。

——农民工劳动保障权益得到更好维护。通过深入贯彻中央关于构建和谐劳动关系的意见，落实劳动保障法律法规，建立健全工资支付保障长效机制，强化劳动保障监察执法和安全生产检查、劳动争议调处以及法律援助服务，农民工劳动保障权益得到进一步保障。被拖欠工资的农民工比重从2010年的1.4%下降到2014年的0.8%。农民工月平均工资收入从2010年的1 690元增加到2015年的3 072元。农民工参加职工基本养老、医疗、工伤、失业保险人数比2010年年末分别增长70.1%、12.7%、18.9%、112%。

——农民工平等享受城镇基本公共服务和在城镇落户取得重要进展。2015年农民工随迁子女在公办学校就学的比例保持在80%以上，全国共有近8万名符合条件的随迁子女在当地参加高考。农民工及其子女享受基本公共卫生计生服务覆盖面不断扩大。全国大部分城市将符合条件的农民工纳入当地住房保障范围。城市公共文化服务设施普遍面向农民工开放。居住证暂行条例正式公布实施。27个省（区、市）印发推进户籍制度改革实施意见，许多农民工在就业地落户成为新市民。

——农民工社会地位逐步提升。农民工依法享有的民主政治权利得到有效保障，在国家社会治理中的参与度不断提高。26名农民工当选党的十八大代表，31名农民工当选第十二届全国人大代表，还有一批农民工当选地方各级人大代表和政协委员。2015年年底，全国加入工会的农民工人数达到1.23亿人。180名农民工去年当选全国劳动模范，比上届提高17.7%。大力宣传农民工在经济社会发展中的重要作用和农民工的先进事迹，关心关爱农民工的社会氛围逐步形成。

——发展家庭服务业取得明显成效。各地普遍建立发展家庭服务业促进就业工作协调机制，制定出台财税金融等扶持政策。积极推进中心城市家庭服务体系建设，大力开展千户百强家庭服务企业（单位）创建活动。有序推进家庭服务业规范化职业化建设，加强家政服务制度、标准研究制定和从业人员就业服务、职业技能培训工作，强化市场监管和行业自律。全国以家政服务、养老服务、社区照料服务和病患陪护服务等为重点的家庭服务业保持较快发展态势。

总的来看，“十二五”时期是农民工工作和家庭服务业大发展的五年，为稳增长、促改革、调结构、惠民生、防风险作出了积极贡献。成绩来之不易，工作中积累的经验值得认真总结和坚持。

一是必须坚持党的领导和政府主导，把农民工工作摆在经济社会大局中谋划和推进。党中央、国务院始终高度重视农民工工作，各级党委、政府把农民工工作和家庭服务业工作纳入国民经济和社会发展总体规划，加强领导，积极推进，为创新解决农民工问题的体制机制、推动事业发展提供了组织保证。

二是必须坚持立足国情，积极探索中国特色农业劳动力转移道路。我们坚持立足于发展中的人口大国这一国情，兼收并蓄各国工业化城镇化进程中农业劳动力向非农产业转移的成功经验，逐步走出了一条就业带动、保障地权、渐进转移、市民化发展的具有中国特色的农业劳动力转移道路。

三是必须坚持农民工的主体地位，实现好维护好发展好广大农民工的根本利益。我们认真贯彻以人民为中心的发展思想，把维护农民工权益、增进农民工福祉、促进农民工市民化作为出发点和落脚点，保障农民工平等参与、平等发展权利，帮助农民工解决最关心最直接最现实的利益问题，促进农民工共享改革发展成果，使农民工的获得感不断增强。

四是必须坚持统筹协调，调动各方面力量共同推动事业发展。做好农民工工作是一项复杂的系统工程，发展家庭服务业工作也涉及多个方面。我们既注重加强顶层设计，又重视发挥部门、地方和农民工的首创精神；既注重加强督促检查，又重视发挥舆论宣传的导向作用，最大限度凝聚共识，赢得各方面理解、支持和参与，调动全社会力量形成了推动事业发展的强大合力。

二、关于“十三五”时期的农民工工作和2016年主要任务

“十三五”时期是全面建成小康社会的决胜阶段，也是推进农民工市民化的关键时期。党的十八届五中全会以及一系列中央专题工作会议，对做好以推进农民工市民化为核心的农民工工作提出了新的更高要求。李克强总理为表彰大会所作的重要批示，为进一步做好农民工工作指明了方向。马凯副总理的重要讲话深入分析了“十三五”时期面临的新机遇和新挑战，强调要继续着力稳定和扩大农民工就业创业，着力维护农民工劳动保障权益，着力推动农民工逐步平等享受城镇基本公共服务和在城镇落户，着力促进农民工社会融合，有序推进农民工市民化，对四个方面的重点工作作出了明确部署。我们要认真学习领会、全面准确把握，切实增强使命感、责任感和忧患意识，以更大的决心、勇气和智慧推动各项任务全面落实。

2016 年农民工工作的总体要求是：主动适应经济发展新常态，以有序推进农民工市民化为目标，多渠道促进农民工就业创业，依法维护农民工劳动保障权益，积极推动农民工在城镇落户，努力扩大农民工享受城镇基本公共服务范围，促进农民工社会融合，为“十三五”时期的农民工工作开好局、起好步。

（一）促进农民工就业创业。完善和落实促进农民工就业创业政策，加强就业创业服务，积极引导农村转移劳动力有序外出就业、就地就近就业和鼓励返乡创业，提高农民工就业稳定性。组织实施农民工职业技能培训综合计划，实施好新生代农民工职业技能提升计划，加强农村地区新成长劳动力职业教育，提高农民工就业创业能力。实施贫困地区农村劳动力转移就业脱贫工程。加强农村劳动力转移就业形势分析研判，防范和化解结构调整过程中可能出现的农民工规模性失业风险。

（二）维护农民工劳动保障权益。继续规范招用农民工的劳动用工管理。抓紧落实全面治理拖欠农民工工资问题意见，努力实现农民工工资基本无拖欠。实施全民参保登记计划，扩大农民工参加城镇社会保险覆盖面，完善城乡养老保险制度衔接办法，进一步推动农民工参加工伤保险。加大劳动保障监察、劳动争议处理以及法律服务和法律援助力度，保护农民工合法权益。加强安全生产监督检查和职业健康保护，落实关于加强农民工尘肺病防治工作的意见。

（三）推动农民工在城镇落户。围绕提高户籍人口城镇化率，促进有能力在城镇稳定就业和生活的农业转移人口举家进城落户。进一步落实有差别的放宽户口迁移政策，鼓励各地研究制定更加积极、更加宽松的户口迁移政策。加快实施以“三挂钩一脱钩”为重点的配套政策，充分调动城市政府吸纳非户籍人口落户积极性和农民工进城落户积极性，确保实现到 2020 年推动 1 亿左右农业转移人口和其他常住人口在城镇落户的目标。

（四）加强对农民工的基本公共服务。推动落实居住证暂行条例，逐步实行城镇常住人口基本公共服务均等化。重点要保障农民工随迁子女以流入地公办学校为主接受义务教育，以公办幼儿园和普惠性民办幼儿园为主接受学前教育，进一步完善和落实随迁子女在当地参加中高考政策。实施流动人口健康促进行动计划。研究拓宽农民工住房保障渠道，通过租售并举等措施加快解决农民工住房保障问题。在农民工集中地加强农民工综合服务平台建设，提高为农民工服务的针对性和效率。

（五）促进农民工平等融入社会。保障农民工依法享有民主政治权利，继续推动农民工平等参与国家和社会管理、城镇社区管理，进一步扩大工会组织对农民工的覆盖范围。积极开展面向农民工的公益性文化活动，加强对农民工的人文关怀，广泛开展新市民培训，促进农民工融入城市。做好关爱农村留守儿童、留守妇女和留守老人工作，落实关于加强农村留守儿童关爱保护工作的意见。

需要强调的是，在实际工作中要切实把握好促改革、补短板、兜底线、防风险这几个关键点：在促改革方面，要着力破除阻碍农民工市民化的体制机制障碍，推进户籍、土地、财政等关键领域改革；在补短板方面，要着力解决农民工享受基本公共服务不足的突出矛盾，以随迁子女教育、住房保障为重点，加快改善基本公共服务供给；在兜底线、防风险方面，要高度关注供给侧结构性改革特别是化解煤炭、钢铁等行业过剩产能可能导致的农民工规模性失业问题，对经济下行压力下拖欠农民工工资问题反弹的风险也要保持高度警惕，积极做好防范和应对工作，确保不影响社会稳定。

三、关于“十三五”时期的家庭服务业工作和2016年主要任务

“十三五”时期，发展家庭服务业工作处于大有可为的战略机遇期，同时也面临很大的挑战。我们要认真贯彻党的十八届五中全会和中央经济工作会议精神，落实习近平总书记“家政服务大有可为，要坚持诚信为本，提高职业化水平”的重要指示以及俞正声主席等中央领导同志的指示批示精神，紧紧围绕“增加服务供给、提高服务质量”中心任务，进一步加大工作力度，促进家庭服务业不断取得新发展。

2016年要重点做好四个方面工作：

（一）着力扩大家庭服务供给。坚持以市场为主导，激发市场主体活力，支持家庭服务企业多种模式发展。落实好居民生活服务业线上线下融合创新发展实施意见，推动家庭服务业创新和转型发展。推进中心城市家庭服务体系建设。结合实施脱贫攻坚工程，帮助贫困地区农村劳动力转移到家庭服务业就业。扩大从业人员规模，努力缓解中心城市“找家政服务员难”问题。

（二）加强对家庭服务业发展的政策支持。将家庭服务业作为重点发展的服务产业列入“十三五”规划，完善支持各类家庭服务企业发展的政策措施。推动养老服务与家政、医疗等生活性服务业融合创新发展，促进养老服务实现产业化发展。继续深化千户百强家庭服务企业（单位）创建工作，搞好优秀企业和知名品牌宣传展示，推动家庭服务企业做大做强、做专做精。

（三）大力推进规范化建设。推动家庭服务标准化建设，加快制（修）订一批重点业态的国家标准、行业标准和地方标准。加强行业协会建设，推动完善行业自律机制，建立健全家政服务诚信体系。研究制定进一步加强行业管理的政策措施。研究修订家政服务业管理规定，探索适合家政服务企业实际的劳动用工管理制度和方式。

（四）大力推进职业化建设。把各类家庭服务从业人员培训纳入职业技能培训规划和农民工职业技能提升计划。组织实施巾帼家政服务专项培训工程、养老护理员专项培训工程，推动开展多种形式的技能竞赛活动。继续加强家庭服务职业培训示范基地建设。加强家庭服务专业人才培养，搞好家庭服务企业经营者和管理人员培训，支持家庭服务企业和职业培训机构开展师资培训。

四、关于加强农民工工作和家庭服务业工作的组织领导

做好新时期的农民工工作和家庭服务业工作，头绪多、涉及面广，必须始终注意加强和改善组织领导，努力提高工作的科学化规范化水平。

（一）健全统筹协调机制。积极推动县级以上地方人民政府成立农民工工作领导小组，加强对农民工工作的统筹协调和检查指导。加强省、地（市）两级发展家庭服务业联席会议制度建设，推动向经济发达地区县市延伸。重视发挥两个协调机构办公室的职能作用，完善系统上下、部门之间的协调联动机制，推动各成员单位既主动发挥各自职能优势，又加强沟通协调和相互支持，形成强大工作合力。完善农民工市民化进程监测调查制度，研究建立家庭服务业统计调查制度。

（二）加强重大问题调查研究。结合编制经济社会发展“十三五”规划和有关专项规划，进一步科学谋划未来五年农民工工作和家庭服务业工作的发展思路、目标任务和重要举措，搞好顶层设计。特别是要针对当前推进农民工市民化和促进家庭服务业发展中的一些重点难点问题，组织开展课题研究，提出破解难题的政策建议。

（三）加强工作督促检查。按照“三严三实”的要求，狠抓党和国家有关农民工工作和家庭服务业工作重大方针政策、决策部署的贯彻落实。加强督促检查，创新督察形式，充实

督察内容，提高督察实效，研究建立考核评价机制，推动各项政策落到实处。

（四）加强舆论宣传引导。重视加强舆论宣传工作，通过多种形式广泛宣传两项工作的重大意义，宣传有关方针政策，宣传先进典型，进一步凝聚社会共识，为事业发展营造良好环境。

做好农民工工作和家庭服务业工作任务艰巨、责任重大。让我们以更加奋发有为的精神状态、更加扎实有力的工作举措，攻坚克难，开拓创新，不断开创工作新局面，为实现全面建成小康社会奋斗目标作出新的贡献。

在全国劳动关系工作座谈会上的讲话

邱小平

（2016年3月22日）

这次会议的主要任务是，全面贯彻落实党的十八大和十八届三中、四中、五中全会以及中央经济工作会议、全国“两会”精神，认真落实全国人力资源社会保障工作会议的要求，总结2015年和“十二五”时期劳动关系工作取得的成绩，分析“十三五”时期面临的形势和任务，研究部署2016年工作。

一、2015年和“十二五”时期劳动关系工作回顾

2015年，劳动关系各项重点工作取得了新的进展。《中共中央　国务院关于构建和谐劳动关系的意见》印发实施，规范劳务派遣工作全面开展，集体合同制度攻坚计划继续推进，国有企业负责人薪酬制度改革有序推开，最低工资标准稳慎调整，保障农民工工资支付长效制度进一步健全，劳动标准管理逐步加强，协调劳动关系三方机制作用得到发挥，构建和谐劳动关系综合试验区建设取得阶段成效，实现了“十二五”圆满收官。

过去五年来，党中央、国务院高度重视构建和谐劳动关系，各级人力资源社会保障部门积极进取，开拓创新，完成了“十二五”规划确定的主要任务，保持了劳动关系总体和谐稳定。

一是劳动关系工作地位显著提升，发展方向进一步明确。2011年8月，习近平同志出席全国构建和谐劳动关系先进表彰暨经验交流会并发表重要讲话，深刻阐述了构建和谐劳动关系的重要意义，对劳动关系工作作出了重大部署。2015年3月，党中央、国务院印发《关于构建和谐劳动关系的意见》，明确了新的历史条件下构建和谐劳动关系的指导思想、工作原则、目标任务和主要措施，为劳动关系工作指明了方向。各地党委、政府加强了对劳动关系工作的领导，许多地区出台实施意见，将构建和谐劳动关系纳入当地经济社会发展规划和政府目标责任考核体系，推动劳动关系工作进入了一个新的发展阶段。

二是劳动合同制度全面实行，劳动用工更加规范。认真贯彻实施《劳动合同法》，开展农民工劳动合同签订“春暖行动”和小企业劳动合同制度实施专项行动，企业依法用工和劳动者依法维权意识不断增强，劳动合同签订率和履行质量不断提高，“十二五”期末，企业劳动合同签订率达到90%以上。颁布实施《劳务派遣行政许可实施办法》和《劳务派遣暂行规定》，开展规范劳务派遣专项行动，较好维护了被派遣劳动者合法权益。

三是集体合同制度和协调劳动关系三方机制逐步健全，利益协调作用得到较好发挥。实施集体合同制度“彩虹计划”和“攻坚计划”，集体协商覆盖范围不断扩大，实效性逐步增强。“十二五”期末，经人力资源社会保障部

门审查的当期有效集体合同176万份，覆盖企业356万户、职工1.7亿人。县级以上普遍建立三方机制。国家和地方都将工商联等单位纳入三方机制，一些地区还创新了三方机制组织形式和运行方式。各级三方加强沟通、合作，发挥了积极作用。

四是企业工资分配制度不断完善，工资收入分配秩序逐步规范。深化国有企业负责人薪酬制度改革取得积极进展。积极稳妥推进工资集体协商，企业工资正常增长机制逐步建立。出台全面治理拖欠农民工工资问题的意见，工资支付保障长效机制逐步健全。同时，女职工和未成年工特殊劳动保护、落实职工带薪年休假、实施高温津贴等工作得到进一步加强。

五是工资分配宏观调控和指导进一步加强，收入差距逐步缩小。“十二五”时期，全国各省份最低工资标准平均调整3.8次，年均增长13.1%。对收入过高国有企业实行工资总额和工资水平双重调控办法。多数地区每年发布工资指导线和人力资源市场工资指导价位。在153个城市连续4年开展企业薪酬试调查工作。职工工资水平稳步提高，行业工资差距有所缩小。

五年来，有许多经验值得认真总结和坚持。一是坚持围绕中心，服务大局。坚决贯彻落实中央决策部署，积极适应经济形势变化，有针对性地调整完善劳动关系政策举措，为维护经济社会发展大局作出了贡献。二是坚持以人为本，共建共享。把解决广大职工最关心、最直接、最现实的利益问题，实现好、维护好、发展好他们的根本权益，作为根本出发点和落脚点，注意统筹处理好促进企业发展和维护职工权益的关系，引导企业和职工树立利益共同体意识，促进双方较好实现了合作共赢。三是坚持法治思维，依法构建。积极健全劳动关系法律体系，指导和督促企业依法用工、职工依法维权，依法预防和处理劳动关系矛盾，将劳动关系的建立、运行、监督、调处全过程初步纳入了法治化轨道。四是坚持深化改革，开拓创新。坚持问题导向，勇于打破传统思维定式，不断破解劳动关系工作中的体制机制障碍。

当前劳动关系领域仍然存在不少问题。企业侵害职工权益的现象仍然存在，工资收入差距依然偏大，构建中国特色和谐劳动关系的体制机制仍不健全，企业工资分配制度有待进一步完善，有些法律法规和改革政策落实还不到位，协调劳动关系的基础工作薄弱等，这些都需要我们在今后的工作中认真加以解决。

二、“十三五”时期劳动关系工作面临的形势和任务

党的十八届五中全会对全面建成小康社会的目标任务作出了全面部署，提出了新的要求。“十三五”规划纲要确立了各方面制度更加成熟定型的目标，明确了推动实现更高质量就业、不断改善劳动条件、健全劳动关系协调机制、建立和谐劳动关系以及完善初次分配制度、缩小收入差距等新任务。同时，我国经济发展已经进入新常态，劳动关系的复杂性、不稳定性增加，劳动关系矛盾易发多发且有扩散风险，劳动关系工作中面临的两难选择增多、处理难度加大。

“十三五”时期，面对新形势、新任务，劳动关系工作要按照“五位一体”总体布局和“四个全面”战略布局的要求，牢固树立新的发展理念，适应经济发展新常态，坚持以人为本、依法构建、共建共享、改革创新，不断完善劳动关系协调体制机制，健全企业工资收入分配制度，有效防范劳动关系系统性风险，到2020年，建成系统完备、科学规范、运行有效、成熟定型的中国特色和谐劳动关系体制机制，实现劳动关系长期和谐稳定的目标，为全面建成小康社会作出新的更大贡献。

重点要做好以下三个方面的工作：

（一）完善劳动标准体系，创新劳动关系协调体制机制。研究修订《劳动合同法》等法律法规，完善劳动合同制度，健全体现差异化的劳动基准体系。加快探索符合国情的集体协商制度，健全企业民主管理制度，畅通职工诉

求表达和利益协调渠道，推进劳动关系双方沟通协商制度化、常态化。加快完善党委领导、政府主导、社会协同、企业和职工参与、法治保障的劳动关系治理体制，健全协调劳动关系三方机制，提升政府治理劳动关系矛盾的能力和水平，加强源头治理、动态管理、应急处置和标本兼治。

（二）深化企业工资收入分配制度改革。加快健全科学的工资水平决定机制和正常增长机制，推行企业工资集体协商，改革国有企业工资总额管理办法，继续对工资过高的国有企业实行总额和水平双重调控。建立最低工资标准评估机制，完善最低工资增长机制。加强对国有企业负责人薪酬分配的分类监管，建立差异化薪酬分配办法。改进完善工资分配宏观指导，健全工资指导线制度，建立统一规范的企业薪酬调查和信息发布制度。积极推进工资支付保障立法，健全工资支付保障机制。

（三）依法规范供给侧结构性改革中的劳动关系处理工作。完善劳动关系处理政策，指导企业在人员分流安置工作中依法依规处理好劳动关系问题，切实维护职工和企业双方合法权益。加强劳动关系形势分析研判，防范因经济下行和结构性改革可能引发的劳动关系系统性风险。

做好“十三五”时期的劳动关系工作，需要妥善处理好有关“两难”问题。

一是妥善处理好提高职工工资与降低企业成本之间的关系。要统筹处理好维护职工权益和促进企业发展的关系，统筹处理好维护职工眼前利益和长远利益的关系，坚持劳动报酬提高和劳动生产率提高同步，充分考虑当前实体经济企业的生产经营困难，稳慎把握调整最低工资标准的频率和幅度，引导职工设定合理预期，帮助企业降低成本、渡过难关，实现可持续发展。要着力通过健全工资决定机制和正常增长机制，指导企业在效益增长的基础上稳步提高职工工资水平。

二是妥善处理好增强劳动力市场灵活性与实现劳动力市场安全性的关系。要从我国长期处于社会主义初级阶段的基本国情出发，深入研究生产关系适应生产力发展的规律要求，更好地把握劳动力市场灵活性与安全性的合理平衡，进一步完善政府对劳动力市场的有效规制，维护劳动力市场健康运行。要按照党的十八届五中全会要求，全面科学评估《劳动合同法》等劳动法律法规的实施效果。

三是妥善处理好政府与市场、政府与社会的关系。要把准政府和市场的定位，注重发挥市场机制的调节作用，同时健全政府宏观调控体制机制和政策体系，综合运用法律、经济、信息手段和必要的行政手段，主要通过统筹协调、制定规则、市场监管、公共服务等，弥补市场自发调节的缺陷。要把准政府和社会的定位，坚持党委领导、法治保障前提下，加快实现政府管理劳动关系向政府主导、多方参与、共同治理劳动关系转变，积极完善利益表达、协调机制，增强劳动关系主体双方依法自我协调、自我管理、自我服务功能，注重引导、鼓励和支持工会、企业代表组织和其他社会组织更好地发挥作用，形成劳动关系双方自主协调、政府依法调整、社会共同治理的良好格局。

三、2016 年劳动关系工作的主要任务

2016 年是“十三五”的开局之年，也是推进供给侧结构性改革的攻坚之年。要突出工作重点，狠抓工作落实，确保劳动关系工作任务全面完成，切实防控劳动关系风险。

（一）深入贯彻落实《关于构建和谐劳动关系的意见》。尚未出台贯彻落实文件的地区要抓紧制定出台实施意见。已出台文件的地区，要抓好实施工作，及时研究解决贯彻落实中遇到的新情况、新问题。要深化构建和谐劳动关系综合试验区建设，各地都要选择有代表性、具备条件的地区开展试点。

（二）积极稳妥做好供给侧结构性改革中劳动关系处理工作。要以化解钢铁和煤炭行业过剩产能、处置“僵尸企业”为重点，积极稳妥做好劳动关系处理工作，加强事前指导、事中监督、事后检查，确保劳动关系处理平稳有

序。一是完善劳动关系处理政策。抓紧完善分类处理劳动关系的政策措施，切实搞好相关政策的衔接，既要避免损害职工权益，也要防止群体间的攀比和“找后账”。二是指导企业依法依规处理劳动关系。全面摸清涉及企业和职工的基本情况，搞好资金测算。逐户指导企业通过与职工充分协商，制定好职工安置方案，并按规定经职工代表大会审议或全体职工讨论通过指导企业，依据分流安置方式依法与职工变更、解除和终止劳动合同，依法支付解除、终止劳动合同职工的经济补偿金，妥善解决拖欠职工的工资、社会保险费等问题，做好社会保险关系接续工作。三是妥善应对职工分流安置过程中可能出现的突发性事件。要密切关注职工安置过程中的不稳定因素，制定和完善应急预案。发生群体性事件，要立即启动应急处置机制，快速妥善处置。

（三）积极做好企业工资分配工作。一是推进国有企业负责人薪酬制度改革落地。尽快合理确定或调整中央企业负责人和省管企业负责人 2015 年度基本年薪，做好绩效年薪考核兑现工作。抓紧推进省以下地方政府管理企业负责人薪酬制度改革工作。稳妥开展市场化选聘的职业经理人差异化薪酬改革试点。二是健全企业工资水平决定机制和正常增长机制。继续以非公有制企业为重点，全面推进集体合同制度实施攻坚计划。研究制定改革国有企业工资决定机制的意见，完善国有企业工资总额分类管理办法，对工资过高的企业继续实行总额与水平双重调控。三是健全工资宏观调控指导制度。稳慎做好最低工资标准调整工作。开展企业薪酬调查，建立正式的企业薪酬调查和信息发布制度。探索建立制造业人工成本监测制度。完善工资支付保障长效机制，积极落实《关于全面治理拖欠农民工工资问题的意见》，加强工资支付保障立法研究。同时，要加强对企业实行特殊工时制度的管理和服务，继续推动落实带薪年休假制度，加强高温津贴、女职工保护等工作。

（四）实施并完善劳动合同制度。一是进一步提高劳动合同签订率和履行质量。继续以农民工、小企业为重点，督促企业和职工依法签订劳动合同。二是规范企业裁员行为。指导、督促因生产经营困难需要裁员的企业依法制定裁员方案，履行法定程序，并及时向当地人力资源社会保障部门报告，妥善处理被裁减职工的劳动关系，依法支付经济补偿。三是稳妥规范劳务派遣用工。做好劳务派遣行政许可、规范指导和监督检查等工作，督促劳务派遣单位依法规范经营。引导用工单位依法使用被派遣劳动者，着重落实被派遣劳动者同工同酬权利。

（五）充分发挥三方机制在构建和谐劳动关系中的独特作用。一是健全劳动关系形势动态监测和分析研判机制。搞好对劳动关系形势的动态监测，定期开展形势分析研判，共同化解劳动关系领域的突出矛盾。二是深入开展和谐劳动关系创建活动。将帮助企业渡过难关、稳定就业岗位作为和谐创建的重要内容，完善创建工作机制，扩大创建活动覆盖范围。三是依托协调劳动关系三方机制，在推动劳动立法、推进集体合同制度实施等方面进一步形成合力。探索建立协调劳动关系三方委员会，充实和完善职能职责，健全运行机制和工作制度，更好地发挥三方机制的作用。

要进一步增强大局意识、责任意识，明确任务、明确责任、明确时限、明确要求，以“三严三实”的工作作风，狠抓各项工作落实，努力完成各项工作任务，为全面建成小康社会作出新的更大贡献。

深入贯彻落实党的十八届五中全会精神 推动职业能力建设事业新发展

汤　涛

（2016 年 4 月 12 日）

这次会议的主要任务是，深入学习贯彻党的十八届五中全会精神，总结“十二五”时期职业能力建设工作，明确“十三五”时期目标任务，部署 2016 年重点工作。这次会议在天津召开，也希望能够总结推广天津在职业能力建设中的好经验（即一套机制连需求、一包方式抓培训、一项计划提技能、一个平台促实训、一组指标保落实、一把手领导亲自抓），这也是会议的预期目的。

一、关于“十二五”时期和 2015 年工作进展

五年来，各级人社部门积极进取、勇于担当、改革创新、攻坚克难，圆满完成各项任务。

——高技能人才工作取得长足进步。国家相继出台高技能人才队伍建设中长期规划、高技能人才振兴计划、加强企业技能人才队伍建设的意见等政策措施。国家层面建设 400 个高技能人才培训基地、500 个技能大师工作室，实施技师培训项目，中央财政累计投入资金 20.5 亿元。共表彰 60 名“中华技能大奖”获得者和 600 名“全国技术能手”，983 名高技能人才获得国务院政府特殊津贴。到 2015 年年底，全国技能人才总量达到 1.65 亿人，高技能人才达到 4 501 万人。

——职业培训发展迅猛。按照《国务院关于加强职业培训促进就业的意见》要求，大规模开展就业技能培训、岗位技能提升培训和创业培训。既突出重点群体，实施高校毕业生技能就业行动、农民工职业技能提升“春潮行动”、企业新型学徒制试点等，又统筹兼顾，不断扩大培训规模，逐步构建面向全体劳动者的职业培训体系。累计开展政府补贴职业培训 9 875 万人次。

——技工教育实力增强。针对招生难、资金缺、待遇差等问题，出台《关于推进技工院校改革创新的若干意见》（人社部发［2014］96 号）以及兼职教师管理、学生资助管理、毕业生待遇、生均拨款、学生实习管理等方面的政策。推进工学一体化教学改革，深化校企合作，提升教学和培训质量。累计向社会输送 560 万名毕业生，就业率保持在 97%以上，开展各类培训 2 600 余万人次。

——职业资格制度逐步规范。广泛开展职业技能鉴定和企业职工职业技能等级评价工作。分 5 批取消 135 项国务院部门、行业协会设置的技能人员职业资格，指导各地取消自行设置的各类职业资格。全国累计有 9 163 万人次参加职业技能鉴定，7 661 万人次取得职业

资格证书。

——技能大赛蓬勃开展。坚持把技能竞赛作为加强技能人才选拔的重要渠道，全国有5 000多万名职工和学生参加各类竞赛，1 400多名优秀选手被授予“全国技术能手”称号，32万多人次晋升职业资格等级。2010年，我国加入世界技能组织后，组团参加了3届世界技能大赛，累计取得5金、8银、7铜和29个优胜奖。

——基础工作稳步提升。配合做好《职业教育法》修订工作，积极推动职业技能开发立法。制定颁布79个国家职业标准，启动编制国家技能人才培养标准和一体化课程规范，组织开展职业培训包开发试点，组织开发3 000余种技工教育和职业培训教材、15个专业一体化课程教学改革教材和教辅材料。组织系统工作人员、技工院校负责人和骨干师资培训。开展技工院校学生电子学籍注册、职业资格证书和技工院校毕业生证书查询服务。宣传工作有声有色。

2015年，全国职业能力建设工作取得了明显进步。技能人才工作取得新成绩。全年新增高技能人才365万人，高技能人才占技能人才的比例达到27.3%。技能竞赛活动取得新突破。创新中国技能大赛组织模式，分别开展国家级一类大赛5项、二类大赛39项。在第43届世界技能大赛上取得5金、6银、4铜和11个优胜奖。职业培训工作取得新成效。企业新型学徒制试点顺利启动，“春潮行动”等培训计划稳步推进。全年共完成政府补贴性培训1 908万人次。技工院校改革创新取得新进展。出台技师学院毕业生就业补贴、技工院校生均经费、技能扶贫等政策，发展环境得到优化。职业资格改革进入新阶段。全国各地各行业组织开展职业资格清理整顿专项督查，严格职业资格设置管理。基础工作实现新加强。颁布《中华人民共和国职业分类大典（2015年版）》，为技能人才培养评价工作奠定重要基础。

肯定成绩的同时，也要对改革发展面临的问题保持清醒认识。法律法规缺失问题比较突出，制度政策顶层设计仍需加强；技能人才的社会地位不高，社会环境有待优化；技能人才的素质、结构、规模，与建设制造强国的要求相比，职业培训的政策资金、工作机制、培训质量，与劳动者素质提高的需求相比，均有较大差距；技工院校仍面临招生、资金、待遇等发展困境；职业资格制度改革难度较大，如何处理好简政放权与加强技能人才评价工作的关系，仍须探索；职业技能竞赛质量和影响力需要不断提升等，需要在今后的工作中加以解决。

二、关于“十三五”时期的目标和任务

“十三五”时期的总体要求是：全面贯彻党的十八届五中全会精神，深入贯彻习近平总书记系列重要讲话精神，自觉践行五大发展理念，立足当前、着眼长远、突出重点、锐意改革，大力弘扬精益求精的新时期工匠精神，以全面提高劳动者素质为目标，以加快高技能人才队伍建设和促进就业创业为重点，以着力解决体制机制障碍问题为导向，努力建设培养培训、评价使用、竞赛选拔、表彰激励、法律政策和宣传引导六大工作体系。

（一）构建技能人才培养培训体系。“十三五”规划纲要提出：推行终身职业技能培训制度，开展重点群体免费接受职业培训行动；实行国家基本职业培训包制度。此外，国家一系列促进就业行动计划的主要内容都与职业培训紧密相关。一是要研究制定终身职业技能培训制度、“十三五”提升劳动者素质和促进就业规划、重点群体免费培训政策等重大制度政策，组织实施化解产能过剩企业职工、高校毕业生、新生代农民工等重大专项培训计划。二是制定《技工教育“十三五”规划》，加大校企合作力度，推广“校企双制、工学一体”的培养模式，全面推进企业新型学徒制，落实生均拨款等政策，加强项目建设，探索发展职业训练院。三是优化政府购买培训成果机制，逐步实现培训机构自主开展培训、劳动者自主选

择培训机构、政府提供资金支持和依法监管。探索开展技能振兴综合示范区建设。到“十三五”末期，要建立健全以企业、技工院校和各类培训机构为依托，以就业技能培训、岗位技能提升培训和创业培训为主要形式，覆盖城乡全体劳动者、贯穿劳动者学习工作终身、适应劳动者需求的培养培训体系。

（二）健全技能人才评价使用体系。习近平总书记多次指出，完善好人才评价指挥棒作用，为人才发挥作用、施展才华提供更加广阔的天地。《关于深化人才发展体制机制改革的意见》对改革人才评价工作提出了新要求。一是要在深入研究论证的基础上，建立符合我国国情的国家职业资格框架。二是实行国家职业资格目录清单管理制度。今后，全系统必须带头做到，未列入目录清单的，一律不得开展职业资格许可认定工作；非准入类职业资格，一律不得与就业创业挂钩。三是要努力破解职业资格数量减少后，如何有效开展技能人才评价工作的问题，研究创新评价方式，突破身份、学历、资历限制，建立起技能人才凭能力、实绩和贡献获得科学评价并得到合理使用的制度。到“十三五”末期，力争建立符合社会主义市场经济体制要求，设置科学、运行规范、依法监管的国家职业资格制度，初步形成以职业能力为导向，以工作业绩为重点，注重职业道德和职业素质，企业行业广泛参与的技能人才评价使用体系。

（三）完善技能人才竞赛选拔体系。要以世界技能大赛为契机，完善竞赛选拔体系，全面提升竞赛规模、质量和影响力。一是国家级一类、二类竞赛和省级技能竞赛，要逐步与世界技能大赛接轨，充分借鉴其先进理念、技术标准、比赛规则、工作流程和组织方式，提高国内竞赛水平，为备战世界技能大赛打下扎实基础。二是要以根植企业、服务劳动者、贴近社会为出发点，组织技能竞赛活动。竞赛结果要与人才培养、使用、激励直接挂钩，形成企业和劳动者积极参与、社会喜闻乐见、竞赛吸引力不断增强的新局面。三是要制定加强国内竞赛管理的办法，规范开展世界技能大赛集训基地遴选、选手选拔、社会赞助等工作。到“十三五”末期，要形成以世界技能大赛为龙头，国内技能竞赛为主体，企业岗位练兵技术比武为基础，国内技能竞赛与世界技能大赛逐步接轨、竞赛标准与人才培养紧密衔接的技能人才竞赛选拔体系。

（四）构筑技能人才表彰激励体系。党的十八届五中全会提出“提高技术工人待遇”的要求，要从物质、精神奖励等多方面入手，切实提高技能人才待遇和地位。一是组织修订《中华技能大奖和全国技术能手评选表彰管理办法》，不断提高奖励标准，使“中华技能大奖”和“全国技术能手”成为我国技能人才的最高政府奖和重要的激励手段。做好推荐高技能人才享受国务院政府特殊津贴工作，保证评选质量。各地要不断完善技能人才表彰奖励制度，形成多层级政府奖励体系。二是要完善收入分配等政策，推动技术、技能等生产要素按贡献参与分配，从积分落户、岗位聘任、职称评定、工资定级、学习进修、休假体检等方面，全面加强技能人才激励工作。三是发挥企业、社会的主体作用，引导和鼓励企业加大奖励力度，落实相应待遇，鼓励对优秀高技能人才实行特殊奖励政策。到“十三五”末期，要完善以政府表彰奖励为导向，用人单位和社会力量奖励为主体，待遇和地位不断提高的技能人才表彰激励体系。

（五）建设职业能力建设法律政策体系。党的十八届四中全会作出全面推进依法治国的重大决定，政府部门必须强化依法行政、依法办事思维。一是统筹推进《职业教育法》修法和职业技能开发立法工作。加强沟通协调，争取各方理解支持，厘清职业培训、技工教育、技能人才队伍建设等方面的法定职责，为职业能力建设顶层设计提供法制保障。二是做好竞赛管理、职业培训、技能鉴定等部颁规章的制定修订工作，推动依法依规履职。三是鼓励支持有立法权的地方开展地方立法工作，为国家层面立法提供实践依据。到“十三五”末期，要建立健全以有关法律法规为主体，相关政策为补充，上下衔接配套的职业能力建设法律法规体系。

（六）打造技能人才宣传引导体系。转变当今社会“重学历、轻技能”的观念，必须持续在加强宣传和舆论引导上下大功夫。一是增强宣传意识。高度重视宣传工作，开展各项业务工作都要同步做好宣传，把各方力量动员起来，把社会氛围营造出来。二是创新宣传形式。注重打造宣传品牌，采用社会和群众喜闻乐见的方式，结合重大政策、重要节日、重点活动，开展集中宣传和主题宣传。三是突出宣传重点。要以树立优秀技能人才典型为重点，使一大批大国工匠成为闪亮全国的技术明星、技能明星。要以面向青年学生和青年工人宣传为重点，引领广大青年向先进典型看齐。到“十三五”末期，要形成上下联动、形式多样、典型示范、效果明显的宣传引导体系。

三、关于2016年工作任务

（一）大力加强职业培训工作。一是政策要到位。部里将尽快研究制定推行终身职业技能培训制度的政策措施，各地也要坚持工作落实与创新政策并举，先行先试、推动工作。二是组织要到位。要瞄准重点就业群体，特别关注国家关于化解过剩产能职工安置、做好高校毕业生就业和精准扶贫等工作的部署和要求，动员组织培训机构广泛开展培训、劳动者积极参与培训。三是管理要到位。各地要理顺工作机制，加强工作领导，形成以企业为主体、职业院校和培训机构为基础、社会各方参与的大培训格局。加强培训过程和结果管理，确保培训质量。四是资金支持要到位。要加大资金投入和各项补贴资金的整合力度，调整就业专项资金支出结构，逐步提高职业培训支出比重。

（二）持续强化高技能人才队伍建设。一是继续实施国家高技能人才振兴计划，开展新一轮高技能人才培训基地、技能大师工作室和技师培训项目建设，落实技师（高级技师）培训补贴政策，进一步推动企业新型学徒制工作。二是组织第13届高技能人才评选表彰活动，做好高技能人才享受国务院政府特殊津贴工作。三是制定提高技术工人待遇等激励措施，努力提高技能人才政治、经济待遇和社会地位。

（三）深入推进技工院校改革。一是狠抓招生工作。各级人社部门要高度重视，细化工作举措，加强沟通协调，千方百计支持技工院校招生。技工教育大省、招生形势较好地区要尽可能多地吸纳学生，近两年降幅较大的省份要采取果断有力措施，稳定住招生局面。二是坚持高端引领。要指导学校坚持先进办学理念，建设高水平院校，开设高端化专业，开展高层次教育培训，实现高质量就业。三是深化校企合作。要总结推广校企共同招工招生、共商专业规划、共议课程开发、共组师资队伍、共创培养模式、共建实习基地、共搭管理平台、共评培养质量的经验做法。四是加强政策落地和创新。各地要尽快出台人社部发［2014］96号文件配套政策并落实到位，创造优质公平发展环境。

（四）做好职业资格证书制度改革攻坚。一是建立目录清单，使全社会对职业资格证书制度形成全面清晰的认知，使鉴定组织实施机构对工作职责和边界形成准确清晰的定位。二是积极稳妥推动行业组织有序承接技能人员水平评价类职业资格具体认定工作，成熟一个，承接一个，边试点边总结。三是研究构建国家职业资格框架体系，推进技能人才评价体制机制改革，完善技能人才多元评价工作，加大企业自主评价工作力度。

（五）精心组织好竞赛活动。一是参照世界技能大赛组织形式和竞赛规则，采取“分散＋集中”方式组织开展全国选拔赛。二是按照基本稳定、实践考察、统筹兼顾、综合遴选的原则，确定第44届世界技能大赛我国拟参赛项目技术专家、翻译、教练人选和集训基地。三是打响中国技能大赛品牌，创新竞赛形式和内容，扩大竞赛覆盖面和规模。加强世界技能大赛标准研究工作，积极开展世界技能大赛成果转化和应用。

（六）掀起宣传工作新高潮。深入开展“技能中国”和“走基层、技校行”等主题宣传。充分发挥各类媒体特别是“技能中国”微信公众号、部属报刊专版等宣传平台作用，做好宣传工作。结合职业教育活动周、世界青年技能日、第13届高技能人才评选表彰、第44届世界技能大赛全国选拔赛等重点工作，做好集中宣传，持续形成宣传高潮。

在2016年度博士后创新人才支持计划专家评审会议上的讲话

汤　涛

（2016年7月26日）

2016年度博士后创新人才支持计划专家评审会议今天开始了，这也是博士后创新人才支持计划（以下简称“博新计划”）实施以来召开的首次专家评审会议。今天，共有22位院士和50名国家“千人计划”创新长期项目专家、长江学者奖励计划特聘教授、国家杰出青年科学基金获得者和中科院特聘研究员在百忙之中莅临评审会，我非常感动。在座的各位院士、专家很多都是博士后合作导师，为我国博士后人才的培养作出了重要贡献，对我国博士后事业的发展给予了大力支持。在此，我代表人力资源社会保障部和全国博士后管理委员会，对各位专家冒着酷暑前来参加评审会议表示热烈的欢迎和衷心的感谢！

博士后制度是培养高层次青年创新人才的重要途径。我国博士后制度自邓小平同志在1985年亲自决策建立以来，走出了一条中国特色的发展道路。目前，在全国31个省、自治区、直辖市的400多个高等学校和科研院所设立了3 011个博士后科研流动站，覆盖了理、工、农、医等13个学科门类的全部110个一级学科；在国有大型企业、高新技术企业、科技园区设立了3 405个博士后科研工作站，覆盖了电子信息、生物医药、国防科技、经济金融等国家经济社会发展的主要领域。全国累计招收博士后研究人员约15万人。博士后研究人员的平均年龄一直保持在33岁左右。期满出站近9万人。出站博士后绝大多数成为国家的科研技术骨干、学术技术带头人和科学领军人物，对国家的科学发展和创新能力建设产生了重要影响。有74位博士后研究人员当选为两院院士，特别是在2015年两院院士增选中，共有22名出站博士后研究人员入选，占此次增选院士数的16.8%。实践表明，博士后制度已经成为各地区各部门培养、吸引高层次人才的重要渠道；成为把企业建成技术创新主体的重要平台；成为高校及科研院所筛选、补充师资和科研人员的重要来源；博士后研究人员已经成为最活跃、最具创新能力的高层次青年人才群体。

2015年是中国博士后制度实施30周年，2015年11月30日，李克强总理在接见中国博士后青年创新人才座谈会代表时对博士后们提出了三点希望：一是争做创新突破的探索者，二是争做创业创新的践行者，三是争做世界创新潮流的弄潮者。马凯副总理在讲话中充分肯定了博士后制度成就，指出博士后制度为高层次创新型人才成长铺就了“高速路”，为创新驱动发展打造了“助推器”，为人才体制机制改革提供了“试验田”。座谈会期间，印发了《国务院办公厅关于改革完善博士后制度的意见》（国办发〔2015〕87号，以下简称《意见》）。《意见》指出，当前和今后一个时期，要以提高博士后研究人员培养质量为核心，坚持博士后制度培养青年人才的基本方向，培养更多高层次创新型青年人才。

为贯彻落实中央领导同志相关指示和《意见》要求，加强高层次创新型青年人才培养工作，人力资源社会保障部、全国博士后管理委员会于2016年4月启动实施了《博士后创新人才支持计划》（人社部发〔2016〕33号），“博新计划”与以往的博士后人才资助计划相比，有三个突出特点。

一是着眼于国际人才竞争，为国留才。当前，国际人才竞争越发激烈，世界各国都把博士后制度作为培养使用高层次人才的重要途径，优秀博士和博士后成为国际人才竞争的重要对象。中共中央印发的《关于深化人才发展体制机制改革的意见》明确要求，要树立全球视野和战略眼光，充分开发利用国内国际人才资源，主动参与国际人才竞争。研究表明，优秀青年博士外流的重要原因之一是国内博士后待遇太低，吸引力不强。“博新计划”对入选者给予每人每年30万元、两年60万元的资助，其中40万元为可以发工资的博士后日常经费，20万元为博士后科学基金。据调查，这与国外发达国家对优秀博士后的资助强度相当，希望通过计划的实施吸引、选拔一批优秀博士进入国内博士后人才队伍。

二是以提高培养质量为核心，为国选才。研究表明，物理学家做出重大科学突破的主要年龄段集中在26～45岁，超过1/2的物理学家在35岁前做出重要突破，将近3/4的物理学和化学重要突破是在40岁之前完成的。青年拔尖人才不仅是国际人才竞争的核心和焦点，也是提高我国博士后人才培养质量的关键。因此，“博新计划”主要针对的是应届或毕业三年内，并且年龄在31岁及以下的优秀博士，通过个人申报、拟进站单位推荐、专家评审等程序，择优遴选一批优秀青年拔尖人才，专项资助其从事博士后研究工作。

三是服务国家重大发展战略，为国育才。国家重点科研项目、重大科研工程科研起点高，经费充足，是培养和使用博士后的最佳平台，是博士后创新人才培养的“高架桥”。“博新计划”瞄准国家重大战略、战略性高新技术和基础科学前沿领域，依托国家实验室等重点科研基地来培养博士后人才，努力为国家重点发展和急需紧缺的领域培育储备优秀青年人才队伍。

“博新计划”旨在加速培养造就一批进入世界科技前沿的优秀青年科技创新人才，是我国培养高层次创新型青年拔尖人才的又一重要举措，是人力资源社会保障部、全国博士后管理委员会“十三五”期间实施的博士后专项支持计划。为确保资助目标的实现，我们在借鉴吸收德国“洪堡基金”等国际知名基金评审经验的基础上，从申请书的设计、评审指标的确定、评审方式的设置等方面做了创新和改进，希望通过评审将真正优秀的博士遴选出来。为确保评审工作的客观、公正，高质量、高效率，我提几点要求：

一是要高度重视。“博新计划”的评审对象是青年博士，资助结果对我国博士后人才培养具有重要的激励和导向作用。人力资源社会保障部、全国博士后管理委员会对此项工作高度重视，以部发文形式发布相关通知。社会各界也高度关注此项计划，计划发布后被《人民日报》、新华社、《光明日报》等媒体报道，反响强烈。各地区、各部门和设站单位对该项工作也非常重视，加大宣传力度，动员优秀博士申请；精心组织推荐评审专家，各位院士、专家均是由各设站单位推荐。所以，请各位专家充分认识特别资助评审工作的重要意义，高度重视本次评审工作。

二是要准确把握评审标准。“博新计划”强调对人的资助，不是对项目的资助，但要通过评议项目来考察人。评审过程中既要考察申请人现阶段的创新研究能力，更要关注未来学术发展潜力，真正将其中的优秀“苗子”挑选出来。

三是要遵守保密纪律。为保证评审工作的公平公正，希望各位专家在评审过程中和资助结果公布前，不向无关人员泄露评审情况。

各位专家，“博新计划”作为人力资源社会保障部、全国博士后管理委员会新实施的博士后人才选拔培养计划，是推动博士后事业发展的重要举措，需要在改革中发展，在发展中完善。各位院士、专家不仅评审经验丰富，育才经验也十分丰富，希望你们为博士后人才培养和博士后事业发展多提宝贵意见和建议。

切实履行全面从严治党政治责任 为推进人社事业改革发展提供坚强保证

——在全国人社系统2016年党风廉政建设工作座谈会上的讲话

孔昌生

（2016年5月10日）

这次会议的主要任务是，深入贯彻落实十八届中央纪委第六次全会和国务院第四次廉政工作会议精神，回顾总结2015年系统党风廉政建设工作，交流经验体会，并就2016年系统党风廉政建设工作进行部署。

一、2015年系统党风廉政建设工作回顾

2015年，各级人社部门认真贯彻落实中央关于党风廉政建设和反腐败工作的决策部署，紧紧抓住党风廉政建设主体责任这个“牛鼻子”，坚持从严治党，依法行政，严明纪律，改进作风，深入推进政风行风建设，深入推进专项治理，严肃查处违纪违法案件，切实维护群众利益，充分发挥纪律作风建设对业务工作的保障作用，以优良的党风政风顺利推进人社事业改革发展。

（一）强化主体责任，狠抓工作落实。各级人社部门坚决贯彻落实中央全面从严治党要求，建立健全机关党建工作和党风廉政建设工作责任制，真正把管党治党责任落到实处。坚持做到党风廉政建设工作与业务工作同部署、同落实、同检查、同考核。一是领导班子明确责任分工，普遍制定了落实“两个责任”的实施办法，明确主要负责同志第一责任人的责任和班子成员、业务处室的责任，从制度上明确了责任分工。二是配合纪检组转职能、转方式、转作风，各级人社部门机关党委、纪委承担了党组履行党风廉政建设主体责任的日常工作。三是狠抓各项工作任务的落实，查摆存在的突出问题，对工作任务进行安排部署。总的看，各级人社部门党组织和党员领导干部认真履行“一岗双责”，抓工作、抓廉政、带队伍、强党建，从严治党政治责任意识进一步增强，机关党建和党风廉政建设工作取得新的成效。

（二）推进简政放权，加强政风行风建设。深入学习贯彻党的十八大和十八届三中、四中、五中全会精神，落实全国人社工作会议工作部署，持续深化改革，注重源头防腐。继续推进行政审批制度改革，精简下放行政审批项目，减少对微观事务的管理。2014年以来，部里分5批取消273项中央部门设置的职业资格，基本完成职业资格集中清理任务。推进公务员考录、事业单位招聘、军转安置、职称评聘、行政审批、行政执法等方面的制度改革，明确权力责任清单，深入排查廉政风险点，制定相应防控措施，健全廉政风险防控体系，不

断加强重点领域廉政风险的防控，加强对重点领域和关键环节的监督检查。锲而不舍落实中央八项规定精神，扭住“四风”不放松，以“三严三实”专题教育为契机，以窗口单位作风建设为抓手，推动系统政风行风明显转变，服务能力和水平不断提升。2015 年 10 月，根据国务院统一部署，部里组成 15 个督查组，分别到 15 个省（区、市）开展实地督查。在这次督查中，专门就人社工作成效、工作作风等问题听取了地方各级党委政府、服务对象和基层群众的意见，普遍认为，各级人社部门贯彻落实党中央、国务院的决策部署态度坚决、行动迅速，知难而进、主动作为，在经济下行压力加大情况下，促进就业创业、统一城乡居民养老保险、推行大病保险、提高社保待遇和最低工资标准等，改革力度大、事业发展快、群众受益多，这些举措让人民群众直接感受到党和政府的温暖，使老百姓有实实在在的获得感。

（三）突出重点，深入开展专项治理。在治理机关事业单位“吃空饷”、事业单位公开招聘、强化社保基金和就业资金监管、清理拖欠农民工工资、保障人事考试安全等 5 个方面都取得积极进展。在治理“吃空饷”方面，人力资源社会保障部会同中央组织部组成 10 个督查组，对 20 个省（区、市）和 9 个中央单位进行了督查，取得了良好成效。清理出一批“吃空饷”人员，对负有责任的领导人员和相关责任人员进行严肃处理，有力震慑和遏制了违规违纪现象。针对存在的突出问题和薄弱环节，各地制定政策措施，创新管理方式，加大对机关事业单位人员“进、管、出”各个环节管理力度，防止“吃空饷”问题复发反弹。在事业单位公开招聘方面，结合实际，因地制宜，总结经验，各地制定下发公开招聘规范的文件 724 个，行业性招聘办法 61 个，禁止以各种名义规避公开招聘要求，进一步完善公开招聘制度体系，有效整治和预防事业单位公开招聘中不正之风和腐败现象。在强化社保基金和就业资金监管方面，2015 年在全国开展了养老保险基金检查，对发现的问题及时督促整改，完善了退休审核审批制度，规范了经办管理服务，健全内控机制，有效防范风险。进一步完善就业专项资金、职业技能培训补助资金使用监督、跟踪问效等制度，严厉打击诈取资金和跑冒滴漏等行为，提高资金使用的安全和效益。在清理拖欠农民工工资方面，各级人社部门上下联动，把解决拖欠农民工工资问题作为春节前第一位的民生工作，会同公安部、住房城乡建设部等部门开展专项行动，共为 220.1 万名农民工补发工资及赔偿金 226.2 亿元，集中曝光并向公安机关移送了一批拒不支付劳动报酬的典型案件，对恶意欠薪行为形成有力震慑。在保障人事考试安全方面，加强内部管理，强化纪律规矩意识，推进考试法规建设，建立健全规章制度。大力整治考试外部环境，进一步加强与公安部、工业和信息化部等部门的协调，逐步建立人事考试外部环境综合整治长效机制。

（四）把纪律挺在前面，严肃查处人社领域违纪违法行为。坚持把严明政治纪律和政治规矩摆在首位，坚决查处违纪违法问题。坚持依规治党，扎紧制度笼子，认真学习贯彻廉洁自律准则、纪律处分条例、巡视工作条例，开展案例警示教育，不断提高党员干部的法纪观念和廉洁自律意识。严肃查处违纪违法案件，保持高压态势，强化不敢腐的氛围。一年来，部机关先后查处了 2010 年以来违规使用会议费套取财政资金、利用虚假材料骗取住房补贴以及违反中央八项规定精神收受购物卡等案件。全年共立案违纪违法案件 9 件，结案 9 件，给予党纪处分 10 人，政纪处分 4 人，移送司法机关 1 人，诫勉谈话 33 人，公开批评教育 80 多人，共涉及党员干部 100 多人。各省（区、市）纪检监察机构加大监督执纪问责力度，2015 年全国纪检监察机关共立案审查人力资源社会保障系统案件 2 632 件，结案 2 430 件，处分 2 597 人。坚持“一案一通报”，使党员干部受到极大震撼，切实发挥了惩处一个、教育一片的震慑作用。

在肯定成绩的同时，也必须清醒地看到，人社系统党风廉政建设和反腐败工作问题仍然不少、任务依然艰巨。有的对党风廉政建设主体责任的认识和压力传导不够，内部管理和业务监督还存在不少漏洞。贪污挪用、内外勾结侵占和骗取社会保险基金和就业资金等问题没有杜绝。腐败滋生蔓延的势头尚未得到彻底遏制。“四风”问题隐形变种反弹的压力仍然比较大，庸政懒政怠政的现象仍然不同程度存在，人社系统政风行风建设仍然面临很大挑战，一丝一毫也不能放松。

二、切实履行全面从严治党政治责任，不断推进人社系统党风廉政建设和反腐败工作

2016年人社系统党风廉政建设的总体要求是，全面贯彻党的十八大和十八届三中、四中、五中全会及中央纪委第六次全会、国务院第四次廉政工作会议精神，深入贯彻习近平总书记系列重要讲话精神，按照“五位一体”总体布局和“四个全面”战略布局，坚持全面从严治党、依规治党，严格尊崇党章，严明政治纪律，严格依法行政，创新体制机制，坚决惩处腐败，坚决整肃庸政懒政怠政行为，严格对党员干部的管理和监督，以反腐倡廉、勤政为民的新成效，以优良的党风政风为顺利完成人社工作改革发展任务提供组织纪律保障。

（一）落实全面从严治党主体责任，强化监督执纪问责。主体责任是政治责任，是各级党组织职责所在，使命所系。各级人社部门领导班子和领导干部要认真履行“一岗双责”，既要抓好业务工作，又要抓好党建和党风廉政建设工作。针对有的领导班子成员和处级干部对主体责任认识不到位，不同程度存在不敢担当、不愿担当的现象，加大责任追究力度。各部门机关纪委要全面履行监督责任，对一些不良倾向要睁大眼睛，旗帜鲜明，敢于较真碰硬，注重日常，抓早抓小，该批评的批评，该教育的教育，该处理的处理，真正做到真管真严、敢管敢严、长管长严。领导班子要定期对本单位党风廉政建设和反腐败斗争形势进行分析，找准廉政风险点，认真落实廉政风险防控措施。领导干部的考核使用要把落实主体责任作为重要参考，对履行主体责任不到位、发生严重违纪问题的，要坚持“一案双查”，严肃追责，确保全面从严治党要求落到实处。

（二）深化“放管服”改革，有效防范人社重点领域的风险。实践证明，简政放权、放管结合、优化服务，既是激发市场活力和社会创造力的关键之举，也是反腐倡廉的治本之策。人社系统在行政审批、项目管理、资金运作等方面有一定的权力，要深化“放管服”改革，提高放权“含金量”、增强监管有效性、突出服务主动性。一是要深入推动人社领域的改革和依法行政，持续推进人社部门职能转变和简政放权，减少行政审批事项，从源头上预防腐败发生。对保留的行政审批事项，进一步规范管理，简化程序，公开目录清单和流程，提高透明度和审批效率，全面接受社会监督。全面清理取消非行政许可审批事项。要坚持放管并举的原则，既要把该放的权力放开、放到位，也要把该监管的管住、管好、管出水平。要认真贯彻落实《关于加强和改进人社领域公共服务的意见》，梳理规范人社领域面向群众服务的公共服务事项，坚决砍掉无谓的证明和烦琐的手续，简化优化公共服务流程，创新改进公共服务方式，不断提高公共服务水平和群众满意度。二是要完善并创新工作机制，加强廉政风险防控。根据权力运行过程中出现的新情况，调整完善廉政风险防控措施，加大对各项行政权力和内部管理权力的监控。对重点岗位的人员，要通过加强监管和轮岗交流等措施减少廉政风险。要加大政务公开力度，推进权力清单、责任清单和政务服务公开，加强监督检查。特别是要注重打造“数字人社”、“阳光人社”等新的工作模式，创新工作机制，更加有效地防范廉政风险和业务工作安全风险。三是要进一步严明党纪政纪，加强对权力运行过程的监督管理，对在权力行使中谋取私利、违反纪律、不守规矩的，发现一起查处一起，并充分利用身边人和身边事有针对性地开展警示

教育，力求查办一案、教育一片，充分发挥查办案件的震慑作用和警示教育功能。要注意抓早抓小，针对苗头性问题，早提醒早打招呼，防止由“破纪”走向“破法”。

（三）继续开展专项治理，有效预防和坚决惩治腐败问题。2015 年部署的机关事业单位“吃空饷”、事业单位公开招聘、社保基金和就业资金监管、拖欠农民工工资、人事考试安全等 5 个方面的专项治理，都是中央关心、社会关注、事关人民群众切身利益和社会公平正义的突出问题。在一定程度上讲，治理这些问题永远在路上，必须持之以恒、久久为功、常抓不懈，才能抓出成效。要在 2015 年已有成果的基础上，通过落实主体责任、完善政策措施、加强监督检查等措施，推动问题治理的常态化、规范化，不断扩大治理成果，建立防治的长效机制。要坚持问题导向，对症下药，分类防控，综合施策，对 5 个方面的专项治理，一项一项地抓紧抓实，努力抓出成效，回应社会关切。通过专项治理，力争解决一批长期制约人社事业健康发展的突出问题。

（四）深化作风建设，以良好的党风政风行风促进中心任务的完成。目前人社事业改革和发展的任务十分繁重，特别是在经济下行压力加大的形势下，面临的机遇和挑战前所未有，深入转变作风，加强政风行风建设显得更加重要和迫切。一是要结合正在开展的“两学一做”学习教育，认真分析和查找存在的问题，提振党员干部的精气神，努力打造为民务实清廉的干部队伍，特别要把“人社为民”的理念内化于心、外化于行，以良好的作风保障和促进人社工作的完成。二是要持续深入开展窗口单位作风建设。按照全年工作要点，以推进标准化、信息化、便利化建设和工作人员队伍建设为重点，通过加强统筹协调、创新方式手段，坚持问题导向、强化责任追究，加强组织领导、加大工作力度，不断提高窗口单位服务质量和服务水平。要坚决整治特权思想和衙门作风，坚持为人民群众办好事，让人民群众好办事，努力为人民群众提供优质高效便捷的服务。三是坚决整治庸政懒政怠政等行为。认真贯彻落实中央纪委第六次全会和国务院第四次廉政工作会议精神，加强对干部的管理和监督，对庸政懒政、惰政怠政，漠不关心群众利益等“为官不为”现象，要强化教育、正面引导，增强广大干部的责任意识和担当精神，自觉履职尽责；要深入查找本地区人社部门干部队伍中不作为不担当的主要问题，深入剖析问题产生根源，制定整改措施；要严格监督，严肃问责。对消极懈怠、逃避责任、工作不在状态的人员及时进行批评诫勉，对造成不良影响的要严肃问责。

2016 年人力资源社会保障工作任务十分繁重，各级人社部门要结合本地实际，坚持一手抓改革发展，一手抓反腐倡廉，扎实推进机关党的建设和党风廉政建设，坚定信心，保持定力，为顺利推进人社事业改革发展提供坚强的政治保证。

改进作风　提升服务
不断增强人民群众的获得感和幸福感

——在全国人社系统2014—2016年度优质服务窗口表彰大会上的讲话

孔昌生

（2016年12月28日）

今天上午，在全国人社工作会议上隆重表彰了全系统第三批优质服务窗口。尹蔚民部长代表部党组对大家寄予了殷切的期望，这是对人社系统窗口单位及其工作人员的极大褒奖、鼓励和鞭策。这次受表彰的390个优质服务窗口是从全系统36万多个窗口单位中，经过自下而上的逐级推荐、层层遴选确定的，真正是优中选优。这些优质服务窗口的事迹各有特色，但都很过硬、很感人，都能够紧紧围绕“民生为本、人才优先”工作主线，坚持以人民为中心的发展思想，注重改进服务方式，努力提高服务水平，为保障和改善民生，推动经济社会发展，维护社会和谐稳定作出了突出贡献，是人社系统各级各类窗口单位的优秀代表。希望大家珍惜荣誉、再接再厉，在推动人社事业改革发展中奋勇拼搏、再立新功。

借这个机会，我讲两点意见。

一、为什么要开展优质服务窗口评选表彰

党的十八大以来，中央对各地区、各部门组织评比表彰坚持压缩数量，从严审批管理。我部经中央批准保留的8项评比表彰活动当中，仅有2项是面向人社系统组织开展的，其中一项就是优质服务窗口评比表彰。这充分体现了中央和部党组对窗口单位建设发展的高度重视，对窗口单位及其工作人员的关心和厚爱。之所以要保留这项评比表彰工作，是与窗口单位担负的职责使命、取得的工作成绩和将来的发展要求密不可分的。具体来讲，主要体现在以下三个方面。

一是窗口单位承担着十分重要的职责使命。人社部门是重要的政府组成部门，既肩负着综合管理的职责，又担负着民生服务的重任。尹蔚民部长指出，我们的全部工作涉及人，大部分工作涉及民生。人民群众有没有“获得感”、“幸福感”，既体现在政策上，也体现在服务上，政策制定要好，服务更要好。为人民群众提供优质高效的人社公共服务，最终要靠系统各级各类窗口单位来落实。目前，人社系统窗口单位共11大类，涉及就业、社保、人事人才、劳动关系等人社工作的各个方面，承担的职责任务归结起来主要有这么几个方面：一是审批管理事务，工作人员通过柜台、网络审核社会保险、流动人员档案、人事代理、千人计划等各类材料，提供具体服务，实现相关管理。二是提供信息咨询，通过电子屏

幕、政府网站、电话等方式，发布公共就业、社会保险等各类信息，提供人社各类业务政策咨询。三是调处劳动关系，通过信访接待、劳动监察、为农民工讨薪、现场调解、开庭办案等方式，化解矛盾纠纷、维护群众权益、构建和谐劳动关系。四是鉴定考试工作，组织开展技能鉴定、工伤鉴定、人事考试、资格考试、职业培训等。这些工作都直接面对人民群众，政治性、政策性强，标准高、要求严，需要工作人员热情耐心、专业细致，加班加点、艰苦奉献，有时在群众不够理解、情绪激动的情况下也还要忍受委屈、微笑服务，甚至做到骂不还口、打不动手，用心用情为老百姓提供养老、医疗、就业等各项人社服务，把党和国家的惠民政策落实到位，从而密切党同人民群众的血肉联系，促进经济发展，维护社会稳定，可谓责任重大、使命光荣。

二是窗口单位作风建设取得了突出成绩。近几年来，人社系统各级各类窗口单位认真贯彻党的群众路线教育实践活动要求，牢固树立民本理念，加强组织领导，创新服务手段，改进服务方式，转变服务态度，服务能力、服务质量和服务水平大幅提升，取得了突出成绩。一是平台建设规范了，各级人社部门持续加大投入，加强基础建设，升级换代设备，改造服务场所，服务大厅普遍标准统一、干净整洁，相关标识醒目，条件好的地方还设置了咨询服务区、即时办结区、业务受理区和自助服务区，办事群众进门就有了舒适感、认同感。二是服务态度转变了，各级窗口单位积极贯彻“五制、四公开、三亮明”的工作要求，严明服务纪律，规范服务流程，加大问责力度。工作人员热情接待群众，规范文明用语，耐心讲解流程、政策和要求，认真回应每项诉求、办好每件事情、化解矛盾纠纷。群众反映强烈的“门难进、脸难看、话难听、事难办”的问题得到根本好转。三是服务方式改进了，各级人社部门注重整合资源、优化配置，加强同类窗口单位合并和功能重组，窗口单位普遍实现由多地分散办公向综合集中服务转变，由多个窗口办理向“一站式”办公、“一门式”服务转变，在此基础上，机关转变职能，窗口优化流程，群众跑路少了，办事更加便捷了。四是服务手段多样了，各地在继承优良传统的基础上，加大创新力度，服务手段由过去单一的窗口办理，实现了向窗口办理、上门服务、网上经办等多种手段综合办理的转变。同时针对特定对象、特殊要求，积极开展预约服务、延时服务和应急服务等便民措施，服务更加人性化了。特别是许多地方大力推行“互联网＋公共服务”，实现了网上受理、网上经办、网上反馈、网上查询“一条龙”服务，群众足不出户即可享受数字化、现代化的便捷服务，大大提高了质量和效率。人民群众的获得感、幸福感大大增强了，对人社部门的认同感、信任感明显增加了。在推进窗口单位作风建设过程中，各个板块、各个地区总结形成了一些创新做法、新鲜经验，也涌现出了许多先进事迹、优质服务窗口，我们坚持开展这项评比表彰活动，就是为了进一步总结成绩，树立典型，鼓舞士气，更好地推动窗口单位作风建设和人社事业改革发展。

三是窗口单位作风建设需要常抓不懈。在充分肯定成绩的同时，必须清醒地看到，我们的窗口单位作风建设还刚刚起步，存在不少问题，需要常抓不懈、持续发力、久久为功。一是平台建设还不平衡，争取政府投入还不够，特别是许多县级以下服务大厅的场地、设施远远不能满足群众办事需求，排队时间过长、办公条件比较艰苦的问题依然存在，“一站式”办公、“一窗式”服务和网上办理发展还不均衡，有的地方基础设施建设不够完善。二是工作作风还要改进，有的工作人员思想认识还不到位、纪律性还不够，有的工作还不够规范、对政策把握不够准确，群众依然还有反映，作风态度、能力水平还有较大提升空间。三是服务质效有待提高，窗口标准化、系统信息化、服务便利化需要进一步统筹推进，公共服务提质增效，特别是结合信息化建设提升服务能力，推进“互联网＋公共服务”，为人民群众提供更加便捷、优质、高效的服务还大有可为。这次表彰大会，我们在颁奖的基础上，专门安排了一天时间，请各省级人社部门人事处长和受表彰窗口单位负责人同时参加会议，围绕贯彻落实2016年工作会议精神和尹蔚民部长讲话精神，更好地加强窗口单位作风建设进行座谈交流。各位人事处长既是政策研究制定者，也是工作推动落实者，发挥着承上启下的重要作用；受表彰窗口单位负责人大多数来自基层，有的还是街道、社区的负责同志，最了解实际情况和人民所需所盼，实践经验丰富，对如何进一步改进窗口单位作风建设最有发言权。希望大家珍惜好机会，加强经验交流，相互学习借鉴，特别是针对窗口单位建设存在的重点难点问题、人民群众迫切要求解决的突出问题，要在讨论中加强研究，在交流中学习思考，碰撞思想火花，总结形成好的思路、办法和措施，提出好的意见建议，把这次会议开好、开出成效，推动这项工作再上新的台阶。

二、怎么样进一步加强窗口单位作风建设

当前，我国进入全面建成小康社会的决胜阶段，经济发展进入新常态，经济发展方式正在深刻转变，经济结构正在深刻调整，人社领域公共服务的范围、结构、方式正在深刻变化，这对窗口单位作风建设提出了新挑战、新要求。习近平总书记指出："保障和改善民生是一项长期工作，没有终点站，只有连续不断的新起点。"总书记还强调："作风建设永远在路上，永远没有休止符，不可蜻蜓点水，不可虎头蛇尾，不可一阵风。"这为我们加强窗口单位作风建设明确了方向、提供了遵循。全国各级人社部门和窗口单位要全面贯彻党的十八大和十八届三中、四中、五中、六中全会精神，深入贯彻习近平总书记系列重要讲话精神，按照"五位一体"总体布局和"四个全面"战略布局，积极适应建设法治政府和服务型政府的要求，坚持以人民为中心的发展理念，坚持统筹兼顾、改革创新，整体推进、重点突破，持续推进窗口单位作风建设，当前重点是加强窗口单位标准化、信息化、便利化和工作队伍"四项建设"，着力解决人民群众反映的突出问题，着力实现场所设置合理化、内部管理制度化、办事流程规范化、为民服务精细化、工作方法多样化，着力把各级各类窗口单位打造成展示良好形象、人民群众满意的公共服务平台，以我们的优质服务让人民群众增强实实在在的"获得感"、"幸福感"，以优异成绩迎接党的十九大胜利召开。借此机会，我就进一步加强窗口单位作风建设讲几点意见，供大家讨论。

一是要更加注重组织领导。各级人社部门要把窗口单位作风建设作为推动人社事业改革发展的重要抓手，摆在更加重要位置，进一步加大工作力度。要切实加强领导。把窗口单位作风建设与人社六大板块业务同步规划、同步部署、同步实施、同步总结，党组（党委）负总责、主要领导亲自抓，一级抓一级，层层抓落实。协调工作领导小组要主动作为、常议常抓，统筹成员单位职能，形成齐抓共管合力，推动窗口单位作风建设持续协调发展。要坚持督导检查。把督导调研、明察暗访和互查互检作为发现问题、检验成效的经常性工作方式坚持下来，建立抓常、抓细、抓长的新常态。对发现的问题要紧盯不放，督促整改，同时要建立问责机制，加大追责力度，严肃追究违法违规人员及有关领导的责任，确保各项决策部署和工作要求落到实处。要重视宣传引导。充分利用信息简报、门户网站、报纸杂志等各种媒介，大力总结和宣传实践当中的新鲜经验、典型事迹和有效做法，当前重点宣传好390个优质服务窗口的先进事迹，用成功案例引领整体建设共同发展，用先进典型激励广大干部争创一流，在系统内外营造争先创优的良好氛围。

二是要更加注重统筹协调。窗口单位作风建设是一项系统工程，既包括思想作风、工作作风，又包括业务发展、基础建设，还包括机构和队伍建设，涉及方方面面，内涵十分丰富，必须注重统筹协调的工作方法。要在大局下定位。把窗口单位作风建设置于贯彻党的路

线方针政策、密切党同人民群众血肉联系的大局下定位，摆进协调推进“四个全面”战略布局、全面建成小康社会的目标中谋划，放到人社事业改革发展、保障和改善民生的要求中推动，使窗口单位作风建设既服务于党和国家工作大局，又成为检验落实党的群众路线成效的重要平台。要抓好工作结合。坚持综合推进与分类实施相结合、硬件建设与软件建设相配套、问题导向与深化改革相协调、改进作风与发展业务相促进，通过健全工作机制，完善制度体系，改进服务方式，加强队伍建设，协调整合各方面力量，既实现某个方面的单兵突进，又确保系统工程的整体协调发展。要统筹好继承与创新。把传统的服务方式与现代化手段结合起来，坚持优良传承，锐意改革创新，不断提升窗口单位的服务效能。比如，要把线上线下服务相结合，实现公共服务的“面对面”与“键对键”的统筹，这既是方便人民群众办事的重大举措，又有利于缓解人手不足的突出问题，是窗口单位服务方式的重点发展方向。

三是要更加注重突出重点。要把工作根本出发点落脚点放到工作提质增效、为群众办事解忧、增强人民群众的“获得感”、“幸福感”上来。窗口单位点多面广线长，需要协调解决的问题多，必须突出重点。要继续在加强标准化、提升信息化、实现便利化方面加大力度，取得突破。要在标准化建设上取得突破。加强顶层设计，在加快推进“五个统一”上取得突破。要加大人力资源社会保障业务国家标准、行业标准建设力度，加强窗口平台基础建设，合理划分功能区域，完善基本服务设施。不断提升窗口单位服务制度化、工作规范化、管理科学化水平。要在信息化建设上取得突破。互联网越来越成为人们学习、工作、生活的新空间，越来越成为获取公共服务的新平台。要深化窗口单位信息系统建设，积极整合内外资源，推进信息互联共享，让信息多跑路，让群众少跑腿。搭建网上服务平台，开设网上服务大厅，大力推行网上受理、审批和办公，努力让群众足不出户就可掌握办理流程，打开电脑就能办理事项，鼠标一点就能查询办理结果。建立网上监督系统，逐步在窗口单位设立“现场评价系统”，在互联网开通“在线评价系统”，在门户网上加快建设“网上督察系统”，自觉接受人社系统的内部监督和社会各界的外部监督。要在便利化建设上取得突破。进一步转变机关职能，下放审批事项，简化优化服务流程，整合柜台建设，在全面实现“一站式”受理、“一门式”办公上取得突破。要认真贯彻落实“五制、四公开、三亮明”，对群众办理的事项，提供办事指南，明确告知所有手续，提供办理进度查询渠道，在全面实现群众零投诉上取得突破。不断创新服务手段，积极推行预约服务、延时服务、上门服务和应急服务等措施，最大限度地满足人民群众的合理需求。

四是要更加注重队伍建设。窗口单位作风建设的核心是干部队伍建设。2016 年我们对全国人社系统窗口单位工作队伍统计结果显示，目前全国人社系统共有各级各类窗口 36.7 万个，窗口单位工作人员 82.9 万名。这支队伍建设的成效，关系到窗口单位作风建设的好坏，必须加强管理，时刻不能放松。加强工作队伍建设，主体责任在党组（党委），关键在人事处长。要加大培养力度。把窗口单位作风建设作为干部教育培训重要内容，制定实施规划，分级分类培训，进一步提升各级领导干部的思想认识和能力水平。把一线工作人员礼仪规范、业务经办、作风养成作为培训重点，开展脱产轮训，注重实践带教，引导牢固树立宗旨意识、法治意识，坚持严格、规范、公正、文明，自觉做到依法办事、热情服务，不断提高工作能力、工作作风和服务质量。要正确选人用人。把好进人关，把品质好、业务精、沟通能力强作为标准，真正把愿意在窗口服务、适合为窗口服务的工作人员选配到窗口。要建立正确导向，重视从窗口单位工作人员中选拔使用干部，建立和规范编内、编外工作人员考核机制，把激励与约束统一起来，使窗口单位人员留得住、安下心、尽好责。要营造良好环境。环境好，则人才聚、事业兴；环境不好，则人才散、事业衰。要建立激励机制，在评比表彰、晋级晋职、绩效待遇等方面向窗口单位工作队伍倾斜。要给予人文关怀，关心他们生活当中遇到的困难和问题，多做暖人心、聚人气的事情。要构建和谐文化，丰富业余生活，活跃窗口氛围，努力创造拴心留人的良好环境。

同志们，作风建设永远在路上！让我们紧密地团结在以习近平同志为核心的党中央周围，以这次评选表彰为契机，认真贯彻落实党中央、国务院决策部署和部党组要求，开拓进取，奋力拼搏，持续不断改进作风，提高服务群众的质量和水平，为协调推进“四个全面”战略布局，实现“两个一百年”奋斗目标和中华民族伟大复兴的中国梦作出新的更大贡献，以优异成绩迎接党的十九大胜利召开！

贯彻新理念　谋划新发展

——在全国社会保险局长会议上的讲话

游　钧

（2016 年 3 月 25 日）

本次会议的主要任务是：学习贯彻习近平总书记系列重要讲话和党的十八大及十八届三中、四中、五中全会精神，按照全国人力资源社会保障工作会议部署，总结“十二五”时期社会保险尤其是经办管理服务工作取得的成绩和经验，分析面临的形势和任务，明确今后一个时期社会保险工作的思路和任务，安排部署 2016 年各项工作。下面，我讲三点意见。

一、回顾“十二五”：硕果累累

2015 年是“十二五”的收官之年。过去的一年，面对复杂的经济社会形势，在党中央、国务院正确领导下，在部党组率领下，人社系统同志奋发有为，圆满完成了社保工作各项任务。而整个“十二五”时期，是我国社会保障制度改革力度最大、事业发展最快的五年，也是广大人民群众最为受益的五年。

一是改革力度持续加大，社会保障制度框架基本建立。社会保险法正式实施，社保体系建设全面进入法制化进程；新农保和城居保从试点到统一为城乡居民基本养老保险制度，机关事业单位养老保险制度改革启动，形成了职工和城乡居民两大养老保险制度平台；三大医保制度全面建立、不断完善，我国从此走进全民医保时代；修订后的《工伤保险条例》实施，养老保险关系转移接续、城乡养老保险制度衔接政策及基金投资管理办法出台，可以说，统筹城乡的中国特色的社会保险体系框架全面建立。

二是全民参保计划启动实施，覆盖范围不断扩大。以实现社会保险全覆盖和精确管理为目标，启动实施全民参保计划，五项险种覆盖范围不断扩大。“十二五”末，基本养老、城镇医疗、失业、工伤、生育保险参保人数分别达到 85 833 万人、66 570 万人、17 326 万人、21 404 万人、17 769 万人，分别较 2010 年增长 138.5%、53.9%、29.5%、32.4%、44.0%。基本医疗保险已基本实现全覆盖，基本养老保险覆盖率达 80%以上。

三是待遇水平逐步提高，公民共享发展成果。连续 11 年调整企业退休人员基本养老金，由 2004 年的每月人均 647 元提高到 2015 年的 2 200 多元，比 2010 年增长 66%，待遇水平明显提高。首次提高全国城乡居民基本养老保险基础养老金最低标准，从月人均 55 元提高至 70 元。职工和城镇居民医疗保障水平持续提高，工伤、失业和生育保险待遇水平也都随工资增长和社会经济发展得到提高。

四是基金管理得到强化，安全性显著提高。2015 年，五项保险基金收入合计 4.6 万亿元，支出合计3.9万亿元，累计结余5.9万亿元，分别是2010年的2.4倍、2.6倍和2.5倍。进一步强化基金预算管理，量化预算执行考核。推动基金监管软件联网应用，提高了基金监管效率。全面推进医疗保险智能监控工作，提高监控效果。组织开展社会监督试点，建立惩防并举机制，深化部门合作，推动社保欺诈入刑，强力推进社会保险反欺诈工作。

五是经办体系建设加快，管理服务能力明显提升。社会保险经办管理服务“三化”建设不断推进。标准化建设提质增速，“十二五”规划确定的34项标准全面启动，14项标准颁布实施，“基地孵化、试点带动、先行引领”的标准化工作格局基本形成。信息化建设加快发展，“电子社保”示范城市建设加快推进，网上经办、掌上社保、自助服务等新业务模式加快普及，“金保工程”一期顺利完成，二期立项启动，覆盖全国、联通城乡、纵向到底、横向到边的人力资源社会保障信息网络初步形成。截至2015年年底，全国社会保障卡持卡人数达到8.84亿人，较2010年增加7.81亿人。专业化建设进一步加强，实施百千万人才队伍建设工程，加强系统培训，五年仅部本级培训4 380人次，经办系统专业化水平明显提高。

成绩来之不易，成就令人鼓舞。五年来，各级社保经办机构按照党中央、国务院的部署，勇于担当，开拓创新，迎难而上，推动了社会保险事业的跨越式发展，也积累了宝贵经验：

一是始终坚持政策经办紧密结合，确保政策有效落地。各级社保经办机构紧紧围绕社会保险重大政策和制度改革抓经办，主动参与、提前介入、及时跟进、积极调适，同步开展精算测算、制定规程标准、做好经办人力物力和信息系统准备，做到了政策起草、实施、反馈改进的无缝衔接，打通政策落地的“最后一公里”。

二是始终坚持快捷便民、以人为本的服务宗旨。各级经办机构始终牢记重要民生部门和主要窗口单位的定位，不折不扣地落实党和政府关于服务型政府的各项要求，认真开展窗口单位改进作风专项行动，落实岗位服务规范、纪律要求和文明服务用语，坚决杜绝和整治各种不良习气和群众反映的突出问题，作风和形象有明显改观，群众的满意度不断提升。

三是始终坚持以“三化”建设为重点，努力实现精确管理。统一了全国社保机构的视觉识别系统，实施了社会保障服务中心建设的分级标准，提升了经办机构的整体形象。先后启动实施了“金保工程”、基层劳动就业和社会保障综合服务平台、社会保险标准化、社会保障人才队伍建设等一系列重大工程项目，为不断提高经办管理的质量和效率奠定了坚实的基础。

四是始终保持担当创新、奋发有为的精神状态。各级经办机构及工作人员结合实际，勇于开拓创新，表现出敢担当、能创新、昂扬向上的精神风貌，逐步形成了以团结、奉献、创新、卓越为主要内容的社保精神。社保系统既有适应工作迅速增加，再造流程、升级系统、内部挖潜取得实效的先进地区，也有主动走出去、请进来，引入各方资源和社会力量的成功范例，呈现出了经办工作蒸蒸日上的大好局面。

这些经验弥足珍贵，值得珍惜和发扬。

二、谋划“十三五”：任重道远

“十三五”时期是全面建成小康社会决胜阶段。我们要认真学习、深刻领会习近平总书记系列重要讲话精神，深入分析研究“十三五”时期社会保障事业发展面临的机遇和挑战，注意把握经济发展进入新常态、人口老龄化加快、城镇化进程提速、就业新业态呈现、群众诉求多元化等五个方面的新形势，按照党中央、国务院的总体要求，在部党组的带领下，按照“坚守底线、突出重点、完善制度、引导预期”的基本要求，坚持创新、协调、共享的发展理念，以更加公平更可持续为主线，重点把握好以下几个方面：

一是制度建设强调“全”。“全”就是要解决制度缺失问题。加快顶层设计，扎实推进各项重大改革，立足制度的长远发展，健全制度体系。在保基本、强基层的基础上，进一步改进和完善基本医疗保险管理服务，支付方式改革要取得新突破、新成效，完善和全面推进医保付费总额控制，健全稳定可持续筹资和报销比例调整机制，切实解决好群众看病贵的问题，探索建立长期护理保险制度。

二是覆盖范围强调“广”。“广”就是要覆盖到所有人群。要以人人享有为目标，实施全民参保计划，推动社会保险由制度全覆盖到人群全覆盖。基本养老保险参保人数超过9.4亿人，参保覆盖率预期达到90%左右；基本医疗保险参保人数超过13亿人，覆盖97%以上的人口；工伤、生育保险参保人数均有大幅增加。

三是待遇水平强调“稳”。“稳”就是保障水平要与经济社会发展水平和基金承受能力相适应，稳步提高。配合经济结构深刻调整，注重发挥社会保障的再分配功能，强化精算平衡，适时适度提高社会保险待遇。要注意精准施策，更好保障弱势群体，让广大参保人员切实分享经济发展成果。

四是基金保障强调“久”。“久”就是基金保障能力要具备可持续性。要进一步完善基本养老、医疗保险筹资机制，更好地体现政府、单位和个人责任。理顺征缴体制，加大基金征缴力度，加强基金稽核，实现基金稳步增长。实施基金市场化投资办法，为基金保值增值开辟新渠道。

五是经办服务强调“优”。“优”就是经办服务能力和水平要不断根据现代化的管理理念和人民群众的多样化诉求不断优化。推进完善社会保险经办管理服务体系，进一步提高规范化、信息化、专业化水平，基本实现社会保险精确管理。深入推进社会保险经办体系和服务网络向乡镇、行政村延伸，不断创新服务手段。推进“金保工程”建设，社会保障卡持卡人数达到12亿人以上。

三、起步开局年：善作善成

2016年是“十三五”开局之年，社会保险工作要全面贯彻落实党的十八大和十八届三中、四中、五中全会精神，加快推进制度建设，全力推进全民参保计划，积极开展扩面征缴，稳步提高各项待遇水平，大力加强社会保险各项基础工作，努力提高经办管理服务水平，为不断改善和提升民众福祉，促进供给侧改革和建设小康社会作出新的更大贡献。

2016年的社保重点工作都已经体现在部工作要点中，各地要切实抓好落实。我再强调以下七个方面。

（一）确保机关事业单位养老保险改革落地。各地按照政策、经办、信息“三位一体”要求，协同推进政策落地。要进一步提高思想认识，采取扎实有效的工作举措，加快启动实施工作进度，确保顺利完成改革任务。要克服等待观望、磨蹭拖拉的消极思想，进一步增强责任感，与相关部门一道，制定工作推进方案，明确目标、内容、责任、时限要求，明确保障措施，认真研究解决制约经办启动的矛盾和问题。

（二）凝神聚力打好医保城乡统筹攻坚战。整合城乡医保是大势所趋，是2016年中央改革办的督查任务。各地要以对历史负责、对人民负责、对党的事业负责的使命感，加大推动力度，加快整合进程：已完成整合的，要做好整合后的过渡和衔接，确保工作不断、队伍不乱，群众待遇不受影响；尚未整合的，要把整合城乡医保作为一把手工程，加大协调力度，促进党委政府决策，在政策、经办、信息等层面及早统筹谋划，开好局、起好步。同时，要重点做好医保其他三项工作：一是积极推进异地就医联网结算。《政府工作报告》提出明确要求，李克强总理也作出庄严承诺，2016年要实现省内异地就医联网结算，2017年实现跨省联网结算。部里正加快工作进度，各地也要主动作为，上下一致。二是要进一步完善医疗保险定点医药机构协议管理。落实国务院简政放权要求，实现管理方式的转变，变行政审批为以协商谈判为基础的协议管理，对我们都是一次考验。各地要按照简政放权、强化管理、优化服务的要求，坚持供需平衡、择优选择、鼓励竞争、动态管理的原则，切实做好协议管理工作，提高工作效率和成效。三是全面推进医疗服务智能监控工作。这项工作是医疗服务监管的“牛鼻子”、核心抓手，已取得初步成效，形成了品牌，产生了震慑。2016 年要全面推开，已开展的地方要完善知识库和监控规则，增强数据挖掘分析能力；未开展的地方要学习和借鉴，高起点起步，发挥后发优势。

（三）全力推进全民参保计划。全民参保计划已正式写入“十三五”规划纲要，从部重点工作上升为党中央、国务院的重大战略部署。各地要建立并完善全民参保数据库，通过入户调查等渠道，建立动态更新机制，保持数据库的准确性与完整性，促进社保全覆盖和精确管理。要进一步加强部门沟通，开展信息共享与交换，积极争取经费支持，不断加大宣传力度，使全民参保计划家喻户晓，广大群众积极配合，扎扎实实取得实质性成效。

（四）继续强力推进同舟计划。要进一步完善相关政策措施，加强沟通协调、督导检查、考核评估、宣传培训和经验交流。各地要落实按项目参保统计办法，开发完善参保信息系统，促进参保人员动态化实名管理，推广采取施工许可证办理与工伤保险参保办理一体化服务的做法，简化流程，优化服务，缩短认定鉴定周期，努力为参保人员提供方便、快捷的服务。

（五）稳步推进养老保险基金投资运营。贯彻实施《基本养老保险基金投资管理办法》（国发［2015］48 号），按照 2016 年启动实施的目标，重点围绕拟定投资管理合同、委托投资资金归集管理办法等配套文件，积极推进各项工作。各省（区、市）要在通盘考虑养老基金收支情况、存储结构等因素的基础上，制定本省委托投资计划并逐级归集资金，陆续启动委托投资程序，尽早完成第一批委托投资运营省份的合同签订和启动投资工作。

（六）加快推进社会保险经办信息化。各地要以提升经办管理服务水平和群众满意度为目标，加快推进电子社保建设。要充分运用移动互联、云计算、大数据等现代信息技术，创新服务模式，逐步构建以综合柜员制为基础，网上办事大厅与经办服务大厅一体化，业务与财务管理一体化，业务与档案管理一体化，查询咨询服务多样化的新型社会保险经办管理服务体系。要适应信息化时代群众生产生活方式的变化，规范网上办事流程，推动网上办事大厅应用，真正做到服务群众“全天候、零距离”。

（七）认真做好化解过剩产能行业安置职工的社会保障工作。国务院分别下发了关于钢铁、煤炭行业化解过剩产能实现脱困发展的意见。尹蔚民部长在 2016 年 3 月 22 日召开的全国就业工作座谈会上，就稳妥做好化解钢铁、煤炭过剩产能中的职工安置工作作了全面部署。各地要深入贯彻国务院推进化解过剩产能、处置僵尸企业及供给侧结构性改革的总体部署，把职工安置作为化解过剩产能工作的重中之重，按照人力资源社会保障部要求不折不扣地落实好社会保障政策，多措并举做好职工安置，确保安置职工待遇发放，确保社会稳定。

2016 年是“十三五”开局之年，是中国全面建成小康社会决胜阶段的开局之年，也是到 2020 年实现社会保险全覆盖的开局之年。站在完善社会保险体系的新起点，我们要牢记使命，敢于担当，锐意进取，勇于创新，全面完成社会保险各项工作任务，向党和人民交上一份满意的答卷。

加快构建更加公平更可持续的养老保险制度

——在全国养老保险工作座谈会上的讲话

游　钧

（2016 年 4 月 14 日）

这次全国养老保险工作座谈会的主要任务是：深入学习贯彻习近平总书记系列重要讲话，全面落实党的十八大和十八届三中、四中、五中全会以及 2016 年“两会”精神，按照全国人社工作会议部署，总结“十二五”时期养老保险工作，分析“十三五”时期面临的形势和任务，研究部署 2016 年工作。

一、充分肯定“十二五”时期养老保险工作的巨大成就

“十二五”时期特别是党的十八大以来，以习近平同志为总书记的党中央高度重视民生建设，作出了一系列重大决策部署，采取了一系列政策措施，我国社会保障事业，特别是养老保险事业取得重大历史性进展，这五年是养老保险制度改革力度最大、事业发展最迅速、人民群众受益最多的五年。

一是制度建设取得重大突破，形成“职工＋居民”的基本养老保险两大制度平台，构建起覆盖城乡的养老保险基本制度。2015 年年底，职工养老保险参保 3.53 亿人，城乡居民养老保险参保 5.05 亿人，合计参保 8.58 亿人，成为世界上最大的养老保障计划。

二是实施机关事业单位养老保险制度改革，结束了机关事业单位长期没有参保这一“孤岛”现象，破解了“双轨制”突出矛盾，有利于统筹推进城乡养老保险体系建设，促进人力资源合理流动，社会保障制度公平性迈出实质性步伐。

三是连续提高基本养老金水平，广大退休人员分享经济社会发展成果。连续 5 年以 10％的比例调整企业退休人员基本养老金，月人均基本养老金水平由 1 362 元提高到 2 270 元。

四是基金收支规模不断扩大，多渠道筹资格局初步形成。征缴收入由 11 110 亿元增加到 23 016 亿元，收支规模由 23 975 亿元增加到 55 154 亿元；累计结余由 15 365 亿元增加到 35 345 亿元，平均可支付 17 个月以上，基金支撑能力明显增强。

五是基本实现省级统筹，为推进全国统筹奠定了基础。全国 31 个省（区、市）和新疆生产建设兵团全部建立了省级统筹制度，促进了政策的统一规范，提高了管理水平和工作效率，为推进全国统筹创造了条件、积累了经验。

六是关系转续政策及时跟进，打通制度衔接的“梗阻”。制定实施城乡养老保险制度衔接暂行办法，解决城镇职工与城乡居民两大制度的衔接；明确军人退役基本养老保险关系转

移接续有关政策，实现了军地政策的有效衔接。企业职工养老保险关系跨省转移接续实施平稳。基本兑现了“不论你在哪里干，养老保险接着算”的承诺，有效维护流动人员养老保险权益。

七是补充养老保险初具规模，多层次保障作用渐显。出台年金个人所得税递延纳税、鼓励社会团体等建立企业年金、机关事业单位建立职业年金等政策，大力发展补充保险。企业年金金额由 2 809 亿元增加到 9 526 亿元，2015 年当年领取企业年金近 90 万人。基金市场化投资运营成效明显，2007 年以来年均收益率为 8.09%。

回顾五年来的工作，一些体会和经验值得总结和发扬：一是领导高度重视，直接指导推动，是推进养老保险制度改革的根本保证。二是坚持把公平放在首位，坚守底线思维，是养老保险在大局中发挥作用的根本所在。三是坚持深化改革，凝聚各方智慧，是制度建设取得突破的关键举措。四是坚持协同配合形成合力，是确保养老保险各项政策产生实效的基础。五是坚持统筹协调，经办及时跟进，是确保政策有效落地的根本措施。

二、准确把握“十三五”时期养老保险工作的形势任务

“十三五”时期是我国全面建成小康社会的决胜时期，也是社会保障制度加快改革发展的关键时期。一方面，综合国力不断增强，特别是我国养老保险制度体系和政策框架基本建立，工作机制初步形成，为今后的改革发展打下了工作基础，创造了有利条件；另一方面，我国经济发展步入新常态，由规模速度型的高速增长转向质量效益型的中高速增长，人民群众对社会保障的要求更高、更为迫切，养老保险制度面临着巨大压力和挑战，突出表现为“三个结构性矛盾”：

一是经济结构调整和增速放缓，基金收支矛盾日益明显。推进产业结构调整，淘汰过剩和落后产能，必然会使传统行业基金征缴明显减少。新经济、新业态特别是第三产业快速发展带来大量新增就业人员，但相当一部分属于灵活就业，增大了扩面征缴的成本。与此同时，退休人数增速不减，基本养老金水平还将继续提高，基金征收减速与待遇刚性增长的矛盾将越来越突出。

二是地区间人口结构失衡，赡养比差异日渐扩大。城镇化进程中大规模跨地区人口流动，以及历史形成的老工业基地布局，导致地区之间养老保险负担畸轻畸重：目前赡养比高的地区为 1∶1.3，低的地区为 1∶10；基金累计结余有的省能够支付 50 个月，有的省则仅可支付 1 个月。

三是人口老龄化加速，代际之间负担结构不平衡的矛盾越来越突出。2015 年，我国 60 岁以上老年人口为 2.2 亿人，占总人口的比重为 16%。据预测，老年人口规模 2025 年将突破 3 亿人，2033 年突破 4 亿人，2053 年达到峰值 4.87 亿人，占总人口的比重达到 35%。假如不对现行政策进行调整，城镇职工基本养老保险赡养比将由目前的 1∶3 逐步提高到 2050 年的 1∶1.3。在“生寡食众”、待遇刚性增长的情况下，对养老保险可持续发展构成巨大风险。

“十三五”时期养老保险事业发展，要坚持创新、协调、共享的理念，以养老保险顶层设计为统领，以“全覆盖、补短板、建机制”为重点，建立与全面建成小康社会相适应的养老保险制度。在战略思维上，要牢牢把握以下几点：

一要坚持道路自信，实现制度定型。社会保险法确立了我国社会统筹与个人账户相结合、“职工＋居民”的基本养老保险制度模式，这是一条具有理论支撑、符合基本国情、尊重实践创造、得到群众认可的正确道路，是具有鲜明中国特色的养老保险制度。我们必须高举统账结合的大旗，朝着正确的方向，坚定不移地走下去。

二要坚持公平正义，健全四梁八柱。养老保险制度覆盖人数多，资金规模大，持续周期

长，建立更加公平的养老保险制度是“十三五”乃至更长时期的根本任务。我们一定要按照习近平总书记的重要批示，精心开展养老保险顶层设计，长短结合，内外结合，搭建好制度的四梁八柱。

三要坚持完善机制，实现可持续发展。要实现养老保险事业的健康发展，不仅要有健全的制度，还要有良性的机制。要进一步完善缴费与待遇挂钩的激励约束机制，调动个人参保缴费积极性；严格依法办事，强化对企业等主体的法律约束力；发挥制度内外两方面作用，多渠道筹集资金，促进精算平衡。

需要强调的是，在拥有超过13亿人口、世界上最大的发展中国家改革和完善养老保险制度，是一项国外无经验可鉴、国内无先例可循的创举，必须紧紧围绕党中央确定的“两个一百年”奋斗目标，立足国情，把握大势，以新的发展理念为引领，把创新、协调、共享的理念涵盖构建更加公平更可持续养老保险制度的全过程。

三、扎实做好2016年的养老保险各项工作

2016年是“十三五”规划的开局之年，要切实抓好几项具体工作。

（一）全力推动机关事业单位养老保险制度改革实施到位。

一是要进一步增强责任感和紧迫感，明确工作目标。各地要进一步统一思想，确保上半年将编制管理比较规范的机关事业单位纳入参保范围并从基金中支付养老金，9月底之前要将其他符合参保范围的事业单位都纳入进来。

二是要把握“先易后难”原则，协调推进改革。首先要遵循“先易后难”的原则，先将编制管理规范、分类类型确定的单位纳入参保范围，然后再研究参保边界不清晰单位和人员的处理办法，在清理规范的基础上，分期分批纳入参保范围。其次要加强与财政、编制、组织等部门的协调配合，建立分工合作的机制，争取相关部门对改革的支持。在人社系统内部，要同步开展政策制定、经办准备和信息系统开发工作，形成推进改革的合力。

三是妥善解决改革中遇到的问题，确保社会稳定。针对改革推进过程中出现的新情况和新问题，各地一定要在党委、政府领导下，加强调查研究，广泛听取意见，充分发挥主动性创造性，攻坚克难，想出应对办法，妥善加以解决。

（二）精心组织基本养老金调整工作。

2016年的调整有三个特点：一是企业与机关事业单位退休人员同步调整，二是调整比例较往年有所降低，三是调整启动时间较晚。具体强调几点：

一是切实加强领导。各地要会同财政厅（局）成立工作小组，按照两部通知要求，按时保质完成各阶段任务。二是结合实际制定实施方案。核心任务是合理确定调整水平，提出切实可行的调整办法。三是确保发放到位。各地方案经两部审批后，一要主动加强与财政部门的沟通协调，加快资金拨付；二要调整和完善信息系统，提前进行数据测试，调试发放软件，与金融机构进行数据更新；三要制定详细的发放方案，确保将增加的养老金于9月底前发放到退休人员手中。四是加强舆情引导和监控。2016年情况较往年更为特殊和复杂，问题和矛盾更为突出。各地要提前准备，做好预案，引导社会正确解读政策，及时化解矛盾，维护社会稳定。

（三）认真组织实施降低养老保险费率工作。

党的十八届三中、五中全会都提出要适时适当降低社会保险费率。当前，为配合和推动供给侧结构性改革，降低企业成本，运用包括社会保险费率政策在内的经济杠杆是重要的政策选项。前不久，国务院已经作出有条件和阶段性降低养老、失业保险费率的决定，各地要尽快统一思想，提高认识，积极测算，拟订方案，尽早组织实施，让企业早日受益。

（四）制定出台基础养老金全国统筹方案。

一是各地要避免在推进全国统筹中形成吃“大锅饭”的思想。实施全国统筹后，不仅扩

面征缴和确保发放的责任主体没有变，仍是省级政府，反而较之以前，省级政府的责任更大了，对于保发放的资金，主要是靠眼睛向下、手心向内来解决。二是要持之不懈地加强省级统筹。省级统筹是全国统筹的基础，只有在省内真正把制度和政策统一了，基金收支管理规范了，信息系统和经办流程精准了，才能为省与省之间的政策统一和基金统筹打下基础。

（五）制定出台完善个人账户政策。

按照党的十八届三中全会完善个人账户制度的要求，要重点做好以下几个方面工作：一是调整做实试点政策。在对做实职工基本养老保险试点进行总结评估基础上，提出建议报国务院决策。城乡居民养老保险个人账户继续实行实账管理，并规范投资运营。二是规范统一个人账户记账利率。将参照上年职工平均工资增长率和银行存款利率等因素确定，定期公布，企业和机关事业单位养老保险制度统一执行。三是规范个人账户支付。调整基本养老金时应按退休时个人账户养老金和基础养老金各占基本养老金的比例，分别从个人账户储存余额和社会统筹基金中列支。四是完善个人账户养老金计发月数。目前执行的个人账户养老金计发月数，是2005年国发38号文件规定的。下一步，我们将结合国家人口抽样调查数据，统筹考虑多方面因素，适时调整个人账户计发月数。

四、几点要求

（一）树立大局观念。从政治上讲，养老保险工作要服从服务于党和国家全面建成小康社会的工作中心，服从服务于经济社会发展大局。我们要在配合做好化解过剩产能的同时，切实做好有条件、阶段性降低企业费率工作，帮助企业降低成本。从制度自身看，养老保险制度应全国“一盘棋”，各地区都要正确处理部分与整体的关系问题，不能片面强调地区利益而损害制度的整体功能。从工作上看，各地区既要扫好“门前雪”，也要管他人“瓦上霜”，特别是在办理参保人员跨地区关系转移接续工作中，积极主动履职尽责，互通信息，努力提高效率。

（二）狠抓工作落实。养老保险工作，无论是日常工作，还是改革举措，我们都要不折不扣地抓好落实，明确责任，制定计划，细化措施，督促检查，奖罚分明，不折不扣地抓好机关事业单位养老保险制度改革、基本养老金调整等各项工作的落实，既做改革的促进派，又做改革的实干家。

（三）严格执行政策。经过20多年改革和发展，我国养老保险政策体系和规程逐步趋于统一，但一些地方也存在擅自降低缴费基数、提高待遇标准、扩大一次性补缴人员范围、特殊工种提前退休管理不规范等行为，不仅加剧了政策的碎片化，引发其他地区的攀比，也给本地区养老保险的可持续发展留下了隐患。各地要严格按照国家统一要求，保持政策的严肃性、规范性、统一性。

（四）加强廉洁自律。我们要牢固树立政治意识、大局意识、核心意识和看齐意识，严守政治纪律和政治规矩，做到既要干事创业，又要清正廉洁；要认真查找工作中容易出现问题的风险点，加强内部防控机制建设，严格执行相关规章制度和财经纪律，自觉接受监督，从源头上加强风险防控，为事业发展提供有力的政治保证和纪律保证。

做好养老保险事业改革与发展工作，功在当代、惠及千秋。目标已确立，蓝图已谱就，任重而道远。我坚信，只要我们坚定中国特色社会保障制度的道路自信，坚持公平正义，戮力同心，力出一孔，建设更加公平更可持续的养老保险制度的目标一定能够如期实现。

以习近平总书记重要讲话精神为指导 大力推动人社宣传工作创新发展

——在全国人社宣传工作座谈会上的讲话

张义珍

（2016年3月30日）

这次会议的主要任务是：深入学习贯彻习近平总书记2月19日在党的新闻舆论工作座谈会上的重要讲话精神，贯彻落实全国宣传部长会议和全国人社工作会议部署安排，传达贯彻尹蔚民部长关于宣传工作重要批示，总结工作，交流经验，分析形势，明确任务。

一、人社宣传工作不断改革创新，为推动人社事业发展作出了积极贡献

（一）领导率先垂范、上下齐心协力，人社宣传氛围日益浓厚。部党组高度重视人社宣传工作，尹蔚民部长多次对政策宣传、网上舆论等工作提出要求，特别是2016年3月1日和21日两次对学习贯彻习近平总书记“2·19”重要讲话精神作出批示，为做好人社宣传工作进一步指明了方向。其他部领导结合分管业务研究部署、接受采访或访谈。各地人社部门的宣传意识明显增强，宣传力度进一步加大，基本构建了主要领导高度重视、分管领导研究调度、其他领导配合支持、有关人员奋发有为推动宣传的良好格局。

（二）主题宣传高潮迭起、亮点纷呈，主旋律广泛传播。各地人社部门主动适应新常态，聚焦重点工作，突出主题宣传。配合“双创”活动，组织中央媒体赴多地开展“留创园”系列报道。配合深化改革，深入解读构建和谐劳动关系、整合城乡居民医保等政策，为各项改革举措顺利实施营造了良好舆论氛围。配合促进高校毕业生就业工作，通过巡回宣讲、微电影、公益短信、宣传资料等方式，推动就业政策宣传进高校、入课堂。配合高技能人才建设，营造了尊重技能人才、关心技能人才、争当技能人才的浓厚氛围。配合构建全覆盖社会保障体系，利用新媒体开展社会保障卡、工伤保险等知识竞答，吸引广大群众踊跃参加，取得了良好成效。

（三）舆论引导及时有效、稳中向好，正向理性渐成主流。针对人社改革进入深水区和攻坚期，难点和热点问题比较集中的实际，各地人社部门在抓好新闻发布、政策解读的同时，更加注重舆论引导，建立健全舆情收集、研判和处置机制，及时回应社会关切，较好地处置了“就业难”、“下岗潮”、“费率高”等热点问题。

（四）新媒体建设加速发展、活力迸发，宣传广度和深度大幅提升。充分发挥系统媒体

的主阵地作用，大力加强新媒体建设，开发创建信息发布和社交平台，进一步拓宽宣传途径和渠道，不断增强网络宣传的吸引力和影响力，形成了传统媒体与新媒体融合发展、优势互补的新格局。

（五）基层宣传不断加强、试点进展顺利，惠民政策更近民心。人社基层宣传平台建设试点如期开展，稳步推进。试点省市因地制宜，积极探索，不断推动人社宣传触角向基层延伸，进一步拉近了与基层群众的距离，打通了人社宣传“最后一公里”。

（六）体制机制逐步完善、队伍建设不断加强，人社宣传工作能力进一步提高。各地人社部门着眼实际，大力推动宣传工作制度化、规范化建设，进一步建立完善了定时、定点、定人“三定”新闻发布制度和重大舆情应对处置机制等，努力实现宣传成效最大化最佳化。

在充分肯定成绩的同时，也要清醒地看到存在的差距和不足。一是研究思考不深，科学谋划不够。二是重点不突出，影响力不够。三是发展不平衡，整体推进不够。面对经济新常态和舆论新生态带来的新变化新挑战、面对全面深化人社领域改革的新形势新任务、面对人民群众改善民生的新期待新要求，如何解决好这些问题，显得尤其突出和紧迫。

二、进一步增强做好新形势下人社宣传工作的责任感和使命感

习近平总书记“2·19”重要讲话从党和国家事业发展全局的战略高度，深刻阐明了党的新闻舆论工作的历史地位、重大作用、目标任务和原则要求，创造性地丰富发展了马克思主义新闻观和我们党治国理政的思想体系，为新形势下做好新闻舆论工作及宣传思想工作提供了强大思想武器和根本遵循。尹蔚民部长提出“把深入学习贯彻习近平总书记重要讲话作为一项政治任务”、“贯彻落实措施要具体化、切实落实到位”的明确要求。全国人社系统要切实把思想和行动统一到“2·19”重要讲话精神上来，进一步增强政治责任感和历史使命感。

（一）增强看齐意识，进一步提高人社宣传工作的自觉性。习近平总书记指出，做好党的新闻舆论工作，营造良好舆论环境，是治国理政、定国安邦的大事，把新闻舆论工作提升到了“5个事关”的新高度。各地人社部门要深刻领会和准确把握“5个事关”的极端重要性，强化看齐意识，闻风而动，主动对标，做到从思想到行动、从形式到内容都自觉向“5个事关”对标看齐，从“5个事关”的新高度审视、谋划和组织开展人社宣传工作，切实做到思想上更加重视、组织上更加有力、谋划上更加科学、工作上更加主动、成效上更加明显，真正使人社宣传工作成为迎接挑战、攻坚克难、推动发展的强大力量和武器。

（二）增强政治意识，进一步提高人社宣传工作的坚定性。习近平总书记提出的“四个牢牢坚持”，是宣传工作贯彻政治要求的工作理念和行为准则，党性原则是根本原则，马克思主义新闻观是灵魂，正确舆论导向是生命，正面宣传为主是基本方针。这四个方面缺一不可，必须深刻理解、准确把握、全面贯彻。要把坚持正确政治方向摆在第一位，切实使“四个牢牢坚持”成为人社宣传工作的思想之基、信念之魂、任务之首，始终同党中央保持高度一致，所有工作都要体现党的意志、反映党的主张，所有宣传都要与部党组的决策部署保持同口径，所有系统报刊、网站等媒体都要讲党性、把导向，要切实增强政治敏感性和政治鉴别力，要把党对保障和改善民生的重视和关怀传递到老百姓的心坎里，增强人民群众对党改善民生、关注民生一系列重大决策的获得感和认同感。引导人民群众对全面深化改革的真心理解和大力支持。

（三）增强大局意识，进一步提高人社宣传工作的导向性。在“2·19”重要讲话中，习近平总书记鲜明提出了“6句话48字”的职责和使命，其中“围绕中心、服务大局”是重要职责使命之一。人社宣传工作是党的宣传思想工作的重要构成，必须以党的中心为中心，以党的大局为大局，自觉在围绕中心、服

务大局中把准定位，把着力点向适应经济新常态、落实五大发展理念、全面深化人社领域改革上聚焦，进一步提高传播力、引导力和影响力。要把坚持正确舆论导向贯穿人社宣传工作的全过程，大力营造有利于推进改革，有利于稳定和促进就业，有利于推动民生持续改善，有利于人才队伍建设，有利于构建和谐劳动关系的舆论环境。

（四）增强群众意识，进一步提高人社宣传工作的针对性。习近平总书记深刻阐明了宣传思想工作坚持党性原则与人民性相统一的基本属性和根本途径。人社工作全部涉及人，更要坚持以人民为中心的工作导向，把对党负责和对人民负责统一起来，把服务群众同宣传引导群众结合起来，真正使宣传工作的根深扎人民群众中。要适应分众化需求，努力实现从漫灌式向滴灌式宣传转变，用群众听得懂、看得明白的语言和方式，真正提供人们所思、所想、所盼的信息咨询服务，力求覆盖到所有地区、所有行业、所有人群，最大限度地消除人社宣传工作的盲区和死角。

（五）增强创新意识，进一步提高人社宣传工作的实效性。要适应新媒体发展变化，应势而动、顺势而为，尽快实现从传统媒体为主向全媒体宣传转变，不断提高建好用好新媒体的能力和水平。要创新宣传理念，强化互联网思维，树立全媒体宣传意识。要加快系统媒体融合发展，大力推动传统媒体和新兴媒体在内容、渠道、平台、管理等方面深度融合。要把握新媒体宣传规律，学会新媒体表达方式，掌握新媒体传播手段，提高全媒体宣传能力。

三、精心谋划，狠抓落实，扎实做好 2016 年人社宣传工作

（一）政策宣传要有新突破。解读政策、推动政策落实是人社宣传工作的重要内容和根本任务。要采取强有力措施突破群众对人社政策“看不到、听不到”或“看不懂、听不懂”的问题。一要把握及时性。将政策宣传与政策制定实施同步策划、同步安排、同步落实。二要把握准确性。全面准确深入地解读政策，杜绝误读误解，做到不走样、无偏差。三要把握通俗性。用群众喜闻乐见的方式、用群众易于接受的语言解读政策，避免自拉自唱、自说自话。四要把握持续性。只要群众有需求，就要耐心细致地反复宣传，直到群众真正理解、政策真正落实。要经过一年努力，实现政策宣传全覆盖、解读机制动起来。

（二）成就宣传要有新突破。要增强成就宣传的感染力和说服力。一要唱响主旋律。加大人社成就宣传力度，讲好人社故事，传递人社好声音。二要用事实说话。善于用最新数据、典型案例表达，多讲事实，少讲道理，避免空洞说教、苍白无力。三要贴近群众。注重用身边人、身边事讲述人社工作改善民生带来的实惠，让人民群众体会到更多的获得感。

（三）典型宣传要有新突破。要大力推出一批立得住、叫得响的先进典型。一要加强培塑，及时发现。二要深度挖掘，提炼优秀内涵。三要强力推出，扩大影响。积极争取党委宣传部门和新闻单位的大力支持，推动形成学先进、赶先进的热潮。

（四）舆论引导要有新突破。问题是时代的声音，民心是最大的政治。一要敢于发声。面对重大热点问题不回避、不退缩。二要及早发声。抓住 1 小时内报告、24 小时内应对的“关口”期，早发现、早研判、早处置，抢占先机，掌握主动，把负面影响降到最低。三要善于发声。善于用网民语言、系统合力加以引导，做到春风化雨、润物无声。对重大突发事件和重要舆情，各地要加强研判，科学应对，及时处置，坚决防止出现人社领域的重大舆情事件。

（五）新媒体建设要有新突破。一要加强顶层设计。制定人社新媒体建设总体方案，有力推动报、刊、网、微等媒体融合发展，形成资源共享、平台共建、力量共用新媒体方阵。二要加快推进。指导有条件的部属报（刊、网）和地方人社部门加快新媒体建设步伐，抓紧建起来、用起来、活起来。三要加强协作。一方面借助社会力量，加强与主流媒体、知名网站合作；另一方面加强人社系统上下联动，畅通信息渠道，形成宣传合力。

（六）基层宣传要有新突破。以人社基层宣传平台建设试点为突破口，下大力解决好人社基层宣传工作缺人员、缺手段等老大难问题，切实补齐基层宣传这个短板。一要有序推进试点。力争把试点扩大到全国大部分的省（区、直辖市）。二要巩固深化试点成果。总结试点经验，推动人社基层宣传工作制度化、规范化建设。三要把宣传融入经办服务中。强化公共服务窗口、社保经办机构、“12333”电话咨询热线等人社系统基层服务窗口的宣传功能，把业务办理与政策宣传融合一体，真正使基层宣传强起来。

四、加强领导，夯实基础，进一步提高做好新形势下人社宣传工作的能力水平

（一）加强组织领导。各级人社部门要把宣传工作列入重要议事日程，作为干部考核和述职的重要内容，主要负责同志要高度重视、亲自指挥，定期分析研究，真正做到重视到位、指导到位、落实到位。

（二）加强队伍建设。要建立和完善宣传队伍，改善队伍结构，要培养造就一支政治坚定、业务精湛、作风优良，党和人民放心的人社宣传队伍。要改善工作条件和环境，关心爱护宣传干部，形成肯干事、敢干事、干成事的良好风气。

（三）加强制度建设。要建立健全意识形态工作责任制、媒体采访、新闻发布、舆情应对、网站管理、新媒体管理运用等各项规章制度，推动宣传工作规范化运行。要建立健全考核评价机制，推动各项工作真正落实。

（四）加强能力建设。要加强理论学习，深入学习贯彻习近平总书记一系列重要讲话精神，牢固树立马克思主义新闻观。要加强调查研究，加强业务培训，加强实践锻炼，不断提高实际工作能力。

在高校毕业生就业创业工作视频会议上的讲话

张义珍

（2016 年 11 月 11 日）

在全国上下深入学习贯彻党的十八届六中全会精神之际，我们召开高校毕业生就业创业工作视频专题会议，主要任务是，深入贯彻落实党中央、国务院关于高校毕业生就业创业工作的重要决策部署，对实施高校毕业生就业创业促进计划进行动员和安排，对做好年底前毕业生就业创业工作进行再部署、再推动，同时部署开展 2016 全国人力资源市场高校毕业生就业服务周活动，全力以赴完成 2016 年毕业生就业工作目标任务，保持高校毕业生就业局势稳定。近年来，各地结合实际，在促进高校毕业生就业创业方面探索了大量经验，取得了扎实成效。刚才，江苏、湖北、辽宁三省进行了发言，交流了经验做法，提出了工作打算，听了以后很受启发。下面，我讲三点意见。

一、坚持把高校毕业生就业作为就业工作的重中之重

高校毕业生就业是就业工作的重中之重。我国高校毕业生 2016 年达到 765 万人，2017 年还将进一步增加，“十三五”时期将保持在年均 770 万人左右的高位，已成为城镇新成长劳动力的主体。高校毕业生是国家宝贵的人才资源，做好高校毕业生就业创业工作，充分激发人力资源潜能，释放人才红利，对推动产业转型升级和经济向中高端发展，对保障改善民生、维护社会稳定具有十分重要的意义。近年来，在各方共同努力下，高校毕业生就业创业工作取得积极成效，就业局势保持稳定。但是，当前和今后一个时期，在经济增长新常态和就业总量压力持续存在、结构性矛盾更加突出的情况下，高校毕业生就业工作面临更为复杂的形势、更加严峻的考验。一方面，世界经济复苏乏力、不确定因素增多，国内经济下行压力持续加大，地区和行业走势分化，经济发展推动就业持续增长面临挑战，随着结构调整和去产能的深入推进，部分传统行业和用人大户需求减弱，进一步加剧了市场供求矛盾，高校毕业生就业工作的任务十分繁重；另一方面，部分毕业生专业、意愿、能力与市场需求不匹配的结构性矛盾依然存在，一些影响毕业生流动就业的制度性障碍仍未消除，适应毕业生更加多元化、个性化服务需求的公共就业人才服务模式、方法手段尚不完善。这些情况在短期内难以根本改观，也进一步加大了做好高校毕业生就业工作的难度。

党中央、国务院高度重视高校毕业生就业创业工作，习近平总书记多次作出重要批示指示，国务院连续出台了一系列促进高校毕业生就业创业的政策措施。2016 年 5 月 6 日，李克强总理来人力资源社会保障部考察，特别强调，就业要突出重点对象，像“经天纬地”一样，织牢高校毕业生和农民工就业的“经纬线”；要将高校毕业生就业与创业结合起来共

同推进。随后国务院专题召开电视电话会议，对高校毕业生就业创业工作高位推动，作出具体安排。李克强总理专门作出重要批示，要求各级政府一定要把促进毕业生就业创业作为当前十分重要而紧迫的任务，措施想得更实，工作抓得更紧；要求各方面同心协力，多方拓宽就业渠道，确保2016年高校毕业生就业水平不降低。刘延东副总理、马凯副总理提出了明确的工作要求。这些都为我们做好工作指明了方向。各地要认真贯彻落实党中央、国务院决策部署，深入学习领会习近平总书记、李克强总理等中央领导同志的重要批示指示和国务院电视电话会议精神，进一步提高思想认识，增强做好高校毕业生就业工作的责任感、紧迫感。要始终将高校毕业生就业作为就业工作的重中之重，坚定信心，迎难而上，以更加积极的态度、更加务实的作风和更加扎实的举措，动员各方全力抓好各项工作落实。

二、认真抓好高校毕业生就业创业促进计划组织实施

为适应高校毕业生就业创业工作的新需要，实现就业创业的有机结合，建立覆盖校内校外各阶段、就业创业全过程的服务体系，健全部门信息衔接、资源共享、通力合作的新机制，着力解决毕业生管理服务过程中面临的困难和问题，人力资源社会保障部会同教育部在统筹实施离校未就业高校毕业生就业促进计划和大学生创业引领计划的基础上，制定出台了高校毕业生就业创业促进计划。这是贯彻落实党中央、国务院决策部署，做好新形势下高校毕业生就业创业工作的重要举措，是当前和今后一个时期人社、教育两部门共同推动这项工作的主打措施。各地要高度重视，积极采取措施抓好计划落地，重点是实施好五大行动。

一是实施能力提升行动，增强高校毕业生就业能力。就业能力是求职就业的基础和保证。要把提升高校毕业生就业能力放在促进就业的重要位置，通过有针对性的指导、服务和培训，增强毕业生职业素养、实践能力和技能水平。要发挥好职业指导师资队伍的作用，配合教育部门和高校把职业指导送进校园，根据毕业生不同需求提供群体性指导和个性化服务。公共就业人才服务机构要主动提供实践平台，联合高校组织学生参观人力资源市场，现场讲解政策，开展模拟招聘求职、职业能力测评等活动，帮助学生掌握求职技巧，提高就业竞争力。要将有培训需求的毕业生组织到技能就业专项活动中，组织开展社会需求大、就业前景好、毕业生认可度高的职业培训，帮助他们增强技能水平和职业发展能力。

二是实施创业引领行动，扩大高校毕业生创业规模。高校毕业生是创新创业的生力军。各地要根据高校毕业生创业特点和需求，积极调动各类社会力量、政策资源和服务载体，支持更多有创业意愿的毕业生成功创业。要健全创业培训制度，因地制宜开发一批创业培训课程，更好满足毕业生创业不同阶段、不同项目的需求。要会同有关部门在工商登记、企业开户等方面进一步简化手续、降低门槛，用好创业担保贷款以及天使、风投、创投等各类资金，为毕业生多方提供支持和便利。要统筹利用政府和社会资源健全创业公共服务体系，各类创业园、创业孵化基地要对有需求的毕业生全面开放，组建创业专家服务团队，提供开业指导、项目开发、场地支持、跟踪服务等全方位扶持。

三是推进校园精准服务行动，配合做好毕业生在校期间就业服务。校园是高校毕业生求职就业的主阵地。人社部门要发挥熟悉政策和市场、具有服务资源的优势，积极配合教育部门和高校提供有针对性的就业服务。要主动对接毕业生专业特点、求职意向，收集、筛选、发布一批用人需求信息，配合高校组织开展招聘活动，更好促进人岗匹配。发挥好人社、教育系统有关网站和高校校园网平台功能，特别发挥好互联网及手机APP等便捷载体的功能，推进就业信息互联互通、跨区域共享，方便毕业生在校查询和获取。扎实做好公共就业人才服务进校园、大中城市联合招聘等专项服务，

开展政策宣讲，组织现场招聘、网络招聘、跨区域巡回招聘等活动，帮助更多毕业生在离校前实现就业。

四是实施就业帮扶行动，精准帮扶离校未就业高校毕业生实现就业。帮扶离校未就业高校毕业生是促进就业的重点和难点。各地要把有就业意愿的离校未就业高校毕业生全部纳入就业帮扶行动，开展实名制精准服务，绝不能让他们成为“断了线的风筝”。公共就业人才服务机构和基层服务平台要做好每一名未就业毕业生的实名登记、意向摸查、跟踪服务工作，确保有需求的都能得到有针对性的就业创业政策扶持和服务，把每一个就业困难毕业生都纳入就业援助计划。通过一揽子措施，帮助他们在毕业半年内实现就业，或参加到就业准备活动中。在这一过程中，要特别注重深入企业挖掘岗位，匹配毕业生信息，做好用人指导，促进企业更多吸纳未就业毕业生就业。

五是实施权益保护行动，营造良好就业环境。权益保护关系公平、稳定，是高校毕业生就业的重要保障。要多方采取措施保护高校毕业生就业权益，营造有利于就业公平、有利于人才合理流动的良好环境。要切实抓好就业创业政策落地，重点是在政策宣传、手续简化、推进一站式办理服务等方面下功夫，凡是符合条件的毕业生都要及时兑现政策。将拓宽就业渠道与促进人力资源配置、稳定职业发展相结合，推进国有企业招聘应届高校毕业生信息公开，完善激励保障措施鼓励毕业生到基层工作，着力解决好毕业生跨区域、跨不同单位主体流动时遇到的各类困难和问题。加强人力资源市场监管，依法清理整顿人力资源市场秩序，打击虚假招聘等违法行为，防范、纠正就业歧视，营造公平、规范、竞争有序的就业环境。

实施就业创业促进计划是当前和今后一个时期高校毕业生就业工作的重要抓手和重点任务，也是促进和帮助高校毕业生就业的有效措施，各地要将实施计划作为一项重要的品牌工程精心打造，切实抓好组织推动。要积极主动与教育部门沟通协调，共同研究制定本地化的具体实施方案，对五项行动举措逐一细化安排。对人社部门自身的工作任务，要明确要求，把责任落实到人。要建立健全工作机制，会同教育部门、高校完善定期调度、信息通报、情况交流制度，有机衔接毕业生离校前后各项工作，确保政策服务不断线。要联合教育部门共同开展督促检查，推动计划各项任务的落实，及时协调解决工作中遇到的困难和问题。要加强宣传动员，运用各种方式扩大就业创业政策与服务的知晓度和覆盖面。

三、全力以赴做好 2016 年离校未就业高校毕业生就业工作

现在距年底只有不到两个月的时间了，做好未就业毕业生就业工作，任务重、难度大。各地一定要重视和行动起来，把握好时间进度，倒计时安排工作，出实招、下实功、见实效，确保完成目标任务。重点是做好三项工作：

一要夯实未就业毕业生实名制服务基础。健全离校未就业高校毕业生实名信息数据库，做好基于信息化的实名制管理服务工作，是促进毕业生就业的重要途径。目前绝大部分地方都建立了实名信息管理系统，基本做到了未就业毕业生底数清、信息明，服务更有针对性。但工作中也存在信息衔接不到位、基础不扎实、服务跟不上、进展不平衡等困难和问题，必须进一步夯实基础。对信息化基础薄弱、工作不规范的，要协调有关方面加大软硬件建设投入，抓紧完善工作制度、操作流程，加强业务培训，提高数据质量。对毕业生人数登记不全、信息录入不完整或无法取得联系的，要运用户籍比对、基层走访、档案查询等方式再进行一次全面摸排，想方设法把辖区内所有未就业毕业生全部纳入信息化管理服务。对部里分发的信息尚未分解入库的，要抓紧向基层分解下发，及时联系服务。在此基础上，各地要主动加强与教育部门、高校的沟通协调，建立完

善三项制度：一是登记信息反馈制度，对通过报到接收的未就业毕业生，在登记后要以适当方式向高校或教育部门反馈相关信息，做好服务接续。二是信息核查制度，对未就业毕业生实名信息逐一核查，关键信息有缺项漏项的，及时请教育部门、高校补充完善，确保信息真实完整。三是跟踪服务制度，与教育部门、高校加强合作，为未就业毕业生提供不间断就业服务，就业进展情况要动态更新到实名信息系统中，并及时反馈教育部门。

二要加强有针对性的就业帮扶。对接需求精准施策是促进就业的关键。各地要抓紧把有就业需求的未就业毕业生组织到就业服务活动中，对有求职意愿的，开展职业指导，提供政策清单，发放就业服务手册，做好招聘服务组织、岗位信息推介等工作；对有志创业的，及时提供项目、资金、培训、孵化、咨询等服务；对暂时就不了业的，组织参加就业见习、职业培训，帮助积累经验、提升能力，做好就业准备；对零就业家庭、建档立卡贫困家庭、残疾毕业生，以及就业困难的女性、少数民族毕业生和长期失业毕业生，要建立台账、专人负责，制定“一人一策”帮扶计划，优先提供援助服务。此外，对“慢就业”或“缓就业”毕业生，也要积极予以关注，了解他们的基本状况和实际想法，根据情况提供必要的就业指导和服务引导。

三要改进完善就业服务方式。服务方式关系服务成效。要适应高校毕业生多元化、个性化就业服务需求，创新改进服务模式，更好促进供需匹配。要结合本地经济社会发展需求和毕业生就业特点，多组织有针对性的小型化、行业化专场招聘和专项服务活动，提高招聘服务实效。要发挥互联网便捷高效的优势，运用微信、微博、手机 APP 等新技术平台，整合市场资源信息，细分毕业生服务需求，开展智能化、定制式服务，打造“互联网＋就业服务”新模式。丰富拓展培训、见习等服务项目内容，健全规范管理制度，提升服务保障能力，确保有需求的毕业生都能纳入其中。加强就业服务能力建设，通过购买服务调动资源，扩大社会化、专业化服务供给，推动公共就业人才服务机构实体大厅服务向网络服务延伸，优化再造服务流程，提高服务质量和效率，更好满足毕业生需求。与此同时，各地还要密切关注、动态研判高校毕业生就业形势，做好风险预判和政策储备，根据形势变化有针对性地采取措施，把工作做到前面，牢牢把握主动权。

2017 届高校毕业生已经陆续开始求职。为提早做好就业服务工作，11 月 20 日至 12 月 4 日，部里将统一举办 2016 全国人力资源市场高校毕业生就业服务周活动。活动期间，各地要根据实际，创新活动方式，务求活动实效。特别要从六个方面为高校毕业生提供多样化的就业服务：一是举办全国高校毕业生网络招聘大会。中国人力资源市场网统一发布适合高校毕业生的招聘信息，各地要收集和整理本地区招聘信息并汇总上传。二是举办高校毕业生现场招聘会。各地应至少举办一次面向高校毕业生的现场招聘会，同时可根据实际情况组织分行业、分专业的专场招聘活动。三是发动人力资源服务产业园举办专场招聘活动。各地人力资源服务产业园应积极发动园区内人力资源服务机构，组织有招聘需求的用人单位参与服务周活动，举办专场招聘会，参加网络招聘会。四是开展高校毕业生就业创业指导活动。各地要积极开展“人力资源社会保障厅（局）长校园行”等活动，为高校毕业生送政策、送指导、送信息，同时利用创业园、创业孵化基地，为毕业生提供创业扶持。五是组织“万名企业人力资源经理进校园”活动。每个省（区、市）要组织 300 名以上企业人力资源经理进校园，开展招聘、宣讲、指导等活动，介绍企业用人需求、职业生涯规划建议，加强供需双方的有效了解和对接，促进高校毕业生就业创业。六是开展高校毕业生就业创业政策措施宣传活动。要组织当地媒体开展宣传报道，大力宣传党和政府对高校毕业生就业创业工作的重视和采取的措施，以及高校毕业生到基层就业、到中小微企业就业和自主创业的先进事迹和典型经验。

做好高校毕业生就业创业工作，任务艰巨，责任重大。我们要全面落实党中央、国务院的部署和要求，以更加奋发有为的精神状态，履职担当，扎实工作，确保高校毕业生就业局势稳定，为推进经济转型升级、维护改革发展稳定大局作出新的更大贡献。

三、重 要 文 件

（一）中共中央、国务院文件

关于深化人才发展体制机制改革的意见

中发〔2016〕9号

人才是经济社会发展的第一资源。人才发展体制机制改革是全面深化改革的重要组成部分，是党的建设制度改革的重要内容。协调推进"四个全面"战略布局，贯彻落实创新、协调、绿色、开放、共享的发展理念，实现"两个一百年"奋斗目标，必须深化人才发展体制机制改革，加快建设人才强国，最大限度激发人才创新创造创业活力，把各方面优秀人才集聚到党和国家事业中来。现就深化人才发展体制机制改革提出如下意见。

一、指导思想、基本原则和主要目标

（一）指导思想

高举中国特色社会主义伟大旗帜，全面贯彻党的十八大和十八届三中、四中、五中全会精神，以邓小平理论、"三个代表"重要思想、科学发展观为指导，深入贯彻习近平总书记系列重要讲话精神，坚持聚天下英才而用之，牢固树立科学人才观，深入实施人才优先发展战略，遵循社会主义市场经济规律和人才成长规律，破除束缚人才发展的思想观念和体制机制障碍，解放和增强人才活力，构建科学规范、开放包容、运行高效的人才发展治理体系，形成具有国际竞争力的人才制度优势。

（二）基本原则

——坚持党管人才。充分发挥党的思想政治优势、组织优势和密切联系群众优势，进一步加强和改进党对人才工作的领导，健全党管人才领导体制和工作格局，创新党管人才方式方法，为深化人才发展体制机制改革提供坚强的政治和组织保证。

——服务发展大局。围绕经济社会发展需求，聚焦国家重大战略，科学谋划改革思路和政策措施，促进人才规模、质量和结构与经济社会发展相适应、相协调，实现人才发展与经济建设、政治建设、文化建设、社会建设、生态文明建设深度融合。

——突出市场导向。充分发挥市场在人才资源配置中的决定性作用和更好发挥政府作用，加快转变政府人才管理职能，保障和落实用人主体自主权，提高人才横向和纵向流动性，健全人才评价、流动、激励机制，最大限度激发和释放人才创新创造创业活力，使人才各尽其能、各展其长、各得其所，让人才价值得到充分尊重和实现。

——体现分类施策。根据不同领域、行业特点，坚持从实际出发，具体问题具体分析，增强改革针对性、精准性。纠正人才管理中存在的行政化、"官本位"倾向，防止简单套用党政领导干部管理办法管理科研教学机构学术领导人员和专业人才。

——扩大人才开放。树立全球视野和战略眼光，充分开发利用国内国际人才资源，主动参与国际人才竞争，完善更加开放、更加灵活的人才培养、吸引和使用机制，不唯地域引进人才，不求所有开发人才，不拘一格用好人才，确保人才引得进、留得住、流得动、用得好。

（三）主要目标

通过深化改革，到2020年，在人才发展体制机制的重要领域和关键环节上取得突破性进展，人才管理体制更加科学高效，人才评价、流动、激励机制更加完善，全社会识才爱才敬才用才氛围更加浓厚，形成与社会主义市场经济体制相适应、人人皆可成才、人人尽展其才的政策法律体系和社会环境。

二、推进人才管理体制改革

（四）转变政府人才管理职能。根据政社分开、政事分开和管办分离要求，强化政府人才宏观管理、政策法规制定、公共服务、监督保障等职能。推动人才管理部门简政放权，消除对用人主体的过度干预，建立政府人才管理服务权力清单和责任清单，清理和规范人才招聘、评价、流动等环节中的行政审批和收费事项。

（五）保障和落实用人主体自主权。充分发挥用人主体在人才培养、吸引和使用中的主导作用，全面落实国有企业、高校、科研院所等企事业单位和社会组织的用人自主权。创新事业单位编制管理方式，对符合条件的公益二类事业单位逐步实行备案制管理。改进事业单位岗位管理模式，建立动态调整机制。探索高层次人才协议工资制等分配办法。

（六）健全市场化、社会化的人才管理服务体系。构建统一、开放的人才市场体系，完善人才供求、价格和竞争机制。深化人才公共服务机构改革。大力发展专业性、行业性人才市场，鼓励发展高端人才猎头等专业化服务机构，放宽人才服务业准入限制。积极培育各类专业社会组织和人才中介服务机构，有序承接政府转移的人才培养、评价、流动、激励等职能。充分运用云计算和大数据等技术，为用人主体和人才提供高效便捷服务。扩大社会组织人才公共服务覆盖面。完善人才诚信体系，建立失信惩戒机制。

（七）加强人才管理法制建设。研究制定促进人才开发及人力资源市场、人才评价、人才安全等方面的法律法规。完善外国人才来华工作、签证、居留和永久居留管理的法律法规。制定人才工作条例。清理不合时宜的人才管理法律法规和政策性文件。

三、改进人才培养支持机制

（八）创新人才教育培养模式。突出经济社会发展需求导向，建立高校学科专业、类型、层次和区域布局动态调整机制。统筹产业发展和人才培养开发规划，加强产业人才需求预测，加快培育重点行业、重要领域、战略性新兴产业人才。注重人才创新意识和创新能力培养，探索建立以创新创业为导向的人才培养机制，完善产学研用结合的协同育人模式。

（九）改进战略科学家和创新型科技人才培养支持方式。更大力度实施国家高层次人才特殊支持计划（国家“万人计划”），完善支持政策，创新支持方式。构建科学、技术、工程专家协同创新机制。建立统一的人才工程项目信息管理平台，推动人才工程项目与各类科研、基地计划相衔接。按照精简、合并、取消、下放要求，深入推进项目评审、人才评价、机构评估改革。

建立基础研究人才培养长期稳定支持机制。加大对新兴产业以及重点领域、企业急需紧缺人才支持力度。支持新型研发机构建设，鼓励人才自主选择科研方向、组建科研团队，开展原创性基础研究和面向需求的应用研发。

（十）完善符合人才创新规律的科研经费管理办法。改革完善科研项目招投标制度，健全竞争性经费和稳定支持经费相协调的投入机制，提高科研项目立项、评审、验收科学化水平。进一步改革科研经费管理制度，探索实行充分体现人才创新价值和特点的经费使用管理办法。下放科研项目部分经费预算调整审批权，推行有利于人才创新的经费审计方式。完善企业研发费用加计扣除政策。探索实行哲学社会科学研究成果后期资助和事后奖励制。

（十一）优化企业家成长环境。遵循企业家成长规律，拓宽培养渠道。建立有利于企业家参与创新决策、凝聚创新人才、整合创新资源的新机制。依法保护企业家财产权和创新收益，进一步营造尊重、关怀、宽容、支持企业家的社会文化环境。合理提高国有企业经营管理人才市场化选聘比例，畅通各类企业人才流动渠道。研究制定在国有企业建立职业经理人制度的指导意见。完善国有企业经营管理人才中长期激励措施。

（十二）建立产教融合、校企合作的技术技能人才培养模式。大力培养支撑中国制造、中国创造的技术技能人才队伍，加快构建现代职业教育体系，深化技术技能人才培养体制改革，加强统筹协调，形成工作合力。创新技术技能人才教育培训模式，促进企业和职业院校成为技术技能人才培养的“双主体”，开展校企联合培养试点。研究制定技术技能人才激励办法，探索建立企业首席技师制度，试行年薪制和股权制、期权制。健全以职业农民为主体的农村实用人才培养机制。弘扬劳动光荣、技能宝贵、创造伟大的时代风尚，不断提高技术技能人才经济待遇和社会地位。

（十三）促进青年优秀人才脱颖而出。破除论资排辈、求全责备等陈旧观念，抓紧培养造就青年英才。建立健全对青年人才普惠性支持措施。加大教育、科技和其他各类人才工程项目对青年人才培养支持力度，在国家重大人才工程项目中设立青年专项。改革博士后制度，发挥高校、科研院所、企业在博士后研究人员招收培养中的主体作用，有条件的博士后科研工作站可独立招收博士后研究人员。拓宽国际视野，吸引国外优秀青年人才来华从事博士后研究。

四、创新人才评价机制

（十四）突出品德、能力和业绩评价。制定分类推进人才评价机制改革的指导意见。坚持德才兼备，注重凭能力、实绩和贡献评价人才，克服唯学历、唯职称、唯论文等倾向。不将论文等作为评价应用型人才的限制性条件。建立符合中小学教师、全科医生等岗位特点的人才评价机制。

（十五）改进人才评价考核方式。发挥政府、市场、专业组织、用人单位等多元评价主体作用，加快建立科学化、社会化、市场化的人才评价制度。基础研究人才以同行学术评价为主，应用研究和技术开发人才突出市场评价，哲学社会科学人才强调社会评价。注重引入国际同行评价。应用型人才评价应根据职业特点突出能力和业绩导向。加强评审专家数据库建设，建立评价责任和信誉制度。适当延长基础研究人才评价考核周期。

（十六）改革职称制度和职业资格制度。深化职称制度改革，提高评审科学化水平。研究制定深化职称制度改革的意见。突出用人主体在职称评审中的主导作用，合理界定和下放职称评审权限，推动高校、科研院所和国有企业自主评审。对职称外语和计算机应用能力考试不作统一要求。探索高层次人才、急需紧缺人才职称直聘办法。畅通非公有制经济组织和社会组织人才申报参加职称评审渠道。清理减少准入类职业资格并严格管理，推进水平类职业资格评价市场化、社会化。放宽急需紧缺人才职业资格准入。

五、健全人才顺畅流动机制

（十七）破除人才流动障碍。打破户籍、地域、身份、学历、人事关系等制约，促进人才资源合理流动、有效配置。建立高层次人才、急需紧缺人才优先落户制度。加快人事档案管理服务信息化建设，完善社会保险关系转移接续办法，为人才跨地区、跨行业、跨体制流动提供便利条件。

（十八）畅通党政机关、企事业单位、社会各方面人才流动渠道。研究制定吸引非公有制经济组织和社会组织优秀人才进入党政机关、国有企事业单位的政策措施，注重人选思想品德、职业素养、从业经验和专业技能综合考核。

（十九）促进人才向艰苦边远地区和基层一线流动。研究制定鼓励和引导人才向艰苦边远地区和基层一线流动的意见，提高艰苦边远地区和基层一线人才保障水平，使他们在政治上受重视、社会上受尊重、经济上得实惠。重大人才工程项目适当向艰苦边远地区倾斜。边远贫困和民族地区县以下单位招录人才，可适当放宽条件、降低门槛。鼓励西部地区、东北地区、边远地区、民族地区、革命老区设立人才开发基金。完善东、中部地区对口支持西部地区人才开发机制。

六、强化人才创新创业激励机制

（二十）加强创新成果知识产权保护。完善知识产权保护制度，加快出台职务发明条例。研究制定商业模式、文化创意等创新成果保护办法。建立创新人才维权援助机制。建立人才引进使用中的知识产权鉴定机制，防控知识产权风险。完善知识产权质押融资等金融服务机制，为人才创新创业提供支持。

（二十一）加大对创新人才激励力度。赋予高校、科研院所科技成果使用、处置和收益管理自主权，除事关国防、国家安全、国家利益、重大社会公共利益外，行政主管部门不再审批或备案。允许科技成果通过协议定价、在技术市场挂牌交易、拍卖等方式转让转化。完善科研人员收入分配政策，依法赋予创新领军人才更大人财物支配权、技术路线决定权，实行以增加知识价值为导向的激励机制。完善市场评价要素贡献并按贡献分配的机制。研究制定国有企事业单位人才股权期权激励政策，对不适宜实行股权期权激励的采取其他激励措施。探索高校、科研院所担任领导职务科技人才获得现金与股权激励管理办法。完善人才奖励制度。

（二十二）鼓励和支持人才创新创业。研究制定高校、科研院所等事业单位科研人员离岗创业的政策措施。高校、科研院所科研人员经所在单位同意，可在科技型企业兼职并按规定获得报酬。允许高校、科研院所设立一定比例的流动岗位，吸引具有创新实践经验的企业家、科技人才兼职。鼓励和引导优秀人才向企业集聚。重视吸收民营企业育才引才用才经验做法。总结推广各类创新创业孵化模式，打造一批低成本、便利化、开放式的众创空间。

七、构建具有国际竞争力的引才用才机制

（二十三）完善海外人才引进方式。实行更积极、更开放、更有效的人才引进政策，更大力度实施海外高层次人才引进计划（国家“千人计划”），敞开大门，不拘一格，柔性汇聚全球人才资源。对国家急需紧缺的特殊人才，开辟专门渠道，实行特殊政策，实现精准引进。支持地方、部门和用人单位设立引才项目，加强动态管理。鼓励社会力量参与人才引进。扩大来华留学规模，优化外国留学生结构，提高政府奖学金资助标准，出台学位研究生毕业后在华工作的相关政策。

（二十四）健全工作和服务平台。对引进人才充分信任、放手使用，支持他们深度参与国家计划项目、开展科研攻关。研究制定外籍科学家领衔国家科技项目办法。完善引才配套政策，解决引进人才任职、社会保障、户籍、子女教育等问题。对外国人才来华签证、居留，放宽条件、简化程序、落实相关待遇。整合人才引进管理服务资源，优化机构与职能配置。

（二十五）扩大人才对外交流。鼓励支持人才更广泛地参加国际学术交流与合作，完善相关管理办法。支持有条件的高校、科研院所、企业在海外建立办学机构、研发机构，吸引使用当地优秀人才。完善国际组织人才培养推送机制。创立国际人才合作组织，促进人才国际交流与合作。研究制定维护国家人才安全的政策措施。

八、建立人才优先发展保障机制

（二十六）促进人才发展与经济社会发展深度融合。坚持人才引领创新发展，将人才发展列为经济社会发展综合评价指标。综合运用

区域、产业政策和财政、税收杠杆，加大人才资源开发力度。坚持人才发展与实施重大国家战略、调整产业布局同步谋划、同步推进。研究制定“一带一路”建设、京津冀协同发展、长江经济带建设、“中国制造2025”、自贸区建设以及国家重大项目和重大科技工程等人才支持措施。创新人才工作服务发展政策，鼓励和支持地方开展人才管理改革试验探索。围绕实施国家“十三五”规划，编制地区、行业系统以及重点领域人才发展规划。鼓励各类优秀人才投身国防事业，促进军民深度融合发展，建立军地人才、技术、成果转化对接机制。

（二十七）建立多元投入机制。优化财政支出结构，完善人才发展投入机制，加大人才开发投入力度。实施重大建设工程和项目时，统筹安排人才开发培养经费。调整和规范人才工程项目财政性支出，提高资金使用效益。发挥人才发展专项资金、中小企业发展基金、产业投资基金等政府投入的引导和撬动作用，建立政府、企业、社会多元投入机制。创新人才与资本、技术对接合作模式。研究制定鼓励企业、社会组织加大人才投入的政策措施。发展天使投资和创业投资引导基金，鼓励金融机构创新产品和服务，加大对人才创新创业资金扶持力度。落实有利于人才发展的税收支持政策，完善国家有关鼓励和吸引高层次人才的税收优惠政策。

九、加强对人才工作的领导

（二十八）完善党管人才工作格局。发挥党委（党组）总揽全局、协调各方的领导核心作用，加强党对人才工作统一领导，切实履行管宏观、管政策、管协调、管服务职责。改进党管人才方式方法，完善党委统一领导，组织部门牵头抓总，有关部门各司其职、密切配合，社会力量发挥重要作用的人才工作新格局。进一步明确人才工作领导小组职责任务和工作规则，健全领导机构，配强工作力量，完善宏观指导、科学决策、统筹协调、督促落实机制。理顺党委和政府人才工作职能部门职责，将行业、领域人才队伍建设列入相关职能部门“三定”方案。

（二十九）实行人才工作目标责任考核。建立各级党政领导班子和领导干部人才工作目标责任制，细化考核指标，加大考核力度，将考核结果作为领导班子评优、干部评价的重要依据。将人才工作列为落实党建工作责任制情况述职的重要内容。

（三十）坚持对人才的团结教育引导服务。加强政治引领和政治吸纳，充分发挥党的组织凝聚人才作用。制定加强党委联系专家工作意见，建立党政领导干部直接联系人才机制。加强各类人才教育培训、国情研修，增强认同感和向心力。完善专家决策咨询制度，畅通建言献策渠道，充分发挥新型智库作用。建立健全特殊一线岗位人才医疗保健制度。加强优秀人才和工作典型宣传，营造尊重人才、见贤思齐的社会环境，鼓励创新、宽容失败的工作环境，待遇适当、无后顾之忧的生活环境，公开平等、竞争择优的制度环境。

各级党委和政府要切实增强责任感、使命感，统一思想、加强领导，部门协同、上下联动，推动各项改革任务落实。鼓励支持各地区各部门因地制宜，开展差别化改革探索。加强指导监督，研究解决人才发展体制机制改革中遇到的新情况新问题。有关方面要抓紧制定任务分工方案，明确各项改革的进度安排。各地应当结合实际研究制定实施意见。加强政策解读和舆论引导，形成全社会关心支持人才发展体制机制改革的良好氛围。

二〇一六年三月二十日

关于深化职称制度改革的意见

中办发〔2016〕77号

职称是专业技术人才学术技术水平和专业能力的主要标志。职称制度是专业技术人才评价和管理的基本制度，对于党和政府团结凝聚专业技术人才，激励专业技术人才职业发展，加强专业技术人才队伍建设具有重要意义。按照党中央关于深化人才发展体制机制改革的部署，现就深化职称制度改革提出以下意见。

一、总体要求

（一）指导思想。高举中国特色社会主义伟大旗帜，全面贯彻党的十八大和十八届三中、四中、五中、六中全会精神，以邓小平理论、“三个代表”重要思想、科学发展观为指导，深入贯彻习近平总书记系列重要讲话精神和治国理政新理念新思想新战略，紧紧围绕统筹推进“五位一体”总体布局和协调推进“四个全面”战略布局，牢固树立和贯彻落实新发展理念，立足服务人才强国战略和创新驱动发展战略，坚持党管人才原则，遵循人才成长规律，把握职业特点，以职业分类为基础，以科学评价为核心，以促进人才开发使用为目的，建立科学化、规范化、社会化的职称制度，为客观科学公正评价专业技术人才提供制度保障。

（二）基本原则

——坚持服务发展、激励创新。围绕经济社会发展和人才队伍建设需求，服务人才强国战略和创新驱动发展战略，充分发挥人才评价“指挥棒”作用，进一步简政放权，最大限度释放和激发专业技术人才创新创造创业活力，推动大众创业、万众创新。

——坚持遵循规律、科学评价。遵循人才成长规律，以品德、能力、业绩为导向，完善评价标准，创新评价方式，克服唯学历、唯资历、唯论文的倾向，科学客观公正评价专业技术人才，让专业技术人才有更多时间和精力深耕专业，让作出贡献的人才有成就感和获得感。

——坚持问题导向、分类推进。针对现行职称制度存在的问题特别是专业技术人才反映的突出问题，精准施策。把握不同领域、不同行业、不同层次专业技术人才特点，分类评价。

——坚持以用为本、创新机制。围绕用好用活人才，创新人才评价机制，把人才评价与使用紧密结合，促进专业技术人才职业发展，满足各类用人单位选才用才需要。

（三）主要目标。通过深化职称制度改革，重点解决制度体系不够健全、评价标准不够科学、评价机制不够完善、管理服务不够规范配套等问题，使专业技术人才队伍结构更趋合理，能力素质不断提高。力争通过3年时间，基本完成工程、卫生、农业、会计、高校教师、科学研究等职称系列改革任务；通过5年努力，基本形成设置合理、评价科学、管理规范、运转协调、服务全面的职称制度。

二、健全职称制度体系

（四）完善职称系列。保持现有职称系列

总体稳定。继续沿用工程、卫生、农业、经济、会计、统计、翻译、新闻出版广电、艺术、教师、科学研究等领域的职称系列，取消个别不适应经济社会发展的职称系列，整合职业属性相近的职称系列。适应经济社会发展新需求，探索在新兴职业领域增设职称系列。新设职称系列由中央和国家机关有关部门提出，经人力资源社会保障部审核后，报国务院批准。各地区各部门未经批准不得自行设置职称系列。职称系列可根据专业领域设置相应专业类别。

军队专业技术人才参加通用专业职称评审按照国家有关规定执行；相近专业职称评审可参照国家有关规定；特殊专业职称评审可根据军队实际情况制定评审办法，评审结果纳入国家人才评价管理体系。

（五）健全层级设置。各职称系列均设置初级、中级、高级职称，其中高级职称分为正高级和副高级，初级职称分为助理级和员级，可根据需要仅设置助理级。目前未设置正高级职称的职称系列均设置到正高级，以拓展专业技术人才职业发展空间。

（六）促进职称制度与职业资格制度有效衔接。以职业分类为基础，统筹研究规划职称制度和职业资格制度框架，避免交叉设置，减少重复评价，降低社会用人成本。在职称与职业资格密切相关的职业领域建立职称与职业资格对应关系，专业技术人才取得职业资格即可认定其具备相应系列和层级的职称，并可作为申报高一级职称的条件。初级、中级职称实行全国统一考试的专业不再进行相应的职称评审或认定。

三、完善职称评价标准

（七）坚持德才兼备、以德为先。坚持把品德放在专业技术人才评价的首位，重点考察专业技术人才的职业道德。用人单位通过个人述职、考核测评、民意调查等方式全面考察专业技术人才的职业操守和从业行为，倡导科学精神，强化社会责任，坚守道德底线。探索建立职称申报评审诚信档案和失信黑名单制度，纳入全国信用信息共享平台。完善诚信承诺和失信惩戒机制，实行学术造假“一票否决制”，对通过弄虚作假、暗箱操作等违纪违规行为取得的职称，一律予以撤销。

（八）科学分类评价专业技术人才能力素质。以职业属性和岗位需求为基础，分系列修订职称评价标准，实行国家标准、地区标准和单位标准相结合，注重考察专业技术人才的专业性、技术性、实践性、创造性，突出对创新能力的评价。合理设置职称评审中的论文和科研成果条件，不将论文作为评价应用型人才的限制性条件。对在艰苦边远地区和基层一线工作的专业技术人才，淡化或不作论文要求；对实践性、操作性强，研究属性不明显的职称系列，可不作论文要求；探索以专利成果、项目报告、工作总结、工程方案、设计文件、教案、病历等成果形式替代论文要求；推行代表作制度，重点考察研究成果和创作作品质量，淡化论文数量要求。对职称外语和计算机应用能力考试不作统一要求。确实需要评价外语和计算机水平的，由用人单位或评审机构自主确定评审条件。对在艰苦边远地区和基层一线工作的专业技术人才，以及对外语和计算机水平要求不高的职称系列和岗位，不作职称外语和计算机应用能力要求。

（九）突出评价专业技术人才的业绩水平和实际贡献。注重考核专业技术人才履行岗位职责的工作绩效、创新成果，增加技术创新、专利、成果转化、技术推广、标准制定、决策咨询、公共服务等评价指标的权重，将科研成果取得的经济效益和社会效益作为职称评审的重要内容。取得重大基础研究和前沿技术突破、解决重大工程技术难题、在经济社会各项事业发展中作出重大贡献的专业技术人才，可直接申报评审高级职称。对引进的海外高层次人才和急需紧缺人才，放宽资历、年限等条件限制，建立职称评审绿色通道。对长期在艰苦边远地区和基层一线工作的专业技术人才，侧重考察其实际工作业绩，适当放宽学历和任职年限要求。

四、创新职称评价机制

（十）丰富职称评价方式。建立以同行专家评审为基础的业内评价机制，注重引入市场评价和社会评价。基础研究人才评价以同行学术评价为主，应用研究和技术开发人才评价突出市场和社会评价，哲学社会科学研究人才评价重在同行认可和社会效益。对特殊人才通过特殊方式进行评价。鼓励有条件的地区单独建立基层专业技术人才职称评审委员会或评审组，单独评审。采用考试、评审、考评结合、考核认定、个人述职、面试答辩、实践操作、业绩展示等多种评价方式，提高职称评价的针对性和科学性。

（十一）拓展职称评价人员范围。进一步打破户籍、地域、身份、档案、人事关系等制约，创造便利条件，畅通非公有制经济组织、社会组织、自由职业专业技术人才职称申报渠道。科技、教育、医疗、文化等领域民办机构专业技术人才与公立机构专业技术人才在职称评审等方面享有平等待遇。高校、科研院所、医疗机构等企事业单位中经批准离岗创业或兼职的专业技术人才，3年内可在原单位按规定正常申报职称，其创业或兼职期间工作业绩作为职称评审的依据。打通高技能人才与工程技术人才职业发展通道，符合条件的高技能人才，可参加工程系列专业技术人才职称评审。在内地就业的港澳台专业技术人才，以及持有外国人永久居留证或各地颁发的海外高层次人才居住证的外籍人员，可按规定参加职称评审。公务员不得参加专业技术人才职称评审。

（十二）推进职称评审社会化。对专业性强、社会通用范围广、标准化程度高的职称系列，以及不具备评审能力的单位，依托具备较强服务能力和水平的专业化人才服务机构、行业协会学会等社会组织，组建社会化评审机构进行职称评审。建立完善个人自主申报、业内公正评价、单位择优使用、政府指导监督的社会化评审机制，满足非公有制经济组织、社会组织以及新兴业态职称评价需求，服务产业结构优化升级和实体经济发展。

（十三）加强职称评审监督。完善各级职称评审委员会核准备案管理制度，明确界定评审委员会评审的专业和人员范围，从严控制面向全国的职称评审委员会。完善评审专家遴选机制，加强评审专家库建设，积极吸纳高校、科研机构、行业协会学会、企业专家，实行动态管理。健全职称评审委员会工作程序和评审规则，严肃评审纪律，明确评审委员会工作人员和评审专家责任，强化评审考核，建立倒查追责机制。建立职称评审公开制度，实行政策公开、标准公开、程序公开、结果公开。企事业单位领导不得利用职务之便为本人或他人评定职称谋取利益。建立职称评审回避制度、公示制度和随机抽查、巡查制度，建立复查、投诉机制，加强对评价全过程的监督管理，构建政府监管、单位（行业）自律、社会监督的综合监管体系。严禁社会组织以营利为目的开展职称评审，突出职称评审公益性，加强评价能力建设，强化自我约束和外部监督。

依法清理规范各类职称评审、考试、发证和收费事项，大力查处开设虚假网站、制作和贩卖假证等违纪违法行为，打击考试舞弊、假冒职称评审、扰乱职称评审秩序、侵害专业技术人才利益等违法行为。

五、促进职称评价与人才培养使用相结合

（十四）促进职称制度与人才培养制度的有效衔接。充分发挥职称制度对提高人才培养质量的导向作用，紧密结合专业技术领域人才需求和职业标准，在工程、卫生、经济、会计、统计、审计、教育、翻译、新闻出版广电等专业领域，逐步建立与职称制度相衔接的专业学位研究生培养制度，加快培育重点行业、重要领域专业技术人才；推进职称评审与专业技术人才继续教育制度相衔接，加快专业技术人才知识更新。

（十五）促进职称制度与用人制度的有效衔接。用人单位结合用人需求，根据职称评价结果合理使用专业技术人才，实现职称评价结

果与各类专业技术人才聘用、考核、晋升等用人制度的衔接。对于全面实行岗位管理、专业技术人才学术技术水平与岗位职责密切相关的事业单位，一般应在岗位结构比例内开展职称评审。对于不实行岗位管理的单位，以及通用性强、广泛分布在各社会组织的职称系列和新兴职业，可采用评聘分开方式。坚持以用为本，深入分析职业属性、单位性质和岗位特点，合理确定评价与聘用的衔接关系，评以适用、以用促评。健全考核制度，加强聘后管理，在岗位聘用中实现人员能上能下。

六、改进职称管理服务方式

（十六）下放职称评审权限。进一步推进简政放权、放管结合、优化服务。政府部门在职称评价工作中要加强宏观管理，加强公共服务，加强事中事后监管，减少审批事项，减少微观管理，减少事务性工作。发挥用人主体在职称评审中的主导作用，科学界定、合理下放职称评审权限，人力资源社会保障部门对职称的整体数量、结构进行宏观调控，逐步将高级职称评审权下放到符合条件的市地或社会组织，推动高校、医院、科研院所、大型企业和其他人才智力密集的企事业单位按照管理权限自主开展职称评审。对于开展自主评审的单位，政府不再审批评审结果，改为事后备案管理。加强对自主评审工作的监管，对于不能正确行使评审权、不能确保评审质量的，将暂停自主评审工作直至收回评审权。

（十七）健全公共服务体系。按照全覆盖、可及性、均等化的要求，打破地域、所有制、身份等限制，建立权利平等、条件平等、机会平等的职称评价服务平台，简化职称申报手续和审核环节。健全专业化的考试评价机构，建立职称评审考试信息化管理系统，开展职称证书查询验证服务。选择应用性、实践性、社会通用性强的职称系列，依托京津冀协同发展等国家战略，积极探索跨区域职称互认。在条件成熟的领域探索专业技术人才评价结果的国际互认。

（十八）加强领导，落实责任。坚持党管人才原则，切实加强党委和政府对职称工作的统一领导。各级党委及其组织部门要把职称制度改革作为人才工作的重要内容，在政策研究、宏观指导等方面发挥统筹协调作用。各级政府人力资源社会保障部门会同行业主管部门负责职称政策制定、制度建设、协调落实和监督检查；充分发挥社会组织专业优势，鼓励其参与评价标准制定，有序承接具体评价工作；用人单位作为人才使用主体，要根据本单位岗位设置和人员状况，自主组织开展职称评审或推荐本单位专业技术人才参加职称评审，实现评价结果与使用有机结合。

各地区各部门要充分认识职称制度改革的重要性、复杂性、敏感性，将职称制度改革列入重要议事日程，加强组织领导，狠抓工作落实。人力资源社会保障部要会同有关部门抓紧制定配套措施，分系列推进职称制度改革。各地区各部门要深入调查研究，制定具体实施方案，坚持分类推进、试点先行、稳步实施，妥善处理改革中遇到的矛盾和问题。加强职称管理法治建设，完善职称政策法规体系。加强舆论引导，搞好政策解读，做好深入细致的思想政治工作，引导广大专业技术人才积极支持和参与职称制度改革，确保改革平稳推进和顺利实施。

二〇一六年十二月二十七日

关于进一步引导和鼓励高校毕业生到基层工作的意见

中办发〔2016〕79号

高校毕业生是国家宝贵的人才资源。党中央、国务院高度重视高校毕业生就业工作，把基层作为高校毕业生成长成才的重要平台，对引导和鼓励高校毕业生到基层工作提出了明确要求。各地区各有关部门创新政策措施，完善服务保障机制，引导大批高校毕业生到基层工作，有力推动了基层事业发展。同时也要看到，与全面建成小康社会目标和基层发展对各类人才需求相比，高校毕业生到基层工作还存在动力不足、渠道不畅、发挥作用不够、发展空间有限、服务保障不力等问题。为进一步引导和鼓励高校毕业生到基层工作，发挥高校毕业生在促进基层经济社会发展中的作用，现提出如下意见。

一、总体要求

（一）指导思想。全面贯彻党的十八大和十八届三中、四中、五中、六中全会精神，深入贯彻习近平总书记系列重要讲话精神和治国理政新理念新思想新战略，认真落实党中央、国务院决策部署，紧紧围绕统筹推进“五位一体”总体布局和协调推进“四个全面”战略布局，牢固树立新发展理念，深入实施人才强国战略和就业优先战略，以培育和践行社会主义核心价值观为引领，以服务基层发展为目标，以更好发挥高校毕业生作用为核心，进一步创新体制机制，完善政策措施，健全服务体系，加快构建引导和鼓励高校毕业生到基层工作长效机制，确保下得去、留得住、干得好、流得动。

（二）基本原则

——坚持服务基层和培养人才相结合。将促进基层经济社会发展作为出发点和落脚点，积极营造有利于高校毕业生立足基层成长成才的良好环境，更好鼓励高校毕业生扎根基层、服务基层。

——坚持市场主导和政府推动相结合。充分发挥市场在人力资源配置中的决定性作用和更好发挥政府作用，健全统一规范的人力资源市场，加强对在校大学生的思想引导，实施基层服务示范引领项目，建立健全有利于高校毕业生向基层流动的长效机制。

——坚持政策支持和完善服务相结合。把转变政府职能和创新管理方式结合起来，着力完善各项支持政策，加强公共就业和人才服务体系建设，建立健全有利于高校毕业生到基层工作的服务保障机制。

二、多渠道开发基层岗位，为高校毕业生到基层工作搭建平台

（三）结合政府购买基层公共管理和社会服务开发就业岗位。认真落实政府购买基层公共管理和社会服务岗位更多用于吸纳高校毕业生就业的要求，结合基层实际需求和转变政府

职能、创新公共服务供给模式需要，加大在基层公共教育、医疗卫生、文化体育、农业技术、农村水利、扶贫开发、社会救助、城乡社区建设、社会工作、法律援助、信息化建设与管理等领域购买服务的力度，创造更多适合高校毕业生的就业岗位。从基层实际需求出发，精准聚焦短缺人才，以县域为单位定期梳理本地区迫切急需的岗位信息，依托各级公共就业人才服务机构信息发布平台等渠道，加强信息发布和政策引导，鼓励用人单位优先吸纳高校毕业生就业。集中政策资源精准发力，落实好各项就业扶持政策。

（四）引导高校毕业生投身扶贫开发和农业现代化建设。围绕打赢脱贫攻坚战和农业现代化部署，结合推进农业科技创新、扶贫开发需求，积极引导和鼓励高校毕业生投身现代种业、农业技术、农产品加工、休闲农业、乡村旅游、农村电子商务、农村合作经济和基层水利等事业。鼓励高校毕业生到贫困村从事扶贫工作，到贫困村创业并带领建档立卡贫困人口脱贫致富的高校毕业生，可按规定申报扶贫项目支持、享受扶贫贴息贷款等扶贫开发政策。到农业生产经营主体就业的高校毕业生，可按规定享受就业培训、继续教育、项目申报、成果审定等政策，符合条件的可优先评聘相应专业技术资格。

（五）引导高校毕业生到中西部地区、东北地区和艰苦边远地区工作。在深入实施中部崛起、西部大开发和振兴东北地区等老工业基地战略中，积极拓展高校毕业生就业新空间，引导和鼓励高校毕业生到中西部地区、东北地区就业。艰苦边远地区基层机关招录高校毕业生可适当放宽学历、专业等条件，降低开考比例，可设置一定数量的职位面向具有本市、县户籍或在本市、县长期生活的高校毕业生。抓好《关于进一步做好艰苦边远地区县乡事业单位公开招聘工作的通知》的贯彻执行，落实好艰苦边远地区事业单位公开招聘高校毕业生各项倾斜政策。

（六）鼓励高校毕业生到基层机关事业单位工作。根据基层发展需要和财力状况，编制政策和编制标准适当向基层机关事业单位倾斜，为适度扩大招聘高校毕业生创造条件。基层单位出现岗位空缺，择优招录高校毕业生或者拿出一定数量的岗位专门招录高校毕业生。研究制定符合县乡机关工作特点的公务员考录测评办法。市地级以上机关新录用高校毕业生没有基层工作经历的，可安排到县乡机关锻炼1年。加大招录国家重点高校优秀毕业生到乡镇一线和其他基层单位工作的力度，为基层干部队伍建设提供源头活水。

（七）鼓励大学生参军入伍。适应深化国防和军队改革形势，将大学生参军入伍纳入军民融合发展战略，鼓励和吸引更多优秀高校毕业生到军营建功立业。进一步完善高校学生参军入伍优惠政策，重点落实好退役大学生士兵专项研究生招生计划、学费资助、复学升学、就业创业等政策。进一步优化工作流程，为大学生入伍开辟绿色通道，落实预定兵工作机制。完善鼓励高校毕业生在部队长期服役政策，部队服役经历视为基层工作经历，按有关规定享受在基层工作高校毕业生同等政策待遇。认真细致做好服务，对大学新生、在校生、毕业生等不同群体开展有针对性的宣传动员，持续关心大学生士兵锻炼成长，进一步提高大学生征兵数量和质量。

（八）鼓励高校毕业生到中小微企业就业。发挥中小微企业吸纳高校毕业生就业主渠道作用，鼓励中小微企业在适应供给侧结构性改革、推进产业优化升级以及发展新经济、培育新动能过程中，进一步开发有利于发挥高校毕业生专长的管理型、技术型就业岗位。引导新兴业态与传统行业融合发展，支持发展就业新模式、新形态。综合运用财政、金融等政策，加大对中小微企业支持力度。对小微企业新招用毕业年度高校毕业生，按规定给予社会保险补贴和职业培训补贴。

（九）支持高校毕业生到基层创新创业。落实国家关于清障减负各项政策，为高校毕业生创新创业营造良好环境。加快发展众创空间，依托大学生创业园、国家农业科技园区、创业孵化基地等，为高校毕业生搭建低成本、全方位、专业化的创新创业平台。发挥财政、信贷、创投以及社会公益等各类资金的作用，为高校毕业生创业创新提供多渠道资金支持。充分挖掘社会组织吸纳高校毕业生就业的潜力，积极发挥社会组织帮扶高校毕业生创新创业的作用。鼓励高校毕业生根据自身专长和区域经济特色，在基层创办企业、从事个体经营或网络创业，并按规定给予就业创业政策支持。支持高校毕业生以资金入股、技术参股等方式，加入农民专业合作社等经济组织，鼓励其兴办家庭农场，对其中符合扶贫扶持政策、农业补贴政策条件的，按规定给予政策支持。鼓励高校毕业生充分利用闲暇时间，通过互联网远程技术为基层和艰苦边远地区提供公益性志愿服务或兼职工作，以多种形式为基层发展贡献才智。

三、健全保障措施，为高校毕业生在基层成长成才创造良好条件

（十）加大教育培训力度。建立健全面向基层高校毕业生的多层次、多元化培训和实训体系，组织开展有针对性的教育培训，多渠道组织引导高校毕业生到基层实践锻炼。各地组织实施的专业技术人才知识更新工程、创新创业培训项目等，应安排一定比例班次或人次专门面向在基层工作的高校毕业生。

（十一）营造有利于高校毕业生发展的制度环境。认真落实县以下机关公务员职务与职级并行制度。建立事业单位管理岗位职员等级晋升制度。优化基层事业单位岗位设置，适当提高基层中、高级专业技术岗位比例。对到条件特别艰苦乡镇事业单位工作的高校毕业生，要统筹做好交流工作。

（十二）完善基层职称评审制度。建立体现基层一线特别是脱贫攻坚一线专业技术人才工作实际特点的职称评价标准，合理设置评审条件，对论文、科研、外语、计算机应用等不作硬性要求。对长期在基层一线工作或作出重要贡献的基层专业技术人才，可破格晋升职称等级。有条件的地区可试行基层专业技术人才申报高级职称单独分组、单独评审、单独确定通过率。推广中小学教师、卫生等重点领域专业技术人才晋升高级职称须有1年以上农村基层工作服务经历的做法。

（十三）逐步提高基层工作人员工资待遇。对到中西部地区、东北地区或艰苦边远地区、国家扶贫开发工作重点县县以下机关事业单位工作的高校毕业生，新录用为公务员的，试用期工资可直接按试用期满后工资确定，试用期满考核合格后的级别工资，在未列入艰苦边远地区或国家扶贫开发工作重点县的中西部地区和东北地区的高定一档，在三类及以下艰苦边远地区或国家扶贫开发工作重点县的高定两档，在四类及以上艰苦边远地区的高定三档；招聘为事业单位正式工作人员的，可提前转正定级，转正定级时的薪级工资，在未列入艰苦边远地区或国家扶贫开发工作重点县的中西部地区和东北地区的高定一级，在三类及以下艰苦边远地区或国家扶贫开发工作重点县的高定两级，在四类及以上艰苦边远地区的高定三级。落实对乡镇机关事业单位工作人员实行的工作补贴政策，当前补贴水平不低于月人均200元，并向条件艰苦的偏远乡镇和长期在乡镇工作的人员倾斜。落实艰苦边远地区津贴增长机制。

（十四）加强其他待遇保障。各类基层用人单位招用高校毕业生，应依法签订劳动合同或聘用合同，参加社会保险，兑现劳动报酬。高校毕业生从非公有制经济组织和社会组织考录或招聘到机关事业单位或其他用人单位工作时，及时转移其社会保险关系，缴费年限合并计算。支持高校毕业生从事多种形式的灵活就业，符合条件的给予社会保险补贴。更好实施高校毕业生赴基层就业学费补偿和助学贷款代偿政策。对到农村基层急需紧缺专业（行业）就业的高校毕业生可给予专项安家费。落实省会及以下城市放开对高校毕业生落户限制的规定，高校毕业生在基层就业可根据需要自愿迁

移户口。技师学院高级工班、预备技师班和特殊教育院校职业教育类毕业生可参照高校毕业生享受相关就业补贴政策。

四、实施高校毕业生基层项目，发挥项目示范引领作用

（十五）实施基层服务项目。继续组织实施大学生村官、农村教师特岗计划、“三支一扶”计划、志愿服务西部计划和农技特岗计划等专门项目，每年选派一批高校毕业生到基层服务。规范项目组织管理，加强人员培养使用，强化日常考核监督，切实发挥项目示范引领作用。进一步加大服务基层项目统筹实施力度，促进项目间政策协调平衡，有条件的地区可探索基层服务项目统一征集岗位、统一发布公告、统一组织考试、统一服务管理。

（十六）完善基层服务项目政策措施。适时提高基层服务项目人员工作生活补贴标准，落实社会保险、人员培训等相关政策。基层服务项目人员服务满1年且考核合格后，可按规定参加职称评定。参加基层服务项目前无工作经历的人员服务期满且考核合格后2年内，在参加机关事业单位考录（招聘）、各类企业吸纳就业、自主创业、落户、升学等方面可同等享受应届高校毕业生的相关政策。落实机关事业单位定向考录（招聘）、升学扶持等政策，组织开展专场招聘，加强职业指导和职业介绍，促进服务期满人员就业。

（十七）实施高校毕业生基层成长计划。将在基层重点领域就业创业的优秀高校毕业生作为后备人才，实行导师制培养模式，由用人单位负责同志或业务带头人进行“一对一”传帮带，原则上放在校长助理、所长助理、专家助理、总经理助理等重要岗位上进行锻炼培养，促进高校毕业生扎根基层、在基层成长成才。各地区各有关部门和用人单位要积极创造条件，加大对后备人才支持力度，为其在基层工作生活提供便利。上级机关事业单位选拔干部人才、同级单位岗位职务（等级）晋升和评聘专业技术职务（岗位），应当将纳入后备人才的优秀高校毕业生作为重点人选对象。

五、畅通流动渠道，为在基层工作的高校毕业生职业发展提供支持

（十八）注重拓展在基层工作的高校毕业生职业发展渠道。在干部人才选拔任用机制上，进一步强化基层工作经历的政策导向，向在基层工作的优秀高校毕业生倾斜。省级以上机关录用公务员，除特殊职位外，按照有关规定一律从具有2年以上基层工作经历的人员中考录。市地级以上机关应拿出一定数量职位面向具有基层工作经历的公务员进行公开遴选。省、市级所属事业单位面向社会公开招聘时，应拿出一定数量岗位公开招聘有基层事业单位工作经历的人员。有条件的地区，可明确具体公开遴选或招聘的比例。鼓励国有大中型企业建立健全人力资源管理激励机制，将在基层生产和管理一线表现优秀的高校毕业生纳入后备人才队伍，加大从基层一线选拔任用中层干部的力度。

（十九）完善基层人才顺畅流动机制。健全统一规范的人力资源市场，打破户籍、地域、身份、学历、人事关系等制约，促进高校毕业生在不同地域和不同性质单位间合理流动。实施“互联网＋”人力资源服务行动，建立健全人力资源市场供求信息发布制度，加大基层急需紧缺人才宣传推介力度，加强区域性、行业性人才市场间的交流合作，推动政策互通、资格互认、信息共享，加快人事档案管理服务信息化建设，完善社会保险关系转移接续办法，为在基层工作的高校毕业生跨地区、跨行业、跨体制流动提供便利条件。

（二十）优化公共就业和人才服务。健全公共就业和人才服务体系，不断丰富服务内容，满足高校毕业生多样化服务需求。进一步简化优化服务流程，明确服务标准，规范服务行为，提升服务水平。充分运用各类信息通信技术创新就业信息服务方式，开发移动客户端等信息服务平台，提供精准、高效的就业服务。

六、加强组织领导

（二十一）健全工作机制。各地要将引导和鼓励高校毕业生到基层工作纳入政府就业和人才工作总体规划，建立健全党委和政府领导、人力资源社会保障部门牵头、各有关部门参与的工作协调机制。人力资源社会保障部门要认真履行牵头抓总职责，加强统筹协调。各有关部门要按照职责分工，积极参与，形成齐抓共管、整体推进的工作格局。

（二十二）强化教育引导。教育部门和高校要强化对在校大学生的理想信念教育和思想教育，引导高校毕业生切实转变择业观念，树立科学的就业观和成才观。要完善引导在校大学生基层服务和基层实践体系，积极组织在校大学生到基层开展实习实践、志愿服务、社会公益等活动，增强对国情、社情、民情的了解，自觉把个人理想同国家与社会需要紧密结合起来，激发高校毕业生到基层就业创业的热情。

（二十三）加大财政支持力度。各地要优化和调整财政支出结构，统筹安排使用好人才发展、就业等各方面资金，加大支持力度，引导高校毕业生到基层就业工作。

（二十四）加强监督检查。各地区各部门各单位要加强对引导和鼓励高校毕业生到基层工作各项政策落实情况的监督检查，对不落实或者故意拖延落实的，要及时纠正，并依纪依法追究相关人员责任。

（二十五）开展宣传表彰。加强舆论引导，准确解读相关政策，广泛宣传报道扎根基层、建功立业的优秀高校毕业生典型，营造良好社会氛围。按照有关规定将在基层工作的高校毕业生纳入国家表彰奖励范围，对扎根基层、干事创业、敬业奉献、表现突出或作出重大贡献的高校毕业生适时开展评选表彰。鼓励各地按照有关规定对在基层工作的优秀高校毕业生进行表彰奖励。

二〇一六年十二月三十日

全国社会保障基金条例

中华人民共和国国务院令第 667 号

第一章　总　　则

第一条　为了规范全国社会保障基金的管理运营，加强对全国社会保障基金的监督，在保证安全的前提下实现保值增值，根据《中华人民共和国社会保险法》，制定本条例。

第二条　国家设立全国社会保障基金。

全国社会保障基金由中央财政预算拨款、国有资本划转、基金投资收益和以国务院批准的其他方式筹集的资金构成。

第三条　全国社会保障基金是国家社会保障储备基金，用于人口老龄化高峰时期的养老保险等社会保障支出的补充、调剂。

第四条　国家根据人口老龄化趋势和经济社会发展状况，确定和调整全国社会保障基金规模。

全国社会保障基金的筹集和使用方案，由国务院确定。

第五条　国务院财政部门、国务院社会保险行政部门负责拟订全国社会保障基金的管理运营办法，报国务院批准后施行。

全国社会保障基金理事会负责全国社会保障基金的管理运营。

第二章　全国社会保障基金的管理运营

第六条　全国社会保障基金理事会应当审慎、稳健管理运营全国社会保障基金，按照国务院批准的比例在境内外市场投资运营全国社会保障基金。

全国社会保障基金理事会投资运营全国社会保障基金，应当坚持安全性、收益性和长期性原则，在国务院批准的固定收益类、股票类和未上市股权类等资产种类及其比例幅度内合理配置资产。

第七条　全国社会保障基金理事会制定全国社会保障基金的资产配置计划、确定重大投资项目，应当进行风险评估，并集体讨论决定。

全国社会保障基金理事会应当制定风险管理和内部控制办法，在管理运营的各个环节对风险进行识别、衡量、评估、监测和应对，有效防范和控制风险。风险管理和内部控制办法应当报国务院财政部门、国务院社会保险行政部门备案。

全国社会保障基金理事会应当依法制定会计核算办法，并报国务院财政部门审核批准。

第八条　全国社会保障基金理事会应当定期向国务院财政部门、国务院社会保险行政部门报告全国社会保障基金管理运营情况，提交财务会计报告。

第九条　全国社会保障基金理事会可以将全国社会保障基金委托投资或者以国务院批准的其他方式投资。

第十条　全国社会保障基金理事会将全国社会保障基金委托投资的，应当选择符合法定条件的专业投资管理机构、专业托管机构分别担任全国社会保障基金投资管理人、托管人。

全国社会保障基金理事会应当按照公开、公平、公正的原则选聘投资管理人、托管人，发布选聘信息、组织专家评审、集体讨论决定并公布选聘结果。

全国社会保障基金理事会应当制定投资管理人、托管人选聘办法，并报国务院财政部门、国务院社会保险行政部门备案。

第十一条 全国社会保障基金理事会应当与聘任的投资管理人、托管人分别签订委托投资合同、托管合同，并报国务院财政部门、国务院社会保险行政部门、国务院外汇管理部门、国务院证券监督管理机构、国务院银行业监督管理机构备案。

第十二条 全国社会保障基金理事会应当制定投资管理人、托管人考评办法，根据考评办法对投资管理人投资、托管人保管全国社会保障基金的情况进行考评。考评结果作为是否继续聘任的依据。

第十三条 全国社会保障基金投资管理人履行下列职责：

（一）运用全国社会保障基金进行投资；

（二）按照规定提取全国社会保障基金投资管理风险准备金；

（三）向全国社会保障基金理事会报告投资情况；

（四）法律、行政法规和国务院有关部门规章规定的其他职责。

第十四条 全国社会保障基金托管人履行下列职责：

（一）安全保管全国社会保障基金财产；

（二）按照托管合同的约定，根据全国社会保障基金投资管理人的投资指令，及时办理清算、交割事宜；

（三）按照规定和托管合同的约定，监督全国社会保障基金投资管理人的投资；

（四）执行全国社会保障基金理事会的指令，并报告托管情况；

（五）法律、行政法规和国务院有关部门规章规定的其他职责。

第十五条 全国社会保障基金财产应当独立于全国社会保障基金理事会、投资管理人、托管人的固有财产，独立于投资管理人投资和托管人保管的其他财产。

第十六条 全国社会保障基金投资管理人、托管人不得有下列行为：

（一）将全国社会保障基金财产混同于其他财产投资、保管；

（二）泄露因职务便利获取的全国社会保障基金未公开的信息，利用该信息从事或者明示、暗示他人从事相关交易活动；

（三）法律、行政法规和国务院有关部门规章禁止的其他行为。

第十七条 全国社会保障基金按照国家规定享受税收优惠。

第三章 全国社会保障基金的监督

第十八条 国家建立健全全国社会保障基金监督制度。

任何单位和个人不得侵占、挪用或者违规投资运营全国社会保障基金。

第十九条 国务院财政部门、国务院社会保险行政部门按照各自职责对全国社会保障基金的收支、管理和投资运营情况实施监督；发现存在问题的，应当依法处理；不属于本部门职责范围的，应当依法移送国务院外汇管理部门、国务院证券监督管理机构、国务院银行业监督管理机构等有关部门处理。

第二十条 国务院外汇管理部门、国务院证券监督管理机构、国务院银行业监督管理机构按照各自职责对投资管理人投资、托管人保管全国社会保障基金情况实施监督；发现违法违规行为的，应当依法处理，并及时通知国务院财政部门、国务院社会保险行政部门。

第二十一条 对全国社会保障基金境外投资管理人、托管人的监督，由国务院证券监督管理机构、国务院银行业监督管理机构按照与投资管理人、托管人所在国家或者地区有关监督管理机构签署的合作文件的规定执行。

第二十二条 审计署应当对全国社会保障

基金每年至少进行一次审计。审计结果应当向社会公布。

第二十三条 全国社会保障基金理事会应当通过公开招标的方式选聘会计师事务所，对全国社会保障基金进行审计。

第二十四条 全国社会保障基金理事会应当通过其官方网站、全国范围内发行的报纸每年向社会公布全国社会保障基金的收支、管理和投资运营情况，接受社会监督。

第四章 法律责任

第二十五条 全国社会保障基金境内投资管理人、托管人违反本条例第十六条、第十八条第二款规定的，由国务院证券监督管理机构、国务院银行业监督管理机构责令改正，没收违法所得，并处违法所得1倍以上5倍以下罚款；没有违法所得或者违法所得不足100万元的，并处10万元以上100万元以下罚款；对直接负责的主管人员和其他直接责任人员给予警告，暂停或者撤销有关从业资格，并处3万元以上30万元以下罚款；构成犯罪的，依法追究刑事责任。

第二十六条 全国社会保障基金理事会违反本条例规定的，由国务院财政部门、国务院社会保险行政部门责令改正；对直接负责的主管人员和其他直接责任人员依法给予处分；构成犯罪的，依法追究刑事责任。

第二十七条 国家工作人员在全国社会保障基金管理运营、监督工作中滥用职权、玩忽职守、徇私舞弊的，依法给予处分；构成犯罪的，依法追究刑事责任。

第二十八条 违反本条例规定，给全国社会保障基金造成损失的，依法承担赔偿责任。

第五章 附则

第二十九条 经国务院批准，全国社会保障基金理事会可以接受省级人民政府的委托管理运营社会保险基金；受托管理运营社会保险基金，按照国务院有关社会保险基金投资管理的规定执行。

第三十条 本条例自2016年5月1日起施行。

国务院关于整合城乡居民基本医疗保险制度的意见

国发〔2016〕3号

各省、自治区、直辖市人民政府，国务院各部委、各直属机构：

整合城镇居民基本医疗保险（以下简称城镇居民医保）和新型农村合作医疗（以下简称新农合）两项制度，建立统一的城乡居民基本医疗保险（以下简称城乡居民医保）制度，是推进医药卫生体制改革、实现城乡居民公平享有基本医疗保险权益、促进社会公平正义、增进人民福祉的重大举措，对促进城乡经济社会协调发展、全面建成小康社会具有重要意义。在总结城镇居民医保和新农合运行情况以及地方探索实践经验的基础上，现就整合建立城乡居民医保制度提出如下意见。

一、总体要求与基本原则

（一）总体要求。

以邓小平理论、“三个代表”重要思想、科学发展观为指导，认真贯彻党的十八大和十八届二中、三中、四中、五中全会及习近平总书记系列重要讲话精神，落实党中央、国务院关于深化医药卫生体制改革的要求，按照全覆盖、保基本、多层次、可持续的方针，加强统筹协调与顶层设计，遵循先易后难、循序渐进的原则，从完善政策入手，推进城镇居民医保和新农合制度整合，逐步在全国范围内建立起统一的城乡居民医保制度，推动保障更加公平、管理服务更加规范、医疗资源利用更加有效，促进全民医保体系持续健康发展。

（二）基本原则。

1. 统筹规划、协调发展。要把城乡居民医保制度整合纳入全民医保体系发展和深化医改全局，统筹安排，合理规划，突出医保、医疗、医药三医联动，加强基本医保、大病保险、医疗救助、疾病应急救助、商业健康保险等衔接，强化制度的系统性、整体性、协同性。

2. 立足基本、保障公平。要准确定位，科学设计，立足经济社会发展水平、城乡居民负担和基金承受能力，充分考虑并逐步缩小城乡差距、地区差异，保障城乡居民公平享有基本医保待遇，实现城乡居民医保制度可持续发展。

3. 因地制宜、有序推进。要结合实际，全面分析研判，周密制定实施方案，加强整合前后的衔接，确保工作顺畅接续、有序过渡，确保群众基本医保待遇不受影响，确保医保基金安全和制度运行平稳。

4. 创新机制、提升效能。要坚持管办分开，落实政府责任，完善管理运行机制，深入推进支付方式改革，提升医保资金使用效率和经办管理服务效能。充分发挥市场机制作用，调动社会力量参与基本医保经办服务。

二、整合基本制度政策

（一）统一覆盖范围。

城乡居民医保制度覆盖范围包括现有城镇居民医保和新农合所有应参保（合）人员，即覆盖除职工基本医疗保险应参保人员以外的其他所有城乡居民。农民工和灵活就业人员依法参加职工基本医疗保险，有困难的可按照当地规定参加城乡居民医保。各地要完善参保方式，促进应保尽保，避免重复参保。

（二）统一筹资政策。

坚持多渠道筹资，继续实行个人缴费与政府补助相结合为主的筹资方式，鼓励集体、单位或其他社会经济组织给予扶持或资助。各地要统筹考虑城乡居民医保与大病保险保障需求，按照基金收支平衡的原则，合理确定城乡统一的筹资标准。现有城镇居民医保和新农合个人缴费标准差距较大的地区，可采取差别缴费的办法，利用2～3年时间逐步过渡。整合后的实际人均筹资和个人缴费不得低于现有水平。

完善筹资动态调整机制。在精算平衡的基础上，逐步建立与经济社会发展水平、各方承受能力相适应的稳定筹资机制。逐步建立个人缴费标准与城乡居民人均可支配收入相衔接的机制。合理划分政府与个人的筹资责任，在提高政府补助标准的同时，适当提高个人缴费比重。

（三）统一保障待遇。

遵循保障适度、收支平衡的原则，均衡城乡保障待遇，逐步统一保障范围和支付标准，为参保人员提供公平的基本医疗保障。妥善处理整合前的特殊保障政策，做好过渡与衔接。

城乡居民医保基金主要用于支付参保人员发生的住院和门诊医药费用。稳定住院保障水平，政策范围内住院费用支付比例保持在75％左右。进一步完善门诊统筹，逐步提高门诊保障水平。逐步缩小政策范围内支付比例与实际支付比例间的差距。

（四）统一医保目录。

统一城乡居民医保药品目录和医疗服务项目目录，明确药品和医疗服务支付范围。各省（区、市）要按照国家基本医保用药管理和基本药物制度有关规定，遵循临床必需、安全有效、价格合理、技术适宜、基金可承受的原则，在现有城镇居民医保和新农合目录的基础上，适当考虑参保人员需求变化进行调整，有增有减、有控有扩，做到种类基本齐全、结构总体合理。完善医保目录管理办法，实行分级管理、动态调整。

（五）统一定点管理。

统一城乡居民医保定点机构管理办法，强化定点服务协议管理，建立健全考核评价机制和动态的准入退出机制。对非公立医疗机构与公立医疗机构实行同等的定点管理政策。原则上由统筹地区管理机构负责定点机构的准入、退出和监管，省级管理机构负责制定定点机构的准入原则和管理办法，并重点加强对统筹区域外的省、市级定点医疗机构的指导与监督。

（六）统一基金管理。

城乡居民医保执行国家统一的基金财务制度、会计制度和基金预决算管理制度。城乡居民医保基金纳入财政专户，实行“收支两条线”管理。基金独立核算、专户管理，任何单位和个人不得挤占挪用。

结合基金预算管理全面推进付费总额控制。基金使用遵循以收定支、收支平衡、略有结余的原则，确保应支付费用及时足额拨付，合理控制基金当年结余率和累计结余率。建立健全基金运行风险预警机制，防范基金风险，提高使用效率。

强化基金内部审计和外部监督，坚持基金收支运行情况信息公开和参保人员就医结算信息公示制度，加强社会监督、民主监督和舆论监督。

三、理顺管理体制

（一）整合经办机构。

鼓励有条件的地区理顺医保管理体制，统一基本医保行政管理职能。充分利用现有城镇居民医保、新农合经办资源，整合城乡居民医保经办机构、人员和信息系统，规范经办流程，提供一体化的经办服务。完善经办机构内外部监督制约机制，加强培训和绩效考核。

（二）创新经办管理。

完善管理运行机制，改进服务手段和管理办法，优化经办流程，提高管理效率和服务水平。鼓励有条件的地区创新经办服务模式，推进管办分开，引入竞争机制，在确保基金安全和有效监管的前提下，以政府购买服务的方式委托具有资质的商业保险机构等社会力量参与基本医保的经办服务，激发经办活力。

四、提升服务效能

（一）提高统筹层次。

城乡居民医保制度原则上实行市（地）级统筹，各地要围绕统一待遇政策、基金管理、信息系统和就医结算等重点，稳步推进市（地）级统筹。做好医保关系转移接续和异地就医结算服务。根据统筹地区内各县（市、区）的经济发展和医疗服务水平，加强基金的分级管理，充分调动县级政府、经办管理机构基金管理的积极性和主动性。鼓励有条件的地区实行省级统筹。

（二）完善信息系统。

整合现有信息系统，支撑城乡居民医保制度运行和功能拓展。推动城乡居民医保信息系统与定点机构信息系统、医疗救助信息系统的业务协同和信息共享，做好城乡居民医保信息系统与参与经办服务的商业保险机构信息系统必要的信息交换和数据共享。强化信息安全和患者信息隐私保护。

（三）完善支付方式。

系统推进按人头付费、按病种付费、按床日付费、总额预付等多种付费方式相结合的复合支付方式改革，建立健全医保经办机构与医疗机构及药品供应商的谈判协商机制和风险分担机制，推动形成合理的医保支付标准，引导定点医疗机构规范服务行为，控制医疗费用不合理增长。

通过支持参保居民与基层医疗机构及全科医师开展签约服务、制定差别化的支付政策等措施，推进分级诊疗制度建设，逐步形成基层首诊、双向转诊、急慢分治、上下联动的就医新秩序。

（四）加强医疗服务监管。

完善城乡居民医保服务监管办法，充分运用协议管理，强化对医疗服务的监控作用。各级医保经办机构要利用信息化手段，推进医保智能审核和实时监控，促进合理诊疗、合理用药。卫生计生行政部门要加强医疗服务监管，规范医疗服务行为。

五、精心组织实施，确保整合工作平稳推进

（一）加强组织领导。

整合城乡居民医保制度是深化医改的一项重点任务，关系城乡居民切身利益，涉及面广、政策性强。各地各有关部门要按照全面深化改革的战略布局要求，充分认识这项工作的重要意义，加强领导，精心组织，确保整合工作平稳有序推进。各省级医改领导小组要加强统筹协调，及时研究解决整合过程中的问题。

（二）明确工作进度和责任分工。

各省（区、市）要于 2016 年 6 月底前对整合城乡居民医保工作作出规划和部署，明确时间表、路线图，健全工作推进和考核评价机制，严格落实责任制，确保各项政策措施落实到位。各统筹地区要于 2016 年 12 月底前出台具体实施方案。综合医改试点省要将整合城乡居民医保作为重点改革内容，加强与医改其他工作的统筹协调，加快推进。

各地人力资源社会保障、卫生计生部门要完善相关政策措施，加强城乡居民医保制度整合前后的衔接；财政部门要完善基金财务会计制度，会同相关部门做好基金监管工作；保险监管部门要加强对参与经办服务的商业保险机构的从业资格审查、服务质量和市场行为监管；发展改革部门要将城乡居民医保制度整合纳入国民经济和社会发展规划；编制管理部门

要在经办资源和管理体制整合工作中发挥职能作用；医改办要协调相关部门做好跟踪评价、经验总结和推广工作。

（三）做好宣传工作。

要加强正面宣传和舆论引导，及时准确解读政策，宣传各地经验亮点，妥善回应公众关切，合理引导社会预期，努力营造城乡居民医保制度整合的良好氛围。

二〇一六年一月三日

国务院关于取消一批职业资格许可和认定事项的决定

国发〔2016〕5号

各省、自治区、直辖市人民政府，国务院各部委、各直属机构：

经研究论证，国务院决定取消61项职业资格许可和认定事项，现予公布。同时，建议取消1项依据有关法律设立的职业资格许可和认定事项，国务院将依照法定程序提请全国人民代表大会常务委员会修订相关法律规定。

各地区、各部门要切实转变管理理念和管理方式，加强对职业资格实施的评估检查，建立事中事后监管机制，营造更好激励人才发展的环境，推动大众创业、万众创新。人力资源社会保障部要会同有关部门抓紧制定公布国家职业资格目录清单并实行动态调整，在目录之外不得开展职业资格许可和认定工作，逐步建立科学合理的国家职业资格体系，让广大劳动者更好施展创业创新才能。

附件：国务院决定取消的职业资格许可和认定事项目录（共计61项）

二〇一六年一月二十日

附件

国务院决定取消的职业资格许可和认定事项目录
（共计 61 项）

一、取消的专业技术人员职业资格许可和认定事项（共计 43 项，其中准入类 5 项，水平评价类 38 项）

序号	项目名称	实施部门（单位）	资格类别	设定依据	处理决定	备注
1	公路水运工程造价人员资格	交通运输部	准入类	《建设工程勘察设计管理条例》（国务院令第 293 号）	取消	
2	潜水人员从业资格	交通运输部	准入类	《中华人民共和国潜水员管理办法》（交通部令 1999 年第 3 号）	取消	
3	中央在京直属企业所属远洋渔业船员资格	农业部	准入类	《中华人民共和国船员条例》（国务院令第 494 号） 《中华人民共和国渔业船员管理办法》（农业部令 2014 年第 4 号）	取消	
4	民航计量检定员资格	中国民航局	准入类	《中华人民共和国计量法实施细则》（1987 年 1 月 19 日国务院批准，1987 年 2 月 1 日国家计量局发布） 《中国民用航空计量管理规定》（民航总局令第 55 号）	取消	
5	考古发掘领队资格	国家文物局	准入类	《中华人民共和国文物保护法实施条例》（国务院令第 377 号）	取消	
6	中国物流职业经理资格	国家发展改革委	水平评价类	《关于促进我国现代物流业发展的意见》（发改运行［2004］1617 号）	取消	
7	中英合作采购与供应管理职业资格	国家发展改革委	水平评价类	《关于促进我国现代物流业发展的意见》（发改运行［2004］1617 号）	取消	
8	注册人力资源管理师	国家发展改革委	水平评价类	《中国人力资源开发研究会章程》	取消	
9	中国工程建设职业经理人	国家发展改革委	水平评价类	《中国施工企业管理协会章程》	取消	
10	人力资源测评师	国家发展改革委	水平评价类	《中国人力资源开发研究会章程》	取消	
11	电子行业质量体系内部审核员资格	工业和信息化部	水平评价类	无	取消	

续表

序号	项目名称	实施部门（单位）	资格类别	设定依据	处理决定	备注
12	单片机设计师职业资格	工业和信息化部	水平评价类	《关于授权中国电子企业协会在全国IC设计从业人员中开展IC设计师、单片机设计师技术培训的批复》（信电职监字［2006］41号）	取消	
13	城市雕塑创作设计资格	住房城乡建设部	水平评价类	《关于当前城市雕塑建设中几个问题的规定》［(86）城雕0008号］ 《城市雕塑建设管理办法》（文艺发［1993］40号）	取消	
14	勘察设计行业工程总承包项目经理	住房城乡建设部	水平评价类	《关于在全国工程勘察设计行业开展工程项目经理资格考评工作的通知》（中设协字［2007］第12号）	取消	
15	全国建设工程造价员资格	住房城乡建设部	水平评价类	《关于统一换发概预算人员资格证书事宜的通知》（建办标函［2005］558号） 《全国建设工程造价员管理办法》（中价协［2011］21号）	取消	
16	道路运输经理人资格	交通运输部	水平评价类	《道路运输从业人员管理规定》（交通部令2006年第9号）	取消	
17	水文、水资源调查评价上岗资格	水利部	水平评价类	《中华人民共和国水文条例》（国务院令第496号） 《水文水资源调查评价资质和建设项目水资源论证资质管理办法（试行）》（水利部令第17号）	取消	
18	尘肺诊断医师资格	国家卫生计生委	水平评价类	《关于进一步加强职业病诊断鉴定管理工作的通知》（卫法监发［2003］350号）	取消	整合为“职业病诊断医师职业资格”
19	职业中毒诊断医师资格	国家卫生计生委	水平评价类	《关于进一步加强职业病诊断鉴定管理工作的通知》（卫法监发［2003］350号）	取消	
20	物理因素职业病诊断医师资格	国家卫生计生委	水平评价类	《关于进一步加强职业病诊断鉴定管理工作的通知》（卫法监发［2003］350号）	取消	
21	全国职业性放射病诊断医师资格	国家卫生计生委	水平评价类	《关于加强职业病诊断医师培训工作的通知》（卫监督卫便函［2004］3号）	取消	
22	化学品毒性鉴定专家	国家卫生计生委	水平评价类	《化学品毒性鉴定管理规范》（卫法监发［2000］420号） 《关于开展化学品毒性鉴定机构资质认证有关问题的通知》（卫法监发［2001］167号）	取消	
23	职业卫生专家	国家卫生计生委	水平评价类	《职业卫生技术服务机构管理办法》（卫生部令第31号） 《卫生部关于印发〈卫生部职业卫生技术服务机构资质审定工作程序〉等文件的通知》（卫监督发［2005］318号）	取消	

续表

序号	项目名称	实施部门（单位）	资格类别	设定依据	处理决定	备注
24	职业卫生技术服务专业人员	国家卫生计生委	水平评价类	《职业卫生技术服务机构管理办法》（卫生部令第31号） 《卫生部关于印发〈卫生部职业卫生技术服务机构资质审定工作程序〉等文件的通知》（卫监督发［2005］318号）	取消	
25	建设项目职业病危害放射防护评价报告书编制资格	国家卫生计生委	水平评价类	《职业卫生技术服务机构管理办法》（卫生部令第31号） 《关于开展职业卫生技术服务机构资质审定工作的通知》（卫法监发［2002］309号） 《关于职业卫生监管部门职责分工的通知》（中央编办发［2010］104号）	取消	
26	金融专业英语	中国人民银行	水平评价类	《关于建立〈金融专业英语证书考试制度〉的通知》（银发［1994］107号）	取消	
27	煤炭行业监理工程师	中国煤炭建设协会	水平评价类	《煤炭建设监理工程师资格考试及注册实施细则（试行）》（煤规字［1995］第51号）	取消	原实施单位为国务院国资委管理的行业协会
28	煤炭建筑施工企业项目经理	中国煤炭建设协会	水平评价类	《煤炭建筑施工企业项目经理资质管理办法》（煤规字［1995］第172号）	取消	
29	物流师和采购师	中国物流与采购联合会	水平评价类	《关于开展物流师职业资格认证的通知》（物联培字［2003］116号） 《关于开展采购与供应链管理国际资格认证和注册采购师资格认证的通知》（物联培字［2005］35号）	取消	
30	铸造工程师	中国铸造协会	水平评价类	无	取消	
31	汽车营销师	中国汽车工业协会	水平评价类	《关于试行〈汽车营销师职业标准〉的通知》（中汽协字［2005］34号）	取消	
32	冶金行业造价师	中国钢铁工业协会	水平评价类	《关于由中国建设工程造价管理协会归口做好建设工程概预算人员行业自律工作的通知》（建标［2005］69号） 《全国建设工程造价员管理办法》（中价协［2011］21号）	取消	
33	石油和化工行业健康安全环境管理师	中国石油和化学工业联合会	水平评价类	无	取消	
34	石油和化工行业能源管理师	中国石油和化学工业联合会	水平评价类	《关于在石油和化工行业试行能源管理师制度的实施意见》（中石化协人发［2006］307号）	取消	

续表

序号	项目名称	实施部门（单位）	资格类别	设定依据	处理决定	备注
35	电力行业监理工程师、总监理工程师	中国电力建设企业协会	水平评价类	《全国电力行业监理工程师和总监理工程师管理办法》（中电建协［2005］25号）	取消	原实施单位为国务院国资委管理的行业协会
36	电力施工建设企业项目经理岗位资格	中国电力建设企业协会	水平评价类	《电力工程项目经理职业岗位资格管理办法》	取消	
37	电力建设工程调试职业资格	中国电力建设企业协会	水平评价类	《电力工程调试能力资格管理办法（2013版）》（中电建协调［2013］7号）	取消	
38	产权交易职业资格	中国企业国有产权交易机构协会	水平评价类	《企业国有产权转让管理暂行办法》（国务院国资委、财政部令第3号）	取消	
39	广告师、助理广告师	工商总局、人力资源社会保障部	水平评价类	《关于印发广告专业技术人员职业资格制度规定和助理广告师、广告师职业资格考试实施办法的通知》（人社部发［2014］25号）	取消	
40	升放无人驾驶自由气球或者系留气球作业人员资格	中国气象局	水平评价类	《施放气球管理办法》（中国气象局令第9号） 《关于防雷专业技术和施放气球作业人员资格认定转变管理方式的通知》（气办发［2004］19号）	取消	
41	人工影响天气作业人员资格	中国气象局	水平评价类	无	取消	
42	文物进出境责任鉴定员	国家文物局	水平评价类	《中华人民共和国文物保护法实施条例》（国务院令第377号）	取消	
43	铁路建设工程监理员	中国铁路总公司	水平评价类	《铁路建设工程监理员执业资格管理办法》（建协［2003］13号）	取消	

二、取消的技能人员职业资格许可和认定事项（共计18项，均为水平评价类）

序号	项目名称	实施部门（单位）	资格类别	设定依据	处理决定
1	糖果工艺师	人力资源社会保障部	水平评价类	《中华人民共和国职业分类大典》（2006增补本）	取消
2	珠心算教练师	人力资源社会保障部	水平评价类	《中华人民共和国职业分类大典》（2005增补本）	取消
3	商品储运员	人力资源社会保障部	水平评价类	《中华人民共和国职业分类大典》（1999）	取消
4	咖啡师	人力资源社会保障部	水平评价类	《中华人民共和国职业分类大典》（2006增补本）	取消
5	厨政管理师	人力资源社会保障部	水平评价类	《中华人民共和国职业分类大典》（2007增补本）	取消

续表

序号	项目名称	实施部门（单位）	资格类别	设定依据	处理决定
6	冲印师	人力资源社会保障部	水平评价类	《中华人民共和国职业分类大典》(1999)	取消
7	影视木偶制作员	新闻出版广电总局	水平评价类	《中华人民共和国职业分类大典》(1999)	取消
8	影视设备机械员	新闻出版广电总局	水平评价类	《中华人民共和国职业分类大典》(1999)	取消
9	舞台音响效果工	新闻出版广电总局	水平评价类	《中华人民共和国职业分类大典》(1999)	取消
10	拷贝检片员	新闻出版广电总局	水平评价类	《中华人民共和国职业分类大典》(1999)	取消
11	拷贝字幕员	新闻出版广电总局	水平评价类	《中华人民共和国职业分类大典》(1999)	取消
12	营林试验工	国家林业局	水平评价类	《中华人民共和国职业分类大典》(1999)	取消
13	装卸归楞工	国家林业局	水平评价类	《中华人民共和国职业分类大典》(1999)	取消
14	木材防腐师	国家林业局	水平评价类	《中华人民共和国职业分类大典》(2006 增补本)	取消
15	木材及家具检验工	国家林业局	水平评价类	《中华人民共和国职业分类大典》(1999)	取消
16	旅店服务员	中国商业联合会	水平评价类	《中华人民共和国职业分类大典》(1999)	取消
17	浴池服务员	中国商业联合会	水平评价类	《中华人民共和国职业分类大典》(1999)	取消
18	人造花制作工	中国轻工业联合会	水平评价类	《中华人民共和国职业分类大典》(1999)	取消

国务院关于取消一批职业资格许可和认定事项的决定

国发［2016］35号

各省、自治区、直辖市人民政府，国务院各部委、各直属机构：

经研究论证，国务院决定取消47项职业资格许可和认定事项，现予公布。

取消不必要的职业资格许可和认定事项，是降低制度性交易成本、推进供给侧结构性改革的重要举措，也是为大中专毕业生就业创业和去产能中人员转岗创造便利条件。各地区、各部门要从大局出发，进一步提高认识，主动开展自我清查，人力资源社会保障部要对照职业分类大典对现有准入类和水平评价类职业资格许可和认定事项进行全面清理，持续降低就业创业门槛。只要不涉及国家安全、公共安全、公民人身财产安全的职业，原则上要放宽市场准入。水平评价类职业资格要真正市场化，不能影响就业创业。今后没有法律法规依据的准入类职业资格一律不得新设。人力资源社会保障部要会同有关部门在继续取消职业资格许可和认定事项的同时，抓紧公布实施国家职业资格目录清单，接受社会监督，清单之外一律不得许可和认定职业资格，清单之内除准入类职业资格外一律不得与就业创业挂钩。要依法依规加强对职业资格设置和实施的监管，逐步构建国家职业资格框架体系，推动职业资格科学设置、规范运行、依法监管。在推进职业教育结构调整时，要更加突出以用为本，提升学生实践能力，让实际工作对职业技能的需求真正成为职业教育和选人用人的导向。

附件：国务院决定取消的职业资格许可和认定事项目录（共计47项）

二〇一六年六月八日

附件

国务院决定取消的职业资格许可和认定事项目录
（共计 47 项）

一、取消的专业技术人员职业资格许可和认定事项（共计 9 项，其中准入类 8 项，水平评价类 1 项）

序号	项目名称	实施部门（单位）	资格类别	设定依据	处理决定	备注
1	价格鉴证师	国家发展改革委、人力资源社会保障部	准入类	《国务院对确需保留的行政审批项目设定行政许可的决定》（国务院令第 412 号） 《价格鉴证师执业资格制度暂行规定》（人发［1999］66 号）	取消	
2	招标师	国家发展改革委、人力资源社会保障部	准入类	《中华人民共和国招标投标法实施条例》 《招标师职业资格制度暂行规定》（人社部发［2013］19 号）	取消	
3	矿产储量评估师	国土资源部、人力资源社会保障部	准入类	《矿产储量评估师执业资格制度暂行规定》（人发［1999］33 号）	取消	
4	物业管理师	住房城乡建设部、人力资源社会保障部	准入类	《物业管理师制度暂行规定》（国人部发［2005］95 号）	取消	
5	珠宝玉石质量检验师	质检总局、人力资源社会保障部	准入类	《珠宝玉石质量检验专业技术人员执业资格制度暂行规定》（人发［1996］79 号）	取消	
6	棉花质量检验师	质检总局、人力资源社会保障部	准入类	《棉花质量检验师执业资格制度暂行规定》（人发［2000］70 号）	取消	
7	计量检定员	质检总局	准入类	《中华人民共和国计量法实施细则》 《计量检定人员管理办法》（质检总局令第 105 号）	取消	与注册计量师合并实施

续表

序号	项目名称	实施部门（单位）	资格类别	设定依据	处理决定	备注
8	地震安全性评价工程师	中国地震局、人力资源社会保障部	准入类	《国务院对确需保留的行政审批项目设定行政许可的决定》（国务院令第412号） 《地震安全性评价工程师制度暂行规定》（国人部发［2005］72号）	取消	
9	水利工程造价工程师	水利部	水平评价类	《水利工程造价工程师注册管理办法》（水建管［2007］83号）	取消	作为一个专业纳入造价工程师职业资格统筹实施

二、取消的技能人员职业资格许可和认定事项（共计38项，均为水平评价类）

序号	项目名称		实施部门（单位）	资格类别	设定依据	处理决定
	小类	细类（职业）				
1	其他社会服务和居民生活服务人员	灾害信息员	民政部	水平评价类	《中华人民共和国职业分类大典》（2007增补本）	取消
2	林业工程技术人员	花艺环境设计师	人力资源社会保障部	水平评价类	《中华人民共和国职业分类大典》（2006增补本）	取消
3	安全工程技术人员	安全防范设计评估师	人力资源社会保障部	水平评价类	《中华人民共和国职业分类大典》（2006增补本）	取消
4	电影电视制作及舞台专业人员	录音师	人力资源社会保障部	水平评价类	《中华人民共和国职业分类大典》（1999）	取消
5	废旧物资回收利用人员	轮胎翻修工	人力资源社会保障部	水平评价类	《中华人民共和国职业分类大典》（2006增补本）	取消
6	商品监督和市场管理人员	市场管理员	人力资源社会保障部	水平评价类	《中华人民共和国职业分类大典》（1999）	取消
7	河道、水库管养人员	水域环境养护保洁员	人力资源社会保障部	水平评价类	《中华人民共和国职业分类大典》（2006增补本）	取消
8	电子设备装配调试人员	集成电路测试员	人力资源社会保障部	水平评价类	《中华人民共和国职业分类大典》（2006增补本）	取消
9	电气工程技术人员	照明设计师、霓虹灯制作员	人力资源社会保障部	水平评价类	《中华人民共和国职业分类大典》（2006增补本）	取消

续表

序号	项目名称		实施部门（单位）	资格类别	设定依据	处理决定
	小类	细类（职业）				
10	广播电影电视工程技术人员	数字视频合成师	人力资源社会保障部	水平评价类	《中华人民共和国职业分类大典》（2006增补本）	取消
11	环境保护工程技术人员	室内环境治理员	人力资源社会保障部	水平评价类	《中华人民共和国职业分类大典》（2006增补本）	取消
12	编辑	网络编辑员	人力资源社会保障部	水平评价类	《中华人民共和国职业分类大典》（2005增补本）	取消
13	采购人员	采购师	人力资源社会保障部	水平评价类	《中华人民共和国职业分类大典》（1999）	取消
14	其他饭店、旅游及健身娱乐场所服务人员	水生哺乳动物驯养师	人力资源社会保障部	水平评价类	《中华人民共和国职业分类大典》（2005增补本）	取消
15	检验人员	合成材料测试员、室内装饰装修质量检验员、玻璃分析检验员	人力资源社会保障部	水平评价类	《中华人民共和国职业分类大典》（2007增补本）	取消
16	机泵操作人员	混凝土泵工	人力资源社会保障部	水平评价类	《中华人民共和国职业分类大典》（1999）	取消
17	美术品制作人员	装饰美工	人力资源社会保障部	水平评价类	《中华人民共和国职业分类大典》（1999）	取消
18	广播影视舞台设备安装调试及运行操作人员	音响师	人力资源社会保障部	水平评价类	《中华人民共和国职业分类大典》（1999）	取消
19	日用机电产品维修人员	照相器材维修工、钟表维修工	人力资源社会保障部	水平评价类	《中华人民共和国职业分类大典》（1999）	取消
20	物业管理人员	物业管理员	人力资源社会保障部	水平评价类	《中华人民共和国职业分类大典》（1999）	取消
21	旅游及公共游览场所服务人员	插花员	人力资源社会保障部	水平评价类	《中华人民共和国职业分类大典》（1999）	取消
22	推销、展销人员	营销师、服装模特	人力资源社会保障部	水平评价类	《中华人民共和国职业分类大典》（1999）	取消

续表

序号	项目名称		实施部门（单位）	资格类别	设定依据	处理决定
	小类	细类（职业）				
23	水上运输服务人员	港口客运员	交通运输部	水平评价类	《中华人民共和国职业分类大典》(1999)	取消
24	公路道路运输服务人员	汽车货运理货员	交通运输部	水平评价类	《中华人民共和国职业分类大典》(1999)	取消
25	水产品加工人员	水产品原料处理工	农业部	水平评价类	《中华人民共和国职业分类大典》(1999)	取消
26	人造板生产人员	人造板饰面工	国家林业局	水平评价类	《中华人民共和国职业分类大典》(1999)	取消
27	原烟复烤人员	打叶复烤工、烟叶回潮工	国家烟草局	水平评价类	《中华人民共和国职业分类大典》(1999)	取消
28	卷烟生产人员	烟叶制丝工、膨胀烟丝工、烟草薄片工、卷烟卷接工	国家烟草局	水平评价类	《中华人民共和国职业分类大典》(1999)	取消
29	烟用醋酸纤维丝束滤棒制作人员	滤棒工	国家烟草局	水平评价类	《中华人民共和国职业分类大典》(1999)	取消
30	其他机械制造加工人员	电焊条、焊丝制造工	中国机械工业联合会	水平评价类	《中华人民共和国职业分类大典》(1999)	取消
31	五金制品制作装配人员	铝制品制作工	中国轻工业联合会	水平评价类	《中华人民共和国职业分类大典》(1999)	取消
32	塑料制品加工人员	塑料制品配料工	中国轻工业联合会	水平评价类	《中华人民共和国职业分类大典》(1999)	取消
33	搪瓷制品生产人员	搪瓷瓷釉制作工、搪瓷坯体制作工、搪瓷涂搪烧成工、搪瓷花版饰花工	中国轻工业联合会	水平评价类	《中华人民共和国职业分类大典》(1999)	取消
34	日用机械电器制造装配人员	空调器装配工、电冰箱（柜）装配工、洗衣机装配工、小型家用电器装配工	中国轻工业联合会	水平评价类	《中华人民共和国职业分类大典》(1999)	取消

续表

序号	项目名称		实施部门（单位）	资格类别	设定依据	处理决定
	小类	细类（职业）				
35	印染人员	坯布检查处理工	中国纺织工业联合会	水平评价类	《中华人民共和国职业分类大典》（1999）	取消
36	合成橡胶生产人员	顺丁橡胶生产工、丁苯橡胶生产工	中国石油化工集团公司	水平评价类	《中华人民共和国职业分类大典》（1999）	取消
37	基本有机化工产品生产人员	环烃生产工、烃类衍生物生产工	中国石油化工集团公司	水平评价类	《中华人民共和国职业分类大典》（1999）	取消
38	化学纤维生产人员	湿纺原液制造工、纺丝凝固浴液配制工	中国石油化工集团公司	水平评价类	《中华人民共和国职业分类大典》（1999）	取消

国务院关于激发重点群体活力带动城乡居民增收的实施意见

国发［2016］56号

各省、自治区、直辖市人民政府，国务院各部委、各直属机构：

提高城乡居民收入是全面建成小康社会的重要内容，体现社会主义本质的必然要求。党的十八大提出，要千方百计增加居民收入。党的十八届三中全会提出，要形成合理有序的收入分配格局。党的十八届五中全会提出，在提高发展平衡性、包容性、可持续性的基础上，到2020年国内生产总值和城乡居民人均收入比2010年翻一番。按照党中央、国务院决策部署，为营造激励奋发向上的公平环境，拓宽就业渠道，促进各类社会群体依靠自身努力和智慧，创造社会财富，共享发展红利，现提出以下实施意见。

一、总体要求

（一）基本形势。

改革开放以来，我国城乡居民收入保持持续较快增长，收入分配结构呈现向好趋势。从放权让利到允许一部分人、一部分地区先富起来，到要素参与分配，适应我国国情的分配制度基本确立，收入分配政策推动了经济社会发展，促进了各类社会群体依靠自身努力和智慧，创造社会财富，共享发展红利，为深化改革开放注入了动力和活力。

当前，经济运行的新常态特征更加明显，新技术、新产业、新业态加速成长，培育壮大新动能，改造提升传统动能，正在不断创造出新的就业岗位，为促进城乡居民收入稳定增长提供了有力支撑。但受国内外多重因素影响，经济下行压力也正在向收入分配领域传导。既要降低经济运行成本、保持经济中高速增长，又要提高居民收入、不断增进人民福祉，实现居民收入增长和经济增长同步、劳动报酬提高和劳动生产率提高同步任重而道远。同时，部分劳动者人力资本积累不足、增收困难，部分市场主体等待观望，部分地区行业收入增长潜在动能不强，部分收入分配政策指向宽泛、聚焦不够。为推动解决相关问题，必须进一步深化收入分配制度改革，调整优化收入分配政策，拓宽就业创业渠道，努力营造激励奋发向上的公平环境。

（二）指导思想。

全面贯彻落实党的十八大和十八届三中、四中、五中全会精神，深入贯彻习近平总书记系列重要讲话精神，统筹推进“五位一体”总体布局，协调推进“四个全面”战略布局，牢固树立和贯彻落实创新、协调、绿色、开放、共享的发展理念，按照党中央、国务院决策部署，坚持以人民为中心的发展思想，做到发展为了人民、发展依靠人民、发展成果由人民共享。围绕加快实施创新驱动发展战略、推动大众创业万众创新、培育发展新动能、改造提升传统动能，着力推进供给侧结构性改革，不断深化简政放权、放管结合、优化服务改革，进一步深化收入分配制度改革，强化收入分配政策激励导向，分群体施策，不断激发全体劳动者的积极性、主动性、创造性，实现经济增长与居民增收互促共进，使全体人民在共建共享发展中有更多获得感，朝着共同富裕方向稳步前进。

（三）基本原则。

坚持多种激励方式相结合。物质激励和精神激励并用，综合运用增加薪资报酬、强化权利保护、优化评优奖励、提升职业技能、增进社会认同等多种激励手段，调动不同群体的积极性、主动性和创造性。完善绩效考核制度，将激励与考核挂钩。

坚持多条增收渠道相结合。多管齐下，不断拓展居民增收渠道，努力提高工资性、经营性收入，合理提高转移性收入，有效保护股权、债权、物权和知识产权等无形财产权益，着力增加居民财产性收入。

坚持促增收与降成本相结合。有效降低社会保险费率等劳动用工成本和阻碍劳动力流动的制度成本，助力各类市场主体轻装上阵，增加就业吸纳能力，切实将居民收入提高建立在经济发展质量效益提升、劳动生产率提高、企业综合成本降低的基础上。

坚持鼓励创收致富与缩小收入差距相结合。在初次分配中鼓励全体劳动者通过诚实劳动、辛勤劳动、创造性劳动创收致富，同时完善税收、社会保障等再分配调节手段，规范收入分配秩序，切实保障困难群众基本生活，有效抑制通过非市场因素获利，不断缩小不同群体间的收入差距。

坚持积极而为与量力而行相结合。在集中更多财力保障民生的同时，综合考虑国情、发展阶段、经济周期等因素，制定财力支撑可持续、社会预期可把握的目标任务和政策措施，不吊胃口、不养懒汉，切实将福利水平提高建立在经济和财力可持续增长的基础上，通过大众创业万众创新激发创造活力，增强居民收入增长的可持续性。

（四）主要目标。

到2020年，城镇就业规模逐步扩大，劳动生产率不断提高，就业质量稳步提升；城乡居民人均收入比2010年翻一番；宏观收入分配格局持续优化，居民可支配收入占国内生产总值（GDP）的比重继续提高；居民内部收入差距持续缩小，中等收入者比重上升，现行标准下农村贫困人口全部实现脱贫，共建共享的格局初步形成。

二、实施七大群体激励计划

瞄准技能人才、新型职业农民、科技人员等增收潜力大、带动能力强的七大群体，深化收入分配制度改革，在发展中调整收入分配结构，推出差别化收入分配激励政策。持续推动大众创业万众创新，创造更大市场空间和更多就业岗位，着力营造公开公平公正的体制机制和竞争环境，不断培育和扩大中等收入群体，逐步形成合理有序的收入分配格局，带动城乡居民实现总体增收。

（一）技能人才激励计划。

完善多劳多得、技高者多得的技能人才收入分配政策，引导加大人力资本投资，提高技能人才待遇水平和社会地位，大力弘扬新时期工匠精神，培养高水平大国工匠队伍，带动广大产业工人增技能、增本领、增收入。

完善技术工人薪酬激励机制。优化职业技能标准等级设置，向上增加等级级次，拓宽技术工人晋升通道。引导企业合理确定技术工人薪酬水平，促进高等级技术工人薪酬水平合理增长。加大对技能要素参与分配的激励力度，探索建立企业首席技师制度，鼓励企业采取协议薪酬、持股分红等方式，试行年薪制和股权制、期权制，提高技能人才收入水平。

贯通职业资格、学历等认证渠道。统筹考虑技能培训、职业教育和高等教育，建立职业资格与相应的职称、学历可比照认定制度。完善职业资格与职业教育学历“双证书”制度。研究制定高技能人才与工程技术人才的职业发展贯通办法。健全青年技能人才评价选拔制度，适当突破年龄、资历和比例等限制，完善高技能人才评价使用机制。

营造崇尚技能的社会氛围。定期组织开展全国性或区域性技术大赛或岗位练兵，大力宣传劳动模范、大国工匠和技术创新人才。鼓励地方对重点领域紧缺的技术工人在大城市落户、购租住房、子女上学等方面予以支持。培育精益求精的工匠精神，支持技能人才分享品质品牌增值收益。

（二）新型职业农民激励计划。

在加快推进新型城镇化、有序推进农业转移人口市民化的同时，加大对新型职业农民的培育和支持力度，加快职业化进程，带动广大农民共享现代化成果。

提高新型职业农民增收能力。将新型职业农民培育纳入教育培训发展相关规划，支持职业学校办好涉农专业，定向培养新型职业农民，完善国家助学和培训补贴政策，鼓励农民通过“半农半读”等方式就地就近接受职业教育培训。继续实施新型职业农民培育工程、现代青年农场主计划等项目，启动新型农业经营主体带头人轮训计划，努力提高妇女参训比例。

挖掘现代农业增收潜力。鼓励农民采用节本增效技术，培育农业社会化服务组织，支持农业废弃物资源化利用，降低农业生产成本。加快建立农业信贷担保体系，改进农业保险产品和服务，支持农民发展现代农业。完善农产品初加工补助政策，促进农产品深加工向优势产区和关键物流节点集中，支持优势产区产地批发市场建设，延长农业产业链条。扶持发展一乡（县）一业、一村一品，培育农业科技创新应用企业集群，引导产业集聚发展。推动“互联网＋”现代农业，大力发展农产品电子商务，探索农业新型业态。推动农业全产业链改造升级，鼓励农民共享一二三产业融合发展的增值收益，增加经营性收入。

拓宽新型职业农民增收渠道。积极培育家庭农场、专业大户、农民合作社、农业企业等新型农业经营主体和农业社会化服务主体，发展适度规模经营。支持农民工、大学生等人员返乡创业，推进土地经营权入股发展农业产业化经营试点。稳步推进农村集体产权制度改革，发展多种形式的股份合作，推进农村集体资产股份权能改革试点，完善农村集体经济组织相关政策和法律规定，发展壮大农村集体经济，探索将财政资金投入农业农村形成的经营性资产折股量化到户。加快推进农村土地征收、集体经营性建设用地入市、宅基地制度改革试点，多渠道增加农民集体和个人分享的增值收益、股权收益、资产收益。

（三）科研人员激励计划。

深化事业单位分类改革，实行以增加知识价值为导向的激励机制，提高科研人员成果转化收益分享比例，通过工资性收入、项目激励、成果转化奖励等多重激励引导科研人员潜心研究工作，激发科技创新热情。

完善工资水平决定机制。在加强行业薪酬调查和信息发布基础上，探索建立体现行业特点的高校、科研机构薪酬调查比较制度。鼓励科研事业单位聘用高端科研人员实行协议薪酬。赋予科研单位更大的人财物支配权，保障科研人员的合理工资待遇水平。

改进科研项目及其资金管理。发挥科研项目资金对科研人员的激励引导作用。全面取消劳务费比例限制，调整劳务费开支范围。完善间接费用管理，项目承担单位结合一线科研人员实际贡献公开公正安排绩效支出。改进项目结转结余资金管理办法。下放科研项目部分经费预算调整审批权，砍掉科研管理中的繁文缛节，推行有利于人才创新的经费审计方式，充分尊重智力劳动的价值和科研规律。

健全绩效评价和奖励机制。深入落实促进科技成果转化法，完善单位内部科技成果转化中对科研人员进行现金和股权、期权奖励办法。实施国有科技型企业股权和分红激励。探索完善科研人员股权奖励个人所得税递延纳税政策。鼓励企事业单位提供资金、资源支持职工创新，营造宽容失败、勇于突破的创新氛围。鼓励社会资本设立专项奖励基金，补偿优秀科研人员的智力投入。多渠道募资，加大对基础性和前沿性科研课题的长期资助力度，加大对青年科研人才的创新奖励力度。对社会科学研究机构和智库推行政府购买服务制度。加大对科技创新成果的知识产权保护力度。

（四）小微创业者激励计划。

进一步降低创业成本，健全创新创业成果利益分配机制，在更大范围、更高层次、更深程度上推进大众创业万众创新，引导和支持小微创业者在“双创”中实现创收致富。

清除创业壁垒，提升创业参与率。深化商事制度改革，支持各地结合实际放宽新注册企业场所登记条件限制，推动“一址多照”、集群注册等住所登记改革。优化审批流程，推行“一表申请、一窗受理、一次告知”。

加大扶持力度，提高创业成功率。支持并规范多层次、专业化创业服务平台建设，建设一批高水平的“双创”示范基地。完善通过政府采购促进中小企业发展的政策措施，通过评审优惠、预留份额等方式对包括初创企业在内的小微企业加大扶持力度。落实扶持创业的各项优惠政策。对创业失败的失业登记人员及时提供各种就业服务。

探索创业成果利益分配机制。进一步完善创新型中小企业上市股权激励和员工持股计划的制度规则。研究完善商业模式知识产权保护制度，研究制定文化创意等创新成果保护办法，加大小微企业知识产权维权援助工作力度。加快建设全国知识产权运营公共服务平台，完善知识产权质押融资等金融服务机制。依法查处垄断行为，鼓励龙头企业与小微创业者探索分享创业成果新模式，支持有实力的企业承担技术服务、信息服务等公共平台功能。支持自由职业者的智力创造和高端服务，使其能够获得与智力付出相匹配的合理回报。

（五）企业经营管理人员激励计划。

完善产权保护制度、依法保护产权，进一步稳定预期、优化环境，激发企业家创业热情，推动经济增长、就业增加、效益提升、职工增收实现良性互动。

完善国有企业经营管理人员激励方式。完善对组织任命的国有企业负责人的薪酬激励机制，合理确定基本年薪、绩效年薪和任期激励收入。研究制定在国有企业建立职业经理人制度的指导意见，对市场化选聘的职业经理人实行市场化薪酬分配机制，采取多种方式探索完善中长期激励机制。稳妥有序推进混合所有制企业员工持股试点，探索通过实行员工持股建立激励约束长效机制。

强化民营企业家创业激励。消除各种隐性壁垒，解决政策执行中存在的“玻璃门”、“弹簧门”、“旋转门”等问题，鼓励民营企业家扩大投资，参与国有企业改革。坚持依法平等保护产权，严肃查处侵犯非公有制企业和个人合法权益、合法经营、合法收入的行为，营造公平、公正、透明、稳定的法治化环境。规范司法程序，严格执行先定罪后没收或处置嫌疑人财产的规定，最大限度减少对涉案非公有制企业正常生产经营活动的影响。减少对企业点对点的直接资助，增加普惠性政策，促进公平竞争。

（六）基层干部队伍激励计划。

完善工资制度，健全不同地区、不同岗位差别化激励办法，建立阳光化福利保障制度，充分调动基层干部队伍工作积极性，同步完善相关人员激励机制。

完善工资制度。提高基本工资在工资性收入中的比重，落实基本工资正常调整机制。完善作为激励手段和收入补充的津贴补贴制度。落实艰苦边远地区津贴标准正常调整机制。实施地区附加津贴制度，根据地区经济社会发展、物价消费水平等差异，适当参考企业相当人员工资水平，将规范后的工作性津贴和生活性补贴纳入地区附加津贴，实现同城同待遇。推进公务员工资调整制度化，定期开展公务员和企业相当人员工资水平的调查比较。

健全差别化激励机制。建立健全公务员绩效考核体系，考核结果与工资收入挂钩。完善公务员奖金制度，强化省级政府统筹调控责任。赋予地方一定的考核奖励分配权，重点向基层一线人员和业绩突出人员倾斜。完善公务员职务与职级并行制度，充分发挥职级对基层公务员的激励作用。

明确福利标准和保障范围。明确应享有的各项福利待遇名称、发放标准及发放范围。推进公务员职务消费和福利待遇货币化改革，规范改革性补贴，形成以货币福利为主，实物福利为补充的福利体系，实现阳光透明操作，接受社会监督。符合条件的乡镇公务员可以按规定纳入当地住房保障范围，为符合条件的公立医院医务人员就近提供公租房保障。

（七）有劳动能力的困难群体激励计划。

鼓励引导低保对象、建档立卡贫困人口以及残疾人等困难群体中具备劳动能力和劳动条件者提升人力资本，主动参加生产劳动，通过自身努力增加收入。

推进产业扶贫济困。实施贫困村“一村一品”产业推进行动。强化贫困地区农民合作社、龙头企业与建档立卡贫困户的利益联结机制。深入实施电商、旅游、光伏扶贫工程。加大对贫困地区农产品品牌推介营销支持力度。引导和支持贫困地区青年通过发展电子商务增收致富。

建立低保与就业联动机制。鼓励、引导具备就业能力的困难人员积极就业，增强其就业动力。对实现就业的低保对象，在核算其家庭收入时，可扣减必要的就业成本。具备劳动能力、劳动条件但未就业的低保对象，无正当理由连续3次拒绝接受有关部门介绍的与其健康状况、劳动能力相适应的工作的，可减发或停发其本人的低保金。

完善相关专项救助制度。加强专项救助制度与低保救助制度的统筹衔接，在重点保障城乡低保对象、特困人员的基础上，将医疗、教育、住房等专项救助向建档立卡贫困户家庭、低收入家庭或其他有特殊困难的家庭延伸，形成阶梯式救助模式。

三、实施六大支撑行动

坚持按劳分配为主体、多种分配方式并存，坚持初次分配和再分配调节并重，完善劳动、资本、知识、技术、管理等要素按贡献参与分配的初次分配机制，健全以税收、社会保障、转移支付为主要手段的再分配调节机制，以就业促进、技能提升、托底保障、增加财产性收入、收入分配秩序规范、收入监测为重点，制定综合配套政策，为实现城乡居民增收提供服务支撑、能力支撑和技术支撑。

（一）就业促进行动。

全面提升就业岗位创造能力。推动经济向中高端水平迈进、生产制造向生产服务延伸，创造更多高质量的就业机会。鼓励新型劳动密集产业发展，引导和支持沿海劳动密集型产业向中西部地区有序转移。鼓励发展家政、养老、护理等生活性服务业和手工制作等民族地区特色产业，吸纳更多中低技能劳动者特别是建档立卡贫困户家庭劳动者就业。推动上游能源原材料行业脱困发展，稳定就业岗位。大力发展城乡社区服务，扩大劳动力市场的包容性。

有效提升劳动力市场流动能力。推进户籍、住房、教育、社会保障等制度改革，消除制约劳动力流动就业的体制机制障碍。充分发挥中心城市、新兴产业带动效应，吸纳更多困难地区、困难行业劳动力跨地区、跨行业、跨所有制流动就业。总结推广返乡创业试点经验，引导劳动力由东向西、由劳务输入地向输出地回流，创造更多就地就近就业机会。

不断提升劳动力市场供求匹配能力。健全覆盖城乡的公共就业创业服务体系，全面提升公共就业创业服务水平。完善失业登记办法，建立健全公共就业服务提供机制，保障城镇常住人员享有与本地户籍人员同等的劳动就业权利。加强人力资源市场建设，探索利用移动互联网等现代信息技术手段及时发布劳动力市场供求信息，全面提高公共就业服务效能。积极打造人力资源服务全产业链，在产业集聚、创业创新集中地区，支持建设一批包括招聘、培训、薪酬、咨询、健康服务等多位一体、一站式管理、订单式服务的人力资源产业园。

（二）职业技能提升行动。

加强职业技能实训基地建设。分类指导建设一批布局合理、功能突出、高效实用的多层次职业技能实训基地。加大政府支持力度，鼓励社会投资，放宽职业技能培训教育机构外资准入限制，改善实训条件，提高实训效能。

推行企业新型学徒制。企校结合，推行以“招工即招生、入企即入校、企校双师联合培养”为主要内容的企业新型学徒制。实施技师培训项目，加快急需紧缺工种高技能人才培养，为培育支柱产业和战略性新兴产业提供人才支撑。

完善职业技能培训体系。实施以新生代农民工为重点的职业技能提升计划，开展农村贫困家庭子女、未升学初高中毕业生、农民工、退役军人免费接受职业培训行动。以就业为导向对困难人员实施职业培训，把职业技能培训和推荐就业安置紧密结合起来。加大青年就业见习工作力度，帮助青年获得相应工作经验或经历，提高就业竞争力。

（三）托底保障行动。

完善基本生活保障制度。完善最低工资保障制度。加大转移支付力度，着力提高低收入者收入。健全低保制度，完善低保对象认定办法，建立健全低保标准动态调整机制，在保障家庭基本生活的同时，兼顾就业激励目标。

提升精准兜底保障能力。完善多层次的救助体系，积极发展医疗、教育、住房、就业等专项救助和临时救助，确保面临特定困难的人员获得相应救助。探索将支出型贫困家庭纳入救助范围。

扩大基本保障覆盖范围。完善社会保障制度，实施全民参保计划，基本实现法定人员全覆盖。将城镇私营单位在岗职工平均工资纳入缴费基数统计口径范围，形成合理的社会保险和住房公积金缴费基数，避免对低收入群体的制度性挤出。划转部分国有资本充实社保基金，加大国有资本收益补贴社会保障力度，化解社会保险基金缺口等长期风险。积极发展慈善事业。

（四）财产性收入开源清障行动。

拓宽居民财产投资渠道。在风险可控的前提下，加快发展直接融资，促进多层次资本市场平稳健康发展。加强金融产品和金融工具创新，改善金融服务，向居民提供多元化的理财产品，满足居民日益增长的财富管理需求。

加强对财产性收入的法治保障。加强资本市场诚信和透明度建设，完善上市公司信息披露、财务管理和分红制度，切实维护中小投资者利益。在拆迁、征地、征用公民财产过程中，依法保护公民财产权利不受侵犯。

合理调节财产性收入。平衡劳动所得与资本所得税负水平，着力促进机会公平，鼓励更多群体通过勤劳和发挥才智致富。完善资本所得、财产所得税收征管机制。

（五）收入分配秩序规范行动。

规范现金管理。推行非现金结算。全面推行银行代发工资模式。

堵塞非正规收入渠道。继续遏制以权力、行政垄断等非市场因素获取收入，取缔非法收入。

进一步发挥税收调节收入分配的作用。健全包括个人所得税在内的税收体系，逐步建立综合和分类相结合的个人所得税制度，进一步减轻中等以下收入者税收负担，发挥收入调节功能，适当加大对高收入者的税收调节力度。完善鼓励回馈社会、扶贫济困的税收政策。

（六）收入监测能力提升行动。

建立个人收入和财产信息系统。在确保信息安全和规范利用的前提下，多渠道、多层级归集居民和非居民个人的收入、财产等相关信息，运用大数据、云计算等技术，创新收入监测方式方法，提升居民收入信息监测水平。

完善收入分配统计与核算。完善居民收入分配相关统计指标，增加群体分类。加快建立电子化居民收入调查统计系统。加强中等收入者标准研究。加强国民总收入（GNI）核算和境外净要素收入统计。

建立收入分配政策评估体系。建立宏观经济、相关政策和微观数据的综合评估机制，对有关政策的执行情况和效果进行评估。借鉴国际经验，引入收入分配微观模拟模型。

四、强化组织实施

（一）加强协调配合。充分发挥深化收入分配制度改革部际联席会议的统筹协调作用，形成政策合力，将重点群体增收激励计划落到实处。各地区可根据实际情况，研究制定本地区促进居民增收的具体办法，建立健全统筹协调工作机制，对重点群体实施精准激励。

（二）鼓励先行先试。选择部分省（区、市）开展城乡居民增收综合配套政策试点。选择部分地区和科研单位开展专项激励计划和收入监测试点。定期总结试点经验，重点提出可复制、可推广的经验做法和政策措施。

（三）加强督查考核。各地区、各部门要把落实收入分配政策、增加城乡居民收入作为重要任务，对各项具体细化措施和试点方案建立评估评价机制，每年进行专项和综合考核。深化收入分配制度改革部际联席会议要适时组织开展专项督查，确保各项政策措施落到实处。

（四）加强舆论引导。营造鼓励增收致富的良好社会环境，大力弘扬勤劳致富精神，加强依法保护产权、弘扬企业家精神、改善民生等方面的舆论引导，做好政策解读和宣传，不断激发全体劳动者的积极性、主动性、创造性。

二〇一六年十月十日

国务院关于取消一批职业资格许可和认定事项的决定

国发［2016］68号

各省、自治区、直辖市人民政府，国务院各部委、各直属机构：

经研究论证，国务院决定取消114项职业资格许可和认定事项，现予公布。同时，建议取消1项依据有关法律设立的职业资格许可和认定事项，国务院将依照法定程序提请全国人民代表大会常务委员会修订相关法律规定。

减少职业资格许可和认定事项是推进简政放权、放管结合、优化服务改革的重要内容，也是深化人才发展体制机制改革和推动大众创业、万众创新的重要举措。各地区、各部门要从全面深化改革特别是供给侧结构性改革的大局出发，进一步转变职能、转变观念、提高认识，加大职业资格许可和认定事项清理力度，不断降低人才负担和制度成本，持续激发市场和社会活力，促进就业创业。对已经取消的职业资格许可和认定事项，人力资源社会保障部要会同有关部门加强跟踪督查，及时组织“回头看”，确保清理到位，防止反弹。要抓紧公布实施国家职业资格目录清单，清单之外一律不得许可和认定职业资格，清单之内除准入类职业资格外一律不得与就业创业挂钩。要加强对职业资格设置、实施的监管和服务，对违法违规设置、实施的职业资格事项，发现一起、查处一起。要推动职业资格信息共享，提高信息化服务水平，逐步建立持证人员信用管理体系，严肃查处证书挂靠、寻租等行为。要妥善处理职业资格许可和认定事项取消后续工作，研究制定职业标准和评价规范，搞好政策衔接，确保人才队伍稳定。

附件：国务院决定取消的职业资格许可和认定事项目录（共计114项）

二〇一六年十二月一日

附件

国务院决定取消的职业资格许可和认定事项目录
（共计 114 项）

一、取消的专业技术人员职业资格许可和认定事项（共计 7 项，其中准入类 3 项，水平评价类 4 项）

序号	项目名称	实施部门（单位）	资格类别	设定依据	处理决定	备注
1	公路水运工程监理工程师资格	交通运输部	准入类	《建设工程质量管理条例》 《建设工程安全生产管理条例》	取消	纳入监理工程师职业资格统一实施
2	肉品品质检验人员资格	农业部	准入类	《生猪屠宰管理条例》	取消	纳入兽医卫生检验人员资格统一实施
3	临时导游	国家旅游局	准入类	《导游人员管理条例》	取消	纳入导游资格统一实施
4	投资建设项目管理师	国家发展改革委、人力资源社会保障部	水平评价类	《投资建设项目管理师职业水平认证制度暂行规定》（国人部发［2004］110 号）	取消	
5	水利工程建设监理人员资格	水利部	水平评价类	《建设工程质量管理条例》 《建设工程安全生产管理条例》	取消	纳入监理工程师职业资格统一实施
6	防雷专业技术人员资格	中国气象局	水平评价类	《防雷减灾管理办法》（中国气象局令第 24 号） 《防雷工程专业资质管理办法》（中国气象局令第 25 号）	取消	由省级以上气象学会组织实施
7	管理咨询人员职业资格	中国企业联合会、人力资源社会保障部	水平评价类	《管理咨询人员职业水平评价暂行规定》（国人部发［2005］71 号）	取消	

二、取消的技能人员职业资格许可和认定事项（共计107项，均为水平评价类）

序号	项目名称		实施部门（单位）	资格类别	设定依据	处理决定	备注
	小类	细类（职业）					
1	机械设备装配人员	工程机械装配与调试工	中国机械工业联合会	水平评价类	《关于印发皮革护理员等5个国家职业技能标准的通知》（人社厅发［2010］96号）	取消	
2	动力设备装配人员	电机装配工	中国机械工业联合会	水平评价类	《关于印发第三批国家职业标准的通知》（劳社厅发［2002］1号）	取消	
		船舶柴油机装配工	中国船舶工业集团公司、中国船舶重工集团公司		《关于印发液化天然气操作工等7个国家职业技能标准的通知》（人社厅发［2011］56号）		
3	机械设备维修人员	钻掘设备维修钳工	国土资源部	水平评价类	《关于印发地质测量工等6个国家职业标准的通知》（劳社厅发［2008］7号）	取消	
4	电子产品维修人员	计算机（微机）维修工	人力资源社会保障部	水平评价类	《关于印发第十八批平版印刷工等20个国家职业标准的通知》（劳社厅发［2008］5号）	取消	
5	裁剪缝纫人员	服装制作工	人力资源社会保障部	水平评价类	《关于印发第五批国家职业标准的通知》（劳社厅发［2003］1号）	取消	
6	乳品、冷食品及罐头、饮料制作人员	饮料制作工	中国轻工业联合会	水平评价类	《关于印发第十七批铝制品制作工等26个国家职业标准的通知》（劳社厅发［2008］1号）	取消	
		乳品加工工	农业部、中国轻工业联合会		《关于印发第十九批矿山救护工等22个国家职业标准的通知》（劳社厅发［2008］6号）		
		乳品预处理工	农业部		《关于印发果茶桑园艺工等11个国家职业标准的通知》（劳社厅发［2005］5号）		
7	食品添加剂及调味品制作人员	酱油酱类制作工、食醋制作工、酱腌菜制作工、调味品评师	人力资源社会保障部	水平评价类	《关于印发第八批林木种苗工等65个国家职业标准的通知》（劳社厅发［2004］1号） 《关于印发液化天然气操作工等7个国家职业技能标准的通知》（人社厅发［2011］56号）	取消	
		味精制作工	中国轻工业联合会		《关于印发第十批玩具设计师等68个国家职业标准的通知》（劳社厅发［2005］1号）		

续表

序号	项目名称		实施部门（单位）	资格类别	设定依据	处理决定	备注
	小类	细类（职业）					
8	粮油食品制作人员	烘焙工、豆制品制作工	人力资源社会保障部	水平评价类	《关于印发第五批国家职业标准的通知》（劳社厅发［2003］1号） 《关于印发第八批林木种苗工等65个国家职业标准的通知》（劳社厅发［2004］1号）	取消	
9	屠宰加工人员	猪屠宰加工工、牛羊屠宰加工工、禽类屠宰加工工	人力资源社会保障部	水平评价类	《关于印发第五批国家职业标准的通知》（劳社厅发［2003］1号）	取消	
10	肉、蛋食品加工人员	肉制品加工工	人力资源社会保障部	水平评价类	《关于印发第五批国家职业标准的通知》（劳社厅发［2003］1号）	取消	
11	印前处理人员	平版制版工、柔性版制版工、网版制版工、凹版制版工、印前制作员	人力资源社会保障部	水平评价类	《关于印发第十批玩具设计师等68个国家职业标准的通知》（劳社厅发［2005］1号） 《关于印发第十五批模具设计师等65个国家职业标准的通知》（劳社厅发［2006］33号） 《关于印发平版制版工等23个国家职业技能标准的通知》（人社厅发［2010］39号） 《关于印发凹版制版工等2个国家职业技能标准的通知》（人社厅发［2012］66号）	取消	
12	印刷操作人员	平版印刷工、柔性版印刷工、网版印刷工、凹版印刷工	人力资源社会保障部	水平评价类	《关于印发第十批玩具设计师等68个国家职业标准的通知》（劳社厅发［2005］1号） 《关于印发第十八批平版印刷工等20个国家职业标准的通知》（劳社厅发［2008］5号） 《关于印发平版制版工等23个国家职业技能标准的通知》（人社厅发［2010］39号）	取消	
13	印后制作人员	印品整饰工、装订工	人力资源社会保障部	水平评价类	《关于印发平版制版工等23个国家职业技能标准的通知》（人社厅发［2010］39号） 《关于印发凹版制版工等2个国家职业技能标准的通知》（人社厅发［2012］66号）	取消	
14	装饰装修人员	装饰装修工、地面供暖施工员	人力资源社会保障部	水平评价类	《关于印发组合机床操作工等28个国家职业标准的通知》（劳社厅发［2000］14号） 《关于印发防腐蚀工等17个国家职业技能标准的通知》（人社厅发［2009］90号）	取消	

续表

序号	项目名称		实施部门（单位）	资格类别	设定依据	处理决定	备注
	小类	细类（职业）					
15	图书资料与档案业务人员	图书资料业务人员	文化部	水平评价类	《关于印发民族乐器演奏员等4个国家职业标准（试行）的通知》（劳社厅发［2004］10号）	取消	纳入职称系列进行评价管理
16	电信业务人员	电信业务营业员、话务员	工业和信息化部	水平评价类	《关于印发电信机务员等5个国家职业标准的通知》（劳社厅发［2007］22号） 《关于印发电信业务营业员等四个国家职业技能标准的通知》（人社厅发［2011］114号）	取消	
17	电信通信传输业务人员	市话测量员	工业和信息化部	水平评价类	《关于印发线务员等4个国家职业技能标准的通知》（人社厅发［2009］78号）	取消	
18	其他购销人员	粮油购销员	国家粮食局	水平评价类	《关于印发粮油竞价交易员等7个国家职业标准的通知》（劳社厅发［2005］10号）	取消	
19	铁路客货运输服务人员	铁路售票员、售票值班员	中国铁路总公司	水平评价类	《关于印发列车值班员等65个国家职业（工种）标准的通知》（劳社厅发［2007］14号）	取消	
20	大田作物生产人员	农艺工	农业部	水平评价类	《关于印发农艺工等4个国家职业标准的通知》（劳社厅发［2007］19号）	取消	
21	农业实验人员	农业实验工、农情测报员	农业部	水平评价类	《关于印发农业实验工等7个国家职业技能标准的通知》（人社厅发［2010］89号） 《关于印发农情测报员等4个国家职业技能标准的通知》（人社厅发［2011］88号）	取消	
22	园艺作物生产人员	蔬菜园艺工，果树园艺工，茶园园艺工，果、茶、桑园艺工	农业部	水平评价类	《关于印发蔬菜园艺工等14个国家职业标准的通知》（劳社厅发［2004］3号） 《关于印发果茶桑园艺工等11个国家职业标准的通知》（劳社厅发［2005］5号） 《关于印发果树园艺工等4个国家职业技能标准的通知》（人社厅发［2009］99号）	取消	
23	热带作物生产人员	剑麻栽培工	农业部	水平评价类	《关于印发果茶桑园艺工等11个国家职业标准的通知》（劳社厅发［2005］5号）	取消	
24	中药材生产人员	中药材种植员	国家中医药局	水平评价类	《关于印发中药调剂员等5个国家职业技能标准的通知》（人社厅发［2009］94号）	取消	
25	农副林特产品加工人员	棉花加工工	供销合作总社	水平评价类	《关于印发防腐蚀工等22个国家职业标准的通知》（劳社厅发［2001］3号）	取消	

续表

序号	项目名称		实施部门（单位）	资格类别	设定依据	处理决定	备注
	小类	细类（职业）					
26	家畜饲养人员	牛肉分级员	农业部	水平评价类	《关于印发果茶桑园艺工等11个国家职业标准的通知》（劳社厅发〔2005〕5号）	取消	
27	家禽饲养人员	家禽饲养工	农业部	水平评价类	《关于印发果茶桑园艺工等11个国家职业标准的通知》（劳社厅发〔2005〕5号）	取消	
28	蜜蜂饲养人员	蜂产品加工工	供销合作总社	水平评价类	《关于印发第六批国家职业标准的通知》（劳社厅发〔2003〕14号）	取消	
29	实验动物饲养人员	实验动物饲养工	农业部	水平评价类	《关于印发农业实验工等7个国家职业技能标准的通知》（人社厅发〔2010〕89号）	取消	
30	动物疫病防治人员	水生生物检疫检验员	农业部	水平评价类	《关于印发农作物种子繁育员等17个国家职业标准的通知》（劳社厅发〔2003〕3号）	取消	
31	草业生产人员	草原监护员、草坪建植工、牧草工	农业部	水平评价类	《关于印发蔬菜园艺工等14个国家职业标准的通知》（劳社厅发〔2004〕3号） 《关于印发果茶桑园艺工等11个国家职业标准的通知》（劳社厅发〔2005〕5号）	取消	
32	水产养殖人员	海水水生植物苗种繁育工、珍珠养殖工、生物饵料培养工、水产养殖质量管理员	农业部	水平评价类	《关于印发果茶桑园艺工等11个国家职业标准的通知》（劳社厅发〔2005〕5号） 《关于印发第十九批矿山救护工等22个国家职业标准的通知》（劳社厅发〔2008〕6号） 《关于印发农情测报员等4个国家职业技能标准的通知》（人社厅发〔2011〕88号）	取消	
33	农村能源开发利用人员	农村节能员、生物质能利用工、微水电利用工、小风电利用工	农业部	水平评价类	《关于印发蔬菜园艺工等14个国家职业标准的通知》（劳社厅发〔2004〕3号） 《关于印发果茶桑园艺工等11个国家职业标准的通知》（劳社厅发〔2005〕5号） 《关于印发农业技术指导员等5个国家职业标准的通知》（劳社厅发〔2007〕4号）	取消	
34	钻井人员	钻井工、固井工、井架安装工	中国石油天然气集团公司	水平评价类	《关于印发第三批国家职业标准的通知》（劳社厅发〔2002〕1号）	取消	
35	石油、天然气开采人员	油、气井测试工，采油工，采气工，井下作业工，天然气净化工，油气输送工，油气管道保护工，液化天然气操作工	中国石油天然气集团公司	水平评价类	《关于印发第三批国家职业标准的通知》（劳社厅发〔2002〕1号） 《关于印发液化天然气操作工等7个国家职业技能标准的通知》（人社厅发〔2011〕56号）	取消	

续表

序号	项目名称		实施部门（单位）	资格类别	设定依据	处理决定	备注
	小类	细类（职业）					
36	盐业生产人员	海盐制盐工、苦卤综合利用工、精制盐工、盐斤分装设备操作工、冷冻提硝工、真空制盐工、井矿盐卤水净化工、井矿盐采卤工、驳筑集拆坨盐工、湖盐脱水工、湖盐采掘工	中国盐业总公司	水平评价类	《关于印发第五批国家职业标准的通知》（劳社厅发［2003］1号） 《关于印发第七批速录师等14个国家职业标准的通知》（劳社厅发［2003］19号）	取消	
37	石油炼制生产人员	燃料油生产工，润滑油、脂生产工，石油产品精制工，加油站操作员	中国石油天然气集团公司、中国石油化工集团公司	水平评价类	《关于印发第五批国家职业标准的通知》（劳社厅发［2003］1号） 《关于印发第十二批房地产策划师等54个国家职业标准的通知》（劳社厅发［2006］1号）	取消	
38	化学肥料生产人员	硝酸铵生产工、碳酸氢铵生产工、硫铵工	中国石油和化学工业联合会	水平评价类	《关于印发第十批玩具设计师等68个国家职业标准的通知》（劳社厅发［2005］1号） 《关于印发高炉原料工等27个工种国家职业标准的通知》（人社厅发［2008］71号）	取消	
39	合成树脂生产人员	聚乙烯生产工、聚丙烯生产工、聚丁二烯生产工、聚氯乙烯生产工、环氧树脂生产工、丙烯腈-丁二烯-苯乙烯共聚物（ABS）生产工、聚苯乙烯生产工	中国石油和化学工业联合会、中国石油天然气集团公司、中国石油化工集团公司	水平评价类	《关于印发第五批国家职业标准的通知》（劳社厅发［2003］1号） 《关于印发第六批国家职业标准的通知》（劳社厅发［2003］14号）	取消	

续表

序号	项目名称		实施部门（单位）	资格类别	设定依据	处理决定	备注
	小类	细类（职业）					
40	精细化工产品生产人员	农药生物测试实验工、染料分析工、涂料合成树脂工、制漆配色调制工、催化剂试验工、化工添加剂制造工、催化剂制造工、化学试剂制造工	中国石油和化学工业联合会、中国石油天然气集团公司、中国石油化工集团公司	水平评价类	《关于印发第五批国家职业标准的通知》（劳社厅发［2003］1号） 《关于印发第十二批房地产策划师等54个国家职业标准的通知》（劳社厅发［2006］1号） 《关于印发第十五批模具设计师等65个国家职业标准的通知》（劳社厅发［2006］33号） 《关于印发紧急救助员等6个国家职业技能标准的通知》（人社厅发［2012］54号）	取消	
41	工件表面处理加工人员	涂装工	人力资源社会保障部	水平评价类	《关于印发船舶管系工等42个国家职业技能标准的通知》（人社厅发［2009］66号）	取消	
42	运输车辆装配人员	自行车、电动自行车装配工	中国轻工业联合会	水平评价类	《关于印发第七批速录师等14个国家职业标准的通知》（劳社厅发［2003］19号）	取消	
43	船舶制造人员	船体装配工、船舶管系工、船舶钳工、船舶气割工	中国船舶工业集团公司、中国船舶重工集团公司	水平评价类	《关于印发船舶管系工等42个国家职业技能标准的通知》（人社厅发［2009］66号） 《关于印发液化天然气操作工等7个国家职业技能标准的通知》（人社厅发［2011］56号）	取消	
44	其他机械设备修理人员	带温带压堵漏工	中国钢铁工业协会	水平评价类	《关于印发船舶管系工等42个国家职业技能标准的通知》（人社厅发［2009］66号）	取消	
45	橡胶制品生产人员	橡胶硫化工、橡胶成型工、橡胶半成品制造工、橡胶炼胶工	中国石油和化学工业联合会	水平评价类	《关于印发第十批玩具设计师等68个国家职业标准的通知》（劳社厅发［2005］1号）	取消	
46	饲料生产加工人员	饲料厂中央控制室操作工	农业部	水平评价类	《关于印发农作物种子繁育员等17个国家职业标准的通知》（劳社厅发［2003］3号）	取消	
47	中药制药人员	中药固体制剂工	国家中医药局	水平评价类	《关于印发中药调剂员等5个国家职业技能标准的通知》（人社厅发［2009］94号）	取消	
48	水泥及水泥制品生产加工人员	石灰焙烧工	中国建筑材料联合会	水平评价类	《关于印发第八批林木种苗工等65个国家职业标准的通知》（劳社厅发［2004］1号）	取消	

续表

序号	项目名称		实施部门（单位）	资格类别	设定依据	处理决定	备注
	小类	细类（职业）					
49	墙体屋面材料生产人员	石膏粉生产工	中国建筑材料联合会	水平评价类	《关于印发第八批林木种苗工等65个国家职业标准的通知》（劳社厅发〔2004〕1号）	取消	
50	装饰石材生产人员	石材护理工	中国建筑材料联合会	水平评价类	《关于印发防腐蚀工等17个国家职业技能标准的通知》（人社厅发〔2009〕90号）	取消	
51	陶瓷制品生产人员	陶瓷模型制作工	中国轻工业联合会	水平评价类	《关于印发第八批林木种苗工等65个国家职业标准的通知》（劳社厅发〔2004〕1号）	取消	
52	珠宝首饰加工制作人员	贵金属首饰机制工	国土资源部、中国轻工业联合会	水平评价类	《关于印发第十批玩具设计师等68个国家职业标准的通知》（劳社厅发〔2005〕1号）	取消	
53	行政事务人员	公关员、计算机操作员、制图员	人力资源社会保障部	水平评价类	《关于印发第三批国家职业标准的通知》（劳社厅发〔2002〕1号） 《关于印发第九批国家职业标准的通知》（劳社厅发〔2004〕7号） 《关于印发第十八批平版印刷工等20个国家职业标准的通知》（劳社厅发〔2008〕5号）	取消	
54	营业人员	营业员、收银员	人力资源社会保障部	水平评价类	《关于印发船舶管系工等42个国家职业技能标准的通知》（人社厅发〔2009〕66号） 《关于印发平版制版工等23个国家职业技能标准的通知》（人社厅发〔2010〕39号）	取消	
		珠宝首饰营业员	国土资源部		《关于印发组合机床操作工等28个国家职业标准的通知》（劳社厅发〔2000〕14号）		
		用户通信终端销售员	工业和信息化部				
55	拍卖、典当及租赁业务人员	鉴定估价师	人力资源社会保障部	水平评价类	《关于印发第六批国家职业标准的通知》（劳社厅发〔2003〕14号）	取消	
56	保管人员	冷藏工	人力资源社会保障部	水平评价类	《关于印发船舶管系工等42个国家职业技能标准的通知》（人社厅发〔2009〕66号）	取消	
57	调酒和茶艺人员	调酒师	人力资源社会保障部	水平评价类	《关于印发平版制版工等23个国家职业技能标准的通知》（人社厅发〔2010〕39号）	取消	

续表

序号	项目名称		实施部门（单位）	资格类别	设定依据	处理决定	备注
	小类	细类（职业）					
58	公共卫生和营养配餐人员	公共营养师、营养配餐员	人力资源社会保障部	水平评价类	《关于印发第十五批模具设计师等 65 个国家职业标准的通知》（劳社厅发［2006］33 号） 《关于印发船舶管系工等 42 个国家职业技能标准的通知》（人社厅发［2009］66 号）	取消	
59	社会中介服务人员	科技咨询师、职业信息分析师	人力资源社会保障部	水平评价类	《关于印发第七批速录师等 14 个国家职业标准的通知》（劳社厅发［2003］19 号） 《关于印发第十批玩具设计师等 68 个国家职业标准的通知》（劳社厅发［2005］1 号）	取消	
		农产品经纪人	农业部、供销合作总社		《关于印发第七批速录师等 14 个国家职业标准的通知》（劳社厅发［2003］19 号）		
60	演员	电影电视演员	文化部	水平评价类	《关于印发电影电视演员等十个国家职业标准（试行）的通知》（劳社厅发［2006］7 号）	取消	纳入职称系列进行评价管理
61	美术专业人员	书法师	文化部	水平评价类	《关于印发电影电视演员等十个国家职业标准（试行）的通知》（劳社厅发［2006］7 号）	取消	
62	摄影服务人员	摄影师	人力资源社会保障部	水平评价类	《关于印发第十五批模具设计师等 65 个国家职业标准的通知》（劳社厅发［2006］33 号）	取消	
63	洗染织补人员	洗衣师	中国商业联合会	水平评价类	《关于印发第十七批铝制品制作工等 26 个国家职业标准的通知》（劳社厅发［2008］1 号）	取消	
64	办公设备维修人员	办公设备维修工	人力资源社会保障部	水平评价类	《关于印发平版制版工等 23 个国家职业技能标准的通知》（人社厅发［2010］39 号）	取消	
65	玩具制作人员	布绒玩具制作工	中国轻工业联合会	水平评价类	《关于印发平版制版工等 23 个国家职业技能标准的通知》（人社厅发［2010］39 号）	取消	
66	漆器工艺品制作人员	漆器镶嵌工、彩绘雕填制工、漆器制胎工	中国轻工业联合会	水平评价类	《关于印发第十三批漆器制胎工等 4 个国家职业标准的通知》（劳社厅发［2006］10 号）	取消	

续表

序号	项目名称		实施部门（单位）	资格类别	设定依据	处理决定	备注
	小类	细类（职业）					
67	金属工艺品制作人员	金属摆件工	中国轻工业联合会	水平评价类	《关于印发平版制版工等23个国家职业技能标准的通知》（人社厅发［2010］39号）	取消	
68	雕刻工艺品制作人员	工艺品雕刻工	中国轻工业联合会	水平评价类	《关于印发第五批国家职业标准的通知》（劳社厅发［2003］1号）	取消	
69	文教用品制作人员	自来水笔制作工、圆珠笔制作工、铅笔制造工、墨水制造工	中国轻工业联合会	水平评价类	《关于印发第八批林木种苗工等65个国家职业标准的通知》（劳社厅发［2004］1号）	取消	
70	乐器制作人员	钢琴制作工、管乐器制作工	中国轻工业联合会	水平评价类	《关于印发第五批国家职业标准的通知》（劳社厅发［2003］1号） 《关于印发第八批林木种苗工等65个国家职业标准的通知》（劳社厅发［2004］1号）	取消	
71	筑路、养护、维修人员	舟桥起重工、道岔钳工、机动舟驾驶员、铁路舟桥工	中国铁路总公司	水平评价类	《关于印发列车值班员等65个国家职业（工种）标准的通知》（劳社厅发［2007］14号）	取消	
72	铁路、地铁运输机械设备操作及有关人员	运转车长、指导车长、机车检查保养员、机车整备工、列车轴温检测员、信号员（长）、驼峰调车长、救援机械副司机、铁路电源工	中国铁路总公司	水平评价类	《关于印发列车值班员等65个国家职业（工种）标准的通知》（劳社厅发［2007］14号） 《关于印发铁路通信工（维护）等4个国家职业技能标准的通知》（人社厅发［2011］61号）	取消	
73	起重装卸机械操作及有关人员	叉车司机、装载机司机	中国铁路总公司	水平评价类	《关于印发列车值班员等65个国家职业（工种）标准的通知》（劳社厅发［2007］14号）	取消	
74	海洋环境调查与监测人员	海洋环境监测工	国家海洋局	水平评价类	《关于印发海洋环境监测工等6个国家职业标准的通知》（劳社厅发［2008］4号）	取消	
75	计量人员	化工仪表维修工	中国石油和化学工业联合会	水平评价类	《关于印发第十批玩具设计师等68个国家职业标准的通知》（劳社厅发［2005］1号）	取消	

续表

序号	项目名称		实施部门（单位）	资格类别	设定依据	处理决定	备注
	小类	细类（职业）					
76	包装人员	钢铁产品包装工	中国钢铁工业协会	水平评价类	《关于印发高炉原料工等27个工种国家职业标准的通知》（人社厅发［2008］71号）	取消	
77	浴池服务人员	修脚师	人力资源社会保障部	水平评价类	《关于印发第十七批铝制品制作工等26个国家职业标准的通知》（劳社厅发［2008］1号）	取消	
78	木材制品制作人员	木雕工	人力资源社会保障部	水平评价类	《关于印发锁具修理工等5个国家职业技能标准的通知》（人社厅发［2012］114号）	取消	
79	工程设备安装人员	电气设备安装工	中国电力企业联合会	水平评价类	《关于印发防腐蚀工等22个国家职业标准的通知》（劳社厅发［2001］3号）	取消	
		机械设备安装工、管工	人力资源社会保障部		《关于印发第五批国家职业标准的通知》（劳社厅发［2003］1号） 《关于印发手工木工等8个国家职业技能标准的通知》（人社厅发［2011］129号）		
80	化工工程技术人员	调香师	人力资源社会保障部	水平评价类	《关于印发第十五批模具设计师等65个国家职业标准的通知》（劳社厅发［2006］33号）	取消	
81	建筑工程技术人员	景观设计师	人力资源社会保障部	水平评价类	《关于印发第十五批模具设计师等65个国家职业标准的通知》（劳社厅发［2006］33号）	取消	
82	纺织工程技术人员	纺织面料设计师	人力资源社会保障部	水平评价类	《关于印发第十八批平版印刷工等20个国家职业标准的通知》（劳社厅发［2008］5号）	取消	
83	食品工程技术人员	豆制品工艺师、坚果炒货工艺员	人力资源社会保障部	水平评价类	《关于印发第十七批铝制品制作工等26个国家职业标准的通知》（劳社厅发［2008］1号） 《关于印发平版制版工等23个国家职业技能标准的通知》（人社厅发［2010］39号）	取消	
84	管理（工业）工程技术人员	商务策划师、企业文化师	人力资源社会保障部	水平评价类	《关于印发第十二批房地产策划师等54个国家职业标准的通知》（劳社厅发［2006］1号） 《关于印发第十五批模具设计师等65个国家职业标准的通知》（劳社厅发［2006］33号）	取消	

续表

序号	项目名称		实施部门（单位）	资格类别	设定依据	处理决定	备注
	小类	细类（职业）					
85	工艺美术专业人员	室内装饰设计员、陈列展览设计人员、广告设计师、包装设计师、玩具设计师、首饰设计师、建筑模型设计制作员、家具设计师、动画绘制员、陶瓷产品设计师、地毯设计师、皮具设计师、鞋类设计师、会展设计师、色彩搭配师	人力资源社会保障部	水平评价类	《关于印发第四批国家职业标准的通知》（劳社厅发［2002］10号） 《关于印发第五批国家职业标准的通知》（劳社厅发［2003］1号） 《关于印发第六批国家职业标准的通知》（劳社厅发［2003］14号） 《关于印发第九批国家职业标准的通知》（劳社厅发［2004］7号） 《关于印发第十批玩具设计师等68个国家职业标准的通知》（劳社厅发［2005］1号） 《关于印发第十五批模具设计师等65个国家职业标准的通知》（劳社厅发［2006］33号） 《关于印发第十七批铝制品制作工等26个国家职业标准的通知》（劳社厅发［2008］1号） 《关于印发养老护理员等四个国家职业技能标准的通知》（人社厅发［2011］104号）	取消	
86	餐厅服务人员	餐厅服务员	人力资源社会保障部	水平评价类	《关于印发船舶管系工等42个国家职业技能标准的通知》（人社厅发［2009］66号）	取消	
87	饭店服务人员	前厅服务员、客房服务员	人力资源社会保障部	水平评价类	《关于印发船舶管系工等42个国家职业技能标准的通知》（人社厅发［2009］66号）	取消	
88	健身和娱乐场所服务人员	足部按摩师、芳香保健师	人力资源社会保障部	水平评价类	《关于印发第十二批房地产策划师等54个国家职业标准的通知》（劳社厅发［2006］1号） 《关于印发第十四批理财规划师等3个国家职业标准的通知》（劳社厅发［2006］20号）	取消	
		反射疗法师	国家卫生计生委		《关于印发反射疗法师等3个国家职业标准的通知》（劳社厅发［2007］11号）		
89	环境卫生人员	保洁员	人力资源社会保障部	水平评价类	《关于印发第十八批平版印刷工等20个国家职业标准的通知》（劳社厅发［2008］5号）	取消	

续表

序号	项目名称		实施部门（单位）	资格类别	设定依据	处理决定	备注
	小类	细类（职业）					
90	其他社会服务和居民生活服务人员	呼叫服务员、礼仪主持人	人力资源社会保障部	水平评价类	《关于印发第十批玩具设计师等68个国家职业标准的通知》（劳社厅发［2005］1号） 《关于印发第十五批模具设计师等65个国家职业标准的通知》（劳社厅发［2006］33号）	取消	
91	化工产品生产通用工艺人员	蒸馏工、萃取工、吸收工、干燥工、结晶工、蒸发工	中国石油和化学工业联合会	水平评价类	《关于印发第十批玩具设计师等68个国家职业标准的通知》（劳社厅发［2005］1号）	取消	
92	仪器仪表装配人员	电工仪器仪表装配工	人力资源社会保障部	水平评价类	《关于印发防腐蚀工等22个国家职业标准的通知》（劳社厅发［2001］3号）	取消	
93	国际商务人员	报关员	海关总署	水平评价类	《关于印发报关员国家职业标准的通知》（劳社厅发［2007］25号）	取消	
94	航空运输服务人员	民航售票员	中国民航局	水平评价类	《关于印发平版制版工等23个国家职业技能标准的通知》（人社厅发［2010］39号）	取消	
95	营造林人员	营造林工程监理员	国家林业局	水平评价类	《关于印发第八批林木种苗工等65个国家职业标准的通知》（劳社厅发［2004］1号）	取消	
96	地质勘查人员	磨片工、淘洗工、掘进材料工、钻探材料工	国土资源部	水平评价类	《关于印发掘进工等7个国家职业技能标准的通知》（人社厅发［2010］61号）	取消	
97	炼铁人员	铁库工	中国钢铁工业协会	水平评价类	《关于印发高炉原料工等27个工种国家职业标准的通知》（人社厅发［2008］71号）	取消	
98	炼钢人员	炼钢备品工	中国钢铁工业协会	水平评价类	《关于印发高炉原料工等27个工种国家职业标准的通知》（人社厅发［2008］71号）	取消	
99	机械热加工人员	剪切工	中国机械工业联合会	水平评价类	《关于印发第十二批房地产策划师等54个国家职业标准的通知》（劳社厅发［2006］1号）	取消	
100	电子器件制造人员	真空电子器件化学零件制造工、真空电子器件金属零件制造工	工业和信息化部	水平评价类	《关于印发真空电子器件化学零件制造工等11个国家职业标准的通知》（劳社厅发［2004］2号）	取消	

续表

序号	项目名称		实施部门（单位）	资格类别	设定依据	处理决定	备注
	小类	细类（职业）					
101	电池制造人员	原电池制造工	工业和信息化部	水平评价类	《关于印发半导体芯片制造工等13个国家职业标准的通知》（劳社厅发〔2003〕2号）	取消	
102	纤维预处理人员	绢纺精炼工	中国纺织工业联合会	水平评价类	《关于印发第十二批房地产策划师等54个国家职业标准的通知》（劳社厅发〔2006〕1号）	取消	
103	制糖和糖制品加工人员	食糖制造工	中国轻工业联合会	水平评价类	《关于印发第十批玩具设计师等68个国家职业标准的通知》（劳社厅发〔2005〕1号）	取消	
104	简单体力劳动人员	铁路装卸工、装卸值班员	中国铁路总公司	水平评价类	《关于印发列车值班员等65个国家职业（工种）标准的通知》（劳社厅发〔2007〕14号）	取消	
105	计算机与应用工程技术人员	多媒体作品制作员、数字视频（DV）策划制作师	人力资源社会保障部	水平评价类	《关于印发第四批国家职业标准的通知》（劳社厅发〔2002〕10号） 《关于印发第十五批模具设计师等65个国家职业标准的通知》（劳社厅发〔2006〕33号）	取消	
106	检验人员	印染工艺检验工	中国纺织工业联合会	水平评价类	《关于印发第十二批房地产策划师等54个国家职业标准的通知》（劳社厅发〔2006〕1号）	取消	
107	不便分类的其他从业人员	铁路报话员	中国铁路总公司	水平评价类	《关于印发铁路通信工（维护）等4个国家职业技能标准的通知》（人社厅发〔2011〕61号）	取消	
		沥青工	中国钢铁工业协会		《关于印发防腐蚀工等17个国家职业技能标准的通知》（人社厅发〔2009〕90号）		

国务院办公厅关于全面治理拖欠农民工工资问题的意见

国办发［2016］1号

各省、自治区、直辖市人民政府，国务院各部委、各直属机构：

解决拖欠农民工工资问题，事关广大农民工切身利益，事关社会公平正义和社会和谐稳定。党中央、国务院历来高度重视，先后出台了一系列政策措施，各地区、各有关部门加大工作力度，经过多年治理取得了明显成效。但也要看到，这一问题尚未得到根本解决，部分行业特别是工程建设领域拖欠工资问题仍较突出，一些政府投资工程项目不同程度存在拖欠农民工工资问题，严重侵害了农民工合法权益，由此引发的群体性事件时有发生，影响社会稳定。为全面治理拖欠农民工工资问题，经国务院同意，现提出如下意见：

一、总体要求

（一）指导思想。全面贯彻党的十八大和十八届二中、三中、四中、五中全会精神，按照“四个全面”战略布局和党中央、国务院决策部署，牢固树立并切实贯彻创新、协调、绿色、开放、共享的发展理念，紧紧围绕保护农民工劳动所得，坚持标本兼治、综合治理，着力规范工资支付行为、优化市场环境、强化监管责任，健全预防和解决拖欠农民工工资问题的长效机制，切实保障农民工劳动报酬权益，维护社会公平正义，促进社会和谐稳定。

（二）目标任务。以建筑市政、交通、水利等工程建设领域和劳动密集型加工制造、餐饮服务等易发生拖欠工资问题的行业为重点，健全源头预防、动态监管、失信惩戒相结合的制度保障体系，完善市场主体自律、政府依法监管、社会协同监督、司法联动惩处的工作体系。到2020年，形成制度完备、责任落实、监管有力的治理格局，使拖欠农民工工资问题得到根本遏制，努力实现基本无拖欠。

二、全面规范企业工资支付行为

（三）明确工资支付各方主体责任。全面落实企业对招用农民工的工资支付责任，督促各类企业严格依法将工资按月足额支付给农民工本人，严禁将工资发放给不具备用工主体资格的组织和个人。在工程建设领域，施工总承包企业（包括直接承包建设单位发包工程的专业承包企业，下同）对所承包工程项目的农民工工资支付负总责，分包企业（包括承包施工总承包企业发包工程的专业企业，下同）对所招用农民工的工资支付负直接责任，不得以工程款未到位等为由克扣或拖欠农民工工资，不得将合同应收工程款等经营风险转嫁给农民工。

（四）严格规范劳动用工管理。督促各类企业依法与招用的农民工签订劳动合同并严格履行，建立职工名册并办理劳动用工备案。在工程建设领域，坚持施工企业与农民工先签订劳动合同后进场施工，全面实行农民工实名制管理制度，建立劳动计酬手册，记录施工现场作业农民工的身份信息、劳动考勤、工资结算等信息，逐步实现信息化实名制管理。施工总承包企业要加强对分包企业劳动用工和工资发放的监督管理，在工程项目部配备劳资专管员，建立施工人员进出场登记制度和考勤计量、工资支付等管理台账，实时掌握施工现场用工及其工资支付情况，不得以包代管。施工总承包企业和分包企业应将经农民工本人签字确认的工资支付书面记录保存两年以上备查。

（五）推行银行代发工资制度。推动各类企业委托银行代发农民工工资。在工程建设领域，鼓励实行分包企业农民工工资委托施工总承包企业直接代发的办法。分包企业负责为招用的农民工申办银行个人工资账户并办理实名制工资支付银行卡，按月考核农民工工作量并编制工资支付表，经农民工本人签字确认后，交施工总承包企业委托银行通过其设立的农民工工资（劳务费）专用账户直接将工资划入农民工个人工资账户。

三、健全工资支付监控和保障制度

（六）完善企业工资支付监控机制。构建企业工资支付监控网络，依托基层劳动保障监察网格化、网络化管理平台的工作人员和基层工会组织设立的劳动法律监督员，对辖区内企业工资支付情况实行日常监管，对发生过拖欠工资的企业实行重点监控并要求其定期申报。企业确因生产经营困难等原因需要延期支付农民工工资的，应及时向当地人力资源社会保障部门、工会组织报告。建立和完善欠薪预警系统，根据工商、税务、银行、水电供应等单位反映的企业生产经营状况相关指标变化情况，定期对重点行业企业进行综合分析研判，发现欠薪隐患要及时预警并做好防范工作。

（七）完善工资保证金制度。在建筑市政、交通、水利等工程建设领域全面实行工资保证金制度，逐步将实施范围扩大到其他易发生拖欠工资的行业。建立工资保证金差异化缴存办法，对一定时期内未发生工资拖欠的企业实行减免措施、发生工资拖欠的企业适当提高缴存比例。严格规范工资保证金动用和退还办法。探索推行业主担保、银行保函等第三方担保制度，积极引入商业保险机制，保障农民工工资支付。

（八）建立健全农民工工资（劳务费）专用账户管理制度。在工程建设领域，实行人工费用与其他工程款分账管理制度，推动农民工工资与工程材料款等相分离。施工总承包企业应分解工程价款中的人工费用，在工程项目所在地银行开设农民工工资（劳务费）专用账户，专项用于支付农民工工资。建设单位应按照工程承包合同约定的比例或施工总承包企业提供的人工费用数额，将应付工程款中的人工费单独拨付到施工总承包企业开设的农民工工资（劳务费）专用账户。农民工工资（劳务费）专用账户应向人力资源社会保障部门和交通、水利等工程建设项目主管部门备案，并委托开户银行负责日常监管，确保专款专用。开户银行发现账户资金不足、被挪用等情况，应及时向人力资源社会保障部门和交通、水利等工程建设项目主管部门报告。

（九）落实清偿欠薪责任。招用农民工的企业承担直接清偿拖欠农民工工资的主体责任。在工程建设领域，建设单位或施工总承包企业未按合同约定及时划拨工程款，致使分包企业拖欠农民工工资的，由建设单位或施工总承包企业以未结清的工程款为限先行垫付农民工工资。建设单位或施工总承包企业将工程违法发包、转包或违法分包致使拖欠农民工工资的，由建设单位或施工总承包企业依法承担清偿责任。

四、推进企业工资支付诚信体系建设

（十）完善企业守法诚信管理制度。将劳动用工、工资支付情况作为企业诚信评价的重要依据，实行分类分级动态监管。建立拖欠工资企业“黑名单”制度，定期向社会公开有关信息。人力资源社会保障部门要建立企业拖欠工资等违法信息的归集、交换和更新机制，将查处的企业拖欠工资情况纳入人民银行企业征信系统、工商部门企业信用信息公示系统、住房城乡建设等行业主管部门诚信信息平台或政府公共信用信息服务平台。推进相关信用信息系统互联互通，实现对企业信用信息互认共享。

（十一）建立健全企业失信联合惩戒机制。加强对企业失信行为的部门协同监管和联合惩戒，对拖欠工资的失信企业，由有关部门在政府资金支持、政府采购、招投标、生产许可、履约担保、资质审核、融资贷款、市场准入、评优评先等方面依法依规予以限制，使失信企业在全国范围内“一处违法、处处受限”，提高企业失信违法成本。

五、依法处置拖欠工资案件

（十二）严厉查处拖欠工资行为。加强工资支付监察执法，扩大日常巡视检查和书面材料审查覆盖范围，推进劳动保障监察举报投诉案件省级联动处理机制建设，加大拖欠农民工工资举报投诉受理和案件查处力度。完善多部门联合治理机制，深入开展农民工工资支付情况专项检查。健全地区执法协作制度，加强跨区域案件执法协作。完善劳动保障监察行政执法与刑事司法衔接机制，健全劳动保障监察机构、公安机关、检察机关、审判机关间信息共享、案情通报、案件移送等制度，推动完善人民检察院立案监督和人民法院及时财产保全等制度。对恶意欠薪涉嫌犯罪的，依法移送司法机关追究刑事责任，切实发挥刑法对打击拒不支付劳动报酬犯罪行为的威慑作用。

（十三）及时处理欠薪争议案件。充分发挥基层劳动争议调解等组织的作用，引导农民工就地就近解决工资争议。劳动人事争议仲裁机构对农民工因拖欠工资申请仲裁的争议案件优先受理、优先开庭、及时裁决、快速结案。对集体欠薪争议或涉及金额较大的欠薪争议案件要挂牌督办。加强裁审衔接与工作协调，提高欠薪争议案件裁决效率。畅通申请渠道，依法及时为农民工讨薪提供法律服务和法律援助。

（十四）完善欠薪突发事件应急处置机制。健全应急预案，及时妥善处置因拖欠农民工工资引发的突发性、群体性事件。完善欠薪应急周转金制度，探索建立欠薪保障金制度，对企业一时难以解决拖欠工资或企业主欠薪逃匿的，及时动用应急周转金、欠薪保障金或通过其他渠道筹措资金，先行垫付部分工资或基本生活费，帮助解决被拖欠工资农民工的临时生活困难。对采取非法手段讨薪或以拖欠工资为名讨要工程款，构成违反治安管理行为的，要依法予以治安处罚；涉嫌犯罪的，依法移送司法机关追究刑事责任。

六、改进建设领域工程款支付管理和用工方式

（十五）加强建设资金监管。在工程建设领域推行工程款支付担保制度，采用经济手段约束建设单位履约行为，预防工程款拖欠。加强对政府投资工程项目的管理，对建设资金来源不落实的政府投资工程项目不予批准。政府投资项目一律不得以施工企业带资承包的方式进行建设，并严禁将带资承包有关内容写入工程承包合同及补充条款。

（十六）规范工程款支付和结算行为。全面推行施工过程结算，建设单位应按合同约定的计量周期或工程进度结算并支付工程款。工程竣工验收后，对建设单位未完成竣工结算或未按合同支付工程款且未明确剩余工程款支付计划的，探索建立建设项目抵押偿付制度，有效解决拖欠工程款问题。对长期拖欠工程款结算或拖欠工程款的建设单位，有关部门不得批准其新项目开工建设。

（十七）改革工程建设领域用工方式。加快培育建筑产业工人队伍，推进农民工组织化进程。鼓励施工企业将一部分技能水平高的农民工招用为自有工人，不断扩大自有工人队伍。引导具备条件的劳务作业班组向专业企业发展。

（十八）实行施工现场维权信息公示制度。施工总承包企业负责在施工现场醒目位置设立维权信息告示牌，明示业主单位、施工总承包企业及所在项目部、分包企业、行业监管部门等基本信息；明示劳动用工相关法律法规、当地最低工资标准、工资支付日期等信息；明示属地行业监管部门投诉举报电话和劳动争议调解仲裁、劳动保障监察投诉举报电话等信息，实现所有施工场地全覆盖。

七、加强组织领导

（十九）落实属地监管责任。按照属地管理、分级负责、谁主管谁负责的原则，完善并落实解决拖欠农民工工资问题省级人民政府负总责，市（地）、县级人民政府具体负责的工作体制。完善目标责任制度，制定实施办法，将保障农民工工资支付纳入政府考核评价指标体系。建立定期督查制度，对拖欠农民工工资问题高发频发、举报投诉量大的地区及重大违法案件进行重点督查。健全问责制度，对监管责任不落实、组织工作不到位的，要严格责任追究。对政府投资工程项目拖欠工程款并引发拖欠农民工工资问题的，要追究项目负责人责任。

（二十）完善部门协调机制。健全解决企业工资拖欠问题部际联席会议制度，联席会议成员单位调整为人力资源社会保障部、发展改革委、公安部、司法部、财政部、住房城乡建设部、交通运输部、水利部、人民银行、国资委、工商总局、全国总工会，形成治理欠薪工作合力。地方各级人民政府要建立健全由政府负责人牵头、相关部门参与的工作协调机制。人力资源社会保障部门要加强组织协调和督促检查，加大劳动保障监察执法力度。住房城乡建设、交通运输、水利等部门要切实履行行业监管责任，规范工程建设市场秩序，督促企业落实劳务用工实名制管理等制度规定，负责督办因挂靠承包、违法分包、转包、拖欠工程款等造成的欠薪案件。发展改革等部门要加强对政府投资项目的审批管理，严格审查资金来源和筹措方式。财政部门要加强对政府投资项目建设全过程的资金监管，按规定及时拨付财政资金。其他相关部门要根据职责分工，积极做好保障农民工工资支付工作。

（二十一）加大普法宣传力度。发挥新闻媒体宣传引导和舆论监督作用，大力宣传劳动保障法律法规，依法公布典型违法案件，引导企业经营者增强依法用工、按时足额支付工资的法律意识，引导农民工依法理性维权。对重点行业企业，定期开展送法上门宣讲、组织法律培训等活动。充分利用互联网、微博、微信等现代传媒手段，不断创新宣传方式，增强宣传效果，营造保障农民工工资支付的良好舆论氛围。

（二十二）加强法治建设。健全保障农民工工资支付的法律制度，在总结相关行业有效做法和各地经验基础上，加快工资支付保障相关立法，为维护农民工劳动报酬权益提供法治保障。

二〇一六年一月十七日

国务院办公厅关于转发国家发展改革委等部门推进“互联网＋政务服务”开展信息惠民试点实施方案的通知

国办发［2016］23号

各省、自治区、直辖市人民政府，国务院各部委、各直属机构：

国家发展改革委、财政部、教育部、公安部、民政部、人力资源社会保障部、住房城乡建设部、国家卫生计生委、国务院法制办、国家标准委《推进“互联网＋政务服务”开展信息惠民试点实施方案》已经国务院同意，现转发给你们，请结合实际，认真贯彻执行。

二〇一六年四月十四日

推进“互联网＋政务服务”开展信息惠民试点实施方案

推进“互联网＋政务服务”，促进部门间信息共享，是深化简政放权、放管结合、优化服务改革的重要内容。为进一步推动部门间政务服务相互衔接，协同联动，打破信息孤岛，变“群众跑腿”为“信息跑路”，变“群众来回跑”为“部门协同办”，变被动服务为主动服务，特制定本实施方案。

一、形势和要求

近年来，各地区各部门按照党中央、国务院的部署和要求，积极探索创新，不断改进政务服务。国家发展改革委、财政部等12个部门组织实施信息惠民工程，取得初步成效。福建省建成了电子证照库，推动了跨部门证件、证照、证明的互认共享，初步实现了基于公民身份号码的“一号式”服务；广州市的“一窗式”和佛山市的“一门式”服务改革，简化群众办事环节，优化服务流程，提升了办事效率；上海市、深圳市通过建设社区公共服务综合信息平台和数据共享平台，基本实现了政务服务事项的网上综合受理和全程协同办理。

但是也应看到，困扰基层群众的“办证多、办事难”现象仍然大量存在，造成群众重复提交办事材料、往返跑腿，给群众办事创业带来诸多不便。适应新的形势和要求，推进国家治理体系和治理能力现代化，建设服务型政府，亟须进一步加大力度总结和推广试点区域的成功经验，借鉴发达国家依托公民号、社会安全号等开展面向公民社保、医疗、养老、纳税、信用等“一号”管理服务的经验，加快推进部门间信息共享和业务协同，简化群众办事环节、提升政府行政效能、畅通政务服务渠道，着力构建方便快捷、公平普惠、优质高效的政务服务体系。

二、总体思路

（一）基本原则。

1. 问题导向，创新服务。以解决群众办事过程中“办证多、办事难”等问题为核心，运用互联网、大数据等手段，推进“互联网＋政务服务”，增强政务服务的主动性、精准性、便捷性，提高群众办事的满意度。

2. 信息共享，优化流程。充分利用已有设施资源，推动平台资源整合和多方利用，避免分散建设、重复投资。加强政务信息资源跨部门、跨层级互通和协同共享，发挥信息共享支撑多部门协同服务的作用，简化优化群众办事流程，最大程度利企便民。

3. 条块结合，上下联动。充分调动地方人民政府的积极性和主动性，加强行业主管部门的业务指导和政策支持，促进各层级、各部门的协调配合和业务联动，强化制度衔接，构建跨部门、跨层级一体化的联合推进机制。

4. 试点先行，加快推广。充分结合正在实施的信息惠民工程以及不同区域的信息化发展基础，选择条件成熟的区域和领域先行先试，完善标准体系和政策制度，分阶段分步骤实施，确保总体工作有序推进。

（二）工作目标。

通过两年左右时间，在试点地区实现“一号一窗一网”目标，服务流程显著优化，服务模式更加多元，服务渠道更为畅通，群众办事满意度显著提升。

——“一号”申请。充分发挥公民身份号码作为公民唯一的、终身不变的身份代码作用，以公民身份号码作为唯一标识，建成电子证照库，实现群众办事“一号”申请，避免重复提交办事材料、证明和证件等。

——“一窗”受理。整合构建综合政务服务窗口，建立统一的数据共享交换平台和政务服务信息系统，实现政务服务事项“一窗”受理，就近能办、同城通办、异地可办。

——“一网”通办。建成网上统一身份认证体系，推进群众网上办事“一次认证、多点互联”，实现多渠道服务的“一网”通办，大幅提高政务服务的便捷性。

三、主要任务

（一）“一号”申请，简化优化群众办事流程。

依托统一的数据共享交换平台，以公民身份号码作为唯一标识，构建电子证照库，实现涉及政务服务事项的证件数据、相关证明信息等跨部门、跨区域、跨行业互认共享。在群众办事过程中，通过公民身份号码，直接查询所需的电子证照和相关信息，作为群众办事的依据，避免重复提交，实现以“一号”为标识，为居民“记录一生、管理一生、服务一生”的目标。

1. 建立居民电子证照目录。结合编制权力清单、责任清单等工作，全面梳理涉及群众办事的政务服务事项，逐项梳理基本流程和办事依据，简化无谓证明和烦琐手续。推行群众办事相关证件、证照、证明等电子化，形成居民个人电子证照目录。

2. 建设电子证照库。按照分散集中相结合原则，以电子证照目录为基础，启动电子证照库建设，在城区、街道、社区统一应用，并逐步向农村延伸，实现基础证照信息的多元采集、互通共享、多方利用。推进制证系统、业务办理系统与电子证照库对接联通，做到电子证照与纸质证照同步签发。以电子证照库支撑各部门办事过程中相关信息“一次生成、多方复用，一库管理、互认共享”。

3. 建立跨区域电子证照互认共享机制。为方便群众跨区域业务办理，依托统一的数据共享交换平台，推进跨层级、跨区域、跨部门的电子证照互认共享，逐步实现在全国范围内异地业务办理。

4. 研究制定电子证照法规与相关标准。积极开展电子证照相关政策的研究和试点工作，为制定电子证照相关法规和政策提供实践依据。健全完善电子证照关键技术标准和跨地区互认共享标准，推动相关标准在信息惠民国家试点城市及所在省（区、市）的实施应用。

（二）“一窗”受理，改革创新政务服务模式。

前端整合构建综合政务服务窗口和统一的政务服务信息系统，后端建设完善统一的分层管理的数据共享交换平台体系，推动涉及政务服务事项的信息跨部门、跨区域、跨行业互通共享、校验核对，建立高效便民的新型“互联网＋政务服务”体系，推进网上网下一体化管理，实现“一窗口受理、一平台共享、一站式服务”。

1. 建立政务服务事项优化管理机制。按照权力清单和责任清单，全面梳理编制政务服务事项目录，对延伸到基层特别是乡镇（街道）、村（社区）的政务服务事项进行统一规范，最大限度精简办事程序，减少办事环节，缩短办理时限。探索建立涉及多部门的政务服务事项协同办理机制。

2. 升级政务服务大厅功能，整合构建综合服务窗口。加快各级政务服务大厅和城乡社区综合服务机构功能升级，推动政务服务事项分级进驻，采取“前台综合受理、后台分类审批、统一窗口出件”的服务模式，实现一站式服务。建立健全首问负责、一次性告知、并联办理、限时办结等制度，促进政务服务规范化、标准化、便捷化。

3. 整合构建统一的数据共享交换平台和政务服务信息系统。统筹整合建设覆盖全国的数据共享交换平台体系，统一管理政务信息资源目录，实现与人口、法人、空间地理、电子证照、社会信用等基础信息库和业务信息库的联通，逐步推进各级共享交换平台对接，支撑政务信息资源跨部门、跨层级、跨区域互通和协同共享。

依托统一的数据共享交换平台及社区公共服务综合信息平台等已有信息平台，构建统一的政务服务信息系统，完成与各部门业务系统对接，实现相关审批数据、结果同步推送和业务协同办理。推进与电子监察系统对接，确保所有政务服务事项审批办理的流程、结果信息即时可查可用，做到办事过程公开，方便群众监督。

4. 构建网上网下一体化政务服务体系。围绕便民服务，通过综合政务服务窗口和政务服务信息系统，实现对各级政务服务事项从受理、审批到出件的全流程监督管理，促进政务服务规范运作。拓展自助服务、社区代办、邮政快递等服务渠道，构建跨区域、跨层级、网上网下一体化的政务服务体系。

（三）“一网”通办，畅通政务服务方式渠道。

以建设群众办事统一身份认证体系为抓手，逐步构建多渠道多形式相结合、相统一的便民服务“一张网”，实现群众网上办事一次认证、多点互联、“一网”通办。运用“互联网＋”思维和大数据手段，做好政务服务个性化精准推送，为公众提供多渠道、无差别、全业务、全过程的便捷服务。

1. 构建群众办事统一身份认证体系。以公民身份号码为唯一标识，结合实名制，探索运用生物特征及网络身份识别等技术，联通整合实体政务服务大厅、政府网站、移动客户端、自助终端、服务热线等不同渠道的用户认证，形成基于公民身份号码的线上线下互认的群众办事统一身份认证体系，实现群众办事多渠道的一次认证、多点互联、无缝切换。

2. 构建便民服务“一张网”。梳理整合教育、医疗卫生、社会救助、社会福利、社区服务、婚姻登记、殡葬服务、社会工作、劳动就业、社会保障、计划生育、住房保障、住房公积金、公共安全等民生服务领域的网上服务资源，借助统一身份认证体系，联通各个网上办事渠道，构建便民服务“一张网”。结合不同接入渠道和受众特点，优化服务界面，提升服务渠道的便捷性和办事效率。

3. 以大数据创新网络服务模式。有效整合“一张网”中的群众行为数据、电子证照库、数据共享交换平台数据库等资源，形成为群众服务的大数据资源体系。运用大数据技术，开展跨领域、跨渠道的综合分析，了解政务服务需求，不断优化资源配置，丰富服务内容，做好个性化精准推送服务，变被动服务为主动服务，有效提升政务服务质量和效率。

四、实施步骤

以覆盖各省（区、市）的80个信息惠民国家试点城市为试点单位，按照“两年两步走”的思路，统筹设计、稳步推进。

2016年，各试点城市开展证照梳理、电子证照库建设及相关标准体系建立等工作，研究形成与现有系统衔接过渡机制；基本建成电子证照库，完成与制证系统和业务系统的对接，实现电子证照和纸质证照同步签发；建成统一的综合政务服务窗口、数据共享交换平台和政务服务信息系统，完成自有政务服务流程的梳理、简化和标准化，形成政务服务事项目录；建成统一身份认证体系，实现政务服务多渠道的统一认证。在试点城市内部基本实现政务服务事项“一号申请、一窗受理、一网通办”。

2017年，跨省电子证照流转交换与网上身份认证体系全面投入应用，各省（区、市）人民政府基本建成数据共享交换平台、政务服务信息系统和线上线下一体化服务体系。基于信息资源互通共享，初步实现各试点城市间政务服务跨区域、跨层级、跨部门“一号申请、一窗受理、一网通办”，基本公共服务事项80%以上可在网上办理。

各省（区、市）人民政府和国务院相关部门要认真总结试点工作，完善“一号一窗一网”服务模式，形成可复制、可推广的经验，逐步向全国推行。

五、保障措施

（一）加强组织领导，强化协同推进。各有关部门要各司其职、密切配合，积极指导、支持试点实施工作。国家发展改革委要会同有关部门抓紧研究制定政务信息资源共享管理制度，推进统一的数据共享交换平台建设。教育部、公安部、民政部、人力资源社会保障部、住房城乡建设部、国家卫生计生委等部门要加强对有关业务管理模式创新、业务流程优化、强化社区应用等方面的业务指导，加大政策支持。公安部、民政部、人力资源社会保障部、住房城乡建设部、国家卫生计生委等部门要研究加快推进“多号合一”信息共享，并适时推动“多卡合一”改革工作。促进大数据发展部际联席会议负责统筹推动跨地区、跨部门信息共享。

试点城市人民政府要高度重视，把试点工作列入重要日程，明确工作步骤，认真研究部署，统筹做好政务服务目录梳理与流程优化、跨部门信息共享与业务协同、“多号合一”改革等工作。各省（区、市）人民政府要加强统筹协调，推动省市两级共享交换平台对接、跨地市电子证照互认共享等工作，确保“一号一窗一网”试点工作顺利实施。

（二）创新体制机制，健全标准规范。试点城市人民政府要对现行管理制度和规范性文件中与“一号一窗一网”服务模式不相适应的规定进行修改，加快推动制定电子证照、数据共享、网上身份认证相关的地方性法规和规章，抓紧出台信息资源共享管理办法，制定完善信息资源目录体系规范、数据共享交换等相关配套标准，开展网上办事、咨询服务流程和标准研究，加快推动“一号一窗一网”的改革与应用。要切实从群众利益出发，积极利用政府网站、移动客户端等渠道全面公开政务服务事项，实现办事全过程公开透明、可溯源、可核查。国家标准委要会同有关部门和试点城市，制定电子证照数据格式、跨区域互通技术规范。

（三）加大财政支持，倡导政企合作。国务院有关部门继续通过现有资金渠道对“一号一窗一网”相关重点工程给予必要支持。试点城市人民政府要加大支持力度，结合财力情况及“一号一窗一网”建设进度，通过本级财政对人员配备、信息化建设、日常运维等必要经费予以合理安排。引导市场主体行为，引入社会力量，推广政府购买服务、政企合作等新模式，合理开放利用数据资源。

（四）完善考核制度，接受群众监督。建立健全效能评估和监督考核制度，开展绩效评估考核指标体系研究，以惠民效果和群众反响来检验考核信息惠民工作。加强舆论宣传引导，提高“一号一窗一网”工作的社会认知度、认可度。发挥社会监督和舆论监督作用，畅通群众投诉举报渠道，完善举报受理、处理和反馈制度，及时解决群众反映的问题，回应社会关切。

（五）加强信息安全，保护公民隐私。落实国家信息安全等级保护制度要求，加强数据安全管理，完善信息共享、业务协同的身份认证和授权管理机制，强化“一号一窗一网”信息化支撑的安全保障体系建设。采取必要的管理和技术手段，切实保护国家信息安全及公民个人隐私。

国务院办公厅关于建设大众创业万众创新示范基地的实施意见

国办发［2016］35号

各省、自治区、直辖市人民政府，国务院各部委、各直属机构：

根据2016年《政府工作报告》部署和《国务院关于大力推进大众创业万众创新若干政策措施的意见》（国发［2015］32号）等文件精神，为在更大范围、更高层次、更深程度上推进大众创业万众创新，加快发展新经济、培育发展新动能、打造发展新引擎，建设一批双创示范基地、扶持一批双创支撑平台、突破一批阻碍双创发展的政策障碍、形成一批可复制可推广的双创模式和典型经验，重点围绕创业创新重点改革领域开展试点示范，经国务院同意，现提出以下实施意见。

一、总体思路

（一）指导思想。

牢固树立并贯彻落实创新、协调、绿色、开放、共享的新发展理念，加快实施创新驱动发展战略，全面落实推动双创的各项政策措施。加强顶层设计和统筹谋划，通过试点示范完善双创政策环境，推动双创政策落地，扶持双创支撑平台，构建双创发展生态，调动双创主体积极性，发挥双创和“互联网＋”集众智汇众力的乘数效应，发展新技术、新产品、新业态、新模式，总结双创成功经验并向全国推广，进一步促进社会就业，推动形成双创蓬勃发展的新局面，实现发展动力转换、结构优化，促进经济提质增效升级。

（二）基本原则。

——坚持政府引导，加强政策协同。通过试点示范加强各类政策统筹，实现地方与部门政策联动，确保已出台扶持政策具体化、可操作、能落地，切实解决政策落实“最后一公里”问题。结合现有工作基础，更加注重政策前瞻性、引领性，不断完善体制机制，营造有利于双创的政策环境。

——坚持市场主导，搞活双创主体。充分发挥市场配置资源的决定性作用，结合科技、教育和国有企业等改革，放开市场、放活主体，通过环境营造、制度设计、平台搭建等方式，聚焦新兴产业和创新型初创企业，扩大社会就业，培育全社会双创的内生动力。

——坚持问题导向，鼓励先行先试。系统梳理不同领域推动双创的特点和难点，从解决制约双创发展的核心问题入手，明确试点方向，充分调动地方、部门和企业的积极性，大胆探索，勇于尝试，突破制度障碍，切实解决创业者面临的资金、信息、政策、技术、服务等瓶颈问题。

——坚持创新模式，完善双创平台。以构建双创良好生态为目标，系统谋划、统筹考虑，结合各类双创支撑平台的特点，支持建立多种类型的双创示范基地。探索创新平台发展模式，不断丰富平台服务功能，引导社会资源支持双创。

（三）主要目标。

力争通过三年时间，围绕打造双创新引擎，统筹产业链、创新链、资金链和政策链，推动双创组织模式和服务模式创新，加强双创文化建设，到2018年底前建设一批高水平的双创示范基地，培育一批具有市场活力的双创支撑平台，突破一批阻碍双创发展的政策障碍，推广一批适应不同区域特点、组织形式和发展阶段的双创模式和典型经验，加快推动创新型企业成长壮大，努力营造鼓励创新、宽容失败的社会氛围，带动高质量的就业，促进新技术、新产品、新业态、新模式发展，为培育发展新动能提供支撑。

二、示范布局

（一）统筹示范类型。

强化顶层设计，注重分类指导，充分考虑各类主体特点和区域发展情况，有机衔接现有工作基础，有序推进双创示范基地建设。

依托双创资源集聚的区域、高校和科研院所、创新型企业等不同载体，支持多种形式的双创示范基地建设。引导双创要素投入，有效集成高校、科研院所、企业和金融、知识产权服务以及社会组织等力量，实施一批双创政策措施，支持建设一批双创支撑平台，探索形成不同类型的示范模式。

（二）统筹区域布局。

充分考虑东、中、西部和东北地区双创发展情况和特点，结合全面创新改革试验区域、国家综合配套改革试验区、国家自主创新示范区等布局，统筹部署双创示范基地建设，依托各自优势和资源，探索形成各具特色的区域双创形态。

（三）统筹现有基础。

有机衔接各地方、各部门已有工作基础，在双创示范基地遴选、政策扶持、平台建设等方面充分发挥现有机制作用，依托众创空间、小微企业创业基地和城市等各类双创平台和示范区域，各有区别，各有侧重，协同完善双创政策体系。

（四）统筹有序推进。

分批次、分阶段推进实施。首批双创示范基地选择在部分创新资源丰富、体制机制基础好、示范带动能力强的区域和单位先期开展示范布局，建立健全工作机制。在此基础上，逐步完善制度设计，有序扩大示范范围，探索统筹各方资源共同支持建设双创示范基地的新模式。

三、改革举措

积极推进结构性改革尤其是供给侧结构性改革，支持示范基地探索创新、先行先试，在双创发展的若干关键环节和重点领域，率先突破一批瓶颈制约，激发体制活力和内生动力，营造良好的创业创新生态和政策环境，促进新旧动能顺畅转换。

（一）拓宽市场主体发展空间。

持续增强简政放权、放管结合、优化服务改革的累积效应，支持示范基地纵深推进审批制度改革和商事制度改革，先行试验一批重大行政审批改革措施。取消和下放一批行政审批事项，深化网上并联审批和纵横协同监管改革，推行政务服务事项的“一号申请、一窗受理、一网通办”。最大限度减少政府对企业创业创新活动的干预，逐步建立符合创新规律的政府管理制度。

（二）强化知识产权保护。

在示范基地内探索落实商业模式等新形态创新成果的知识产权保护办法，推行知识产权管理规范的国家标准。开展知识产权综合执法，建立知识产权维权援助网点和快速维权通道，加强关键环节、重点领域的知识产权保护。将侵犯知识产权行为情况纳入信用记录，归集到全国信用信息共享平台，构建失信联合惩戒机制。

（三）加速科技成果转化。

全面落实《中华人民共和国促进科技成果转化法》，落实完善科研项目资金管理等改革措施，赋予高校和科研院所更大自主权，并督促指导高校和科研院所切实用好。支持示范基地完善新兴产业和现代服务业发展政策，打通科技和经济结合的通道。落实新修订的高新技术企业认定管理办法，充分考虑互联网企业特点，支持互联网企业申请高新技术企业认定并享受相关政策。

（四）加大财税支持力度。

加大中央预算内投资、专项建设基金对示范基地支持力度。在示范基地内探索鼓励创业创新的税收支持政策。抓紧制定科技型中小企业认定办法，对高新技术企业和科技型中小企业转化科技成果给予个人的股权奖励，递延至取得股权分红或转让股权时纳税。有限合伙制创业投资企业采取股权投资方式投资于未上市中小高新技术企业满2年的，该有限合伙制创业投资企业的法人合伙人可享受企业所得税优惠。居民企业转让5年以上非独占许可使用权取得的技术转让所得，可享受企业所得税优惠。

（五）促进创业创新人才流动。

鼓励示范基地实行更具竞争力的人才吸引制度。加快社会保障制度改革，完善社保关系转移接续办法，建立健全科研人员双向流动机制，落实事业单位专业技术人员离岗创业有关政策，促进科研人员在事业单位和企业间合理流动。开展外国人才永久居留及出入境便利服务试点，建设海外人才离岸创业基地。

（六）加强协同创新和开放共享。

加大示范基地内的科研基础设施、大型科研仪器向社会开放力度。鼓励大型互联网企业、行业领军企业通过网络平台向各类创业创新主体开放技术、开发、营销、推广等资源，加强创业创新资源共享与合作，构建开放式创业创新体系。

四、建设任务

以促进创新型初创企业发展为抓手，以构建双创支撑平台为载体，明确示范基地建设目标和建设重点，积极探索改革，推进政策落地，形成一批可复制可推广的双创模式和典型经验。

（一）区域示范基地。

建设目标：

结合全面创新改革试验区域、国家综合配套改革试验区、国家自主创新示范区等，以创业创新资源集聚区域为重点和抓手，集聚资本、人才、技术、政策等优势资源，探索形成区域性的创业创新扶持制度体系和经验。

建设重点：

1. 推进服务型政府建设。进一步转变政府职能，简政放权、放管结合、优化服务，在完善市场环境、深化审批制度改革和商事制度改革等方面采取切实有效措施，降低创业创新成本。加强创业创新信息资源整合，面向创业者和小微企业需求，建立创业政策集中发布平台，完善专业化、网络化服务体系，增强创业创新信息透明度。

2. 完善双创政策措施。加强政府部门的协调联动，多管齐下抓好已出台政策落实，打通政策落地的“最后一公里”。结合区域发展特点，面向经济社会发展需求，加大财税支持力度，强化知识产权保护，在科技成果转化、促进人才流动、加强协同创新和开放共享等方面，探索突破一批制约创业创新的制度瓶颈。

3. 扩大创业投资来源。落实鼓励创业投资发展的税收优惠政策，营造创业投资、天使投资发展的良好环境。规范设立和发展政府引导基金，支持创业投资、创新型中小企业发展。丰富双创投资和资本平台，进一步拓宽投融资渠道。

4. 构建创业创新生态。加强创业培训、技术服务、信息和中介服务、知识产权交易、国际合作等支撑平台建设，深入实施“互联网+”行动，加快发展物联网、大数据、云计算等平台，促进各类孵化器等创业培育孵化机构转型升级，打通政产学研用协同创新通道。

5. 加强双创文化建设。加大双创宣传力度，培育创业创新精神，强化创业创新素质教育，树立创业创新榜样，通过公益讲坛、创业论坛、创业培训等形式多样的活动，努力营造鼓励创新、宽容失败的社会氛围。

（二）高校和科研院所示范基地。

建设目标：

以高校和科研院所为载体，深化教育、科技体制改革，完善知识产权和技术创新激励制度，充分挖掘人力和技术资源，把人才优势和科技优势转化为产业优势和经济优势，促进科技成果转化，探索形成中国特色高校和科研院所双创制度体系和经验。

建设重点：

1. 完善创业人才培养和流动机制。深化创业创新教育改革，建立创业理论研究平台，完善相关课程设置，实现创业创新教育和培训制度化、体系化。落实高校、科研院所等专业技术人员离岗创业政策，建立健全科研人员双向流动机制。加大吸引海外高水平创业创新人才力度。

2. 加速科技成果转化。全面落实改进科研项目资金管理，下放科技成果使用、处置和收益权等改革措施，提高科研人员成果转化收益比例，加大股权激励力度，鼓励科研人员创业创新。开放各类创业创新资源和基础设施，构建开放式创业创新体系。

3. 构建大学生创业支持体系。实施大学生创业引领计划，落实大学生创业指导服务机构、人员、场地、经费等。建立健全弹性学制管理办法，允许学生保留学籍休学创业。构建创业创新教育和实训体系。加强创业导师队伍建设，完善兼职创业导师制度。

4. 建立健全双创支撑服务体系。引导和推动创业投资、创业孵化与高校、科研院所等技术成果转移相结合。完善知识产权运营、技术交流、通用技术合作研发等平台。

（三）企业示范基地。

建设目标：

充分发挥创新能力突出、创业氛围浓厚、资源整合能力强的领军企业核心作用，引导企业转型发展与双创相结合，大力推动科技创新和体制机制创新，探索形成大中小型企业联合实施双创的制度体系和经验。

建设重点：

1. 构建适合创业创新的企业管理体系。健全激励机制和容错纠错机制，激发和保护企业家精神。结合国有企业改革，强化组织管理制度创新，鼓励企业按照有关规定，通过股权、期权、分红等激励方式，支持员工自主创业、企业内部再创业，增强企业创新发展能力。

2. 激发企业员工创造力。加快技术和服务等双创支撑平台建设，开放创业创新资源，为员工创业创新提供支持。积极培育创客文化，激发员工创造力，提升企业市场适应能力。

3. 拓展创业创新投融资渠道。建立面向员工创业和小微企业发展的创业创新投资平台，整合企业内外部资金资源，完善投融资服务体系，为创业项目和团队提供全方位的投融资支持。

4. 开放企业创业创新资源。依托物联网、大数据、云计算等技术和服务平台，探索服务于产业和区域发展的新模式，利用互联网手段，向社会开放供应链，提供财务、市场、融资、技术、管理等服务，促进大中型企业和小微企业协同创新、共同发展。

五、步骤安排

2016 年上半年，首批双创示范基地结合自身特点，研究制定具体工作方案，明确各自建设目标、建设重点、时间表和路线图。国家发展改革委会同教育部、科技部、工业和信息化部、财政部、人力资源社会保障部、国务院国资委、中国科协等部门和单位论证、完善工作方案，建立执行评估体系和通报制度。示范基地工作方案应向社会公布，接受社会监督。

2016 年下半年，首批双创示范基地按照工作方案，完善制度体系，加快推进示范基地建设。

2017 年上半年，国家发展改革委会同相关部门组织对示范基地建设开展督促检查和第三方评估。对于成熟的可复制可推广的双创模式和典型经验，在全国范围内推广。

2017年下半年，总结首批双创示范基地建设经验，完善制度设计，丰富示范基地内涵，逐步扩大示范基地范围，组织后续示范基地建设。

双创示范基地所在地人民政府要高度重视，加强领导，完善组织体系，把双创示范基地建设作为重要抓手和载体，认真抓好落实；要出台有针对性的政策措施，保证政策真正落地生根，进一步释放全社会创新活力。各相关部门要加强指导，建立地方政府、部门政策协调联动机制，为高校、科研院所、各类企业等提供政策支持、科技支撑、人才引进、公共服务等保障条件，形成强大政策合力；要细化评估考核机制，建立良性竞争机制，实现对示范基地的动态调整，推动形成大众创业万众创新的新局面。

附件：首批双创示范基地名单（28个）

二〇一六年五月八日

附件

首批双创示范基地名单（28个）

一、区域示范基地（17个）

北京市海淀区、天津市滨海新区中心商务区、辽宁省沈阳市浑南区、上海市杨浦区、江苏省常州市武进区、浙江省杭州市余杭区浙江杭州未来科技城、安徽省合肥高新技术产业开发区、福建福州新区、河南省郑州航空港经济综合实验区、湖北省武汉东湖新技术开发区、湖南湘江新区、广东省广州高新技术产业开发区科学城园区、广东省深圳市南山区、重庆两江新区、四川省成都市郫县、贵州贵安新区、陕西西咸新区。

二、高校和科研院所示范基地（4个）

清华大学、上海交通大学、南京大学、四川大学。

三、企业示范基地（7个）

中国电信集团公司、中国航天科工集团公司、招商局集团有限公司、海尔集团公司、中信重工机械股份有限公司、共享装备股份有限公司、阿里巴巴集团。

国务院办公厅关于支持返乡下乡人员创业创新促进农村一二三产业融合发展的意见

国办发［2016］84号

各省、自治区、直辖市人民政府，国务院各部委、各直属机构：

近年来，随着大众创业、万众创新的深入推进，越来越多的农民工、中高等院校毕业生、退役士兵和科技人员等返乡下乡人员到农村创业创新，为推进农业供给侧结构性改革、活跃农村经济发挥了重要作用。返乡下乡人员创业创新，有利于将现代科技、生产方式和经营理念引入农业，提高农业质量效益和竞争力；有利于发展新产业新业态新模式，推动农村一二三产业融合发展；有利于激活各类城乡生产资源要素，促进农民就业增收。在《国务院办公厅关于支持农民工等人员返乡创业的意见》（国办发［2015］47号）和《国务院办公厅关于推进农村一二三产业融合发展的指导意见》（国办发［2015］93号）的基础上，为进一步细化和完善扶持政策措施，鼓励和支持返乡下乡人员创业创新，经国务院同意，现提出如下意见。

一、重点领域和发展方向

（一）突出重点领域。鼓励和引导返乡下乡人员结合自身优势和特长，根据市场需求和当地资源禀赋，利用新理念、新技术和新渠道，开发农业农村资源，发展优势特色产业，繁荣农村经济。重点发展规模种养业、特色农业、设施农业、林下经济、庭院经济等农业生产经营模式，烘干、贮藏、保鲜、净化、分等分级、包装等农产品加工业，农资配送、耕地修复治理、病虫害防治、农机作业服务、农产品流通、农业废弃物处理、农业信息咨询等生产性服务业，休闲农业和乡村旅游、民族风情旅游、传统手工艺、文化创意、养生养老、中央厨房、农村绿化美化、农村物业管理等生活性服务业，以及其他新产业新业态新模式。

（二）丰富创业创新方式。鼓励和引导返乡下乡人员按照法律法规和政策规定，通过承包、租赁、入股、合作等多种形式，创办领办家庭农场林场、农民合作社、农业企业、农业社会化服务组织等新型农业经营主体。通过聘用管理技术人才组建创业团队，与其他经营主体合作组建现代企业、企业集团或产业联盟，共同开辟创业空间。通过发展农村电商平台，利用互联网思维和技术，实施“互联网＋”现代农业行动，开展网上创业。通过发展合作制、股份合作制、股份制等形式，培育产权清晰、利益共享、机制灵活的创业创新共同体。

（三）推进农村产业融合。鼓励和引导返乡下乡人员按照全产业链、全价值链的现代产业组织方式开展创业创新，建立合理稳定的利益联结机制，推进农村一二三产业融合发展，让农民分享二三产业增值收益。以农牧（农林、农渔）结合、循环发展为导向，发展优质高效绿色农业。实行产加销一体化运作，延长农业产业链条。推进农业与旅游、教育、文化、健康养老等产业深度融合，提升农业价值链。引导返乡下乡人员创业创新向特色小城镇和产业园区等集中，培育产业集群和产业融合先导区。

二、政策措施

（四）简化市场准入。落实简政放权、放管结合、优化服务一系列措施，深化行政审批制度改革，持续推进商事制度改革，提高便利化水平。落实注册资本认缴登记和“先照后证”改革，在现有“三证合一”登记制度改革成效的基础上大力推进“五证合一、一照一码”登记制度改革。推动住所登记制度改革，积极支持各地放宽住所（经营场所）登记条件。县级人民政府要设立“绿色通道”，为返乡下乡人员创业创新提供便利服务，对进入创业园区的，提供有针对性的创业辅导、政策咨询、集中办理证照等服务。对返乡下乡人员创业创新免收登记类、证照类等行政事业性收费。（工商总局等负责）

（五）改善金融服务。采取财政贴息、融资担保、扩大抵押物范围等综合措施，努力解决返乡下乡人员创业创新融资难问题。稳妥有序推进农村承包土地的经营权抵押贷款试点，有效盘活农村资源、资金和资产。鼓励银行业金融机构开发符合返乡下乡人员创业创新需求的信贷产品和服务模式，探索权属清晰的包括农业设施、农机具在内的动产和不动产抵押贷款业务，提升返乡下乡人员金融服务可获得性。推进农村普惠金融发展，加强对纳入信用评价体系返乡下乡人员的金融服务。加大对农业保险产品的开发和推广力度，鼓励有条件的地方探索开展价格指数保险、收入保险、信贷保证保险、农产品质量安全保证保险、畜禽水产活体保险等创新试点，更好地满足返乡下乡人员的风险保障需求。（人民银行、银监会、保监会、农业部、国家林业局等负责）

（六）加大财政支持力度。加快将现有财政政策措施向返乡下乡人员创业创新拓展，将符合条件的返乡下乡人员创业创新项目纳入强农惠农富农政策范围。新型职业农民培育、农村一二三产业融合发展、农业生产全程社会化服务、农产品加工、农村信息化建设等各类财政支农项目和产业基金，要将符合条件的返乡下乡人员纳入扶持范围，采取以奖代补、先建后补、政府购买服务等方式予以积极支持。大学生、留学回国人员、科技人员、青年、妇女等人员创业的财政支持政策，要向返乡下乡人员创业创新延伸覆盖。把返乡下乡人员开展农业适度规模经营所需贷款纳入全国农业信贷担保体系。切实落实好定向减税和普遍性降费政策。（财政部、税务总局、教育部、科技部、工业和信息化部、人力资源社会保障部、农业部、国家林业局、共青团中央、全国妇联等负责）

（七）落实用地用电支持措施。在符合土地利用总体规划的前提下，通过调整存量土地资源，缓解返乡下乡人员创业创新用地难问题。支持返乡下乡人员按照相关用地政策，开展设施农业建设和经营。落实大众创业万众创新、现代农业、农产品加工业、休闲农业和乡村旅游等用地政策。鼓励返乡下乡人员依法以入股、合作、租赁等形式使用农村集体土地发展农业产业，依法使用农村集体建设用地开展创业创新。各省（区、市）可以根据本地实际，制定管理办法，支持返乡下乡人员依托自有和闲置农房院落发展农家乐。在符合农村宅基地管理规定和相关规划的前提下，允许返乡下乡人员和当地农民合作改建自住房。县级人民政府可在年度建设用地指标中单列一定比例专门用于返乡下乡人员建设农业配套辅助设施。城乡建设用地增减挂钩政策腾退出的建设用地指标，以及通过农村闲置宅基地整理新增的耕地和建设用地，重点支持返乡下乡人员创业创新。支持返乡下乡人员与农村集体经济组织共建农业物流仓储等设施。鼓励利用“四荒地”（荒山、荒沟、荒丘、荒滩）和厂矿废弃地、砖瓦窑废弃地、道路改线废弃地、闲置校舍、村庄空闲地等用于返乡下乡人员创业创新。农林牧渔业产品初加工项目在确定土地出让底价时可按不低于所在地土地等别相对应全国工业用地出让最低价标准的70%执行。返乡下乡人员发展农业、林木培育和种植、畜牧业、渔业生产、农业排灌用电以及农业服务业中的农产品初加工用电，包括对各种农产品进行脱水、凝固、去籽、净化、分类、晒干、剥皮、初烤、沤软或大批包装以供应初级市场的用电，均执行农业生产电价。（国土资源部、国家发展改革委、住房城乡建设部、农业部、国家林业局、国家旅游局、国家电网公司等负责）

（八）开展创业培训。实施农民工等人员返乡创业培训五年行动计划和新型职业农民培育工程、农村青年创业致富“领头雁”计划、贫困村创业致富带头人培训工程，开展农村妇女创业创新培训，让有创业和培训意愿的返乡下乡人员都能接受培训。建立返乡下乡人员信息库，有针对性地确定培训项目，实施精准培训，提升其创业能力。地方各级人民政府要将返乡下乡人员创业创新培训经费纳入财政预算。鼓励各类培训资源参与返乡下乡人员培训，支持各类园区、星创天地、农民合作社、中高等院校、农业企业等建立创业创新实训基地。采取线上学习与线下培训、自主学习与教师传授相结合的方式，开辟培训新渠道。加强创业创新导师队伍建设，从企业家、投资者、专业人才、科技特派员和返乡下乡创业创新带头人中遴选一批导师。建立各类专家对口联系制度，对返乡下乡人员及时开展技术指导和跟踪服务。（人力资源社会保障部、农业部、教育部、科技部、民政部、国家林业局、国务院扶贫办、共青团中央、全国妇联等负责）

（九）完善社会保障政策。返乡下乡人员可在创业地按相关规定参加各项社会保险，有条件的地方要将其纳入住房公积金缴存范围，按规定将其子女纳入城镇（城乡）居民基本医疗保险参保范围。对返乡下乡创业创新的就业困难人员、离校未就业高校毕业生以灵活就业方式参加社会保险的，可按规定给予一定社会保险补贴。对返乡下乡人员初始创业失败后生活困难的，可按规定享受社会救助。持有居住证的返乡下乡人员的子女可在创业地接受义务教育，依地方相关规定接受普惠性学前教育。（人力资源社会保障部、财政部、民政部、住房城乡建设部、教育部等负责）

（十）强化信息技术支撑。支持返乡下乡人员投资入股参与信息进村入户工程建设和运营，可聘用其作为村级信息员或区域中心管理员。鼓励各类电信运营商、电商等企业面向返乡下乡人员开发信息应用软件，开展农业生产技术培训，提供农资配送、农机作业等农业社会化服务，推介优质农产品，组织开展网络营销。面向返乡下乡人员开展信息技术技能培训。通过财政补贴、政府购买服务、落实税收优惠等政策，支持返乡下乡人员利用大数据、物联网、云计算、移动互联网等新一代信息技术开展创业创新。（农业部、国家发展改革委、工业和信息化部、财政部、商务部、税务总局、国家林业局等负责）

（十一）创建创业园区（基地）。按照政府搭建平台、平台聚集资源、资源服务创业的思路，依托现有开发区、农业产业园等各类园区以及专业市场、农民合作社、农业规模种养基地等，整合创建一批具有区域特色的返乡下乡人员创业创新园区（基地），建立开放式服务窗口，形成合力。现代农业示范区要发挥辐射带动和示范作用，成为返乡下乡人员创业创新的重要载体。支持中高等院校、大型企业采取众创空间、创新工厂等模式，创建一批重点面向初创期“种子培育”的孵化园（基地），有条件的地方可对返乡下乡人员到孵化园（基地）创业给予租金补贴。（农业部、国家发展改革委、科技部、工业和信息化部、财政部、人力资源社会保障部、商务部、文化部、国家林业局等负责）

三、组织领导

（十二）健全组织领导机制。各地区、各有关部门要充分认识返乡下乡人员创业创新的重要意义，作为经济社会发展的重点任务予以统筹安排。农业部要发挥牵头作用，明确推进机构，加强工作指导，建立部门间协调机制，督促返乡下乡人员创业创新政策落实，加强经验交流和推广。地方人民政府要建立协调机制，明确任务分工，落实部门责任，形成工作合力；加强调查研究，结合本地实际，研究制定和落实支持返乡下乡人员创业创新的政策措施。探索建立领导干部定点联系返乡下乡人员创业创新制度，深入了解情况，帮助解决实际问题。（农业部、省级人民政府等负责）

（十三）提升公共服务能力。积极开展面向返乡下乡人员的政策咨询、市场信息等公共服务。推进农村社区综合服务设施和信息平台建设，依托现有的各类公益性农产品市场和园区（基地），为返乡下乡人员创业创新提供高效便捷服务。做好返乡下乡人员创业创新的土地流转、项目选择、科技推广等方面专业服务。利用农村调查系统和农村固定观察点，加强对返乡下乡人员创业创新的动态监测和调查分析。（农业部、国家发展改革委、民政部、人力资源社会保障部、商务部、国家统计局、国家林业局等负责）

（十四）加强宣传引导。采取编制手册、制定明白卡、编发短信微信微博等方式，宣传解读政策措施。大力弘扬创业创新精神，树立返乡下乡人员先进典型，宣传推介优秀带头人，发挥其示范带动作用。充分调动社会各界支持返乡下乡人员创业创新的积极性，广泛开展创业大赛、创业大讲堂等活动，营造良好氛围。（农业部等负责）

二〇一六年十一月十八日

国务院办公厅关于转发人力资源社会保障部国家公务员局“十三五”行政机关公务员培训纲要的通知

国办发［2016］92号

各省、自治区、直辖市人民政府，国务院各部委、各直属机构：

人力资源社会保障部、国家公务员局《“十三五”行政机关公务员培训纲要》已经国务院同意，现转发给你们，请认真贯彻执行。

二〇一六年十二月十三日

“十三五”行政机关公务员培训纲要

为全面加强行政机关公务员队伍建设，促进“十三五”期间经济社会发展，根据《中华人民共和国公务员法》、《干部教育培训工作条例》等，结合行政机关公务员培训工作实际，制定本纲要。

一、总体要求

（一）指导思想。

高举中国特色社会主义伟大旗帜，坚持以马克思列宁主义、毛泽东思想、邓小平理论、“三个代表”重要思想、科学发展观为指导，全面贯彻党的十八大和十八届三中、四中、五中、六中全会精神，深入贯彻习近平总书记系列重要讲话精神和治国理政新理念新思想新战略，认真落实党中央、国务院决策部署，统筹推进“五位一体”总体布局和协调推进“四个全面”战略布局，牢固树立和贯彻落实创新、协调、绿色、开放、共享的发展理念，以坚定理想信念、提高履职能力、改进工作作风为重点，把“三严三实”要求贯穿行政机关公务员培训全过程，打造信念坚定、为民服务、勤政务实、敢于担当、清正廉洁的高素质专业化公务员队伍，为推动“十三五”时期经济社会发展、夺取全面建成小康社会决胜阶段的伟大胜利提供思想政治保证、人才保证和智力支持。

（二）基本原则。

1. 服务大局，紧扣需求。紧紧围绕服务党和国家事业发展需要，特别是建设法治政府、创新政府、廉洁政府和服务型政府对行政机关公务员能力素质提出的新要求，结合行政机关公务员岗位职责和健康成长需求，确定培训项目、内容和方式方法，发挥培训的先导性、基础性、战略性作用。

2. 以德为先，注重能力。坚持德才兼备、以德为先的培养标准，突出理想信念教育和职业道德教育，把能力培养贯穿行政机关公务员培训的始终，坚持学以致用，全面提高公务员德才素质和履职能力。

3. 全员培训，突出重点。按照干部管理权限，全面抓好行政机关公务员培训。扩大培训覆盖面，补齐培训短板，解决“多年不训”问题。提高培训统筹性，实现培训均衡发展。将教育培训的普遍性要求与不同类别、不同层次、不同岗位公务员的特殊需要相结合。重点加强基层和机关基础岗位（以下称“双基”）公务员培训。

4. 改革创新，力求实效。适应形势任务发展变化需要，遵循公务员成长规律和培训规律，坚持问题导向和目标导向，推进行政机关公务员培训理论创新、实践创新、制度创新，优化资源配置、完善内容设置、创新方式方法，提升培训质量和效益。

5. 依法治训，从严管理。建立健全培训法规制度，严格依法依规开展行政机关公务员培训，规范培训流程，从严管理教师、学员行为，保持良好培训秩序和学习风气。

（三）工作目标。

“十三五”期间，行政机关公务员每人每年参加培训累计不少于12天或者90学时（对担任领导职务的公务员有其他规定的，按有关规定执行，下同）。到2020年，行政机关公务员培训规模和效益进一步提升，任职培训参训率和质量不断提高，网络培训成为培训重要方式，分类培训取得突破性进展，培训体系进一步完善，培训工作刚性约束和活力显著增强，行政机关公务员队伍理想信念更加坚定、履职能力显著提升、工作作风明显改进。

二、培训内容

（一）理想信念教育。深入开展马克思列宁主义、毛泽东思想、邓小平理论、“三个代表”重要思想、科学发展观特别是习近平总书记系列重要讲话精神培训，加强党的路线方针政策、社会主义核心价值观、党史国史、国情形势、廉政教育、国家安全教育等培训，引导行政机关公务员坚定共产主义远大理想和中国特色社会主义共同理想，增强中国特色社会主义道路自信、理论自信、制度自信、文化自信，牢固树立人民公仆意识，提高运用马克思主义立场、观点、方法分析解决实际问题的能力，增强推进改革开放和社会主义现代化建设的本领。

（二）职业道德教育。深入开展以“坚定信念、忠于国家、服务人民、恪尽职守、依法办事、公正廉洁”为主要内容的公务员职业道德培训。突出信念、忠诚、责任、纪律、廉洁等方面培训，使行政机关公务员具有文明人格、高尚精神追求、良好职业操守。实施公务员职业道德教育计划，力争5年内将行政机关公务员培训一遍。将职业道德教育作为公务员初任、任职、在职培训的必修内容，纳入各级行政学院等培训机构培训课程。

（三）施政能力提升。紧紧围绕全面建成小康社会奋斗目标，加强新发展理念、供给侧结构性改革、创新驱动发展战略培训，加强培育壮大新动能、加快发展新经济、简政放权政策培训，加强政府治理与服务、大数据思维、创新创业、网络安全与信息技术、统筹城乡发展、精准扶贫等方面培训，引导行政机关公务员牢固树立和贯彻落实新发展理念，改进管理方式，优化工作方法，提高施政能力和服务水平。

（四）依法行政培训。围绕到2020年基本建成法治政府的奋斗目标，加强中国特色社会主义法治道路、法治理论、法治体系等培训，突出宪法培训，加强国家基本法律、与经济社会发展和人民生产生活密切相关法律法规、与履行岗位职责密切相关法律法规培训，提高行政机关公务员法治素养，增强在法治轨道上深化改革、推动发展、化解矛盾、维护稳定的能力。加强依法决策、依法履职培训，确保法定职责必须为、法无授权不可为。继续加强公务员法等法律法规培训，提高公务员管理法治化水平。

（五）专门业务培训。坚持干什么学什么、缺什么补什么，抓好履职基本功训练，有针对性地开展岗位必备知识培训，加强与业务工作密切相关的各种新理论、新知识、新技能的培训，切实提高行政机关公务员的专业素养和履职能力，使之成为本职工作的行家里手。

（六）科学人文培养。围绕提高行政机关公务员综合素质，帮助其加快知识更新、优化知识结构、拓宽眼界视野，广泛开展哲学、历史、科技、文学、艺术以及国防军事、外交、民族、宗教、环保、安全保密、政务公开、电子政务、心理健康等方面的培训。支持行政机关公务员参加在职学历学位教育、与本职工作直接相关的职业资格培训。继续推进公共管理硕士（MPA）专业学位教育改革创新。

三、主要任务

（一）进一步完善培训制度。修订《公务员培训规定（试行）》。完善培训需求调研制度，健全培训质量评估办法。强化行政机关公务员培训激励约束机制，实现培训与考核、任职、晋升等环节紧密结合。建立健全培训档案，如实记载参加培训情况和考核结果。将参加脱产培训情况记入公务员年度考核登记表，参加2个月以上的脱产培训情况记入干部任免审批表。

（二）探索推进分类培训。加强调查和基础研究，准确把握综合管理类、专业技术类、行政执法类行政机关公务员类别特点和不同培训需求，在抓好理想信念、职业道德教育的同时，采用“通用能力培训＋类别专业能力培训”等方式积极探索推进行政机关公务员分类培训。综合管理类公务员培训以提高公共管理能力和综合能力素质为重点，专业技术类公务员培训以更新知识和提升专业技术水平为重点，行政执法类公务员培训以强化法律意识和提升执法能力为重点，增强培训的针对性、实效性。做好人民警察及其他特殊工作岗位公务员实训工作。国家公务员局组织开展专业技术类和行政执法类公务员培训试点工作。

（三）坚持抓好初任、任职、专门业务、在职培训和对口培训。行政机关公务员初任培训要在保证应训必训基础上，进一步提高培训质量。制定实施初任培训大纲，规范新录用公务员宣誓工作。任职培训要着重提高参训率，健全统一管理、统一要求、分级培训的任职培训模式，确保新任职公务员在规定时间内接受培训。专门业务培训要注重提高解决实际问题的能力，围绕不同部门、不同岗位工作中的重点难点热点问题开展。在职培训要紧密结合中心工作，围绕重点内容扎实开展，灵活运用讲座、网络学习、以会代训、研究式学习等方式，促使行政机关公务员更新知识、提高素质。对口培训要深入贯彻落实国家区域协调发展总体战略，形成以国家公务员局项目为主、地区间项目为补充的对口培训格局。优化专题培训，形成一批精品对口培训项目。紧紧围绕打赢脱贫攻坚战，结合贫困地区实际需要，开展精准培训，创新培训方式方法，有效提升贫困地区行政机关公务员队伍抓改革促发展能力。继续加大对艰苦边远地区行政机关公务员培训的支持力度，重点向新疆、西藏以及四省藏区倾斜。各地区各部门要结合实际做好相关对口培训工作。国家公务员局重点抓好中央国家机关新录用公务员初任培训、处级公务员任职培训示范和对口培训项目。

（四）大力开展“双基”公务员培训。继续实施基层公务员培训工程，坚持务实、管用原则，重点加强县（市、区）、乡镇、街道和公共服务部门基层公务员培训，不断提高其依法行政、政策执行、服务群众、应急处置和维护稳定等本领。实施机关基础岗位公务员培训工程，以机关内设机构一般工作人员为重点，加强调查研究能力、沟通协调能力、文字表达能力等培训。根据不同地区、不同层次、不同岗位行政机关公务员实际，实行脱产培训与在职自学、现场培训与网络培训相结合，运用巡回宣讲、流动课堂等方式，推动优质培训资源向“双基”倾斜。要将“双基”公务员培训列入年度培训计划，确保“双基”公务员每人每年参加脱产培训不少于 6 天。

（五）以网络培训为牵引推进培训方式方法创新。充分运用现代信息技术，利用多种资源，大力推动网络培训，形成兼容、开放、共享、规范的网络培训体系。各省（区、市）通过自建、共建或政府购买服务等方式普遍建立行政机关公务员培训网络平台，实现网络培训全员覆盖。探索建立网络课件开发交流共享制度。改进教学方式方法，综合运用讲授式、研讨式、案例式、模拟式、体验式等教学方法。探索跨地区、跨部门培训合作模式，开展好异地培训、境外培训工作。

（六）加强培训基础建设。公务员主管部门要加强对培训机构的业务指导。发挥各级行政学院培训主渠道作用；充分发挥公务员特色实践教育基地作用，坚持突出特色、动态管理；积极利用高等院校、科研院所、社会培训机构等优质资源为行政机关公务员培训服务。坚持政治合格、素质优良标准，建设规模适当、结构合理、专兼结合的高素质师资队伍，完善师资库。建立健全担任领导职务公务员上讲台制度。组织编写务实管用的培训教材和富有时代特征的学习读本。加大精品课程开发力度，建立培训精品课程库。认真总结典型经验和成功做法，推出一批培训工作范例。

四、组织保障

（一）加强组织领导。各地区各部门要切实把行政机关公务员培训工作摆上重要议事日程，纳入本地区本部门工作发展规划，纳入政府工作绩效考评内容，结合实际制定本地区本部门本系统行政机关公务员培训纲要或实施方案，并抓好组织实施。各级公务员主管部门要切实做好整体规划、制度建设、宏观指导、协调服务、督促检查等工作，及时发现和解决存在的问题，总结推广有益经验和做法。要加强对本纲要实施情况的评估，确保各项任务扎实推进、取得实效。

（二）保证经费投入。各级政府要按照公务员法规定将行政机关公务员培训经费列入年度财政预算，按照公务员培训管理分工安排经费，尤其要对“双基”公务员培训给予必要保障，保证培训工作需要。完善培训经费“跟着项目走”的管理办法。加强培训经费管理，确保专款专用，并厉行节约、勤俭办学，提高经费使用效益。

（三）严格监督管理。公务员主管部门要会同有关部门对行政机关公务员培训工作情况进行监督检查，制止和纠正违反公务员培训法规制度的行为，并对有关责任人员提出处理意见和建议。行政机关公务员必须严格遵守培训规章制度，严格遵守学习培训和廉洁自律各项规定，完成规定的培训任务。对无正当理由不参加培训的，给予批评教育直至组织处理。对脱产培训考核不合格的，年度考核不得确定为优秀等次。对弄虚作假获取培训经历、学历或者学位的，要按照有关规定严肃处理。

（四）强化培训管理者队伍建设。采取有力措施抓好培训管理者培训和实践锻炼，建设高素质、专业化培训管理者队伍。加强行政机关公务员培训工作的战略性、前瞻性研究，推动研究成果共享和运用。国家公务员局重点培训 1 000 名培训管理者。

国务院办公厅关于印发国家职业病防治规划（2016—2020年）的通知

国办发〔2016〕100号

各省、自治区、直辖市人民政府，国务院各部委、各直属机构：

《国家职业病防治规划（2016—2020年）》已经国务院同意，现印发给你们，请认真贯彻执行。

二〇一六年十二月二十六日

国家职业病防治规划（2016－2020年）

为加强职业病防治工作，切实保障劳动者职业健康权益，依据《中华人民共和国职业病防治法》，制定本规划。

一、职业病防治现状和问题

职业病防治事关劳动者身体健康和生命安全，事关经济发展和社会稳定大局。党中央、国务院高度重视职业病防治工作。《"健康中国2030"规划纲要》明确提出，要强化行业自律和监督管理职责，推动企业落实主体责任，推进职业病危害源头治理，预防和控制职业病发生。

《中华人民共和国职业病防治法》实施以来特别是《国家职业病防治规划（2009—2015年）》（国办发〔2009〕43号）印发以来，各地区、各有关部门依法履行职业病防治职责，强化行政监管，防治体系逐步健全，监督执法不断加强，源头治理和专项整治力度持续加大，用人单位危害劳动者健康的违法行为有所减少，工作场所职业卫生条件得到改善。职业病危害检测、评价与控制，职业健康检查以及职业病诊断、鉴定、救治水平不断提升，职业病防治机构、化学中毒和核辐射医疗救治基地建设得到加强，重大急性职业病危害事故明显减少。职业病防治宣传更加普及，全社会防治意识不断提高。

但是，当前我国职业病防治还面临着诸多问题和挑战。一是职业病危害依然严重。全国每年新报告职业病病例近3万例，分布在煤炭、化工、有色金属、轻工等不同行业，涉及企业数量多。二是用人单位主体责任落实不到位。部分用人单位主要负责人法治意识不强，对改善作业环境、提供防护用品、组织职业健康检查投入不足，农民工、劳务派遣人员等的职业病防护得不到有效保障。三是职业卫生监管和职业病防治服务能力不足。部分地区基层监管力量和防治工作基础薄弱，对危害信息掌握不全，对重点职业病及职业相关危害因素监测能力不足。四是新的职业病危害问题不容忽视。随着新技术、新工艺、新设备和新材料的广泛应用，新的职业病危害因素不断出现，对职业病防治工作提出新挑战。

二、总体要求

（一）指导思想。全面贯彻党的十八大和十八届三中、四中、五中、六中全会精神，深入学习贯彻习近平总书记系列重要讲话精神，认真落实党中央、国务院决策部署，紧紧围绕统筹推进“五位一体”总体布局和协调推进“四个全面”战略布局，牢固树立和贯彻落实创新、协调、绿色、开放、共享的发展理念，坚持正确的卫生与健康工作方针，强化政府监管职责，督促用人单位落实主体责任，提升职业病防治工作水平，鼓励全社会广泛参与，有效预防和控制职业病危害，切实保障劳动者职业健康权益，促进经济社会持续健康发展，为推进健康中国建设奠定重要基础。

（二）基本原则。

坚持依法防治。推进职业病防治工作法治化建设，建立健全配套法律、法规和标准，依法依规开展工作。落实法定防治职责，坚持管行业、管业务、管生产经营的同时必须管好职业病防治工作，建立用人单位诚信体系。

坚持源头治理。把握职业卫生发展规律，坚持预防为主、防治结合，以重点行业、重点职业病危害和重点人群为切入点，引导用人单位开展技术改造和转型升级，改善工作场所条件，从源头预防控制职业病危害。

坚持综合施策。统筹协调职业病防治工作涉及的方方面面，更加注重部门协调和资源共享，切实落实用人单位主体责任，提升劳动者个体防护意识，推动政府、用人单位、劳动者各负其责、协同联动，形成防治工作合力。

（三）规划目标。到2020年，建立健全用人单位负责、行政机关监管、行业自律、职工参与和社会监督的职业病防治工作格局。职业病防治法律、法规和标准体系基本完善，职业卫生监管水平明显提升，职业病防治服务能力显著增强，救治救助和工伤保险保障水平不断提高；职业病源头治理力度进一步加大，用人单位主体责任不断落实，工作场所作业环境有效改善，职业健康监护工作有序开展，劳动者的职业健康权益得到切实保障；接尘工龄不足5年的劳动者新发尘肺病报告例数占年度报告总例数的比例得到下降，重大急性职业病危害事故、慢性职业性化学中毒、急性职业性放射性疾病得到有效控制。

——用人单位主体责任不断落实。重点行业的用人单位职业病危害项目申报率达到85%以上，工作场所职业病危害因素定期检测率达到80%以上，接触职业病危害的劳动者在岗期间职业健康检查率达到90%以上，主要负责人、职业卫生管理人员职业卫生培训率均达到95%以上，医疗卫生机构放射工作人员个人剂量监测率达到90%以上。

——职业病防治体系基本健全。建立健全省、市、县三级职业病防治工作联席会议制度。设区的市至少应确定1家医疗卫生机构承担本辖区内职业病诊断工作，县级行政区域原则上至少确定1家医疗卫生机构承担本辖区职业健康检查工作。职业病防治服务网络和监管网络不断健全，职业卫生监管人员培训实现全覆盖。

——职业病监测能力不断提高。健全监测网络，开展重点职业病监测工作的县（区）覆盖率达到90%。提升职业病报告质量，职业病诊断机构报告率达到90%。初步建立职业病防治信息系统，实现部门间信息共享。

——劳动者健康权益得到保障。劳动者依法应参加工伤保险覆盖率达到80%以上，逐步实现工伤保险与基本医疗保险、大病保险、医疗救助、社会慈善、商业保险等有效衔接，切实减轻职业病病人负担。

三、主要任务

（一）强化源头治理。开展全国职业病危害调查，掌握产生职业病危害的用人单位基本情况，以及危害地区、行业、岗位、人群分布等基本信息。建立职业病危害严重的落后工艺、材料和设备淘汰、限制名录管理制度，推广有利于保护劳动者健康的新技术、新工艺、新设备和新材料。以职业性尘肺病、化学中毒为重点，在矿山、有色金属、冶金、建材等行业领域开展专项治理。严格源头控制，引导职业病危害严重的用人单位进行技术改造和转型升级。开展职业病危害治理帮扶行动，探索设立中小微型用人单位职业病防治公益性指导援助平台。加强对新发职业病危害的研究识别、评价与控制。

（二）落实用人单位主体责任。督促职业病危害严重的用人单位建立防治管理责任制，健全岗位责任体系，做到责任到位、投入到位、监管到位、防护到位、应急救援到位。推动企业依法设立职业卫生管理机构，配备专（兼）职管理人员和技术人员。通过经验推广、示范创建等方式，引导用人单位发挥主体作用，自主履行法定义务。帮助用人单位有针对性地开展职业卫生培训，提高主要负责人、管理人员和劳动者的职业病危害防护意识。督促用人单位落实建设项目职业病防护设施“三同时”（同时设计、同时施工、同时投入生产和使用）制度，加强对危害预评价、防护设施控制效果评价和竣工验收等环节的管理。改善作业环境，做好工作场所危害因素申报、日常监测、定期检测和个体防护用品管理等工作，严格执行工作场所职业病危害因素检测结果和防护措施公告制度，在产生严重危害的作业岗位设置警示标志和说明。指导用人单位建立完善职业健康监护制度，组织劳动者开展职业健康检查，配合开展职业病诊断与鉴定等工作。

（三）加大职业卫生监管执法力度。加强职业卫生监管网络建设，逐步健全监管执法队伍。大力提升基层监管水平，重点加强县、乡级职业卫生监管执法能力和装备建设。依法履行监管职责，督促用人单位加强对农民工、劳务派遣人员等职业病危害高风险人群的职业健康管理。扩大监督检查覆盖范围，加大对重点行业、重点企业、存在职业病危害的建设项目以及职业卫生技术服务机构、职业病诊断机构和职业健康检查机构的监督检查力度，开展职业卫生服务监督检查行动，严肃查处违法违规行为。对职业病危害严重、改造后仍无法达标的用人单位，严格依法责令停止产生职业病危害的作业，或者依照法定程序责令停建、关闭。建立用人单位和职业卫生技术服务机构“黑名单”制度，定期向社会公布并通报有关部门。注重发挥行业组织在职业卫生监管中的作用。

（四）提升防治服务水平。完善职业病防治服务网络，按照区域覆盖、合理配置的原则，加强基础设施建设，明确职业病防治机构的布局、规模、功能和数量。根据职责定位，充分发挥好各类疾病预防控制机构、职业病防治院所、综合性医院和专科医院职业病科在职业健康检查及职业病诊断、监测、评价、风险评估等方面的作用，健全分工协作、上下联动的工作机制。推动职业卫生工作重心下沉，逐步引导基层医疗卫生机构参与职业健康管理和健康促进工作。以农民工尘肺病为切入点，简化职业病诊断程序，优化服务流程，提高服务质量。加大投入力度，提升职业中毒和核辐射应急救治水平。充分调动社会力量的积极性，增加职业健康检查等服务供给，创新服务模式，满足劳动者和用人单位多层次、多样化的职业卫生服务需求。

（五）落实救助保障措施。规范用人单位劳动用工管理，依法签订劳动合同，督促用人单位在合同中明确劳动保护、劳动条件和职业病危害防护等内容。在重点行业中推行平等协商和签订劳动安全卫生专项集体合同制度，以非公有制企业为重点，督促劳动关系双方认真履行防治责任。督促用人单位按时足额缴纳工伤保险费，推行工伤保险费率与职业病危害程度挂钩浮动制度。做好工伤保险与基本医疗保险、大病保险、医疗救助、社会慈善、商业保险等有效衔接，及时让符合条件的职业病病人按规定享受大病保险待遇和纳入医疗救助范围，减轻病人医疗费用负担。将符合条件的尘肺病等职业病病人家庭及时纳入最低生活保障范围；对遭遇突发性、紧迫性、临时性基本生活困难的，按规定及时给予救助。

（六）推进防治信息化建设。改进职业病危害项目申报工作，建立统一、高效的职业卫生监督执法信息管理机制，推动执法工作公开透明。建立完善重点职业病与职业病危害因素监测、报告和管理网络。开展重点职业病监测和专项调查，持续、系统收集相关信息。规范职业病报告信息管理工作，提高上报信息的及时性、完整性和准确性。开展职业健康风险评估，掌握重点人群和重点行业发病特点、危害程度和发病趋势。加强部门间信息共享利用，及时交流用人单位职业病危害、劳动者职业健康和工伤保障等信息数据。将职业病防治纳入全民健康保障信息化工程，充分利用互联网、大数据、云计算等技术做好防治工作。

（七）开展宣传教育和健康促进。动员全社会参与，充分发挥主流媒体的权威性和新媒体的便捷性，广泛宣传职业病防治法律法规和相关标准，普及职业病危害防治知识。积极利用“职业病防治法宣传周”开展各种形式的宣传活动，提高宣传教育的针对性和实效性。督促用人单位重视工作场所的职业健康宣传教育工作。创新方式方法，开展健康促进试点，推动“健康企业”建设，营造有益于职业健康的环境。巩固健康教育成果，更新健康促进手段，及时应对产业转型、技术进步可能产生的职业健康新问题。

（八）加强科研及成果转化应用。鼓励和支持职业病防治基础性科研工作，推进发病机理研究，在重点人群和重点行业开展流行病学调查，开展早期职业健康损害、新发职业病危害因素和疾病负担等研究，为制定防治政策提供依据。重点攻关职业性尘肺病、化学中毒、噪声聋、放射性疾病等防治技术，以及粉尘、化学因素等快速检测技术。加快科技成果转化应用工作，推广以无毒代替有毒、低毒代替高毒等新技术、新工艺、新设备和新材料。加强国际合作，吸收、借鉴和推广国际先进科学技术和成功经验。

四、保障措施

（一）加强组织领导。各地区要高度重视职业病防治工作，将其纳入本地区国民经济和社会发展总体规划，健全职业病防治工作联席会议制度，加强统筹协调，多措并举，进一步提升职业病防治合力。完善职业病防治工作责任制，建立防治目标和责任考核制度，制定年度工作计划和实施方案，定期研究解决职业病防治中的重大问题。建立健全政府部门、用人单位和劳动者三方代表参与的职业病防治工作长效机制。

（二）落实部门责任。各有关部门要严格贯彻《中华人民共和国职业病防治法》，履行法定职责，加强协同配合，切实做好职业病防治工作。国家卫生计生委负责对职业病报告、职业健康检查、职业病诊断与鉴定、化学品毒性鉴定等工作进行监督管理，组织开展重点职业病监测、职业健康风险评估和专项调查，开展医疗卫生机构放射性职业病危害控制的监督管理。安全监管总局负责用人单位职业卫生监督检查工作，加强源头治理，负责建设项目职业病危害评价和职业卫生技术服务机构监管，调查处置职业卫生事件和事故，拟订高危粉尘作业、高毒和放射性作业等方面的行政法规，组织指导并监督检查用人单位职业卫生培训工作。中央宣传部负责组织新闻媒体做好职业病防治宣传、舆论引导和监督工作。国家发展改革委负责会同有关行业管理部门积极调整产业政策，限制和减少职业病危害严重的落后技术、工艺、设备和材料的使用，支持职业病防治机构的基础设施建设。科技部负责将职业病防治关键技术等研究纳入国家重点研究计划。

工业和信息化部发挥行业管理职能作用，在行业规划、标准规范、技术改造、推动过剩产能退出、产业转型升级等方面统筹考虑职业病防治工作，促进企业提高职业病防治水平。民政部负责将用人单位不存在或无法确定劳动关系，且符合条件的职业病病人纳入医疗救助范围，将符合条件的职业病病人及其家庭纳入最低生活保障范围。财政部负责落实职业病防治的财政补助政策，保障职业病防治工作所需经费。人力资源社会保障部负责职业病病人的工伤保险待遇有关工作。国务院国资委配合有关部门督促指导中央企业依法开展职业病防治工作。全国总工会依法对职业病防治工作进行监督，参与职业病危害事故调查处理，反映劳动者职业健康方面的诉求，提出意见和建议，维护劳动者合法权益。

（三）加大经费投入。各地区要根据职业病防治形势，加大财政投入力度，合理安排防治工作所需经费，加强对任务完成情况和财政资金使用考核，提高资金使用效率。用人单位要根据实际情况，保障生产工艺技术改造、职业病危害预防和控制、工作场所检测评价、职业健康监护和职业卫生培训等费用。各地区要探索工伤保险基金在职业病预防、诊疗和康复中的作用，建立多元化的防治资金筹措机制，鼓励和引导社会资本投入职业病防治领域。

（四）健全法律法规和标准。进一步完善职业病防治法律法规。健全高危粉尘、高毒和医用辐射防护等特殊作业管理，以及职业病危害评价、职业健康检查、职业病诊断与鉴定等法律制度。制定职业病报告、职业健康管理等工作规范。完善重点职业病、职业性放射性疾病等监测和职业健康风险评估技术方案。健全用人单位职业病危害因素工程控制、个体职业防护、职业健康监护、职业病诊断等国家职业卫生标准和指南。

（五）加强人才队伍建设。各地区要强化职业病防治和技术服务专业队伍建设，重点加强疾病预防控制机构、职业病防治院所、综合性医院和专科医院职业病科等梯队建设，提高县、乡级职业卫生服务能力。探索建立注册职业卫生工程师制度。接触职业病危害因素劳动者多、危害程度严重的用人单位，要强化专（兼）职职业卫生技术人员储备。加大培训力度，重点加强对临床和公共卫生复合型人才的培养。

五、督导与评估

安全监管总局、国家卫生计生委要适时组织开展规划实施的督查和评价工作，2020 年组织规划实施的终期评估，结果报国务院。各地区要结合工作实际研究制定本地区职业病防治规划，明确阶段性目标和工作分工，加大督导检查力度，确保目标任务圆满完成。

国务院农民工工作领导小组办公室关于加强为农民工服务宣传工作的意见

国农工办发［2016］3号

各省、自治区、直辖市及新疆生产建设兵团农民工工作议事协调机构，国务院农民工工作领导小组各成员单位：

为农民工服务宣传工作是农民工工作的重要内容，是促进农民工发展的重要手段。近年来，在各地区农民工工作议事协调机构、各成员单位的高度重视和共同努力下，为农民工服务宣传工作取得了较大成效。为进一步加强新时期为农民工服务宣传工作，努力营造良好的舆论环境，现提出以下意见：

一、总体要求

“十三五”时期是全面建成小康社会决胜阶段，是推进农民工市民化的关键时期。做好新时期为农民工服务宣传工作，必须深入学习贯彻习近平总书记系列重要讲话精神特别是在党的新闻舆论工作座谈会上的重要讲话精神，以有序推进农民工市民化为主题主线，坚持围绕中心、服务大局，把握导向、突出重点，遵循规律、创新形式，阐释党和国家有关为农民工服务的政策措施和工作部署，反映社会各界为农民工服务的先进经验和感人事迹，展示广大农民工为经济社会发展所做的巨大贡献和精神风貌，弘扬主旋律，传播正能量，进一步营造全社会关心关爱农民工群体、关注支持为农民工服务工作的良好舆论环境。

二、把握新形势，突出宣传重点

（一）切实加强法规政策宣传。及时宣传为农民工服务的法规政策，做到法规政策覆盖到哪里，宣传工作就延伸到哪里。组织有关成员单位负责同志、专家学者等采取多种形式加强法规政策阐释解读，做好释疑解惑工作，帮助全社会和广大农民工更好知悉、了解有关法规政策，推动法规政策贯彻落实。

（二）集中开展形势任务宣传。结合出台重大决策、召开重要会议、开展专项工作、举行重大活动等，制定专题宣传方案，积极宣传推进农民工市民化的大形势和大背景，宣传为农民工服务工作的努力方向和着力点，使农民工工作者准确把握形势任务，坚定信心、奋发有为，全力做好各项工作；使社会各界充分认知农民工工作，理解和支持农民工发展；使广大农民工感受到党和政府的关心关爱，感受到社会的温暖，对未来充满希望和信心。

（三）着力深化重大主题宣传。紧紧围绕推进农民工市民化，大力宣传国家在稳定和扩大农民工就业创业、维护农民工劳动保障权益、推动农民工逐步实现平等享受城镇基本公共服务和在城镇落户、促进农民工社会融合等方面采取的政策措施、取得的工作成效，推出鲜活报道，形成强劲声势，推动为农民工服务工作不断取得新发展。

（四）广泛开展先进典型宣传。对各行各业中涌现出的优秀农民工，对为农民工服务的先进单位和个人，要有组织、有计划、有重点地进行宣传，深入挖掘先进典型的形成背景、奋斗历程、感人事迹和突出贡献，宣传推广先进经验和典型做法，充分发挥先进典型的示范引领作用，进一步振奋精神、凝聚力量，形成做好为农民工服务工作的强大合力。

三、适应新需求，不断改进宣传方式

（一）做好宣传策划。根据受众新需求，增强宣传工作敏感性和预见性，准确捕捉各项工作的宣传要素，搞好深度策划，细化宣传主题，开展多层次宣传。注重联系实际，以新闻事实为基础进行策划，把握好时度效。注重学习新闻传播的新理论和新思路，掌握宣传策划方法和技巧。

（二）创新宣传形式。把新闻宣传工作的一般规律同为农民工服务工作特点结合起来，把社会公众的关注点同为农民工服务工作的着力点结合起来，按照贴近实际、贴近生活、贴近农民工的要求，从农民工市民化的角度提炼主题，从农民工关注的热点挖掘新闻亮点，通过新闻发布会、吹风会、记者见面会、集体采访、个别访谈、现场观摩、网络互动等方式，及时组织协调各类新闻媒体进行宣传。适应分众化、差异化传播趋势，善于运用互联网、手机等传播平台，开办官方微博、微信公众号，提高宣传的时效性、针对性和互动性。同时，采取广大农民工喜闻乐见的各种文艺形式，进一步增强宣传的吸引力和感染力，扩大宣传效果。

四、加强领导，完善工作机制

（一）加强宣传工作的组织领导。各地区农民工工作议事协调机构、各成员单位要把宣传工作摆上重要议事日程，加强组织领导，增强工作的责任感和使命感，把宣传作为推动为农民工服务工作的重要抓手，统筹谋划安排，切实抓实抓好。

（二）建立协调联动机制。国务院农民工工作领导小组办公室协调相关成员单位加强对各地区为农民工服务宣传工作的指导，统筹组织开展全国性的宣传活动。各地区农民工工作议事协调机构要充分运用成员单位的宣传力量，特别要发挥好宣传、文化、工会、共青团、妇联等成员单位职能优势和媒体资源作用，积极主动开展宣传。各地区农民工办要发挥统筹协调作用，建立宣传工作沟通协调制度，定期或根据需要适时召开专题会议，统一策划重大宣传题材和宣传方案，合力推进宣传活动。要经常与新闻媒体沟通情况，做好协调和服务工作。

（三）建立新闻线索和信息报送机制。各地区农民工工作议事协调机构、各成员单位要将为农民工服务的工作信息以及优秀农民工先进事迹及时报送国务院农民工工作领导小组办公室，以便根据情况适时在全国范围组织开展宣传。各地区农民工工作议事协调机构成员单位也要及时向本地区农民工办报送有关新闻线索和信息，由农民工办统筹推进为农民工服务宣传工作。

（四）加强网络舆情引导工作。各地区农民工工作议事协调机构要建立舆情监控特别是网络舆情的日常查看制度，力争做到第一时间全面获取信息，加强舆情分析研判，及时发现倾向性、苗头性问题。加强网络跟踪阅评，通过新闻跟帖评论、论坛发帖等形式，主动发表理性意见，正确引导舆论。

二〇一六年八月二十三日

（二）人社部文件

工伤保险辅助器具配置管理办法

人力资源和社会保障部、民政部、国家卫生和计划生育委员会令第 27 号

第一章　总　　则

第一条　为了规范工伤保险辅助器具配置管理，维护工伤职工的合法权益，根据《工伤保险条例》，制定本办法。

第二条　工伤职工因日常生活或者就业需要，经劳动能力鉴定委员会确认，配置假肢、矫形器、假眼、假牙和轮椅等辅助器具的，适用本办法。

第三条　人力资源社会保障行政部门负责工伤保险辅助器具配置的监督管理工作。民政、卫生计生等行政部门在各自职责范围内负责工伤保险辅助器具配置的有关监督管理工作。

社会保险经办机构（以下称经办机构）负责对申请承担工伤保险辅助器具配置服务的辅助器具装配机构和医疗机构（以下称工伤保险辅助器具配置机构）进行协议管理，并按照规定核付配置费用。

第四条　设区的市级（含直辖市的市辖区、县）劳动能力鉴定委员会（以下称劳动能力鉴定委员会）负责工伤保险辅助器具配置的确认工作。

第五条　省、自治区、直辖市人力资源社会保障行政部门负责制定工伤保险辅助器具配置机构评估确定办法。

经办机构按照评估确定办法，与工伤保险辅助器具配置机构签订服务协议，并向社会公布签订服务协议的工伤保险辅助器具配置机构（以下称协议机构）名单。

第六条　人力资源社会保障部根据社会经济发展水平、工伤职工日常生活和就业需要等，组织制定国家工伤保险辅助器具配置目录，确定配置项目、适用范围、最低使用年限等内容，并适时调整。

省、自治区、直辖市人力资源社会保障行政部门可以结合本地区实际，在国家目录确定的配置项目基础上，制定省级工伤保险辅助器具配置目录，适当增加辅助器具配置项目，并确定本地区辅助器具配置最高支付限额等具体标准。

第二章　确认与配置程序

第七条　工伤职工认为需要配置辅助器具的，可以向劳动能力鉴定委员会提出辅助器具配置确认申请，并提交下列材料：

（一）《工伤认定决定书》原件和复印件，或者其他确认工伤的文件；

（二）居民身份证或者社会保障卡等有效身份证明原件和复印件；

（三）有效的诊断证明、按照医疗机构病历管理有关规定复印或者复制的检查、检验报告等完整病历材料。

工伤职工本人因身体等原因无法提出申请的，可由其近亲属或者用人单位代为申请。

第八条　劳动能力鉴定委员会收到辅助器

具配置确认申请后，应当及时审核；材料不完整的，应当自收到申请之日起5个工作日内一次性书面告知申请人需要补正的全部材料；材料完整的，应当在收到申请之日起60日内作出确认结论。伤情复杂、涉及医疗卫生专业较多的，作出确认结论的期限可以延长30日。

第九条 劳动能力鉴定委员会专家库应当配备辅助器具配置专家，从事辅助器具配置确认工作。

劳动能力鉴定委员会应当根据配置确认申请材料，从专家库中随机抽取3名或者5名专家组成专家组，对工伤职工本人进行现场配置确认。专家组中至少包括1名辅助器具配置专家、2名与工伤职工伤情相关的专家。

第十条 专家组根据工伤职工伤情，依据工伤保险辅助器具配置目录有关规定，提出是否予以配置的确认意见。专家意见不一致时，按照少数服从多数的原则确定专家组的意见。

劳动能力鉴定委员会根据专家组确认意见作出配置辅助器具确认结论。其中，确认予以配置的，应当载明确认配置的理由、依据和辅助器具名称等信息；确认不予配置的，应当说明不予配置的理由。

第十一条 劳动能力鉴定委员会应当自作出确认结论之日起20日内将确认结论送达工伤职工及其用人单位，并抄送经办机构。

第十二条 工伤职工收到予以配置的确认结论后，及时向经办机构进行登记，经办机构向工伤职工出具配置费用核付通知单，并告知下列事项：

（一）工伤职工应当到协议机构进行配置；

（二）确认配置的辅助器具最高支付限额和最低使用年限；

（三）工伤职工配置辅助器具超目录或者超出限额部分的费用，工伤保险基金不予支付。

第十三条 工伤职工可以持配置费用核付通知单，选择协议机构配置辅助器具。

协议机构应当根据与经办机构签订的服务协议，为工伤职工提供配置服务，并如实记录工伤职工信息、配置器具产品信息、最高支付限额、最低使用年限以及实际配置费用等配置服务事项。

前款规定的配置服务记录经工伤职工签字后，分别由工伤职工和协议机构留存。

第十四条 协议机构或者工伤职工与经办机构结算配置费用时，应当出具配置服务记录。经办机构核查后，应当按照工伤保险辅助器具配置目录有关规定及时支付费用。

第十五条 工伤职工配置辅助器具的费用包括安装、维修、训练等费用，按照规定由工伤保险基金支付。

经经办机构同意，工伤职工到统筹地区以外的协议机构配置辅助器具发生的交通、食宿费用，可以按照统筹地区人力资源社会保障行政部门的规定，由工伤保险基金支付。

第十六条 辅助器具达到规定的最低使用年限的，工伤职工可以按照统筹地区人力资源社会保障行政部门的规定申请更换。

工伤职工因伤情发生变化，需要更换主要部件或者配置新的辅助器具的，经向劳动能力鉴定委员会重新提出确认申请并经确认后，由工伤保险基金支付配置费用。

第三章 管理与监督

第十七条 辅助器具配置专家应当具备下列条件之一：

（一）具有医疗卫生中高级专业技术职务任职资格；

（二）具有假肢师或者矫形器师职业资格；

（三）从事辅助器具配置专业技术工作5年以上。

辅助器具配置专家应当具有良好的职业品德。

第十八条 工伤保险辅助器具配置机构的具体条件，由省、自治区、直辖市人力资源社会保障行政部门会同民政、卫生计生行政部门规定。

第十九条 经办机构与工伤保险辅助器具配置机构签订的服务协议，应当包括下列内容：

（一）经办机构与协议机构名称、法定代表人或者主要负责人等基本信息；

（二）服务协议期限；

（三）配置服务内容；

（四）配置费用结算；

（五）配置管理要求；

（六）违约责任及争议处理；

（七）法律、法规规定应当纳入服务协议的其他事项。

第二十条 配置的辅助器具应当符合相关国家标准或者行业标准。统一规格的产品或者材料等辅助器具在装配前应当由国家授权的产品质量检测机构出具质量检测报告，标注生产厂家、产品品牌、型号、材料、功能、出品日期、使用期和保修期等事项。

第二十一条 协议机构应当建立工伤职工配置服务档案，并至少保存至服务期限结束之日起两年。经办机构可以对配置服务档案进行抽查，并作为结算配置费用的依据之一。

第二十二条 经办机构应当建立辅助器具配置工作回访制度，对辅助器具装配的质量和服务进行跟踪检查，并将检查结果作为对协议机构的评价依据。

第二十三条 工伤保险辅助器具配置机构违反国家规定的辅助器具配置管理服务标准，侵害工伤职工合法权益的，由民政、卫生计生行政部门在各自监管职责范围内依法处理。

第二十四条 有下列情形之一的，经办机构不予支付配置费用：

（一）未经劳动能力鉴定委员会确认，自行配置辅助器具的；

（二）在非协议机构配置辅助器具的；

（三）配置辅助器具超目录或者超出限额部分的；

（四）违反规定更换辅助器具的。

第二十五条 工伤职工或者其近亲属认为经办机构未依法支付辅助器具配置费用，或者协议机构认为经办机构未履行有关协议的，可以依法申请行政复议或者提起行政诉讼。

第四章 法律责任

第二十六条 经办机构在协议机构管理和核付配置费用过程中收受当事人财物的，由人力资源社会保障行政部门责令改正，对直接负责的主管人员和其他直接责任人员依法给予处分；情节严重，构成犯罪的，依法追究刑事责任。

第二十七条 从事工伤保险辅助器具配置确认工作的组织或者个人有下列情形之一的，由人力资源社会保障行政部门责令改正，处2 000元以上1万元以下的罚款；情节严重，构成犯罪的，依法追究刑事责任：

（一）提供虚假确认意见的；

（二）提供虚假诊断证明或者病历的；

（三）收受当事人财物的。

第二十八条 协议机构不按照服务协议提供服务的，经办机构可以解除服务协议，并按照服务协议追究相应责任。

经办机构不按时足额结算配置费用的，由人力资源社会保障行政部门责令改正；协议机构可以解除服务协议。

第二十九条 用人单位、工伤职工或者其近亲属骗取工伤保险待遇，辅助器具装配机构、医疗机构骗取工伤保险基金支出的，按照《工伤保险条例》第六十条的规定，由人力资源社会保障行政部门责令退还，处骗取金额2倍以上5倍以下的罚款；情节严重，构成犯罪的，依法追究刑事责任。

第五章 附　　则

第三十条 用人单位未依法参加工伤保险，工伤职工需要配置辅助器具的，按照本办法的相关规定执行，并由用人单位支付配置费用。

第三十一条 本办法自2016年4月1日起施行。

人力资源社会保障部关于废止部分规章的决定

人力资源和社会保障部令第28号

根据国务院要求，人力资源社会保障部对现行有效规章进行了全面清理。经过清理，人力资源社会保障部决定：对主要内容已被新的法规所替代、因客观情况发生变化已不适用等情形的15件规章予以废止。现将决定废止的规章目录予以公布。

附件：人力资源社会保障部决定废止的规章目录

附件

人力资源社会保障部决定废止的规章目录

序号	制定机关	规章名称	文号	施行日期
1	劳动部	女职工禁忌劳动范围的规定	劳安字［1990］2号	1990.1.18
2	人事部	全民所有制事业单位专业技术人员和管理人员辞职暂行规定	人调发［1990］19号	1990.9.8
3	人事部、中国人民银行	国家机关、事业单位工资基金管理暂行办法	人计发［1990］20号	1990.11.9
4	人事部	全民所有制事业单位辞退专业技术人员和管理人员暂行规定	人调发［1992］18号	1992.10.16
5	人事部	国家公务员职位分类工作实施办法	人职发［1994］2号	1994.1.11
6	劳动部	就业训练规定	劳部发［1994］490号	1995.1.1
7	劳动部、国家体改委	股份有限公司劳动工资管理规定	劳部发［1994］497号	1995.1.1
8	人事部、财政部	有条件的事业单位实行工资总额同经济效益指标挂钩暂行办法	人计发［1995］51号	1995.4.24

续表

序号	制定机关	规章名称	文号	施行日期
9	人事部	国家不包分配大专以上毕业生择业暂行办法	人发〔1996〕5号	1996.1.9
10	人事部	国家公务员任职回避和公务回避暂行办法	人发〔1996〕48号	1996.5.27
11	人事部	国家公务员职位轮换（轮岗）暂行办法	人发〔1996〕70号	1996.7.31
12	劳动部、国家经贸委	企业职工培训规定	劳部发〔1996〕370号	1996.10.30
13	人事部、公安部、国家粮食储备局	高等学校毕业生就业后调整办法	人发〔1997〕7号	1997.1.8
14	人事部	人事统计工作管理暂行办法（试行）	人发〔1997〕78号	1997.10.1
15	人事部	公务员申诉案件办案规则	人发〔1998〕76号	1998.8.20

重大劳动保障违法行为社会公布办法

人力资源和社会保障部令第29号

第一条 为加强对重大劳动保障违法行为的惩戒，强化社会舆论监督，促进用人单位遵守劳动保障法律、法规和规章，根据《劳动保障监察条例》、《企业信息公示暂行条例》等有关规定，制定本办法。

第二条 人力资源社会保障行政部门依法向社会公布用人单位重大劳动保障违法行为，适用本办法。

第三条 人力资源社会保障行政部门向社会公布重大劳动保障违法行为，应当遵循依法依规、公平公正、客观真实的原则。

第四条 人力资源社会保障部负责指导监督全国重大劳动保障违法行为社会公布工作，并向社会公布在全国有重大影响的劳动保障违法行为。

省、自治区、直辖市人力资源社会保障行政部门负责指导监督本行政区域重大劳动保障违法行为社会公布工作，并向社会公布在本行政区域有重大影响的劳动保障违法行为。

地市级、县级人力资源社会保障行政部门依据行政执法管辖权限，负责本辖区的重大劳动保障违法行为社会公布工作。

第五条 人力资源社会保障行政部门对下列已经依法查处并作出处理决定的重大劳动保障违法行为，应当向社会公布：

（一）克扣、无故拖欠劳动者劳动报酬，数额较大的；拒不支付劳动报酬，依法移送司法机关追究刑事责任的；

（二）不依法参加社会保险或者不依法缴纳社会保险费，情节严重的；

（三）违反工作时间和休息休假规定，情节严重的；

（四）违反女职工和未成年工特殊劳动保护规定，情节严重的；

（五）违反禁止使用童工规定的；

（六）因劳动保障违法行为造成严重不良社会影响的；

（七）其他重大劳动保障违法行为。

第六条 向社会公布重大劳动保障违法行为，应当列明下列事项：

（一）违法主体全称、统一社会信用代码（或者注册号）及地址；

（二）法定代表人或者负责人姓名；

（三）主要违法事实；

（四）相关处理情况。

涉及国家秘密、商业秘密以及个人隐私的信息不得公布。

第七条 重大劳动保障违法行为应当在人力资源社会保障行政部门门户网站公布，并在本行政区域主要报刊、电视等媒体予以公布。

第八条 地市级、县级人力资源社会保障行政部门对本辖区发生的重大劳动保障违法行为每季度向社会公布一次。

人力资源社会保障部和省级人力资源社会保障行政部门每半年向社会公布一次重大劳动保障违法行为。

根据工作需要，对重大劳动保障违法行为可随时公布。

第九条 县级以上地方人力资源社会保障行政部门在向社会公布重大劳动保障违法行为之前，应当将公布的信息报告上一级人力资源社会保障行政部门。

第十条 人力资源社会保障行政部门应当将重大劳动保障违法行为及其社会公布情况记入用人单位劳动保障守法诚信档案，纳入人力资源社会保障信用体系，并与其他部门和社会组织依法依规实施信息共享和联合惩戒。

第十一条 用人单位对社会公布内容有异议的，由负责查处的人力资源社会保障行政部门自收到申请之日起15个工作日内予以复核和处理，并通知用人单位。

重大劳动保障违法行为处理决定被依法变更或者撤销的，负责查处的人力资源社会保障行政部门应当自变更或者撤销之日起10个工作日内，对社会公布内容予以更正。

第十二条 人力资源社会保障行政部门工作人员在重大劳动保障违法行为社会公布中滥用职权、玩忽职守、徇私舞弊的，依法予以处理。

第十三条 本办法自2017年1月1日起施行。

公务员考试录用违纪违规行为处理办法

人力资源和社会保障部令第30号

第一条 为规范公务员考试录用违纪违规行为的认定与处理，严肃考试纪律，确保考试录用工作公平、公正，根据《中华人民共和国公务员法》等有关规定，制定本办法。

第二条 报考者和工作人员在公务员考试录用中违纪违规行为的认定与处理，适用本办法。

第三条 认定与处理违纪违规行为，应当事实清楚、证据确凿、程序规范、适用规定准确。

第四条 公务员主管部门、招录机关和考试机构及其他相关机构按照公务员考试录用法律法规等规定的职责权限，对报考者和工作人员违纪违规行为进行认定与处理。

第五条 报考者提供的涉及报考资格的申请材料或者信息不实的，由负责资格审查工作的招录机关或者公务员主管部门给予其取消本次报考资格的处理。

报考者有恶意注册报名信息，扰乱报名秩序或者伪造学历证明及其他有关材料骗取考试资格等严重违纪违规行为的，由中央一级招录机关或者设区的市级以上公务员主管部门给予其取消本次报考资格的处理，并记入公务员考试录用诚信档案库，记录期限为五年。

第六条 报考者在考试过程中有下列违纪违规行为之一的，由具体组织实施考试的考试机构、招录机关或者公务员主管部门给予其当次该科目（场次）考试成绩无效的处理：

（一）将规定以外的物品带入考场且未按要求放在指定位置，经提醒仍不改正的；

（二）未在指定座位参加考试，或者未经工作人员允许擅自离开座位或者考场，经提醒仍不改正的；

（三）经提醒仍不按规定填写（填涂）本人信息的；

（四）将试卷、答题纸、答题卡带出考场，或者故意损毁试卷、答题纸、答题卡的；

（五）在试卷、答题纸、答题卡规定以外位置标注本人信息或者其他特殊标记的；

（六）在考试开始信号发出前答题的，或者在考试结束信号发出后继续答题的；

（七）其他应给予当次该科目（场次）考试成绩无效处理的违纪违规行为。

第七条 报考者在考试过程中有下列严重违纪违规行为之一的，给予其取消本次考试资格的处理，并记入公务员考试录用诚信档案库，记录期限为五年：

（一）抄袭、协助抄袭的；

（二）持伪造证件参加考试的；

（三）使用禁止自带的通讯设备或者具有计算、存储功能电子设备的；

（四）其他应给予取消本次考试资格处理的严重违纪违规行为。

报考中央机关及其直属机构公务员的，由中央公务员主管部门或者中央一级招录机关作出处理。报考地方各级机关公务员的，由省级公务员主管部门或者设区的市级公务员主管部门作出处理。

第八条 报考者在考试过程中有下列特别严重违纪违规行为之一的，由中央公务员主管部门或者省级公务员主管部门给予其取消本次考试资格的处理，并记入公务员考试录用诚信档案库，长期记录：

（一）串通作弊或者参与有组织作弊的；

（二）代替他人或者让他人代替自己参加考试的；

（三）其他情节特别严重、影响恶劣的违纪违规行为。

第九条 在阅卷过程中发现报考者之间同一科目作答内容雷同，并经阅卷专家组确认的，由具体组织实施考试的考试机构给予其该科目（场次）考试成绩无效的处理。省级以上考试机构确定作答内容雷同的具体方法和标准。

报考者之间同一科目作答内容雷同，并有其他相关证据证明其作弊行为成立的，视具体情形按照本办法第七条、第八条的规定处理。

第十条 报考者在体检过程中隐瞒影响录用的疾病或者病史的，由招录机关或者公务员主管部门给予其不予录用的处理。有串通工作人员作弊或者请他人顶替体检以及交换、替换化验样本等严重违纪违规行为的，由招录机关或者公务员主管部门给予其不予录用的处理，并由中央一级招录机关或者设区的市级以上公务员主管部门记入公务员考试录用诚信档案库，记录期限为五年。

第十一条 报考者在考察过程中有弄虚作假、隐瞒事实真相或者其他妨碍考察工作正常进行行为的，由负责组织考察的招录机关或者公务员主管部门给予其不予录用的处理。情节严重、影响恶劣的严重违纪违规行为，由中央一级招录机关或者设区的市级以上公务员主管部门记入公务员考试录用诚信档案库，记录期限为五年。

第十二条 报考者的违纪违规行为被当场发现的，工作人员应当予以制止或者终止其继续参加考试，并收集、保存相应证据材料，如实记录违纪违规事实和现场处理情况，由两名以上工作人员签字，报送负责组织考试录用的部门。

第十三条 对报考者违纪违规行为作出处理决定前，应当告知报考者拟作出的处理决定及相关事实、理由和依据，并告知报考者依法享有陈述和申辩的权利。作出处理决定的公务员主管部门、招录机关或者考试机构对报考者提出的事实、理由和证据，应当进行复核。

第十四条 对报考者违纪违规行为作出处理决定的，应当制作公务员考试录用违纪违规行为处理决定书，依法送达报考者。

第十五条 试用期间查明报考者有本办法所列违纪违规行为的，由中央一级招录机关或者设区的市级以上公务员主管部门取消录用并按照本办法的有关规定给予其相应的处理。

任职定级后查明有本办法所列违纪违规行为的，给予其辞退处理或者开除处分。

第十六条 报考者应当自觉维护考试录用工作秩序，服从工作人员管理，有下列行为之一的，责令离开考场；情节严重的，按照本办法第七条、第八条的规定处理；违反《中华人民共和国治安管理处罚法》的，交由公安机关依法处理；构成犯罪的，依法追究刑事责任：

（一）故意扰乱考点、考场等考试录用工作场所秩序的；

（二）拒绝、妨碍工作人员履行管理职责的；

（三）威胁、侮辱、诽谤、诬陷工作人员或者其他报考者的；

（四）其他扰乱考试录用管理秩序的行为。

第十七条 录用工作人员违反有关法律法规，或者有《公务员录用规定（试行）》第三十三条、第三十四条规定情形的，按照有关规定给予处分。其中，公务员组织、策划有组织作弊或者在有组织作弊中起主要作用的，给予开除处分。构成犯罪的，依法追究刑事责任。

第十八条 报考者对违纪违规行为处理决定不服的，可以依法申请行政复议或者提起行政诉讼。

录用工作人员因违纪违规行为受到处分不服的，可以依法申请复核或者提出申诉。

第十九条 参照公务员法管理的机关（单位）工作人员录用中违纪违规行为的认定与处理适用本办法。

第二十条 公务员考试录用诚信档案库的管理办法由中央公务员主管部门制定。

第二十一条 本办法自2016年10月1日起施行。2009年11月9日人力资源社会保障部公布的《公务员录用考试违纪违规行为处理办法（试行）》（人力资源和社会保障部令第4号）同时废止。

公务员考试录用违纪违规行为处理决定书

（样式）编号：

________考生（身份证号____________________）：

你在参加____________________公务员考试录用中，在____________环节有______________违纪违规情形。根据《公务员考试录用违纪违规行为处理办法》第____条第____款第____项的规定，给予__________处理。

如对处理决定不服，可自收到本处理决定书之日起60日内依法申请行政复议，或者自收到本处理决定书之日起六个月内依法提起行政诉讼。

（作出处理决定单位盖章）

年　月　日

人力资源社会保障部关于印发《企业劳动保障守法诚信等级评价办法》的通知

人社部规〔2016〕1号

各省、自治区、直辖市及新疆生产建设兵团人力资源社会保障厅（局）：

现将《企业劳动保障守法诚信等级评价办法》印发给你们，请遵照执行。

二〇一六年七月二十五日

企业劳动保障守法诚信等级评价办法

第一条 为增强劳动保障监察的针对性和效率，实行企业分类监管，督促企业遵守劳动保障法律规定，履行守法诚信义务，根据《劳动保障监察条例》有关规定，制定本办法。

第二条 企业劳动保障守法诚信等级评价是根据企业遵守劳动保障法律、法规和规章的情况，对企业进行劳动保障守法诚信等级评价的行为。

第三条 开展企业劳动保障守法诚信等级评价，应当根据事实，遵循依法、公正原则。

第四条 县级以上地方人力资源社会保障行政部门按照劳动保障监察管辖范围负责企业劳动保障守法诚信等级评价工作，由劳动保障监察机构负责组织实施，每年开展一次评价。

第五条 企业劳动保障守法诚信等级评价主要依据日常巡视检查、书面材料审查、举报投诉查处以及专项检查等劳动保障监察和其他有关工作中取得的企业上一年度信用记录进行。

开展企业劳动保障守法诚信等级评价应注意听取当地政府有关部门及工会组织的意见和建议。

第六条 人力资源社会保障行政部门根据下列情况对企业劳动保障守法诚信等级进行评价：

（一）制定内部劳动保障规章制度的情况；

（二）与劳动者订立劳动合同的情况；

（三）遵守劳务派遣规定的情况；

（四）遵守禁止使用童工规定的情况；

（五）遵守女职工和未成年工特殊劳动保护规定的情况；

（六）遵守工作时间和休息休假规定的情况；

（七）支付劳动者工资和执行最低工资标准的情况；

（八）参加各项社会保险和缴纳社会保险费的情况；

（九）其他遵守劳动保障法律、法规和规章的情况。

第七条 企业劳动保障守法诚信等级划分为A、B、C三级：

（一）企业遵守劳动保障法律、法规和规章，未因劳动保障违法行为被查处的，评为A级。

（二）企业因劳动保障违法行为被查处，但不属于C级所列情形的，评为B级。

（三）企业存在下列情形之一的，评为C级。

1. 因劳动保障违法行为被查处三次以上（含三次）的；

2. 因劳动保障违法行为引发群体性事件、极端事件或造成严重不良社会影响的；

3. 因使用童工、强迫劳动等严重劳动保障违法行为被查处的；

4. 拒不履行劳动保障监察限期整改指令、行政处理决定或者行政处罚决定的；

5. 无理抗拒、阻挠人力资源社会保障行政部门实施劳动保障监察的；

6. 因劳动保障违法行为被追究刑事责任的。

第八条 作出劳动保障守法诚信等级评价的人力资源社会保障行政部门可以适当方式将评价结果告知企业。

第九条 劳动保障守法诚信等级评价结果应归入企业劳动保障守法诚信档案，至少保留3年。

第十条 人力资源社会保障行政部门根据企业劳动保障守法诚信等级评价情况，对劳动保障监察管辖范围内的企业实行分类监管。

对于被评为A级的企业，适当减少劳动保障监察日常巡视检查频次。

对于被评为B级的企业，适当增加劳动保障监察日常巡视检查频次。

对于被评为C级的企业，列入劳动保障监察重点对象，强化劳动保障监察日常巡视检查。

第十一条 对于被评为C级的企业，人力资源社会保障行政部门应对其主要负责人、直接责任人进行约谈，敦促其遵守劳动保障法律、法规和规章。

第十二条 企业劳动保障守法诚信等级评价结果确定后，发生劳动保障违法行为需要降级的，作出评价的人力资源社会保障行政部门应当重新评价，及时调整其劳动保障守法诚信等级。

第十三条 人力资源社会保障行政部门应当与工商、金融、住房城乡建设、税务等部门和工会组织建立信用信息交换共享机制，对企业实行守信联合激励和失信联合惩戒。

第十四条 人力资源社会保障行政部门应当加强劳动保障监察管理信息系统建设，充分利用信息技术和手段，整合信息资源，提高企业劳动保障守法诚信等级评价工作效率。

第十五条 人力资源社会保障行政部门工作人员在企业劳动保障守法诚信等级评价工作中滥用职权、玩忽职守、徇私舞弊的，按照有关规定给予处分。

第十六条 对其他劳动保障监察对象开展劳动保障守法诚信等级评价工作，依照本办法执行。

第十七条 省级人力资源社会保障行政部门可根据本办法和本地实际，制定实施办法。

第十八条 本办法自2017年1月1日起施行。

人力资源社会保障部关于在人力资源和社会保障领域推广随机抽查规范事中事后监管的通知

人社部规〔2016〕2号

各省、自治区、直辖市及新疆生产建设兵团人力资源社会保障厅（局）：

为贯彻落实《国务院关于印发2016年推进简政放权放管结合优化服务改革工作要点的通知》（国发〔2016〕30号）和《国务院办公厅关于推广随机抽查规范事中事后监管的通知》（国办发〔2015〕58号）要求，创新监管方式，规范执法行为，现就在人力资源社会保障行政执法活动中推广随机抽查规范事中事后监管通知如下：

一、总体要求

认真贯彻落实党的十八大和十八届二中、三中、四中、五中全会精神，按照党中央、国务院关于深化行政体制改革的总体部署和要求，在人力资源社会保障行政执法活动中大力推广随机抽查，力争2017年底前全面实行随机抽查，坚持依法监管、公正高效、公开透明、部门联动，创新监管方式，实施公正监管，着力解决在执法活动中不同程度存在的执法不公、执法不严的问题，切实提高监管效能，为市场主体营造公平竞争的发展环境。

二、大力推广随机抽查监管

（一）制定随机抽查事项清单。2016年10月底前，各省级人力资源社会保障部门都要参照部里制定的随机抽查事项清单（见附件），结合当地有关地方性法规和政府规章，制定本地区随机抽查事项清单，明确抽查依据、抽查内容等，并向社会公布。市、县人力资源社会保障部门也要抓紧制定并公布本地区随机抽查事项清单，主动接受社会监督。要根据法律法规规章修订情况和工作实际，对随机抽查事项清单进行动态调整，及时向社会公布。

（二）建立健全执法人员名录库。各省级人力资源社会保障部门要按照《劳动保障监察条例》规定和本地区实际，进一步加强对本地区人力资源社会保障行政执法人员的管理，统筹组织实施执法人员的培训、考核、发证工作。2016年10月底前，要建立本省级行政区域内的行政执法人员名录库，并做到底数清楚、动态更新，供开展随机抽查使用。

（三）建立健全监管对象名录库。各省级人力资源社会保障部门要依托金保工程，进一步健全省级行政区域内上下贯通的劳动保障监察管理信息系统，发挥劳动保障监察网格化、网络化管理优势，以用人单位基础信息库为基础，做好行政区域内监管对象信息采集、更新工作。2017年6月底前，要建立人力资源社会保障监管对象名录库，在纵向上实现省、市、县三级实时互联，横向上实现与同级人力资源社会保障部门内部就业、社会保险、劳动关系以及人事人才等单项数据库的共享比对，为开展随机抽查提供较为完备的数据支撑。同时，要加快实现监管对象信息库与其他市场监管部门监管对象信息库的互联互通，增强监管对象信息的及时性和有效性。

（四）建立健全“双随机”抽查机制。各级人力资源社会保障部门要逐步建立随机抽取检查对象、随机选派执法人员的“双随机”抽查机制，严格限制执法自由裁量权。要通过摇号等方式，从监管对象名录库中随机抽取检查对象，从执法人员名录库中随机选派执法人员。要根据当地经济社会发展和监管实际情况，合理确定随机抽查比例和频次，既要保证必要的抽查覆盖面和工作力度，又要防止检查过多和执法扰民。对劳动保障守法诚信等级评价较高的监管对象，可优化随机抽查频次；对守法诚信等级评价较低的监管对象，要加大随机抽查力度，实施重点检查。

（五）加强抽查结果运用和公开。各级人力资源社会保障部门对随机抽查中发现的违法行为，要依法依规加大惩处力度，对有重大违法行为的监管对象要按规定向社会公布，形成有效震慑。对抽查情况及查处结果，要及时向社会公布。其中，适用一般程序作出行政处罚决定的，要在作出处罚决定之日起 20 个工作日内，公开执法案件主体信息、案由、处罚依据及处罚结果，提高执法透明度和公信力。

（六）做好抽查与社会信用体系的衔接。各级人力资源社会保障部门要建立健全监管对象劳动保障守法诚信档案和黑名单制度，并与全国信用信息共享交换平台对接，逐步与其他市场监管部门实现信用信息互联互通、互认共享。要推进建立跨部门的失信联合惩戒机制，让失信者一处违规、处处受限。

三、切实加强组织领导

推广随机抽查是国务院对推进政府监管体制改革的重大决策部署，是简政放权、放管结合、优化服务的重要举措。各省级人力资源社会保障部门要加强统筹协调和工作指导，适时组织监督检查，切实把随机抽查监管落到实处。各级人力资源社会保障部门要结合本地区实际，研究制定具体实施方案，明确工作任务、责任分工和时间进度要求，认真组织实施。要充实并合理调配一线行政执法力量，加强执法人员业务培训，转变执法理念，制定完善随机抽查办法，不断提升执法能力。

请各省级人力资源社会保障部门于 2016 年 10 月底前，将推广随机抽查的实施方案报送部劳动监察局。在实施随机抽查过程中如遇重要情况和问题，要随时报告。

附件：随机抽查事项清单

二〇一六年八月一日

附件

随机抽查事项清单

一、执法依据

人力资源社会保障部门按职责分工组织实施随机抽查依据的主要法律、行政法规、部门规章有：

1. 劳动法
2. 劳动合同法
3. 就业促进法
4. 社会保险法
5. 工会法
6. 民办教育促进法
7. 《劳动保障监察条例》
8. 《社会保险费征缴暂行条例》
9. 《失业保险条例》
10. 《工伤保险条例》
11. 《劳动合同法实施条例》
12. 《关于职工工作时间的规定》
13. 《职工带薪年休假条例》
14. 《禁止使用童工规定》
15. 《女职工劳动保护特别规定》
16. 《娱乐场所管理条例》
17. 《民办教育促进法实施条例》
18. 《中外合作办学条例》
19. 《社会保险费征缴监督检查办法》
20. 《就业服务与就业管理规定》
21. 《人才市场管理规定》
22. 《外国人在中国就业管理规定》
23. 《台湾香港澳门居民在内地就业管理规定》
24. 《未成年工特殊保护规定》
25. 《防暑降温措施管理办法》
26. 《劳务派遣行政许可实施办法》
27. 《劳务派遣暂行规定》

二、事项清单

类型	序号	随机抽查事项	法律依据
规章制度	1	用人单位制定的劳动规章制度是否违反法律、法规	劳动法第 89 条
	2	用人单位直接涉及劳动者切身利益的规章制度是否违反法律、法规	劳动合同法第 80 条
劳动合同及招用工管理	3	用人单位提供的劳动合同文本是否载明劳动合同法规定的劳动合同必备条款	劳动合同法第 81 条
	4	用人单位是否将劳动合同文本交付劳动者	劳动合同法第 81 条
	5	用人单位是否违反劳动合同法规定约定试用期	劳动合同法第 83 条
	6	用人单位是否违反劳动合同法规定，扣押劳动者居民身份证等证件	劳动合同法第 84 条第 1 款
	7	用人单位是否违反劳动合同法规定，以担保或者其他名义向劳动者收取财物	劳动合同法第 84 条第 2 款
	8	劳动者依法解除或者终止劳动合同，用人单位是否扣押劳动者档案或者其他物品	劳动合同法第 84 条第 3 款
	9	用人单位解除或者终止劳动合同，是否依照劳动合同法规定向劳动者支付经济补偿	劳动合同法第 85 条、《劳动保障监察条例》第 26 条

续表

类型	序号	随机抽查事项	法律依据
劳动合同及招用工管理	10	用人单位是否按照劳动合同法规定向劳动者出具解除或者终止劳动合同的书面证明	劳动合同法第 89 条
	11	用人单位是否按照劳动法的规定的条件解除劳动合同或者故意拖延不订立劳动合同	劳动法第 98 条、《劳动保障监察条例》第 24 条
	12	用人单位是否违反劳动合同法有关建立职工名册规定	《劳动合同法实施条例》第 33 条
	13	企业是否按照国家规定提取职工教育经费或者挪用职工教育经费	就业促进法第 67 条
	14	用人单位在招用人员过程中是否提供虚假招聘信息、发布虚假招聘广告、招用无合法身份证件的人员或者以招用人员为名牟取不正当利益或进行其他违法活动	《就业服务与就业管理规定》第 67 条
	15	用人单位是否在国家法律、行政法规和国务院卫生行政部门规定禁止乙肝病原携带者从事的工作岗位以外招用人员时，将乙肝病毒血清指标作为体检标准	《就业服务与就业管理规定》第 68 条
	16	用人单位是否及时为劳动者办理就业登记手续	《就业服务与就业管理规定》第 75 条
	17	用人单位是否阻挠职工依法参加和组织工会或者阻挠上级工会帮助、指导职工筹建工会	工会法第 50 条、《劳动保障监察条例》第 29 条
	18	用人单位是否对履行职责的工会工作人员无正当理由调动工作岗位，进行打击报复	工会法第 51 条、《劳动保障监察条例》第 29 条第 2 项
	19	职工是否因参加工会活动而被解除劳动合同或工会工作人员因履行工会法规定的职责而被解除劳动合同	工会法第 52 条、《劳动保障监察条例》第 29 条第 3 项和第 4 项
	20	用人单位是否妥善保存录用人员的录用登记材料或者伪造录用登记材料	《禁止使用童工规定》第 8 条
工作时间和休息休假	21	用人单位是否违反劳动保障法律、法规或者规章延长劳动者工作时间	《劳动保障监察条例》第 25 条
	22	用人单位是否依法安排职工休年休假或对不休假职工支付年休假工资报酬、赔偿金	《职工带薪年休假条例》第 7 条
禁止使用童工	23	单位或个人是否为不满 16 周岁的未成年人介绍就业	《禁止使用童工规定》第 7 条
	24	职业中介机构是否为不满 16 周岁的未成年人介绍就业	《禁止使用童工规定》第 7 条
	25	无营业执照、被依法吊销营业执照的单位以及未依法登记、备案的单位是否为不满 16 周岁未成年人介绍就业	《禁止使用童工规定》第 9 条
	26	用人单位是否在使用有毒物品作业场所使用童工	《禁止使用童工规定》第 6 条
	27	用人单位是否存在使用童工情形	《禁止使用童工规定》第 6 条
	28	用人单位是否存在使用童工经劳动保障部门责令限期改正后逾期不将童工送交其父母或者其他监护人的情形	《禁止使用童工规定》第 6 条
	29	无营业执照、被依法吊销营业执照的单位以及未依法登记、备案的单位是否使用童工	《禁止使用童工规定》第 9 条

续表

类型	序号	随机抽查事项	法律依据
女职工和未成年工特殊劳动保护	30	娱乐场所是否招用未满18周岁未成年人	《娱乐场所管理条例》第51条
	31	用人单位是否有下列行为之一：对怀孕7个月以上的女职工延长劳动时间或安排夜班劳动；女职工产假不满法定天数；安排哺乳未满1周岁婴儿的女职工延长劳动时间或者安排夜班劳动；安排未成年工从事矿山井下、有毒有害、国家规定的第四级体力劳动强度的劳动或者其他禁忌从事的劳动；未对未成年工定期进行健康体检	《劳动保障监察条例》第23条，《女职工劳动保护特别规定》第6条第2款、第7条、第9条第1款、第13条，《未成年工特殊保护规定》第6条
工资支付和最低工资	32	用人单位是否有下列行为之一：未按照劳动合同的约定或者国家规定及时足额支付劳动报酬；低于当地最低工资标准支付劳动者工资；安排加班不支付加班费	劳动合同法第85条、《劳动保障监察条例》第26条
	33	用人单位是否依照劳动合同法的规定向劳动者每月支付两倍的工资或者赔偿金	劳动合同法第82条、第87条，《劳动合同法实施条例》第34条
社会保险	34	用人单位是否办理社会保险登记	社会保险法第84条
	35	缴费单位是否在社会保险登记事项发生变更或者缴费单位依法终止后按规定到社保经办机构办理社会保险变更登记或者社会保险注销登记	《社会保险费征缴暂行条例》第23条（《社会保险费征缴监督检查办法》第12条）
	36	缴费单位是否存在伪造变造社会保险登记证的情形	《社会保险费征缴监督检查办法》第14条
	37	用人单位是否存在向社会保险经办机构申报应缴纳的社会保险费数额时，瞒报工资总额或者职工人数	《劳动保障监察条例》第27条第1款
	38	缴费单位是否按规定公布本单位社会保险费缴纳情况	《社会保险费征缴暂行条例》第17条（《社会保险费征缴监督检查办法》第14条）
	39	从事劳动能力鉴定的组织或者个人是否存在以下情形之一：提供虚假鉴定意见；提供虚假诊断证明；收受当事人财物	《工伤保险条例》第61条
	40	单位或个人是否存在以欺诈、伪造证明材料或者其他手段骗取社会保险待遇	社会保险法第88条、《劳动保障监察条例》第27条第2款
	41	社会保险经办机构以及医疗机构、药品经营单位等社会保险服务机构是否存在以欺诈、伪造证明材料或者其他手段骗取社会保险基金支出行为	社会保险法第87条
	42	用人单位、工伤保险职工或者其近亲属是否存在骗取工伤保险待遇行为	《工伤保险条例》第60条
	43	医疗机构、辅助器具配置机构是否存在骗取工伤保险基金支出的行为	《工伤保险条例》第60条
	44	单位或个人是否存在骗取社会保险基金支出的行为	《劳动保障监察条例》第27条第2款
职业介绍	45	单位或个人是否存在未经许可和登记擅自从事职业中介活动的情形	就业促进法第64条（《就业服务与就业管理规定》第70条）
	46	职业中介机构是否存在提供虚假就业信息，为无合法证照的用人单位提供职业中介服务，伪造、涂改、转让职业中介许可证行为	就业促进法第65条（《就业服务与就业管理规定》第74条）

续表

类型	序号	随机抽查事项	法律依据
职业介绍	47	职业中介机构是否存在扣押劳动者居民身份证等证件的行为	就业促进法第66条第1款（《就业服务与就业管理规定》第74条）
	48	职业中介机构是否存在向劳动者收取押金的行为	就业促进法第66条第2款（《就业服务与就业管理规定》第74条）
	49	职业中介机构是否存在未明示职业中介许可证、监督电话的情形	《就业服务与就业管理规定》第71条
	50	职业中介机构是否存在未建立服务台账，或虽建立服务台账但未记录服务对象、服务过程、服务结果和收费情况的情形	《就业服务与就业管理规定》第72条
	51	职业中介机构在职业中介服务不成功后是否存在未向劳动者退还所收取的中介服务费等行为	《就业服务与就业管理规定》第73条
	52	职业中介机构是否有下列行为之一：发布的就业信息中包含歧视性内容；为无合法身份证件的劳动者提供职业中介服务；介绍劳动者从事法律法规禁止从事的职业；以暴力胁迫欺诈等方式进行职业中介活动；超出核准的业务范围经营；其他违反法律法规规定的行为	《就业服务与就业管理规定》第58条、第74条
	53	职业介绍机构是否违反国家有关职业介绍规定（国家法律、法规、规章强制性规定）	《劳动保障监察条例》第28条
人才市场管理	54	单位或个人是否存在擅自设立人才中介服务机构或者从事人才中介服务的行为	《人才市场管理规定》第33条
	55	人才中介服务机构是否存在擅自扩大许可业务范围、不依法接受检查或者提供虚假材料、不按规定办理许可证变更手续的行为	《人才市场管理规定》第34条
	56	单位或个人是否存在未经依法授权从事人事代理业务的行为	《人才市场管理规定》第35条
	57	人才中介服务机构是否存在超出许可业务范围接受代理业务的行为	《人才市场管理规定》第36条
	58	用人单位是否存在以民族、性别、宗教信仰为由拒绝聘用或者提高聘用标准的行为、招聘不得招聘人员、向应聘者收取费用或者采取欺诈等手段谋取非法利益的行为	《人才市场管理规定》第37条
职业技能培训教育鉴定	59	民办学校是否有民办教育促进法第62条的情形	民办教育促进法第62条
	60	社会组织或个人是否擅自举办实施职业技能培训的民办学校	民办教育促进法第64条
	61	职业技能培训机构或者职业技能考核鉴定机构违反国家有关职业技能培训或者职业技能考核鉴定规定的行为	《劳动保障监察条例》第28条
	62	实施职业技能培训的民办学校是否有《民办教育促进法实施条例》第47条、第49条的情形	《民办教育促进法实施条例》第47条、第49条
	63	实施职业技能培训的民办学校是否将出资人取得回报比例的决定和向社会公布的有关办学水平和教育质量等材料、财务状况报审批机关备案，或者备案材料不真实的情形	《民办教育促进法实施条例》第50条
	64	实施职业技能培训的民办学校是否存在管理混乱严重影响教育教学，存在《民办教育促进法实施条例》第51条的情形	《民办教育促进法实施条例》第51条

续表

类型	序号	随机抽查事项	法律依据
职业技能培训教育鉴定	65	单位或个人是否存在未经批准擅自设立实施职业技能培训的中外合作办学机构或者以不正当手段骗取中外合作办学许可证的情形	《中外合作办学条例》第51条
	66	实施职业技能培训的中外合作办学机构是否存在筹备设立期间招收学生的情形	《中外合作办学条例》第52条
	67	中外合作办学者是否存在虚假出资或者在中外合作办学机构成立后抽逃出资的情形	《中外合作办学条例》第53条
	68	实施职业技能培训的中外合作办学机构是否存在未经批准增加收费项目或者提高收费标准的情形	《中外合作办学条例》第55条
	69	实施职业技能培训的中外合作办学机构是否存在管理混乱、教育教学质量低下，造成恶劣影响的情形	《中外合作办学条例》第56条
	70	实施职业技能培训的中外合作办学机构是否存在发布虚假招生简章，骗取钱财的情形	《中外合作办学条例》第57条
劳务派遣	71	劳务派遣单位与被派遣劳动者订立的劳动合同是否载明劳动合同必备条款	劳动合同法第58条、第92条
	72	劳务派遣单位是否存在没有与劳动者签订二年以上固定期限劳动合同的情形	劳动合同法第58条第2款、第92条
	73	被派遣劳动者在无工作期间，劳务派遣单位是否存在未按照所在地人民政府最低工资标准向其按月支付工资报酬的情形	劳动合同法第58条第2款、第92条
	74	劳务派遣单位派遣劳动者，是否存在未与用工单位签订劳务派遣协议，或者协议内容未约定派遣岗位和人员数量、派遣期限、劳动报酬和社保费用的数额与支付方式以及违反协议责任的情形	劳动合同法第59条、第92条
	75	劳务派遣单位是否存在未将劳务派遣协议的内容告知被派遣劳动者的情形	劳动合同法第60条第1款、第92条
	76	劳务派遣单位是否存在克扣用工单位按照劳务派遣协议支付给被派遣劳动者的劳动报酬的情形	劳动合同法第60条第2款、第92条
	77	劳务派遣单位是否存在向被派遣者收取费用的情形	劳动合同法第60条第3款、第92条
	78	劳务派遣单位是否存在向设立该单位的用人单位或者其所属单位派遣劳动者的情形	劳动合同法第67条、第92条
	79	用工单位是否存在未根据工作岗位的实际需要与劳务派遣单位确定派遣期限，或者将连续用工期限分割订立数个短期劳务派遣协议的情形	劳动合同法第59条第2款、第92条
	80	用工单位是否存在向被派遣劳动者收取费用的情形	劳动合同法第60条第3款、第92条
	81	用工单位是否存在未依法履行第62条第1款的情形	劳动合同法第62条第1款、第92条
	82	用工单位是否有将被派遣劳动者再派遣到其他用人单位的情形	劳动合同法第62条第2款、第92条

续表

类型	序号	随机抽查事项	法律依据
劳务派遣	83	用工单位是否存在设立劳务派遣单位向本单位或所属单位派遣劳动者的情形	劳动合同法第 67 条、第 92 条
	84	单位或个人是否存在未经许可，擅自经营劳务派遣业务的情形	劳动合同法第 92 条
	85	劳务派遣单位在申请《劳务派遣经营许可证》时是否存在《劳务派遣行政许可实施办法》第 33 条第 1、2、3 项的行为	《劳务派遣行政许可实施办法》第 33 条
	86	用工单位是否存在在临时性、辅助性或者替代性岗位以外的岗位上使用被派遣劳动者的情形	劳动合同法第 66 条、第 92 条
	87	用工单位决定使用被派遣劳动者是否履行了《劳务派遣暂行规定》第 3 条第 3 款的法定程序	《劳务派遣暂行规定》第 3 条第 3 款、第 22 条
	88	用工单位是否存在违法退回被派遣劳动者的情形	劳动合同法第 92 条、《劳务派遣暂行规定》第 24 条
高温劳动保护	89	用人单位是否存在高温条件下违反规定安排劳动者作业的情形	《防暑降温措施管理办法》第 8 条、第 21 条
	90	用人单位是否存在高温条件下不按规定支付高温津贴的情形	《防暑降温措施管理办法》第 17 条
外国人、台港澳人员就业	91	用人单位是否存在聘雇或者接受被派遣台、港、澳人员，未为其办理就业证或未办理备案手续的情形	《台湾香港澳门居民在内地就业管理规定》第 16 条
	92	用人单位与聘雇台、港、澳人员终止、解除劳动合同或者台、港、澳人员任职期满，是否存在未办理就业证注销手续的情形	《台湾香港澳门居民在内地就业管理规定》第 17 条
	93	用人单位是否存在伪造、涂改、冒用、转让台、港、澳人员就业证的行为	《台湾香港澳门居民在内地就业管理规定》第 18 条
	94	外国人是否存在拒绝检查就业证、擅自变更用人单位、擅自更换职业、擅自延长就业期限的情形	《外国人在中国就业管理规定》第 29 条
	95	外国人和用人单位是否存在伪造、涂改、冒用、转让、买卖就业证和许可证书的行为	《外国人在中国就业管理规定》第 30 条
妨碍阻挠行政执法检查	96	用人单位是否有《劳动保障监察条例》第 30 条规定的阻挠检查的情形	《劳动保障监察条例》第 30 条
	97	用人单位是否存在违反《工伤保险条例》第 19 条拒不协助对事故进行调查核实的情形	《工伤保险条例》第 63 条

中共中央组织部　人力资源社会保障部关于进一步做好艰苦边远地区县乡事业单位公开招聘工作的通知

人社部规［2016］3号

各省、自治区、直辖市及新疆生产建设兵团党委组织部、政府人力资源社会保障厅（局）：

为鼓励和引导优秀人才到艰苦边远地区县乡事业单位干事创业，解决艰苦边远地区吸引留住人才难的问题，发挥好广大事业单位工作人员在打赢脱贫攻坚战、决胜全面建成小康社会中的重要作用，现就进一步做好艰苦边远地区县乡事业单位公开招聘工作通知如下。

一、实施范围

国家确定的集中连片特殊困难地区的县、国家扶贫开发工作重点县。

二、合理设置招聘条件

（一）招聘县乡事业单位管理人员和初级专业技术人员，年龄可以放宽到40周岁以下；招聘中、高级专业技术人员，可以根据工作需要进一步放宽。

（二）招聘乡镇事业单位工作人员，学历最低可以到高中、中专（含技工学校），但不突破行业职业准入对学历的要求。

（三）招聘乡镇事业单位管理人员，可以不作专业限制；招聘县乡事业单位专业技术人员，可以适当放宽专业要求。

（四）可以拿出一定数量岗位面向本县、本市或者周边县市户籍人员（或者生源）招聘，积极探索从优秀村干部中招聘乡镇事业单位工作人员。

三、改进招聘方式方法

（一）乡镇事业单位招聘大学本科以上毕业生，县级事业单位招聘中级以上专业技术职称或者硕士以上学位人员，以及行业、岗位、脱贫攻坚急需紧缺专业人才，可以根据实际情况，采取面试、组织考察等方式公开招聘。

（二）采取统一考试方式招聘的，可以根据工作需要，有区别地确定通用能力测试成绩权重，加大专业素质考试成绩的权重；可以根据应聘人员报名、专业分布等情况适当降低开考比例，或不设开考比例，划定成绩合格线。

（三）对“三支一扶”人员、大学生村官、西部志愿者等基层服务项目人员和退役士官士兵，可以按照有关规定进行专项招聘，并增加工作实绩在组织考察中的权重。

四、完善激励保障措施

（一）积极为事业单位工作人员搭建干事创业平台，适当提高艰苦边远地区县乡事业单位中、高级专业技术岗位设置比例。招聘高层次专业技术人员，可以采用特设岗位的办法，不受岗位结构比例限制。在岗位晋升、职称评审等方面，向县特别是乡镇事业单位倾斜，具体办法由省级组织、人力资源社会保障部门研究制定。

（二）落实乡镇工作补贴、艰苦边远地区津贴、高海拔地区折算工龄补贴、大中专毕业生到艰苦边远地区县乡工作提前转正定级并高定工资、带薪年休假制度等政策，采取有力措施改善工作、生活条件，帮助解决实际困难，加强人文关怀。

（三）拓宽县乡事业单位工作人员职业发展空间，积极选派业务骨干到上级单位或者发达地区挂职锻炼、跟班学习，注重选拔优秀乡镇站所负责人进入乡镇领导班子，大力表彰甘于奉献、实绩突出的事业单位工作人员，鼓励他们扎根基层、服务群众。

五、严密组织实施

（一）地方各级组织、人力资源社会保障部门要高度重视艰苦边远地区县乡事业单位公开招聘工作，在同级党委政府的领导下，发挥好职能作用，加强与相关部门协调配合，结合当地经济社会发展需要和队伍建设实际，综合施策，攻坚克难，着力形成“招得来、留得住、用得好”的体制机制，把各项工作落到实处。

（二）坚持事业单位公开招聘基本制度，坚持公开、公平、公正、择优，严格审核招聘方案，规范招聘程序，公示招聘结果。建立和完善省级公开招聘信息发布平台，便于应聘人员了解招聘政策和信息，便于群众监督。

（三）对放宽条件招聘的人员，用人单位可以视情况在聘用合同中约定3～5年最低服务期限，并明确违约责任和相关要求。在最低服务期限内，其他单位不得以借调、帮助工作等方式将其借出或调走。

（四）全面落实公开招聘各项纪律要求，采取有效措施，防止出现因人画像、人情招聘、暗箱操作等问题。对以权谋私、违规进人等违纪违法行为，坚决查处，严厉问责，公开通报。

其他条件特别艰苦、“招人难”、“留人难”问题突出的县乡，可以参照本《通知》执行，具体范围由省级组织、人力资源社会保障部门研究确定、从严掌握。西藏和四川、云南、甘肃、青海四省藏区以及新疆南疆地区对事业单位公开招聘另有规定的，结合本《通知》一并执行。

二〇一六年十一月七日

人力资源社会保障部关于城镇企业职工基本养老保险关系转移接续若干问题的通知

人社部规［2016］5号

各省、自治区、直辖市及新疆生产建设兵团人力资源社会保障厅（局）：

国务院办公厅转发的人力资源社会保障部、财政部《城镇企业职工基本养老保险关系转移接续暂行办法》（国办发［2009］66号，以下简称《暂行办法》）实施以来，跨省流动就业人员的养老保险关系转移接续工作总体运行平稳，较好地保障了参保人员的养老保险权益。但在实施过程中，也出现了一些新情况和新问题，导致部分参保人员养老保险关系转移接续存在困难。为进一步做好城镇企业职工养老保险关系转移接续工作，现就有关问题通知如下：

一、关于视同缴费年限计算地问题。参保人员待遇领取地按照《暂行办法》第六条和第十二条执行，即，基本养老保险关系在户籍所在地的，由户籍所在地负责办理待遇领取手续；基本养老保险关系不在户籍所在地，而在其基本养老保险关系所在地累计缴费年限满10年的，在该地办理待遇领取手续；基本养老保险关系不在户籍所在地，且在其基本养老保险关系所在地累计缴费年限不满10年的，将其基本养老保险关系转回上一个缴费年限满10年的原参保地办理待遇领取手续；基本养老保险关系不在户籍所在地，且在每个参保地的累计缴费年限均不满10年的，将其基本养老保险关系及相应资金归集到户籍所在地，由户籍所在地按规定办理待遇领取手续。缴费年限，除另有特殊规定外，均包括视同缴费年限。

一地（以省、自治区、直辖市为单位）的累计缴费年限包括在本地的实际缴费年限和计算在本地的视同缴费年限。其中，曾经在机关事业单位和企业工作的视同缴费年限，计算为当时工作地的视同缴费年限；在多地有视同缴费年限的，分别计算为各地的视同缴费年限。

二、关于缴费信息历史遗留问题的处理。由于各地政策或建立个人账户时间不一致等客观原因，参保人员在跨省转移接续养老保险关系时，转出地无法按月提供1998年1月1日之前缴费信息或者提供的1998年1月1日之前缴费信息无法在转入地计发待遇的，转入地应根据转出地提供的缴费时间记录，结合档案记载将相应年度计为视同缴费年限。

三、关于临时基本养老保险缴费账户的管理。参保人员在建立临时基本养老保险缴费账户地按照社会保险法规定，缴纳建立临时基本养老保险缴费账户前应缴未缴的养老保险费的，其临时基本养老保险缴费账户性质不予改变，转移接续养老保险关系时按照临时基本养老保险缴费账户的规定全额转移。

参保人员在建立临时基本养老保险缴费账户期间再次跨省流动就业的，封存原临时基本养老保险缴费账户，待达到待遇领取条件时，由待遇领取地社会保险经办机构统一归集原临时养老保险关系。

四、关于一次性缴纳养老保险费的转移。跨省流动就业人员转移接续养老保险关系时，对于符合国家规定一次性缴纳养老保险费超过3年（含）的，转出地应向转入地提供人民法院、审计部门、实施劳动保障监察的行政部门或劳动争议仲裁委员会出具的具有法律效力证明一次性缴费期间存在劳动关系的相应文书。

五、关于重复领取基本养老金的处理。《暂行办法》实施之后重复领取基本养老金的参保人员，由本人与社会保险经办机构协商确定保留其中一个养老保险关系并继续领取待遇，其他的养老保险关系应予以清理，个人账户剩余部分一次性退还本人。

六、关于退役军人养老保险关系转移接续。军人退役基本养老保险关系转移至安置地后，安置地应为其办理登记手续并接续养老保险关系，退役养老保险补助年限计算为安置地的实际参保缴费年限。

退役军人跨省流动就业的，其在1998年1月1日至2005年12月31日间的退役养老保险补助，转出地应按11%计算转移资金，并相应调整个人账户记录，所需资金从统筹基金中列支。

七、关于城镇企业成建制跨省转移养老保险关系的处理。城镇企业成建制跨省转移，按照《暂行办法》的规定转移接续养老保险关系。在省级政府主导下的规模以上企业成建制转移，可根据两省协商，妥善转移接续养老保险关系。

八、关于户籍所在地社会保险经办机构归集责任。跨省流动就业人员未在户籍地参保，但按国家规定达到待遇领取条件时待遇领取地为户籍地的，户籍地社会保险经办机构应为参保人员办理登记手续并办理养老保险关系转移接续手续，将各地的养老保险关系归集至户籍地，并核发相应的养老保险待遇。

九、本通知从印发之日起执行。人力资源社会保障部《关于贯彻落实国务院办公厅转发城镇企业职工基本养老保险关系转移接续暂行办法的通知》（人社部发［2009］187号）、《关于印发城镇企业职工基本养老保险关系转移接续若干具体问题意见的通知》（人社部发［2010］70号）、《人力资源社会保障部办公厅关于职工基本养老保险关系转移接续有关问题的函》（人社厅函［2013］250号）与本通知不一致的，以本通知为准。参保人员已经按照原有规定办理退休手续的，不再予以调整。

二〇一六年十一月二十八日

人力资源社会保障部　中共中央组织部　中央编办　财政部关于建立机关事业单位防治“吃空饷”问题长效机制的指导意见

人社部规［2016］6号

各省、自治区、直辖市人民政府，国务院各部委、各直属机构：

按照国务院部署，各地区、各部门深入扎实开展机关事业单位“吃空饷”问题集中治理工作，追缴资金，处理违纪人员，“吃空饷”现象得到有效遏制。同时，在治理过程中发现“吃空饷”问题具有隐蔽性、反复性，为巩固集中治理工作成果，进一步从源头上加强综合治理，经国务院同意，现就建立机关事业单位防治“吃空饷”问题长效机制提出以下指导意见。

一、严格界定“吃空饷”情形

机关事业单位“吃空饷”问题主要是指：

1. 在机关事业单位挂名并未实际到岗上班，但从机关事业单位领取工资、津贴补贴的。

2. 因请假、因公外出期满无正当理由逾期不归或旷工等原因，按规定单位应当与其终止人事关系，但仍在原单位领取工资、津贴补贴的。

3. 已与单位终止人事关系或已办理离退休手续，仍按在职人员领取工资、津贴补贴的。

4. 已死亡或被人民法院宣告死亡、失踪，仍由他人继续领取工资、津贴补贴的。

5. 受党纪政纪处分及行政、刑事处罚等，按规定应当停发或降低工资待遇，但仍未停发或按原标准领取工资、津贴补贴的。

6. 机关事业单位隐瞒事实、虚报人员编制或实有人数套取财政资金的。

7. 其他违纪违规领取工资、津贴补贴的。

二、严格人员日常管理

各地区、各部门要按照公务员考试录用、事业单位公开招聘、干部交流、人才引进等管理规定选拔、使用人员，严格按照政策规定和工作程序办理进人手续，严格执行公务员登记制度和事业单位工作人员实名统计制度。充分利用信息化手段，及时采集、更新在岗人员信息和工资发放信息，逐步建立机构编制、人员在岗、工资发放和人员交流等情况定期内部公示制度。加强考勤管理，机关事业单位工作人员因病、因事请假须严格履行请销假手续，并按照干部管理权限进行报批、备案，对违反规定的行为要及时依法依规处理。加强考核工作，将日常考核、年度考核与人员晋升、岗位和工资调整紧密挂钩。机关事业单位工作人员与单位解除、终止人事关系的，或者已死亡或被人民法院宣告死亡、失踪的，应按规定及时办理工资核销和社会保险关系转移或终止手续。

三、严格工资发放管理

机关事业单位工作人员病假期间，按国家有关政策执行相应的工资福利待遇，符合病退、退职条件的，应及时办理相关手续，执行相应的待遇。受党纪政纪处分的，须按规定取消、停发或降低工资待遇。机关事业单位工作人员被审判、检察、公安、国家安全机关采取强制措施和受行政刑事处罚，所在单位在收到告知书后，要按规定对其工资待遇进行处理，并按照干部管理权限报告有关单位和部门。工作人员按规定办理退休手续后，须在退休次月执行相应的退休待遇。

四、严格离岗人员管理

机关事业单位一般不得以日常工作为由借调人员，因完成专项工作或者重点任务确需借调工作人员，须经借出、借入单位领导集体研究，并按照干部管理权限履行审批程序，明确借调期限，借调期满后继续借用的，须重新履行审批手续。严格禁止各种形式的非组织借调行为。机关事业单位工作人员离岗进修培训、挂职锻炼，需按照干部管理权限审批，并按有关规定抓好日常管理。对按照中央加快实施创新驱动发展战略和大众创业、万众创新等有关文件要求离岗创业的高校、科研院所等事业单位科研人员，各地区、各部门要通过完善聘用合同管理、强化考核等办法，加强规范管理。

五、严格监督管理

各级组织、机构编制、财政和人力资源社会保障等部门要加快实现部门间信息共享和对接，建立机构编制、岗位管理、人员聘用、工资管理、社保缴费、财政预算等工作的互联管理平台。组织、人力资源社会保障部门要充分履行职责，健全统一指导、分级调控、分类管理的人事管理体制。完善人事管理制度，加强对各类人员管理及工资待遇执行等方面的政策指导。强化人事监管，健全各项管理程序，完善人员流动管理机制。机构编制部门要全面实行机构编制实名制管理，严格人员编制使用核准备案制度，强化部门间联动管理综合约束机制，依法依规推进机构人员编制信息公示公开。加强机构运行和编制使用情况的动态监测，切实加大“12310”举报受理和案件查处工作力度。财政部门要会同人力资源社会保障等部门进一步加强财政统发工资管理，严格按照财政预算核拨人员经费。根据相关规定对增人增资证明材料进行审核。

六、严格责任追究

各级组织、机构编制、财政和人力资源社会保障等部门要形成常态化联合治理工作机制，定期和不定期开展专项检查，督促有关地方和部门及时核实处理发现的问题。各地区、各部门要在政务公开网站公布举报电话、邮箱，对举报线索须及时核查处理，并向实名举报人反馈结果。对“吃空饷”问题，坚持发现一起查处一起，对查实的问题“零容忍”，坚决纠正违规行为，严肃处理负有责任的领导人员和相关责任人，对违纪违规的要按照有关规定给予处理，对涉嫌违法犯罪的要移交司法机关处理。对占编“吃空饷”的单位要严格按照规定核减相应编制和预算，并收回空余编制。

各地区、各部门要将预防、治理“吃空饷”问题纳入党风廉政建设工作范畴。机关事业单位主要负责同志作为第一责任人，要切实负起领导责任。组织、机构编制、财政和人力资源社会保障等部门要各司其职、密切配合、加强协调。要宣传防治“吃空饷”问题的重要意义和取得的成效，对于社会普遍关注、群众反映强烈、影响恶劣的典型案件，要定期进行内部通报或公开曝光，对违法违规行为形成有效震慑。

二〇一六年十二月二十三日

人力资源社会保障部关于印发《行业组织有序承接专业技术人员水平评价类职业资格具体认定工作实施办法（试行）》的通知

人社部发［2016］3号

各省、自治区、直辖市及新疆生产建设兵团人力资源社会保障厅（局），国务院各部委、各直属机构人事部门：

为进一步转变政府职能，规范职业资格管理，充分发挥行业组织作用，推动行业组织有序承接专业技术人员水平评价类职业资格具体认定工作，按照《国务院机构改革和职能转变方案》和国家职业资格管理有关规定，我部制定了《行业组织有序承接专业技术人员水平评价类职业资格具体认定工作实施办法（试行）》。现印发你们，请遵照执行。

专业技术人员水平评价类职业资格认定工作政策性、专业性强，考试安全责任重大，涉及广大专业技术人员切身利益，要坚持有序承接，试点先行，稳慎推进，成熟一个，推开一个。各行业组织要转变观念，健全工作制度，加强自身建设，增强服务意识，提升工作能力，认真履行职责，确保考试安全，不断创新符合行业组织特点的社会化人才评价方式。有关部门要切实转变职能，加强对行业组织承接工作的指导、监督和评估，搞好工作衔接，建立可负责、可问责的工作机制，确保行业组织有序承接专业技术人员水平评价类职业资格具体认定工作平稳顺利推进。

二〇一六年一月八日

行业组织有序承接专业技术人员水平评价类职业资格具体认定工作实施办法（试行）

第一章 总体要求

第一条 为转变政府职能，充分发挥行业协会学会等行业组织（以下简称行业组织）作用，提升政府职业资格管理服务水平，推动行业组织有序承接水平评价类职业资格具体认定工作，根据《国务院机构改革和职能转变方案》和职业资格管理相关规定，制定本办法。

第二条 行业组织承接国务院人力资源社会保障部门和国务院相关部门共同批准实施的专业技术人员水平评价类职业资格具体认定工作，适用本办法。

第三条 本办法所称行业组织，是指经国务院社会团体登记管理机关批准，符合规定条件的全国性行业协会、学会和经中央编制管理部门批准登记的全国性人才评价机构。

第四条 本办法所称水平评价类职业资格具体认定工作，是指采用考试、评审、考试与评审相结合等方式，对专业技术人员职业能力水平进行评价的相关工作。

第五条 行业组织应遵守国家法律、法规和相关政策规定，依据社团章程、编制管理部门批准的业务范围和本办法规定，承接实施水平评价类职业资格具体认定工作。

第六条 行业组织承接水平评价类职业资格具体认定工作，应坚持以下原则：

（一）公开透明，竞争择优。承接工作标准公开、程序公开、过程公开、结果公开，充分发挥行业组织的专业优势和组织优势，促进行业组织行业自律，竞争择优。

（二）规范程序，健全机制。建立可负责、可问责的运行机制和工作机制，有序承接，稳妥推进，确保行业组织承接水平评价类职业资格具体认定工作程序严密、运作规范、权责分明、制约有效。

（三）加强监督，动态调整。政府部门加强指导和监督管理，建立退出机制，根据承接工作实际效果，对承接具体认定工作的行业组织进行动态调整。

第二章 承接条件

第七条 承接水平评价类职业资格具体认定工作的行业组织应当符合下列条件：

（一）经中央和国务院有关部门审核确认，有独立承担民事责任能力的非营利性行业组织。

（二）在所承接的职业资格相关领域具有明显的专业优势和组织优势，在业内具有全国性影响力。在登记机关审定（或者备案）的组织章程或业务范围中，有与本行业领域相对应的职业资格项目内容。

（三）内设机构中有专职负责本专业职业资格具体认定工作的部门和能够满足工作需要的专职工作人员，并拥有一支稳定的高素质专家队伍。

（四）设有负责纪律监督的机构或监察人员。

第八条 行业组织一般应具备实施职业资格具体认定工作的分支机构（含代表机构），该机构应当具有开展相关工作的部门和专职工作人员。不具备分支机构或分支机构不具备实施能力的，应当签署协议委托其他全国性人才评价机构开展职业资格认定有关工作。

接受委托的全国性人才评价机构，应当按照协议规定的专业范围、操作规程、评价标准和工作纪律，组织实施职业资格具体认定相关工作，并承担相应法律责任。

第三章 工作程序

第九条 行业组织向人力资源社会保障部和国务院相关部门提出承接职业资格具体认定工作的申请。

第十条 人力资源社会保障部会同国务院相关部门对提出申请的行业组织进行综合评估，必要时组织专家评估，根据评估意见确定承接职业资格具体认定工作的行业组织。

第十一条 经确认承接职业资格具体认定工作的行业组织，按照人力资源社会保障部和国务院相关部门制定的职业资格认定标准和评价规范，组织实施相关职业资格具体认定工作。

第十二条 行业组织成立职业资格认定工作专家委员会，研究拟定职业资格评价大纲和评价内容，统计分析职业资格认定的具体技术指标，提出确定合格标准的建议。人力资源社会保障部会同国务院相关部门指导相应行业组织确定评价大纲、评价内容和合格标准。

第十三条 对达到职业资格认定标准的人

员，由该行业组织颁发人力资源社会保障部和国务院相关部门监制，该行业组织用印的职业资格证书。证书在全国范围内有效。

第十四条 年度职业资格认定工作结束后，各行业组织将本年度本专业相关地区职业资格认定人员名单及评价结果，分别报所在地区省级人力资源社会保障部门和相关部门备案。

第四章 管理监督

第十五条 承接职业资格具体认定工作的行业组织、委托机构、专家委员会及其工作人员，应当严格遵守以下工作纪律：

（一）遵守法律法规和职业资格认定工作涉及的各项政策规定。

（二）不得利用开展职业资格认定工作，为本行业组织和个人谋取不正当利益，并接受社会监督。

（三）严格保密，在认定结果公布前，严禁泄露职业资格认定各类信息。

（四）不得举办与职业资格认定相关的培训，不得强制申请职业资格认定人员参加相关培训。

（五）负责具体认定的专职工作人员，不得申请参加本专业职业资格考试、评审等认定，不得参与与职业资格认定内容相关的培训活动。

第十六条 行业组织应当制定完善工作规章制度，建立健全监督机制，建立职业资格认定工作网络信息平台，面向公众提供查询服务，加强职业资格证书人员信用管理，及时向社会公告认定信息和有关情况。

第十七条 行业组织应当及时向人力资源社会保障部和国务院相关部门报送认定工作年度计划和工作总结，并接受监督检查。

第十八条 人力资源社会保障部和国务院相关部门通过巡视、巡察、抽查、评估等方式，对行业组织承接职业资格具体认定工作实施监督检查。

第十九条 违反政策规定或不能按照要求完成职业资格具体认定工作任务的行业组织，人力资源社会保障部和国务院相关部门责令其整改；情节严重的，视情况暂停其实施职业资格具体认定工作，宣布其认定结果无效，直至撤销其承接职业资格具体认定工作的资质。

第二十条 从事职业资格具体认定工作的人员违反工作纪律，按照国家有关法律和专业技术人员资格考试违纪违规行为处理规定进行处理；情节严重的，依法追究其法律责任。

第五章 附 则

第二十一条 本办法未尽事项，按照职业资格管理相关规定执行。

第二十二条 本办法自发布之日起施行。

第二十三条 本办法由人力资源社会保障部负责解释。

人力资源社会保障部关于做好贯彻落实《国务院关于整合城乡居民基本医疗保险制度的意见》有关工作的通知

人社部发［2016］6号

各省、自治区、直辖市及新疆生产建设兵团人力资源社会保障厅（局）：

为贯彻落实《国务院关于整合城乡居民基本医疗保险制度的意见》（国发［2016］3号，以下简称《意见》）精神，做好整合城乡居民基本医疗保险制度工作，现就有关事项通知如下：

一、充分认识推进城乡居民医保制度整合的重要意义

（一）整合城乡居民基本医疗保险制度，对促进城乡经济社会协调发展、全面建成小康社会具有重要意义。各地要把思想认识统一到中央决策和《意见》精神上来，充分认识整合城乡居民医保制度的重大意义，着眼于健全全民医保体系、建立更加公平更可持续的社会保障制度和推进深化医药卫生体制改革全局，统筹谋划、精心组织、扎实推进。

（二）整合城乡居民基本医疗保险制度，有利于解决城乡医保制度分割产生的待遇不均衡、政策不协调、管理效率低、基金共济能力弱等突出问题；有利于实现协调、共享发展，增进人民福祉，使城乡居民更加公平享有基本医疗保障权益；有利于增强医保对医疗卫生服务的激励和制约作用，提升基金保障效能，更好发挥医保对医改的基础性作用；有利于统筹运用和发挥社会保障制度和政策，在医保脱贫方面综合施策，为消除因病致贫、因病返贫提供制度保障。

二、明确目标任务，做好统筹规划

（三）要按照建立统一的城乡基本医疗保险制度的要求，明确从政策入手，推进制度整合的任务。医保制度整合要努力实现保障更加公平、管理服务更加规范、医疗资源利用更加有效、全民医保体系持续健康发展的目标。同时，要立足当前，着眼长远，做好与职工基本医保和其他医疗保障制度、政策的衔接协调，为今后统一全民医疗保障制度体系奠定基础。

（四）各地要按照《意见》明确的总体要求和基本原则，在认真总结和借鉴先行整合地区的成功经验和做法的基础上，及时科学制定总体规划和实施方案。要将整合城乡居民医保制度作为建立统筹城乡更加公平更可持续的社会保障制度的重要内容，列入当地“十三五”人力资源社会保障事业发展规划。要在做好调查摸底、比对分析、研究论证和总结借鉴先行地区探索经验基础上，制定整合制度和推进工作的总体方案，明确任务分工、时间表和路线图。尚未整合的省（区、市）要确保在2016

年6月底前完成总体规划和工作方案，统筹地区确保2016年底前出台具体实施方案，并同步做好参保登记、预算安排、费用征缴等实施准备工作，力争2017年启动实施。已经实施城乡居民医保统筹的地区，也要按照《意见》精神，进一步完善政策和管理措施。

三、准确把握政策要点，因地制宜制定整合方案

（五）要严格按照“六统一”要求，制定城乡居民基本医疗保险基本政策和管理办法。要立足于基本保障、促进公平的原则，合理确定筹资水平、保障标准、支付范围、就医平台，既能使城乡居民享受到改革的成果，又能够实现基金平衡、制度可持续发展。整合现行城乡居民基本医保制度，既要实现制度统一，又要针对存在的问题进行制度政策和管理机制的完善和探索。同时要注意妥善处理改革中遇到的特殊问题，做好政策衔接。

（六）完善管理机制，有效发挥好医保基础性作用，推进医疗、医保、医药三医联动。要完善支付方式，在全面实行和完善医保付费总额控制的基础上推进按病种、按人头等复合付费方式，建立健全谈判协商机制和风险分担机制，促进供方主动控制医疗服务成本。要完善就医管理，引导参保人员合理利用医疗服务，促进分级医疗体系和双向转诊制度的建立。要加强医疗服务监控，全面推进实时审核和智能监控，促进医疗机构推进规范化诊疗，控制不合理医疗费用，严厉打击欺诈行为。

（七）要探索理顺管理体制，优先整合经办资源，着力提高管理服务效能。要注重总结借鉴先行整合地方的经验做法，统筹推进制度、管理和经办整合，制定规范的移交程序，做好有关机构职能、编制、人员、基金、信息、资产等移交。妥善处理好体制、制度并轨期间的问题，缩短整合时间，针对整合过程中可能出现的问题制定应急处置预案，确保管理和经办队伍思想不散、队伍不乱、工作不断，城乡居民参保缴费和就医报销不受影响。

（八）要严格基金管理，加强基金使用的审计和监督，落实工作责任，严肃工作纪律，确保基金安全完整。要按照有关规定加强对制度整合工作和基金安全的审计和监督。完善内部、外部控制制度，实施组织机构、业务运行、基金财务和信息系统控制，加强基金管理。定期向社会公布城乡居民基本医疗保险基金收支和待遇享受情况，主动接受社会监督。社会保险工作人员要严格遵守国家有关法律法规，遵守《社会保险工作人员纪律规定》，廉洁自律，做好本职工作。

（九）着力构建统一规范、便民快捷的全民医保管理经办服务体系。要按照全民医保管理的新要求，充分利用社会保险现有经办服务资源，优化管理服务流程，创新医保管理方式，促进各项医疗保障制度的衔接，方便群众参保登记、缴费、就医结算、享受各项社会保险待遇和保险关系跨地区转移衔接，提升管理服务效能。

（十）推动信息系统整合，加强业务协同，提供便捷服务。按照标准统一、资源共享、服务延伸的要求，结合省集中系统建设，基于持卡人员基础信息库实现人员基础信息统一管理，升级改造社会保险信息系统，实现与城乡居民养老保险的数据共享，有条件的地区实现与城乡居民养老保险系统、现有医保结算功能的整合，支持业务统一经办、数据统一管理。推动社会保障卡在城乡居民参保缴费、即时结算等工作中的广泛应用。建立统一的全民参保人员、药品、诊疗项目、服务设施范围目录数据库。通过业务专网实现信息系统与所有经办机构、定点医药机构对接，统筹推进各级劳动保障平台信息网络建设。推广“互联网＋医保”益民服务。

四、加强组织领导，确保平稳有序推进

（十一）各地人力资源社会保障部门要认真按照《意见》要求和中央部署，在当地党委、政府的领导支持下，将整合工作列入全面深化改革的重点任务，切实履行职责，加强部门协调，勇于担当，主动作为，确保整合工作平稳有序进行，如期完成建立统一的城乡居民基本医疗保险制度的任务。各省要加强对统筹地区的分类指导，推动未开展制度整合的地区抓紧提出整合城乡居民医保工作的具体实施方案，鼓励有条件的地区整体突破，实现制度整合一步到位；指导已实现制度整合的地区进一步完善政策，提升管理服务效能。

（十二）要科学制定工作推进方案，做好整合工作的社会稳定风险评估，制定考核评估办法，从优化制度政策、提升管理服务水平、提高服务效能等方面对制度整合成效进行总结评估，对推进整合工作中出现的问题及时纠正调整。建立部省制度整合工作沟通协调机制，及时妥善处理整合工作中出现的问题，各地在推进整合的过程中遇重要情况和重大问题要及时报告人力资源社会保障部。同时，建立工作调度和定期通报制度，加强督促检查，推动整合工作顺利开展。

（十三）要坚持正确的舆论导向，广泛开展政策宣传，发挥典型示范引导作用，妥善回应群众关切，合理引导社会舆论，积极化解可能出现的矛盾，努力营造城乡居民医保制度整合的良好氛围。

二〇一六年一月十三日

人力资源社会保障部关于公布建信养老金管理有限责任公司企业年金基金管理机构资格的通告

人社部发［2016］8号

经国务院批准，中国建设银行股份有限公司（以下简称建设银行）试点设立了建信养老金管理有限责任公司（以下简称建信养老金管理公司），于2015年11月正式开业。根据国务院明确的试点业务范围和《企业年金基金管理机构资格认定暂行办法》（原劳动保障部令第24号）等规定，我部组织专家评审委员会，对建信养老金管理公司企业年金基金管理机构资格进行了评审。现将评审结果和有关事项公告如下：

一、认定建信养老金管理公司企业年金基金受托管理、账户管理、投资管理资格，自本通告发布之日起生效。

二、建设银行企业年金基金受托管理、账户管理资格，自2017年1月1日起失效。

二〇一六年一月十五日

人力资源社会保障部关于宣布失效和废止一批文件的通知

人社部发［2016］16号

各省、自治区、直辖市及新疆生产建设兵团人力资源社会保障厅（局）：

为了贯彻落实国务院关于加强法治政府建设，推进简政放权、放管结合、优化服务和稳增长、促改革、调结构、惠民生、防风险的要求，促进大众创业、万众创新，激发市场活力和社会创造力，我部对2008年4月1日至2015年12月31日的文件进行了全面清理，现决定宣布失效555份文件（见附件1），废止10份文件（见附件2）。

附件：

1. 人力资源社会保障部宣布失效的文件目录（略）

2. 人力资源社会保障部宣布废止的文件目录（略）

二〇一六年二月十七日

人力资源社会保障部 国家质量监督检验检疫总局 国家统计局关于做好《中华人民共和国职业分类大典(2015年版)》应用工作的通知

人社部发〔2016〕18号

各省、自治区、直辖市及新疆生产建设兵团人力资源社会保障厅（局）、质量技术监督局（市场监督管理部门）、统计局，国务院各部门、各直属机构、各中央企业、有关社会组织人事劳动保障工作机构：

2015年版《中华人民共和国职业分类大典》（以下简称《大典》）已正式颁布并出版发行。《大典》全面客观地反映了现阶段我国社会的职业构成、内涵、特点和发展规律。为充分发挥《大典》的效用，做好宣传、推广和应用工作，现就有关问题通知如下：

一、《大典》是我国对职业进行科学分类的权威性文献。各地区、各部门要充分认识《大典》对于适应和反映经济结构特别是产业结构变化，适应和反映社会结构特别是人口、就业结构变化，适应和反映人力资源开发与管理特别是人力资源配置需求等方面的意义和作用，要使本地区、本系统的工作人员及时了解《大典》职业分类体系等基本内容，在实际工作中结合《职业分类与代码》国家标准加以应用，充分发挥其在国民经济信息统计和人口普查、劳动力需求预测和规划等工作中的作用，同时要向社会做好《大典》的宣传和推广工作。

二、各地区、各部门要以《大典》和《职业分类与代码》国家标准确定的职业分类为基础，开展就业人口结构变化和劳动力供求状况研究分析。在劳动力市场信息统计工作中，要按照《大典》和《职业分类与代码》国家标准确定的职业分类与代码，进一步规范劳动力市场信息统计口径，使之更加科学和准确。

三、各地公共就业和人才服务机构在开展职业介绍和职业指导时，要参照《大典》的职业定义和职业描述的内容，向求职者介绍有关的职业背景。要指导用人单位在招聘活动中以及求职者在填写求职登记表时采用《大典》规定的职业名称。

四、各类职业教育培训机构可根据《大典》确定的职业分类，合理设置专业，及时制定培养标准和课程规范。要适应经济发展、产业升级和技术进步的需要，建立专业教学标准和职业标准联动开发机制，推进专业设置、课程内容与职业标准相衔接。

五、国家将建立职业资格目录清单管理制度，结合经济社会发展需要，依据《大典》制定并分批向社会发布国家职业资格目录。请各类职业资格考核评价机构依据国家职业资格目录，规范开展职业资格考核评价工作。

二〇一六年一月二十九日

人力资源社会保障部　国家卫生计生委　民政部　财政部　中国残联关于新增部分医疗康复项目纳入基本医疗保障支付范围的通知

人社部发［2016］23号

各省、自治区、直辖市及新疆生产建设兵团人力资源社会保障厅（局）、卫生计生委、民政厅（局）、财政厅（局）、残联：

2010年以来，各地积极贯彻落实《关于将部分医疗康复项目纳入基本医疗保障范围的通知》（卫农卫发［2010］80号）要求，将运动疗法等9项医疗康复项目纳入城镇基本医疗保险和新型农村合作医疗（以下统称基本医疗保险）支付范围，对于保障参保人员基本医疗康复需求起到了积极作用。当前，为进一步提高包括残疾人在内的广大参保人员医疗康复保障水平，按照《国务院关于加快推进残疾人小康进程的意见》（国发［2015］7号）精神，经组织专家遴选，决定进一步将部分医疗康复项目纳入基本医疗保障支付范围。现就有关问题通知如下：

一、将康复综合评定等20项医疗康复项目（见附件）纳入基本医疗保险支付范围。对20项医疗康复项目的限定支付范围，各省（区、市）可根据当地实际，组织专家论证，进行适当调整。各省（区、市）原已纳入基本医疗保险支付范围的其他医疗康复项目应当继续保留，按规定予以支付。

二、本通知所列20项医疗康复项目，其名称、项目内涵、计价单位等参照《全国医疗服务价格项目规范（2012年版）》确定。各省（区、市）要按照“准入法”对这部分医疗康复项目进行管理，结合本地区医疗服务价格项目规范，做好项目调整和对应、信息系统数据库更新、医疗费用审核结算等工作。

三、各统筹地区要加强基金预算管理，结合付费方式改革，探索适应医疗康复的医保支付方式，鼓励医疗机构控制服务成本，提高服务质量。要加强对医疗康复项目的监管和费用审核管理，医保基金支付费用的医疗康复项目均应在具备相应资质的定点康复医疗机构或定点医疗机构康复科室、由取得康复医学专业技术资格的医师或康复医学治疗技术人员提供，并严格按照项目内涵、限定支付范围进行费用审核和支付，防止基金浪费和服务过度利用。

四、各级人力资源社会保障和卫生计生部门要积极协调相关部门，共同健全完善多层次医疗保障体系，保障参保人员权益。各级卫生计生部门要进一步加大医疗康复服务质量监管力度，规范医疗康复服务行为。各级民政部门要对符合救助条件的对象按照规定进行医疗救助，做好城乡医疗救助与基本医疗保险的衔接。各级财政部门对已经纳入基本医疗保障范围的医疗康复项目，可相应或逐步调整财政专项资助。各级残联要充分发挥保障残疾人权益的作用，协助政府有关部门贯彻落实医疗康复保障政策，了解、反映残疾人的医疗康复需求，加强并积极争取社会力量对残疾人实施康复救助。

各省（区、市）应在2016年6月30日前完成相关项目的调整对应以及信息系统更新等工作，及时支付费用，并在9月30日前将本通知落实情况分别报人力资源社会保障部医疗保险司和国家卫生计生委基层卫生司。

在文件落实过程中，各地要注重做好政策解释和宣传，遇有重大事项应及时向人力资源社会保障部、国家卫生计生委等部门报告。

附件：纳入基本医疗保障支付范围的医疗康复项目

二〇一六年三月九日

附件

纳入基本医疗保障支付范围的医疗康复项目

序号	项目名称	项目代码	限定支付范围
1	康复综合评定	MAMZY003	有明确的功能障碍；评定由3名以上专业人员开展，至少包含两个评估项目；一个住院期间医保支付不超过三次；两次评定间隔时间不短于14天
2	吞咽功能障碍检查	MAGGK001	一个疾病过程支付不超过三次
3	手功能评定	MAHWR001	明确手功能障碍患者，总时间不超过90天，评定间隔时间不短于14天
4	平衡试验	FFA04704	评定间隔时间不短于14天
5	平衡训练	KFA19901	有明确的平衡功能障碍，一个疾病过程支付不超过90天
6	表面肌电图检查	MAAX8001	有明确的神经肌肉功能障碍，一个疾病过程支付不超过两次
7	轮椅技能训练	MBHZX001	需要长期使用轮椅且能够自行操作的患者，支付不超过30天
8	耐力训练	MBBZX019	由于疾病或损伤导致的全身运动耐力下降患者，一个疾病过程支付不超过90天
9	大关节松动训练	MBBX7003	有明确的关节活动障碍，一个疾病过程支付不超过90天
10	徒手手功能训练	MBCWR001	有明确的手功能障碍，一个疾病过程支付不超过90天
11	截肢肢体综合训练	MBBW6005	上肢训练支付不超过30天，下肢训练支付不超过20天，髋关节或肩关节离断、高位大腿截肢训练支付不超过90天
12	小儿行为听力测试	FFA02709	6岁以下疑似听力障碍的儿童，由取得听力师或助听器验配师资格并经过小儿听力学培训的人员操作

续表

序号	项目名称	项目代码	限定支付范围
13	孤独症诊断访谈量表（ADI）测评	FAY04706	6岁以下疑似孤独症患儿
14	日常生活动作训练	MBCZX004	存在日常生活活动能力障碍（ADL）的患者，重度患者支付不超过90天，中度患者支付不超过60天，轻度患者支付不超过30天，每14天训练经功能量表评定后取得明确功能进步才可继续支付
15	职业功能训练	MBKZX002	法定就业年龄段且有就业意愿，经过PARQ医学筛查适合进行职业功能训练的患者，支付不超过90天
16	精神障碍作业疗法训练	MBCZX002	限精神障碍康复期患者。在精神卫生机构或康复医疗机构，由具有资格的精神卫生专业人员或在其指导下的社工操作，每年支付不超过90天，每天支付不超过一次
17	减重支持系统训练	MBBZX009	由神经、肌肉、骨骼疾患导致的独立行走障碍患者，支付不超过30天
18	电动起立床训练	MBBZX010	住院期间，以减少卧床并发症为治疗目的或者以直立行动为康复目标，支付不超过30天
19	儿童听力障碍语言训练	MBDZX006	6岁以下听力障碍儿童，由取得听觉口语师资格的人员开展，以个别化训练为主要方式，每周最多支付一次，支付不超过一年
20	言语能力筛查	MAGAZ001	疑似言语功能障碍患者，不包括言语功能不能恢复的患者，一个疾病过程支付不超过两次

人力资源社会保障部关于执行《工伤保险条例》若干问题的意见（二）

人社部发［2016］29号

各省、自治区、直辖市及新疆生产建设兵团人力资源社会保障厅（局）：

为更好地贯彻执行新修订的《工伤保险条例》，提高依法行政能力和水平，妥善解决实际工作中的问题，保障职工和用人单位合法权益，现提出如下意见：

一、一级至四级工伤职工死亡，其近亲属同时符合领取工伤保险丧葬补助金、供养亲属抚恤金待遇和职工基本养老保险丧葬补助金、抚恤金待遇条件的，由其近亲属选择领取工伤保险或职工基本养老保险其中一种。

二、达到或超过法定退休年龄，但未办理退休手续或者未依法享受城镇职工基本养老保险待遇，继续在原用人单位工作期间受到事故伤害或患职业病的，用人单位依法承担工伤保险责任。

用人单位招用已经达到、超过法定退休年龄或已经领取城镇职工基本养老保险待遇的人员，在用工期间因工作原因受到事故伤害或患职业病的，如招用单位已按项目参保等方式为其缴纳工伤保险费的，应适用《工伤保险条例》。

三、《工伤保险条例》第六十二条规定的“新发生的费用”，是指用人单位参加工伤保险前发生工伤的职工，在参加工伤保险后新发生的费用。其中由工伤保险基金支付的费用，按不同情况予以处理：

（一）因工受伤的，支付参保后新发生的工伤医疗费、工伤康复费、住院伙食补助费、统筹地区以外就医交通食宿费、辅助器具配置费、生活护理费、一级至四级伤残职工伤残津贴，以及参保后解除劳动合同时的一次性工伤医疗补助金；

（二）因工死亡的，支付参保后新发生的符合条件的供养亲属抚恤金。

四、职工在参加用人单位组织或者受用人单位指派参加其他单位组织的活动中受到事故伤害的，应当视为工作原因，但参加与工作无关的活动除外。

五、职工因工作原因驻外，有固定的住所、有明确的作息时间，工伤认定时按照在驻在地当地正常工作的情形处理。

六、职工以上下班为目的、在合理时间内往返于工作单位和居住地之间的合理路线，视为上下班途中。

七、用人单位注册地与生产经营地不在同一统筹地区的，原则上应在注册地为职工参加工伤保险；未在注册地参加工伤保险的职工，可由用人单位在生产经营地为其参加工伤保险。

劳务派遣单位跨地区派遣劳动者，应根据《劳务派遣暂行规定》参加工伤保险。建筑施工企业按项目参保的，应在施工项目所在地参加工伤保险。

职工受到事故伤害或者患职业病后，在参保地进行工伤认定、劳动能力鉴定，并按照参保地的规定依法享受工伤保险待遇；未参加工伤保险的职工，应当在生产经营地进行工伤认定、劳动能力鉴定，并按照生产经营地的规定依法由用人单位支付工伤保险待遇。

八、有下列情形之一的，被延误的时间不计算在工伤认定申请时限内。

（一）受不可抗力影响的；

（二）职工由于被国家机关依法采取强制措施等人身自由受到限制不能申请工伤认定的；

（三）申请人正式提交了工伤认定申请，但因社会保险机构未登记或者材料遗失等原因造成申请超时限的；

（四）当事人就确认劳动关系申请劳动仲裁或提起民事诉讼的；

（五）其他符合法律法规规定的情形。

九、《工伤保险条例》第六十七条规定的“尚未完成工伤认定的”，是指在《工伤保险条例》施行前遭受事故伤害或被诊断鉴定为职业病，且在工伤认定申请法定时限内（从《工伤保险条例》施行之日起算）提出工伤认定申请，尚未作出工伤认定的情形。

十、因工伤认定申请人或者用人单位隐瞒有关情况或者提供虚假材料，导致工伤认定决定错误的，社会保险行政部门发现后，应当及时予以更正。

本意见自发文之日起执行，此前有关规定与本意见不一致的，按本意见执行。执行中有重大问题，请及时报告我部。

二〇一六年三月二十八日

人力资源社会保障部关于推动行业组织有序承接技能人员水平评价类职业资格具体认定有关工作的通知

人社部发［2016］31号

各省、自治区、直辖市及新疆生产建设兵团人力资源社会保障厅（局），国务院各部委、各直属机构人事劳动保障部门：

按照《国务院机构改革和职能转变方案》和国家职业资格管理有关规定，我部印发了《行业组织有序承接专业技术人员水平评价类职业资格具体认定工作实施办法（试行）》（人社部发［2016］3号），明确了行业组织承接专业技术人员水平评价类职业资格具体认定工作的有关政策。为推动技能人员水平评价类职业资格改革有关工作，结合技能人员水平评价类职业资格管理有关工作进展和实践特点，经研究决定，行业组织承接技能人员水平评价类职业资格具体认定工作参照《行业组织有序承接专业技术人员水平评价类职业资格具体认定工作实施办法（试行）》执行，并就进一步做好有关工作通知如下：

一、技能人员水平评价类职业资格具体认定工作，是指采用理论知识考试、操作技能考核、综合评审、工作业绩评定、学习过程考核等多种方式，对技能人员职业能力水平进行评价鉴定的相关工作，是技能劳动者和高技能人才队伍建设工作的重要组成部分。技能人员水平评价类职业资格具体认定工作政策性强，技术要求高，安全责任大，涉及广大技能人员的切身利益。推动行业组织承接技能人员水平评价类职业资格具体认定工作是职业资格改革工作的重要内容，要高度重视，稳慎推进，坚持试点先行，有序承接，成熟一个，推开一个。

二、有关行业组织要加强自身建设，健全工作制度，增强服务意识，提升工作能力，切实加强评价鉴定质量管理。要注重加强开展技能人员水平评价类职业资格具体认定工作所需的实训场地、设施设备、检测仪器等方面的建设，切实搞好操作技能考核，提高评价鉴定质量。

三、要推动职能转变，加强对行业组织承接技能人员水平评价类职业资格具体认定工作的指导、监督和评估，做好政策宣传解释，搞好工作衔接，平稳推进工作。要高度重视“鉴”培分离工作，切断利益输送链条。要加强职业技能鉴定服务与监管信息工作平台建设，为行业组织承接技能人员水平评价类职业资格具体认定工作提供支持与服务。

二〇一六年三月三十日

人力资源社会保障部　国家发展和改革委员会　工业和信息化部　财政部　民政部　国务院国有资产监督管理委员会　中华全国总工会关于在化解钢铁煤炭行业过剩产能实现脱困发展过程中做好职工安置工作的意见

人社部发〔2016〕32号

各省、自治区、直辖市及新疆生产建设兵团人力资源社会保障厅（局）、发展改革委、工业和信息化主管部门、财政（财务）厅（局）、民政厅（局）、国资委（局）、总工会，有关中央企业：

钢铁、煤炭是国民经济的重要基础行业。近年来，受国内外市场需求明显下降、国际大宗商品价格持续下跌等影响，行业产能过剩矛盾凸显，企业生产经营困难加剧，亟须通过化解过剩产能推动行业结构优化、脱困升级。妥善安置职工是化解过剩产能工作的关键，关系供给侧结构性改革的顺利实施，关系职工切身利益和改革发展稳定大局。根据党中央、国务院推进供给侧结构性改革及化解钢铁、煤炭行业过剩产能实现脱困发展的总体部署，为做好职工安置工作，提出以下意见：

一、总体要求

做好钢铁、煤炭行业化解过剩产能、实现脱困发展中的职工安置工作，要全面落实党的十八大和十八届三中、四中、五中全会精神，树立发展新理念，把握好改革发展稳定的关系，坚持企业主体、地方组织、依法依规，更多运用市场办法，因地制宜、分类有序、积极稳妥地做好职工安置工作，维护好职工和企业双方的合法权益，促进失业人员平稳转岗就业，兜牢民生底线，为推进结构性改革营造和谐稳定的社会环境。

二、多渠道分流安置职工

（一）支持企业内部分流

1. 支持企业利用现有场地、设施和技术，通过转型转产、多种经营、主辅分离、辅业改制、培训转岗等方式，多渠道分流安置富余人员。支持兼并重组后的新企业更多吸纳原企业职工。对企业为促进职工转岗安置开展的职业培训，可按规定给予职业培训补贴。

2. 支持企业开展“双创”，利用“互联网+”、国际产能合作和装备走出去，发展新产品、新业态、新产业，在优化升级和拓展国内外市场中创造新的就业空间。对工艺技术较为先进、市场前景较好，但暂时经营困难的企业，可通过与工会或职工依法协商，采取协商薪酬、灵活工时等，稳定现有岗位。对不裁员或少裁员的企业，按规定由失业保险基金给予一定的稳岗补贴。

（二）促进转岗就业创业

1. 对拟分流职工的钢铁、煤炭企业，要提前摸清拟分流职工底数，了解就业需求，制订再就业帮扶计划。对拟分流安置人员在100人以上的，要举办专场招聘活动。

2. 对依法与企业解除、终止劳动合同的失业人员，要及时办理失业登记，免费提供就业指导、职业介绍、政策咨询等服务，纳入当地就业创业政策扶持体系。对失业人员和长期停产职工，要普遍开展转岗培训或技能提升培训，提高培训的针对性和有效性，按规定给予职业培训补贴。对其中的零就业家庭人员和就业困难人员，在培训期间可按规定给予一定的生活费补助。

3. 对有创业意愿的化解过剩产能企业职工和失业人员，按规定提供创业培训，有针对性地提供创业指导、项目咨询和跟踪服务。支持创业平台建设，积极培育适应钢铁、煤炭行业职工特点的创业创新载体，将返乡创业试点范围扩大到矿区，通过加大专项建设基金投入等方式，提高创业服务孵化能力。对从事个体经营或注册企业的，按规定给予税费减免、创业担保贷款、场地安排等政策扶持。

4. 对钢铁、煤炭过剩产能企业较为集中、就业门路窄的地区及资源枯竭地区、独立工矿区，要加强工作指导，开展跨地区就业信息对接和有组织的劳务输出，对其中的就业困难人员可按规定给予一次性交通补贴。

（三）符合条件人员可实行内部退养

1. 对距法定退休年龄5年之内、再就业有困难的，在职工自愿选择、企业同意并签订协议后，可实行内部退养。由企业发放生活费，并缴纳基本养老保险费和基本医疗保险费，个人缴费部分由职工继续缴纳，达到退休年龄时正式办理退休手续。

2. 上述人员因破产等原因无企业主体并无出资控股企业的，与原企业终止劳动合同，可自愿选择领取经济补偿金或预留社会保险费和生活费。对于选择预留社会保险费和生活费的人员，企业主体消亡时应在充分考虑当地经济社会发展水平、物价变动、工资增长等因素的基础上，经过测算一次性预留出为其缴纳至法定退休年龄的基本养老保险费、基本医疗保险费和生活费，由地市级以上人民政府指定的机构代发生活费并代缴基本养老保险费和基本医疗保险费，个人缴费部分由职工继续缴纳，达到退休年龄时正式办理退休手续。

3. 对上述继续缴纳社会保险费的退养人员，企业和个人可不再缴纳失业、工伤和生育保险费。

4. 退养人员应在企业职工安置方案通过时一次性确定。

（四）运用公益性岗位托底帮扶

对就业困难人员，要建档立卡，提供“一对一”就业援助，对与就业困难人员签订劳动合同并为其缴纳社会保险费的用人单位，以及从事灵活就业的就业困难人员，按规定给予社会保险补贴。支持各地通过购买服务等方式，引导人力资源服务机构为就业困难人员提供就业信息服务，根据服务成效按规定给予就业创业服务补助。对通过市场渠道确实难以就业的大龄困难人员和零就业家庭人员，要加大公益性岗位开发力度提供托底帮扶。

三、妥善处理劳动关系

（一）企业实施兼并重组吸纳原企业职工的，继续履行原劳动合同。企业发生合并或分立等情形的，由承继其权利和义务的企业继续履行原劳动合同，经与职工协商一致可以变更劳动合同约定的内容，职工在企业合并、分立前的工作年限合并计算为在现企业的工作年限；职工在企业内部转岗安置或内部退养的，双方协商一致后依法变更劳动合同，不支付经济补偿金。

（二）企业在被依法宣布破产、责令关闭或决定提前解散等情形下主体消亡的，应与职工依法终止劳动合同。

（三）企业与职工解除或终止劳动合同的，

应依法支付经济补偿金，偿还拖欠职工在岗期间的工资，补缴欠缴的社会保险费。

（四）企业使用被派遣劳动者的，要按照《劳务派遣暂行规定》妥善处理好用工单位、劳务派遣单位、被派遣劳动者三方的权利义务。

四、加强社会保障衔接

（一）对符合领取失业保险金条件的人员，按规定发放失业保险金。领取失业保险金期间，可按规定享受由失业保险基金支付的职工医疗保险等其他失业保险待遇，社保经办机构应做好相应的权益记录。

（二）对符合最低生活保障条件的家庭，应按规定纳入最低生活保障范围。

（三）对解除或终止劳动合同人员重新就业的，新就业单位要为其及时办理参保缴费、社会保险关系及档案转移接续手续，原企业及存档单位要配合做好相关工作。对未被其他单位招用的人员，符合规定的，可按灵活就业人员身份参加职工基本养老保险、医疗保险。

（四）对于工伤人员，各地要按照《工伤保险条例》和人力资源社会保障部、财政部等四部委《关于做好国有企业老工伤人员等纳入工伤保险统筹管理有关工作的通知》（人社部发〔2011〕10号）规定，妥善解决工伤人员的待遇问题。

五、政策适用范围和实施期限

以上各项政策适用于化解钢铁、煤炭行业过剩产能和脱困升级中涉及企业及分流安置职工。除另有政策规定外，实施期限暂定为2016年至2020年。各地可根据国务院推进化解过剩产能及供给侧结构性改革的总体部署，统筹需要与可能，确定本地区涉及行业、企业和职工范围。

六、加强组织实施

（一）加强组织领导。做好化解钢铁、煤炭行业过剩产能和脱困升级中的职工安置工作涉及面广、政策性强，工作难度大。各地要高度重视，把职工安置工作作为化解过剩产能和脱困升级工作的重中之重，纳入整体改革方案。要建立政府主要领导牵头，人社、发改、经信、财政、民政、国资、工会等部门参与的工作协调机制，统筹协调本地区职工安置工作，制定工作方案，明确部门职责，加强信息通报和工作调度，督促落实职工安置政策，及时处置突发问题，制定应对规模性失业风险的预案。

（二）指导企业制定职工安置方案。各地要指导督促相关企业加强厂务公开工作，按照国家有关法律法规和政策制定并落实职工安置方案。职工安置方案应明确涉及职工情况、职工分流安置方式、劳动关系处理、经济补偿支付、偿还拖欠职工工资及社会保险费、职工安置资金来源渠道、促进再就业等内容。方案制定过程中，企业要依法履行民主程序，建立各层级职工协商沟通机制，充分听取职工意见，保障职工的知情权、参与权、表达权和监督权。职工安置方案应按规定经职工代表大会或全体职工讨论通过后公布实施。对职工安置方案不完善、资金保障不到位以及职工安置方案未经职工代表大会或全体职工讨论通过的，不得实施。

（三）落实资金保障。对企业拖欠的工资、社会保险费、退养费用、经济补偿金等，应由企业或所属集团公司筹集资金解决。中央财政设立工业企业结构调整专项奖补资金，用于解决钢铁、煤炭等行业化解过剩产能过程中的职工安置问题。专项奖补资金结合地方和中央企业任务完成情况（主要与产能挂钩）、需安置职工人数、困难程度等因素，对地方和中央企业进行梯级奖补，由地方政府和中央企业统筹用于符合要求的职工安置工作。落实失业保险待遇和稳岗补贴所需资金从失业保险基金中支出，确有困难的，各地要通过提高失业保险基金统筹层次、加强省内调剂等，对化解过剩产能职工安置任务重的地区给予重点支持。落实失业人员就业创业扶持政策，可按规定从就业补助资金中列支，上级财政、人社部门在转移支付时要对化解过剩产能任务重的地区予以倾斜。各地要按照属地原则，协调当地中央企业做好职工安置工作，做到政策统一、标准统一，并将中央企业失业人员再就业纳入当地就业工作规划，落实就业扶持政策。

（四）强化风险监控。各地要进一步加强统计监测和形势研判，建立健全化解钢铁、煤炭行业过剩产能企业失业预警机制和应急处置机制，特别是要对涉及职工人数多、安置任务重、稳定压力大的地区和企业，实施重点监测，及时采取措施化解矛盾，降低失业风险。对因职工安置可能引发的不稳定因素，要做好相关研判和预案，有针对性地采取防范措施，并及时向当地党委政府和上级人力资源社会保障部门报告。

（五）注重宣传引导。各地要重视做好政策解释和思想政治工作，充分发挥基层党组织、工会等作用，深入宣传化解过剩产能的重要性和紧迫性，宣传职工分流安置政策，引导分流安置职工认清形势，转变观念，更好地理解、支持并主动参与改革。要加大正面宣传，推广一批职工安置工作先进典型，发挥示范带动作用。要加强职工安置工作舆论引导，及时回应社会关切，耐心细致做好解读，不回避问题，不激化矛盾，正确引导社会预期，努力营造良好舆论氛围。

各地要按照本意见精神，结合当地实际，抓紧制定本地区化解过剩产能过程中做好职工安置工作的具体办法，加强监督检查。有关工作进展情况要及时报送人力资源社会保障部。

二〇一六年四月七日

人力资源社会保障部　全国博士后管委会关于印发博士后创新人才支持计划的通知

人社部发［2016］33号

各省、自治区、直辖市及新疆生产建设兵团人力资源社会保障厅（局），国务院有关部委、直属机构人事（干部）部门，中央军委政治工作部干部局，各博士后设站单位：

为贯彻落实《国务院办公厅关于改革完善博士后制度的意见》（国办发［2015］87号），加强高层次创新型青年人才培养工作，人力资源社会保障部、全国博士后管委会研究制定了《博士后创新人才支持计划》。现印发给你们，请高度重视博士后创新人才支持计划，加强组织领导，完善服务保障，确保博士后创新人才支持计划的顺利实施。

二〇一六年四月十四日

博士后创新人才支持计划

为贯彻落实《国务院办公厅关于改革完善博士后制度的意见》（国办发［2015］87号），培养更多高层次创新型青年人才，吸引新近毕业的优秀博士从事博士后研究工作，特制定博士后创新人才支持计划（简称“博新计划”）。

一、目的意义

“博新计划”结合国家实验室等重点科研基地，瞄准国家重大战略、战略性高新技术和基础科学前沿领域，通过个人申报、拟进站单位推荐、专家评审等程序，择优遴选一批应届或新近毕业的优秀博士，专项资助其从事博士后研究工作，争取加速培养一批国际一流的创新型人才。

二、人选基本条件

（一）获得博士学位3年内的全日制博士毕业生，当年度应届博士毕业生优先。

（二）31周岁以下。

（三）具有良好的科研潜质和学术道德。

（四）研究领域属国家重大战略领域、战略性高新技术领域、基础科学研究前沿领域。

（五）已初步选定博士后合作导师，并与合作导师商议形成初步研究计划。

（六）获得资助后必须全脱产从事博士后研究工作。

三、选拔程序

按照“个人申请、单位审核、专家评审、择优资助”的原则，由全国博士后管委会统一组织选拔，每年一次。

（一）组织申报。全国博士后管委会办公室印发开展“博新计划”申报工作的通知，各博士后设站单位组织申报。

（二）个人申请。符合条件的博士自主联系博士后设站单位和博士后合作导师，并与合作导师商议形成初步研究计划。

（三）单位审核。拟进站单位审核申请人的资格条件。

（四）专家评审。全国博士后管委会组织同行专家进行会议评审。评审专家为国内知名专家，以全国博士后管委会专家组成员为主体。

（五）人选确定。全国博士后管委会审定专家评审结果，并确定拟资助人选；拟资助人选名单在中国博士后网站公示；公示结束后，全国博士后管委会办公室发文公布资助人选。

四、资助额度、人数与期限

初期每年资助 200 人，以后可逐步扩大。

资助每人每年 30 万元，两年 60 万元，其中 40 万元为博士后日常经费，20 万元为博士后科学基金。

资助经费在资助名单公布后 1 个月内一次性拨付设站单位。设站单位应按照相关管理规定单独立账，专款专用。入选者如自动放弃资助资格，设站单位在当年年底退回资助经费；入选者如提前出站或退站，设站单位须退回剩余资助经费。

资助期限为两年，如需延期，两年后的经费由博士后研究人员与设站单位、合作导师协商解决。

入选者需在资助人选名单公布 3 个月内办理进站手续，否则视为自动放弃资助资格。

五、考核管理

全国博士后管委会负责组织实施和考核管理工作，并对期满出站人员颁发相关证书。入选者所在设站单位负责入选人员的具体管理。入选者在站期间发表的学术成果需注明受“博新计划”资助。

六、组织实施

“博新计划”由全国博士后管委会办公室、中国博士后科学基金会组织实施。全国博士后管委会办公室定期组织对“博新计划”实施情况、效果的跟踪和评估工作，并将实施成效纳入博士后工作综合评估指标。

各地人力资源社会保障部门要高度重视“博新计划”，加大宣传力度，加强对各设站单位的指导与帮助，组织做好申报和推荐工作，加强跟踪服务。各设站单位要以此为契机，采取切实可行的措施，鼓励和吸引优秀博士进站从事博士后研究工作。同时，要加强对资助人选的管理、服务工作，为他们提供良好的科研条件和宽松的科研环境，为培养造就一批高层次创新型人才贡献力量。

人力资源社会保障部关于第二批宣布失效和废止文件的通知

人社部发［2016］34号

各省、自治区、直辖市及新疆生产建设兵团人力资源社会保障厅（局）：

根据国务院文件清理工作的统一部署，我部对1988年1月1日至2008年4月期间制发的文件进行了全面清理，其中部分文件因调整对象已消失、工作任务已完成、适用期已满、已有新规定替代等宣布失效和废止。现宣布失效147份文件（见附件1），废止197份文件（见附件2）。

附件：

1. 人力资源社会保障部宣布失效的文件目录（略）

2. 人力资源社会保障部宣布废止的文件目录（略）

二〇一六年四月十三日

人力资源社会保障部　财政部
关于阶段性降低社会保险费率的通知

人社部发［2016］36号

各省、自治区、直辖市及新疆生产建设兵团人力资源社会保障厅（局）、财政（财务）厅（局）：

为降低企业成本，增强企业活力，根据《中华人民共和国社会保险法》等有关规定，经国务院同意，现就阶段性降低社会保险费率有关事项通知如下：

一、从2016年5月1日起，企业职工基本养老保险单位缴费比例超过20%的省（区、市），将单位缴费比例降至20%；单位缴费比例为20%且2015年底企业职工基本养老保险基金累计结余可支付月数高于9个月的省（区、市），可以阶段性将单位缴费比例降低至19%，降低费率的期限暂按两年执行。具体方案由各省（区、市）确定。

二、从2016年5月1日起，失业保险总费率在2015年已降低1个百分点基础上可以阶段性降至1%～1.5%，其中个人费率不超过0.5%，降低费率的期限暂按两年执行。具体方案由各省（区、市）确定。

三、各地要继续贯彻落实国务院2015年关于降低工伤保险平均费率0.25个百分点和生育保险费率0.5个百分点的决定和有关政策规定，确保政策实施到位。生育保险和基本医疗保险合并实施工作，待国务院制定出台相关规定后统一组织实施。

社会保险费率调整工作政策性强，社会关注度高。各地要把思想和行动统一到党中央、国务院决策部署上来，加强组织领导，精心组织实施。要健全基本养老保险激励约束机制，确保基金应收尽收，实现可持续发展和长期精算平衡，并确保参保人员各项社会保险待遇标准不降低和待遇按时足额支付。要加强政策宣传，正确引导社会舆论。各地具体调整费率方案，经省级人民政府批准后执行，并报人力资源社会保障部、财政部备案。

各地贯彻落实本通知的情况以及工作中遇到的问题，请及时向人力资源社会保障部、财政部报告。

二〇一六年四月十四日

中共中央组织部　人力资源和社会保障部　教育部　财政部　水利部　农业部　国家卫生和计划生育委员会　国务院扶贫开发领导小组办公室　共青团中央关于实施第三轮高校“三支一扶”计划的通知

人社部发［2016］41号

各省、自治区、直辖市及新疆生产建设兵团党委组织部、人力资源社会保障厅（局）、教育厅（教委、教育局）、财政厅（财政局、财务局）、水利（水务）厅（局）、农业（农牧、农村经济）厅（委、局、办）、卫生计生委（卫生局）、扶贫办（局）、团委：

自2006年高校毕业生“三支一扶”（支教、支农、支医和扶贫）计划实施以来，各地区、各有关部门紧贴基层需求，不断拓展服务领域，规范日常管理，强化培养使用，完善政策措施，取得良好效果，在促进高校毕业生就业、推动基层经济社会发展方面发挥了重要作用。为深入实施人才强国战略和就业优先战略，健全鼓励高校毕业生到基层工作的服务保障机制，人力资源社会保障部、中央组织部、教育部、财政部、水利部、农业部、国家卫生计生委、国务院扶贫办、共青团中央等部门决定，2016—2020年实施第三轮高校毕业生“三支一扶”计划。现就有关事项通知如下：

一、实施第三轮“三支一扶”计划的基本思路和目标任务

“十三五”时期是全面建成小康社会决胜阶段，打赢脱贫攻坚战是实现全面建成小康社会目标的重大任务。实施第三轮“三支一扶”计划，要深入学习贯彻习近平总书记系列重要讲话精神，紧紧围绕全面建成小康社会奋斗目标，围绕打赢脱贫攻坚战的战略部署，坚持立足教育、农业、卫生、水利和扶贫等事业发展对人才的需求，坚持为基层输送和培养青年人才、引导高校毕业生到基层就业创业的工作定位，坚持“稳定规模、优化领域、改进管理、提升质量、强化保障”的基本思路，全国每年选拔招募2.5万名、5年共12.5万名高校毕业生到基层从事“三支一扶”服务。各地要充分认识“十三五”时期继续实施“三支一扶”计划的重要意义，切实增强做好工作的责任感和使命感，总结经验，拓宽思路，按照新的目标定位和任务要求，进一步加大工作力度，完善相关政策措施，健全管理服务制度，确保“三支一扶”工作取得更大成效。

二、完善选拔招募机制

（一）合理确定招募规模。各地要立足本地“十三五”时期基层经济社会发展实际，逐级开展基层岗位需求统计，合理编制年度招募计划。要着重加强对当前或未来2～3年有空编的基层服务单位岗位征集，招募计划适当向辖区内的贫困地区、艰苦边远地区和少数民族地区倾斜。

（二）统筹开发服务岗位。各地要在重点开发支教、支农、支医和扶贫岗位的基础上，落实中央新的部署要求，进一步加大扶贫岗位开发力度，积极拓展供销合作、农村合作经济、农村电子商务、农村饮水安全、农田水利、生态保护、文化建设等领域服务岗位，努力满足基层公共服务体系建设和民生事业发展的需要。要统筹考虑其他基层服务项目实施情况，推动各项目在服务岗位覆盖上优势互补、各有侧重，形成服务基层工作合力。

（三）规范选拔招募工作。各地要科学设置选拔招募条件，提高人员岗位匹配度，努力提升招募人员素质。要通过校园宣讲、媒体宣传等方式，广泛发布招募公告，引导优秀高校毕业生积极报名参加。要进一步完善选拔招募制度，坚持平等竞争、择优录取，做到招募信息公开、过程公开、结果公开，坚决杜绝选拔招募过程中的不正之风。

三、加强人员培养和使用

（一）实施能力提升专项培训计划。各地要建立“三支一扶”人员教育培训制度，自2016年起在全国实施“三支一扶”人员能力提升专项培训计划，每年为“三支一扶”人员提供不少于5天的岗前或在岗脱产培训，由省级“三支一扶”办负责组织。人力资源社会保障部会同有关部门，每年举办“三支一扶”计划示范培训班，补助标准为每人每年3 000元，2016年培训5 000人，以后年度可根据培训实施情况调整培训人数。具体培训和资金管理办法由人力资源社会保障部、财政部另行制定。

（二）实施岗位成长培养计划。各地要指导基层单位加强“三支一扶”人员的培养和使用。要结合岗位制定专门的成长培养计划，明确帮扶导师、岗位职责和工作要求，经常开展谈心活动，定期进行工作总结，组织交流工作经验，充分发挥“三支一扶”人员作用，促进其在实践中成长成才。要积极创造条件，扶持有相应能力和意愿的“三支一扶”人员在基层创新创业，带动基层群众兴业致富。县级“三支一扶”办要加强沟通协调，推动每个接收“三支一扶”人员的乡镇从“三支一扶”人员中择优选拔1～2人兼任乡镇团委副书记、基层供销社主任助理。对服务期间积极要求入党的，由乡镇一级党组织按规定程序办理。

四、进一步健全服务保障机制

（一）建立工作生活补贴标准动态调整机制。各级财政要加大投入力度，严格按照当地乡镇机关或事业单位从高校毕业生中新聘用工作人员试用期满后工资收入水平，确定“三支一扶”人员工作生活补贴标准，建立工作生活补贴标准动态调整机制。从2015年9月1日起，中央财政补助标准提高到西部地区每人每年2.5万元（其中新疆南疆四地州、西藏自治区每人每年3.5万元），中部地区每人每年1.8万元，东部地区每人每年0.8万元。2016年中央财政对中西部地区调标进行补发，补发范围为本通知印发时仍在岗的国家计划内“三支一扶”人员。地方各级财政应结合实际给予相应配套资金。在艰苦边远地区服务的“三支一扶”人员可享受艰苦边远地区津补贴。各地要按月足额发放“三支一扶”人员工作生活补贴。

（二）全面落实社会保险政策。各地要加强指导协调和督促检查，确保为每名“三支一扶”人员落实各项社会保险。社会保险的单位缴纳部分由地方财政负担，个人缴纳部分从“三支一扶”人员工作生活补贴中代扣代缴。鼓励有条件的地方为“三支一扶”人员办理补充医疗保险，重大疾病、人身意外伤害等商业保险以及住房公积金。

（三）加大其他保障力度。从 2016 年起，中央财政按照每人 2 000 元标准，给予每名新招募且在岗服务满 6 个月以上的“三支一扶”人员一次性安家费补贴。鼓励有条件的地方建立年度考核奖励机制，按考核结果等次给予“三支一扶”人员一定奖励。鼓励基层服务单位积极为“三支一扶”人员提供交通、住宿和伙食等方面的便利，提高保障水平。

五、切实做好日常管理和服务工作

（一）强化人员管理。各地要结合实际，进一步完善各项管理制度。定期开展“三支一扶”人员在岗履职情况检查，严格按招募岗位安排使用“三支一扶”人员，原则上不允许外单位借用。“三支一扶”人员中的党员、团员在服务期间按照当地农村党员、团员的标准按时缴纳党费、团费。县级“三支一扶”办负责“三支一扶”人员的年度考核和服务期满考核工作，考核情况存入本人人事档案，并报省级“三支一扶”办备案。完善考核制度，强化日常表现考核和工作实绩考核，考核结果与奖惩、培养、使用挂钩。加强全国高校毕业生“三支一扶”工作管理信息系统应用，实现与财政等相关部门信息共享，落实专人负责，及时做好信息采集、上报和更新工作。

（二）完善日常服务。各地“三支一扶”办要会同有关部门，妥善做好“三支一扶”人员服务期间的户口、人事档案保管工作，户口可由指定机构统一管理，也可根据本人意愿转回原籍。人事档案原则上统一转至服务单位所在地的县级人力资源社会保障部门的公共就业和人才服务机构，党团组织关系转至服务单位。对服务期满并已落实接收单位的“三支一扶”人员，要及时将其户口、人事档案和党团组织关系转入接收单位；暂未就业的，原则上转回原籍。对服务期间通过正常手续离岗的人员，要及时为其办理上述相关手续。

（三）做好证书发放管理。各地要及时为服务期满考核合格的“三支一扶”人员颁发《高校毕业生“三支一扶”服务证书》。“三支一扶”服务证书是服务期满人员享受相关政策扶持的重要凭证，由全国“三支一扶”工作领导小组办公室（以下简称全国“三支一扶”办）制定统一格式和编码，由省级“三支一扶”办统一制作、加盖印章并发放。省级“三支一扶”办要按规定做好证书发放管理工作。

六、畅通服务期满就业创业渠道

（一）落实和完善机关事业单位定向考录（招聘）政策。各地要认真落实《关于做好艰苦边远地区基层公务员考试录用工作的意见》（人社部发［2014］61 号）和《关于统筹实施引导高校毕业生到农村基层服务项目工作的通知》（人社部发［2009］42 号）等文件要求，切实做好从服务期满“三支一扶”人员中定向考录公务员和优先招聘事业单位工作人员的工作。各级机关考录公务员、事业单位招聘工作人员时，免收困难家庭“三支一扶”人员的报名费和体检费。凡符合《中华人民共和国执业医师法》及卫生计生委医师资格考试报名有关规定的支医人员，由服务地相应医疗机构出具试用期考核合格证明，当地县级卫生行政部门要帮助办理参加执业医师资格考试的有关手续，确保他们能顺利参加考试。

（二）鼓励创业。各地要将有创业意愿的服务期满“三支一扶”人员及时纳入本地“大学生创业引领计划”、“现代青年农场主培育计划”、农村青年创业富民行动等，提供创业培训、创业指导、创业孵化等创业公共服务，按规定给予培训补贴、税费减免、创业担保贷款等扶持。发挥服务期满“三支一扶”人员熟悉基层的优势，鼓励他们立足农村，在农产品加工业、休闲农业和乡村旅游、农村服务业等领域因地制宜地开展创业。支持服务期满“三支一扶”人员创办农民合作社、家庭农场等新型农业经营主体，符合农业补贴政策支持条件的，可按规定同等享受相应的政策支持。鼓励服务期满“三支一扶”人员在“互联网＋”、电子商务领域网上创业，经工商注册登记的网络商户从业人员，同等享受各项就业创业扶持政策；未经工商注册登记的网络商户从业人员，可认定为灵活就业人员，享受灵活就业人员扶持政策。

（三）促进自主择业。各级“三支一扶”办要充分发挥各有关成员单位作用，大力挖掘就业岗位，拓宽服务期满“三支一扶”人员转岗就业渠道。服务期满人员较多的省、市级人力资源社会保障部门每年应至少组织一场专门的岗位对接活动，向国有企业、大型民营企业、社会组织等推荐服务期满人员。各级公共就业和人才服务机构要为服务期满人员免费提供政策咨询、职业指导和职业介绍。对实现灵活就业的服务期满人员，按规定落实社会保险补贴政策。对服务期满未能及时就业的人员，要作为重点服务对象提供岗位信息、职业培训等有针对性的就业服务，帮助其尽快实现就业。“三支一扶”人员在基层服务年限计算为工龄，其参加工作时间按其到基层报到之日起算。

（四）支持继续学习深造。服务期满考核合格的“三支一扶”人员，3 年内报考硕士研究生的，初试总分加 10 分，同等条件下优先录取。对于已被录取为研究生的应届高校毕业生参加“三支一扶”计划的，学校应为其保留入学资格。高职（高专）毕业生参加“三支一扶”计划服务期满考核合格的，可免试入读成人高等学历教育专科起点本科。服务期满考核合格且符合相应条件的，可按规定享受相应的学费补偿和助学贷款代偿政策。

七、加强组织领导

（一）完善工作机制。各地要进一步完善“三支一扶”工作领导小组运行机制，明确议事规则，加强对重大事项、重要政策、重点工作和难点问题的研究，切实加强组织领导。各有关部门要充分发挥职能优势，共同推进“三支一扶”工作。全国“三支一扶”办将根据各地招募到岗率、服务期间流失率、期满就业率、政策落实到位等情况，研究制定工作绩效考核指标体系，对各地“三支一扶”工作进行考核，考核结果将作为中央财政补助名额分配的重要参考依据。各地要将“三支一扶”工作所需经费纳入同级财政预算，确保相关活动和日常项目管理的正常开展。

（二）把握时间节点。“三支一扶”工作计划性强，各地要把握工作规律，提前谋划，制定年度工作方案，周密组织，严格按照时间节点要求完成各环节工作。今后，各地要在 1 月底前申报当年岗位需求计划，国家在 3 月底前下达招募计划，各地要在 7 月底前完成招募，将拟招募人员基本信息上传至管理信息系统，8 月底前完成实际招募到岗人员基本信息核校，8 月底至 9 月初组织新招募人员上岗。各地要在 11 月底前将当年服务期满人员的基本信息和就业信息上传至管理信息系统。同时，要在 12 月 15 日前将年度工作情况总结上报全国“三支一扶”办。目前实际工作进度与上述时间节点要求有较大出入的部分省份，要积极协调，调整安排，确保全国工作进度保持一致。

（三）严格资金管理。各省级财政部门、人力资源社会保障部门要按照国家下达的招募计划完成情况和补助标准，做好中央补助经费的测算工作，于 8 月 15 日前联合上报财政部和人力资源社会保障部。中央财政根据人力资源社会保障部的审核结果和各地资金管理使用情况，于 9 月底前将当年中央补助经费下达到省级（含计划单列市，下同）财政部门。同时，中央财政每年按一定比例提前下达下一年度部分中央补助经费，以提高预算完整性，保障工作需要。省级财政部门要按照“三支一扶”计划中央补助资金管理办法，做好经费保障和管理工作，加强绩效评价，加快执行进度，消化结余资金，提高财政资金使用效益。财政部将会同有关部门或委托各地财政监察专员办事处，适时开展资金管理使用情况专项检查。

（四）深入开展宣传。大力弘扬以勇于担当的责任意识、甘于奉献的精神追求、全心全意的服务态度、锐意进取的创新激情为主要内容的“三支一扶”精神，引导“三支一扶”人员扎根基层、服务基层。充分利用各类媒体，多渠道宣传“三支一扶”工作，全面解读相关政策，扩大“三支一扶”计划社会影响力，营造良好舆论氛围。深入挖掘“三支一扶”人员优秀典型，通过组织表彰、宣讲、风采展示等活动，广泛宣传大学生服务基层的感人事迹和在基层成长成才的突出业绩，引导高校毕业生树立面向基层就业的观念。

2016年“三支一扶”计划实施工作启动在即，各地要高度重视，按照时间节点和工作要求，认真做好各项组织实施工作。

附件：

1. 全国“三支一扶”工作领导小组及办公室成员名单（略）

2. 2016年“三支一扶”计划名额分配方案（略）

二〇一六年四月二十日

人力资源社会保障部关于加强和改进人力资源社会保障领域公共服务的意见

人社部发［2016］44号

各省、自治区、直辖市及新疆生产建设兵团人力资源社会保障厅（局），部属各单位，外专局、公务员局：

人力资源社会保障工作全部涉及人，大部分涉及民生，关系群众切身利益，是政府公共服务的重要内容。近年来，各级人力资源社会保障部门大力推进基层劳动就业和社会保障服务平台建设，在创新和改进公共服务方面积极探索，取得了明显成效。但是也要看到，与人民群众的期望相比，与简政放权、放管结合、优化服务的要求相比，人力资源社会保障领域公共服务仍有不小差距。按照国务院办公厅关于简化优化公共服务流程方便基层群众办事创业的有关部署和要求，为进一步加强和改进人力资源社会保障领域公共服务，现提出如下意见：

一、总体要求和基本原则

（一）总体要求。全面贯彻落实党的十八大和十八届二中、三中、四中、五中全会精神，按照国务院关于简政放权、放管结合、优化服务协同推进的部署，梳理规范人力资源社会保障领域面向群众的公共服务事项，坚决砍掉各类无谓的证明和烦琐的手续，简化优化公共服务流程，创新改进公共服务方式，加快推进公共服务信息化建设和服务平台建设，不断提升公共服务水平和群众满意度。

（二）基本原则。

1. 便民利民原则。简化办事环节和手续，优化公共服务流程，明确标准和时限，强化服务意识，丰富服务内容，拓展服务渠道，创新服务方式，提高服务质量，让群众办事更方便、创业更顺畅。

2. 依法依规原则。严格遵循法律法规，善于运用法治思维法治方式，规范公共服务事项办理程序，限制自由裁量权，维护群众合法权益，推进公共服务制度化、规范化。

3. 公开透明原则。全面公开公共服务事项，实现办事全过程公开透明、可追溯、可核查，切实保障群众的知情权、参与权和监督权。

4. 开放共享原则。加快推进“互联网＋人社”行动计划，运用大数据等现代信息技术，强化部门协同联动，打破信息孤岛，推动信息互联互通、开放共享，提升公共服务整体效能。

二、全面梳理和公开公共服务事项目录

各级人力资源社会保障部门要根据法律法规规定，结合编制权力清单、责任清单以及规范行政审批行为等相关工作，对公共服务事项进行全面梳理，重点梳理劳动就业、社会保险等与群众日常生产生活密切相关的基本公共服务事项，列出具体服务事项目录并实行动态调

整。所有面向群众的基本公共服务事项都要逐项编制办事指南，列明服务对象、办理依据、受理单位、办理地点、基本流程、申请材料、示范文本、收费依据及标准、办理时限、咨询方式、监督投诉方式等内容，细化到每个环节，并提供表格下载。其他公共服务事项参照基本公共服务事项进行梳理，逐步规范。公共服务事项目录和办事指南等须通过政府网站、12333 咨询服务热线、宣传手册等形式向社会公开。

三、大力简化证明材料和手续

各级人力资源社会保障部门要对办理公共服务事项所需证明材料和手续进行全面清理，凡没有法律法规或规章依据的证明和盖章环节原则上予以取消；确需申请人提供的证明材料，要严格论证，听取各方面意见，并作出明确规定，必要时履行公开听证程序；可通过部门内部、系统内部或与其他部门信息共享获取相关信息的，不要求申请人提供证明材料；可通过社会保障卡获取基础信息的，不要求申请人提供相关证明或填写有关表格；探索“告知＋承诺”办理模式，由办事部门告知申请人应当符合的条件和虚假承诺应负的责任，申请人知晓条件要求并书面承诺符合相关条件要求、承诺承担违约责任后，办事部门先予以受理，提高办事效率。同时，加强事中事后核查与监管，制定严格明细的核查和监管规则。重点做好以下工作：

1. 实行流动人员人事档案接收告知承诺制。公共就业和人才服务机构接收流动人员人事档案时，对缺少关键材料的，一次性告知所缺材料及其可能造成的影响，经本人作出书面知情说明、承诺进一步补充材料后予以接收，或与原工作单位协商退回补充材料。

2. 公共就业和人才服务机构不再对初次就业流动人员办理转正定级手续。机关事业单位和国有企业招考、聘用、招用流动人员时，可参考档案中的劳动合同等材料及就业登记、社会保险缴费记录认定参加工作时间和工作年限。

3. 对非本地户籍人员按规定申请参加职工社会保险的，不要求申请人提供在原籍或其他地区参加社会保险情况证明。

4. 逐步取消异地就医时定点医疗机构盖章手续。

5. 取消失业人员失业前所在单位将失业人员名单自终止或者解除劳动关系之日起 7 日内报受理其失业保险业务的经办机构备案手续。

6. 对已办理“三证合一”工商营业执照的参保单位，在申请办理社会保险登记证申领、变更、注销、验证等业务时，不再需要提供税务登记证和组织机构代码证。

7. 在组织公务员考录、事业单位公开招聘、职称评定等工作过程中，对当事人已出具国家承认的学历证书原件的，不要求提供第三方学历认证证明。

8. 改进留学回国人员、回国（来华）定居专家安置服务，有国外学历学位认证人员不用再提交留学回国人员证明。

四、规范和简化公共服务流程

各级人力资源社会保障部门要严格落实国家对人力资源社会保障基本公共服务事项的统一要求，规范服务行为，精简办事程序。重点做好以下工作：

1. 严格落实就业失业登记管理办法，在省级行政区域内实施统一的就业失业登记经办流程和标准规范，对符合条件的失业人员及时办理失业登记，不得以人户分离、户籍不在本地或没有档案等为由不予受理。积极推动社会保障卡加载就业失业登记信息电子记录。

2. 严格落实取消收取人事关系及档案保管费的规定，不得将参加社会保险、职称评审等业务与档案保管相挂钩，杜绝以档案为载体的捆绑收费、隐形收费行为。

3. 加快推进基本医疗保险异地就医直接结算，2016 年基本实现跨省异地安置退休人员住院费用直接结算，2017 年基本实现符合转诊规定的参保人员异地就医住院费用直接结算。

4. 取消基本医疗保险定点医疗机构和定点药店的行政审批，完善对定点医疗机构和定点药店的服务协议管理，建立分级管理制度。

5. 取消社会保险登记证换证周期规定，依参保单位需求随时办理，完善和简化社会保险登记证年检方式。

6. 简化社会保障卡办理流程，缩短申领、补换周期。

7. 实行国家职业资格目录清单管理制度，完善职业资格考试和职业技能鉴定制度，着力解决“挂证”、“助考”、“考培挂钩”等问题。

8. 健全职业资格证书管理办法，缩短证书办理时间。

9. 加强基层劳动人事争议调解工作规范化建设，完善调解工作机制，优化仲裁办案程序，完善立案、庭审、送达等环节的制度规范，在有条件的劳动人事争议仲裁机构开设法律援助窗口，畅通劳动者和用人单位权益救济渠道。

10. 建立完善劳动保障监察举报投诉案件省级联动处理机制，省级行政区域内各级劳动保障监察机构接收的举报投诉和主动巡查发现的案件信息全部通过劳动保障监察管理信息系统进行统一登记、录入、流转和办理，实现“一点举报投诉，区域联动处理”。

五、探索创新公共服务方式

在综合服务机构推行“一站式”服务，逐步将分设的专业窗口整合为综合窗口，变“多头受理”为“一口受理”。加强公共服务信息化建设，积极推行网上预审、自助办理、同城通办、委托代办等服务。建立并畅通公共服务“绿色通道”，积极推行预约服务、上门服务、应急服务等便民措施。面向大型企业、学校、乡镇、社区等服务对象聚集区主动开展延伸服务，提升公共服务的可及性和便捷性。重点做好以下工作：

1. 推进社会保险服务“五险统一经办”，暂不具备条件的地方首先要在参保登记、缴费、稽核等业务环节实现统一经办。大力推进“综合柜员制”，方便参保对象。

2. 推进“电子社保”建设，全面推行社会保险个人权益记录网络查询和自助打印服务。

3. 推进人事档案信息化建设，启动全国流动人员人事档案基础信息库建设工作，逐步实现档案基础信息异地查询。

六、推进信息共享和业务协同

加快人力资源社会保障信息系统省级集中，实现系统的集中部署和有机融合、数据的向上归集和高效整合。积极推进公共服务事项的数据开放、信息共享、校验核对，促进公共服务业务协同，从源头上避免各类“奇葩证明”、“循环证明”等现象。重点做好以下工作：

1. 加强异地业务系统建设。有效提升社会保险关系转移接续、异地就医结算、异地领取待遇资格认证等异地业务的经办效率，进一步方便参保人就近办事，避免“垫资”、“跑腿”情况出现。

2. 加快基础信息库建设。2017 年完成部、省两级社会保障卡持卡人员基础信息库建设，实现基础信息的统一管理和联动共享。

3. 推进社会保障卡应用。2017 年实现社会保障卡跨地区、跨业务直接办理个人的各项人力资源和社会保障事务，开放向其他公共服务领域的集成应用，基本实现全国社会保障一卡通。2020 年实现持卡人口覆盖率达到 90%。

4. 强化业务协同。2020 年实现同一省级辖区内人力资源和社会保障工作服务对象就业失业登记、社会保险登记、劳动用工备案三项业务“信息一点登记、业务协同办理、数据全域共享”。

七、加强公共服务平台建设

根据各类公共服务事项特点和群众办事需求，逐步构建实体大厅、网上平台、移动客户端、自助终端、12333 咨询服务电话等多种形式相结合、相衔接的公共服务平台，为群众提供方便快捷的多样化服务。加大简政放权力度，将具备下放条件的公共服务事项全部下放到基层公共服务平台，方便群众就近就地办理。重点做好以下工作：

1. 大力推进人力资源和社会保障公共服务设施建设，确保“十三五”期末实现县级服务设施全覆盖，乡镇（街道）、社区（行政村）设施服务能力进一步提升，为公共服务事项向基层下沉提供有力支撑。

2. 加强网上办事平台建设，建立统一的公共服务信息平台，统一网上服务入口，强化信息安全管理，实现全业务、多渠道的标准化服务。凡具备网上办理条件的事项，都要推广实现网上受理、网上办理、网上反馈，实现办理进度和办理结果网上实时查询。

3. 全面加强12333电话咨询服务工作，加快实体化机构建设，拓展服务功能和服务范围，强化12333短信服务和掌上12333移动应用，形成覆盖全国的12333电话咨询服务体系。

八、加强公共服务制度建设和作风建设

各级人力资源社会保障部门和公共服务机构要践行“三严三实”要求，建立健全管理制度和服务规则，完善落实纪律要求和行为规范，不断提升公共服务的制度化、规范化、科学化水平。加强对公共服务机构工作人员的教育培训，把业务经办、作风养成、礼仪规范等作为培训重点，不断提高一线工作人员工作能力、工作作风和服务质量。加强对公共服务项目的经费、设备、技术、人才保障，为公共服务提供有力支撑。完善公共服务监督管理机制和社会评价机制，畅通群众投诉举报渠道，主动接受社会监督，及时解决群众反映的问题。

九、加强组织领导

各级人力资源社会保障部门要把加强和改进公共服务方便群众办事创业工作摆在更加突出的位置，主要负责同志要亲自研究部署，加强统筹协调和督促落实，及时解决工作中遇到的困难和问题。各地人力资源社会保障厅（局）要结合实际，依照本意见制定具体实施方案，细化任务措施，明确责任分工和完成时限，落实规定动作，鼓励多做“加法”。要坚持立行立改，改进措施成熟一个、推出一个、实施一个，同步向社会公开。要及时总结各地加强和改进公共服务的经验做法，加大宣传力度，营造为民服务的良好氛围。

各地人力资源社会保障厅（局）实施方案于2016年6月20日前报人力资源社会保障部。

附件：人力资源社会保障领域基本公共服务事项参考目录及部内分工（略）

二〇一六年五月六日

人力资源社会保障部关于学习贯彻李克强总理重要讲话精神进一步做好就业创业工作的通知

人社部发［2016］48号

各省、自治区、直辖市及新疆生产建设兵团人力资源社会保障厅（局）：

2016年5月6日，李克强总理专程来我部考察就业工作，慰问干部职工，主持召开就业工作座谈会并发表重要讲话，强调要突出重点，兜牢底线，多措并举，在推动经济发展中促进就业稳定增加。各级人社部门要认真学习领会，全面贯彻落实。现就贯彻落实有关事项通知如下：

一、深入学习领会李克强总理重要讲话精神

李克强总理在讲话中，充分肯定了近年来就业工作取得的成绩，深刻阐述了就业问题的极端重要性，指出就业是民生之本，直接关系经济社会发展大局，怎么强调都不过分，稳增长很大程度上就是保就业；明确提出我国就业总量矛盾将长期存在，结构性矛盾会更加凸显，积极的就业政策一定要落到实处，依靠市场力量，抓住重点对象，加大人力资源开发和职业培训力度；强调各部门要齐心协力，围绕促进就业创业共同想办法、出实招，把工作做到前头，确保完成全年就业目标。李克强总理的重要讲话，充分体现了党中央、国务院对就业工作的高度重视，对人社系统干部职工的亲切关怀，是对我们的极大鼓舞和鞭策，也是做好新形势下就业工作的重要指引。各级人社部门要把贯彻落实好李克强总理重要讲话精神作为当前工作的重要任务，省、市、县三级人社部门领导班子要组织专题学习，就业系统要组织各级干部专门学习和深入研讨，深入领会李克强总理重要讲话的丰富内涵和精神实质，切实把思想和行动统一到中央对就业工作的认识和要求上来。要坚持学用结合，把做好就业工作作为全系统的头等大事，找准着力点和突破口，以更加昂扬的精神状态、更加饱满的工作热情和更加扎实的工作作风，全力以赴确保就业局势总体稳定。

二、突出抓好重点群体就业

李克强总理强调，稳定就业必须突出重点。要织牢高校毕业生就业和农民工就业的“经纬线”，在推进钢铁煤炭行业去产能过程中做好职工安置，还要做好军转人员、就业困难人员等重点群体就业工作。我们要按照李克强总理重要讲话要求，坚持把高校毕业生就业摆在就业工作首位。针对今年压力较大的形势，及早对接教育部门和高校，做好毕业生离校前后的信息衔接和工作衔接，确保政策服务不断线。抓紧部署离校未就业高校毕业生就业促进计划，完善政策措施，将就业和创业更好结合起来，统筹推进大学生就业促进计划和创业引领计划，千方百计采取措施，确保高校毕业生就业水平不低于去年。千方百计拓展农村富余劳动力转移就业渠道。通过就业服务、职业培

训、权益维护等服务，提高农民工就业的稳定性；加大对农民工返乡创业的支持力度，落实好各项计划和扶持政策；通过信息咨询、职业介绍、技能培训等手段把农民工引向新经济、新产业、新业态就业创业；加强对农村贫困人口的就业扶持，开展劳务协作试点，扎实做好就业扶贫工作。积极稳妥做好去产能中的职工安置工作，主动与发改、工信等部门衔接，抓紧出台具体操作办法，及早掌握本地区去产能涉及企业和职工情况，建立实名制管理服务信息系统，提供精准服务、精细化管理，指导企业依法依规制定职工安置方案，支持企业通过内部挖潜、开展“双创”等多渠道安置职工，实施再就业帮扶行动帮助失业人员尽快转岗再就业。继续做好复员转业军人、就业困难人员、妇女、残疾人等各类群体就业工作，确保零就业家庭动态清零。

三、全面落实更加积极的就业政策

李克强总理强调，坚持实施积极的就业政策，以稳定增长守住就业基本盘，以结构调整拓展就业新空间，以深化改革激发就业潜力与活力，形成促进扩大就业的综合效应和持续动力。我们要按照李克强总理重要讲话要求，积极协调有关部门，把促进就业作为经济社会发展的优先目标，把稳定和扩大就业作为政策制定、产业发展、投资扩大的重要方向。全方位落实好现行各项积极就业政策，进一步优化流程、精简凭证、提高效率，加强工作调度、督查问责、第三方评估等，确保政策落地见效。针对当前就业形势更加复杂、潜在风险不可低估的情况，敞开思路，大胆创新，研究提出更加有利于扩大就业的财税、金融、土地等政策建议，支持民营企业、小微企业和劳动密集型企业发展稳定就业基本盘；实施创新驱动发展战略，加大对新经济和灵活就业、新就业形态的扶持力度，拓展就业新空间；持续推进简政放权、放管结合、优化服务改革，激发创业创新潜力和活力，形成扩大就业的持续动力。还要织密织牢社会保障安全网，兜住底线，确保养老金按时足额发放，发挥好失业保险、医疗保险的“稳定器”作用，解除劳动者干事创业的后顾之忧。

四、促进以创业带动就业

李克强总理指出，就业和创业紧密相连，要创造良好的就业创业环境，大力实施创新驱动发展战略，推动大众创业、万众创新。我们要按照李克强总理重要讲话要求，继续加大创业工作推进力度，通过政策落实、培训提质、服务增效、活动助力推动创业创新。要抓好创业培训，动员各方力量和资源，根据大学生、返乡农民工、失业人员、转岗职工等重点群体在创业不同阶段的需求，开展针对性更强、质量更高的创业培训。要加强创业服务，完善公共就业服务机构的创业服务功能，充分运用就业创业服务补助政策和政府购买服务成果机制，动员专业化服务机构为创业者提供政策咨询、开业指导、融资服务、跟踪扶持等服务。要精心筹备好全国双创周、“中国创翼”青年创业创新大赛等创业推进活动，结合实际打造更多富有地方特色的创业品牌活动。要继续推进创业型城市创建工作，主动清理影响创新创业的职业资格、行政审批、证明材料，切实改善创业环境，更好释放市场活力。

五、加强公共就业服务和职业培训

李克强总理指出，要运用“互联网＋就业”新模式，在更广阔领域实现就业供需对接。我们要按照李克强总理重要讲话要求，努力打造更加优质高效的公共就业服务。着力推进服务均等化，加强体系建设，完善服务功能，明确服务标准，进一步简化优化和规范服务流程。着力推进信息化，推动以“互联网＋”为代表的新技术、新手段在就业服务和管理领域的广泛应用，实现就业创业服务、就业政策实施等各项工作全程信息化。着力推进信息共享与对接，建立覆盖全体劳动者就业失业信息的就业信息监测平台、全国岗位信息互联互通的公共就业信息服务平台，加快建立统一的就业信息数据平台。

李克强总理指出，经济转型期职业培训也要转型，要根据市场需求，加大人力资源的培养和培训力度，努力推动发展转向更多依靠人力人才资源和创新上来。我们要按照李克强总理重要讲话要求，把解决就业问题特别是化解就业结构性矛盾作为职业培训的出发点和落脚点，推动建立覆盖城乡全体劳动者、贯穿劳动者学习工作终身、适应劳动者和市场需求的职业培训制度，完善市场配置资源、劳动者自主选择、政府购买服务和依法监管的职业培训工作机制。扩大培训规模，实施好未就业高校毕业生技能就业行动、农民工职业技能提升计划、失业人员和转岗职工特别培训计划、残疾人职业技能提升计划、高技能人才振兴计划等专项培训行动，落实职业培训补贴和重点群体免费培训政策。创新培训方式，大力推行企业新型学徒制、国家基本职业培训包、校企合作、互联网＋职业培训等培养模式。完善多元化评价机制，创新人才培养、使用、评价、激励办法，打破人力资源流动障碍，促进更多技能型、创新型人才脱颖而出。

六、加强就业形势分析

李克强总理指出，就业数据与经济数据同等重要，是宏观调控的重要依据，一定要确保这方面的数据准确无误，为政府科学决策提供重要参考。我们要按照李克强总理重要讲话要求，夯实工作基础，进一步完善就业失业统计监测制度，扩大部分行政村农村劳动力转移就业监测覆盖面，增加关键指标监测频次，加强信息化在就业统计中的应用，不断提高数据质量。加强形势研判，密切关注宏观经济、就业重点指标数据变化，开展对结构调整和去产能任务重的重点地区、企业就业失业状况的定点监测，准确掌握就业走势，及时发现苗头性、倾向性问题，为宏观决策提供有力支持。努力防范失业风险，制定应对规模性失业风险预案，做好应对风险的各项政策储备和工作应急响应机制。加强就业形势宣传和舆论引导，通过专家访谈、新闻发布等方式，主动做好形势解读和政策宣传，及时回应社会关切，稳定预期和信心。

七、加强对就业工作的组织领导

李克强总理在讲话中明确要求，就业是各级政府必须完成的硬任务，也是各个部门的共同责任，各部门要从大局出发，密切配合，主动作为，及时拿出促进就业的实在措施。我们要按照李克强总理重要讲话要求，切实履行好就业工作牵头部门的统筹协调职能，积极主动向当地党委、政府汇报李克强总理重要讲话精神和就业创业工作情况，争取党委、政府的重视和支持，把促进就业创业摆上重要议程，落实和完善目标责任制，加大资金投入力度，层层抓好落实。进一步完善在党委、政府领导下促进就业工作的联席会议机制，充分发挥各部门、各单位的作用，加强协调配合，凝聚工作合力，形成统一领导、分工协作、部门联动、齐抓共管的工作格局。

各级人社部门要按照本通知要求，迅速组织传达学习好李克强总理重要讲话精神，扎实做好就业创业工作，有关学习贯彻情况请及时向我部报告。

二〇一六年五月十三日

人力资源社会保障部关于“先照后证”改革后加强人力资源市场事中事后监管的意见

人社部发［2016］49号

各省、自治区、直辖市及新疆生产建设兵团人力资源社会保障厅（局）：

近年来，各级人力资源社会保障部门按照国务院推进简政放权、放管结合、优化服务改革的统一部署，推出一系列改革措施，有效规范了市场秩序，激发了市场活力，统一规范灵活的人力资源市场体系逐步完善。为深入落实《国务院关于“先照后证”改革后加强事中事后监管的意见》（国发［2015］62号）等有关文件精神，进一步转变市场监管理念，创新监管方式，构建权责明确、透明高效的事中事后监管机制，促进市场在人力资源配置中起决定性作用和更好发挥政府作用，现就“先照后证”改革后加强人力资源市场事中事后监管提出以下意见：

一、依法规范实施人力资源市场行政许可

（一）依法依规开展行政审批制度改革相关工作。各地要严格依照法定权限和规定程序，按照“先照后证”改革要求，规范实施人力资源市场行政许可。对人力资源市场管理方面的地方性法规、规章，凡是与法律规定和国务院决定不一致的，应当按照管理权限及时报请有关部门予以调整。对权限不在地方政府而本地区确需调整的行政许可事项，应当按照管理权限及时报请有关部门批准或者取得授权。

（二）简化优化审批流程。各地要按照新修订的《就业促进法》以及《人力资源社会保障部关于修改部分规章的决定》（人力资源和社会保障部令第24号）的精神，全面梳理人力资源市场行政许可事项，认真落实设立人力资源服务机构行政许可由工商登记前置审批改为后置审批、取消最低注册资本金限额、注册资本实缴改认缴等改革举措。建立行政许可事项目录，通过政府网站公开审批依据、受理机构、申请条件、申报材料、办理流程、办理时限、审批结果等信息。推行受理单制度，精简有关审批材料和审批环节，提高效率，依法限时办结。编制服务指南，通过窗口发放或政府网站公布等形式向社会公开。建立与工商行政管理等部门的工作衔接机制，及时掌握经工商登记的人力资源服务机构情况，防止出现监管真空。

（三）做好行政许可下放和承接工作。各地要严格按照审批权限，积极稳妥下放审批事项，提高服务便捷性和可及性。对已下放的行政审批事项，要严肃纪律、严格执行，彻底放、放到位，及时纠正明放暗留、变相审批、弄虚作假等行为。加强承接行政许可事项管理，配备专门工作人员，加强业务指导，确保事有人管、责有人负，实现无缝衔接。建立健全首问负责、一次性告知、并联办理、限时办结等制度，严格规范行政裁量权，坚决杜绝服务过程中不作为、慢作为、乱作为现象。

二、创新事中事后监管方式

（四）实施随机抽查监管制度。对法律法规规章规定的检查事项，大力推广随机抽查，不断提高随机抽查在市场监管工作中的比重。按照“双随机、一公开”的原则，建立随机抽取检查对象、随机选派执法检查人员的“双随机”抽查机制，严格限制自由裁量权。制定人力资源市场随机抽查事项清单，明确抽查的依据、主体、内容、方式等，并根据法律法规规章修订情况和工作实际进行动态调整，及时向社会公开。对投诉举报多、列入经营异常名录或有严重违法违规记录等情况的人力资源服务机构，加大随机抽查力度。对抽查发现的违法违规行为，依法依规加大惩处力度，形成有效震慑。抽查情况及查处结果要及时向社会公开，接受社会监督。

（五）构建守信激励和失信惩戒机制。深入推进人力资源服务机构诚信创建活动，建立覆盖全行业的诚信档案，推进诚信信息在采集、共享、使用、公开等环节的依法分类管理，强化信用对人力资源服务机构的约束作用。引导人力资源服务机构切实履行法定义务，主动接受社会监督，提高诚信自治水平。建立健全人力资源服务机构等级评价标准和制度，推进诚信体系建设制度化、规范化、长效化。探索诚信激励和失信惩戒措施，积极协调工商、财政、税务、金融、新闻等部门，对守法诚信的人力资源服务机构，在市场准入、投融资、企业注册、招投标、政府采购、表彰奖励等方面实施激励措施；对失信的人力资源服务机构，在安全许可、服务许可、从业任职资格、资质审核等方面依法予以限制或禁止；对严重违法失信的人力资源服务机构，通过吊销许可证等方式实行市场禁入，形成“一处失信，处处受限”的联合惩戒机制。

（六）建立年度报告公示制度。鼓励各地探索建立人力资源服务机构年度报告公示制度，研究制定具体办法，明确人力资源服务机构向市场管理部门报送年度报告及向社会公示业务开展情况的内容、时限和要求等，逐步将人力资源服务机构年审制度改为年度报告公示制度。人力资源社会保障行政部门可在政府门户网站上统一公示人力资源服务机构年度报告有关内容，有条件的地方也可依托人力资源市场管理信息平台，引导人力资源服务机构按要求自行公示业务开展情况，并对其报送和公示信息的真实性、合法性负责。人力资源社会保障行政部门要依法开展抽查或者根据举报核查人力资源服务机构年度报告及公示信息，对未按规定报送和公示年度报告、未依法履行信息公示义务以及存在隐瞒真实情况、弄虚作假等行为的人力资源服务机构，依法作出处理。

（七）探索运用新兴信息技术提升监管效能。鼓励在人力资源市场监管中探索运用大数据、云计算等现代信息技术，创新统计调查方法，改进市场供求信息的归类和分析，推动人力资源市场供求信息发布，加强市场监测预测和风险预警，合理引导市场预期，准确掌握市场动态，为促进就业和人力资源优化配置提供依据。

三、强化日常监督检查

（八）开展人力资源市场秩序清理整顿专项行动。加强协同配合，健全与公安、工商行政管理等相关部门的联合执法协作机制，及时互通执法信息，实施联合惩戒，定期开展专项执法检查活动，严厉打击侵害市场主体合法权益、恶性竞争等活动，及时纠正就业歧视、限制等行为，营造公平竞争的市场环境。

（九）强化招聘活动管理。要按照管理权限，落实安全责任，严格现场招聘会审批监管。已经取消招聘会审批的地方，可结合实际探索实施事前报告制度。切实做好现场招聘会场地安全检查和整治工作，制定完善周密的招聘会突发事件应急预案。积极推广网络监测、视频监控等非现场监管方式，加强招聘会现场监控。加强人力资源服务网站动态监测，依法规范网络招聘活动。

（十）提升公共服务规范化水平。认真落

实加强流动人员人事档案管理服务工作的相关规定，严格执行取消收取人事关系及档案保管费、查阅费、证明费、档案转递费以及人才集体户口管理服务费等费用的规定，不得以任何理由拖延或拒绝执行，不得变换名目继续收费。全面实行服务公示制度，在服务场所和窗口明示服务项目、服务内容、办事流程、收费标准及依据等事项，主动接受社会监督。大力推进办事流程简化优化和服务方式创新，最大限度精简办事程序，减少办事环节，缩短办理时限，改进服务质量，发挥好人力资源市场服务大众创业、万众创新的作用。着力加强服务窗口作风建设，塑造良好形象，提升服务水平。

四、加强市场监管基础建设

（十一）加强人力资源服务标准化建设。做好已发布的人力资源服务标准的推广应用，探索开展标准实施评价工作，发挥好人力资源服务标准的基础性作用。要结合实际，有序开展地方标准制定和实施工作。鼓励人力资源行业协会、服务机构制定行业标准、团体标准、企业标准，逐步建立健全人力资源服务标准体系。

（十二）加强人力资源市场管理信息平台建设。加快建设全国统一的人力资源市场管理信息平台，鼓励有条件的地方先行先试，加快推进人力资源市场管理全程信息化，构建以信息归集共享为基础、以信息公示为手段、以信用监管为核心的管理信息化体系。逐步实现与工商、劳动保障监察等信息系统的信息共享，提升监管效能。

（十三）加强人力资源市场监管队伍建设。建立重心下移、力量下沉的市场监管工作机制，加强人力资源市场监管队伍特别是基层监管队伍建设，充实监管力量。以市、县两级市场管理部门工作人员为重点，扎实开展行政审批制度改革、简化优化公共服务、促进就业创业、窗口作风建设等方面的业务培训，提高市场监管队伍素质。加强宣传引导和作风建设，推动市场监管队伍创新工作理念和管理服务方式，积极适应新形势下市场监管的新要求，树立政治过硬、业务精湛、服务高效、作风优良的监管队伍形象。

五、积极推进社会协同共治

（十四）强化人力资源服务机构主体责任。强化人力资源服务机构作为人力资源市场服务主体的地位和责任，引导人力资源服务机构积极维护市场秩序，自觉抵制商业欺诈、恶性竞争等扰乱市场公平竞争的行为。引导人力资源服务机构充分认识信用状况对自身发展的关键作用，自觉提高诚信自治水平，在守法经营、服务质量、营销宣传、售后服务、信息公示等各方面切实履行法定义务。

（十五）充分发挥行业协会作用。支持人力资源服务行业协会发展，充分发挥行业协会在行业自律、行业发展等方面的作用，努力提高市场监管的社会化水平。鼓励行业协会开展行业信用评价工作，建立健全企业信用档案，完善行业信用体系。通过政府购买服务等方式，委托行业协会开展信用评价、市场调查、咨询培训、监管效果评估，在事中事后监管的各个环节建立行业协会参与机制，推进监管执法和行业自律良性互动。

（十六）鼓励社会监督。引导劳动者、用人单位、社会组织等社会力量参与人力资源市场监督，畅通投诉举报渠道，充分利用来信来访、互联网、举报电话、新媒体等多种途径，及时发现和查处人力资源市场违法违规行为。建立跟踪投诉处理机制，加强对投诉的数据分析，对有多次投诉或不良评价的监管对象实施预警。

二〇一六年五月二十五日

人力资源社会保障部关于第三批宣布失效和废止文件的通知

人社部发［2016］50号

各省、自治区、直辖市及新疆生产建设兵团人力资源社会保障厅（局）：

根据国务院文件清理工作的统一部署，我部对改革开放以来至1998年期间制发的文件进行了清理。其中部分文件因调整对象已消失、工作任务已完成、适用期已满、已有新规定替代等原因应当宣布失效或废止。现宣布失效52份文件（见附件1），废止70份文件（见附件2）。

附件：

1. 人力资源社会保障部宣布失效的文件目录（略）
2. 人力资源社会保障部宣布废止的文件目录（略）

二〇一六年五月三十一日

人力资源社会保障部关于实施化解过剩产能企业职工特别职业培训计划的通知

人社部发［2016］52号

各省、自治区、直辖市及新疆生产建设兵团人力资源社会保障厅（局）：

为贯彻落实国务院关于做好化解过剩产能企业职工安置工作的有关要求，切实发挥职业培训在促进就业和服务经济社会发展中的重要作用，我部决定实施化解过剩产能企业职工特别职业培训计划。现将《化解过剩产能企业职工特别职业培训计划》印发给你们，请结合本地实际，落实目标任务，抓好组织实施，做好相关工作。

各地要根据本通知精神，尽快研究制定特别职业培训计划实施方案，并于2016年7月30日前报人力资源社会保障部。具体实施情况每半年上报一次。

二〇一六年六月十五日

化解过剩产能企业职工特别职业培训计划

为配合做好化解过剩产能企业职工安置工作，根据《国务院关于钢铁行业化解过剩产能实现脱困发展的意见》（国发［2016］6号）、《国务院关于煤炭行业化解过剩产能实现脱困发展的意见》（国发［2016］7号）和《人力资源社会保障部　国家发展改革委等七部门关于在化解钢铁煤炭行业过剩产能实现脱困发展过程中做好职工安置工作的意见》（人社部发［2016］32号）等文件精神（以下简称三个意见），实施化解过剩产能企业职工特别职业培训计划。

一、充分认识实施特别职业培训计划的重要性和紧迫性

职业培训是促进就业创业的重要措施。在化解过剩产能工作中，做好职业培训工作，促进失业人员再就业和转岗职工适应新岗位，是配合做好化解过剩产能企业职工安置工作的关键。要充分认识职业培训在职工安置工作中的重要性和紧迫性，积极行动起来，组织实施专门的职业培训计划，及时组织失业人员和转岗职工参加有针对性的职业培训，帮助他们有效提高转岗就业能力和创业能力。要将职业培训

工作作为职工安置工作的一项基础性任务，预作规划，提早部署，统筹安排，精心组织实施。

二、明确指导思想和目标任务

（一）指导思想

贯彻落实党的十八大和十八届三中、四中、五中全会精神，按照党中央、国务院决策部署，适应化解过剩产能工作要求，以服务就业和经济发展为宗旨，面向过剩产能企业失业人员和转岗职工，组织开展特别职业培训，进一步增强培训的针对性、有效性，扩大培训覆盖面，切实提高失业人员和转岗职工就业创业能力和职业转换能力，帮助其顺利实现再就业和稳定转岗。

（二）目标任务

从2016年至2020年，利用5年左右时间，结合地方政府化解过剩产能工作的总体安排，组织化解过剩产能中企业失业人员和转岗职工参加培训，探索职工培训新模式，完善政策措施和培训服务体系，力争使有培训愿望和需求的企业失业人员和转岗职工都能接受一次相应的政府补贴性职业培训。

（三）组织原则

对有职业培训需求的化解过剩产能企业失业人员和转岗职工，按照就近就地、本人自愿的原则，指导其根据个人意向、文化程度、技能水平、身体状况等报名参加培训。对报名培训人数少、不具备培训开班人数条件的，协调培训机构采取合并组班、插班、跟班等形式开展培训。

三、根据培训对象需求有针对性地组织三类培训

（一）对失业人员重点开展就业技能培训。各地人力资源社会保障部门要按照三个意见规定的条件，结合本地实际和失业人员特点，组织失业人员普遍参加就业技能培训。要围绕当地新拓展的产业领域、符合产业调整政策的行业和需要发展的职业（工种），重点开展高新产业、先进制造业、生产服务业以及旅游休闲、健康养老、家庭服务等生活服务类就业技能培训项目。引导失业人员自主选择培训项目、培训方式和培训机构，采取灵活多样的培训形式和手段，进行科学组织管理。

（二）对企业转岗职工重点开展岗位技能提升培训。面向符合三个意见规定条件的企业转岗职工，指导企业开展转岗培训或技能提升培训。对转移到新岗位但无相关技能或技能过时的职工，普遍开展定向初、中级岗位技能提升培训，符合条件的可纳入企业新型学徒制培养计划；对技能偏低的转岗职工，重点进行中、高级岗位技能提升培训，可列入技师培训等培养计划。培训可依托企业培训中心、社会职业培训机构或技工院校（职业院校）实施。

（三）对有创业意愿的失业人员和转岗职工重点开展创业培训。利用各类创业培训资源，开发针对不同企业类型、创业活动不同阶段特点的创业培训项目。对从事个体经营或注册企业的，按规定给予税费减免、创业担保贷款、场地安排等政策扶持。

四、做好保障支持和服务工作

（一）加强组织领导。各地要贯彻落实国务院要求，建立在政府统一领导下，人力资源社会保障部门统筹协调，相关部门各司其职，共同推动特别职业培训计划实施的工作机制。各级人力资源社会保障部门要加大工作力度，履行牵头部门职责，在研究制定化解过剩产能企业职工安置方案时，要把相应的培训计划作为重要措施列入其中，加强组织督导和工作推动。对化解过剩产能过程中职业培训工作开展较好的地方和中央企业，要使用工业企业结构调整专项奖补资金予以奖补。支持化解过剩产能任务较重的地区加快培育持续产业，建设一批公共职业技能实训基地。

（二）建立培训工作基础台账，强化培训质量。加强对特别职业培训计划的组织管理。要督促企业建立培训台账，详细记录参训人员的姓名、年龄、性别、身份证号、培训职业

（工种）、培训时间、考核成绩、技能等级和联系方式等，以备查验。采取更加高效的补贴报销程序。创新培训模式，加强定向、订单式培养，推动校企合作、工学一体，不断提高培训质量。对培训机构和培训过程、培训结果要加强监管，严格考核验收，确保培训高效、有序。

（三）落实培训补贴政策。对依法与企业解除、终止劳动合同的失业人员，要普遍开展就业技能培训和创业培训；对长期停产和过剩产能企业的拟分流和转岗职工，要普遍开展岗位技能提升培训和创业培训。对上述人员开展培训按规定给予培训费补贴，对其中零就业家庭人员和就业困难人员，在培训期间可按规定给予一定的生活费补贴。切实做好困难企业职工培训经费保障工作，要合理确定补贴标准，科学确定培训时限。具体补贴办法和标准由省级人力资源社会保障部门会同相关部门确定。加强培训资金监管，提高资金使用效益，确保培训资金安全有效，对违反规定的要严肃查处。

（四）发挥资源优势，做好服务工作。要广泛动员技工院校、职业院校和职业培训机构，参与困难企业职工培训工作。建立并公布培训机构名录清单，对培训质量优秀的培训机构在项目和资金投入上予以倾斜。根据培训需求做好培训资源开发，推行职业培训包培训模式，提高培训的针对性、有效性。职业技能鉴定机构要提供便捷高效的鉴定服务，按规定落实职业技能鉴定补贴。公共就业服务机构要根据企业用工和劳动者就业状况，多渠道及时发布用工信息，提供政策咨询、职业指导和职业介绍等就业服务。

中共中央组织部　人力资源社会保障部 国家公务员局关于推进公务员职业道德建设工程的意见

人社部发［2016］54号

各省、自治区、直辖市党委组织部、政府人力资源社会保障厅（局）、公务员局，中央和国家机关各部委、各人民团体干部人事部门，新疆生产建设兵团党委组织部、人力资源社会保障局、公务员局：

为贯彻落实党的十八大以来中央关于加强公务员道德建设的新要求，进一步规范公务员职业行为，根据《中华人民共和国公务员法》及相关规定，现就推进公务员职业道德建设工程提出如下意见。

一、总体要求

（一）指导思想。公务员职业道德是公务员职业活动的行为准则和规范，是公务员政治信仰、工作宗旨、职业理念和道德品质的具体体现，对引导和规范其正确履职尽责具有重要作用。推进公务员职业道德建设，要高举中国特色社会主义伟大旗帜，以马克思列宁主义、毛泽东思想、邓小平理论、“三个代表”重要思想、科学发展观为指导，深入贯彻习近平总书记系列重要讲话精神，坚持好干部标准，弘扬社会主义核心价值观，把职业道德的培育贯穿公务员队伍建设全过程，把知与行、自律与他律、示范与引领有机结合起来，全面提升公务员的职业道德水平。

（二）基本原则。

——坚持职业道德建设与集中性和经常性学习教育相结合。按照中央关于集中性和经常性学习教育的要求，根据不同阶段、不同行业的实际，针对突出问题，开展形式多样的公务员职业道德建设活动。当前，要着力解决少数公务员信念动摇、精神懈怠、作风漂浮、不作为乱作为、服务意识不强等突出问题。

——坚持教育引导、行为规范、实践养成相统一。把教育引导作为塑造公务员道德习惯和提升公务员职业道德素养中的重要环节，发挥行为规范对公务员的约束作用，推动公务员职业道德实践养成，使公务员职业道德内化于心、外化于行，贯穿到日常工作和言行中，成为广大公务员的自觉自愿行动。

——坚持整体推进与分类指导相衔接。在整体推进公务员职业道德建设的同时，根据不同类别、不同层级、不同行业公务员的特点，加强分类指导，进一步提高公务员职业道德建设的针对性、有效性。

——坚持推进工作与完善制度相配套。认真贯彻落实中央关于从严管理干部的要求，把公务员职业道德建设与完善公务员制度结合起来，建立健全公务员职业道德建设的长效机制。

（三）主要目标。通过持续努力，建立健全导向鲜明、约束有力、简便管用的公务员职业道德行为规范，完善教育培养、从严管理、监督有力、奖惩分明的公务员职业道德建设体制机制，使广大公务员理想信念更加坚定，精神状态更加饱满，履职行为更加规范，工作作风更加务实，进一步树立公务员的良好形象，不断提高群众满意度，真正成为社会主义道德的示范者、诚信风尚的引领者、公平正义的维护者。

二、主要内容

公务员职业道德建设要突出政治性、示范性、约束性、可操作性，以“坚定信念、忠于国家、服务人民、恪尽职守、依法办事、公正廉洁”为主要内容。

“坚定信念”要求公务员坚定对马克思主义的信仰，坚定对社会主义和共产主义的信念，不断增强道路自信、理论自信、制度自信；坚持中国共产党的领导，坚持党的基本理论、基本路线、基本纲领、基本经验、基本要求不动摇；把牢政治方向，坚定政治立场，严守政治纪律和政治规矩，增强党性修养，做到对党和人民绝对忠诚。

“忠于国家”要求公务员弘扬爱国主义精神，坚决维护国家安全、荣誉和利益，维护党和政府形象、权威，维护国家统一和民族团结；保守国家秘密和工作秘密，同一切危害国家利益的言行做斗争。

“服务人民”要求公务员坚持以人为本、执政为民，全心全意为人民服务，永做人民公仆；坚持党的群众路线，密切联系群众，以人民忧乐为忧乐，以人民甘苦为甘苦；坚持人民利益至上，把实现好、维护好、发展好最广大人民根本利益作为工作的出发点和落脚点，切实维护群众切身利益。

“恪尽职守”要求公务员服务大局、奋发有为、甘于奉献，为党和人民的事业不懈奋斗；坚持原则、敢于担当、认真负责，面对矛盾敢于迎难而上，面对危机敢于挺身而出，面对失误敢于承担责任，面对歪风邪气敢于坚决斗争；精通业务知识，勤勉敬业、求真务实，兢兢业业做好本职工作。

“依法办事”要求公务员牢固树立社会主义法治理念，努力提高法治素养，模范遵守宪法和法律；严格依法履职，做到权由法定、权依法使，法定职责必须为、法无授权不可为；坚持依法决策，严格按照法定的权限、程序和方式执行公务。

“公正廉洁”要求公务员坚持秉公用权、公私分明，办事出于公心，努力维护和促进社会公平正义；严于律己、廉洁从政，坚守道德法纪防线；为人正派、诚实守信，尚俭戒奢、勤俭节约。

三、保障措施

（一）健全行为规范。根据公务员的职业性质和职责任务，建立健全适合自身特点的职业道德规范。明确公务员职业准入的道德标准，健全报考诚信约束机制，严把公务员入口关。凡是在考录、调任等工作的各个环节中，发现有违反政治纪律和政治规矩、违法乱纪、不遵守社会公德行为的，或者弄虚作假等不诚信记录的，不得进入公务员队伍。建立公务员职业道德行为规范，各地区各部门要结合实际制定公务员守则，从严规范公务员履职行为。探索建立公务员诚信档案，把公务员档案填写登记情况、个人事项报告查核情况、廉政记录情况、遵守规定和承诺践诺情况等，列入诚信记录范围。将诚信记录情况作为干部考核、使用、奖惩的重要依据。编制公务员诚信手册。健全公务员守信激励和失信惩戒机制。

（二）强化教育培训。深入开展公务员理想信念教育、宗旨教育、法制教育、党规党纪和廉政教育，引导各级公务员树立正确的世界观、人生观、价值观和权力观、地位观、利益观，增强政治意识、大局意识、核心意识、看齐意识。突出公务员职业道德的主要内容和公务员责任、义务、纪律的经常性培训。实施公务员职业道德教育计划，将职业道德教育纳入干部教育规划和年度计划，作为公务员初任、任职、在职培训的必修内容，纳入各级党校和行政学院、干部学院、社会主义学院等举办的培训班次，每人每年接受职业道德培训或者参与职业道德主题实践活动的时间总计不少于8学时。开展典型案例剖析、警示教育展览参观等活动，利用违反政治纪律和政治规矩、贪污受贿、失职渎职、滥用职权、吸毒、参与或者支持迷信等反面典型，开展警示教育。拓宽培训渠道，重视和发挥重要节庆日、纪念日蕴藏的丰富教育资源，注重利用革命历史、党风廉政、中华传统美德等现场教学基地，积极开设网络课堂。

（三）推动实践养成。设立公务员职业道德主题实践日，推进公务员职业道德建设持续深入开展。加强公务员忠诚建设，落实宪法宣誓制度，开展新录用、新任职公务员宣誓活动。深入推进争做人民满意的公务员活动，积极开展公务员“职业道德标兵”、“为民服务示范岗”创建活动，大力营造国家有模范、行业有标兵、单位有榜样、身边有先进的良好氛围。弘扬“奉献、友爱、互助、进步”精神，倡导广大公务员结合本职工作特点，积极开展“为民志愿服务”进企业、进社区、进农村活动。推进公务员职业道德的文化养成，通过举办主题征文、演讲比赛、大讨论、诵读文化经典等活动，弘扬中华优秀传统文化和党的优良传统。重视发挥机关中党支部、工会、共青团、妇联等基层组织作用，推动公务员职业道德建设经常化。

（四）加强考核监督。加强公务员职业道德的考核评价，开展公务员平时考核、年度考核、任职考察等工作时，都要注重了解职业道德表现情况。个人述职要述德，民主测评要测德，考察谈话要问德，综合分析研判要分析评价公务员的职业道德素养和表现情况。要将公务员遵守职业道德情况列入民主生活会、组织生活会等重要内容，深入查找不足，切实加强整改。深入开展机关作风和行风评议监督工作，建立从同级党代会代表、人大代表、政协委员和各界群众代表中选聘公务员职业道德社会监督员制度，建立健全窗口单位和服务部门服务对象评价机制，探索建立投诉举报处理和问责制度。加强社会监督，推进党务、政务公开，畅通群众反映意见建议的渠道，密切关注网情舆情，主动回应群众关切。

（五）完善奖惩机制。强化公务员考德结果的运用，将职业道德考核情况作为公务员选拔任用、培养教育、管理监督的重要依据。对恪守职业道德、履职尽责、表现优秀的公务员，给予适当奖励。贯彻落实《中国共产党廉洁自律准则》、《中国共产党纪律处分条例》等党纪党规，研究修订《行政机关公务员处分条例》，对存在违反职业道德、工作作风懈怠、工作态度恶劣、有严重失信行为等情况的公务员，按照有关规定给予批评教育、组织处理或者党纪、政纪处分。

四、组织领导

各地区各部门要充分认识推进公务员职业道德建设工程的重要意义，切实把这项工作摆上重要位置，精心谋划、周密部署、加强督查，确保各项目标任务落实到位。

（一）建立工作机制。在各级党委、政府领导下，公务员主管部门积极会同有关部门成立公务员职业道德建设组织协调机构，定期沟通情况，强化督促检查，形成密切配合、各司其职的工作格局。各级公务员主管部门要认真履行好组织指导、协调推进的职责。各单位要制定实施方案，落实工作责任制，明确任务分工，完善工作措施，狠抓落实，久久为功，务求取得实效。

（二）坚持分类推进。各地区各部门要在坚持总体要求的基础上，紧密结合不同地区、不同层级、不同行业特点，运用不同载体，采取多种形式，提出公务员职业道德建设的具体措施和要求，切实增强针对性和实效性。各级领导机关和领导干部要率先垂范，带头践行公务员职业道德，把坚定理想信念、遵守政治纪律和政治规矩、廉洁自律、敢担当、作风正作为重点；基层公务员要把树立宗旨意识、群众观念，办事公道作为重点；窗口单位和服务部门公务员要把强化服务意识，改进服务态度，打造服务品牌作为重点；执法一线公务员要把增强法治观念，严格规范公正文明执法作为重点，全面推进公务员队伍的职业道德建设。

（三）加强宣传引导。加强对公务员职业道德建设的理论研讨。充分发挥报刊、广播、电视、网络等媒体作用，大力宣传公务员职业道德建设的新气象、新变化、新成就。选树一批模范践行公务员职业道德的先进典型，提炼先进典型的核心价值，加大宣传力度，扩大正面影响，发挥示范作用。引导社会理性关注公务员职业道德问题，明辨是非，弘扬正气，营造良好的社会氛围。

二〇一六年六月二十一日

人力资源社会保障部关于积极推动医疗、医保、医药联动改革的指导意见

人社部发［2016］56号

各省、自治区、直辖市及新疆生产建设兵团人力资源社会保障厅（局）：

党中央、国务院高度重视深化医药卫生体制改革，党的十八大以来，将深化医改放在党和国家事业全局更加重要的位置，作出了一系列决策部署。十八届五中全会明确提出，深化医药卫生体制改革，实行医疗、医保、医药联动（以下简称：三医联动），充分发挥医保在医改中的基础性作用，建立符合医疗行业特点的人事薪酬制度，是人力资源社会保障部门的重要职责，是深化医改攻坚阶段的重要配套措施。人力资源社会保障部门要坚决贯彻中央决策部署，按照四个全面战略布局，牢固树立五大发展理念，围绕大局，解放思想，主动作为。现就人力资源社会保障部门进一步推动三医联动改革，做好医改有关工作提出以下意见：

一、充分认识三医联动的重要意义

（一）高度重视三医联动改革。实行三医联动是深化医改的基本路径，是党中央、国务院对医改进入攻坚阶段提出的新要求，体现了中央对医改发展规律的整体把握，对于破解医改难题，推动医改向纵深发展具有重要意义。各地要把思想统一到中央决策部署上来，充分认识三医联动的重要意义，积极推动三医联动改革，着眼于全面深化医药卫生体制改革全局、健全全民医保体系和建立更加公平、更可持续的社会保障制度，整体设计，同步实施，协同推进，实现维护人民健康，推动医疗卫生事业进步，促进医药产业发展的共同目标。

（二）准确把握实行三医联动的指导思想。要深入贯彻党的十八大和十八届三中、四中、五中全会精神，贯彻落实习近平总书记系列重要讲话精神，认真落实党中央、国务院决策部署，立足解决群众看病就医问题，以医疗服务体系改革为重点，充分发挥医疗、医保、医药职能部门作用，加强协同合作，增强改革的整体性、系统性和协同性。实行三医联动，要坚持保基本、强基层、建机制，突出体制机制创新和管理创新；坚持处理好政府与市场的关系，使市场在资源配置中起决定性作用和更好发挥政府作用；坚持问题和目标双导向，聚焦改革重点，持续推进改革；坚持以人为本，维护人民健康，增强群众获得感和幸福感。

二、持续推进医药卫生体制重点改革

（三）以医疗服务体系改革为重点，全面深化医药卫生体制改革。要立足解决群众看病就医问题，着力解决医疗资源配置不合理，医疗服务总量不足和结构性失衡并存的矛盾。要以分级诊疗制度建设为突破口，配合有关部门加快医疗服务体系改革，推行家庭医生签约服务，提升基层医疗机构服务能力，稳步推进医疗卫生资源优化配置。要以建立现代医院管理

制度为重点，配合有关部门加快推进公立医院综合改革，推进政事分开，管办分开，切实转变政府职能，加强医疗全行业管理和医疗质量监管，落实公立医院自主权。要把控制医疗费用不合理增长作为公立医院综合改革的重要内容，推动建立控制医疗费用过快增长的机制，切实提高群众的获得感。要加强联动协同，配合有关部门加快理顺药品和医疗服务价格。同步推进医保改革。

（四）支持地方结合实际改革创新。要在顶层设计和总体规划的前提下，尊重地方主体地位，尊重基层首创精神，允许地方先行先试，鼓励地方创新；同时加强分类指导，全面、客观、准确评估不同地方改革实践，总结积累经验，完善后逐步推开。要采取多种形式，鼓励社会公众、人大代表、政协委员以及利益相关方参与医改重大政策制定过程，提高决策的科学化、民主化水平。

三、积极探索发挥医保在医改中的基础性作用

（五）加快推进医保统筹，发挥医保的基础性作用。要按照建立更加公平、更可持续的社会保障制度的要求，加快推进医保城乡统筹、区域统筹、体系统筹、管理服务统筹。当前要按照国发［2016］3号文件要求，重点推进城乡医保统筹。要按照社会保险法的要求，坚持依法行政，发挥部门法定职能；要坚持社会保险统一管理，实现社会保险一体化运行，发挥社会保险的整体功能，促进各项社保制度之间的有效衔接；要尊重地方实践和客观规律，坚持发挥医保对医疗服务的外部制约作用，促进医疗、医药体制机制改革，增强医保对医疗服务行为的激励约束；要坚持医保一体化管理，依托现有资源，减少重复建设，降低公共管理成本，提高运行效率；要坚持维护社会公平公正，促进城乡经济社会协调发展，增强群众的获得感。

（六）继续深化医保支付方式改革。要把支付方式改革放在医改的突出位置，发挥支付方式在规范医疗服务行为、控制医疗费用不合理增长方面的积极作用，加强与公立医院改革、价格改革等各方联动，同步推进医疗、医药领域的供给侧改革，为深化支付方式改革提供必要的条件。结合医保基金预算管理，全面推进付费总额控制，加快推进按病种、按人头等付费方式，积极推动按病种分组付费（DRGs）的应用，探索总额控制与点数法的结合应用，建立复合式付费方式，促进医疗机构之间良性竞争，激励医疗机构加强自我管理，发挥医保支付对医疗机构和医务人员的激励约束作用。

（七）加大医保管理机制创新。要适应市场经济需要，建立健全市场化的医疗服务购买机制，明确医保代表参保人利益和医疗服务购买者的角色定位，提高基金使用效率，切实维护参保人权益。要适应社会治理方式改革，转变理念，创新管理方式，建立健全医保与医疗机构、医药机构的谈判协商和风险共担机制，完善协议管理，加强双方平等协商；要积极参与医药和医疗服务价格改革，制定与价格改革相适应的药品和医疗服务医保支付标准，探索建立引导药品价格合理形成的机制，促进医疗机构主动降低采购价格，推动医药产业发展和技术创新；要探索建立医保用药准入和询价新机制，发挥医保对医疗资源配置的引导和调节作用，发挥医保对相关利益的调控和引导作用；要推动药品流通体制改革，促进医药分开，探索医疗服务和药品分别支付，从体制机制上消除公立医院以药养医的痼疾。要完善医保医师制度，建立医保医师库，推行医保医师约谈工作机制，加强医保对医疗服务行为事前、事中监管，逐步将医保对医疗机构服务的监管延伸到对医务人员医疗服务行为的监管。要适应信息化发展，大力挖掘和利用医保大数据，全面推广医保智能监控，强化医保经办机构能力建设，提升医保管理服务水平。

四、统筹推进医疗行业人事薪酬制度改革

（八）要建立符合医疗行业特点的人事薪酬制度。医务人员是医疗行业的核心资源。要

尊重医务人员主体地位，促进医疗资源合理流动，增强人才活力，稳步推进和规范医师多点执业，推动公立医院实现公益性，按照国家统一部署，建立激励相容、灵活高效、符合医疗行业特点的人事薪酬制度。要配合有关部门建立健全公立医院改革绩效考核机制，把医保支付、医保医师管理、协议执行、人事管理、绩效工资等纳入考核范围，完善考核指标体系，强化考核的激励约束作用，考核结果与医保结算、绩效工资总量、医疗机构医保评级管理等直接挂钩，促进公立医院主动加强内部管理，控制医疗费用不合理增长，为参保人提供优质的医疗服务。要统筹优化人事、收入分配、专业技术人才评价、医保管理等各项职能，解放思想，主动作为，形成合力，发挥人力资源社会保障部门整体效应，形成推进医改的良好格局。

五、抓好综合医改试点工作

（九）高度重视综合医改试点。综合医改试点是国务院作出的重大改革部署，对于解决医改深层次矛盾和体制机制问题，推动医改向纵深发展具有重要意义。各地人力资源社会保障部门要高度重视综合医改试点工作，将综合医改试点作为一项重要改革内容，加强统筹，突出重点，知责明责、守责尽责，整体研究，深度参与，勇于担当，确保综合医改试点有序推进。没有列入综合医改试点的地区要因地制宜，积极探索，统筹推进各项改革。

（十）健全工作机制，加强组织领导。各地人力资源社会保障部门要在当地党委政府的领导下，在发挥医改领导小组和医改办统筹协调作用的同时，充分发挥部门职能作用，形成工作合力。要主动推动健全试点工作机制，完善议事规则，确保重大问题、重要事项和重大政策提交医改领导小组审议前充分协商，达成一致。建立部省试点沟通协调机制，各省在综合医改试点过程中遇到的重要情况、重大问题和重大事项要及时报告人力资源社会保障部。要加强指导评估，强化督促检查，建立试点工作调度和情况通报制度，总结交流各地经验做法。各地要健全省内试点工作机制，加强对省内试点工作的指导，加强与相关部门的沟通协调。

二〇一六年六月二十九日

人力资源社会保障部关于加强基层专业技术人才队伍建设的意见

人社部发［2016］57号

各省、自治区、直辖市及新疆生产建设兵团人力资源社会保障厅（局）：

基层专业技术人才是我国人才队伍的重要组成部分，是推动基层经济社会发展的重要力量。为深入贯彻落实《中共中央印发〈关于深化人才发展体制机制改革的意见〉的通知》（中发［2016］9号），更好发挥人才在推动基层经济社会发展中的重要作用，进一步加强基层专业技术人才队伍建设，现提出如下意见。

一、指导思想、基本原则和主要目标

（一）指导思想。全面贯彻党的十八大和十八届三中、四中、五中全会精神，深入贯彻习近平总书记系列重要讲话精神，牢固树立创新、协调、绿色、开放、共享发展理念，遵循社会主义市场经济规律和专业技术人才成长规律，以服务基层发展为目标，以用好用活人才为核心，加快推进体制机制改革，创新政策措施，进一步加强基层专业技术人才队伍建设，为推动基层经济社会发展、满足基层人民群众需求、实现全面建成小康社会总体目标提供坚强有力人才支撑。

（二）基本原则。

——坚持服务发展。把服务发展作为加强基层专业技术人才队伍建设的出发点，科学确定基层专业技术人才队伍建设的目标任务和政策措施，以人才优先发展引领支撑基层经济社会发展。

——坚持问题导向。把解决制约基层专业技术人才发展的突出问题作为重要任务，加快推进培养、使用、评价、流动、激励保障等体制机制改革和政策创新，最大限度激发人才创新创业活力，让人才价值得到充分尊重和实现。

——坚持突出重点。结合基层实际，突出加强科技、教育、工程、农业、卫生等重点领域和新产业、新业态急需紧缺人才队伍建设，引导人才向新兴产业和农村基层一线、艰苦边远地区流动，促进人才规模、质量和结构与基层经济社会发展相适应、相协调。

——坚持强化服务。推进人才服务体系向基层延伸，简化优化公共服务流程，建立定期联系服务制度，加大投入保障力度，着力改善工作生活条件，加强宣传引导，创造基层专业技术人才发展良好环境。

（三）主要目标。通过5～10年努力，培养造就一支具有一定规模、符合基层需要、立足基层发展的专业技术人才队伍。基层专业技术人才数量基本满足发展需求，能力素质明显提升，结构进一步优化，评价、使用、激励等体制机制取得突破，职业发展空间不断拓展，发展环境不断改善，人才引领支撑发展作用进一步增强，实现人才发展与基层经济社会发展深度融合。

二、改革基层专业技术人才评价机制

（四）完善符合基层实际的评价标准。坚持德才兼备，突出以品德、能力、业绩和贡献为主的评价导向，建立体现基层专业技术人才工作实际和特点的评价标准。克服唯学历、唯论文等倾向，提高履行岗位职责的实践能力、工作业绩、工作年限等评价权重。对论文、科研等不作硬性要求，可用能够体现专业技术工作业绩和水平的工作总结、教案、病历、技术推广总结、工程项目方案、专利成果等替代。基层专业技术人才参加职称评审时外语和计算机应用能力可不作要求。

（五）创新评价机制。改进职称评价方式，建立以同行评价为基础的评价机制，灵活采用考试、评审、考评结合、考核认定等不同评价方式，严格规范评价程序，加强评价全过程监督，提高评价质量和公信力。有条件的地区可试行基层专业技术人才申报高级职称单独分组、单独评审、单独确定通过率。对长期扎根农村基层、艰苦边远地区工作，做出重要贡献业绩的专业技术人才，可破格参加职称评审。依托公共人才服务机构、行业协会等，畅通基层非公有制经济组织、社会组织等专业技术人才职称申报渠道，探索有针对性的评价办法。

（六）完善和落实职称倾斜政策。全面推开中小学教师、基层卫生专业技术人才职称制度改革，保证有关倾斜政策规定落实到位。结合工程技术、农业技术、科学研究等专业技术领域职称制度改革，研究制定对基层专业技术人才倾斜支持政策。鼓励各地、各部门结合实际情况，探索建立“定向评价、定向使用”的基层高级专业技术职称评审管理制度，完善岗位聘用、工资待遇、离开基层后资格转评确认等具体管理办法。

三、完善基层事业单位公开招聘和岗位管理制度

（七）改进基层事业单位公开招聘方式。改进完善基层事业单位公开招聘办法，放宽条件，降低进入门槛，强化对艰苦边远地区特殊倾斜政策，有效解决基层和艰苦边远地区“招人难”问题。基层事业单位招聘高层次和急需紧缺专业技术人才，可采取直接考察等方式。省、市级所属事业单位面向社会公开招聘时，应拿出一定数量岗位招聘有基层专业技术岗位工作经历的人员。全面落实事业单位公开招聘制度，强化监督检查，建立防范公开招聘突出问题长效机制，形成民主、公开、竞争、择优的基层事业单位进人制度。

（八）优化基层事业单位岗位管理制度。建立事业单位岗位结构比例动态调整机制，适当提高基层事业单位中、高级专业技术岗位结构比例。“定向评价、定向使用”的基层事业单位高级专业技术岗位实行总量控制、比例单列，不占各地专业技术高级结构比例。乡镇事业单位通过特设岗位引进的急需高层次人才，其所聘岗位等级可放宽至专业技术八级，不受单位岗位总量、结构比例限制。扩大农村教师、农技推广特设岗位计划实施范围和规模，完善全科医生特设岗位政策，重点支持中西部老少边穷等地区补充专业技术人才。建立县乡事业单位管理岗位职员等级晋升制度。

四、加大基层专业技术人才激励力度

（九）健全完善收入分配制度。深入推进基层事业单位实施绩效工资工作，建立健全与岗位职责、工作业绩、实际贡献等紧密联系，充分体现人才价值、激发人才活力、鼓励创新创造的分配激励机制。落实艰苦边远地区津贴正常增长机制，实行乡镇工作补贴，对条件艰苦的偏远乡镇和长期在乡镇工作的人员进一步倾斜，保障基层专业技术人才合理工资待遇水平，逐步缩小地区间工资收入差距。对招聘高层次人才、急需紧缺人才的基层事业单位，在核定绩效工资总量时给予倾斜。加强基层科技成果转化工作网络建设，支持基层专业技术人才转移转化科技成果，落实成果转化收益分配有关规定。

（十）加大表彰奖励力度。坚持精神奖励

和物质奖励相结合，建立以政府奖励为导向、单位奖励为主体、社会奖励为补充的基层专业技术人才奖励体系。对长期在基层工作、贡献突出的专业技术人才，按照国家有关规定优先给予表彰奖励。在全国杰出专业技术人才表彰、享受国务院政府特殊津贴和行业部门人才表彰奖励等工作中，适当提高基层专业技术人才比例。鼓励各地按照有关规定开展优秀基层专业技术人才表彰奖励工作，充分保护和调动广大基层专业技术人才工作热情和创新创业积极性。

五、着力提升基层专业技术人才能力素质

（十一）创新基层专业技术人才培养模式。突出基层经济社会发展需求导向，支持地方高等学校、职业院校根据区域特点、产业发展规划，动态调整学科专业设置，创新培养模式，注重培养基层急需的高素质应用型人才。继续实施免费师范生、免费医学生等制度，为基层定向培养教育、医疗卫生等重点领域专业技术人才。

（十二）健全基层专业技术人才继续教育制度。进一步强化继续教育对提升基层专业技术人才能力素质的主渠道作用。落实继续教育有关规定，基层专业技术人才每年参加继续教育时间累计不少于 90 学时，用人单位保障其参加继续教育权利和学习期间各项待遇。推进继续教育制度与工作考核、岗位聘用、职称评聘等人事管理制度的衔接。建立定期从基层选拔优秀专业技术人才到高等学校、职业院校、医疗机构、科研院所等进修学习制度。加强对新晋中、高级专业技术职称的基层专业技术人才专项培训工作。充分利用继续教育基地、各类教育培训机构和远程教育等资源，开展形式多样的继续教育活动，不断提升基层专业技术人才岗位适应、职业发展和实践能力。

（十三）统筹实施人才培养工程。通过组织实施重大人才培养工程、区域人才特殊培养、对口支援等多种方式，重点扶持基层重点领域、特殊区域和关键岗位专业技术人才培养培训工作。依托专业技术人才知识更新工程、高素质教育人才培养工程、全民健康卫生人才保障工程、现代农业人才支撑计划、边远贫困地区边疆民族地区和革命老区人才支持计划等国家重大人才工程，为基层培养培训一批急需紧缺和骨干专业技术人才。继续实施新疆、西藏少数民族科技骨干特殊培养工作。在东西部培训对口支援工作中，注重从基层一线选拔专业技术人才到发达地区进修培训。各地、各行业要结合实际组织实施各具特色的基层专业技术人才培养培训工程。

六、积极引导各类人才向基层一线流动

（十四）促进人才资源合理流动。充分发挥市场在人才资源配置中的决定性作用，更好发挥政府作用，进一步打破户籍、地域、身份、学历、人事关系等制约，加快人事档案管理服务信息化建设，完善社会保险转移接续办法，为人才向基层流动、合理配置提供便利条件。健全人才向基层一线和艰苦边远地区流动激励政策措施，加大职称、工资等政策倾斜力度，鼓励人才向基层最需要的地方流动。

（十五）创新基层柔性引才方式。创新双向挂职、对口支援、短期工作、项目合作、兼职等灵活多样的人才柔性流动政策，组织各类人才到基层创新创业和开展服务活动。深入实施万名专家服务基层行动计划、科技特派员、万名医师支援农村卫生、城市教师支援农村教育等制度项目，建立服务基层长效机制。专业技术人才由单位选派到基层服务期间，其原单位岗位、职级、工资福利保留不变，在基层工作经历和业绩可作为优先晋职、晋级、评聘和晋升专业技术职务的重要依据，有条件的单位可适当给予工作、生活补助。推广中小学教师、卫生等重点领域专业技术人才晋升高级职称须有 1 年以上农村基层工作服务经历的做法。

（十六）引导高校毕业生到基层工作。进一步完善引导和鼓励高校毕业生到基层工作的政策措施，建立基层专业技术人才补充新机

制。通过政府购买岗位、实施学费和助学贷款代偿、提供创业扶持等方式，积极引导支持高校毕业生到基层工作和创业。统筹实施高校毕业生基层服务项目，加大基层急需紧缺专业毕业生选派力度，切实落实工作生活补贴、参加社会保险等相关待遇，采取有效措施鼓励服务期满后留在基层工作。

七、提高基层专业技术人才服务保障水平

（十七）切实加强组织领导。各地要充分认识加强基层专业技术人才队伍建设的重要意义，把基层专业技术人才队伍建设纳入本地区人才工作总体规划统一部署实施，并作为人才工作考核的重要内容，高度重视，加强领导。各级人力资源社会保障部门要充分发挥政府人才综合管理职能作用，与相关行业部门密切沟通协作，健全工作机制，创新完善政策，形成共同推进基层专业技术人才队伍建设的强大合力。

（十八）加大投入保障力度。建立健全政府、用人单位和社会力量共同参与的多元投入保障机制。将基层专业技术人才队伍建设经费纳入各级政府人才工作经费预算，并占有一定比重。用人单位应依照国家有关规定提取和使用职工教育经费，不断加大基层专业技术人才培训经费投入。鼓励和引导社会力量参与支持基层专业技术人才队伍建设。

（十九）加强联系服务工作。按照实现城乡基本公共服务均等化的要求，推动政府人才公共服务体系向基层延伸，简化服务流程，优化服务质量，依托“互联网＋”等模式，为基层专业技术人才提供优质高效便捷服务。建立联系服务基层专业技术人才制度，畅通建言献策渠道，定期开展慰问休假考察等活动。切实改善基层专业技术人才学习培训、医疗保障、居住、子女就学、文化需求等条件，为他们安心基层工作创造良好环境。

（二十）加强宣传引导工作。加强理想信念教育和职业道德建设，增强基层专业技术人才社会责任感和职业认同感。加强政策解读和宣传引导工作，使基层单位和人才充分了解各项基层专业技术人才政策措施。充分运用各类新闻媒体，广泛宣传优秀基层专业技术人才先进事迹，积极营造关心支持基层专业技术人才的良好氛围，激励引导广大基层专业技术人才立足岗位、扎根基层、务实奉献，为全面建成小康社会做出积极贡献。

各地人力资源社会保障部门要结合实际，抓紧制定本地区具体实施意见和配套办法，精心组织，狠抓落实。本意见原则上适用于县级及以下企事业单位从事专业技术工作的人员，各地可根据实际情况确定具体范围。要鼓励基层大胆探索，不断创新政策措施，及时总结推广基层新做法新经验。要加强指导监督，及时研究解决新情况新问题，确保各项政策措施落地见效。

二〇一六年七月一日

人力资源社会保障部关于印发人力资源和社会保障事业发展“十三五”规划纲要的通知

人社部发［2016］63号

各省、自治区、直辖市及新疆生产建设兵团人力资源社会保障厅（局）：

为贯彻落实党的十八届五中全会和十二届全国人大四次会议精神，依据《中共中央关于制定国民经济和社会发展第十三个五年规划的建议》和《中华人民共和国国民经济和社会发展第十三个五年规划纲要》，我部组织制定了《人力资源和社会保障事业发展“十三五”规划纲要》。现印发给你们，请结合实际认真贯彻执行。

附件：人力资源和社会保障事业发展“十三五”规划纲要

二〇一六年七月六日

附件

人力资源和社会保障事业发展“十三五”规划纲要

人力资源和社会保障事业发展“十三五”规划纲要，根据《中共中央关于制定国民经济和社会发展第十三个五年规划的建议》和《中华人民共和国国民经济和社会发展第十三个五年规划纲要》编制，主要阐明“十三五”时期人力资源和社会保障事业发展的总体思路、发展目标、主要任务和重大政策措施，是“十三五”时期人力资源和社会保障事业发展的综合性、基础性、指导性文件。

第一章　指导思想和主要目标

“十三五”时期是全面建成小康社会决胜阶段。人力资源社会保障部门要认真贯彻党中央国务院的决策部署，准确把握国内外发展环境和条件的深刻变化，积极适应把握引领经济发展新常态，全面落实创新发展、协调发展、绿色发展、开放发展、共享发展，推进人力资源和社会保障事业全面发展。

第一节　发展基础

“十二五”时期是我国人力资源和社会保障事业发展很不平凡的五年。五年来，面对错综复杂的国际环境和艰巨繁重的国内改革发展稳定任务，人力资源社会保障部门坚持稳中求进、改革创新、攻坚克难，全面完成了“十二五”时期各项任务。新增就业持续增加，就业格局发生重大变化，就业局势保持稳定。社会保障制度运行平稳，覆盖城乡居民的社会保障体系基本建成，待遇水平稳步提高。重大人才工程持续推进，人才队伍建设取得新进展。公务员管理和公务员队伍建设不断加强，事业单位人事管理进一步规范，军转安置工作不断推进。工资收入分配制度进一步健全，收入分配秩序逐步规范。劳动关系总体和谐稳定，劳动者合法权益得到有效维护。基层公共服务条件明显改善，公共服务水平得到提升。“十二五”时期人力资源和社会保障事业的快速发展，对维护改革发展稳定大局做出了积极贡献，为今后事业发展奠定了坚实基础。

专栏 1　　“十二五”规划主要指标完成情况

指标	2010 年基数	“十二五”规划目标	2015 年完成数
1. 城镇新增就业人数（万人）	[5 771]	[4 500]	[6 431]
2. 城镇登记失业率（%）	4.1	<5	4.05
3. 转移农业劳动力（万人）	[4 500]	[4 000]	—
4. 城镇基本养老保险参保人数（亿人）	2.57	3.57	3.77
5. 新型农村社会养老保险参保人数（亿人）	1	4.5	4.81
6. 城乡基本医疗保险参保人数（亿人）	12.6	13.2	6.66①
7. 失业保险参保人数（亿人）	1.34	1.6	1.73
8. 工伤保险参保人数（亿人）	1.62	2.1	2.14
9. 生育保险参保人数（亿人）	1.23	1.5	1.78
10. 社会保障卡发卡数量（亿张）	1.03	8	8.84
11. 人才资源总量（亿人）	1.22②	1.56	—
12. 专业技术人才总量（万人）	5 550③	6 800	—
13. 高、中、初级专业技术人才比例	—	10∶38∶52	—
14. 高技能人才总量（万人）	2 863.3	3 400	4 501
15. 最低工资标准年均增长率（%）	12.5	>13	13.1
16. 企业劳动合同签订率（%）	65	90	90
17. 企业集体合同签订率（%）	50	80	80
18. 劳动人事争议仲裁结案率（%）	80	90	95.2

注：[ ] 内为五年累计数；①6.66 亿人仅包括城镇职工基本医疗保险和城镇居民基本医疗保险参保人数（含城乡居民医保参保人数），参加新农合人数为 6.7 亿人；②③为 2010 年末数据。

“十三五”时期，经济发展进入新常态，新型工业化、信息化、城镇化、农业现代化深入发展，人口老龄化加快，供给侧结构性改革不断推进，都对人力资源和社会保障事业发展带来了一系列新机遇、新挑战，人力资源和社会保障工作仍面临较大压力。就业总量压力依然存在，结构性矛盾更加突出，化解过剩产能过程中职工分流安置任务更加繁重；社会保障体系在增强公平性、适应流动性、保证可持续性方面有待加强，征缴扩面空间缩小，基金平衡安全矛盾突出；人才队伍建设与实施创新驱动发展战略和人才优先发展战略的要求还有一定差距，制约和影响人才发展的思想观念和体制机制障碍仍然存在；适应国家治理体系和治理能力现代化要求，人事制度改革尚需进一步深化；工资收入分配差距依然较大，工资收入分配制度改革有待继续推进；影响劳动关系稳定因素增多，构建和谐劳动关系的任务艰巨繁重；基层基础建设和公共服务能力水平仍需提高。

党中央、国务院高度重视保障和改善民生，提出大力实施就业优先战略和人才优先发展战略，将人力资源和社会保障事业摆在经济社会发展更加突出的位置。人力资源社会保障部门作为宏观调控的重要参与者、社会管理和市场监管的重要执行者、公共服务的重要提供者、社会公平正义的重要维护者，要深刻认识“十三五”时期人力资源和社会保障事业面临的新形势新任务新要求，准确把握战略机遇期内涵的深刻变化，更加有效地应对各种风险和挑战，振奋精神，勇于担当，积极进取，不断开创人力资源和社会保障事业发展的新局面。

第二节　指导思想

高举中国特色社会主义伟大旗帜，全面贯彻党的十八大和十八届三中、四中、五中全会精神，以邓小平理论、“三个代表”重要思想、科学发展观为指导，深入贯彻习近平总书记系列重要讲话精神，坚持“五位一体”总体布局和“四个全面”战略布局，牢固树立和贯彻落实创新、协调、绿色、开放、共享的发展理念，按照“坚守底线、突出重点、完善制度、引导预期”的思路，坚持民生为本、人才优先的工作主线，深入实施就业优先战略和人才优先发展战略，建立更加公平更可持续的社会保障制度，深化人事制度改革和工资收入分配制度改革，构建中国特色和谐劳动关系，提升基本公共服务能力和水平，推动人力资源和社会保障事业全面协调可持续发展，为实现全面建成小康社会目标提供支撑和保障。

必须遵循以下原则：

——围绕中心、服务大局。坚持党的领导，自觉服从和服务于党和国家中心工作和改革发展稳定大局，增强政治意识、大局意识、核心意识、看齐意识，紧紧围绕全面建成小康社会宏伟目标，紧密结合人力资源和社会保障工作实际，努力完成人力资源社会保障部门承担的各项任务。

——以人为本、促进共享。坚持人民主体地位，努力践行以人民为中心的发展思想，把增进人民福祉、促进人的全面发展作为发展的出发点和落脚点，从解决人民群众最关心最直接最现实的利益问题入手，加强和改进人力资源和社会保障领域的公共服务，通过人人参与、人人尽力实现人人共享，增加公共服务供给，使人民群众有更多获得感。

——深化改革、创新驱动。发挥改革的突破性和先导性作用，增强改革创新精神，破除不利于科学发展的体制机制障碍，健全使市场在资源配置中起决定性作用和更好发挥政府作用的制度体系。深入探索人力资源和社会保障事业发展规律，不断推动理论创新、制度创新、政策创新，让改革创新精神贯穿人力资源和社会保障工作的全过程和各方面。

——突出重点、统筹协调。坚持目标导向和问题导向，针对事业发展中的重点、难点和短板，加强顶层设计，集中攻坚克难。统筹兼顾不同群体利益关系，充分考虑地区发展差异，增强工作的系统性、整体性和协同性，促进政策之间的衔接平衡，推进城乡、区域人力资源和社会保障事业协调发展。

——践行法治、维护公平。全面推进人力资源和社会保障法治建设，坚持依法行政，运用法治思维和法治方式推进改革发展，推进决策的科学化、民主化、法治化。推进简政放权、放管结合、优化服务。以制度公平保障群众权利公平，以政策落实保证群众权利实现，努力维护和平衡好各类群体的权益。

第三节　主要目标

紧紧围绕全面建成小康社会宏伟目标，紧密结合人力资源和社会保障事业改革发展实际，统筹确定未来五年人力资源和社会保障事业发展的主要目标。

——实现比较充分和更高质量的就业。就业规模持续扩大，就业结构更加合理，就业稳定性进一步增强，就业环境更加公平，就业创业服务体系更加健全，失业率得到有效控制。“十三五”期间实现城镇新增就业 5 000 万人以上，城镇登记失业率控制在5%以内。

——建立更加公平更可持续的社会保障制度。全面推进社会保障制度改革，覆盖城乡居民的社会保障体系全面建成，基本实现法定人员全覆盖。完善社会保险筹资机制，建立社会保险待遇正常调整机制，稳步提高统筹层次和保障水平，实现基金的安全可持续运行。到“十三五”期末，城镇职工基本养老保险参保人数达到 4.25 亿人，城乡居民基本养老保险参保人数达到 5.2 亿人，基本养老保险参保率达到 90%，基本医疗保险参保率稳定在 95%以上，失业保险参保人数达到 1.8 亿人，工伤保险参保人数达到 2.2 亿人，生育保险参保人数达到 2 亿人。

——建设高素质人才队伍。适应经济社会发展要求，坚持人才优先发展，做大做强专业技术人才队伍和高技能人才队伍。提高人才质量，优化人才结构，加快建设人才强国。到“十三五”期末，专业技术人才总量达到7 500 万人，高、中、初级专业技术人才比例为 10∶40∶50；高技能人才总量达到 5 500 万人。

——提高人事管理科学化水平。公务员管理制度更加完善，打造一支忠诚、干净、担当的公务员队伍。事业单位人事制度改革进一步深化，努力形成符合事业单位特点、规范有序、充满活力的人事管理制度。中国特色退役军官安置制度改革不断推进，全面落实军队转业干部安置任务。

——推动形成合理有序的工资收入分配格局。工资收入分配制度改革不断深化，企业、机关事业单位工资决定和正常增长机制进一步完善。企业工资分配宏观调控体系更加健全。机关事业单位工资结构更加优化。工资收入稳步提高，工资收入分配秩序更加规范、差距逐步缩小。

——构建中国特色和谐劳动关系。劳动关系工作体制进一步完善，劳动关系协调机制和矛盾调处机制更加健全，劳动人事争议处理效能和劳动保障监察执法能力进一步提升，劳动关系总体和谐稳定。到“十三五”期末，企业劳动合同签订率达到 90%以上，劳动人事争议调解成功率达到 60%以上，劳动人事争议仲裁结案率达到 90%以上，劳动保障监察举报投诉案件结案率达到 95%以上。

——提升公共服务能力和水平。人力资源和社会保障基本公共服务制度规范基本定型，基本公共服务清单全面建立，标准体系基本健全，基层服务条件更加完善，服务水平和群众满意度明显提升，广大群众享有基本公共服务的可及性显著提高，基本公共服务均等化基本实现。

专栏 2　　“十三五”时期主要指标

指标	2015 年	2020 年	属性
一、就业			
1. 城镇新增就业人数（万人）	[6 431]	[>5 000]	预期性
2. 城镇登记失业率（%）	4.05	<5	预期性
二、社会保障			
3. 基本养老保险参保率（%）	82	90	预期性
4. 基本医疗保险参保率（%）	95	>95	预期性

续表

指标	2015 年	2020 年	属性
5. 失业保险参保人数（亿人）	1.73	1.8	约束性
6. 工伤保险参保人数（亿人）	2.14	2.2	约束性
7. 生育保险参保人数（亿人）	1.78	2	约束性
三、人才队伍建设			
8. 专业技术人才总量（万人）	—	7 500	预期性
9. 高、中、初级专业技术人才比例	—	10∶40∶50	预期性
10. 高技能人才总量（万人）	4 501	5 500	预期性
四、劳动关系			
11. 企业劳动合同签订率（%）	90	>90	预期性
12. 劳动人事争议调解成功率（%）	—	>60	预期性
13. 劳动人事争议仲裁结案率（%）	95.2	>90	预期性
14. 劳动保障监察举报投诉案件结案率（%）	—	>95	预期性
五、公共服务			
15. 社会保障卡持卡人口覆盖率（%）	64.6	90	预期性
注：[ ] 内为五年累计数。			

第二章　推动实现比较充分和更高质量就业

坚持劳动者自主就业、市场调节就业、政府促进就业和鼓励创业的方针，实施就业优先战略和更加积极的就业政策，深入推进体制机制创新，鼓励以创业带就业，创造更多就业岗位，着力解决结构性就业矛盾，有效应对失业风险，实现比较充分和更高质量的就业。

第一节　促进经济发展与扩大就业的良性互动

把促进充分就业作为经济社会发展的优先目标，放在更加突出的位置。坚持分类施策，提高劳动参与率，着力培养新的就业增长点，扩大城镇就业规模。推进经济发展与扩大就业良性互动，建立宏观经济政策对就业影响的评价机制。健全各级政府部门就业工作联席会议制度，完善就业考核评价指标体系，把就业成效列入评价各地经济社会发展成果的重要指标，进一步强化政府促进就业的法律责任。

第二节　实施更加积极的就业政策

加强就业政策与财税、金融、产业、贸易等政策的衔接，形成有利于促进就业的宏观经济政策体系。围绕解决结构性就业矛盾、提高就业质量，进一步完善积极的就业政策。支持劳动者自谋职业和自主创业，支持企业吸纳重点群体就业，提高政策的针对性和有效性。加强对灵活就业、新就业形态的政策支持。积极发展家庭服务业，促进专业化、规模化和网络化发展，推进规范化、职业化建设。发挥失业保险援企稳岗作用。加强全国就业信息监测平台和就业信息公共服务平台建设，为社会提供公共就业信息服务。完善就业失业统计指标体系，健全失业监测预警机制，推动适时发布城镇调查失业率，强化对部分地区、行业规模性失业的监测，建立应对预案和工作机制。

第三节　促进以创业带动就业

进一步深化改革，降低市场准入门槛，消除限制创业的制度性障碍。鼓励城乡劳动者围绕新经济、新产业、新业态开展创业活动。加大创业培训工作力度，提升劳动者创业能力。拓宽创业投融资渠道，支持创业担保贷款、创业投资以及互联网金融等规范发展。加快构建一批低成本、便利化、全要素、开放式的众创空间，建立面向人人的创业服务平台。继续推进创业型城市构建活动，积极培育创业生态系统，对政策落实好、创业环境优、工作成效显著的，按规定予以表彰。

第四节　统筹做好各类重点群体就业

继续把高校毕业生就业摆在就业工作的首位。统筹实施高校毕业生就业促进和创业引领计划，参与实施高校毕业生基层培养计划，结合产业转型升级，开发更多适合高校毕业生的就业岗位，加强职业指导、培训和就业见习，健全高校毕业生自主创业、到基层就业的激励政策，完善基层服务保障机制。配合供给侧改革，实施再就业帮扶行动，加大再就业支持力度，做好化解过剩产能中的职工安置工作。统筹城乡就业，建立健全城乡劳动者平等就业制度，拓宽农村劳动力转移就业渠道，促进农村富余劳动力转移就业和外出务工人员返乡创业。做好退役军人就业工作。促进少数民族就业。加强对就业困难人员的就业援助，规范公益性岗位开发和管理，对就业困难人员实行实名制动态管理和分类帮扶，确保零就业家庭、最低生活保障家庭等困难家庭至少有一人就业。

第五节　完善人力资源市场机制

充分发挥市场在人力资源配置中的决定性作用。健全人力资源市场法律法规体系，完善人力资源市场管理制度，规范人力资源市场秩序。建设统一规范的人力资源市场，打破城乡、地区、行业分割和身份、性别歧视，维护劳动者平等就业权利。增强劳动力市场灵活性，促进劳动力在地区、行业、企业之间自由流动。规范招人用人制度，尊重劳动者和用人单位市场主体地位，消除影响平等就业的制度障碍和就业歧视。规范就业中介服务。加快全国人力资源市场供求信息监测和发布制度建设。推进人力资源市场诚信体系和标准化建设。大力发展人力资源服务业，推进人力资源服务产业园建设。加强人力资源服务业从业人员职业培训，实施人力资源服务业领军人才培养计划。

专栏3　　促进就业行动计划

01　高校毕业生就业促进和创业引领计划

适应高校毕业生就业创业新需要，将就业创业有机融合，完善政策扶持体系，创新服务方式方法，建立涵盖毕业生校内校外各阶段、求职就业各环节、就业创业全过程的服务体系。健全未就业毕业生实名制数据库，为高校毕业生提供就业信息、职业指导和就业见习等就业服务。普及创业教育，加强创业培训。加强部门之间工作衔接、信息共享，推动毕业生就业创业。

02　建立完善失业监测预警机制

及时掌握监测企业人员变动情况及趋势，准确分析判断原因，适时发布预警信息。基本形成部、省、市三级失业监测预警制度体系和县（市）失业监测预警应急处置工作机制。

03　再就业帮扶行动

将化解过剩产能过程中的失业人员纳入就业创业政策扶持体系，加大职业培训、职业指导和职业介绍力度，增强就业创业能力和职业转换能力，妥善处理劳动关系，积极接续社会保险，促进其尽快再就业或自主创业，尽最大努力缩短其失业周期。

04　促进家庭服务业发展

广泛开展“千户百强”家庭服务企业创建活动。开展中心城市家庭服务体系建设。在地级以上城市建立家庭服务从业人员实训基地。

05　人力资源服务业发展推进计划

推进人力资源服务业集聚发展。加强人力资源服务产业园的统筹规划和政策引导，依托重大项目和龙头企业，培育创新发展、符合市场需求的人力资源服务产业园，形成人力资源公共服务枢纽型基地和产业创新发展平台。

06　全国人力资源市场供求信息监测和发布制度建设

建立与经济社会发展需求相适应的人力资源供求预测和信息发布制度，逐步建立覆盖全国大中城市各级各类人力资源服务机构的信息监测系统和信息发布制度。

第六节　强化职业培训

推行终身职业技能培训制度，构建覆盖城乡全体劳动者、贯穿劳动者学习工作终身、适应劳动者和市场需求的职业培训制度，完善市场配置资源、劳动者自主选择、政府购买服务和依法监管的职业培训工作机制，全方位提升人力资本质量和劳动者就业创业能力。加大培训资金投入，提高培训质量。及时认定发布新职业并制定职业技能标准。大力开展多种形式的就业技能培训、岗位技能提升培训和创业培训。开展劳动者素质提升行动，开展贫困家庭子女、未升学初高中毕业生、农民工、失业人员和转岗职工、退役军人和残疾人免费接受职业培训行动。发挥企业在职业培训中的主体作用，实施好农民工职业技能提升计划等专项培训行动。大力推行企业新型学徒制、国家基本职业培训包、校企合作、互联网＋职业培训等培训模式。开展职业培训国际交流与合作。

专栏 4　　职业培训行动计划

01　劳动者素质提升行动

实施高技能人才培养工程和新成长劳动力技能提升、在岗职工技能提升、企业新型学徒制培训、战略性新兴产业紧缺劳动力技能提升等计划。

02　农民工职业技能培训

通过订单、定向和定岗式培训，对农村未升学初高中毕业生等新生代农民工开展就业技能培训，为有创业意愿的农民工提供创业培训，累计开展农民工培训 4 000 万人次。

03　特殊就业人群职业培训

加大贫困家庭子女、失业人员和转岗职工、退役军人和残疾人等劳动者职业技能和创业培训力度，按规定给予培训补贴，对农村学员和城市低保家庭学员参加劳动预备制培训的，按规定给予生活费补贴。

04　公共实训基地建设

建立一批功能齐全、设施先进、利用率高、适应产业发展需要的多层次的职业技能公共实训基地。在产业集中度高的区域性中心城市重点建设一批大型公共实训基地，在地市级层面重点建设一批综合型公共实训基地，在县市层面重点建设一批地方特色型公共实训基地。

第三章　建立更加公平更可持续的社会保障制度

坚持全民覆盖、保障适度、权责清晰、运行高效，稳步提高社会保障统筹层次和水平。以增强公平性、适应流动性、保证可持续性为重点，建立健全更加公平、更可持续的社会保障制度。

第一节　基本实现法定人员全覆盖

实施全民参保计划，促进和引导各类单位和符合条件的人员长期持续参保，基本实现法定人员全覆盖。开展全民参保登记，对各类人员参加社会保险情况进行记录、补充完善，为全民参保提供基础支持。鼓励积极参保、持续缴费。做好中小微企业、灵活就业人员、农民工等重点群体参保工作。

专栏 5　　全民参保计划

01　开展全民参保登记

依据社会保险法等法律法规规定，以社会保险全覆盖和精确管理为目标，通过信息比对、数据采集、入户调查、数据集中管理和动态更新等措施，对各类人员参加社会保险情况进行记录、补充完善，建立全面、完整、准确的社会保险基础数据库，形成每个人唯一的社保标识，并实现动态更新，为全面参保和精确管理提供支持。

续表

02　做好重点群体参保工作
在城镇继续以中小微企业、灵活就业人员为重点扩大参保覆盖面；在农村以在城乡之间流动就业和居住农民为重点，鼓励持续参保；积极引导在城镇稳定就业的农民工参加职工社会保险；同时对高风险行业实施工伤保险扩面专项行动，并探索推进网络就业、创业等新型业态群体参保。

第二节　完善社会保障制度体系

完善统账结合的城镇职工基本养老保险制度。完善职工养老保险个人账户制度。规范职工和城乡居民基本养老保险缴费政策，健全参保缴费激励约束机制，提高收付透明度。实现职工基础养老金全国统筹。出台病残津贴、遗属抚恤政策。制定出台渐进式延迟退休年龄方案。完善失业保险制度，规范失业保险基金收支管理，充分发挥失业保险保障失业人员基本生活、预防失业、促进就业的功能。建立统一的城乡居民基本医疗保险制度和经办运行机制，整合基本制度政策，理顺管理体制，提升服务效能。积极探索推进医疗保险省级统筹。健全医疗保险稳定可持续筹资机制。完善医保缴费参保政策。全面实施城乡居民大病保险制度，进一步完善重特大疾病保障机制。深化支付方式改革，发挥医保在医改中的基础性作用。改进职工基本医疗保险个人账户，开展门诊费用统筹。将生育保险和基本医疗保险合并实施。制定公务员和参照公务员法管理事业单位、社会团体工作人员工伤保险政策。探索适应灵活就业人员的工伤保险保障方式。全面实施工伤保险省级统筹。积极推进工伤预防与工伤康复工作。完善社会保险转移接续政策，建立更加便捷的社会保险转移接续机制。实施职业年金制度，着力扩大企业年金覆盖面，鼓励发展补充医疗保险、商业健康保险、商业养老保险，推出个人税收递延型养老保险，促进商业保险与社会保险、补充保险相衔接，鼓励商业保险机构参与医保经办，探索工伤保险与商业保险的合作模式，形成多层次的保障体系。探索建立长期护理保险制度，开展长期护理保险试点。

专栏 6　　完善社会保险制度

01　健全城乡居民养老保险制度
完善并落实多缴多补、长缴多得、助残扶贫等政策，适时提高最低缴费档次，推进基金省级管理和投资运营，提升基层经办服务能力。
02　完善失业保险制度
积极推进《失业保险条例》修订工作，研究拟定条例相关配套政策。进一步完善失业保险援企稳岗政策。研究健全失业保险金标准与物价上涨挂钩联动机制。
03　整合城乡居民基本医保制度
整合新农合和城镇居民医保，建立城乡统一的居民医疗保险制度，实现政策和经办管理的统一。
04　推进基本医保异地就医结算
加快推进基本医保异地就医结算，实现跨省异地安置退休人员住院医疗费用直接结算，并逐步扩大到符合转诊条件的异地就医人员住院费用。建立完善国家级异地就医管理和费用结算平台，逐步扩展应用范围。同步推进医保标准化建设。
05　深化医保支付方式改革
全面实行医保付费总额控制，建立复合式医保付费方式。规范各地医保待遇调整权限，合理确定支付标准。建立完善医保经办机构与医疗机构和药品供应商的谈判机制。全面推行运用医疗服务监控系统，强化医疗服务协议管理。
06　生育保险和基本医疗保险合并实施
完善生育保险政策，实行生育保险与基本医疗保险参保人员登记、缴费、管理、经办、信息系统统一。

续表

07　建立健全预防、补偿、康复相结合的工伤保险制度体系
制定工伤预防费使用管理办法。推进完善工伤康复体系建设。推进工伤认定依法行政工作。完善劳动能力鉴定标准及政策体系。建设国家级和区域性工伤康复示范平台。
08　探索建立长期护理保险制度
通过在部分地方开展试点，探索建立以社会互助共济方式筹集资金，为长期失能人员的基本生活照料和与基本生活密切相关的医疗护理提供基金或服务保障的社会保险制度。

第三节　建立待遇合理调整机制

逐步建立覆盖全体参保人员的基本养老保险待遇合理调整机制，适当提高退休人员基本养老金和城乡居民基础养老金标准。稳步扩大基本医疗保险保障范围，在加强医疗管理、控制医疗费用、保障患者基本医疗需求、基金结余适度的基础上，健全医疗保险报销比例调整机制，合理确定和适当调整基本医疗保险待遇标准。职工和城乡居民基本医疗保险政策范围内住院费用支付比例稳定在75%左右。进一步完善失业保险金标准调整机制，适度提高失业保险待遇水平。研究建立科学的工伤保险待遇项目、结构和标准体系，建立并完善科学、规范的工伤保险待遇正常调整机制。

第四节　确保基金安全可持续运行

完善社会保险基金预决算制度，努力实现财政对社会保障投入的规范化和制度化。坚持精算平衡，完善筹资机制，分清政府、企业、个人等的责任。适当降低社会保险费率。加快推进社会保险基金监督管理立法，建立健全基金监督行政执法规程和自由裁量基准制度，强化基金收支、管理和投资运营全过程监督检查。推进划转部分国有资本充实社会保险基金工作。拓宽社会保险基金投资渠道，加强风险管理，提高投资回报率。建立健全基金投资运营监管、报告和信息披露制度。完善企业年金、职业年金市场化运营法规政策和监管机制。完善社会保险欺诈查处和移送制度，健全基金监督行政执法与刑事司法衔接机制。完善基金监督信息系统，健全社会保险违法失信行为联合惩戒机制。

第四章　建设规模宏大的高素质人才队伍

坚持党管人才原则，充分发挥政府人才综合管理职能作用。深入实施人才优先发展战略，聚天下英才而用之，破除束缚人才发展的思想观念和体制机制障碍，以高层次专业技术人才和高技能人才为重点，突出“高精尖缺”导向，努力造就规模宏大、结构合理、素质优良、富有创新精神的高素质人才队伍，形成具有国际竞争力的人才制度优势，加快推进我国由人才大国迈进人才强国行列。

第一节　深化人才发展体制机制改革

贯彻落实深化人才体制机制改革的意见。创新人才教育培养模式，探索建立以创新创业为导向的人才培养机制，完善产学研用结合的协同育人模式，大力培养支撑中国制造、中国创造的技术技能人才队伍。创新人才评价机制，突出品德、能力和业绩评价，改进人才评价考核方式，深化职称制度改革。对现有准入类和水平评价类职业资格许可和认定事项进行全面清理，持续降低就业创业门槛，建立职业资格目录清单管理制度，依法依规加强对职业资格设置和实施的监管，构建国家职业资格框架体系，推动职业资格科学设置、规范运行、依法监管。健全完善技能人才多元评价体系。探索高素质复合型技能人才和作出重大贡献的高技能人才评价方式。完善高技能人才技术等级认定等政策，研究制定高技能人才与工程技术人才职业发展贯通办法。修订出台职业技能鉴定规定。健全人才顺畅流动机制，畅通人才流动渠道，促进各类人才在不同性质单位和不同地域间的自由流动。推广专业技术职称、技能等级等同大城市落户挂钩做法。强化人才创新创业激励机制，完善市场评价要素贡献并按贡献分配的机制，扩展知识、技术、技能和管理要素参与分配途径，完善科研人员收入分配政策，健全高技能人才薪酬体系，提高科研人员和技术工人待遇。完善中华技能大奖和全国技术能手评选表彰制度。建立人才优先发展保障机制，创新人才工作服务发展政策，鼓励和支持地方开展人才管理改革试验探索。

第二节　加强专业技术人才队伍建设

加快培养创新型领军人才，改革完善院士制度，配合有关部门以更大力度推进国家“万人计划”，更好实施国务院政府特殊津贴专家、国家百千万人才工程、万名专家服务基层行动计划等项目，引导各地各部门制定实施各具特色的高层次创新人才选拔培养计划。着力培养高层次青年人才，建立多层次、多渠道的青年拔尖人才培养体系，善于发现、重点支持、放手使用青年优秀人才。改革完善博士后制度，实施博士后创新人才支持计划，加大博士后国际交流计划实施力度，加强博士后科研流动站、工作站和创新实践基地建设。加强基层专业技术人才队伍建设。加强专业技术人才继续教育，深入实施专业技术人才知识更新工程。加强区域人才交流和对口支援，继续实施东部地区对口支援西部地区人才培训工程。开展新疆、西藏少数民族专业技术人才特殊培养工作。

第三节　加强技能人才队伍建设

深入实施国家高技能人才振兴计划，培养和造就一批高技能领军人才。制定技工教育“十三五”规划，大力推进技工院校改革创新，推动建设职业训练院，深入开展技工院校一体化课程教学改革，构建国家技能人才培养标准体系框架，开展技工院校校长和骨干教师轮训，全面深化校企合作。优化职业技能标准等级设置，拓宽技术工人晋升通道。探索开展国家技能振兴综合示范区试点。加大竞争择优选拔技能人才工作力度，广泛开展职业技能竞赛活动，健全以世界技能大赛为龙头、以中国技能大赛等国内技能竞赛为主体、以企业岗位练兵技术比武为基础的技能竞赛选拔体系。推行技师、高级技师聘任制度，探索建立企业首席技师制度，完善高技能人才带头人制度，建立岗位使用制度。完善高技能人才成长机制，统筹考虑技能培训、职业教育和高等教育，建立职业资格与相应的职称、学历可比照认定制度。完善职业资格与职业教育学历“双证书”制度。营造崇尚技能的社会氛围，大力弘扬新时期工匠精神。

第四节　实施更加开放的人才政策

制定实施更积极、更开放、更有效的人才引进政策，更大力度引进急需紧缺人才。加快制定外国人在中国工作管理条例，配合制定实施中国特色的人才签证、居留和永久居留政策，放宽技术技能型人才取得永久居留权的条件。配合中组部推进国家“千人计划”，以更大的力度实施高层次留学人才回国资助计划，组织实施留学人员回国创业启动支持计划、海外赤子为国服务行动计划和回国（来华）专家工作等高层次人才引进计划工作。进一步加强省部共建留学人员创业园工作。促进海内外人才科技项目交流。拓展国际人才市场，培育国际人才中介服务机构。参与制定发布引才指导目录。加大力度做好国际组织人才工作，明确鼓励和支持优秀人才到国际组织任职的政策导向，畅通回国任职通道。

专栏 7　　人才优先发展行动计划

01　专业技术人才知识更新工程

每年培训百万名高层次、急需紧缺和骨干专业技术人才，依托高等学校、科研院所、大型企业和行业专业机构现有施教机构，建设一批国家级继续教育基地。

续表

02　国家高技能人才振兴计划
在全国建成一批技能大师工作室、1 200 个高技能人才培训基地，培养 1 000 万名高技能人才。
03　万名专家服务基层行动计划
每年组织开展 100 期左右专家服务活动，建设一批国家级专家服务基地，引导专家深入基层服务。
04　职业培训基础能力提升工程
建立职业分类动态调整机制，完善职业技能标准开发体系，制定职业资格目录，健全职业技能鉴定题库建设体系。加强技能人才培养师资队伍建设和教材开发工作。建设职业技能鉴定服务与监管平台。加强技工院校和世界技能大赛集训基地建设。

第五章　深化人事制度改革

健全干部人事管理政策制度体系，完善公务员制度，进一步深化事业单位人事制度改革，推进中国特色退役军官安置制度建设，促进形成广纳群贤、人尽其才、能上能下、公平公正、充满活力的人事管理制度。

第一节　完善公务员制度

健全公务员管理政策法规体系，完善公务员制度，着力打造一支信念坚定、为民服务、勤政务实、敢于担当、清正廉洁的公务员队伍。深化公务员分类改革，建立健全中国特色的公务员职位分类和管理制度。完善聘任制公务员制度。逐步推进地市以上机关建立公务员职务与职级并行制度。健全公务员考试录用制度，探索构建公务员录用分类考试框架体系，完善基层和艰苦边远地区公务员录用制度。健全人民警察统一招录机制，改革人民警察招录培养制度。加强公务员考试测评基地建设，进一步提高公务员录用考试信息化水平。完善公务员调任机制，探索开展公开选调工作。推动公开遴选在全国范围内深入开展。完善公务员考核制度。全面推行平时考核，制定出台公务员平时考核办法，实现平时考核全覆盖。探索推进符合各类公务员特点和管理要求的分类考核工作。强化考核结果的使用，发挥考核的监督激励作用。健全完善公务员奖励机制。加强公务员职业道德建设，建立健全职业道德行为规范，完善职业道德建设体制机制。深化争做人民满意公务员活动，组织开展全国“人民满意公务员”和“人民满意公务员集体”评选表彰活动。加强公务员及时奖励，加大定期奖励，建立科学有效管用的激励机制。推动出台《国务院表彰奖励工作条例》，依法依规开展部级荣誉称号授予工作，健全完善先进模范服务管理有关政策，规范开展评比达标表彰工作。健全公务员培训制度，深入开展培训工作，推进公务员培训基础建设。规范公务员处分执行情况监督检查和处分决定备案工作。健全公务员权益保障制度。推进公务员管理信息系统建设和应用。

第二节　深化事业单位人事制度改革

建立健全以《事业单位人事管理条例》为核心的事业单位人事管理法规体系，制定配套政策规章，完善激励约束和监督制度。完善聘用制度，加强聘用合同管理，建立符合不同行业、专业和岗位特点的公开招聘制度，实现固定用人向合同用人转变。健全岗位管理制度，研究制定不同类型事业单位岗位结构比例和最高等级的调整办法，开展事业单位专业技术一级岗位组织实施工作，完成事业单位管理岗位职员等级晋升制度推行工作，实现身份管理向岗位管理转变。创新体制机制，深化人事制度改革，出台鼓励事业单位科研人员创新创业意见，探索高校、公立医院等不纳入编制管理后的事业单位人事管理办法，进一步释放事业单位专业技术人才活力。

专栏8	健全事业单位人事管理政策法规体系
01	制定聘用合同规定。强化聘用合同在人事管理中的基础性地位，进一步推动事业单位由固定用人向合同用人转变。
02	制定事业单位工作人员考核规定。就考核内容、标准、程序、方法、考核结果运用等作出明确规定。
03	制定事业单位工作人员培训规定。就培训内容、方式、方法等作出明确规定。
04	制定事业单位工作人员奖励规定。就奖励的条件、种类、权限、程序等作出明确规定。
05	制定事业单位交流规定。研究事业单位与机关、企业、其他事业单位之间人员流动具体规定。
06	制定事业单位回避规定。加强对各环节工作人员的管理和监督，减少人为因素对事业单位人员招聘、人事管理等工作的干扰。
07	制定事业单位人事管理监督规定。加强对事业单位人事管理各环节的监督和管理，规范事业单位人事管理。

第三节　推进中国特色退役军官安置制度建设

全面配合国防现代化建设与军队改革，推进深化军民融合。全面落实军转安置任务，激发军转干部参与经济社会发展的积极性。把军队转业干部安置制度改革纳入退役军人管理保障改革范畴，进一步调整退役军官安置政策制度，健全退役军官保障体系，完善退役军官管理体制机制，实现退役军官安置、管理、保障工作的科学化、规范化和法制化，开辟适合党情国情军情、适应国家全面深化改革新形势的中国特色退役军官安置新途径。

第六章　深化工资收入分配制度改革

完善初次分配制度，加强和改进政府对工资收入分配的宏观调控，正确处理公平和效率的关系，坚持劳动报酬提高和劳动生产率提高同步，提高劳动报酬在初次分配中的比重，规范工资收入分配秩序，缩小工资收入分配差距。

第一节　深化企业工资收入分配制度改革

健全科学的企业工资水平决定机制、正常增长机制和支付保障机制。推行企业工资集体协商制度。完善国有企业工资决定机制。完善最低工资增长机制，建立最低工资评估机制。构建符合国情特点的国有企业负责人薪酬管理制度，建立差异化的薪酬分配办法。健全国有企业工资内外收入监督检查制度，加强对国有企业薪酬分配的分类监管。完善工资指导线制度。建立企业薪酬调查和信息发布制度，定期发布职业薪酬信息和重点行业人工成本信息。

第二节　完善适应机关事业单位特点的工资制度

落实机关事业单位工作人员基本工资标准正常调整机制，定期调整基本工资标准，逐步提高基本工资占工资收入的比重。探索建立工资调查比较制度，形成科学的公务员工资水平决定机制和正常增长机制。实行与公务员分类管理相适应的配套工资政策。完善公务员奖金制度。推进事业单位实施绩效工资。完善公立医院薪酬制度。研究建立事业单位高层次人才收入分配激励机制。进一步调控地区工资差距，完善地区津贴制度，在规范津贴补贴的基础上实施地区附加津贴制度，落实艰苦边远地区津贴增长机制，逐步将地区工资差距调控在合理范围内。分类规范改革性补贴，进一步加强工资管理，积极稳妥推进工资公开，接受社会监督。

专栏9　建立薪酬调查和信息发布制度

01　建立企业薪酬调查和信息发布制度

建立统一规范的国家、省、市三级企业薪酬调查和信息发布体系，为加强企业工资分配宏观调控提供支撑，为企业自主分配提供信息引导。同时，对企业人工成本情况进行监测。

02　建立工资调查比较数据库

研究建立公务员和企业相当人员工资调查比较信息系统数据库，加强公务员工资和企业管理人员薪酬的相关数据分析。

第七章　构建中国特色和谐劳动关系

坚持促进企业发展、维护职工权益，创新和完善构建中国特色和谐劳动关系体制机制，坚持和完善党委领导、政府负责、社会协同、企业和职工参与、法治保障的工作格局，实现劳动关系矛盾的系统治理、依法治理、源头治理和综合治理，建立规范有序、公正合理、互利共赢、和谐稳定的劳动关系。

第一节　加强劳动关系法律制度和劳动标准体系建设

健全劳动关系法律法规体系，完善劳动合同法、劳动争议调解仲裁法配套法规和规章，加快推进工资支付、集体协商、劳动保障监察等方面的立法。完善并推动落实工作时间、节假日、带薪年休假等规定，规范企业特殊工时制度，不断改善劳动条件。加强劳动定额定员标准化工作，指导企业制定实施科学合理的劳动定额定员。

第二节　健全劳动关系协调机制

全面实行劳动合同制度，加强对企业实行劳动合同制度的分类指导和监督，完善劳动用工备案制度。妥善处理国有企业改革和结构调整过程中的劳动关系。依法加强劳务派遣用工监管，规范企业裁员行为。推行集体协商和集体合同制度。探索建立劳资协商会、劳资恳谈会等多种形式的民主协商制度。健全协调劳动关系三方机制，建立健全协调劳动关系三方委员会，完善三方机制职能，健全工作制度。建立劳动关系形势动态监测和分析研判机制。深入开展和谐劳动关系创建活动。推进构建和谐劳动关系综合试验区建设。

第三节　完善劳动人事争议处理机制

完善劳动人事争议调解制度，加强专业性劳动人事争议调解工作，加大基层调解规范化建设力度，健全人民调解、行政调解、仲裁调解、司法调解联动工作体系。完善劳动人事争议仲裁制度，创新仲裁办案方式，简化优化仲裁办案程序，逐步提高终局裁决比例，完善集体劳动人事权利争议处理机制。加大办案指导力度，健全裁审衔接和工作协调机制。推动调解仲裁法律援助工作机制建设。依托协调劳动关系三方机制完善协调处理集体协商争议的办法，有效调处因签订集体合同发生的争议和集体停工事件。

第四节　创新劳动保障监察执法体制机制

加强劳动保障监察执法能力建设。推进劳动保障监察综合执法。减少执法层级，落实属地监管责任，推进执法重心下移。进一步加强劳动保障监察网格化、网络化管理。建立劳动保障监察举报投诉案件省级联动处理机制。推行以随机抽取检查对象和执法检查人员为重点的监督检查制度。加强对突出违法问题的专项整治。规范劳动保障监察执法程序，健全执法自由裁量基准制度，全面落实执法责任制，推进执法信息公开。健全监察执法与刑事司法衔接机制。加强劳动保障守法诚信制度建设，建立重大劳动保障违法行为社会公布制度。

第五节　保障农民工合法权益

全面加强为农民工服务工作。稳定和扩大农民工就业创业，加强农民工职业技能培训。依法维护农民工劳动保障权益，全面治理拖欠农民工工资问题。推进户籍制度改革，实施居住证制度，推动农民工及其随迁家属逐步平等享受义务教育、公共卫生服务等基本公共服务，有序推进农民工市民化。推动开展新市民培训，促进农民工实现社会融合。开展农民工市民化进程动态监测。

专栏 10　　全面治理拖欠农民工工资行动计划

01　全面规范企业工资支付行为

全面落实企业对招用农民工的工资支付责任，督促各类企业严格依法将工资按月足额支付给农民工本人，严禁将工资发放给不具备用工主体资格的组织和个人。督促各类企业依法与招用的农民工签订劳动合同并严格履行，建立职工名册并办理劳动用工备案。推动各类企业委托银行代发农民工工资，推广实名制工资支付银行卡，开通农民工社会保障卡的银行账户工资支付功能。

02　健全工资支付监控和保障制度

完善企业工资支付监控机制，建立和完善欠薪预警系统。在工程建设领域全面实行工资保证金制度，逐步将实施范围扩大到其他容易发生拖欠工资的行业。建立健全农民工工资（劳务费）专用账户管理制度。完善应急周转金制度，研究建立欠薪保障金制度。

03　推进企业工资支付诚信体系建设

完善企业守法诚信管理制度，建立拖欠工资企业“黑名单”制度，定期向社会公开有关信息。对拖欠工资的失信企业，在政府资金支持、政府采购、招投标、生产许可、履约担保、资质审核、融资贷款、市场准入、评优评先等方面依法依规予以限制。

04　依法处置拖欠工资案件

严厉查处拖欠工资行为，加强工资支付监察执法，完善劳动保障监察行政执法与刑事司法衔接机制。加强欠薪争议调解仲裁，及时处理欠薪争议案件。

第八章　提高基本公共服务能力和水平

坚持普惠性、保基本、均等化、可持续方向，围绕标准化、法制化、信息化，建立健全基本公共服务制度，提升基本公共服务能力，为群众提供更加方便快捷、优质高效的人力资源和社会保障基本公共服务。

第一节　推进基本公共服务均等化

建立健全覆盖城乡劳动者的劳动就业公共服务体系，完善普惠性的公共就业创业服务制度，创新公共就业创业服务供给模式，完善公共就业创业服务功能。建立更加高效便捷的社会保险经办管理服务体系，整合经办管理服务资源，合理配备经办管理服务人员。健全人才公共服务体系，加强高层次、高技能人才服务平台建设，构建全国一体化的人才公共服务网络。建立健全流动人员人事档案管理服务体系。全面公开人力资源和社会保障公共服务项目清单，优化公共服务流程，简化办事环节和手续，提升公共服务可及性。

专栏 11　　基本公共服务项目清单

01　劳动就业

基本公共就业服务、创业服务、就业援助、就业见习服务、大中城市联合招聘服务、流动人员人事档案管理服务、职业技能培训和技能鉴定、农民工培训、12333 电话咨询服务、劳动关系协调、劳动保障监察、劳动人事争议调解仲裁等。

02　社会保险

职工基本养老保险、城乡居民基本养老保险、职工基本医疗保险、城乡居民基本医疗保险、失业保险、工伤保险、生育保险服务等。

第二节　推进基本公共服务标准化

建立健全人力资源和社会保障公共服务标准体系，积极推动各项标准制定修订，规范公共服务范围、服务内容、服务流程，科学确定各项服务所需的设施设备、人员配备、经费保障等标准，加快推进名称统一、标识统一、机构统一、柜台统一、服装统一的窗口服务品牌建设。建立重要标准实施的监督和评估制度。大力开展劳动就业和社会保险标准化试点，在全国范围内形成一批具有辐射作用和推广应用的标准化建设试点示范平台。加强标准体系宣传贯彻实施，充分发挥标准化对事业发展的技术支撑和基础保障作用。

第三节　推进基本公共服务信息化

加快实施人力资源和社会保障信息化建设工程，建设人力资源和社会保障信息资源库，继续推进信息系统和数据省级集中。加快推进人员、单位、管理服务机构等基础信息库及异地就医联网结算、社保关系转移接续、公共就业信息服务、就业信息监测等重点建设任务。积极实施“互联网＋人社”行动，促进劳动就业、社会保障、人才服务等工作与互联网深度融合。建立一体化公共服务信息平台，逐步实现线上线下服务渠道的有机衔接，形成跨领域、跨部门、跨层级的联动服务能力。加快推进社会保障卡应用，实现社会保障一卡通。加快推动信息资源开发利用，构建大数据应用体系。依托政府数据共享交换平台，实现与相关政府部门的协同共享，逐步拓展基于互联网等社会化途径的信息资源获取途径。运用云计算技术，提升信息化基础设施的支撑保障能力。逐步建成全网安全监测系统，提升信息安全保障能力。

专栏 12　　信息化建设工程

01　全民社会保障信息化工程（金保工程二期）

构建统一规范的人力资源和社会保障信息资源库（人员、单位、管理服务机构），推动人力资源和社会保障相关业务系统向部、省两级集中，实现跨业务、跨地区、跨层级、跨部门的信息共享和业务协同。

02　社会保障卡工程

全面发行和应用社会保障卡，持卡人口覆盖率达到90%，实现社会保障一卡通，支持社会保障卡跨业务、跨地区、跨部门应用。建立社会保障卡应用平台和覆盖广泛的用卡终端环境，健全社会保障卡便民服务体系，完善社会保障卡规范管理和安全保障体系。

第四节　加强基本公共服务能力建设

按照整合、补缺、标准化的原则，因地制宜，统筹规划，加强人力资源和社会保障公共服务设施建设。继续推进县及县以下劳动就业和社会保障服务设施建设，加强省、市（地）级人力资源市场、社会保障服务中心建设。依托劳动就业和社会保障服务平台等现有资源，建立农民工综合服务平台。加强人力资源社会保障系统队伍建设，统筹抓好系统干部教育培训、评比表彰和窗口单位作风建设。实施社会保障百千万人才工程，培养社会保险精算等专业人才。加强劳动关系工作队伍建设，推动调解仲裁、劳动保障监察队伍专业化建设，严格实行劳动保障监察、社会保险基金监督行政执法人员持证上岗和资格管理制度，开展基层劳动关系协调、劳动人事争议调解仲裁、劳动保障监察、社保基金监督能力提升行动。

专栏 13　　公共服务能力建设工程

01　基层劳动就业和社会保障综合服务平台建设

加强县、乡两级服务设施（设备）建设，改善服务环境，配备必要设备。大力推进街道（乡镇）服务站、行政村（社区）劳动就业、社会保障和农民工服务窗口与其他公共服务设施共建共享。充分利用现有设施资源，依托云计算、大数据、移动应用等技术，大力发展网上服务。

02　省、市（地）级人力资源市场建设

建设一批省、市（地）级人力资源综合服务设施，切实改善综合就业创业和人才服务、劳动关系协调、劳动人事争议调解仲裁、劳动保障监察等服务条件。

续表

03　省、市（地）级社会保障服务中心建设

完善省、市（地）级社会保障综合服务设施，配备必要的设备，改善社保经办等服务条件。

04　公共就业创业服务体系建设

加强公共就业创业服务设施建设，支持设立返乡创业示范基地。加快实现公共就业服务与就业管理信息化。加大公共就业服务机构业务培训力度，进一步提高服务的标准化、专业化水平。

05　流动人员人事档案公共服务体系建设

加大对流动人员人事档案库房、服务场所、信息系统等基础设施和服务平台的投入，推进标准化、数字化、信息化建设，进一步提高流动人员人事档案管理服务能力，促进流动人员合理流动和有效配置。

06　公务员考试测评基地建设

加强对福建、重庆、广东、吉林、陕西五个测评基地的指导和支持，促进基地间经验交流，初步形成覆盖全国的考录命题、科研、培训、技术交流平台网络。

07　劳动保障监察能力建设

在全国省、市逐步建设现代化的劳动保障监察指挥中心，完善劳动保障监察信息系统，逐步实现劳动保障监察纵向互联互通、横向与其他行业部门信息共享和执法协作。合理配备劳动保障监察执法装备。加大培训力度，提升劳动保障监察队伍专业化水平。严格执行劳动保障监察行政执法人员持证上岗和资格管理制度。

08　劳动人事争议调解仲裁服务能力建设

推动调解仲裁工作的规范化、标准化、专业化、信息化建设。大中型企业普遍建立劳动争议协商调解机制，全国乡镇街道普遍建立调解组织，推动在开发区、工业园区、行业商会（协会）建立调解组织。推进仲裁院标准化建设。建立仲裁办案信息系统、人员信息系统、监测管理信息系统和在线服务平台。加大调解仲裁队伍培训力度。

09　社会保障百千万人才工程

以中高级专业人才队伍建设为龙头，带动人才队伍建设工程的全面实施。力争用5年左右的时间，基本建设一支优秀的业务骨干队伍：深化培养100名左右社会保险经办领域的管理中坚力量，深化培养1 000名左右社会保险业务档案管理、基金管理、标准化管理、稽核管理等经办专业领域的高级专家，深化培养10 000名左右岗位能手和服务标兵。

第五节　加大脱贫攻坚工作力度

充分发挥人力资源社会保障部门职能职责作用，贯彻精准扶贫、精准脱贫基本方略，创新扶贫工作机制和模式，加大脱贫攻坚工作力度。通过落实就业扶持政策和综合运用就业服务手段，促进已转移建档立卡农村贫困劳动力稳定就业，帮助有就业愿望的未就业建档立卡贫困劳动力实现就业创业。对建档立卡贫困家庭离校未就业的高校毕业生提供就业支持。引导和支持用人企业在贫困地区建立劳务培训基地，建立和完善劳务协作对接机制。对建档立卡贫困家庭子女开展订单定向免费培训，实现“培训一人、就业一人、脱贫一户”的目标。引导建档立卡农村贫困人口积极参保续保，实现贫困人口中法定人员参保全覆盖。强化贫困地区人事人才支撑服务，为贫困地区提供智力支持。加大贫困地区基层劳动就业和社会保障公共服务平台建设力度，着力提升贫困地区公共服务能力和水平，为打赢脱贫攻坚战提供支撑和保障。

专栏14　　脱贫攻坚行动计划

01　就业脱贫

加强就业指导和服务，依托当地产业发展带动就业，采取提供用工信息、依托东西部扶贫协作机制、培育劳务经纪人、开展专场招聘活动等措施，引导农村劳动力就地就近就业和外出务工。与相关部门协调配合，实施劳务协作对接行动，促进农村贫困人口就业脱贫，实现1 000万人转移就业脱贫。

续表

02　技能脱贫
加大职业技能提升计划实施力度，鼓励技工院校招收贫困家庭子女，确保贫困家庭劳动力至少掌握一门致富技能。推行终身职业技能培训制度，为贫困家庭中有意愿的劳动力以及未升学初高中毕业生免费进行职业培训，实现技能就业、技能脱贫。
03　社保脱贫
以实施全民参保计划为抓手，实现贫困人口中法定人员全覆盖。完善城乡居民基本养老保险制度，适时提高基础养老金标准，逐步提高保障水平。全面实施城乡居民大病保险制度，指导地方探索大病保险对贫困人口倾斜的具体办法。
04　人才扶贫
实施边远贫困地区、边疆民族地区和革命老区人才支持计划。加大万名专家服务基层行动对贫困地区的支持力度。深入开展"三支一扶"计划，选派高校毕业生到基层从事支教、支农、支医和扶贫服务。继续开展博士后西部服务团等活动。
05　强化公共服务保障
健全贫困地区劳动就业和社会保障公共服务体系，加强基层公共服务平台建设，提升公共服务能力和水平。

第九章　强化规划实施

"十三五"时期人力资源和社会保障事业改革发展任务艰巨，必须广泛动员各方力量，完善保障措施，努力实现本规划确定的各项目标任务。

第一节　加强法治建设

贯彻落实《法治政府建设实施纲要（2015—2020年）》，全面推进法治人社建设。配合全国人大常委会积极推进相关法律的立项、调研、起草和修订工作，研究起草和配合修订相关行政法规，制定和修改相关部门规章，健全人力资源和社会保障法律规范体系。深化行政审批制度改革，持续推进简政放权、放管结合、优化服务。加强依法行政制度建设，健全依法决策机制，建立政府法律顾问制度，完善行政复议和行政应诉工作制度，实施人力资源和社会保障"七五"普法规划。开展劳动保障法律法规进中小微企业行动。

第二节　强化财政保障

加强中期财政规划与事业发展规划实施的衔接协调，建立与人力资源和社会保障工作相匹配的政府预算安排机制。各级人力资源社会保障部门要积极争取有关部门加大对人力资源和社会保障事业的支持力度，加大就业创业和社会保障专项资金投入，支持重大项目的实施，保障公共服务机构建设和正常运转，提高人力资源和社会保障公共服务的供给水平。

第三节　推动协调发展

按照国家区域发展总体战略和主体功能区战略部署，深入实施西部开发、东北振兴、中部崛起和东部率先的区域发展总体战略，贯彻落实"一带一路"、京津冀协同发展、长江经济带三大区域发展战略，实现区域人力资源和社会保障工作集约发展、联动发展、互补发展。继续推进部省（区、市）人力资源和社会保障事业发展备忘录落实。大力推进援疆、援藏、支援四省藏区工作，加大对革命老区、民族地区、边疆地区和贫困地区政策、项目、资金的支持力度。

第四节　促进对外交流

拓展巩固双边合作机制，积极开拓人力资源和社会保障领域国际合作渠道。贯彻落实《2030年可持续发展议程》相关目标任务。落实国际组织相关倡议与承诺，办好国际会议与国际赛事，推动批准国际公约进程。加强国际职员和国际条约工作。继续开展社保协定谈判。积极参与"一带一路"国际交流与合作的总体工作方案与行动计划的落实。促进港澳台居民在内地就业创业，积极开展社保领域合作协议的磋商工作。

第五节　加强统计监测

健全统一管理、分工负责的统计管理体制机制，建立现代统计调查制度，形成常规报表、行政记录、专项调查、快速调查、定期监测相结合的多元统计调查体系。搭建统计分析交流平台，完善统计分析和决策咨询机制，大力推进“数字人社”建设，注重运用互联网、大数据技术提高数据信息的及时性、全面性和准确性。健全规划实施统计监测评估机制，开展动态统计监测评估工作，把统计监测评估结果作为改进人力资源和社会保障工作和绩效考核的重要依据。

第六节　加强科研支撑和宣传引导

围绕中心工作加强基础理论和应用研究，完善专家决策支持系统，整合科研资源，为事业发展提供系统科学的理论指导、决策参考和技术支撑。将宣传工作与规划的实施紧密结合，同步策划，同步落实，抓好规划解读。大力宣传各地人力资源社会保障部门推动规划实施的经验、做法和成效。加强基层宣传工作，畅通基层宣传渠道。完善网评机制，及时回应社会关切，积极营造有利于规划实施的舆论氛围。

第七节　抓好规划落实

建立健全规划实施机制，加强规划实施的动员部署、统筹协调和宏观指导，制定规划目标任务分解方案和重大项目实施管理办法。明确责任主体、实施时间表和路线图，加强年度计划编制实施，健全规划实施监督，确保规划各项目标任务落地。各地区人力资源社会保障部门依据本规划，结合实际，制定实施本地区人力资源和社会保障事业发展规划。

人力资源社会保障部　国务院扶贫办
关于开展技能脱贫千校行动的通知

人社部发［2016］68号

各省、自治区、直辖市及新疆生产建设兵团人力资源社会保障厅（局）、扶贫办：

为贯彻落实党中央、国务院关于打赢脱贫攻坚战的战略部署，人力资源社会保障部、国务院扶贫办决定，2016—2020年，在全国组织千所左右省级重点以上的技工院校开展技能脱贫千校行动。现就有关事项通知如下。

一、提高思想认识。《中共中央　国务院关于打赢脱贫攻坚战的决定》明确要求，“确保到2020年农村贫困人口实现脱贫”，并且明确将技能脱贫作为一项重要举措。实施技能脱贫千校行动是从“授鱼”到“授渔”精准扶贫的具体举措，各级人力资源社会保障部门、扶贫部门要将技能脱贫千校行动作为一项重大政治任务，从扶贫攻坚的战略高度，提高对工作重要性的认识，以更精准的举措、超常规的力度，依托优质技工院校大力开展精准技能脱贫工作。

二、明确目标任务。2016—2020年，使每个有就读技工院校意愿的建档立卡贫困家庭应、往届“两后生”都能免费接受技工教育，每个有劳动能力且有参加职业培训意愿的建档立卡贫困家庭劳动者每年都能够到技工院校接受至少1次免费职业培训，对接受技工教育和职业培训的贫困家庭学生（学员）推荐就业，实现“教育培训一人，就业创业一人，脱贫致富一户”的目标。

三、开展技工教育。各地人力资源社会保障部门要指导技工院校积极招收有就读意愿的建档立卡贫困家庭学生，将每一个就读技工院校的贫困学生培养成才。各级扶贫部门要将适龄贫困人员接受技工教育作为帮助贫困人员脱贫的有效途径，积极引导贫困人员到技工院校就读。对于贫困家庭学生，各技工院校要开辟招生绿色通道，优先招生，优先选择专业，优先安排在校企合作程度较深的订单定向培养班或企业冠名班，优先落实免学费、助学金、奖学金等助学政策，优先安排实习，优先推荐就业。

四、开展职业培训。各地人力资源社会保障部门要指导技工院校大力开展职业培训，根据建档立卡贫困家庭劳动者的培训需求和就业意愿，大力开展劳动预备制培训、就业技能培训、岗位技能提升培训，采取订单培训、定岗培训、定向培训等就业导向的培训模式，确保培训质量和就业效果。承担企业新型学徒制试点任务的技工院校和企业，要优先支持来自贫困家庭的职工接受学徒培训。对于有创业意愿且有合适创业项目的学员，鼓励其参加创业培训。

五、明确支持政策。对于接受技工教育的贫困家庭学生，各地要按规定落实国家助学金、免学费政策，并制定减免学生杂费、书本费和给予生活费补助的政策，所需资金从中央财政和地方财政中等职业教育学生资助补助经费中列支。落实《国务院扶贫办　教育部　人力资源社会保障部关于加强雨露计划支持农村贫困家庭新成长劳动力接受职业教育的意见》（国开办发［2015］19号）要求，对子女接受技工教育的农村建档立卡贫困家庭，按照每生每年3 000元左右的标准给予补助，所需资金从财政扶贫资金中列支。对于承担中央确定的东西扶贫协作的省份，鼓励帮扶省市加大对受帮扶省市贫困家庭就读技工院校的学生给予生活费补助，所需经费可由帮扶省市从财政援助资金中列支。对于接受职业培训的贫困家庭学员，要落实免费职业培训政策，由政府全额补贴培训费用，所需资金从就业补助资金中列支，同时，根据培训时间和当地实际情况，给予交通费、生活费补助，所需资金由各地统筹安排。各级人力资源社会保障部门要为建档立卡贫困学生（学员）落实职业技能鉴定补贴政策，免费鉴定、免费发证，所需资金从就业补助资金中列支。对于开展精准技能扶贫工作成效显著的技工院校，在实施国家高技能人才振兴计划相关项目、开展高技能人才评选表彰、实施企业新型学徒制试点和职业训练院试点、校长教师轮训等工作中，优先给予支持。

六、完善对接机制。各地人力资源社会保障、扶贫部门要建立工作对接机制，共同研究制定本地区技工院校精准扶贫工作方案。有对口协作帮扶任务的省市要根据中央确定的对口扶贫协作要求，完善与受帮扶省市的对接机制，组织受帮扶地区贫困家庭子女到帮扶省市的技工院校接受技工教育和职业培训。用工大省和地区要加强与贫困地区建立劳务协作工作对接机制，引导贫困家庭劳动者通过参加技工教育或职业培训，提高就业创业能力。各省级人力资源社会保障、扶贫部门要组织本省（区、市）技工院校建立与省内外贫困县的对接机制，完善扶持政策，鼓励技工院校招收贫困地区的学生（学员）。

七、明确工作要求。要坚持精准帮扶，建立技工院校电子注册和统计信息管理系统、职业培训实名制信息管理系统与建档立卡贫困人口信息系统精准比对机制，确保扶助对象精准识别。要坚持就业导向，切实帮助贫困家庭劳动者掌握一技之长，实现技能就业。要坚持就地就近原则，各地技工院校应把本地区贫困家庭劳动者作为重点教育培训对象，降低招生、宣传、服务、交通等成本，对于有明确跨省对口扶贫任务的技工院校可争取本地政府相关部门资金、政策支持，做好跨地区招生工作。要明确财经纪律，各地人力资源社会保障、扶贫部门要制定补贴资金使用管理制度，按要求使用各项用于技能脱贫工作的资金，确保资金安全，提高资金使用效益。要加强工作考核，把技能脱贫成效纳入地方脱贫攻坚工作考核范围，以建档立卡贫困家庭子女就学状况、资助状况和就业状况为重点，对各地及各技工院校技能脱贫工作实施进展和成效进行考核评价。

八、落实工作责任。各地人力资源社会保障、扶贫部门和各技工院校要把技能脱贫列入精准扶贫重要任务，加强领导，统筹谋划，积极创造条件加快推进工作落实。各级人力资源社会保障、扶贫部门要广泛发动技工院校承担技能扶贫任务，加强与财政等部门的协调，落实好各项资金补贴政策。各级扶贫部门要主动摸清建档立卡贫困家庭劳动者就读技工院校和参加职业培训的意愿、需求，提供给人力资源社会保障部门和技工院校，要发挥基层扶贫机构、驻村工作队、“第一书记”和农村基层组织的作用，向广大贫困家庭宣传好技能扶贫政策，组织贫困家庭人员接受技工教育或参加职业培训。各技工院校要成立专门扶贫工作领导机构，主要负责同志为第一责任人，制定并落实技能脱贫行动工作方案，建立好扶贫工作台账。请各地人力资源社会保障部门认真填写《技能脱贫千校行动进展情况表》（见附件），于每年12月底前报送人力资源社会保障部职业能力建设司。

九、加大宣传力度。要加大政策宣传力度，将技能扶贫政策宣传到每一个建档立卡贫困家庭。要加大招生宣传力度，要通过多种形式，宣传技能成才的典型，宣传掌握技能对于促进就业创业、提高收入水平的重要作用，引导广大贫困家庭子女读技校、学技能。要加大扶贫经验交流和宣传，大力宣传技能扶贫的典型做法、工作经验和扶贫成效，不断提高全国技工院校技能脱贫工作水平。

附件：技能脱贫千校行动进展情况表（略）

二〇一六年七月二十六日

人力资源社会保障部　教育部　体育总局
中华全国总工会关于加强和改进
足球俱乐部劳动保障管理的意见

人社部发［2016］69号

各省、自治区、直辖市及新疆生产建设兵团人力资源社会保障厅（局）、教育厅（教委、教育局）、体育局、总工会：

为贯彻落实国务院办公厅印发的《中国足球改革发展总体方案》（国办发［2015］11号）的要求，加强和改进职业足球俱乐部（以下简称“俱乐部”）劳动保障管理，维护俱乐部和职业足球运动员、教练员、其他工作人员等劳动者（以下简称“球员等劳动者”）的合法权益，促进中国足球改革发展，现提出如下意见：

一、加强劳动用工管理

各地要指导俱乐部依照劳动合同法等法律法规，探索建立适应职业足球特点的劳动用工、工资分配、工时和休息休假等制度。俱乐部应与球员等劳动者依法签订劳动合同，除劳动合同法要求的必备条款外，俱乐部与球员、教练员可以根据足球行业特点，依法约定其他条款。俱乐部应加强劳动合同履行、变更、解除、终止各环节的日常管理，按劳动合同约定按时足额支付球员等劳动者的劳动报酬，落实其休息休假权益，实现劳动用工管理规范化和制度化。中国足协等行业组织要针对足球运动的特点和行业规则，分类制定规范、简明、实用的劳动合同示范文本，指导俱乐部依法规范劳动用工行为。外籍球员申请入境工作的，各地外国人工作管理部门要依法及时发放工作许可。

二、建立集体协商机制

各地要引导俱乐部依法建立工会组织，积极支持工会组织开展活动，发挥工会在组织动员球员与俱乐部共建和谐劳动关系方面的重要作用。要建立健全俱乐部与工会组织、足球协会与行业工会的协商对话机制，畅通球员等劳动者表达意见建议的渠道，依法开展集体协商签订集体合同，合理确定劳动报酬、保险福利、工作时间、休息休假、履行集体合同发生争议时的协商处理办法等涉及球员等劳动者切身利益的重大事项，引导球员等劳动者依法理性表达意见和诉求。

三、督促依法参加社会保险

各地要指导督促俱乐部依法参加社会保险，确保球员等劳动者享受相应的社会保险待遇。俱乐部应自成立之日起三十日内向当地社会保险经办机构申请办理社会保险登记，并按规定缴纳社会保险费。球员等劳动者流动就业时，按《国务院办公厅关于转发人力资源社会保障部　财政部城镇企业职工基本养老保险关系转移接续暂行办法的通知》（国办发［2009］66号）、《关于印发流动就业人员基本医疗保障关系转移接续暂行办法的通知》（人社部发［2009］191号）等规定办理社会保险关系转移接续手续。球员等劳动者失业后，符合条件的，按规定领取失业保险金并享受其他失业保险待遇和再就业服务。各地社会保险经办机构要加强社会保险法律法规政策的宣传，提高俱乐部和球员等劳动者参保的意识，做好俱乐部和球员等劳动者参保的服务工作。鼓励有条件的俱乐部为球员等劳动者建立补充保险或者购买商业保险。

四、促进运动员转岗就业

各地要进一步拓宽职业球员再就业渠道，引导和支持退役球员进入高等学校和各类职业学校培训和学习，不断提升综合素质和能力，为球员实现转岗就业提供帮助。学校等事业单位可拿出一定数量的岗位，优先从符合岗位要求的退役球员中公开选聘足球教练员、体育教师。教育部门可通过购买服务、特聘兼职教师及课外辅导员等方式，聘请退役球员、教练员参与校园足球发展。各地足球协会、俱乐部等组织，在同等条件下要优先招用球员从事足球管理和服务工作。鼓励社区、企业设立相应岗位，吸引退役球员、教练员从事社会足球指导工作。鼓励球员通过多种渠道自主就业创业，各级公共就业服务机构要积极提供职业指导、职业介绍等服务；对参加职业技能培训和创业培训的，按规定给予培训费补贴；对自主创业的，按规定落实税费减免、创业担保贷款等扶持政策，提供政策咨询、开业指导、信息服务等创业服务。

五、加强组织领导

各级人力资源社会保障部门、教育部门、体育部门、工会组织以及各级足球协会要高度重视加强和改进职业足球俱乐部劳动保障管理工作，切实加强组织领导，明确职责分工，积极协调配合，形成工作合力。要认真总结推广工作中行之有效的经验做法，按照《中国足球改革发展总体方案》不断完善政策措施，推动相关立法工作，为中国足球改革发展创造良好条件。

二〇一六年七月二十七日

人力资源社会保障部关于在打赢脱贫攻坚战中做好人力资源社会保障扶贫工作的意见

人社部发［2016］71号

各省、自治区、直辖市及新疆生产建设兵团人力资源社会保障厅（局）：

为贯彻落实《中共中央　国务院关于打赢脱贫攻坚战的决定》，现就做好人力资源社会保障扶贫工作提出如下意见。

一、总体要求

（一）指导思想。

全面贯彻落实党的十八大和十八届三中、四中、五中全会精神，深入贯彻习近平总书记系列重要讲话精神，认真落实中央扶贫开发工作会议决策部署，按照精准扶贫、精准脱贫基本方略，充分发挥人力资源社会保障部门职能作用，加大就业创业、技能培训、社会保险和人事人才扶贫力度，完善政策措施，创新工作机制，强化精准发力，为打赢脱贫攻坚战作出积极贡献。

（二）目标任务。

“十三五”时期，通过帮助有就业意愿的建档立卡农村贫困劳动力（以下简称贫困劳动力）实现转移就业，解决1 000万人脱贫。使每个有参加职业培训意愿的贫困劳动力每年都能接受至少1次免费职业培训。引导建档立卡农村贫困人口（以下简称贫困人口）积极参保续保，实现法定人员参加基本养老、医疗保险全覆盖。强化贫困地区人事人才支撑服务。力争实现贫困地区县级劳动就业和社会保障服务平台基本覆盖。

二、政策措施

（一）促进贫困劳动力就业创业。

1. 分类提供精准就业服务。配合扶贫部门开展贫困人口就业情况摸查工作，依据贫困人口数据信息，准确掌握贫困人口中已就业和有劳动能力、就业意愿未就业人员的基本情况。根据贫困劳动力技能水平和就业需求，分类施策，提供精准帮扶和精细服务。对已就业的，要加强跟踪服务和政策帮扶，促进稳定就业。对有劳动能力、就业意愿的未就业人员，要提供有针对性的技能培训、职业介绍等服务，帮助其尽快实现转移就业。广泛搜集供求信息，组织定期和不定期的就业专项服务活动，促进贫困劳动力与各类用人单位的供需对接。在组织实施“春风行动”时，将贫困劳动力作为重点对象，提供“一对一”就业服务。在日常工作中坚持服务下沉，依托就业服务机构和基层平台，组织专门人员进村入户，实施定点服务和上门服务，为贫困劳动力提供免费的政策咨询、岗位信息和技能培训信息、职业指导和职业介绍等服务。

2. 加强劳务协作。建立和完善输出地与输入地劳务对接机制，通过发挥各类信息平台功能，依托东西部扶贫协作机制组织劳务输出、指导推动省域内经济发达地区与贫困县劳务合作等方式，推进区域间和区域内劳务协作，提高劳务输出脱贫的组织化程度。输出地与输入地要明确帮扶目标措施，通过政策扶持引导，强化技能培训，加强权益保障，重点帮助已转移就业的贫困劳动力实现稳定就业。要加强工作衔接、信息共享，动态掌握劳务对接人员就业情况。输出地要摸清底数，因人因需提供就业服务，有组织输出劳务，对跨省务工的贫困劳动力给予交通补贴。输入地要动员企业参与，积极组织技能培训，实现人岗对接，加强人文关怀，帮助其稳定就业。对转岗、失业或返乡的贫困劳动力，输入地与输出地要为其及时提供转岗培训和再就业服务，帮助其尽快实现再就业。

3. 拓宽贫困劳动力就业渠道。加强与相关部门协调联动，依托当地特色种养殖、农产品深加工、休闲农业、农村电商等农村一二三产业发展，努力开发适合贫困劳动力就业的岗位。鼓励发展乡镇扶贫车间、村社代工点以及手工编织等居家就业和灵活就业形态，促进就地就近就业。大力支持家政服务、物流配送、养老服务产业发展，拓展贫困劳动力外出就业空间。吸纳贫困劳动力就业的企业，按规定享受税收优惠等就业支持政策。加大对贫困地区农民工返乡创业政策扶持力度，支持农民工等人员返乡创业，扶持贫困劳动力自主创业。

（二）加强贫困劳动力职业培训。

1. 加大职业技能提升计划实施力度。根据贫困劳动力的培训需求和就业意愿，大力开展劳动预备制培训、就业技能培训、岗位技能提升培训，采取订单培训、定岗培训、定向培训等就业导向的培训模式，提高培训质量和就业效果。引导和支持用人企业在贫困地区建立劳务培训基地，强化实际操作训练和技能提升培训。加快建立国家基本职业培训包制度，指导开发符合贫困劳动力职业培训需求、应用广泛的家政服务员、养老护理员、餐厅服务员等职业培训包。鼓励开展企业新型学徒制试点的企业招用贫困家庭新成长劳动力开展学徒制培训。提高培训补贴标准，确保贫困家庭劳动力至少掌握一门致富技能，确保符合条件的贫困劳动力和用人单位都能享受到职业培训补贴和职业技能鉴定补贴政策。

2. 开展技能脱贫千校行动。人力资源社会保障部门会同扶贫部门在全国组织千所左右省级重点以上的技工院校开展技能脱贫千校行动。对于接受技工教育的贫困家庭学生，各地要按规定落实国家助学金、免学费政策，并制定减免学生杂费、书本费和给予生活费补助的政策，所需资金从中央财政和地方财政中等职业教育学生资助补助经费中列支。落实《关于加强雨露计划支持农村贫困家庭新成长劳动力接受职业教育的意见》，对建档立卡贫困家庭子女就读技工院校的，按照每生每年 3 000 元左右的标准给予补助，所需资金从财政扶贫资金中列支。鼓励东西部扶贫协作的帮扶省市加大对受帮扶省市贫困家庭就读技工院校的学生给予生活费补助，所需经费可由帮扶省市从财政援助资金中列支。

（三）提高贫困人口社会保险水平。

1. 促进贫困人口参加城乡居民基本养老保险。深入贫困家庭有针对性地开展政策宣传，引导贫困人口积极参保续保。在提高最低缴费档次时，对贫困人口保留现行最低缴费档次，减轻其缴费负担。探索建立政府或集体按最低缴费档次为贫困人口代缴全部或部分养老保险费的机制。国家根据经济发展、物价变动、财政收入等情况，适时调整全国城乡居民基础养老金最低标准，支持和鼓励有条件的地方提高贫困地区基础养老金标准。

2. 不断提高贫困人口医疗保障水平。落实贫困人口参加城乡居民基本医疗保险个人缴费补助政策，实现应保尽保。通过利用年度新增筹资进一步完善大病保险，采取降低起付线、提高报销比例等倾斜性政策，减轻贫困人口费用负担。注重搞好基本医疗保险、大病保险、医疗救助制度衔接，发挥社会保险管理信息系统和社会保障卡的平台作用，实现基本医疗保险、大病保险、医疗救助对患者医疗费用的“一站式”结算。

（四）引导各类人才服务贫困地区。

1. 加强贫困地区基层公务员队伍建设。单独或者综合采取适当降低报考学历条件、拿出一定数量职位面向本地户籍人员招考等措施，进一步做好贫困地区基层公务员考录工作。做好从“三支一扶”计划、大学生村官等服务基层项目人员中定向考录公务员工作。积极配合相关部门做好从贫困地区优秀村干部中考录乡镇公务员工作，重点面向在脱贫工作中干出成绩、群众欢迎的村干部。将贫困地区公务员培训工作纳入“十三五”全国行政机关公务员培训纲要，加大工作力度，提升贫困地区公务员队伍能力。国家公务员局对口培训项目加大向贫困地区倾斜力度，围绕贫困地区急需培训专题开展示范培训。

2. 加强贫困地区基层专业技术人才队伍建设。加强和改进艰苦边远地区县乡事业单位公开招聘工作，适当放宽公开招聘条件，拓宽招聘渠道，多措并举缓解贫困地区县乡事业单位“招人难”问题。建立县以下事业单位管理岗位职员等级晋升制度，鼓励各类人才扎根贫困地区基层建功立业。支持贫困地区实施全科医生和专科医生特设岗位计划。创新基层人才发展体制机制，引导人才向农村基层和艰苦边远地区流动。完善人才评价政策，对表现优秀的人员在职称评聘等方面给予倾斜。

3. 持续落实向贫困地区、艰苦边远地区和基层倾斜的工资政策。对在艰苦边远地区或国家扶贫开发工作重点县等地区机关事业单位工作的大中专毕业生，按照国家政策规定高定级别工资或薪级工资。定期调整艰苦边远地区津贴标准，提高列入艰苦边远地区津贴实施范围的贫困地区机关事业单位工作人员工资收入水平。指导地方对乡镇机关事业单位工作人员实行乡镇工作补贴，切实有效发挥政策的导向作用。

4. 提供智力支持和人才服务。依托专业技术人才知识更新工程、博士后服务团等重大人才工程和项目，加强对贫困地区专业技术人才培养培训支持力度，在项目、资金等方面向贫困地区倾斜。通过实施万名专家服务基层行动计划，组织专家深入贫困地区开展服务活动，在服务项目和专家服务基地建设等方面向贫困地区倾斜。完善引导和鼓励高校毕业生到基层工作的政策措施，支持更多高校毕业生到贫困地区基层就业创业。会同有关部门深入实施第三轮高校毕业生“三支一扶”计划，瞄准贫困地区基层对人才的实际需求，进一步加大扶贫类服务岗位开发力度，中央财政补助人员招募名额适当向贫困地区倾斜。配合有关部门实施好教师特岗计划、大学生村官等高校毕业生基层服务项目，加大项目统筹实施力度，发挥项目示范引领作用。

5. 做好扶贫开发表彰奖励工作。落实国家扶贫荣誉制度，在脱贫攻坚期间，人力资源社会保障部配合国务院扶贫开发领导小组每年开展一次“脱贫攻坚奖”表彰工作，支持有关地区和部门按规定开展扶贫表彰工作。2016年，人力资源社会保障部会同国务院扶贫办开展扶贫系统先进集体和先进工作者评选工作。对脱贫攻坚期间涌现出的事迹特别感人的先进典型及时予以表彰，切实发挥荣誉表彰的精神引领、典型示范作用。建立乡村教师荣誉制度，人力资源社会保障部会同教育部做好乡村学校从教30年教师荣誉证书颁发工作，并建立定期颁发的长效机制；配合教育部做好有关乡村教师奖项的申报设立工作。

（五）提升贫困地区劳动就业和社会保障公共服务能力。

1. 加强基层劳动就业和社会保障服务平台建设。积极协调有关部门加大推进贫困地区县乡劳动就业和社会保障服务设施建设力度，切实改善贫困地区劳动就业和社会保障公共服务条件，力争“十三五”期间实现贫困地区县级服务平台基本覆盖。

2. 提高公共就业服务能力。帮助贫困县健全覆盖城乡的公共就业服务体系，完善公共就业服务制度，落实就业创业政策，提升就业创业服务能力。

3. 加强基层社会保险经办能力建设。在

社保“百千万人才”建设项目中，加大对贫困地区社保经办人员培训工作的支持力度，提升贫困地区基层社保经办人员的素质和能力，提高社保经办水平。

4. 利用信息化手段推送服务。组织实施“互联网＋人社”计划，加快面向贫困人口发放社会保障卡。借助人力资源社会保障公共服务系统，将人力资源社会保障电子化服务和扶贫信息推送到扶贫对象身边，提供个性化和便捷化服务。

三、工作要求

（一）加强组织领导。各级人力资源社会保障部门要把精准扶贫、精准脱贫工作作为一项重大政治任务摆上重要日程，切实加强领导，搞好统筹协调，层层落实责任。要按照中央统筹、省（自治区、直辖市）负总责、市（地）县抓落实的工作体制，结合实际制定具体实施方案，进一步细化目标任务和政策措施，明确路线图和时间表，精心组织实施。

（二）掌握扶贫底数。各级人力资源社会保障部门要与扶贫部门建立贫困人口和贫困劳动力信息共享机制，开展建档立卡贫困人口和贫困劳动力基本信息及就业、培训、社会保险等信息的比对，精准识别、动态掌握扶贫对象情况，为实施人力资源社会保障部门精准扶贫、动态评估成效提供数据支撑。

（三）强化资金保障。各地要进一步加大就业补助资金向贫困地区转移支付力度，重点向扶贫任务重、就业目标任务完成好的贫困地区倾斜。加大培训、社会保险等资金投入。加强资金使用管理和监督，提高资金使用效益。

（四）加强督促检查。各级人力资源社会保障部门要加强对精准扶贫工作的调度，定期组织开展督促检查，推动各项任务落到实处。要做好扶贫成效统计工作，及时汇总并逐级报送贫困人口和贫困劳动力就业、培训、参加社会保险以及贫困地区人才服务、劳动就业和社会保障服务平台建设等情况。

各省、自治区、直辖市及新疆生产建设兵团人力资源社会保障部门要在每年11月10日前将任务落实情况和下一年度工作安排报送我部，我部将按要求向党中央、国务院报告。

二〇一六年八月四日

人力资源社会保障部关于做好人力资源和社会保障领域简政放权放管结合优化服务改革工作有关问题的通知

人社部发［2016］72号

各省、自治区、直辖市及新疆生产建设兵团人力资源社会保障厅（局），部属各单位，外专局、公务员局：

为贯彻落实《国务院关于印发2016年推进简政放权放管结合优化服务改革工作要点的通知》（国发［2016］30号），进一步做好人力资源和社会保障领域简政放权放管结合优化服务改革工作（以下简称“放管服”改革），现就有关问题通知如下：

一、充分认识推进人力资源和社会保障领域“放管服”改革的重要意义

深化“放管服”改革，是国家推动经济社会持续健康发展的战略举措。2016年是“十三五”规划开局之年，也是推进供给侧结构性改革的攻坚之年，推进人力资源和社会保障领域“放管服”改革对于降低制度性交易成本、推进供给侧结构性改革、激发市场活力和社会创造力、促进就业创业具有重要意义。各级人力资源社会保障部门要充分认识推进人力资源和社会保障领域“放管服”改革的重要意义，从促进就业创业出发，坚持简政放权、放管结合、优化服务协同推进，以“放管服”改革的实际成效助推人力资源和社会保障工作实现“十三五”良好开局。

二、持续简政放权，促进就业创业

（一）继续深化行政审批改革。继续加大放权力度，把该放的权力放出去，该取消的取消。对确需下放给基层的审批事项，要确保基层接得住、管得好。对保留的行政审批事项，要统一标准、简化手续、优化流程，制定审查工作细则，公布服务指南和流程图。积极推行一个窗口受理、网上集中预受理和预审查，创造条件推进网上审批。加强政府部门信息共享，对能从共享系统中获得的信息，不得要求行政管理相对人提供，切实减少不必要的证明。所有行政审批事项都要严格按法定时限做到“零超时”。对部本级和中央指定地方实施行政许可事项进行梳理论证，按照审改办的要求继续做好取消和下放工作。进一步清理和规范行政许可事项证照及相关年检，研究将部分年检改为年度报告。加强对确需保留年检事项的研究论证工作，积极延长年检周期。

（二）扎实做好职业资格改革。2016年分批取消职业资格许可和认定事项，使国务院部门设置的职业资格削减比例达到原总量的70%以上。建立国家职业资格目录清单管理制度，向社会公布国家职业资格目录清单，目录清单定期调整、动态更新。目录清单之外一律

不得开展职业资格许可认定，目录清单之内除准入类职业资格外一律不得与就业创业挂钩。研究制定职业资格框架体系。

（三）推行“五证合一、一照一码”。积极配合有关部门推进“五证合一、一照一码”登记制度改革，完善社会保险登记流程，统一登记指标项目和登记证编码规则，通过工商行政部门核发加载法人和其他组织统一社会信用代码的营业执照完成企业社会保险登记。及时修订涉及社会保险登记管理的相关规范性文件，取消社会保险登记证定期验证和换证制度，改为企业按规定自行向工商部门报送年度报告并向社会保险经办机构开放共享。建立用人单位基础信息库，掌握各类用人单位的基础登记信息，通过技术手段，与工商行政管理等部门共享用人单位设立、变更、注销和社会保险参保登记信息。经办机构要充分利用用人单位基础信息库和部门信息共享平台，加强“五证合一”登记信息和企业年度报告的分析应用，做好企业社会保险登记与职工参保登记和缴费工作的衔接，切实维护职工权益。

（四）扩大高校和科研院所职称评审、薪酬分配自主权。按照深化职称制度改革的总体要求，科学界定、合理下放职称评审权限，推动有条件的高校、科研院所按照管理权限自主开展职称评审，并根据事业单位岗位管理制度要求实行自主评聘。对于开展自主评审的单位，政府部门不再审批评审结果，改为事后备案管理。结合完善适应事业单位特点的工资制度，充分考虑高校和科研院所知识技术密集、高层次人才集中等特殊性，调整绩效工资水平时予以重点倾斜。在核定的绩效工资总量内，由高校和科研院所按照规范的程序和要求进行自主分配。支持高校和科研院所探索对高层次人才实行年薪制、协议工资或项目工资等灵活多样的分配方法。配合有关部门落实支持教学科研人员创业创新的股权期权激励等相关政策。

（五）为科研人员从事创新创业创造宽松条件。鼓励高校和科研院所参与“双创”示范基地建设。高校和科研院所科研人员在履行本单位岗位职责、完成本职工作的前提下，经所在单位同意，可到企业兼职。鼓励支持高校和科研院所按照创新创业部署要求和企业需求，积极选派符合条件的科研人员到企业挂职或者参与项目合作。经所在单位同意，高校和科研院所科研人员可以离岗创办、领办企业，享受国家创业有关扶持政策。

（六）以政务公开推动减权放权。推进地方各级人力资源社会保障部门公布权力清单和责任清单。加快编制国家职业资格、基本公共服务事项等各方面清单，并及时主动向社会公开。坚持“公开为常态，不公开为例外”，全面推进决策、执行、管理、服务、结果公开和就业、社保等重点领域信息公开。落实行政许可、行政处罚等信息自作出行政决定之日起7个工作日内上网公开的要求。加大政府信息数据开放力度，除涉及国家安全、商业秘密、个人隐私的外，都应向社会开放。及时公开突发敏感事件处置信息，回应社会关切。

三、创新监管方式，提高监管效能

（一）深化劳动保障监察执法体制改革和创新执法方式。推进劳动保障监察执法体制改革，强化劳动保障监察执法在人力资源和社会保障领域的综合执法职能，厘清不同层级人力资源社会保障部门的劳动保障监察职责，解决多头执法和多层重复执法。研究制定推广随机抽查规范事中事后监管的指导意见和企业劳动保障守法诚信等级评价办法，严格限制执法自由裁量权，加强企业分类监管，提高执法的针对性和有效性。加大劳动保障监察执法保障力度，满足监察执法在经费、装备和基础建设等方面的需要。

（二）加强人力资源市场事中事后监管。认真贯彻落实《人力资源社会保障部关于“先照后证”改革后加强人力资源市场事中事后监管的意见》（人社部发〔2016〕49号），依法规范实施人力资源市场行政许可，创新人力资源市场事中事后监管方式，实施随机抽查监管制度，构建守信激励和失信惩戒机制，开展人力资源市场秩序清理整顿专项行动，促进市场在人力资源配置中起决定性作用和更好发挥政府作用。

四、优化公共服务，提升服务效率

（一）提高“双创”服务效率。积极配合有关部门打造“双创”综合服务平台，为企业开办和成长“点对点”提供就业创业、技能培训、人才流动、社会保险等方面的服务，为扩大就业、培育新动能、壮大新经济拓展更大发展空间，促进新生市场主体增势不减、活跃度提升。

（二）简化优化公共服务流程。认真贯彻落实《人力资源社会保障部关于加强和改进人力资源社会保障领域公共服务的意见》（人社部发［2016］44号），全面梳理规范人力资源和社会保障领域面向群众的公共服务事项，近期采取切实措施取消不必要的证明材料和手续，中长期简化优化公共服务流程，创新改进公共服务方式，加强公共服务平台建设，不断提升公共服务水平和群众满意度。统筹实施“互联网＋”、大数据等国家战略部署，加快推动“互联网＋人社”行动计划，促进人力资源和社会保障领域数据资源和服务资源的聚集、整合和共享，充分发挥社会保障卡的民生服务能力，增强公共服务供给能力和社会创新活力。

五、切实加强组织领导

各级人力资源社会保障部门要把深化“放管服”改革放在突出位置，主要领导要亲自抓，鼓励积极探索创新，一项一项抓好改革任务的落实。要加强对已出台措施和改革任务落实情况的督查，以改革的实际成效取信于民。对改革涉及的法律法规立改废问题，要主动与法制部门加强衔接、同步推进。要做好改革经验总结推广和宣传引导工作，及时回应社会关切，营造良好改革氛围。

二〇一六年八月四日

人力资源社会保障部　财政部关于深入推进国家高技能人才振兴计划的通知

人社部发［2016］74号

各省、自治区、直辖市及新疆生产建设兵团人力资源社会保障厅（局）、财政厅（局、财务局），计划单列市人力资源社会保障局、财政局：

为贯彻落实《中华人民共和国国民经济和社会发展第十三个五年规划纲要》、《中共中央关于深化人才发展体制机制改革的意见》（中发［2016］9号）的要求，加强高技能人才队伍建设工作，现就“十三五”期间深入推进国家高技能人才振兴计划有关事项通知如下：

一、工作目标

“十三五”期间，国家高技能人才振兴计划要紧紧围绕人才优先发展战略和创新驱动发展战略，为推进供给侧结构性改革和中国制造2025提供技能人才支撑。要紧密结合先进制造业、战略性新兴产业、现代服务业发展需要，重点实施高技能人才培训基地建设项目、技能大师工作室建设项目和技师培训项目，培养造就一大批具有高超技艺、精湛技能和工匠精神的高技能人才，稳步提升我国产业工人队伍的整体素质。

二、条件要求

国家级高技能人才培训基地建设项目（以下简称“培训基地项目”）、国家级技能大师工作室建设项目（以下简称“大师工作室项目”）和技师培训项目要符合人力资源社会保障部、财政部《关于印发〈国家高技能人才振兴计划实施方案〉的通知》（人社部发［2011］109号）规定的条件。

（一）培训基地项目。一是“十三五”期间新增国家级高技能人才培训基地，应主要从省级高技能人才培训基地和世界技能大赛集训基地中遴选。二是继续对已确定为国家级高技能人才培训基地的项目单位给予支持，重点选择管理规范、资金使用安全、培训能力强、高技能人才培养成效显著的项目单位，支持其提升培训能力。

（二）大师工作室项目。一是对在一线工作的历届中华技能大奖获得者中，仍未被确定建设国家级技能大师工作室的高技能人才，应优先纳入大师工作室项目建设范围。二是继续选择某类行业（领域）技能拔尖、技艺精湛并具有创新创造能力和社会影响力、在带徒传技方面经验丰富、能够承担技能大师工作室日常工作的高技能人才，支持其纳入大师工作室项目建设范围。

（三）技师培训项目。继续支持国家和地方经济社会发展急需、紧缺行业的职业（工种），重点是先进制造业、战略性新兴产业、现代服务业以及支柱产业的职业（工种）。技师培训具体职业（工种）范围由各省（区、市）根据本地市场需求确定，并适时动态调整。取得技师、高级技师职业资格证书或参加高级技师研修取得培训合格证的，可申领补贴。

三、工作程序

各省（区、市）人力资源社会保障部门和财政部门要按照中共中央组织部、人力资源社会保障部《关于印发〈高技能人才队伍建设中长期规划（2010—2020年）〉的通知》（中组发［2011］11号）和《关于印发〈国家高技能人才振兴计划实施方案〉的通知》（人社部发［2011］109号）等相关文件要求，结合财政部、人力资源社会保障部《关于印发〈就业补助资金管理暂行办法〉的通知》（财社［2015］290号）的规定，制定本地区“十三五”高技能人才培养中长期规划，确定本地区高技能人才培养支持的重点领域，并报人力资源社会保障部、财政部备案。

培训基地项目和大师工作室项目由各省（区、市）人力资源社会保障部门会同财政部门每年组织项目申报评审，报人力资源社会保障部、财政部备案；技师培训项目由各省（区、市）人力资源社会保障部门会同财政部门每年制定工作计划，报人力资源社会保障部、财政部备案。具体要求如下：

（一）项目申报。各省（区、市）人力资源社会保障部门、财政部门组织开展项目申报工作。项目申请单位申报材料包括：

1.《国家级高技能人才培训基地建设项目申报表》（见附件1）；

2.《国家级高技能人才培训基地建设项目实施方案》（见附件2）；

3.《国家级技能大师工作室建设项目申报表》（见附件3）。

各省（区、市）人力资源社会保障部门、财政部门可根据本地实际，规定项目申请单位申报的其他材料。

（二）项目评审。各省（区、市）人力资源社会保障部门会同财政部门组织专家组，对申报项目进行评审。各地要建立专家库，随机抽取评审专家；要科学把握评审标准，通过定量打分与定性评价相结合的方法，综合评价项目申请单位条件；要规范评审程序，制定评审细则和工作流程，严格按照程序进行评审；要严格评审纪律，评审过程必须有纪检监察部门相关人员现场监督，确保评审公开、公平、公正。

（三）项目备案。各省（区、市）人力资源社会保障部门、财政部门要在项目评审结束后，将评审报告及评审材料（包括3个附件），分别报送人力资源社会保障部和财政部备案。评审报告内容包括：项目申请情况、评审专家组成情况、评审程序、评审方法、评审结果等。备案截止日期为每年8月31日。

四、经费保障

人力资源社会保障部、财政部在每年6月中旬下达中央补助地方就业资金，其中包括用于高技能人才振兴计划的专项资金。地方各级财政部门要加大对国家高技能人才培养的资金投入，确保各项目实施。项目所在单位（企业）也要对项目给予必要资金支持。

五、其他要求

（一）各省（区、市）人力资源社会保障部门、财政部门要高度重视国家高技能人才培养工作，根据区域经济发展、产业结构调整和新兴战略性产业发展的需要、高技能人才市场需求变化情况，以及高技能人才培训的实际需求，确定培训基地项目和大师工作室项目的布局、规模和数量，各地原则上每年每个项目建设不超过5个。项目补助标准参照“十二五”期间项目建设标准，适当考虑物价等因素，由地方自行确定。

（二）各省（区、市）要进一步健全和完善工作机制，做好项目评审、管理、监督、评估、考核等工作。要及时报送备案材料，加大项目实施力度，加大监督检查力度，确保项目顺利实施。

（三）本通知的电子文稿在人力资源社会保障部政府门户网站（www.mohrss.gov.cn）

予以公布，相关表格可从网站下载。

附件：

1. 国家级高技能人才培训基地建设项目申报表（略）

2. 国家级高技能人才培训基地建设项目实施方案（略）

3. 国家级技能大师工作室建设项目申报表（略）

二〇一六年八月十一日

人力资源社会保障部关于印发《全国人力资源社会保障系统法治宣传教育第七个五年规划（2016—2020年）》的通知

人社部发［2016］77号

各省、自治区、直辖市及新疆生产建设兵团人力资源社会保障厅（局），各副省级市人力资源社会保障局，部属各单位，公务员局：

现将《全国人力资源社会保障系统法治宣传教育第七个五年规划（2016—2020年）》印发给你们，请结合本地区、本部门实际作出具体安排，认真组织实施，确保人力资源社会保障系统法治宣传教育第七个五年规划任务的全面落实。

二〇一六年八月二十三日

全国人力资源社会保障系统法治宣传教育第七个五年规划（2016—2020年）

2011—2015年，随着《全国人力资源社会保障系统法制宣传教育第六个五年规划（2011—2015年）》的顺利实施，法制宣传教育在推动实现充分就业、健全社会保障、构建和谐劳动关系、建设法治人社中发挥了重要的作用。党的十八大以来，以习近平同志为总书记的党中央对全面依法治国作出了重要部署，对法治宣传教育提出了新的更高要求。为了认真贯彻落实习近平总书记系列重要讲话精神和《中共中央　国务院转发〈中央宣传部　司法部关于在公民中开展法治宣传教育的第七个五年规划（2016—2020年）〉的通知》、《全国人民代表大会常务委员会关于开展第七个五年法治宣传教育的决议》，在人力资源社会保障系统深入开展法治宣传教育，特制定本规划。

一、指导思想、主要目标和工作原则

（一）指导思想

高举中国特色社会主义伟大旗帜，全面贯彻党的十八大和十八届三中、四中、五中全会精神，坚持创新、协调、绿色、开放、共享的发展理念，按照全面依法治国和推进法治政府

建设的新要求，扎实推进依法治理和法治创建，深入开展人力资源和社会保障法治宣传教育，推进法治宣传教育与法治实践相结合，为不断开创人力资源和社会保障事业新局面作出新的贡献。

（二）主要目标

紧紧围绕“十三五”时期人力资源和社会保障事业发展的目标任务，切实落实全面依法治国和全面从严治党的各项要求，牢牢把握“民生为本、人才优先”的工作主线，法治宣传教育实效性进一步增强，人力资源和社会保障依法治理全面深化；人力资源社会保障系统全体工作人员尤其是领导干部法治观念和全体党员党章党规意识明显增强，依法行政和公共服务的能力水平进一步提高；“谁执法谁普法”的普法责任制得到有效落实，人力资源和社会保障法律法规得到有效贯彻和执行，社会知晓度不断上升，“十三五”时期人力资源和社会保障事业创新发展的良好法治氛围基本形成。

（三）基本原则

——坚持围绕中心，服务大局。紧紧围绕“十三五”时期人力资源和社会保障事业发展的目标任务开展法治宣传教育，为顺利完成促进就业创业，建立更加公平更可持续社会保障制度，加快人才队伍建设，深化人事制度改革，完善工资收入分配制度，构建和谐劳动关系，推进公共服务体系建设，营造良好的法治环境。

——坚持突出重点，注重实效。不断提高法治宣传教育的针对性和实效性，结合本地区本部门实际、人力资源和社会保障事业发展情况，根据不同对象，分类开展法治宣传教育，创新工作理念、机制、载体和方式方法，把法治宣传教育融入立法、执法、公共服务和贯彻落实党内法规的整个过程之中。

——坚持以人为本，服务群众。从人力资源和社会保障工作实际出发，回答热点难点问题，回应群众关注关切，加强法律法规政策解读，更好满足群众日益增长的法律知识和维权能力需求，引导群众自觉守法、遇事找法、解决问题靠法。

二、主要任务

（一）深入学习宣传习近平总书记关于全面依法治国的重要论述。党的十八大以来，习近平总书记站在坚持和发展中国特色社会主义全局的高度，对全面依法治国作了重要论述，提出了一系列新思想、新观点、新论断、新要求，深刻回答了建设社会主义法治国家的重大理论和实践问题，为全面依法治国提供了科学理论指导和行动指南。全系统工作人员要深入学习习近平总书记关于全面依法治国的重要论述，深入学习习近平总书记关于人力资源和社会保障工作的重要指示，切实把思想和行动统一到中央的决策部署上来，大力宣传人力资源社会保障系统参与科学立法、严格行政执法、促进全民守法的生动实践，使全社会了解和掌握全面依法治国、推动法治人社建设的重大意义和总体要求，更好地发挥法治的引领和规范作用。

（二）突出学习宣传宪法。坚持把学习宣传宪法摆在首要位置，在全系统工作人员中普遍开展宪法教育，以宪法精神凝心聚力，使宪法精神深入人心。深入学习宣传宪法确定的理念和原则，学习宣传宪法确立的国家根本制度、根本任务，学习宣传公民的基本权利和基本义务等宪法基本内容，宣传宪法的实施和宪法宣誓制度，认真组织好“12·4”国家宪法日集中宣传活动，使全系统工作人员全面深刻理解宪法，坚决维护宪法尊严，做带头尊法学法守法用法的模范。

（三）深入学习宣传党内法规。突出宣传党章，教育引导人力资源社会保障系统党员干部尊崇党章，以党章为根本遵循，坚决维护党章权威。深入学习宣传《中国共产党廉洁自律准则》、《中国共产党纪律处分条例》等各项党内法规，宣传党要管党、从严治党的各项具体要求，宣传党员的权利义务。党内法规的宣传要注重与国家法律法规宣传的衔接和协调，教育引导全系统党员干部做党章党规党纪和国家法律的自觉尊崇者、模范遵守者、坚定捍卫者，做“讲政治、有信念，讲规矩、有纪律，讲道德、有品行，讲奉献、有作为”的合格党员，为人力资源和社会保障事业改革发展提供坚强组织保障。

（四）深入学习宣传法治政府建设方面的法律法规。深入学习宣传立法法、行政许可法、行政处罚法、行政强制法、国家赔偿法等依法行政领域的法律法规，学习宣传《法治政府建设实施纲要（2015—2020年）》，学习宣传行政诉讼、行政复议、调解、仲裁、信访等矛盾纠纷排查化解方面的法律法规和涉及人力资源和社会保障领域的刑法修正案、立法解释等，大力宣传党的十八大以来在依法推进简政放权、放管结合、优化服务改革方面取得的成绩。在传播法律知识的同时，更加注重弘扬法治精神、培育法治理念、树立法治意识，推动各级人力资源社会保障部门树立“法定职责必须为、法无授权不可为”的意识，促进法治政府建设。

（五）深入学习宣传人力资源和社会保障领域的法律法规。法治宣传教育，关键要取得实效。要把法治宣传教育与促进就业创业、建立更加公平更可持续社会保障制度、推进人才强国战略、构建和谐劳动关系等重点工作结合起来。着眼于实施充分就业的发展战略，面向全系统、全社会，突出大学生、农民工等重点群体，大力宣传就业促进法及职业培训、人力资源市场等方面法律法规，宣传党的十八大以来人力资源社会保障系统简政放权、转变职能及鼓励大众创业、万众创新的方针政策；着眼于建立更加公平更可持续的社会保障制度，大力宣传社会保险法及工伤保险条例、失业保险条例等社会保障领域法律法规，宣传社会保障制度改革及社保经办管理、社保基金监管方面的新政策、新精神；着眼于服务推进人才强国战略，深入学习宣传国家建设高层次人才队伍和高技能人才队伍、公务员管理及分类改革、事业单位人事制度改革、军队转业干部安置等方面的法律法规和政策；着眼于构建和谐劳动关系，深入开展劳动法、劳动合同法、劳动争议调解仲裁法等法律法规及工资、工时与休息休假、女职工和未成年工特殊劳动保护等规范劳动关系、维护职工合法权益方面的制度宣传，尤其要宣传中央关于化解过剩产能、稳岗就业的政策，加强对用人单位和劳动者的法治宣传教育，帮助、引导用人单位依法用工，帮助、引导劳动者依法维权，自觉运用法律手段解决矛盾纠纷。

（六）深化依法治理。坚持法治宣传教育与法治实践相结合，把法律条文变成引导、保障人力资源和社会保障事业发展的基本规则，把依法行政作为履职的基本理念，运用法治思维和法治方式推进改革发展。将人力资源和社会保障工作纳入法治化轨道，坚持重大行政决策法定程序，健全行政执法程序，规范行政执法行为，强化行政执法监督和问责，完善执法责任制和行政处罚裁量权基准；以健全就业、社保等公共服务体系为重点，扎实推进基本公共服务法治化、均等化；发展繁荣法治文化，积极组织、参与法治文艺展演展播，弘扬法治精神，推动法治实践。严格落实《人力资源和社会保障法治建设实施纲要（2016—2020年）》，坚持问题导向，深入基层、深入群众调查研究，积极解决问题，努力推进工作。

三、工作步骤和安排

全国人力资源社会保障系统第七个法治宣传教育五年规划从2016年开始实施，至2020年结束。共分为以下三个阶段：

（一）启动准备阶段（2016年）。人力资源社会保障部制定全系统法治宣传教育第七个五年规划，组织编写统一的普法教材，分级分类举办普法师资力量培训班。各地根据人力资源社会保障系统法治宣传教育“七五”规划和地方党委政府要求，制定实施方案，通过网站、报刊等方式进行宣传。各地的实施方案，要在2016年底前报人力资源社会保障系统法治宣传教育领导小组办公室。

（二）组织实施阶段（2017—2020年）。

各地要根据本规划和各自的“七五”普法规划实施方案所确定的目标、任务和工作要求，制定年度工作计划，每年1月底前报送上一年度普法工作进展情况。年度工作计划要与《人力资源和社会保障法治建设实施纲要（2016—2020年）》相衔接，结合实际，突出重点。2018年，人力资源社会保障部将组织对全系统“七五”普法工作情况进行中期督导检查，推动全系统法治宣传教育工作深入开展。

（三）检查验收阶段（2020年）。人力资源社会保障部制定全系统“七五”普法总结验收方案，各地根据方案要求组织对本地区普法工作进行自查。在各地自查基础上，人力资源社会保障部组织开展“七五”普法工作检查验收。根据检查验收情况，部里将对全国人力资源社会保障系统“七五”普法工作进行总结，对工作成绩突出的单位和个人予以通报表扬，并向全国普法办推荐全国法治宣传教育先进单位和先进个人人选。

四、工作措施和要求

各地要根据本规划和各自的实施方案，深入宣传发动，全面组织实施，确保第七个五年法治宣传教育规划各项目标任务落到实处。

（一）建立完善制度。人力资源社会保障部门要在管理、服务过程中，结合工作实际和特定群体的法律需求，开展法治宣传教育。一是落实“谁执法谁普法”的普法责任制，要将对执法对象宣讲相关法规作为执法的必备内容和程序，切实履行普法责任。落实“谁主管谁负责”的普法责任，人力资源社会保障部门及其所属的人力资源、就业服务、劳动关系协调、社会保险经办等机构，在提供服务过程中都要主动宣传相关法律法规。二是完善国家工作人员学法用法制度，推进人力资源社会保障系统领导干部学法工作制度化、规范化。完善党组（党委）中心组集体学法制度，把宪法、法律和党内法规列入党组（党委）中心组学习内容；人力资源社会保障部每年至少举办1期领导干部法治专题培训班，地方各级人力资源社会保障部门每年应当举办2期以上法治专题讲座；把法治教育纳入干部教育培训总体规划，加大对公务员初任培训、任职培训中法律知识的培训力度；建立健全行政执法人员岗位培训制度；增加公务员录用考试中法律知识的比重；把尊法学法守法用法情况作为考核领导班子和领导干部的重要内容。三是颁布新的法律法规时，要同步策划宣传教育方案，印发宣传提纲，准备解答口径，区分不同的普法对象，有针对性地开展普法活动，增强普法的实效性。四是把学习培训人力资源和社会保障法律法规作为技工院校必修课程的重要内容。认真总结推广各地开展法治宣传教育的好经验、好做法，充分发挥先进典型的示范和带动作用，推进法治宣传教育不断深入。

（二）推进工作创新。结合人力资源和社会保障工作特点，坚持集中法治宣传教育与经常性法治宣传教育相结合，量身定做普法内容，不断丰富普法形式，继续深化人力资源和社会保障法律进机关、进乡村、进社区、进学校、进企业、进单位的“法律六进”主题活动。在法律进企业活动中，对中小微企业和单位进行集中培训，对大型企业和单位，提供专项培训和讲解。积极利用“12·4”国家宪法日、重大法定节假日及大学生就业季、农民工返城返乡时节等关键节点开展法治宣传，在人力资源社会保障服务大厅和服务窗口增加法治宣传教育功能。建立以案释法和警示教育制度，加强人力资源和社会保障行政执法案例整理编辑工作，通过案例向全系统工作人员和群众宣传人力资源和社会保障法律法规。加强新媒体新技术在普法中的运用，加强各级人力资源社会保障部门网站建设，充分发挥各级人力资源社会保障部门门户网站的作用，有条件的要开通微信公众号，推进“互联网＋人社”法治宣传行动。积极运用公共活动场所电子显示屏、服务窗口触摸屏、公交移动电视屏、手机屏等，推送人力资源和社会保障法治宣传教育内容。加大人力资源和社会保障法律法规咨询服务系统建设力度，提升“12333”公益服务电话服务品质，不断扩大法治宣传教育的覆盖面。

（三）健全体制机制。全国人力资源社会保障系统法治宣传教育工作领导小组及其办公室，要充分发挥组织协调监督作用，部内相关司局要按照职能将法治宣传教育与人力资源和社会保障业务工作紧密结合，在普法教育中发挥积极作用。探索组建普法讲师团，通过门户网站向社会提供普法精品课程和重点法律法规制度访谈、音视频。各级人力资源社会保障部门要加强对普法工作的领导，成立机构，充实人员，把法治教育纳入人力资源和社会保障工作重要内容，全系统形成职责明确、运转高效、配合有力的大普法格局。加强工作考核评估，健全人力资源社会保障系统法治宣传教育工作考评指导标准和指标体系，完善考核办法和机制，健全激励机制，注重考核结果的运用。要切实保障法治宣传教育相关工作经费，配备必要的人员和设备，确保普法工作有效开展。要探索各种方式，动员和组织社会力量、利用社会资金，推动和开展各种形式的法治宣传教育。各地人力资源社会保障厅（局）要确定一名普法联络员，定期将工作情况报送全国人力资源社会保障法治宣传教育领导小组办公室。

人力资源社会保障部关于印发《人力资源和社会保障法治建设实施纲要（2016—2020年）》的通知

人社部发〔2016〕82号

各省、自治区、直辖市及新疆生产建设兵团人力资源社会保障厅（局），部属各单位，公务员局：

现将《人力资源和社会保障法治建设实施纲要（2016—2020年）》印发给你们，请结合本地区、本部门实际认真贯彻执行。

二〇一六年九月二日

人力资源和社会保障法治建设实施纲要（2016—2020年）

为贯彻落实中共中央、国务院印发的《法治政府建设实施纲要（2015—2020年）》，全面推进人力资源和社会保障法治建设（以下简称法治人社建设），制定本实施纲要。

一、总体要求

（一）指导思想

全面贯彻党的十八大和十八届二中、三中、四中、五中全会精神，深入贯彻习近平总书记系列重要讲话精神，根据全面建成小康社会、全面深化改革、全面依法治国、全面从严治党的战略布局，围绕建设中国特色社会主义法治体系、建设社会主义法治国家的全面推进依法治国总目标，结合人力资源和社会保障工作实际，坚持问题导向和目标导向，以体制机制创新为突破口，运用法治思维和法治方式，协调推进立法、执法、执法监督和普法工作，为人力资源和社会保障事业科学发展提供有力法治保障。

（二）总体目标

到2020年，人力资源和社会保障法律制度体系基本完备，各项职能依法全面履行，行政决策科学民主合法，人力资源和社会保障法律法规规章严格公正实施，行政权力规范透明运行，公民、法人和其他组织的合法权益切实有效保障，工作人员特别是领导干部法治思维和依法行政能力明显提高。

（三）基本原则

建设法治人社必须坚持党的领导，坚持尊崇宪法、依法行政、简政放权，坚持围绕中心、服务大局，坚持以人为本、促进共享，坚持从实际出发，把人力资源和社会保障工作全面纳入法治轨道，实行法治人社建设与创新人社、廉洁人社、服务型人社建设相结合。

二、主要任务和具体措施

（一）健全人力资源和社会保障法律制度体系

目标：深入推进科学立法、民主立法，立法质量进一步提高，人力资源和社会保障法律制度体系基本完备，行政管理各方面制度更加成熟更加定型。

步骤和措施：

1. 制定立法规划和立法工作计划。2016年年底前，制定《人力资源和社会保障“十三五”立法规划》，明确“十三五”时期立法工作的总体要求和主要任务。每年以该规划为依据，结合部中心工作，提出人力资源和社会保障领域法律、行政法规项目制定和修改的建议，拟定规章项目和时间进度安排，制定人力资源社会保障部年度立法工作计划并严格执行。

2. 健全立法工作程序。2017年，开展立法项目向社会公开征集和委托第三方起草立法草案试点。根据立法法和国务院有关规定，修改《人力资源社会保障部立法工作规定》，健全立法草案立项、起草、论证、协调、审议机制，完善立项论证、立法听证、专家咨询、风险评估、廉洁性评估、公开征求意见等制度，探索向公众反馈意见采纳情况，提高立法公众参与度，规范立法行为，提高立法质量。

3. 推动重点领域法律、行政法规制定工作。对近期已列入国家立法规划和年度计划的职业教育法（修订）、失业保险条例（修订）、人力资源市场条例、外国人在中国工作管理条例等项目，配合制定机关按时完成。按照中央关于完善公务员制度、增强劳动力市场灵活性、完善社会保障制度等改革要求，尽快提出修改公务员法、劳动合同法、社会保险法等法律的建议。对促进就业创业、人才培养和使用、职业技能开发、企业工资支付保障、基本劳动标准、集体合同、劳动保障监察、社会保险基金及补充保险基金监管等进行立法必要性和可行性论证，适时向全国人大常委会、国务院提出立法建议。对法律、行政法规实施中需要解释的问题，及时报请全国人大常委会、国务院进行立法解释。

4. 加快规章制定工作。近五年规章立法的重点是：规范各类人力资源和社会保障执法行为；社会保险法、劳动合同法、人力资源市场条例等法律和行政法规的配套规章；对实践证明已经比较成熟的经验和行之有效的举措，尽快制定规章；修改和废止不适应改革和经济社会发展要求的规章。加强规章实施过程中具体问题的解释工作。

5. 推动地方立法工作。坚持维护法制统一与体现地方特色相结合，对人力资源和社会保障领域已列入地方人大和政府立法计划的项目，配合做好立法调研、论证评估、征求意见、沟通协调等工作，确保按期完成。

6. 开展立法后评估。根据工作需要，对人力资源和社会保障法律、行政法规实施情况进行评估和分析，研究提出修改完善的建议，为修法做好准备。2017年，开展规章立法后评估试点。2019年年底前，制定《人力资源和社会保障规章立法后评估办法》，要求部属相关单位或者委托第三方定期或者不定期对规章实施情况进行评估。

7. 加强规范性文件管理和监督。2016年年底前，制定《人力资源社会保障部规范性文件合法性审查规定》，明确规范性文件的规定事项、制定主体、合法性审查的范围、程序、时限和内容。落实合法性审查、集体讨论决定等制度，实行制定机关对规范性文件统一登记、统一编号、统一印发制度。涉及公民、法人和其他组织权利义务的规范性文件，应当按照法定要求和程序予以公布，未经公布的不得作为行政管理依据。

8. 建立规章和规范性文件清理长效机制。2016年年底前，完成建国以来部制定的文件清理工作，并向社会公布清理结果。2017年年底前，完成省市县级人力资源和社会保障规范性文件清理工作，并向社会公布清理结果。2017年年底前，制定《人力资源社会保障部规章和规范性文件清理办法》，建立规章和规范性文件定期清理制度，明确清理的责任单位、程序和周期。2018年年底前，地方各级人力资源社会保障部门要根据部和当地政府的要求，建立规范性文件清理长效机制，探索实施规范性文件有效期制度。

（二）依法全面履行政府职能

目标：人力资源社会保障部门职能转变基本到位，各项职能依法全面履行。

步骤和措施：

9. 全面清理行政审批事项。2016年年底前，对法律、行政法规和国务院规定的行政审批事项进行全面梳理，逐项进行论证并提出清理意见。2017年6月底前，对地方立法规定的行政审批事项进行梳理，逐项进行论证并提出清理意见。做好已取消和下放行政审批事项的落实和衔接，鼓励大众创业、万众创新。2017年年底前，建立国家职业资格目录清单管理制度，分批公布职业资格目录清单，明确设置依据和实施部门。全面清理规范行政审批中介服务，向社会公布行政审批中介服务清单。

10. 对保留的行政审批事项实行规范化管理。2016年年底前，对部本级实施的行政审批事项编制唯一编码，制定服务指南和流程图，并向社会公布。2017年年底前，对地方实施的行政审批事项编制唯一编码，制定服务指南和流程图，并向社会公布。2019年年底前，对保留的行政审批事项，实现一个窗口办理、规范办理、网上办理，提高行政效能。

11. 做好权力和责任清单编制工作。2016年年底前，基本完成市县两级人力资源社会保障部门权力清单公布工作，将部门职能、法律依据、实施主体、职责权限、管理流程、监督方式等事项以权力清单的形式向社会公开。参照《国务院部门权力和责任清单编制试点方案》，对部本级权力和责任事项进行全面梳理，做好按照国务院部署编制人力资源社会保障部权力和责任清单的准备。

12. 加强市场监管。落实《人力资源社会保障部关于"先照后证"改革后加强人力资源市场事中事后监管的意见》。2016年，配合工商行政部门推进"五证合一、一照一码"登记制度改革。建设人力资源和社会保障信用信息共享系统，到2018年实现与国家信用信息共享平台的信息交换。2019年年底前，清理、废除妨碍全国统一人力资源市场和公平竞争的各种规定和做法，发挥市场在人力资源配置中的决定性作用。

13. 优化公共服务。落实《人力资源社会保障部关于加强和改进人力资源和社会保障领域公共服务的意见》。结合金保工程二期项目实施，建设国家异地就医结算信息系统，2016年基本实现跨省异地安置退休人员住院医疗费用直接结算，2017年在全国范围内基本实现符合转诊规定的参保人员异地就医住院费用直接结算。推进社会保障卡应用，2020年社会保障卡持卡人口覆盖率达到90%，实现全国社会保障一卡通。

（三）推进行政决策科学化、民主化、法治化

目标：行政决策制度科学、程序正当、过程公开、责任明确，决策质量显著提高，违法决策、不当决策明显减少并得到及时纠正。

步骤和措施：

14. 健全依法决策机制。2018年年底前，制定重大行政决策程序规定，明确重大行政决策的主体、事项范围、法定程序和责任追究办法，规范决策流程。

15. 增强公众参与实效。涉及群众切身利益的重大行政决策事项，应当广泛听取意见，与利害关系人进行充分沟通，并注重听取有关人大代表、政协委员、人民团体、基层组织、社会组织的意见。加强公众参与平台建设，对社会关注度高的决策事项，应当公开信息、解释说明，及时反馈意见采纳情况和理由。

16. 提高专家论证和风险评估质量。建立人力资源和社会保障行政决策咨询论证专家库，充分发挥专家在制定重大行政决策、推进依法行政中的作用。落实重大人力资源和社会保障决策社会稳定风险评估机制。

17. 加强合法性审查。建立行政机关内部重大决策合法性审查机制，未经合法性审查或者经审查不合法的，不得提交讨论。2017 年年底前，建立法制机构人员为主体、吸收专家和律师参加的法律顾问队伍，保证法律顾问在制定重大行政决策、推进依法行政中发挥积极作用。

18. 坚持集体讨论决定。重大行政决策应当经部门领导班子会议讨论，由行政首长在集体讨论的基础上作出决定。行政首长拟作出的决定与会议组成人员多数人的意见不一致的，应当在会上说明理由。集体讨论情况和决定要如实记录、完整存档。

19. 严格落实决策责任追究。健全并严格实施重大决策终身责任追究制度及责任倒查机制，根据实际需要进行重大行政决策后评估，对决策严重失误或者依法应该及时作出决策但久拖不决造成重大损失、恶劣影响的，严格追究相关责任人员的党纪政纪和法律责任。

（四）严格规范公正文明执法

目标：权责统一、权威高效的执法体制基本建立，人力资源和社会保障法律法规规章得到严格公正实施，各类违法行为得到及时查处和制裁，公民、法人和其他组织的合法权益得到切实保障。

步骤和措施：

20. 加强重点领域执法。全面治理拖欠工资问题，加快建立从源头上治理拖欠工资问题的长效机制。以易发、频发违法问题的行业和企业为重点，扩大日常巡视检查和书面审查覆盖范围，及时发现和纠正违法行为。会同有关部门在全国范围组织开展针对突出违法行为的专项检查。

21. 完善行政执法协作配合机制。2018 年年底前，制定《社会保险费强制划拨管理办法》，明确社会保险费征缴工作中与银行或者其他金融机构的职责分工。加快推进与其他相关执法部门之间各司其职、各负其责、相互配合、齐抓共管的工作机制建设，实现信息资源开放共享、互联互通。健全跨地区执法协作制度，加强跨区域案件执法协作。

22. 健全行政执法与刑事司法衔接机制。2016 年年底前，建立拒不支付劳动报酬、社会保险欺诈、人事考试等领域行政执法和刑事司法衔接制度，完善案件移送标准和程序。2017 年年底前，建立健全查处和防范社会保险欺诈工作联席会议制度。

23. 完善行政执法程序，规范执法行为。2016 年年底前，对完善行政执法程序工作进行部署。2019 年年底前，分阶段制定行政许可、行政处罚、行政强制、行政给付、行政确认、行政征收、行政收费、行政检查等执法行为的程序规范，明确具体操作流程。2019 年年底前，指导各地分阶段制定每一行政处罚事项的具体裁量标准和适用规则，规范裁量范围、种类和幅度。2017 年，指导地方开展推行行政执法公示、执法全过程记录和重大执法决定法制审核试点。

24. 创新执法方式。加强行政执法信息化建设和信息共享，完善网上执法办案及信息查询系统。推广运用说服教育、劝导示范、行政指导、行政奖励等非强制性执法手段。健全公民和组织守法信用记录，完善守法诚信褒奖机制和违法失信行为惩戒机制。

25. 全面落实行政执法责任制。2017 年年底前，制定人力资源社会保障部全面落实行政执法责任制的规定，确定执法主体、岗位和执法人员的执法责任。地方各级人力资源社会保障部门要根据部和当地政府的要求，全面落实行政执法责任制。2017 年开始，探索建立行政执法评议考核制度，组织开展对行政执法行为的案卷评查。

26. 健全行政执法人员管理制度。2016 年年底前，对行政执法人员进行一次严格清理，全面实行行政执法人员持证上岗和资格管理制度，未经执法资格考试合格，不得授予执法资格，不得从事执法活动。逐步推行行政执法人员平时考核制度，科学合理设计考核指标体系，考核结果作为执法人员职务级别调整、交流轮岗、教育培训、奖励惩戒的重要依据。规范执法辅助人员管理，明确其适用岗位、身份性质、职责权限、权利义务、聘用条件和程序等。

（五）强化对行政权力的制约和监督

目标：科学有效的行政权力运行制约和监督体系基本形成，各方面监督形成合力，违法行政行为得到及时纠正，违法行政责任人依法依纪受到严肃追究。

步骤和措施：

27. 自觉接受党内监督、人大监督、民主监督、司法监督和社会监督。各级人力资源社会保障部门党组（党委）要切实履行主体责任，主要负责人是第一责任人，对本部门党风廉政建设负总责。认真执行向本级人大及其常委会报告工作制度，接受询问和质询制度，向政协定期通报有关情况，及时研究办理人大代表和政协委员提出的意见和建议，切实改进工作。支持人民法院依法受理行政案件，尊重并执行人民法院生效裁判。积极配合检察机关对在履行职责中发现的行政违法行为进行的监督。建立对违法行政行为投诉举报登记制度，畅通举报监督渠道，方便群众举报投诉、反映问题，依法及时调查处理违法行政行为。

28. 加强行政监督。完善内部层级监督，改进上级对下级的监督，建立健全常态化、长效化的监督制度。加强对内部权力的制约，对财政资金分配使用、国有资产监管、政府投资、政府采购、公共资源转让、公共工程建设等权力集中的部门和岗位实行分事行权、分岗设权、分级授权，定期轮岗，强化内部流程控制，防止权力滥用。

29. 全面推进政务公开。修改《人力资源社会保障部政府信息公开办法》，拓宽政府信息公开渠道，进一步明确政府信息公开的范围、内容和程序。修改《人力资源社会保障部政府信息依申请公开办法》，依法规范申请政府信息公开的受理、办理、答复等各个环节。地方各级人力资源社会保障部门要根据部和当地政府的要求，完善本部门政府信息公开相关制度。2017 年年底前，建立部门新闻发言人、突发事件舆论引导等制度，做好对热点敏感问题的舆论引导，及时回应人民群众关切。在部门户网站设立政策法规专栏，公布人力资源和社会保障法律、行政法规、规章和公开执行的规范性文件，并进行动态调整。2018 年年底前，地方各级人力资源社会保障部门要根据部和当地政府的要求，建立本部门网站政策法规栏目。

30. 落实纠错问责机制。加大问责力度，坚决纠正行政不作为、乱作为，坚决克服懒政、庸政、怠政，坚决惩处失职、渎职。认真落实党风廉政建设责任制，坚持有错必纠、有责必问，对“四风”问题突出、发生顶风违纪问题或者出现系统性腐败案件的单位，既要追究主体责任、监督责任，又要严肃追究领导责任。

（六）依法有效化解社会矛盾纠纷

目标：公正、高效、便捷、成本低廉的多元化矛盾纠纷解决机制全面形成，人力资源社会保障部门在预防、解决行政争议和劳动人事争议中的作用充分发挥。

步骤和措施：

31. 健全依法化解纠纷机制。创新劳动关系协调机制，建立畅通有序的职工表达合理诉求渠道，从源头上有效预防劳动争议。健全劳动人事争议多元处理机制，完善劳动人事争议调解制度，健全人民调解、行政调解、仲裁调解、司法调解联动工作体系。2017 年年底前，修改《劳动人事争议仲裁办案规则》和《劳动人事争议仲裁组织规则》，完善劳动人事争议仲裁制度。制定《事业单位工作人员申诉办案规则》，规范事业单位申诉工作。完善信访事项化解机制，规范信访工作程序，畅通群众诉求表达、利益协调和权益保障渠道，引导群众在法治框架内解决矛盾纠纷。加强人力资源和社会保障形势分析与研判，及时收集分析热点、敏感、复杂矛盾纠纷信息，加强群体性、突发性事件预警监测，强化依法应对和处置群体性事件机制和能力。

32. 加大普法力度。按照《全国人力资源社会保障系统法治宣传教育第七个五年规划（2016—2020年）》的部署，落实“谁执法谁普法”责任制，围绕国家宪法日、五一劳动节等开展主题法治宣传教育活动，营造良好法治氛围；探索建立人社普法微博、微信平台，发挥新型媒体平台的互动作用，实现普法宣传的高效化、便捷化；创新普法形式，针对不同对象开展个性化、菜单式的法治宣传教育；推进法治文化建设，通过法律知识竞赛、普法宣传品开发等方式，带动广大群众参与普法活动，增强学法用法自觉性。

33. 妥善处理行政争议。修改《人力资源社会保障行政复议办法》，完善行政复议工作制度，改进行政复议案件审理方式。2017年年底前，制定《人力资源社会保障部行政应诉工作规定》，完善应诉工作制度，建立健全法制机构牵头协调、涉诉业务机构具体承办、法律顾问配合参与的行政争议出庭应诉机制。2018年年底前，地方各级人力资源社会保障部门要根据部和当地政府的要求，完善本部门行政复议和行政应诉工作制度。加强对案件类型、特点及存在问题的研究，梳理分析人力资源和社会保障领域主要行政法律风险，探索改进行政行为的方式方法，为政策制定提供参考。完善行政复议案件调解制度，对事实清楚、争议不大的行政复议案件，探索建立简易程序解决行政争议。探索成立行政复议委员会，对情况复杂、争议较大的行政复议案件由行政复议委员会讨论后作出决定。

（七）全面提高工作人员法治思维和依法行政能力

目标：系统工作人员特别是领导干部牢固树立宪法法律至上、法律面前人人平等、权由法定、权依法使等基本法治理念，恪守合法行政、合理行政、程序正当、高效便民、诚实守信、权责统一等依法行政基本要求，做尊法学法守法用法的模范，法治思维和依法行政能力明显提高，在法治轨道上全面推进各项工作。

步骤和措施：

34. 树立重视法治素养和法治能力的用人导向。抓住领导干部这个全面依法治国的“关键少数”，把法治观念强不强、法治素养好不好作为衡量干部德才的重要标准，把能不能遵守法律、依法办事作为考察干部的重要内容，把严守党纪、恪守国法的干部用起来。在相同条件下，优先提拔使用法治素养好、依法办事能力强的干部。对特权思想严重、法治观念淡薄的干部要批评教育、督促整改，问题严重或者违法违纪的，依法依纪严肃处理。

35. 加强法治教育培训。把法治教育纳入系统干部教育培训总体规划，将法治课程列为领导干部和工作人员初任培训、任职培训、专题培训、党校培训以及各类业务培训的必修课，确保法治培训课时数量和培训质量。落实领导干部学法制度，把宪法法律和党章党规列入党组中心组年度学习计划，组织开展集体学法。部每年至少举办一期领导干部法治专题培训班。新的法律、行政法规、规章和重要规范性文件出台后，都要在全系统组织专题培训。2017年开始，用3年时间，对地方各级人力资源社会保障部门主要负责同志进行一次法治专题轮训。加强行政执法人员和法制机构工作人员法治专题培训，纳入年度培训计划逐年开展，提升系统工作人员特别是领导干部法治思维和依法行政能力。

36. 完善考核评估机制。制定《人力资源社会保障部领导干部任职前法律知识考查和依法行政能力测试办法》，将考查和测试结果作为领导干部任职的重要参考，督促其严格履行法治建设职责。地方各级人力资源社会保障部门要根据当地政府的要求，制定本部门领导干部法治能力考查测试制度。定期组织开展国家工作人员法律考试。

三、组织保障和落实机制

37. 加强党对法治人社建设的领导。把党的领导贯彻到法治人社建设各方面，坚持法治工作与党建工作、业务工作同部署、同推动，及时消除制约法治人社建设的体制机制障碍。各级人力资源社会保障部门党组（党委）每年至少召开一次会议，听取法治工作情况汇报，研究部署年度法治人社建设重点工作。

38. 加强法制机构和队伍建设。各级人力资源社会保障部门要切实加强法制机构建设，使机构设置、人员配备与法治人社建设任务相适应。加大法治工作人员的培养、使用和交流力度，把优秀干部选配到法治岗位。法制机构要加强自身队伍建设，努力当好本部门领导在依法行政方面的参谋、助手和法律顾问。

39. 加大法治经费保障力度。各级人力资源社会保障部门要积极争取同级财政等部门的支持，将法治人社建设工作经费列入年度预算，为开展法治宣传教育、专家咨询论证、聘请法律顾问、行政执法、行政复议和行政应诉案件办理、示范创建、信息化建设、考核评议、表彰奖励等提供必要的经费保障。加大对基层人社法治工作的经费支持，改善基层法治建设的基础设施和装备条件，为有效实现法治为民提供必要保障。

40. 落实工作责任。党政主要负责人要履行推进法治人社建设第一责任人职责，带头遵守法律，带头依法行政，将法治人社建设摆在工作全局的重要位置。部属各单位和地方各级人力资源社会保障部门要按照本纲要的安排，认真谋划和落实好法治人社建设的各项任务，制定实施方案，建立工作台账，确定每一项任务的责任人、完成时限和具体要求，确保按期完成任务。

41. 建立年度报告制度。地方各级人力资源社会保障部门应当于每年 1 月底前向本级人民政府和上一级人力资源社会保障部门报告上一年度法治人社建设情况。部属各单位应当于每年 1 月底前向法规司报送上一年度法治人社建设情况。法规司起草年度法治人社建设工作情况报告，经部党组会讨论通过后按要求报党中央、国务院。

42. 强化考核评价和督促检查。把学法用法和推进法治人社建设情况列入年度考核重要内容，建立领导干部述法制度，领导班子和领导干部在年度考核述职中要围绕法治学习情况、重大事项依法决策情况、依法履职情况等进行述法。部属相关单位和地方各级人力资源社会保障部门发生重大违法行政案件的，该单位和部门及其主要负责人、分管负责人和直接责任人员当年考核不得评为优秀，不得评为“七五”普法先进。结合法治人社建设年度重点工作，开展定期检查和专项督查，确保各项工作任务落到实处，对工作不力、问题较多的，要及时约谈、责令整改、通报批评。

43. 开展法治人社示范创建活动。积极开展法治人社示范创建活动，大力培育法治人社建设的先进典型，及时总结、交流和推广经验，充分发挥先进典型的示范带动作用。

附件：《人力资源和社会保障法治建设实施纲要（2016—2020 年)》任务台账（略）

人力资源社会保障部关于深入学习贯彻全国卫生与健康大会精神的通知

人社部发［2016］88号

各省、自治区、直辖市及新疆生产建设兵团人力资源社会保障厅（局）：

8月19日至20日，中共中央、国务院召开全国卫生与健康大会，习近平总书记、李克强总理和刘延东副总理作了重要讲话。会议提出了卫生与健康工作的指导思想、战略目标、工作方针和政策任务，必将开创我国卫生与健康事业发展的新时代。人力资源社会保障部门在健康中国建设中承担着重要职能，做好医疗保险、人事薪酬等工作，是人力资源社会保障部门的重要职责。各级人力资源社会保障部门要深入贯彻学习大会精神，特别是要深入学习贯彻习近平总书记重要讲话精神，努力开创人力资源社会保障系统推进健康中国建设新局面。现就有关事项通知如下：

一、深入学习贯彻全国卫生与健康大会精神

（一）要充分认识全国卫生与健康大会的重要意义，把思想和行动统一到中央的决策部署上来。全国卫生与健康大会是在我国全面建成小康社会决胜阶段的开局之年，在实现“两个一百年”奋斗目标的关键时期召开的一次重要会议，在我国卫生与健康事业发展历程中具有重要的里程碑意义。习近平总书记的重要讲话从党和国家事业全局的战略高度，全面总结了党领导卫生与健康事业取得的辉煌成就和基本经验，深刻阐述了推进健康中国建设的重大意义、指导思想、工作方针、目标任务和重大举措，是指导健康中国建设的纲领性文献。李克强总理就深化医改、加快发展健康产业等作出了系统部署，对卫生与健康事业的发展具有重要指导意义。各级人力资源社会保障部门要以高度的责任感和使命感，认真组织学习领会大会精神，把学习贯彻大会精神，特别是学习习近平总书记重要讲话精神，作为当前和今后一个时期的一项重要政治任务，切实把思想和行动统一到中央的决策部署上来。要把学习领会大会精神与学习习近平总书记系列重要讲话相结合，与“两学一做”学习教育相结合，与推进重点改革相结合。要采取集中学习、形势报告、专题辅导、理论研讨、系列访谈等多种形式，全面学习领会大会精神，努力做到思想认识有深化、工作思路有突破、推进改革有起色、政策举措有创新。

（二）要全面深刻领会大会精神，准确把握大会精神实质。一是深刻领会把握“把人民健康放在优先发展的战略地位”的重大思想。以普及健康生活、优化健康服务、完善健康保障、建设健康环境、发展健康产业等五个方面为重点，推进健康中国建设，努力全方位、全周期保障人民健康。二是深刻领会把握“坚持中国特色卫生与健康发展道路”的重大部署。正确把握好“四个重大问题”，坚持新时期卫生与健康工作方针，坚持基本医疗卫生事业的

公益性，坚持提高医疗卫生服务质量和水平，坚持正确处理政府和市场关系。三是深刻领会把握“加快推进健康中国建设”的重大要求。坚持预防为主，全面提高人民健康水平；全面深化医药卫生体制改革，加快把党的十八届三中全会确定的医药卫生体制改革任务落到实处；加强党对卫生与健康工作的领导。

（三）要准确把握全民医保制度在健康中国建设中的地位和作用。建立更加公平更可持续的社会保障制度，是确保人民群众基本生活和医疗权益保障的重要制度安排。全民医保制度是社会保障制度的重要内容，其稳定可持续的筹资机制是中国特色基本医疗卫生制度的基础。要从落实人民健康优先发展战略高度，以公平可及和群众受益为目标，以医保促进健康为主线，扎实推进全民医保制度改革创新，夯实促进健康的基本制度基础，为广大人民群众追求健康生活消除后顾之忧。要落实卫生与健康工作方针，完善医保门诊保障政策，探索家庭医生和分级诊疗付费与激励机制，促进基层医疗机构服务利用和能力建设，促进社区健康管理和人民群众健康生活方式，促进形成大健康格局的政策措施和管理机制。要坚持质量优先和创新驱动，综合运用医保协议管理、智能监控、支付机制等，促进医疗机构质量管理和医药服务产业技术创新，为人民健康提供更优质的服务和技术。要发挥医保基础性作用，推进三医联动改革，破解阻碍健康中国建设的体制机制障碍。

二、聚焦重点领域和关键环节，努力开创人力资源社会保障部门推进健康中国建设的新局面

（四）加快推动城乡基本医保整合。要以公平可及和群众受益为目标，在实现覆盖范围、筹资政策、保障待遇、医保目录、定点管理、基金管理“六统一”基础上，加快整合基本医保管理机构，着力维护社会公平公正，提升城乡居民医疗服务利用水平和保障水平，提高群众的获得感和幸福感；着力提高公共服务效能，降低公共管理成本，依托现有资源，提供一体化服务，避免重复建设、重复参保、重复补贴；着力增强医保基金的互助共济能力，促进医保对医疗服务的外部激励约束作用，为三医联动改革提供坚实基础。各地要勇于担当，积极作为，努力实现年底前所有省（区、市）出台整合方案，2017 年开始建立统一的城乡居民医保制度。

（五）健全医保支付机制。要把支付方式改革放在更加突出的位置，充分发挥支付方式在利益调节、资源配置、成本控制、激励创新等方面的功能。要健全利益调控机制，引导群众有序就诊，让医院有动力合理用药、控制成本，有动力合理收治和转诊患者，激发医疗机构规范行为、控制成本的内生动力。要结合医保基金预算管理，全面推行医保付费总额控制。要普遍建立适应不同人群、不同疾病或服务特点的多元复合式医保支付方式，加快推进按人头、按病种、按床日付费，鼓励开展按疾病诊断相关分组（DRGs）付费，探索符合中医药服务特点的支付方式。有条件的地区可将点数法与预算管理、按病种付费等相结合，促进医疗机构之间有序竞争和资源合理配置。今年综合医改试点省和所有公立医院综合改革试点城市都要实施按病种付费改革，覆盖病种不少于 100 个。要健全与支付方式相适应的机制和政策措施，建立健全医保与医药机构的谈判协商机制和风险共担机制，考核评价机制，激励约束机制。要完善医保协议管理，建立科学合理的医疗服务质量评价和指标体系。要完善医保医师制度，推行医保医师约谈工作机制，积极探索将医保监管延伸到医务人员医疗服务行为的有效方式。要全面推广医保智能监控，提升管理服务的科学化信息化水平。同时，加强与公立医院改革、价格改革等各方联动，为深化支付方式改革提供必要的条件。

（六）健全医保筹资和待遇调整机制。要逐步建立与经济社会发展水平、各方承受能力相适应的基本医保稳定可持续筹资机制。逐步建立城乡居民医保个人缴费标准与居民收入相挂钩的动态调整机制，使筹资标准、保障水平与经济发展水平相适应。合理划分政府与个人筹资责任，健全与筹资水平相适应的基本医保待遇调整机制，明确医保待遇确定和调整的政策权限、调整依据和决策程序，避免待遇调整的随意性，逐步缩小统筹地区的待遇差距。要坚持基本保障和责任分担原则，明确基本医保的保障边界，科学界定、动态调整待遇范围和水平。要遵循社会保险“大数法则”的规律，按照分级管理、责任共担、统筹调剂、预算考核的思路，加快提高医保基金统筹层次，到2020年建立医保基金调剂平衡机制，逐步实现医保省级统筹。

（七）完善城乡居民大病保险制度。要贯彻中央扶贫攻坚的战略部署，深入实施健康扶贫工程，树立底线思维，积极推进实施医保精准扶贫政策。要完善大病保险制度，探索向贫困群体适当倾斜的具体办法，聚焦建档立卡城乡贫困人口，实行倾斜性支付政策，采取降低起付线、提高报销比例等措施，提高大病保险制度托底保障的精准性，着力解决困难群体因病致贫、因病返贫等问题。同时，做好基本医疗保险、大病保险、医疗救助制度衔接，实现各项制度间的无缝对接，利用医保结算网络和社会保障卡建立“一站式”结算机制，为群众提供更加方便快捷的服务。

（八）确保完成基本医保全国联网和异地就医直接结算。要促进地区间制度衔接，加快推进基本医保全国联网和异地就医直接结算，满足群众合理的异地就医需求，减少群众“跑腿”、“垫支”。要按照三步走的思路，巩固市级统筹，完善省内联网结算，加快建立国家异地就医联网结算系统，实现国家异地就医联网结算系统与省级异地就医联网结算系统对接，确保明年开始基本实现跨省异地安置退休人员住院费用直接结算，2017年底，基本实现符合转诊规定的异地就医住院费用直接结算。同时，要进一步配合推进完善分级诊疗和转诊转院制度，完善医保异地就医管理，促进优化医疗卫生资源配置，形成合理的就医秩序。

（九）健全医保经办机制。要切实履行职责，积极转变观念，创新经办服务模式，推动形成多元化竞争格局，提高基本医保经办服务效率和质量。要在充分利用现有经办资源的基础上，积极探索政府购买服务的内容、方式和管理规范，充分引入社会力量参与医保经办。全面落实商业保险机构承办大病保险。要继续优化和简化经办服务流程，借助移动互联、大数据等信息技术，强化电子社保的应用，做好各项医保制度间的衔接，建立“一站式”结算机制，为群众提供更加方便快捷的服务。

（十）加快建立符合医疗行业特点的人事薪酬制度，调动医务人员积极性创造性。要充分考虑医疗行业人才培养周期长、职业风险高、技术难度大、责任担当重等特点，尊重医务人员劳动成果和辛苦付出，合理提高医务人员薪酬水平，体现多劳多得、优劳优酬。允许医疗卫生机构突破现行事业单位工资调控水平，对医疗卫生机构单独制定绩效工资总量核定办法。允许医疗服务收入扣除成本并按规定提取各项基金后主要用于人员奖励，在核定的绩效工资总量内合理提高人员奖励水平。医疗卫生机构要合理确定编外人员工资待遇，逐步实现同岗同薪同待遇，激发广大医务人员活力。要以知识价值为导向，加快建立符合医疗卫生行业特点的公立医院薪酬制度，国家将选择部分城市试点，有关地方要积极参与。要深化医疗行业人事制度改革，探索公立医院创新编制管理后的事业单位人事管理办法。研究合理设置医疗卫生机构特别是基层医疗卫生机构中高级岗位比例的具体办法，拓宽医务人员职业发展空间。要完善聘用制度，加强聘用合同管理，建立符合卫生行业特点的聘用制度和公开招聘制度。

（十一）创新医疗行业专业技术人才评价。要创新人才使用评价办法，完善基层卫生专业技术人员职称评定，提高基层医疗服务水平。各地要贯彻《人力资源社会保障部　国家卫生计生委关于进一步改革完善基层卫生专业技术人员职称评审工作的指导意见》（人社部发

[2015] 94号)，制定完善基层卫生专业技术人员职称评审的实施细则。深化卫生系列职称制度改革，拓展职称评价人员范围，畅通编制外专业技术人员职称申报渠道，科学界定、合理下放职称评审权限，发挥用人主体在职称评审中的主导作用，逐步推动符合条件的大型公立医院自主评审职称。

(十二) 探索建立长期护理保险制度。要积极稳妥推进改革试点，探索长期护理保险的保障范围、参保缴费、待遇支付等政策体系，护理需求认定和等级评定等标准体系和管理办法，护理服务机构和护理人员服务质量评价、协议管理和费用结算等办法，长期护理保险管理服务规范和运行机制等。各试点地区要制定具体实施办法，围绕试点目标，细化工作措施，明确时间安排，及时报告工作进展情况，力争10月底前将试点方案报省厅批准，并报部里备案，确保年内启动实施。

(十三) 扎实推进医疗、医保、医药“三医联动”改革。要支持分级诊疗制度建设，促进家庭医生签约服务，推动医师多点执业，发挥医保政策调节作用，将医疗机构落实诊疗职责和转诊情况与绩效考核和医保基金拨付挂钩，引导患者有序就医，促进基层首诊，引导双向转诊，优化医疗资源配置，提高医疗卫生服务体系整体运行效率。有条件的地方可探索结合门诊统筹建立基层首诊、按人头付费的改革，并与基本公共卫生有效衔接，通过购买服务与支付方式的有效结合，促进疾病预防和健康管理。要支持公立医院改革，规范和引导医疗服务行为，控制医疗费用过快增长，做好医疗服务价格调整与医保支付等的衔接，制定医疗服务医保支付标准，推动医疗服务价格结构性调整，促进公立医院建立新的运行机制。要支持药品供应保障制度建设，充分发挥买方优势，通过谈判机制调控医药价格，制定与价格改革相应的医保支付标准，探索建立引导药品价格合理形成的机制，推动药品流通秩序改革。要支持社会办医，落实在医保定点、职称评定等方面对所有医疗机构同等对待的政策措施。

三、加强领导，真抓实干，确保大会精神落到实处

(十四) 加强组织领导。各地人力资源社会保障部门要坚决贯彻党中央、国务院决策部署，积极主动向当地党委、政府汇报相关工作，争取党委、政府的重视和支持，推动形成党委统一领导、党政齐抓共管、部门分工负责、齐心协力推进健康中国建设的工作格局。要将卫生与健康工作列入重要议事日程，主要负责同志亲自负责，加强力量配备和能力建设。要积极发挥部门职能，加强与相关部门的协调配合，共同推进健康中国建设。

(十五) 强化任务落实。要全面梳理改革重点任务，明确责任分工，细化配套措施，加强分类指导，强化督查考核，确保中央决策部署落地生根。要因地制宜，进行差别化探索，及时总结经验，特别是总结城乡医保整合、推进支付方式改革、创新医保经办管理、深化公立医院人事薪酬制度、完善医疗行业专业技术人才评价等方面的做法，推出一批人力资源社会保障部门助力健康中国建设的先进典型，并互相学习借鉴。部里将在总结地方经验基础上，组织推广各地经过实践检验的可复制可推广的经验做法。

(十六) 营造良好氛围。要借助传统媒体和新媒体平台，全面准确宣传大会精神。要大力宣传改革发展的新成效，最大限度地凝聚精气神，最大限度传递正能量。要遵循量力而行、尽力而为的原则，主动回应群众关切，积极引导社会预期，为推进健康中国建设创造良好的氛围。

二〇一六年九月二十七日

人力资源社会保障部　财政部关于印发职业年金基金管理暂行办法的通知

人社部发［2016］92号

各省、自治区、直辖市及新疆生产建设兵团人力资源社会保障厅（局）、财政（财务）厅（局）：

现将《职业年金基金管理暂行办法》印发给你们，请认真贯彻执行。

二〇一六年九月二十八日

职业年金基金管理暂行办法

第一章　总　　则

第一条　为规范职业年金基金管理，维护各方当事人的合法权益，根据信托法、合同法、证券投资基金法、《国务院关于机关事业单位工作人员养老保险制度改革的决定》（国发［2015］2号）、《国务院办公厅关于印发机关事业单位职业年金办法的通知》（国办发［2015］18号）等法律及有关规定，制定本办法。

第二条　本办法所称职业年金基金，是指依法建立的职业年金计划筹集的资金及其投资运营收益形成的机关事业单位补充养老保险基金。职业年金基金的委托管理、账户管理、受托管理、托管、投资管理以及监督管理适用本办法。

第三条　本办法所称受益人是指参加职业年金计划的机关事业单位工作人员。委托人是指参加职业年金计划的机关事业单位及其工作人员。代理人是指代理委托人集中行使委托职责并负责职业年金基金账户管理业务的中央国家机关养老保险管理中心及省级社会保险经办机构。受托人是指受托管理职业年金基金财产的法人受托机构，托管人是指接受受托人委托保管职业年金基金财产的商业银行，投资管理人是指接受受托人委托投资管理职业年金基金财产的专业机构。

职业年金基金受托、托管和投资管理机构在具有相应企业年金基金管理资格的机构中选择。

第四条　职业年金基金采取集中委托投资运营的方式管理，其中，中央在京国家机关及所属事业单位职业年金基金由中央国家机关养老保险管理中心集中行使委托职责，各地机关事业单位职业年金基金由省级社会保险经办机构集中行使委托职责。代理人可以建立一个或多个职业年金计划，按计划估值和计算收益率，建立多个职业年金计划的，也可以实行统一收益率。一个职业年金计划应当只有一个受托人、一个托管人，可以根据资产规模大小选择适量的投资管理人。职业年金计划的基金财产，可以由投资管理人设立投资组合或由受托人直接投资养老金产品进行投资管理。

第五条 职业年金计划的代理人代理委托人与受托人签订职业年金计划受托管理合同，受托人与托管人、投资管理人分别签订职业年金计划委托管理合同。职业年金计划受托和委托管理合同由受托人报人力资源社会保障部或者省、自治区、直辖市人力资源社会保障行政部门备案，人力资源社会保障行政部门于收到符合规定的备案材料之日起 15 个工作日内，出具职业年金计划确认函，给予职业年金计划登记号。职业年金计划名称、登记号及投资组合代码，按规定编制。

第六条 成立中央及省级职业年金基金管理机构评选委员会（以下简称评选委员会），负责通过招标形式选择、更换受托人。评选委员会人数为 7 人、9 人或 11 人，由人力资源社会保障部门、财政部门等方面人员组成，基金规模较大的机关事业单位和地区可派代表参加。评选委员会办公室设在中央国家机关养老保险管理中心及省级社会保险经办机构，承担相关事务工作。

评选委员会成员名单报人力资源社会保障部、财政部备案。

第七条 同一职业年金计划中，受托人与托管人、托管人与投资管理人不得为同一机构；受托人与托管人、托管人与投资管理人、投资管理人与其他投资管理人的高级管理人员和职业年金从业人员，不得相互兼任。

受托人兼任投资管理人时，应当建立风险控制制度，确保业务管理之间的独立性；设立独立的受托业务和投资业务部门，办公区域、运营管理流程和业务制度应当严格分离；直接负责的高级管理人员、受托业务和投资业务部门的从业人员不得相互兼任。同一职业年金计划中，受托人对待各投资管理人应当执行统一的标准和流程，体现公开、公平、公正原则。

第八条 职业年金基金财产独立于机关事业单位、各级社会保险经办机构、受托人、托管人、投资管理人和其他为职业年金基金管理提供服务的自然人、法人或者其他组织的固有财产及其管理的其他财产。

职业年金基金财产的管理、运用或者其他情形取得的财产和收益，应当归入基金财产。

第九条 机关事业单位、各级社会保险经办机构、受托人、托管人、投资管理人和其他为职业年金基金管理提供服务的法人或者其他组织，因机构调整、依法解散、被依法撤销或者被依法宣告破产等原因进行终止清算的，职业年金基金财产不属于其清算财产。

第十条 职业年金基金财产的债权，不得与机关事业单位、各级社会保险经办机构、受托人、托管人、投资管理人和其他为职业年金基金管理提供服务的自然人、法人或者其他组织固有财产的债务相互抵销。不同职业年金计划基金财产的债权债务，不得相互抵销。非因职业年金基金财产本身承担的债务，不得对基金财产强制执行。

第十一条 人力资源社会保障行政部门、财政部门对职业年金基金管理情况进行监管。

第二章 管理职责

第十二条 建立职业年金的机关事业单位应当履行下列职责：

（一）向管理其基本养老保险的社会保险经办机构申报职业年金缴费。

（二）机关事业单位职业年金缴费按期划入管理其基本养老保险的社会保险经办机构按有关规定设立的职业年金基金归集账户，省以下社会保险经办机构职业年金基金归集账户资金及时归集至省级社会保险经办机构职业年金基金归集账户，确保资金完整、安全和独立。职业年金基金归集账户设立和管理办法另行制定。

（三）根据有关规定，在本单位工作人员出现退休、出国（境）定居、死亡等情况时，向管理其基本养老保险的社会保险经办机构提出待遇支付申请，并协助发放职业年金待遇；在本单位工作人员变动工作单位时，向管理其基本养老保险的社会保险经办机构提出账户转移申请，并协助办理职业年金账户转移；在本单位工作人员出现上述情况或其他有关情况时，向同级财政提出拨付资金记实申请。

第十三条 代理人应当履行下列职责：

（一）代理委托人与受托人签订职业年金计划受托管理合同。

（二）设立独立的职业年金基金归集账户，归集职业年金缴费，账实匹配一致后按照职业年金计划受托管理合同约定及时将职业年金基金归集账户资金划入职业年金基金受托财产托管账户，确保资金完整、安全和独立。

（三）负责对归集账户进行会计核算。

（四）负责职业年金基金账户管理，记录单位和个人缴费以及基金投资收益等账户财产变化情况。

（五）计算职业年金待遇，办理账户转移等相关事宜。

（六）定期向受托人提供职业年金基金账户管理相关信息，向机关事业单位披露职业年金管理信息，向受益人提供个人账户信息查询服务。

（七）定期向有关监管部门提交职业年金计划管理报告和职业年金基金账户管理报告，发生重大事件时及时向建立职业年金的机关事业单位和有关监管部门报告。

（八）监督职业年金计划管理情况，建立职业年金计划风险控制机制。

（九）按照国家规定保存职业年金基金委托管理、账户管理等业务活动记录、账册、报表和其他相关资料。

（十）国家规定和合同约定的其他职责。

第十四条 代理人不得有下列行为：

（一）将职业年金基金财产混同于其他财产。

（二）侵占、挪用职业年金基金财产。

（三）利用所管理的职业年金基金财产为机关事业单位、受益人、代理人、受托人、托管人、投资管理人，以及归集账户开户银行和其他自然人、法人或者其他组织谋取不正当利益。

（四）国家规定和合同约定禁止的其他行为。

第十五条 受托人应当履行下列职责：

（一）选择、监督、更换职业年金计划托管人和投资管理人。

（二）与托管人和投资管理人签订职业年金计划委托管理合同。

（三）制定职业年金基金战略资产配置策略，提出大类资产投资比例和风险控制要求。

（四）基金财产到达受托财产托管账户25个工作日内划入投资资产托管账户。向投资管理人分配职业年金基金财产，也可根据职业年金计划受托管理合同约定将基金财产投资于一个或者多个养老金产品。

（五）及时与托管人核对受托财产托管账户的会计核算信息和职业年金基金资产净值等数据。

（六）根据代理人的通知，向托管人发出职业年金收账指令、待遇支付指令及其他相关信息。

（七）建立职业年金计划投资风险控制及定期考核评估制度，严格控制投资风险。

（八）接受代理人查询，定期向代理人提交基金资产净值等数据信息以及职业年金计划受托管理报告。

（九）定期向有关监管部门提交职业年金基金受托管理报告，发生重大事件时及时向代理人和有关监管部门报告。

（十）根据合同约定监督职业年金基金管理情况。

（十一）按照国家规定保存职业年金基金

受托管理业务活动记录、账册、报表和其他相关资料。

（十二）国家规定和合同约定的其他职责。

第十六条 受托人不得有下列行为：

（一）将职业年金基金财产混同于其固有财产或者他人财产。

（二）不公平对待职业年金基金财产与其管理的其他财产。

（三）不公平对待其管理的不同职业年金基金财产。

（四）不公平对待各投资管理人。

（五）侵占、挪用职业年金基金财产。

（六）利用所管理的职业年金基金财产为机关事业单位、受益人、代理人、受托人、托管人、投资管理人，或者其他自然人、法人以及其他组织谋取不正当利益。

（七）国家规定和合同约定禁止的其他行为。

第十七条 托管人应当履行下列职责：

（一）安全保管职业年金基金财产。

（二）以职业年金基金名义开设基金财产的资金账户和证券账户等。

（三）对所托管的不同职业年金基金财产分别设置账户，确保基金财产的完整和独立。

（四）根据受托人指令，向投资管理人划拨职业年金基金财产，或者将职业年金基金财产划拨给一个或者多个养老金产品。

（五）及时办理清算、交割事宜。

（六）负责职业年金计划和各投资组合的基金会计核算和估值，复核、审查和确认基金资产净值，并按期向受托人提交基金资产净值、基金估值等必要的信息。

（七）根据受托人指令，向受益人发放职业年金待遇。

（八）定期与受托人、投资管理人核对有关数据。

（九）按照规定监督投资管理人的投资运作，并定期向受托人报告投资监督情况。

（十）定期向受托人提交职业年金计划托管报告，定期向有关监管部门提交职业年金基金托管报告，发生重大事件时及时向受托人和有关监管部门报告。

（十一）按照国家规定保存职业年金基金托管业务活动记录、账册、报表和其他相关资料。

（十二）国家规定和合同约定的其他职责。

第十八条 托管人发现投资管理人依据交易程序尚未成立的投资指令违反法律、行政法规、其他有关规定或者合同约定的，应当拒绝执行，立即通知投资管理人，并及时向受托人和有关监管部门报告。

托管人发现投资管理人依据交易程序已经成立的投资指令违反法律、行政法规、其他有关规定或者合同约定的，应当立即通知投资管理人，并及时向受托人和有关监管部门报告。

第十九条 托管人不得有下列行为：

（一）将托管的职业年金基金财产与其固有财产混合管理。

（二）将托管的职业年金基金财产与托管的其他财产混合管理。

（三）将托管的不同职业年金计划、不同职业年金投资组合的职业年金基金财产混合管理。

（四）侵占、挪用托管的职业年金基金财产。

（五）利用所管理的职业年金基金财产为机关事业单位、受益人、代理人、受托人、托管人、投资管理人，或者其他自然人、法人以及其他组织谋取不正当利益。

（六）国家规定和合同约定禁止的其他行为。

第二十条 投资管理人应当履行下列职责：

（一）对职业年金基金财产进行投资。

（二）及时与托管人核对投资管理的职业年金基金会计核算和估值数据。

（三）建立职业年金基金投资管理风险准备金。

（四）建立投资组合风险控制及定期评估制度，严格控制组合投资风险。

（五）定期向受托人提交职业年金计划投资组合管理报告，定期向有关监管部门提交职业年金基金投资管理报告，发生重大事件时及时向受托人和有关监管部门报告。

（六）按照国家规定保存职业年金基金投资管理业务活动记录、账册、报表和其他相关资料。

（七）国家规定和合同约定的其他职责。

第二十一条 有下列情形之一的，投资管理人应当及时向受托人报告：

（一）职业年金基金单位净值大幅度波动的。

（二）可能使职业年金基金财产受到重大影响的有关事项。

（三）国家规定和合同约定的其他情形。

第二十二条 投资管理人不得有下列行为：

（一）将职业年金基金财产混同于其固有财产或者他人财产。

（二）不公平对待职业年金基金财产与其管理的其他财产。

（三）不公平对待其管理的不同职业年金基金财产。

（四）侵占、挪用职业年金基金财产。

（五）承诺、变相承诺保本或者保证收益。

（六）利用所管理的职业年金基金财产为机关事业单位、受益人、代理人、受托人、托管人、投资管理人，或者其他自然人、法人以及其他组织谋取不正当利益。

（七）国家规定和合同约定禁止的其他行为。

第二十三条 有下列情形之一的，受托人、托管人或者投资管理人职责终止：

（一）严重违反职业年金计划受托或委托管理合同。

（二）利用职业年金基金财产为其谋取不正当利益，或者为他人谋取不正当利益。

（三）依法解散、被依法撤销、被依法宣告破产或者被依法接管。

（四）被依法取消企业年金基金管理资格。

（五）代理人有证据认为更换受托人符合受益人利益，并经评选委员会批准。

（六）受托人有证据认为更换托管人或者投资管理人符合受益人利益。

（七）有关监管部门有充分理由和依据认为更换受托人、托管人或者投资管理人符合受益人利益。

（八）国家规定和合同约定的其他情形。

受托人职责终止的，评选委员会应当及时选定新的受托人；托管人或者投资管理人职责终止的，受托人应当及时选定新的托管人或者投资管理人。原受托人、托管人、投资管理人应当妥善保管职业年金基金相关资料，并在受托人、托管人或者投资管理人变更生效之日起35个工作日内办理完毕业务移交手续，新受托人、托管人、投资管理人应当及时接收并履行相应职责。

第三章 基金投资

第二十四条 职业年金基金投资管理应当遵循谨慎、分散风险的原则，充分考虑职业年金基金财产的安全性、收益性和流动性，实行专业化管理。

第二十五条 职业年金基金财产限于境内投资，投资范围包括：银行存款，中央银行票据；国债，债券回购，信用等级在投资级以上的金融债、企业（公司）债、可转换债（含分离交易可转换债）、短期融资券和中期票据；商业银行理财产品，信托产品，基础设施债权投资计划，特定资产管理计划；证券投资基金，股票，股指期货，养老金产品等金融产品。

其中，投资商业银行理财产品、信托产品、基础设施债权投资计划、特定资产管理计划、股指期货及养老金产品，在国家有关部门另行规定之前，按照《关于扩大企业年金基金投资范围的通知》（人社部发［2013］23号）、《关于企业年金养老金产品有关问题的通知》（人社部发［2013］24号）等有关规定执行。

第二十六条 每个投资组合的职业年金基

金财产应当由一个投资管理人管理，职业年金基金财产以投资组合为单位按照公允价值计算应当符合下列规定：

（一）投资银行活期存款、中央银行票据、一年期以内（含一年）的银行定期存款、债券回购、货币市场基金、货币型养老金产品的比例，合计不得低于投资组合委托投资资产净值的5%。清算备付金、证券清算款以及一级市场证券申购资金视为流动性资产。

（二）投资一年期以上的银行定期存款、协议存款、国债、金融债、企业（公司）债、可转换债（含分离交易可转换债）、短期融资券、中期票据、商业银行理财产品、信托产品、基础设施债权投资计划、特定资产管理计划、债券基金、固定收益型养老金产品、混合型养老金产品的比例，合计不得高于投资组合委托投资资产净值的135%。债券正回购的资金余额在每个交易日均不得高于投资组合基金资产净值的40%。

（三）投资股票、股票基金、混合基金、股票型养老金产品的比例，合计不得高于投资组合委托投资资产净值的30%。职业年金基金不得直接投资于权证，但因投资股票、分离交易可转换债等投资品种而衍生获得的权证，应当在权证上市交易之日起10个交易日内卖出。

（四）投资商业银行理财产品、信托产品、基础设施债权投资计划、特定资产管理计划，以及商业银行理财产品型、信托产品型、基础设施债权投资计划型、特定资产管理计划型养老金产品的比例，合计不得高于投资组合委托投资资产净值的30%。其中，投资信托产品以及信托产品型养老金产品的比例，合计不得高于投资组合委托投资资产净值的10%。

投资商业银行理财产品、信托产品、基础设施债权投资计划、特定资产管理计划或商业银行理财产品型、信托产品型、基础设施债权投资计划型、特定资产管理计划型养老金产品的专门投资组合，可以不受此30%和10%规定的限制。专门投资组合应当有80%以上的非现金资产投资于投资方向确定的内容。

第二十七条　单个投资组合的职业年金基金财产，按照公允价值计算应当符合下列规定：

（一）投资一家企业所发行的股票，单期发行的同一品种短期融资券、中期票据、金融债、企业（公司）债、可转换债（含分离交易可转换债），单只证券投资基金，分别不得超过上述证券发行量、该基金份额的5%，其中基金产品份额数以最近一次公告或者发行人正式说明为准，也不得超过该投资组合委托投资资产净值的10%。

（二）投资单期商业银行理财产品、信托产品、基础设施债权投资计划或者特定资产管理计划，分别不得超过该期商业银行理财产品、信托产品、基础设施债权投资计划或者特定资产管理计划资产管理规模的20%。投资商业银行理财产品、信托产品、基础设施债权投资计划或者特定资产管理计划的专门投资组合，可以不受此规定的限制。

第二十八条　单个计划的职业年金基金财产按照公允价值计算应当符合下列规定：

（一）投资股票型养老金产品的比例，不得高于职业年金基金资产净值的30%。

（二）投资商业银行理财产品、信托产品、基础设施债权投资计划、特定资产管理计划和商业银行理财产品型、信托产品型、基础设施债权投资计划型、特定资产管理计划型养老金产品的专门投资组合，以及商业银行理财产品型、信托产品型、基础设施债权投资计划型、特定资产管理计划型养老金产品的比例，合计不得高于职业年金基金资产净值的30%。其中，投资信托产品、信托产品型养老金产品的专门投资组合，以及信托型养老金产品的比例，合计不得高于职业年金基金资产净值的10%。

第二十九条　投资管理人管理的职业年金基金财产投资于自己管理的金融产品须经受托人同意。

第三十条　因证券市场波动、上市公司合并、基金规模变动等投资管理人之外的因素致使职业年金基金投资不符合本办法第二十六条、第二十七条、第二十八条规定的比例或者合同约定的投资比例的，投资管理人应当在可上市交易之日起10个交易日内调整完毕。

第三十一条 根据金融市场变化和投资运作情况，有关监管部门适时对投资范围和比例进行调整。

第三十二条 除股指期货交易外，职业年金基金证券交易以现货和国家规定的其他方式进行。

职业年金基金不得用于向他人贷款和提供担保。

投资管理人不得从事使职业年金基金财产承担无限责任的投资。

第四章 收益分配及费用

第三十三条 代理人应当采用份额计量方式进行账户管理，根据职业年金基金单位净值，按月足额记入受益人职业年金账户。

第三十四条 受托人年度提取的管理费不高于受托管理职业年金基金资产净值的0.2%；托管人年度提取的管理费不高于托管职业年金基金资产净值的0.2%；投资管理人年度提取的管理费综合考虑投资收益等情况确定，不高于投资管理职业年金基金资产净值的1.2%。

根据职业年金基金管理情况，有关监管部门适时对管理费进行调整。

第三十五条 投资管理人从当期收取的管理费中，提取20%作为职业年金基金投资管理风险准备金，专项用于弥补合同到期时所管理投资组合的职业年金基金当期委托投资资产的投资亏损。余额达到投资管理人所管理投资组合基金资产净值的10%时可以不再提取。

当合同到期时，如所管理投资组合的职业年金基金资产净值低于当期委托投资资产，投资管理人应当用风险准备金弥补该时点的当期委托投资资产亏损，直至该投资组合风险准备金弥补完毕；如所管理投资组合的职业年金基金当期委托投资资产没有发生投资亏损或者风险准备金弥补后有剩余，风险准备金划归投资管理人所有。

职业年金基金投资管理风险准备金应当存放于投资管理人在托管人处开立的专用存款账户。托管人不得对风险准备金账户收取费用。风险准备金由投资管理人进行管理，可以投资于银行存款、国债等高流动性、低风险金融产品。风险准备金产生的投资收益，归入风险准备金。

第五章 计划管理及信息披露

第三十六条 发生下列情形之一的，职业年金计划变更：

（一）职业年金计划受托人、托管人或者投资管理人变更。

（二）职业年金计划受托或委托管理合同主要内容变更。

（三）国家规定的其他情形。

发生前款规定情形时，受托人应当将相关职业年金计划受托或委托管理合同重新报人力资源社会保障行政部门备案。

职业年金计划变更，原计划登记号不变。

第三十七条 职业年金计划终止时，代理人与受托人应当共同组织清算组对职业年金基金财产进行清算。清算费用可从职业年金基金财产中列支。

清算组由代理人、受托人、托管人、投资管理人以及由代理人与受托人共同聘请的会计师事务所、律师事务所等组成。

清算组应当自计划终止后3个月内完成清算工作，并向有关监管部门提交经会计师事务所审计以及律师事务所出具法律意见书的清算报告。

代理人与受托人、托管人、投资管理人应当继续履行管理职责至职业年金计划财产移交完成。

人力资源社会保障行政部门在接到清算报告后，应当注销该职业年金计划。

第三十八条 发生下列情形之一的，代理人与受托人应当共同聘请具有证券期货相关业务资格的会计师事务所对职业年金计划进行审计。审计费用可从职业年金基金财产中列支。

（一）职业年金计划连续运作满 3 个会计年度。

（二）职业年金计划受托人、托管人或者投资管理人职责终止。

（三）国家规定的其他情形。

代理人、受托人、托管人、投资管理人应当配合会计师事务所对职业年金计划进行审计。受托人应当自上述情况发生之日起的 50 个工作日内向有关监管部门提交审计报告。

第三十九条　代理人应当在年度结束后 45 个工作日内，向机关事业单位披露职业年金管理信息，向受益人提供职业年金个人账户权益信息。

代理人应当在季度结束后 35 个工作日内、年度结束后 45 个工作日内，向本级监管部门提交职业年金计划管理报告。

代理人应当在季度结束后 15 个工作日内、年度结束后 25 个工作日内，向有关监管部门提交职业年金基金账户管理报告。

第四十条　受托人应当在季度结束后 25 个工作日内、年度结束后 35 个工作日内，向代理人提交职业年金计划受托管理报告。

受托人应当在季度结束后 15 个工作日内、年度结束后 25 个工作日内，向有关监管部门提交职业年金基金受托管理报告。

第四十一条　托管人应当在季度结束后 15 个工作日内、年度结束后 25 个工作日内，向受托人提交职业年金计划托管报告。

托管人应当在季度结束后 15 个工作日内、年度结束后 25 个工作日内，向有关监管部门提交职业年金基金托管报告。

第四十二条　投资管理人应当在季度结束后 15 个工作日内、年度结束后 25 个工作日内，向受托人提交经托管人确认财务管理数据的职业年金计划投资组合管理报告。

投资管理人应当在季度结束后 15 个工作日内、年度结束后 25 个工作日内，向有关监管部门提交职业年金基金投资管理报告。

第四十三条　受托人、托管人和投资管理人发生下列情形之一的，应当及时向代理人和有关监管部门报告；托管人和投资管理人应当同时抄报受托人。

（一）减资、合并、分立、依法解散、被依法撤销、决定申请破产或者被申请破产的。

（二）涉及重大诉讼或者仲裁的。

（三）董事长、总经理或直接负责职业年金业务的高级管理人员发生变动的。

（四）国家规定的其他情形。

第四十四条　代理人、受托人、托管人和投资管理人应当按照规定报告职业年金基金管理情况，并对所报告内容的真实性、准确性、完整性负责。

第六章　监督检查

第四十五条　有关监管部门依法履行监督管理职责，可以采取以下措施：

（一）查询、记录、复制与被调查事项有关的职业年金计划受托和委托管理合同、财务会计报告等资料。

（二）询问与被调查事项有关的单位和个人，要求其对有关问题作出说明、提供有关证明材料。

（三）国家规定的其他措施。

机关事业单位、各级社会保险经办机构、受托人、托管人、投资管理人，以及归集账户开户银行和其他为职业年金基金管理提供服务的自然人、法人或者其他组织，应当积极配合检查，如实提供有关资料，不得拒绝、阻挠或者逃避检查，不得谎报、隐匿或者销毁相关材料。

第四十六条　有关监管部门依法进行调查或者检查时，应当至少由两人共同进行，出示证件，并承担下列义务：

（一）依法履行职责，秉公执法，不得利用职务之便谋取私利。

（二）保守在调查或者检查时知悉的商业秘密。

（三）为举报人保密。

第四十七条 各级社会保险经办机构、受托人、托管人、投资管理人以及归集账户开户银行违反本办法规定的，由有关监管部门责令改正。

第四十八条 受托人、托管人、投资管理人发生违法违规行为可能影响职业年金基金财产安全的，或者经责令改正而不改正的，由人力资源社会保障部暂停其接收新的职业年金基金管理业务。各级社会保险经办机构、受托人、托管人、投资管理人以及归集账户开户银行发生违法违规行为给职业年金基金财产或者受益人利益造成损害的，依法承担赔偿责任，其中各级社会保险经办机构的赔偿责任由同级财政承担；构成犯罪的，依法追究刑事责任。

第四十九条 有关监管部门将受托人、托管人、投资管理人以及归集账户开户银行违法违规行为、处理结果以及改正情况予以记录，同时抄送业务主管部门。

第五十条 各省、自治区、直辖市人力资源社会保障行政部门、财政部门对本地区职业年金基金管理情况进行监督，发现违法违规问题报人力资源社会保障部、财政部。

第五十一条 会计师事务所和律师事务所提供职业年金中介服务应当严格遵守法律法规和相关职业准则、行业规范。

第七章 附 则

第五十二条 本办法由人力资源社会保障部、财政部解释。

第五十三条 本办法自印发之日起施行。

人力资源社会保障部关于第四批宣布失效和废止文件的通知

人社部发［2016］96号

各省、自治区、直辖市及新疆生产建设兵团人力资源社会保障厅（局）：

根据国务院文件清理工作的统一部署，我部对1949年新中国成立以来至1986年期间制发的文件进行了清理，其中部分文件调整对象已消失、工作任务已完成、适用期已满、已有新规定替代。现宣布失效13份文件（见附件1），废止77份文件（见附件2）。

附件：

1. 人力资源社会保障部宣布失效的文件目录（略）

2. 人力资源社会保障部宣布废止的文件目录（略）

二〇一六年十月二十一日

人力资源社会保障部　教育部关于实施高校毕业生就业创业促进计划的通知

人社部发［2016］100号

各省、自治区、直辖市人力资源社会保障厅（局）、教育厅（教委），部属各高等学校，新疆生产建设兵团人力资源社会保障局、教育局：

高校毕业生是国家的宝贵财富。高校毕业生就业关系经济转型升级、民生改善和社会稳定大局。为进一步做好高校毕业生就业创业工作，人力资源社会保障部、教育部决定，从2016年起实施“高校毕业生就业创业促进计划”。现就有关工作通知如下：

一、指导思想

深入贯彻党中央、国务院关于促进高校毕业生就业创业的决策部署，坚持使市场在资源配置中起决定性作用和更好发挥政府作用相结合，坚持促进就业和鼓励创业相结合，坚持政策引导和服务创新相结合，针对高校毕业生就业创业特点，发挥政府、高校、社会等各方面作用，加强政策统筹，整合利用资源，畅通就业渠道，改善就业环境，建立健全促进高校毕业生就业创业的长效机制。

二、目标任务

把有就业创业意愿的高校毕业生全部纳入就业创业促进计划，运用各项政策措施和服务手段综合施策，精准发力，使高校毕业生就业创业能力全面提升，创新创业活力进一步增强，有就业创业需求的都能得到有针对性的指导服务和政策支持，市场供需匹配效率进一步提高，高校毕业生就业权益得到有效保障，努力实现高校毕业生就业保持较高水平。

三、主要措施

实施能力提升、创业引领、校园精准服务、就业帮扶、权益保护五大行动，加强部门协同、信息共享、工作对接，促进高校毕业生就业创业。

（一）能力提升行动。

各地各高校要全面提升高校毕业生就业能力，把学生职业发展与就业指导课程贯穿于整个人才培养体系，完善学科建设、课程设计，纳入教学计划和学分管理。加强就业指导师资培养，积极开展有计划、有组织的培训，在专业技术职务评聘中充分考虑就业指导教师的工作性质、工作业绩，并在同等条件下予以适当倾斜，推进就业指导教师队伍职业化、专业化、专家化。完善就业指导课程内容，深入开展个性化辅导与咨询，帮助毕业生科学规划职业生涯，增强职业素养，提升求职就业能力。注重理论与实践相结合，开展多种形式的模拟实训、职业体验等实践教学活动，有条件的还可组织参观人力资源市场，进行职业能力测评等现场指导，增强毕业生实践能力。各地人力资源社会保障部门要开展高校毕业生技能就业专项活动，选择一批优质职业培训机构、职业院校（含技工院校），加强职业培训，提升毕业生技能水平和就业能力。各地公共就业人才服务机构要联合高校开展有针对性的职业指导活动，做到每个毕业班都能得到群体性指导，每名就业困难毕业生都能得到个性化咨询辅导。

（二）创业引领行动。

各地要把鼓励创业作为扩大就业的重要方向，完善支持高校毕业生创业的政策制度和服务体系，进一步扩大高校毕业生创业规模。把创新创业教育作为教育改革的突破口，指导高校将创新创业教育融入人才培养全过程，开发开好创新创业教育课程，制定学分转换、弹性学制、保留学籍休学创业等措施，开展各类创业实践活动，增强大学生创新精神、创业意识和创新创业能力。加强创业培训，针对高校毕业生创业不同阶段的需求，优先安排优质培训资源，开发合适的创业培训课程，使每一个有创业意愿和培训需求的毕业生都有机会获得创业培训。落实好支持创业的便利化措施，会同有关部门简化工商登记手续，提供企业开户便利，按规定给予税费减免优惠，为高校毕业生创业开辟“绿色通道”。拓宽多元化资金支持渠道，落实创业担保贷款政策，鼓励天使基金、风险投资和创业投资基金等社会资本，以多种方式支持高校毕业生创业。提供创业经营场所支持，统筹利用资源建设大学生创业园、留学人员创业园和创业孵化基地，支持发展一批众创空间等新型平台，为高校毕业生提供低成本场所支持和孵化服务，并对符合条件的给予一定场租补贴。加强创业公共服务，探索建立公共服务机构与市场主体合作机制，协调有关方面构建覆盖院校、园区、社会的创业公共服务体系，建立创业服务专家队伍，组织开展创新创业大赛等活动，加强全国大学生创业服务网建设，为高校毕业生创业提供全方位支持。

（三）校园精准服务行动。

各地各高校要强化毕业生在校期间就业服务，多渠道搭建校内外资源信息对接的服务平台，建立精准推送就业服务机制，进一步提升人岗匹配效率。各地教育部门要指导高校组织开展就业信息调查，详细了解每一名毕业生的求职地域、就业意愿等需求，建立毕业生求职意愿信息数据库。高校要向社会发布本校专业学科设置、毕业生规模结构等信息，方便各类用人单位了解毕业生情况、确定招聘需求。积极主动开拓就业市场，通过与企业洽谈、调动校友资源、与人力资源社会保障部门对接等多种途径，广泛收集用人需求信息，建立用人单位岗位需求信息数据库。搭建精准对接服务平台，运用微信、微博、APP 移动客户端等技术手段，将毕业生数据库与用人岗位数据库对接，根据需求推送岗位、政策、服务等信息，促进供需精准匹配。充分发挥校园市场的主体作用，根据供求双方特点，分层次、分类别、分行业举办各类招聘活动，提高招聘服务效率。加大困难帮扶力度，准确掌握家庭困难特别是建档立卡贫困家庭、零就业家庭毕业生，以及少数民族、农村生源、残疾等毕业生的具体情况，实行“一生一策”动态管理，做好个性化指导和岗位推荐，及时发放求职创业补贴，力争帮助更多毕业生在离校前落实就业岗位。做好基层服务项目、大学生征兵等组织工作，落实好基层就业学费补偿、助学贷款代偿政策。各地人力资源社会保障部门要积极开展公共就业人才服务进校园活动，组织政策宣讲，提供一批岗位信息，举办大中城市联合招聘等专项活动，推进地方公共就业人才服务网与高校校园网、新职业网、中国公共招聘网互联互通和岗位跨区域共享，为毕业生求职就业提供更加便捷高效的就业服务。

（四）就业帮扶行动。

各地要将有就业意愿的离校未就业高校毕业生全部纳入公共就业人才服务范围，综合运用一揽子措施，力争使每一名有就业意愿的离校未就业高校毕业生在毕业半年内实现就业或参加到就业准备活动中。做好毕业生离校前后的信息衔接，城市人力资源社会保障部门要主动与所在地高校对接，掌握毕业生基本情况，省级人力资源社会保障部门、教育部门和高校要在毕业生离校后及早开展信息衔接工作，加强信息校核，确保重要信息完整，进一步健全离校未就业高校毕业生实名信息数据库。建立登记信息反馈制度，各地公共就业人才服务机构对报到接收的未就业毕业生进行实名登记后，通过适当方式向高校或教育部门反馈相关信息，共同做好跟踪服务。完善实名制精准服务制度，逐个联系、逐一了解未就业毕业生需求，提供一次职业指导，帮助制定个性化求职就业方案，同时深入企业挖掘岗位信息、了解用人需求，指导企业合理设置招聘条件，向企业推送未就业毕业生信息，积极促进人岗匹配。丰富拓展职业培训、就业见习等服务内容，健全规范管理制度，提升服务保障能力，确保有需求的毕业生都能纳入其中。加强对各类就业困难毕业生和长期失业毕业生的就业援助，各级公共就业人才服务机构和基层服务平台要指定专人负责，建立专门台账，根据他们的基本情况和就业需求，提供“一对一”指导和服务，优先推荐岗位信息，优先参加培训见习，优先提供创业扶持，帮助他们尽快实现就业创业。

（五）权益保护行动。

各地要进一步加强高校毕业生就业管理服务，完善竞争有序的人力资源市场环境，切实保护高校毕业生就业权益。抓好高校毕业生就业创业各项政策落地，简化政策操作流程，指导帮助申请政策的毕业生做好材料准备、手续申报等事项，加快审批办理进度，确保政策及时兑现。拓宽高校毕业生就业渠道，推进国有企业招聘应届高校毕业生信息公开，健全毕业生到基层工作的服务保障机制，帮助他们解决好薪酬待遇、职称评定、落户、档案管理、社会保险转移接续等实际问题，促进人才合理流动。加强人力资源市场监管，开展人力资源市场秩序清理整顿专项行动，严厉打击招聘过程中的欺诈行为，依法纠正性别、民族等就业歧视现象，加大劳动用工、缴纳社会保险费等方面的劳动保障监察力度，维护高校毕业生就业权益，营造公平就业良好环境。

四、工作要求

（一）加强组织领导。各地人力资源社会保障部门、教育部门、各高校要高度重视就业创业促进计划，将其作为高校毕业生就业创业工作的重要抓手，列入工作考核内容，加大对校园招聘、就业创业服务等经费保障，大力推动实施。要结合实际制定具体实施方案，充实细化计划内容，明确工作任务、职责分工、时间进度和工作要求。探索创新推进计划实施的有效方式，及时总结经验做法，调整完善工作措施。加强高校毕业生就业数据信息统计监督管理工作，确保就业数据信息真实、准确。

（二）加强部门协同。各地人力资源社会保障部门、教育部门、各高校要加强协同配合，建立健全涵盖学校内外各阶段、求职就业各环节、就业创业全过程的服务体系，分工负责、齐抓共管，共同推进计划实施。建立部门间信息通报机制，定期调度工作进展，加强毕业生就业情况交流，同时加大督促检查力度，积极协调解决工作推进中遇到的困难和问题，确保完成计划目标任务。密切跟踪高校毕业生就业形势，根据形势变化有针对性地采取措施。

（三）加强宣传动员。各地人力资源社会保障部门、教育部门、各高校要制定宣传方案，以高校毕业生喜闻乐见的方式，大力宣传解读国家促进毕业生就业创业的政策措施，宣传就业创业促进计划的目标任务和行动举措，力争使每一名高校毕业生都知晓计划并积极参与。以实施计划为主题，制作一批宣传资料在公共就业人才服务机构、高校及校园网站、街道社区等场所和平台张贴发布。树立一批高校毕业生就业创业先进典型，加强思想教育，引导广大毕业生树立正确的就业观和择业观，积极主动就业创业。

二〇一六年十月二十六日

人力资源社会保障部关于印发“互联网＋人社”2020行动计划的通知

人社部发［2016］105号

各省、自治区、直辖市及新疆生产建设兵团人力资源社会保障厅（局），部属各单位，公务员局：

为贯彻落实《国务院关于积极推进“互联网＋”行动的指导意见》（国发［2015］40号）和《国务院关于印发促进大数据发展行动纲要的通知》（国发［2015］50号）精神，结合国务院推进“互联网＋政务服务”有关要求，我部研究制定了《“互联网＋人社”2020行动计划》，现印发给你们，请结合实际贯彻落实。

二〇一六年十一月一日

“互联网＋人社”2020行动计划

“互联网＋人社”是贯彻落实“互联网＋”、大数据等国家重大战略，推进“互联网＋政务服务”，加快人力资源和社会保障领域简政放权、放管结合、优化服务改革的重要举措，对于增强人力资源和社会保障工作效能，提升公共服务水平和能力，具有重要意义。为加快推动“互联网＋人社”实施，制定本行动计划。

一、总体要求

（一）指导思想

以党的十八大和十八届三中、四中、五中全会精神为指导，坚持以服务人民为中心，以改善民生保障、增进人民福祉为主线，充分运用“互联网＋”和大数据思维，全面发挥我国互联网应用规模优势及人力资源和社会保障数据资源优势，深度挖掘人力资源和社会保障工作与互联网融合发展潜力，增强创新能力，改进公共服务供给模式，激发社会创新活力，破解民生热点难点问题，推动人力资源和社会保障事业创新发展。

（二）基本原则

坚持以人为本。紧紧围绕人民群众诉求，面向各类服务人群，构建人人参与、人人享有、人人获益、人人便利的“互联网＋人社”发展格局。

坚持融合创新。推动人力资源和社会保障工作与互联网的创新理念、创新模式、先进技术深度融合，加快业务创新与服务方式变革，引领制度创新和体制机制创新，形成“互联网＋人社”新模式。

坚持开放共享。推进人力资源和社会保障领域服务资源、数据资源和基础设施资源平台化，完善各类资源的开放共享机制，鼓励社会力量参与民生服务，形成公众参与、社会共建的新形态。

坚持安全有序。正确处理创新发展与保障安全的关系，强化信息安全和个人隐私保护，健全网络安全保障体系，夯实信息化支撑能力，确保“互联网＋人社”健康、安全发展。

（三）行动目标

按照试点示范、逐步推广的模式分阶段推进“互联网＋人社”建设。

2018年之前，着力推进“互联网＋人社”试点示范工作：初步建成促进“互联网＋人社”发展的创新能力体系，优选一批行动主题纳入应用示范，探索形成一批可持续、可推广的创新发展模式。

2020年之前，实现“互联网＋人社”多元化、规模化发展：建成较为完善的创新能力体系，形成线上线下融合、服务衔接有序、规范安全高效的“互联网＋人社”发展格局，各项行动主题全面深化。形成开放共享的“互联网＋人社”生态环境，社会参与程度大幅提升，服务资源得到充分开发利用，群众满意度显著提升。

二、工作任务

“互联网＋人社”2020行动计划由基础能力提升、管理服务创新和社会协作发展三项行动计划组成，共包括48个行动主题（见附件）。

（一）基础能力提升行动

促进人力资源和社会保障领域数据资源和服务资源的聚集、整合和共享，形成基于大数据的“互联网＋”基础能力，为管理服务创新行动和社会协作发展行动提供基础支撑。

1. 精准识别能力。普遍发放社会保障卡（以下简称社保卡），实现“一人一卡”。建设社保卡持卡人员基础信息库（以下简称持卡库）、用人单位基础信息库，推进人员、单位信息在各业务领域之间的充分共享，并与国家人口基础信息库、法人单位基础信息库对接，实现“一数一源”。依托社保卡及持卡库，构建全国统一的个人身份认证平台，提供线上线下综合身份认证手段，形成业务办理的实名制验证能力，做到“单点登录、全网通办”，并与国家统一建设的用户身份认证体系实现互联互通。结合生物特征识别技术，进一步提高身份认证的准确度与方便性。

2. 信息汇聚能力。实施人力资源和社会保障大数据战略，规范数据采集和应用标准，拓展数据采集范围，强化数据质量，积极与公安、税务、民政、教育、卫生计生等部门共享数据资源，探索引入社会机构、互联网的数据资源，构建多领域集成融合的大数据应用平台。聚集整合个人就业经历、职业技能培训、参保缴费、待遇享受、工资收入、权益保障、表彰奖励等数据，以及用人单位的劳动用工行为等数据，构建“人社电子档案袋”。融合社保卡应用、服务、管理信息，构筑“用卡轨迹图”。

3. 需求感知能力。基于各类数据资源，运用大数据技术对各类服务对象的基础属性、业务属性、行为轨迹进行“画像”，开展比对和关联分析，准确描述不同群体、个体的业务行为特征，核验服务对象的业务状态，形成对服务诉求的感知与预判能力，为面向服务对象提供更具个性化的主动服务奠定基础。

4. 信用评价能力。建设全国统一的人力资源和社会保障信用信息平台，归集整合就业、社会保险、人事人才、劳动关系、工资收入分配等方面的信用信息，实现跨地区、跨业务共建共享共用。建立信用信息综合评价模型与标准，对各类服务对象守信失信行为进行分析，构建“人社信用体系”，客观评价用人单位和个人的行业信用情况，并与国家信用体系全面对接，实现信用信息互通、评价规则互认。

5. 支付结算能力。充分发挥社保卡普遍加载金融功能的优势，强化社保卡的银行账户功能，支持各类缴费和待遇享受应用。建设人力资源和社会保障支付结算平台，广泛借助合作商业银行、第三方支付平台等支付渠道，拓展社保卡的线上支付结算模式。

（二）管理服务创新行动

广泛应用基础能力提升行动的建设成果，引领管理服务模式创新，形成适应“互联网＋”的人力资源和社会保障工作新形态。

1. 线上服务。建立统一的公共服务信息平台，统一线上服务入口，实现全业务、多渠道的便捷服务。构筑统一的网上服务大厅，凡具备网上办理条件的服务事项，都要实现网上受理、网上办理、网上反馈，提供办理进度和办理结果网上实时查询服务，做到“应上尽上、全程办理”。暂不具备全程线上办理的事项，要以在线咨询、在线指导、在线预约等方式，及时解答群众疑问，实现线上线下服务衔接。推广网上维权、网上调解仲裁、网上职业培训等新模式。提升12333电话服务能力，大力发展移动客户端、自助服务终端、微信等服务渠道，实现线上各渠道之间的集成，并与实体大厅服务联动。借助银行、医院、药店等社会服务渠道，为群众提供更为便捷化的服务。

2. 协同服务。按照简政放权的要求，简化优化业务流程。充分发挥社保卡的身份凭证功能，推动持卡办事。按照统一标准建设电子档案系统，统一业务入口。推进就业失业登记、社会保险登记、劳动用工备案的协同办理。构建线上线下相衔接的权益保障平台，支持信访、社会保险基金欺诈、劳动人事争议、劳动保障监察等案件的信息协同与共享。构筑和完善跨地区业务协同平台，促进异地协作。依托国家数据共享交换平台，推动与政府其他部门的信息共享，进一步减少纸质证明材料，按规定支持相关部门及社会机构联网核验参保状态情况。鼓励与相关部门合作，建立部门协同的网上人才绿色通道。

3. 主动服务。利用大数据技术，通过对服务诉求的实时感知与动态分析，为各类服务对象提供更具个性化的主动服务，变“服务对象找我”为“我找服务对象”。通过汇聚整合人口、就业、社会保险等数据资源，准确感知劳动者就业创业和人才服务需求，提供针对性服务；准确感知离校未就业高校毕业生、就业困难人员等重点群体需求，实施分类帮扶和精准扶持；准确感知广大群众的社会保障诉求，提供贴心服务。利用旅行、医疗、消费等生活轨迹信息，动态掌握人员状态，辅助判断参保人员的待遇享受资格。借助移动互联网、生物特征识别等技术，推进待遇享受资格远程认证。积极运用互联网新媒体，围绕群众关切解疑释惑，及时回应社会舆情。

4. 引导服务。构建“就业D图”，全方位、多维度地展现各地区、各行业、各工种人力资源市场供需状况，引导劳动者有序流动、理性择业，引导用人单位合理设置招聘计划，引导培训机构开发更具针对性的培训课程；构造人才供需指数，在线监测人才需求，及时公布人才供给与市场需求信息，引导劳动者合理制定职业发展规划，提升职业技能，引导用人单位优化人力资源结构；通过数据比对和关联分析，定位未参保对象，明确重点扩面人群，探索利用社交网络、城市服务等互联网服务入口推送参保提示信息，提供网上自助参保、续保、缴费等服务，引导广大群众参加社会保险，促进全民参保。

5. 精确监管。建设以大数据为基础的监管监控平台，提高监管监控的针对性和精确性。推动建立统一的网上劳动用工备案平台，加强劳动用工动态监测。利用互联网数据，发现劳动保障违法违规行为线索，并与就业、社会保险和劳动用工信息比对核查，确定需重点监控的用人单位，有针对性地实施劳动保障监察。利用大数据、智慧地图、融合通信等技术，建立智能执法调度指挥平台，为应急指挥、执法调度、移动执法等提供技术支持。推进就医一卡通，结合参保人员持卡就医购药的轨迹信息，实现对门诊、住院、线上线下购药等医疗服务行为的全方位智能监控。完善社会保险基金监管系统，推动社会保险与财政、税务、金融监管等大数据资源的融合应用，筛查社会保险基金欺诈违法违规行为，实现精确查处。建立基于大数据的决策支持体系，及时感知政策实施状况，促进政策完善。构建基于大数据分析技术的失业预警体系和人力资源市场供求信息监测体系。

6. 信用监管。依托“人社信用体系”，建立业务分类处理新模式，对诚实守信主体实行信用承诺、优先办理、简化程序等激励措施。探索通过社保卡查询核验持卡人信用情况，分级授权网上业务范围，分类设定创业担保贷款额和贷款周期等。推动公务员录用、荣誉表彰等业务环节同步审查信用情况。加强对用人单位、人力资源服务机构、社会保险协议服务机构的信用管理，依法打击用人单位违法行为，惩处“黑中介”和协议机构的违规、欺诈、骗保等失信行为，引导社会诚信文化。

（三）社会协作发展行动

面向社会输出基础能力提升行动的建设成果及人力资源社会保障系统的服务资源，鼓励社会力量参与创新服务，支持大众创业、万众创新。

1. 基础能力输出。建立面向社会开放的社保卡服务平台，支持政府其他部门及社会机构通过社保卡向城乡居民提供服务，并依托社保卡、个人身份认证平台，开展实名身份核验。开放社保卡支付结算接口，支持与各类社会支付渠道的应用集成。建设统一、开放的医保结算接口，支持相关机构开展网上购药等应用。

2. 业务能力输出。建设统一的数据开放平台，公开资源目录和应用规范，在保证信息安全和个人隐私的前提下，逐步推动非涉密非敏感的公共数据资源和服务资源向社会合规开放。开放职业资格证书、职业技能等级证书、专业技术资格证书、技工院校毕业证书、就业创业证等证照信息的核验接口，支持政府其他部门及社会机构的集成应用。开放查询服务接口，向单位和个人提供人员就业经历信息、参保信息等查询服务，向社会人力资源服务机构开放招聘岗位信息。

3. 人社众筹众包。积极吸纳社会力量参与“互联网＋人社”建设，支持创业者和社会组织开发衍生服务产品。构建面向公众的创业服务平台，为创业者提供在线的项目开发、开业指导、跟踪扶持等服务。搭建家庭服务业公益性信息服务平台，发展互联网家庭服务模式。构建网络化人才交流合作平台，为各类人才与项目需求提供对接服务。开展医保诊疗信息的挖掘分析，实现对健康状况的监控预警，为参保人员提供个性化的健康管理服务。面向社会征集运用互联网改进民生服务的创新项目和创意点子，借民智推动民生服务资源应用，形成协作共创的良好生态。

三、保障措施

（一）健全政策措施。围绕人力资源和社会保障改革创新要求，进一步完善政策法规制度，优化“互联网＋人社”发展环境。支持电子数据、电子签章的使用，保障各项业务的线上全流程办理。规范社保卡发行和使用，保障持卡人线上线下的用卡权益。制定人力资源和社会保障公共数据资源开放共享与使用管理制度。

（二）完善业务管理。简化优化业务经办流程与公共服务流程，减少处理环节，缩短办理时限。整合优化服务窗口，实行综合柜员制。按照权力清单和责任清单，全面梳理编制公共服务事项目录，推动人力资源和社会保障领域管理服务标准化。全面清理公共服务事项涉及的证明材料和业务单据，探索免填单业务经办方式。建立跨领域、跨部门的公共服务事项协同办理机制。

（三）提升技术保障。推进人力资源和社会保障信息系统省级集中，构建全国一体化的“人社云”，加快信息网络向基层延伸。制定基础信息库、云平台、公共服务信息平台等方面的信息技术标准，规范接入接口，确保各系统、各应用的有序对接和第三方应用的安全接入。

（四）强化安全保障。加快“互联网＋人社”信息安全体系建设，落实信息安全等级保护制度，按照国家密码管理政策加强密码保护，推进全网全域的安全监控。建立数据分类应用、分级保护机制，外部机构接入安全审查、验证机制，以及网上服务用户身份认证机制，切实保障信息安全和个人隐私。

四、组织实施

（一）加强组织领导。各级人力资源社会保障部门应高度重视，切实加强组织领导，统筹协调解决“互联网＋人社”实施中的重大问题，明确职责分工，完善工作制度，形成工作合力，确保各项创新业务健康有序发展。

（二）建立联动机制。部级主要负责规划指导、标准制定、经验总结和推广实施，统筹安排全国性重点建设任务；各省级人力资源社会保障部门要结合本地实际，组织落实各项行动计划，并充分调动基层的积极性，进一步拓展行动主题。

（三）加强资源调配。充分利用现有资金渠道，积极争取财政资金支持。鼓励采用政府采购、服务外包、政府与社会资本合作、社会众包等方式，引导社会资本参与“互联网＋人社”行动，进一步拓展经费保障渠道。

（四）开展示范试点。鼓励有条件的地区或业务领域开展“互联网＋人社”创新应用试点，通过在技术创新、业务优化、管理提升等方面的先行先试，形成一批可复制、可推广的实践方案和发展模式。

（五）加强队伍建设。完善人才培养、激励和保障机制，建立适应“互联网＋人社”要求的创新型人才队伍。大力开展培训与交流活动，增强对“互联网＋人社”工作模式的适应能力，提升工作水平。

附件：“互联网＋人社”2020 行动主题（略）

人力资源社会保障部　国家发展和改革委员会　中华全国总工会　共青团中央　全国妇联关于开展东北等困难地区就业援助工作的通知

人社部发［2016］106号

天津市、河北省、山西省、辽宁省、吉林省、黑龙江省、上海市、江苏省、浙江省、山东省、广东省人力资源社会保障厅（局）、发展改革委、总工会、团委、妇联：

当前，辽宁、吉林、黑龙江、河北、山西等地区经济下行压力加大，去产能任务重，失业风险有所上升，部分群体就业难度较大。为加大对东北等困难地区就业工作的支持力度，人力资源社会保障部、国家发展改革委、全国总工会、共青团中央、全国妇联定于自2016年第四季度至2017年底开展就业援助工作。现将有关事项通知如下：

一、总体要求

整合社会资源，动员系统力量，缓解东北等困难地区就业压力。以去产能任务重、停产职工多、失业风险上升的就业困难城市和企业为重点，以帮扶去产能中失业人员、停产停工企业职工、高校毕业生等重点群体就业为目标，发挥部门职能优势，动员群团组织力量，搭建政企合作平台，多措并举，促进重点群体就业创业，稳定东北等困难地区就业局势。

二、主要任务

（一）发挥部门职能优势

发挥人社系统职能作用，开展有针对性的劳务对接和就业帮扶，加强人才援助，提升劳动者技能，推动东北等困难地区就业工作。

1. 劳务对接协作行动。组织天津、上海、江苏、浙江、山东、广东等省市人社部门，结合各地实际，选择一到两个用工需求较大的城市，与东北等困难地区开展劳务对接，建立跨省份人力资源服务联盟，搭建信息对接平台，帮助这些地区去产能中失业人员和长期停产停工企业职工跨地区劳务输出。东北等困难地区要摸清本地区有转移就业意愿人员的基本情况和就业需求，有条件的给予跨地区就业创业的人员一次性交通补贴。用工地区要针对性地筛选出部分岗位信息，开展远程和现场招聘，做好活动承接，并积极推进将在本地稳定就业的困难地区人员及其随迁家属纳入本地城镇基本公共服务。

2. 大中城市联合招聘活动。组织部分大中城市开展联合招聘，在高校集中、毕业生数量多的沈阳市设立巡回招聘站，结合东北等困难地区区域、产业、行业等特色，组织行业性、跨区域专场招聘活动，增加招聘场次，加大岗位信息收集和投放力度，促进高校毕业生就业。

3. 高层次人才促就业专项行动。实施东

北等困难地区高层次人才援助计划，举办高级研修项目，培养急需紧缺和高层次创新创业人才。围绕这些地区经济转型发展、创新驱动发展、人才资源开发、产学研对接等需求，开展多种形式的交流研讨活动，为东北等困难地区经济社会发展和人才资源开发建言献策。组织国内专家人才和留学回国人才，到东北等困难地区开展服务活动。带动技术、智力、管理、信息等要素流向基层，为东北等困难地区提供人才支撑，注入持续发展动力，带动就业增长。

4. 技工院校校企合作培养行动。鼓励办学条件好、师资力量强、专业前景好的技工院校，参与企业新型学徒制试点工作，加大对企业新招用人员和转岗人员的培训。推动老工业基地产业转型技术技能人才双元培育改革试点。针对东北等困难地区去产能中失业人员和低保家庭未就业初高中毕业生，通过校企合作进行定向招生，开展订单式培养，力争毕业后实现稳定就业。

（二）动员群团组织力量

发挥群团组织的优势，强化精准帮扶，开展解困救助，重点帮扶困难职工、青年、妇女就业创业。

5. 工会解困脱困活动。依托基层工会组织、工会困难职工帮扶中心和站点，建立以困难职工需求为导向，“线上”、“线下”相统一、互为补充的服务职工工作体系，为困难职工提供政策帮扶、制度保障和普惠性服务。推进“技能培训促就业”、“创业援助”、“阳光就业”、“职工医疗互助”、“金秋助学”、“一帮一”、“为困难职工送温暖”等行动计划实施，为困难职工提供就业援助、技能培训、创业援助、精准帮扶等措施，保障困难职工的基本生活。

6. 青年见习助就业行动。依托共青团组织，将企业扩张性用工需求与组织青年上岗见习相结合，根据东北等困难地区的产业特点和青年见习意愿，确定并推出一批高质量的见习岗位。充分整合各方资源，合作建设青年见习基地。通过集中开展见习岗位进校园、进技能培训机构、进人才市场以及见习岗位双选会等有效形式，组织本地和跨地区上岗见习，帮助高校毕业生开阔视野，提升就业能力。

7. 高校就业困难学生精准帮扶行动。依托共青团组织、各级青学联、协会组织，针对就业困难的高校毕业生，开展精准帮扶，对接一批高质量的就业岗位，本着学生自愿、就近就便的原则，重点帮扶建档立卡贫困家庭和零就业家庭、优抚对象家庭、农村贫困户、城乡低保家庭及残疾等就业困难高校毕业生实现就业。

8. 妇女巧手帮扶行动。组织妇女手工制品协会、商会和手工企业，根据生产和市场需求，对失业妇女和零就业家庭妇女开展手工制品技能培训，引进来料加工项目，促进东北等困难地区失业妇女和零就业家庭妇女依托手工产业发展实现居家灵活就业。命名一批“全国巾帼巧手致富示范基地”，组织妇女参加国际国内文化交流、博览会、展销会、经贸洽谈会等各类商贸展洽活动，帮助在手工制品领域就业的妇女增加收入。

（三）搭建政企合作平台

引导社会企业参与，发挥电商、分享经济、人力资源服务等企业资源优势，借力“互联网＋”行动，拓宽东北等困难地区就业门路。

9. 电商专项帮扶活动。扩大返乡创业试点发展农村电商战略合作协议覆盖范围，推进农村青年电商培育工程，将东北等困难地区就业困难城市纳入其中，发挥电商企业的资金和渠道等资源优势，设立电商帮扶基地，采取“平台＋园区＋培训”帮扶方式，对接市场需求，整合优势产品，帮助去产能中失业人员、长期停产停工企业职工、高校毕业生开办网店及从事流通行业。

10. 移动出行专项帮扶活动。支持滴滴公司等分享经济企业，通过优先录入平台、初期现金激励、专项技能培训、购车优惠支持等帮扶措施，对东北等困难地区有意愿从事移动出行行业的人员进行登记，开展车辆营运、安全、保险等方面培训，帮助去产能中失业人员和长期停产停工企业职工通过从事移动出行行业实现就业、增加收入。同时，分享经济企业将及时收集行业内汽车租赁公司、货运公司的用工需求，帮助部分人员转入这些公司，成为正式司机。

11. 人力资源服务企业联合招聘行动。支持58同城、前程无忧、智联招聘等人力资源服务企业，整合社会招聘和用工信息，筛选出一批工作岗位，通过在网站首页开辟招聘绿色通道发布职位、在微信公众平台和微博公众账号宣传推广、组织部分用工需求大的企业开展现场集中招聘等形式，帮助东北等困难地区去产能中失业人员和高校毕业生就业，帮助长期停产停工企业职工获得转岗就业信息。

三、组织实施

（一）加强组织领导。各地人社、发展改革、工会、团委、妇联等部门要高度重视本次就业援助工作，明确部门分工，加强协调配合，突出重点，共同发力。各地人社部门要充分发挥牵头协调作用，认真办好劳务对接协作、大中城市联合招聘、高层次人才促就业、技工院校校企合作培养等活动，参与电商专项帮扶活动，做好与分享经济企业和人力资源服务企业的对接工作；发展改革部门要积极引导企业参与电商专项帮扶活动，推动老工业基地产业转型技术技能人才双元培育改革试点；工会组织要不断推进工会解困脱困活动；团委组织要精心筹划青年见习助就业和高校就业困难学生精准帮扶行动，推进农村青年电商培育工程；妇联组织要切实开展好妇女巧手帮扶活动。活动实施期间，各地人社部门要密切关注经济和就业形势变化，加强对重点城市和行业的监测，及时跟踪活动效果，总结推广经验，研究解决工作中出现的问题。

（二）制定实施计划。本次就业援助工作的各项具体活动安排将由相关部门和单位会同各地制定。各地人社、发展改革、工会、团委、妇联等部门要根据各自分工，制定各项活动的实施计划，做到可落实、可操作、可检查。各部门要细化目标任务，明确时间进度，选准帮扶对象，积极出台保障计划顺利实施的相应配套措施，做好与地方的工作衔接，确保援助工作取得实效。

（三）广泛开展宣传。各地人社部门要充分利用网络、电视、报纸等多种媒体，加大对就业援助工作的宣传工作。做好本地公共招聘网站与各项招聘活动的对接，让更多劳动者了解和参与行动，吸引更多企业参与援助工作、创造就业机会。加强社会舆论引导，树立先进典型，营造全社会形成关心就业工作、互帮互助的良好氛围。

为保障本次就业援助工作的顺利开展，请各地人社部门确定负责整体协调工作的联系人和联系方式，于2016年11月15日前上报。

二〇一六年十一月一日

人力资源社会保障部　财政部　国务院扶贫办 关于切实做好就业扶贫工作的指导意见

人社部发〔2016〕119号

各省、自治区、直辖市及新疆生产建设兵团人力资源社会保障厅（局）、财政厅（局）、扶贫办：

做好就业扶贫工作，促进农村贫困劳动力就业，是脱贫攻坚的重大措施。为贯彻党中央、国务院关于打赢脱贫攻坚战的总体部署，落实东西部扶贫协作座谈会精神，进一步做好就业扶贫工作，在总结试点经验的基础上，现提出以下意见：

一、总体要求

（一）指导思想

全面落实党的十八大和十八届五中全会、六中全会及中央扶贫开发工作会议要求，深入贯彻习近平总书记关于脱贫攻坚系列重要讲话精神，充分认识做好就业扶贫工作的重要性和紧迫性，采取多种措施促进贫困劳动力实现就业、增加收入，发挥就业在精准扶贫中的重要作用，为打赢脱贫攻坚战、全面建成小康社会作出贡献。

（二）基本原则

1. 坚持政府推动。政府高度重视、强力推动，动员各方资源、搭建平台、畅通渠道、搞好服务。

2. 坚持市场主导。充分发挥市场配置人力资源的决定性作用，尊重企业用工自主权和劳动者就业意愿，促进人岗匹配。

3. 坚持分类施策。根据未就业贫困劳动力和已就业贫困劳动力，以及贫困家庭未升学初、高中毕业生的就业需求，采取有针对性的帮扶措施。

4. 坚持因地制宜。鼓励结合当地资源优势、产业基础等实际情况，充分利用地方特色，多渠道、多形式促进农村贫困劳动力转移就业。

（三）目标任务

围绕实现精准对接、促进稳定就业的目标，通过开发岗位、劳务协作、技能培训、就业服务、权益维护等措施，帮助一批未就业贫困劳动力转移就业，帮助一批已就业贫困劳动力稳定就业，帮助一批贫困家庭未升学初、高中毕业生就读技工院校毕业后实现技能就业，带动促进1 000万贫困人口脱贫。

二、主要措施

（一）摸清基础信息。各地扶贫部门要在建档立卡工作基础上，切实担负摸查贫困劳动力就业失业基础信息的责任。对未就业的摸清就业意愿和就业服务需求，对已就业的摸清就业地点、就业单位名称和联系方式，并填写农村贫困劳动力就业信息表（见附件），组织专人审核并将信息录入扶贫开发信息系统。充分发挥行政村第一书记、驻村工作队作用，把摸查责任落实到人，谁摸查、谁负责，对信息不准确的重新摸查和录入。创新摸查方式，多渠道开展信息摸查工作，有条件的地方可通过购买服务的方式予以支持。人力资源社会保障部将建立“农村贫困劳动力就业信息平台”，实现与扶贫开发信息系统对接，支持各地人力资源社会保障部门获取在本地的贫困劳动力基础信息。

（二）促进就地就近就业。各地要积极开发就业岗位，拓宽贫困劳动力就地就近就业渠道。东部省份、中西部省份经济发达地区要依托对口协作机制，结合产业梯度转移，着力帮扶贫困县发展产业，引导劳动密集型行业企业到贫困县投资办厂或实施生产加工项目分包。各地要积极支持贫困县承接和发展劳动密集型产业，支持企业在乡镇（村）创建扶贫车间、加工点，积极组织贫困劳动力从事居家就业和灵活就业。鼓励农民工返乡创业、当地能人就地创业、贫困劳动力自主创业，支持发展农村电商、乡村旅游等创业项目，切实落实各项创业扶持政策，优先提供创业服务。对大龄、有就业意愿和能力、确实难以通过市场渠道实现就业的贫困劳动力，可通过以工代赈等方式提供就业帮扶。

（三）加强劳务协作。各地要依托东西部对口协作机制和对口支援工作机制，开展省际劳务协作，同时要积极推动省内经济发达地区和贫困县开展劳务协作。贫困县要摸清本地贫困劳动力就业需求，并主动提供支援地，积极承接支援地提供的援助服务。支援地要广泛收集岗位信息，努力促进贫困劳动力与用人单位精准对接，提高劳务输出组织化程度；帮助贫困县健全公共就业服务体系，完善公共就业服务制度，提升就业服务能力；充分利用现代化手段开展远程招聘，降低异地招聘成本，提高招聘效率；支持贫困地区办好技工学校、职业培训机构和公共实训基地，重点围绕区域主导产业加强专业、师资、设备建设，提高技工教育和职业培训能力；加强对在支援地就业贫困劳动力的权益维护，提升其就业稳定性。各地要在企业自愿申报的基础上，遴选一批管理规范、社会责任感较强、岗位适合的企业作为贫困劳动力就业基地，定向招收贫困劳动力。鼓励人力资源服务机构、农村劳务经纪人等市场主体开展有组织劳务输出，按规定给予就业创业服务补贴。鼓励地方对跨省务工的农村贫困人口给予交通补助。

（四）加强技能培训。各地要以就业为导向，围绕当地产业发展和企业用工需求，统筹培训资源，积极组织贫困劳动力参加劳动预备制培训、岗前培训、订单培训和岗位技能提升培训，提高培训的针对性和有效性，并按规定落实职业培训补贴。实施技能脱贫千校行动，组织省级重点以上的技工院校，定向招收建档立卡贫困户青年，帮助他们获得专业技能，在毕业后实现技能就业。对就读技工院校的建档立卡贫困家庭学生，按规定免除学费、发放助学金、提供扶贫小额信贷等，支持其顺利完成技工教育并帮助其就业。

（五）促进稳定就业。各地要切实维护已就业贫困劳动力劳动权益，指导督促企业与其依法签订并履行劳动合同、参加社会保险、按时足额发放劳动报酬，积极改善劳动条件，加强职业健康保护。要定期联系、主动走访已就业贫困劳动力，及时掌握其就业失业情况，对就业转失业的，及时办理失业登记，按规定落实失业保险待遇，提供“一对一”就业帮扶，帮助其尽快上岗。鼓励人力资源服务机构对已就业农村贫困劳动力持续、跟踪开展就业服务，按规定给予就业创业服务补贴。鼓励企业稳定聘用贫困劳动力，对吸纳符合就业困难人员条件的贫困劳动力就业并缴纳社会保险的企业，给予社会保险补贴，补贴期限不超过三年。对吸纳贫困劳动力较多的企业，优先给予扶贫再贷款。人力资源社会保障部、国务院扶贫办将开展精准扶贫爱心企业创建活动，鼓励企业吸纳和稳定贫困劳动力就业。各地人力资源社会保障部门、扶贫部门要积极协调有关方面，为在当地就业的贫困劳动力提供力所能及的人文关怀，帮助其适应就业岗位和城市生活，积极引导志愿者组织、慈善组织等社会团体为贫困劳动力及其家属开展关爱活动。

三、工作要求

（一）加强组织领导。各地要将就业扶贫作为一项政治任务，加强组织领导，明确部门分工，强化协调配合，健全工作机制，形成工作合力。人力资源社会保障部门要将就业扶贫摆在就业工作的重要位置，切实落实就业扶持政策，搞好服务培训，推动劳务协作。扶贫部门要将就业扶贫纳入脱贫攻坚工作总体规划，在产业扶贫、易地搬迁、东西部对口协作扶贫等工作中统筹考虑，协调推动贫困地区开发就业岗位，切实负责做好贫困劳动力就业信息的摸查工作。人力资源社会保障部和国务院扶贫办建立定期信息交换制度，定期开展农村建档立卡贫困人口与全国社会保障卡持卡人员数据库信息比对工作。各级财政部门负责政策落实资金和工作经费保障。

（二）加强督促检查。各地要明确工作目标任务，细化省市县和部门责任，定期开展专项督促检查，有条件的要组织专业机构适时开展第三方评估。对工作成效好的市县和企业，予以表扬；对工作不到位、措施不得力、政策不落实、成效进展缓慢的地方，予以通报和及时纠正，对问题严重的要进行问责。

（三）落实资金保障。地方各级财政部门要保障做好就业扶贫工作所需经费，确保工作顺利推进。承担东西部对口协作任务的东部省份，可使用财政安排的援助资金促进在本省（区、市）就业的贫困劳动力稳定就业。各地可根据就业扶贫工作的实际需要，制定更有针对性的政策措施，统筹相关资金保障政策落实。

（四）加强宣传引导。各地要通过报纸、电台、电视台、互联网等媒体，结合实际制作宣传画、宣传册、公益广告等各类宣传材料，大力宣传促进就业扶贫工作目标任务、政策措施以及取得的进展成效，充分调动各方力量，引导贫困劳动力、企业和社会各界积极参与，营造良好社会氛围。要及时总结推广好的经验做法，树立贫困劳动力就业典型，发挥示范引领作用，充分调动贫困劳动力的主观能动性，激发贫困群众脱贫致富内生动力。

附件：农村贫困劳动力就业信息表（略）

二〇一六年十二月二日

人力资源社会保障部　财政部
关于做好基本医疗保险跨省异地就医
住院医疗费用直接结算工作的通知

人社部发［2016］120 号

各省、自治区、直辖市及新疆生产建设兵团人力资源社会保障厅（局）、财政（务）厅（局）：

为切实增强公平性、适应流动性、保证可持续性，加快推进基本医疗保险全国联网和异地就医住院医疗费用直接结算工作，更好保障人民群众基本医疗保险权益，按照党中央、国务院要求，根据《关于进一步做好基本医疗保险异地就医医疗费用结算工作的指导意见》（人社部发［2014］93 号），现将有关事项通知如下：

一、目标任务

2016 年底，基本实现全国联网，启动跨省异地安置退休人员住院医疗费用直接结算工作；2017 年开始逐步解决跨省异地安置退休人员住院医疗费用直接结算，年底扩大到符合转诊规定人员的异地就医住院医疗费用直接结算。结合本地户籍和居住证制度改革，逐步将异地长期居住人员和常驻异地工作人员纳入异地就医住院医疗费用直接结算覆盖范围。

二、基本原则

（一）规范便捷。坚持为参保人员提供方便快捷的结算服务，参保人员只需支付按规定由个人承担的住院医疗费用，其他费用由就医地经办机构与定点医疗机构按协议约定审核后支付。

（二）循序渐进。坚持先省内后跨省、先住院后门诊、先异地安置后转诊转院、先基本医保后补充保险，结合各地信息系统建设实际情况，优先联通异地就医集中的地区，稳步全面推进直接结算工作。

（三）有序就医。坚持与整合城乡医疗保险制度相结合，与分级诊疗制度的推进相结合，建立合理的转诊就医机制，引导参保人员有序就医。

（四）统一管理。坚持基本医疗保险异地就医政策、流程、结算方式基本稳定，统一将异地就医纳入就医地经办机构与定点医疗机构的谈判协商、总额控制、智能监控、医保医生管理、医疗服务质量监督等各项管理服务范围。

三、规范异地就医流程

（五）规范转出流程。参保人员跨省异地就医前，应到参保地经办机构进行登记。参保地经办机构应根据本地规定为参保人员办理异地就医备案手续，建立异地就医备案人员库并实现动态管理。参保地经办机构将异地就医人员信息上报至人力资源社会保障部社会保险经办机构（以下简称部级经办机构），形成全国异地就医备案人员库，供就医地经办机构和定点医疗机构获取异地就医参保人员信息。

（六）规范结算流程。参保人员异地就医出院结算时，就医地经办机构根据全国统一的大类费用清单，将异地就医人员住院医疗费用等信息经国家异地就医结算系统实时传送至参保地经办机构，参保地经办机构根据大类费用按照当地规定进行计算，区分参保人员个人与各项医保基金应支付的金额，并将计算结果经国家异地就医结算系统回传至就医地定点医疗机构，用于定点医疗机构与参保人员直接结算。

（七）强化跨省综合协调。部级经办机构按照《基本医疗保险跨省异地就医住院医疗费用直接结算经办规程（试行）》（见附件，以下简称经办规程）负责协调和督促各省（区、市）按规定及时拨付资金。对无故拖延拨付资金的省份，部级经办机构可暂停该省份跨省异地就医直接结算服务。各省级经办机构负责协调和督促统筹地区及时上缴跨省异地就医预付及清算资金。

四、加强异地就医管理服务

（八）实行就医地统一管理。就医地经办机构应将异地就医人员纳入本地统一管理，在定点医疗机构确定、医疗信息记录、医疗行为监控、医疗费用审核和稽核等方面提供与本地参保人相同的服务和管理，并在与定点医疗机构协议管理中予以明确。探索实行与就医地付费方式改革相一致的异地就医费用结算办法。

（九）规范待遇政策。跨省异地就医原则上执行就医地支付范围及有关规定（基本医疗保险药品目录、诊疗项目和医疗服务设施标准）。基本医疗保险统筹基金的起付标准、支付比例和最高支付限额原则上执行参保地政策。

（十）明确传输信息内容。参保人员直接结算时，就医地经办机构通过国家异地就医结算系统按照统一格式向参保地经办机构传输大类费用信息，医疗费用明细信息延后传输。

（十一）高起点、全兼容。根据需要为其他部门管理的新农合参合人员提供服务。新农合由其他部门管理的统筹地区，其参合人员需要到北京、上海、广东等已实现城乡居民基本医疗保险管理体制和制度整合的省份就医，统筹地区应预留社保信息系统接口，确定信息系统对接及相应业务流程，通过参保地系统对接为确有需要的参合人员一视同仁提供跨省异地就医直接结算服务。

五、强化异地就医资金管理

（十二）跨省异地就医费用医保基金支付部分在地区间实行先预付后清算。部级经办机构根据往年跨省异地就医医保基金支付金额核定预付金额度。预付金额度为可支付两个月资金。各省（区、市）可通过预收省内各统筹地区异地就医资金等方式实现资金的预付。预付金原则上来源于各统筹地区医疗保险基金。

跨省异地就医清算按照部级统一清分，省、市两级清算的方式，按月全额清算。跨省异地就医预付及清算资金由参保地省级财政专户与就医地省级财政专户进行划拨。各省级经办机构应将收到的预付及清算单于5个工作日内提交给同级财政部门。参保地省级财政部门在确认跨省异地就医资金全部缴入省级财政专户，对经办机构提交的预付及清算单和用款申请计划审核无误后，在10个工作日内向就医地省级财政部门划拨预付和清算资金。就医地省级财政部门依据预付及清算单收款。各省级财政部门在完成预付和清算资金划拨及收款后，5个工作日内将划拨及收款信息以书面形式反馈省级经办机构，省级经办机构据此进行会计核算，并将划拨及收款信息及时反馈部级经办机构。因费用审核发生的争议及纠纷，按经办规程规定妥善处理。

（十三）划拨跨省异地就医资金过程中发生的银行手续费、银行票据工本费不得在基金中列支。

（十四）预付金在就医地财政专户中产生

的利息归就医地所有。

（十五）跨省异地就医医疗费用结算和清算过程中形成的预付款项和暂收款项按相关会计制度规定进行核算。

六、加快国家和省级异地就医结算平台建设

（十六）建设国家平台。部级经办机构承担制定并实施全国异地就医结算业务流程、标准规范，全国异地就医数据管理与应用，跨省异地就医资金预付和结算管理、对账费用清分、智能监控、运行监测，跨省业务协同和争议处理等职能。人力资源社会保障部统一规划，依托金保工程，建设和维护国家异地就医结算系统，推进跨省异地就医结算电子签章应用。

（十七）建设和完善省级异地就医平台。省级经办机构承担全国异地就医结算业务流程、标准规范在本辖区内的组织实施，本省异地就医业务数据管理，辖区内跨省异地就医直接结算、资金预付和清算、智能监控、运行监测、业务协同管理、争议处理等职能。各省（区、市）人力资源社会保障部门按人力资源社会保障部统一建设要求，建设和完善省级异地就医结算系统。

（十八）加快社会保障卡发行。各地要将社会保障卡作为参保人员跨省异地就医身份识别和直接结算的唯一凭证，对有异地就医需求的人员优先发卡，建立跨省用卡服务机制。要按照全国跨省用卡技术方案和统一接口规范，完成用卡环境改造，支持跨省用卡鉴权。

（十九）大力推进《社会保险药品分类与代码》等技术标准的应用，加快社会保险诊疗项目和社会保险医疗服务设施标准建设，首先在国家与省级平台应用，逐步完善统筹地区经办机构与定点医疗机构医疗服务类代码转换和规范，实现全国就医结算代码统一。

七、工作要求

（二十）加强组织领导。各级人力资源社会保障部门要将跨省异地就医直接结算工作作为深化医药卫生体制改革的重要任务，加强领导、统筹谋划、精心组织、协调推进、攻坚克难，纳入目标任务考核管理，确保按时完成任务。财政部门要按规定及时划拨跨省异地就医资金，合理安排经办机构工作经费，加强与经办机构对账管理，确保账账相符、账款相符。

（二十一）加快推进国家与省级系统联网对接。各地要按照年底前完成全国联网的要求，倒排时间，在完成省级异地就医结算系统改造后，主动开展与国家异地就医结算系统联调测试。已经开展省与省点对点直接结算的省份，可继续对接运行，并逐步向国家异地就医结算系统对接过渡。

（二十二）加强队伍建设。要加强国家和省级平台的队伍建设，特别是异地安置退休人员和转诊人员集中的统筹地区，应根据管理服务的需要，积极协调相关部门，加强机构、人员和办公条件保障，合理配置专业工作人员，保证服务质量，提高工作效率。

（二十三）做好宣传引导。各地要充分利用现有12333咨询服务电话和各地人力资源社会保障门户网站，拓展多种信息化服务渠道，引导合理有序就医，提供就医地定点医疗机构分布信息、参保地报销政策信息、跨统筹地区基本医疗保险业务经办指南、查询投诉等服务。

附件：基本医疗保险跨省异地就医住院医疗费用直接结算经办规程（试行）

二〇一六年十二月八日

附件

基本医疗保险跨省异地就医住院医疗费用直接结算经办规程（试行）

第一章　总　　则

第一条　为推进参保人员异地就医住院医疗费用联网结算，加强异地就医管理，提高服务水平，根据《关于进一步做好基本医疗保险异地就医医疗费用结算工作的指导意见》（人社部发［2014］93号）等文件要求，制定本规程。

第二条　本规程所称跨省异地就医是指参保人员在省外定点医疗机构住院发生的诊疗行为。

第三条　本规程适用于基本医疗保险参保人员跨省异地就医直接结算经办管理服务工作。

第四条　跨省异地就医直接结算工作实行统一管理、分级负责。人力资源社会保障部社会保险经办机构（以下简称部级经办机构）负责统一组织、指导协调省际间异地就医管理服务工作，依托国家异地就医结算系统，为跨省异地就医管理服务和费用直接结算提供支撑；省级经办机构负责完善省级异地就医结算管理功能，统一组织协调并实施跨省异地就医管理服务工作；各统筹地区经办机构按国家和省级要求做好跨省异地就医经办工作。

第五条　跨省异地就医费用医保基金支付部分实行先预付后清算。预付金原则上来源于各统筹地区医疗保险基金。

第六条　各地要优化经办流程，实现跨省异地就医参保人员持卡就医结算。具备条件的，可将公务员医疗补助、补充医疗保险、城乡居民大病保险及城乡医疗救助等纳入“一单制”结算。

第二章　范围对象

第七条　参加基本医疗保险的下列人员，可以申请办理跨省异地就医住院医疗费用直接结算。

（一）异地安置退休人员：指退休后在异地定居并且户籍迁入定居地的人员。

（二）异地长期居住人员：指在异地居住生活且符合参保地规定的人员。

（三）常驻异地工作人员：指用人单位派驻异地工作且符合参保地规定的人员。

（四）异地转诊人员：指符合参保地转诊规定的人员。

第三章　登记备案

第八条　参保地经办机构按规定及时为参保人员办理登记备案手续，有条件的地区可以探索网站、手机等多种形式办理。

参保地经办机构收到异地安置退休人员、异地长期居住人员、常驻异地工作人员和异地转诊人员提交的跨省异地就医申请时，经办人员应即时审核确认，填写生成《________省（区、市）跨省异地就医登记备案表》（见附件1），该表一式两联，盖章后一联留存参保地经办机构，一联交予申请人签收。

第九条　跨省异地就医备案人员信息变更。

（一）已完成异地就医备案的人员，若异地居住地、定点医疗机构、联系电话等信息发生变更，或转诊人员在异地医疗期间如需再次转院或入院，直接向参保地经办机构申请变更，并经其审核确认。

（二）异地就医人员的待遇享受状况变更，如暂停、恢复、终止等，参保地经办机构必须及时办理。

第十条 参保地经办机构应将跨省异地就医参保人员备案信息实时上报至部级经办机构。

第四章 就医管理

第十一条 省级经办机构应按照合理分布、分步纳入的原则，在省内异地定点医疗机构范围内，选择确定跨省异地就医定点医疗机构，并报部级经办机构统一备案、统一公布。

跨省异地定点医疗机构发生中止医保服务、取消或新增定点等情形的，省级经办机构应及时上报部级经办机构，由部级经办机构统一公布。

第十二条 异地安置退休人员、异地长期居住人员、常驻异地工作人员，在办理异地就医备案手续时，应当在跨省异地定点医疗机构范围内自行选定就医地定点医疗机构。

第十三条 异地转诊人员办理异地就医备案手续时，应当按参保地规定在跨省异地定点医疗机构范围内确定转诊的定点医疗机构。

第十四条 异地就医人员应持社会保障卡就医，执行就医地医疗机构就医流程和服务规范。

第十五条 就医地经办机构应要求定点医疗机构对异地就医患者进行身份识别，确认相关信息，为异地就医人员提供优良的医疗服务。就医地经办机构负责医疗费用具体审核。

第五章 预付金管理

第十六条 预付金是参保地省级经办机构预付给就医地省级经办机构用于支付参保地异地就医人员医疗费用的资金，原则上按可支付上年两个月异地就医医疗费用的额度核定，按年清算。预付金在就医地财政专户中产生的利息归就医地所有。

第十七条 预付金建立之初由各省级经办机构上报预付金额度，部级经办机构汇总确认，生成《________省（区、市）跨省异地就医预付金付款通知书》（见附件2）、《________省（区、市）跨省异地就医预付金收款通知书》（见附件3），各省级经办机构在国家异地就医结算系统下载后按当地规定通知同级财政部门付款和收款。

第十八条 部级经办机构每年1月底前，根据上一年度各省跨省异地就医直接结算资金支出情况，核定各省级经办机构本年度应付、应收预付金，生成《全国跨省异地就医费用预付金明细表》（见附件4），出具预付金额度调整通知书（见附件4—1、附件4—2），通过国家异地就医结算系统进行发布。

第十九条 省级经办机构通过国家异地就医结算系统下载预付金额度调整通知书，5个工作日内提交同级财政部门。参保地省级财政部门在确认跨省异地就医资金全部缴入省级财政专户，对经办机构提交的预付单和用款申请计划审核无误后10个工作日内进行划款。各省应于每年2月底前完成预付金的收付工作。

第二十条 建立预付金预警和调增机制。预付金使用率为预警指标，是指异地就医月度清算资金占预付金的比例。预付金使用率达到70%，为黄色预警。预付金使用率达到90%及以上时，为红色预警，启动预付金紧急调增流程。

第二十一条 当预付金使用率出现红色预警时，就医地省级经办机构向部级经办机构报送预付金额度调增申请。部级经办机构收到申请后，对就医地提出调增的额度进行审核确认并向参保地省级经办机构下达《________省（区、市）跨省异地就医预付金额度紧急调增通知书》（见附件5）。

第二十二条 参保地省级经办机构接到部级经办机构下达预付金紧急调增通知书，5个工作日内，提交同级财政部门。省级财政部门在确认跨省异地就医资金全部缴入省级财政专户，对经办机构提交的预付单和用款申请计划审核无误后10个工作日内，完成预付金紧急调增资金的拨付。

第二十三条 省级财政部门在完成预付金额度及调增资金的付款和收款后，5个工作日内将拨付汇总表、收款汇总表以书面形式反馈到省级经办机构，省级经办机构同时向部级经办机构反馈到账信息。

第二十四条 就医地省级财政部门在规定期限内未收到参保地拨付的预付金或预付金紧急调增资金、清算资金，省级经办机构可向部级经办机构提出暂停参保地跨省异地就医直接结算的申请。部级经办机构负责协调和督促各省（区、市）按规定及时拨付资金。各省级经办机构负责协调和督促统筹地区及时上缴跨省异地就医预付及清算资金。

第六章 医疗费用结算

第二十五条 医疗费用对账是指就医地经办机构与定点医疗机构就住院医疗费用确认医保基金支付金额的行为。医疗费用结算是指就医地经办机构按协议或有关规定向定点医疗机构支付费用的行为。

第二十六条 异地就医人员直接结算的住院医疗费，原则上执行就医地规定的支付范围及有关规定（基本医疗保险药品目录、医疗服务设施和诊疗项目范围）。医保基金起付标准、支付比例、最高支付限额等执行参保地政策。

第二十七条 参保人员出院结算时，就医地经办机构将其住院费用明细信息转换为全国统一的大类费用信息，经国家、省异地就医结算系统传输至参保地，参保地按照当地政策规定计算参保人员个人以及各项医保基金应支付的金额，并将结果回传至就医地定点医疗机构。

第二十八条 参保人员出院时，按照医疗机构出具的《________省（区、市）跨省异地就医住院结算单》（见附件6）结清应由个人承担的费用；属于医保基金支付的费用，由就医地经办机构与定点医疗机构按协议结算。参保人员因故全额垫付医疗费用的，相关信息由医疗机构上传，医保基金支付的费用回参保地按规定报销。

第二十九条 国家异地就医结算系统每日自动生成日对账信息，实现参保地、就医地省级异地就医结算系统和国家异地就医结算系统的三方对账，做到数据相符。如出现对账信息不符的情况，省级经办机构应及时查明原因，必要时提请部级经办机构协调处理。

第三十条 就医地经办机构在参保人出院结算后5日内将医疗费用明细上传国家异地就医结算系统，参保地经办机构可通过国家异地就医结算系统查询和下载医疗费用及其明细项目。

第三十一条 就医地经办机构应当在次月20日前完成与异地定点医疗机构对账确认工作，并按协议约定，按时将确认的费用拨付给医疗机构。

第三十二条 就医地经办机构负责结算在本辖区发生的异地就医医疗费。其中，同属省本级和省会城市的定点医疗机构，其费用原则上由省本级经办机构负责结算，省本级不具备经办条件的，可由省会城市负责结算；同属地市级和县（市、区）的定点医疗机构，其费用原则上由地市级经办机构负责结算。

第七章 医疗费用清算

第三十三条 异地就医费用清算是指省级经办机构之间、省级经办机构与辖区内经办机构之间确认有关异地就医医疗费用的应收或应付额，据实划拨的过程。

第三十四条 部级经办机构于每月21日前，根据就医地经办机构与医疗机构对账确认后的医疗费用，生成《全国跨省异地就医费用清算表》（见附件7）、《________省（区、市）跨省异地就医应付医疗费用清算表》（见附件7—1）、《________省（区、市）跨省异地就医职工医保基金支付明细表》（见附件7—2）、《________省（区、市）跨省异地就医居民医保基金支付明细表》（见附件7—3）、《________省（区、市）跨省异地就医职工医保基金审核扣款明细表》（见附件7—4）、《________省（区、市）跨省异地就医居民医保基金审核扣款明细表》（见附件7—5）、《________省（区、市）跨省异地就医应收医疗费用清算表》（见附件7—6），各省级经办机构可通过国家异地就医结算系统精确查询本省内各统筹区的上述清算信息，于每月25日前确认上述内容。

第三十五条 部级经办机构于每月底前根据确认后的《全国跨省异地就医费用清算表》，生成《________省（区、市）跨省异地就医费用付款通知书》（见附件8）、《________省（区、市）跨省异地就医费用收款通知书》（见附件9），在国家异地就医结算系统发布。

第三十六条 各省级经办机构通过国家异地就医结算系统下载《________省（区、市）跨省异地就医费用收款通知书》、《________省（区、市）跨省异地就医费用付款通知书》后，于5个工作日内提交同级财政部门，财政部门在确认跨省异地就医资金全部缴入省级财政专户，对经办机构提交的清算单和用款申请计划审核无误后10个工作日内向就医地省级财政部门划拨资金。省级财政部门在完成清算资金拨付、收款后，在5个工作日内将划拨及收款信息以书面形式反馈到省级经办机构，省级经办机构向部级经办机构反馈到账信息。

第三十七条 省级经办机构之间完成清算后的5个工作日内，完成辖区内各统筹地区异地就医资金的上解或下拨。

第八章 稽核监督

第三十八条 异地就医医疗服务实行就医地管理。就医地经办机构要将异地就医工作纳入定点医疗机构协议管理范围，细化和完善协议条款，保障参保人员权益。

第三十九条 就医地经办机构应当建立异地就医人员的投诉渠道，及时受理投诉并将结果告知投诉人。对查实的重大违法违规行为按相关规定执行，并逐级上报部级经办机构。

第四十条 就医地经办机构发现异地就医人员有严重违规行为的，应暂停其直接结算，同时上报部级经办机构协调参保地经办机构，由参保地经办机构根据相关规定进行处理。

第四十一条 就医地经办机构对定点医疗机构违规行为涉及的医疗费用不予支付，已支付的违规费用予以扣除，用于冲减参保地异地就医结算费用。对定点医疗机构违背服务协议规定并处以违约金的，由就医地医疗保险经办机构按规定处理。

第四十二条 部级经办机构适时组织跨省异地就医联审互查，对就医地责任落实情况进行考评，协调处理因费用审核、资金拨付发生的争议及纠纷。

第四十三条 各级经办机构应加强异地就医费用稽核管理，建立异地就医结算运行监控制度，定期编报异地就医结算运行分析报告。

第九章 附 则

第四十四条 省级经办机构对跨省异地就医医疗费用结算和清算过程中形成的预付款项和暂收款项按相关会计制度规定进行核算。

第四十五条 异地就医业务档案由参保地经办机构和就医地经办机构按其办理的业务分别保管。

第四十六条 各省级医疗保险经办机构可根据本规程，制定本地区异地就医直接结算实施细则。

第四十七条 本规程由人力资源社会保障部负责解释。

第四十八条 本规程自印发之日起实施。

附件：

1. ________省（区、市）跨省异地就医登记备案表（略）

2. ________省（区、市）跨省异地就医预付金付款通知书（略）

3. ________省（区、市）跨省异地就医预付金收款通知书（略）

4. 全国跨省异地就医费用预付金明细表（略）

4—1. ________省（区、市）跨省异地就医预付金额度调整付款通知书（略）

4—2. ________省（区、市）跨省异地就

医预付金额度调整收款通知书（略）

5. ________省（区、市）跨省异地就医预付金额度紧急调增通知书（略）

6. ________省（区、市）跨省异地就医住院结算单（略）

7. 全国跨省异地就医费用清算表（略）

7—1. ________省（区、市）跨省异地就医应付医疗费用清算表（略）

7—2. ________省（区、市）跨省异地就医职工医保基金支付明细表（略）

7—3. ________省（区、市）跨省异地就医居民医保基金支付明细表（略）

7—4. ________省（区、市）跨省异地就医职工医保基金审核扣款明细表（略）

7—5. ________省（区、市）跨省异地就医居民医保基金审核扣款明细表（略）

7—6. ________省（区、市）跨省异地就医应收医疗费用清算表（略）

8. ________省（区、市）跨省异地就医费用付款通知书（略）

9. ________省（区、市）跨省异地就医费用收款通知书（略）

10. 跨省异地就医备案、预付金、结算、清算流程图（略）

人力资源社会保障部关于印发技工教育“十三五”规划的通知

人社部发［2016］121号

各省、自治区、直辖市及新疆生产建设兵团人力资源社会保障厅（局）：

为贯彻落实《国务院关于加快发展现代职业教育的决定》（国发［2014］19号）精神，加快推进技工教育改革创新发展，根据《人力资源和社会保障事业发展“十三五”规划纲要》要求，我部组织制定了《技工教育“十三五”规划》。现印发给你们，请结合实际认真贯彻执行。

二〇一六年十二月九日

技工教育“十三五”规划

技工教育是国民教育体系和人力资源开发的重要组成部分，承担着为经济社会发展培养高素质技能人才的重要任务。根据《人力资源和社会保障事业发展“十三五”规划纲要》提出的“制定技工教育‘十三五’规划”要求，特制定本规划。

一、规划背景

（一）发展现状

“十二五”时期，各级人力资源社会保障部门贯彻国家加快发展现代职业教育的总体要求，推动技工院校改革发展，为经济社会发展提供了强有力的技能人才支撑。一是总体规模基本稳定。全国技工院校保持在2 500所以上，年招生保持在120万人以上，在校生保持在300万人以上，职业培训保持在500万人次左右。二是政策环境不断优化。党中央、国务院出台加强职业培训促进就业、建立现代职业教育体系、加强高技能人才队伍建设等政策，各级人力资源社会保障部门出台推进技工院校改革发展的政策措施，在落实生均拨款、改善教师和毕业生待遇等方面取得积极进展，营造了良好的发展环境。三是投入力度不断加大。通过实施中职基础能力建设、中职示范校建设、现代职业教育质量提升计划、国家高技能人才培训基地建设等项目，中央财政累计投入近70亿元，带动各地加大投入，提升了技工院校整体实力。四是办学质量明显提高。大力推进工学一体化课程教学改革，创新技能人才培养模式，突出能力培养，提高了技工院校教学水平和培养质量，就业率保持在97%以上。五是技能竞赛取得突破。积极参加各级各类职业技能竞赛，以赛促教、以赛促学，推动优秀技能人才培养和选拔。以技工院校师生为主体的中国代表团参加三届世界技能大赛，取得优异成绩，实现金牌零的突破。六是社会影响逐步扩大。通过组织开展职业教育活动周、全国技工院校招生宣传、“走基层、技校行”等活动，提升了技工教育社会影响力。

（二）存在问题

近年来技工教育事业取得明显进展，但仍然存在一些突出问题：全社会对技工教育的重视程度和支持力度有待进一步加强；法律和政策环境有待进一步优化，招生、生均拨款、教师和毕业生待遇政策有待进一步完善落实；技工教育投入不足，学校建设和设备设施完善仍需加大资金投入；不同区域、不同院校的发展水平差异较大，优质高端教育资源不足；生源减少，同类院校竞争加剧，稳定招生规模的压力加大；提高生源质量、提高社会服务能力、提升技工教育社会认可度的任务依然艰巨；技工院校规范化、科学化管理水平有待提升，专业建设、教学改革、师资培养、内部管理等内涵发展需要进一步加强。

（三）面临形势

“十三五”时期是全面建成小康社会决胜阶段，机遇与挑战并存，动力与压力同在。一是党和国家高度重视职业教育和技能人才工作，为技工教育事业发展指明了方向。党和国家领导人多次作出重要指示，要求各级党委和政府要把加快发展现代职业教育摆在更加突出的位置，努力培养数以亿计的高素质劳动者和技术技能人才，培育精益求精的工匠精神，指明了技工教育事业发展方向。二是经济社会发展对技能人才的强劲需求，为技工教育事业拓展了发展空间。我国经济发展步入新常态，加强供给侧结构性改革，对提升人力资本素质提出了新的要求，实施创新驱动发展战略、人才强国战略、就业优先战略，发展壮大战略性新兴产业，改造提升传统制造业，大力发展现代服务业等，都对技能人才的规模、结构、素质提出了更高的要求。三是职业能力建设事业大发展，为推进技工教育创造了有利条件。“十三五”期间，建设以全面提高劳动者素质为目标，以加快高技能人才队伍建设和促进就业创业为重点的技能人才培养培训、评价使用、竞赛选拔、表彰激励、法律政策和宣传引导六大工作体系，推行终身职业技能培训制度，必须以加快发展技工教育为重要依托，同时，也为技工教育事业发展创造了更为有利的条件。

二、总体要求

（一）指导思想

全面贯彻党的十八大和十八届三中、四中、五中、六中全会精神，深入贯彻习近平总书记重要讲话精神，按照“五位一体”总体布局和“四个全面”战略布局，牢固树立创新、协调、绿色、开放、共享的发展理念，按照党中央、国务院决策部署，以立德树人和培育工匠精神为根本，坚持提高质量、促进就业、服务发展，以培养综合职业能力为核心，深入贯彻“高端引领、校企合作、多元办学、内涵发展”办学理念，围绕职业能力建设六大工作体系建设，构建与经济社会发展相适应的现代技工教育体系，着力培养德智体美劳全面发展的后备产业工人和高技能人才，为全面建成小康社会、实现技能强国目标提供有力支撑。

（二）基本原则

1. 坚持统筹规划。明确人力资源社会保障部门对技工教育的综合管理职责和技工院校举办单位的管理职责，建立政府规范管理、学校自主办学、社会评价办学质量的技工教育管办评制度。以服务区域经济发展为立足点，合理规划各级各类技工院校布局，形成类型梯次比例适当、专业结构均衡合理的技工教育发展新格局。

2. 坚持就业导向。从经济社会发展和就业创业对技能人才的多样化需求出发，推进技工院校专业设置与产业需求对接、课程内容与职业标准对接、教学过程与工作过程对接，推广“校企双制、工学一体”办学模式，促进技能就业、技能成才。

3. 坚持内涵发展。围绕“十三五”期间技工教育改革发展目标和重点任务，在扩展规模、强化基础、改善办学条件的同时，全面加强校企合作、专业建设、课程改革、师资培养、职业培训、质量评价、内部管理等内涵建设，实现规模和质量的同步提升，推进技工教育转型发展。

4. 培育工匠精神。把培育工匠精神作为技工院校重点教学内容，融入公共课程、专业教学、实习实训、就业指导和考核鉴定体系，贯穿技工教育全过程，使弘扬和传承工匠精神成为技工教育的鲜明特征。

（三）发展目标

到“十三五”末期，基本形成办学规模适合市场需求，专业结构适应产业发展，校企融合贯穿办学过程，教学改革实现工学结合，实习实训与工作岗位紧密衔接，技能人才培养层次规模与经济社会发展更加匹配，社会服务功能更加健全的现代技工教育体系。

1. 布局更加合理。技工院校区域发展布局更加均衡，优质技工院校数量和全国在校生规模稳中有升，技工学校、高级技工学校、技师学院结构比例更趋合理，技师学院数量达到450所左右。技工院校学制教育规模达到350万人。

2. 功能更加健全。增强技工院校社会服务功能，积极承担职业培训、企业新型学徒培养、就业创业指导、技师研修、技术攻关与交流、人才评价、技能竞赛、脱贫攻坚、国际交流合作等任务。技工院校每年开展职业培训保持在500万人次以上。

3. 管理更加规范。人力资源社会保障部门等主管主办单位对技工教育的管理与服务职能进一步增强，技工院校内部管理机制不断完善，办学自主权进一步扩大，学制、学籍、资助、教材、督导评估等规范化、科学化管理水平进一步提高。

4. 质量持续提升。专业建设、教学改革、教研科研、师资培养、质量评价、信息化建设等取得突出成果，办学质量和技能人才培养水平大幅提升，一流院校、一流专业建设取得积极成果。毕业生就业率保持在97%以上，毕业生就业质量和用人单位满意度保持在较高水平。

5. 特色更加鲜明。坚持校企合作、高端培养和标准化发展等技工院校办学特色。力争实现全国技工院校90%以上的专业实行校企合作培养模式，高级工班以上在校生力争达到40%，开发完成50个左右技工院校主体专业国家技能人才培养标准和一体化课程规范。

6. 环境更加优化。技工院校法律和政策环境逐步改善，资金项目支持力度加大，院校地位及师生待遇逐步提高，努力实现与同类职业院校同等标准。加强法制宣传教育。技工教育影响力进一步扩大，发展环境不断优化，社会认可度不断提高。

专栏1　　“十三五”时期主要指标

指标	2015年	2020年
1. 技工院校数（所）	2 545	>2 000
2. 技师学院数（所）	434	450
3. 年招生规模（万人）	121	125
4. 在校生规模（万人）	322	350
5. 高级工班以上在校生比例（%）	34.2	40
6. 毕业生就业率（%）	97.4	>97

续表

指标	2015年	2020年
7. 开展职业培训（万人次）	[2 589]	[>2 800]
8. 开发技工院校国家级教材（种）	[1 300]	[1 500]
9. 一体化课程教学改革专业数（个）	14	50
10. 技工院校校园网覆盖率（%）	—	100
注：[ ] 内为五年累计数。		

三、优化技工教育布局

（一）统筹区域发展布局

各级人力资源社会保障部门根据国家和区域产业发展实际，合理规划技工院校及专业布局。支持东部地区技工院校提升办学规模，壮大发展实力，建设更多一流院校。支持中西部地区地级以上城市和有条件的市（县）通过新建、依托现有职业培训学校改建等方式，举办技工院校，逐步拓展办学规模。支持贫困地区、革命老区、民族地区、边疆地区加强与发达地区合作，大力发展技工教育。鼓励统筹区域资源，通过组建技工教育集团、高技能人才培养联盟等形式，打造技工教育“常青藤”。

（二）优化技工院校结构

支持各地加大资源整合力度，扶优汰劣，壮大优质技工教育资源，大力发展技师学院。支持其他职业院校和培训机构向技工院校转型，支持技师学院举办分校（院）。鼓励优质资源投资技工教育，支持民办技工院校发展，探索发展股份制、混合所有制技工院校。发挥企业重要办学主体作用，支持企业直接举办或参与举办技工院校，保障国有企业办学与公办学校享有同等待遇。对于确需移交的行业企业办技工院校，各级人力资源社会保障部门应做好接管工作。技工院校举办单位要加强对学校的人、财、物和基本建设的管理和服务。

（三）稳定学制教育规模

发挥人力资源社会保障部门职能优势，支持技工院校到初高中校园开展招生宣传活动，利用基层劳动保障平台和公共就业服务机构，建立技工院校招生信息员队伍。拓宽招生渠道，鼓励技工院校探索高级工班和预备技师（技师）班招收中级工班学生的内部招生、面向往届初高中毕业生和企业在岗职工等群体的社会招生、与扶贫部门合作招收贫困家庭子女的扶贫招生、与企业合作开设订单班等校企合作招生、经济欠发达地区与发达地区合作招生、与初高中合作面向初三和高三学生提前分流招生、与高等院校合作招生、与国外职业院校联合培养的国际招生等方式，创新开展招生工作。杜绝违规招生、恶性竞争、虚假宣传、欺骗误导学生等不良行为。

四、增强技工教育社会服务能力

（一）服务就业创业

推动技工院校面向农民工、企业职工和转岗失业人员、高校毕业生等群体，积极开展就业技能培训、岗位技能提升培训和创业培训。加强职业训练院建设，推行职业培训包和企业新型学徒制度，促进职业培训有大的发展、质的提升。支持技工院校建立创业孵化基地和众创空间。

（二）服务技能人才发展

鼓励和支持技工院校通过设立弹性学制等形式，满足在职人员通过技工教育获得技能提升和职业发展的需求。鼓励和支持技工院校面向技能人才开展理论进修、知识更新和职业技能提升服务，开设技师研修班，开展技能大师交流研讨，积极参与技能人才评价和职业技能竞赛等活动。鼓励面向未就业高校毕业生开展技工教育和职业培训，提升高校毕业生岗位工作技能。

（三）服务脱贫攻坚

发挥技工院校优势，贯彻精准扶贫、精准脱贫基本方略，实施技工教育援助计划，支持贫困家庭子女接受技工教育和职业培训，使其掌握一技之长，走技能成才之路，实现“培训一人、就业一人、脱贫一户”的目标。加大对贫困地区、边疆地区的帮扶力度。

专栏 2　　技工教育援助计划

1. 实施技能脱贫千校行动。面向建档立卡贫困家庭应、往届“两后生”开展免费技工教育和职业培训。

2. 开展技工教育帮扶行动。组织 19 个援疆省份对口支援新疆技工院校建设。组织援藏省份支持西藏建设好技师学院。

3. 做好技工教育定点扶贫工作。强化对口帮扶，人力资源社会保障部重点支持金寨县、天镇县技工院校建设，各地人力资源社会保障部门加大对定点扶贫帮扶地区技工院校的支持。

（四）强化国际交流合作

坚持“引进来”与“走出去”并重，提高技工教育国际交流合作水平。加大对外开放力度，借鉴国外先进理念和培养模式，积极与国外知名行业协会和院校合作，引进国外专业课程体系。构建技工院校学生出国（境）短训、出国留学和校长教师海外培训的渠道。积极参与制定相关国际人才培养标准，提高我国技工教育的国际影响力。配合国家“一带一路”战略，扩大与“一带一路”沿线国家的技工教育合作。探索对发展中国家开展技工教育和技能培训援助，支持优质技工院校取得接收国外留学生资质，招收并培养外籍学生。

五、规范技工院校管理

（一）规范技工院校内部管理

落实技工院校在人事管理、教师评聘、收入分配等方面的办学自主权。减少对学校办学行为的行政干预，支持学校建立并完善更加适应技能人才培养特色的办学制度，建立科学的组织机构和运行机制，推动学校管理规范化、科学化、现代化。建立健全学校教职工管理、教学管理、学生管理、招生管理与就业服务、资产及后勤管理、财务管理、安全管理等内部管理制度。规范校办企业管理，明晰产权归属、治理结构，加强财务监管，强化支持教学活动的功能。

（二）规范技工院校学制

技工院校招收初中毕业生，培养中级工、高级工、预备技师的学制教育期限分别为 3 年、5 年、6 年。高级技工学校、技师学院招收高中毕业生，培养高级工、预备技师的学制教育期限分别为 3 年、4 年。高级技工学校、技师学院招收对口专业中等职业学校（包括技工学校）达到中级技能水平学生，培养高级工、预备技师的学制教育期限分别为 2 年、3 年。技师学院招收达到高级技能水平学生，培养预备技师、技师的学制教育期限分别不少于 1 年、2 年。技工院校中级工班、高级工班、预备技师（技师）班毕业生分别按相当于中专、大专、本科学历落实相关待遇。

（三）规范学生学籍管理

制定技工院校学生学籍管理办法，实行全日制学制教育学籍和非全日制学制教育学籍分类注册、分别管理的制度，明确学籍管理部门和工作人员岗位职责。完善全日制学制教育学籍注册和日常管理工作流程，明确非全日制学制教育的对象范围、学制形式、考试考核等内容。重点加强对联合办学、校外办学、一校多牌、一校多区等办学形式的学籍监督管理。全面应用“全国技工院校电子注册和统计信息管理系统”，不断完善全国技工院校毕业证书查询系统。

（四）规范学生资助管理

建立全国、省、市和学校四级技工院校学生资助管理工作体系，健全学生资助管理机构，明确机构职责，加强人员配备。完善资助管理制度，规范工作流程，强化过程监管，确保政策落实。落实“逐级审核负责制”和“校长负责制”，严格执行责任追究制。建立工作常态化、形式多样化、实施主体多元化的监管工作机制，确保资助资金安全。

（五）规范技工院校督导评估

制定国家示范和重点技工院校评估细则，组织开展国家示范和重点技工院校评估工作。建立技工院校督导员队伍，发挥其在办学水平评估和办学过程督导中的作用。建立技工院校发展年度报告和技工院校毕业生年度就业质量报告发布制度。鼓励第三方机构开展技工院校办学水平评估工作。

六、提高技工教育质量

（一）加强专业建设

按照“中国制造 2025”等国家发展战略和市场需求，支持和引导全国技工院校举办先进制造业、现代服务业、战略性新兴产业、现代农业和传统工艺技艺领域的专业，重点支持各地技工院校建设一批与当地主导产业发展相匹配的特色专业。建立具有技工教育特色的专业目录并实行动态调整机制，规范技工院校专业设置，确保专业质量。

（二）加强教材建设

认真执行部颁教学计划和教学大纲（课程标准），国家课程教材必须在国家公布的教材目录中选用。加强教材使用情况检查督导，对使用规范的予以表扬，对使用不规范的提出整改意见，对使用盗版教材的坚决查处。积极运用互联网平台推广应用数字化教学资源。发挥好人力资源社会保障部职业培训教材工作委员会作用，“十三五”期间，组织开发 1 500 种技工教育国家级教材。

（三）加强科研教研

加强各级技工教育科研教研机构和队伍建设，组建技工教育专家咨询委员会，建设好技工教育课程研究中心。支持各地围绕技工院校学校管理、教学改革、质量评价、专业建设、师资建设、学生管理、技能竞赛、校企合作等重点领域，开展科研活动。按照国家有关规定组织开展技工教育优秀科研成果评选奖励活动。全面推进一体化教学改革。进一步扩大试点专业范围，到 2020 年，力争在 50 个左右主体专业开展一体化课程教学，一体化课程覆盖全国技工院校 70％以上的在校生。

（四）加强师资建设

支持技工院校按有关规定，面向具有一线工作经验的企业工程技术人员、高技能人才自主公开招聘专业课和生产实习指导教师，重点考察应聘者职业技能、专业知识和实际授课水平。落实技工院校聘请高技能人才担任兼职教师的政策，支持教师到企业实践交流、参与技术革新。推进技工院校教师职称制度改革，在技工院校教师职称系列中增设正高级职称。实施技工院校师资能力提升计划。鼓励技工院校教师参加各级各类职业技能竞赛活动。组织推荐技工院校优秀高技能人才享受国务院政府特殊津贴。按照国家有关规定，对技工院校优秀教师和教育工作者进行表彰。

专栏 3　　技工院校师资能力提升计划

1. 加强培训基地建设。建设一批全国技工院校师资研修中心，重点开展一体化师资培训。支持各地建立技工院校师资培训基地。

2. 落实师资轮训制度。国家、省、市三级人力资源社会保障部门实施技工院校教师培训项目，到 2020 年，力争技工院校教师轮训一遍。

3. 组织教师企业实践。落实技工院校教师企业实践相关要求，确保专业课教师根据专业特点每 5 年必须累计不少于 6 个月到企业或生产服务一线实践。

（五）加强信息化建设

建设全国技工教育网，打造技工教育政策和招生宣传平台、校企合作平台、在线课程平台、教师在线培训平台、毕业生就业服务平台。全面加强技工院校信息化建设，提高课程教学质量和内部管理水平，丰富多元办学内容和手段，提升教学、招生、学籍管理、后勤服务、内部管理、就业服务等方面的信息化管理水平。到2020年，技工院校100%建立校园网。

七、增强技工教育特色

（一）坚持校企合作特色

坚持校企合作基本办学制度，建立政府部门、行业企业、技工院校合作机制，强化保障机制，完善政策措施，形成校企利益共同体，实现校企共同招生招工、共商专业规划、共议课程开发、共组师资队伍、共创培养模式、共建实习基地、共搭管理平台、共评培养质量的目标。积极培育校企合作典型。鼓励探索集团化办学、校企股份制合作、自主经营生产、租赁承包、前厂后校等多种校企合作模式，做到校中有企、企中有校。

（二）坚持高端培养特色

支持技工院校扩大高级工以上培养层次的在校生规模，加强一流院校、一流专业建设，发挥世界技能大赛高端引领作用，扩大技师培养试点。鼓励技工院校与企业通过共建技能大师工作室、组织技师研修、联合开展科技攻关和技术革新项目等方式，与企业合作培养培训高技能人才。组织中华技能大奖获得者、全国技术能手、技能大师工作室负责人、世赛国赛金牌选手进技校，做指导教师，发挥优秀技能人才在技工院校人才培养中的作用。

专栏4　　技工教育高端引领计划

1.“双一流”建设行动。重点建设100所国家级示范性技师学院，200所国家级重点技师学院和高级技工学校，打造一流技工院校。支持每所技师学院建设3～5个、每所高级技工学校建设2～3个一流专业。

2.世界技能大赛引领行动。主要依托优质技工院校建设世界技能大赛集训基地，促进技工教育与世界先进标准对接。

3.新技师培养行动。支持技工院校承担技师培训项目，探索不同的技师培养路径。支持符合条件的技师学院开展学制教育培养技师试点，到2020年，力争每所国家级示范性技师学院有1～3个专业开展技师学制教育。

（三）坚持标准化发展特色

根据国家职业分类大典和技工院校专业目录，按照国家职业标准和企业岗位规范等，开发完成50个左右技工院校主体专业国家技能人才培养标准和一体化课程规范，形成国家技能人才培养标准化发展体系。根据职业资格目录清单和职业技能鉴定工作总体部署，研究制定技工院校毕业生参加职业资格、职业技能等级考核评价的办法，完善“双证书”制度。

八、优化技工教育发展环境

（一）加大政策支持

推动职业教育法修订和职业技能开发法立法等法治建设工作，支持有条件的地方开展立法工作，促进技工教育在国民教育体系中享有公平地位。修订技工院校工作条例，出台教师职称、学籍管理、弹性学制、毕业生学历待遇等方面的政策措施，落实好生均经费、国家助学金、免学费、扶贫资助等政策，创造公平发展环境。

（二）加大资金支持

各级人力资源社会保障部门要积极协调发改、财政等部门，建立和完善与办学规模和培养要求相适应的技工院校财政投入制度，明确各层次技工院校比照同层次职业院校标准落实生均经费、公用经费和地方教育附加费，争取对技工教育改革发展重点项目和重点工作给予专项资金支持，争取就业补助资金、扶贫资金、人才工作经费对技工教育的支持。鼓励有条件地区设立技工教育专项资金，用于技工院校基础设施建设、专业建设、课程改革、师资培训、教研科研、信息化建设、招生宣传等工作。

（三）加大项目支持

深入实施国家高技能人才振兴计划，支持技工院校建立高技能人才培训基地和技能大师工作室，承担技师培训项目。支持在技工院校开展产教融合、公共实训基地、世界技能大赛集训基地等项目建设，改善技工院校办学条件。积极协调财政等部门，落实现代职业教育质量提升计划对技工院校的支持。鼓励各地实施相关建设项目，重点支持各级各类技工院校均衡发展。

（四）加大宣传力度

深入开展技工院校招生宣传、“技能中国行”和“走基层、技校行”等主题宣传。结合世界青年技能日、职业教育活动周、高技能人才评选表彰、中国技能大赛、世界技能大赛等重点工作，做好集中宣传。依托“技能中国”、“世赛中国”微信公众号等新媒体以及技工院校自媒体，做好日常宣传。组织开展校园开放日、优秀校友见面会、技能大师进校园、技工院校进企业社区、技工院校普法宣传等活动，积极组织参与“中国大能手”等大型职业技能竞技节目，树立院校形象，打造技能明星，扩大社会影响。

九、组织实施

（一）加强组织领导

各级人力资源社会保障部门要高度重视本规划的实施，主要领导要亲自牵头组织落实，主管领导要抓好具体工作。各地要按照本规划要求，结合地区实际，制定落实具体的工作方案和行动计划，将规划目标任务分解落实到具体工作部门和单位，明确目标、责任、时限、进度，确保规划落实。

（二）加强统筹协调

各级人力资源社会保障部门要将推进技工教育事业发展纳入本地区经济社会发展的总体规划，注重衔接，协调推进。要加强与编制、发改、财政、教育等部门的协调，整合人社系统资源优势，形成各相关部门分工合作、全社会共同推动技工教育创新发展的局面。

（三）加强监测评估

强化各级人力资源社会保障部门主体责任，将规划实施情况纳入人力资源社会保障系统绩效考核体系。建立规划实施情况监测、评估和绩效考核机制，加强监测评估能力建设，强化对规划实施情况的跟踪分析，定期组织开展技工教育督导检查工作，及时研究解决新问题，总结推广新经验。

人力资源社会保障部　国家卫生计生委 国家公务员局关于修订《公务员录用体检通用标准（试行）》及《公务员录用体检操作手册（试行）》有关内容的通知

人社部发［2016］140 号

各省、自治区、直辖市和新疆生产建设兵团人力资源社会保障厅（局）、卫生计生委、公务员局，国务院各部委、各直属机构人事（干部）部门：

为进一步提高公务员录用体检工作科学化、规范化水平，人力资源社会保障部、国家卫生计生委和国家公务员局组织医学专家对《公务员录用体检通用标准（试行）》（以下简称《标准》）和《公务员录用体检操作手册（试行）》（以下简称《操作手册》）部分内容进行了修订，现就有关事项通知如下：

一、将《标准》第一条修订为：风湿性心脏病、心肌病、冠心病、先天性心脏病等器质性心脏病，不合格。先天性心脏病不需手术者或经手术治愈者，合格。

遇有下列情况之一的，排除病理性改变，合格：

（一）心脏听诊有杂音；

（二）频发期前收缩；

（三）心率每分钟小于 50 次或大于 110 次；

（四）心电图有异常的其他情况。

二、将《标准》第二条修订为：血压在下列范围内，合格：收缩压小于 140 mmHg；舒张压小于 90 mmHg。

三、将《标准》第三条修订为：血液系统疾病，不合格。单纯性缺铁性贫血，血红蛋白男性高于 90 g/L、女性高于 80 g/L，合格。

四、将《标准》第六条修订为：慢性胰腺炎、溃疡性结肠炎、克罗恩病等严重慢性消化系统疾病，不合格。胃次全切除术后无严重并发症者，合格。

五、将《标准》第七条修订为：各种急慢性肝炎及肝硬化，不合格。

六、将《标准》第八条修订为：恶性肿瘤，不合格。

七、将《标准》第九条修订为：肾炎、慢性肾盂肾炎、多囊肾、肾功能不全，不合格。

八、将《标准》第十九条修订为：双眼矫正视力均低于 4.8（小数视力 0.6），一眼失明另一眼矫正视力低于 4.9（小数视力 0.8），有明显视功能损害眼病者，不合格。

九、将《标准》第二十条修订为：双耳均有听力障碍，在使用人工听觉装置情况下，双耳在 3 米以内耳语仍听不见者，不合格。

十、《操作手册》根据《标准》上述条文

修订情况作了相应修订（具体见附件）。

本通知自2017年1月1日起实施。各地各部门要认真执行修订后的《标准》和《操作手册》，切实做好公务员录用体检工作。在具体工作中，遇有问题，请及时反馈中央公务员主管部门和卫生（卫生计生）行政部门。

附件：
1. 公务员录用体检通用标准（试行）
2. 公务员录用体检操作手册（试行）（略）

二〇一六年十二月三十日

附件

公务员录用体检通用标准（试行）

第一条 风湿性心脏病、心肌病、冠心病、先天性心脏病等器质性心脏病，不合格。先天性心脏病不需手术者或经手术治愈者，合格。

遇有下列情况之一的，排除病理性改变，合格：

（一）心脏听诊有杂音；

（二）频发期前收缩；

（三）心率每分钟小于50次或大于110次；

（四）心电图有异常的其他情况。

第二条 血压在下列范围内，合格：收缩压小于140 mmHg；舒张压小于90 mmHg。

第三条 血液系统疾病，不合格。单纯性缺铁性贫血，血红蛋白男性高于90 g/L、女性高于80 g/L，合格。

第四条 结核病不合格。但下列情况合格：

（一）原发性肺结核、继发性肺结核、结核性胸膜炎，临床治愈后稳定1年无变化者；

（二）肺外结核病：肾结核、骨结核、腹膜结核、淋巴结核等，临床治愈后2年无复发，经专科医院检查无变化者。

第五条 慢性支气管炎伴阻塞性肺气肿、支气管扩张、支气管哮喘，不合格。

第六条 慢性胰腺炎、溃疡性结肠炎、克罗恩病等严重慢性消化系统疾病，不合格。胃次全切除术后无严重并发症者，合格。

第七条 各种急慢性肝炎及肝硬化，不合格。

第八条 恶性肿瘤，不合格。

第九条 肾炎、慢性肾盂肾炎、多囊肾、肾功能不全，不合格。

第十条 糖尿病、尿崩症、肢端肥大症等内分泌系统疾病，不合格。甲状腺功能亢进治愈后1年无症状和体征者，合格。

第十一条 有癫痫病史、精神病史、癔病史、夜游症、严重的神经官能症（经常头痛头晕、失眠、记忆力明显下降等），精神活性物质滥用和依赖者，不合格。

第十二条 红斑狼疮、皮肌炎和/或多发性肌炎、硬皮病、结节性多动脉炎、类风湿性关节炎等各种弥漫性结缔组织疾病，大动脉炎，不合格。

第十三条 晚期血吸虫病，晚期血丝虫病兼有橡皮肿或有乳糜尿，不合格。

第十四条 颅骨缺损、颅内异物存留、颅脑畸形、脑外伤后综合征，不合格。

第十五条 严重的慢性骨髓炎，不合格。

第十六条 三度单纯性甲状腺肿，不合格。

第十七条 有梗阻的胆结石或泌尿系结石，不合格。

第十八条 淋病、梅毒、软下疳、性病性淋巴肉芽肿、尖锐湿疣、生殖器疱疹，艾滋病，不合格。

第十九条 双眼矫正视力均低于 4.8（小数视力 0.6），一眼失明另一眼矫正视力低于 4.9（小数视力 0.8），有明显视功能损害眼病者，不合格。

第二十条 双耳均有听力障碍，在使用人工听觉装置情况下，双耳在 3 米以内耳语仍听不见者，不合格。

第二十一条 未纳入体检标准，影响正常履行职责的其他严重疾病，不合格。

人力资源社会保障部关于发布《电力行业供电劳动定员》行业标准的通知

人社部函［2016］145 号

各省、自治区、直辖市及新疆生产建设兵团人力资源社会保障厅（局），部属各单位，公务员局：

《电力行业供电劳动定员》推荐性行业标准已经我部审核批准，标准编号是 LD/T 46—2016，现予以发布。自 2016 年 10 月 1 日起实施。

二〇一六年七月五日

人力资源社会保障部关于发布《电工电器　电站锅炉吊挂装置制造劳动定额》等22项系列行业标准的通知

人社部函［2016］254号

各省、自治区、直辖市及新疆生产建设兵团人力资源社会保障厅（局）：

《电工电器　电站锅炉吊挂装置制造劳动定额》、《电工电器　电站锅炉产品包装劳动定额》、《电工电器　电站锅炉管系及水冷壁制造劳动定额》、《电工电器　电站锅炉燃烧器制造劳动定额》、《电工电器　电站锅炉汽包集箱制造劳动定额》、《电工电器　燃机余热锅炉管箱总装劳动定额》、《电工电器　电线电缆制造电缆的导体劳动定额》、《电工电器　电线电缆制造漆包铜圆线劳动定额》、《电工电器　电线电缆制造圆线同心绞架空导线劳动定额》、《电工电器　电线电缆制造额定电压450/750 V及以下橡皮绝缘软线和软电缆劳动定额》、《电工电器　电线电缆制造额定电压0、6/1 kV聚氯乙烯绝缘（交联聚乙烯绝缘）聚氯乙烯护套电力电缆劳动定额》、《电工电器　电线电缆制造额定电压6/6 kV至26/35 kV交联电力电缆劳动定额》、《电工电器　电线电缆制造额定电压64/110 kV、127/220 kV交联聚乙烯绝缘电力电缆劳动定额》、《电工电器　电线电缆制造规格为2芯至144芯层绞式通信用室外光缆劳动定额》、《电工电器　电线电缆制造通信电缆——铜芯实心聚烯烃绝缘铝塑粘结综合护套市内通信电缆劳动定额》、《电工电器　电线电缆制造通信电缆——无线通信用50 Ω泡沫聚烯烃绝缘皱纹铜管外导体射频同轴电缆劳动定额》、《装备制造数控龙门镗铣床加工劳动定额》、《装备制造数控深孔钻镗床加工劳动定额》、《装备制造数控立式车床加工劳动定额》、《装备制造数控卧式车床加工劳动定额》、《装备制造数控镗铣床加工劳动定额》、《装备制造数控加工中心加工劳动定额》等22项系列推荐性行业标准已经我部审核批准，标准编号分别是LD/T 47.1—2016、LD/T 47.2—2016、LD/T 47.3—2016、LD/T 47.4—2016、LD/T 47.5—2016、LD/T 48—2016、LD/T 49.1—2016、LD/T 49.2—2016、LD/T 49.3—2016、LD/T 49.4—2016、LD/T 49.5—2016、LD/T 49.6—2016、LD/T 49.7—2016、LD/T 49.8—2016、LD/T 49.9—2016、LD/T 49.10—2016、LD/T 50.1—2016、LD/T 50.2—2016、LD/T 50.3—2016、LD/T 50.4—2016、LD/T 50.5—2016、LD/T 50.6—2016，现予以发布，自2017年1月1日起实施。

二〇一六年十月二十三日

人力资源社会保障部关于第二批企业年金基金管理机构资格延续的通告

人社部函〔2016〕264号

根据《企业年金基金管理机构资格认定暂行办法》（劳动和社会保障部令第24号）等规定，我部组织专家对24个企业年金基金管理资格有效期满、提出延续申请的机构进行评审，现将评审结果公告如下：

一、延续企业年金基金法人受托机构5家：中国工商银行股份有限公司、招商银行股份有限公司、中国人寿养老保险股份有限公司、长江养老保险股份有限公司、泰康养老保险股份有限公司。

二、延续企业年金基金账户管理人9家：中国银行股份有限公司、中国民生银行股份有限公司、中国人寿养老保险股份有限公司、平安养老保险股份有限公司、长江养老保险股份有限公司、泰康养老保险股份有限公司、中信银行股份有限公司、太平养老保险股份有限公司、中国农业银行股份有限公司。

三、延续企业年金基金托管人4家：中国农业银行股份有限公司、上海浦东发展银行股份有限公司、中信银行股份有限公司、中国民生银行股份有限公司。

四、延续企业年金基金投资管理人6家：中国人寿养老保险股份有限公司、长江养老保险股份有限公司、泰康资产管理有限公司、中国人保资产管理有限公司、工银瑞信基金管理有限公司、国泰基金管理有限公司。

二〇一六年十一月三日

人力资源社会保障部关于发布《风力发电劳动防护用品配备规范》行业标准的通知

人社部函［2016］284号

各省、自治区、直辖市及新疆生产建设兵团人力资源社会保障厅（局），部属各单位，公务员局：

《风力发电劳动防护用品配备规范》推荐性行业标准已经我部审核批准，标准编号是LD/T 50—2016，现予以发布，自2017年2月1日起实施。

二〇一六年十二月十三日

人力资源社会保障部办公厅关于加强与公安机关协作配合严厉打击社会保险欺诈犯罪的通知

人社厅发［2016］14 号

各省、自治区、直辖市及新疆生产建设兵团人力资源社会保障厅（局）：

近年来，随着社会保障体系建设的推进，在社会保险覆盖面和基金规模不断扩大的同时，风险点也逐步增多，各类社会保险欺诈违法犯罪时有发生，严重侵害基金安全，妨害社会保险制度可持续发展，损害社会诚信，败坏社会风气。为严厉打击社会保险欺诈犯罪，2014 年 4 月，全国人大常委会对《刑法》第二百六十六条作出立法解释，明确社会保险欺诈按照诈骗罪追究刑事责任。2015 年 2 月 3 日，人社部和公安部联合下发了《关于加强社会保险欺诈案件查处和移送工作的通知》（人社部发［2015］14 号，简称“两部通知”），明确了社会保险欺诈查处职责、移送程序、衔接机制和工作要求，在一定程度上解决了实际工作中社会保险行政部门与公安机关在案件管辖、查处和移送等方面存在的问题，取得了较好效果。但是，一些地区仍然存在思想认识不统一、制度机制不健全、职责任务不明确、查处移送不及时等现象和问题，必须引起高度重视，着力推动解决。

为贯彻落实“两部通知”及《人力资源社会保障部办公厅　公安部办公厅关于印发查处和防范社会保险欺诈工作联席会议制度的通知》（人社厅发［2015］188 号），进一步加强社会保险行政部门与公安机关的协作配合，健全基金监督行政执法与刑事司法有效衔接机制，提高对社会保险欺诈的发现、查处和防范水平，确保社会保险基金的安全，现将有关工作通知如下：

一、统一思想，提高认识，严厉打击社会保险领域的欺诈犯罪

当前，一些单位和个人采取欺诈、伪造证明材料等手段骗取社会保险基金的违法犯罪时有发生，导致基金多支少收，一些地方甚至出现了有组织的社会保险欺诈犯罪活动，严重侵害了社会保险基金安全，危害社会保险制度的可持续发展，破坏了社会的公平正义。各级社会保险行政部门要充分认识社会保险领域欺诈犯罪的危害性，严格按照“两部通知”精神，认真履行法定职责，依法严厉打击犯罪活动，坚决遏制此类犯罪的蔓延。要加快完善社会保险欺诈案件查处和移送办法、标准和执法程序，健全案件管理制度，提高工作制度化、规范化、程序化水平。

二、加强与公安机关的协作配合，依法做好案件的查处和移送工作

各级社会保险行政部门要依法依规及时立案查处社会保险欺诈案件。经调查或者检查，对违法事实清楚、证据确凿的，应当依法依规作出行政处理处罚决定。对单位和个人涉嫌社会保险欺诈犯罪的，应当按照规定及时组成专

案组，核实案情提出移送书面报告向本部门负责人报告同意后，制作《涉嫌犯罪案件移送书》，并附涉嫌社会保险欺诈犯罪案件调查报告、涉案的有关书证、物证及其他有关涉嫌犯罪的材料，在规定时间内向公安机关移送，并抄送同级人民检察院。在移交案件时已经作出行政处罚决定的，应当将行政处罚决定书一并抄送；未作出行政处罚决定的，原则上应当在公安机关不予立案或者撤销案件、人民检察院作出不起诉决定、人民法院作出无罪判决或者免予刑事处罚后，再决定是否给予行政处罚。社会保险行政部门应当定期向公安机关查询移交案件办理进展情况，对于公安机关决定不予立案或者立案后撤销的案件，应当依法依规作出处理。

三、健全行政执法与刑事司法衔接机制，加强信息互联共享，切实提升社会保险欺诈查处效能

社会保险行政部门要与公安机关建立健全联席会议制度、案件咨询制度、案情通报制度，形成制度化、规范化、常态化行政执法与刑事司法衔接协作机制。要根据公安机关开展侦查工作的需求，提供养老、医疗、失业、工伤、生育等社会保险参保缴费、基金征缴、待遇发放等信息资源，为公安机关开展打击社会保险欺诈犯罪提供信息支持，实现相关人员与单位基本信息和社保信息的互联共享，建立每月更新对接机制。要与公安机关共同研究社会保险领域欺诈犯罪活动的规律特点，制定社会保险欺诈犯罪特征模型，从而更加及时准确地发现和查处社会保险领域的违法犯罪活动，提高查办效率，提升打击效果，有力维护社保基金安全和公众合法权益。

各地社会保险行政部门在执行“两部通知”中遇到的问题，请及时与部基金监督司联系。

二〇一六年二月一日

人力资源社会保障部办公厅关于加快推进建筑业工伤保险工作的通知

人社厅发［2016］43号

各省、自治区、直辖市及新疆生产建设兵团人力资源社会保障厅（局）：

人力资源社会保障部、住房城乡建设部、国家安全生产监管总局、中华全国总工会联合下发了《关于进一步做好建筑业工伤保险工作的意见》（人社部发［2014］103号，以下简称《意见》），人力资源社会保障部结合全民参保登记计划，组织实施了“同舟计划”——建筑业工伤保险专项扩面行动，并根据建筑施工企业的用工特点，制定了专门经办规程和统计办法。

一年多来，各地人力资源社会保障部门会同有关部门，结合实际创造性落实《意见》要求，层层落实“同舟计划”参保扩面任务，突出抓好宣传培训和联合督查工作，推进建筑业参加工伤保险政策落地及相关管理服务工作取得积极进展。但工作中也暴露出一些突出问题，部分地区尚未形成有效推进工作的合力，工作进展较慢；宣传培训工作力度不够，建筑施工企业按项目参保的惠民政策社会知晓度不高；参保扩面、工伤认定、经办管理服务等工作还不能完全适应建筑业按项目参保的工作要求等。

2016年是深入推进建筑业工伤保险工作的关键一年，各地务必进一步加强领导、狠抓落实，切实推动工作再上一个台阶，为2017年全面实现建筑施工企业依法参加工伤保险奠定坚实基础。现就有关要求通知如下：

一、加强领导，进一步发挥好人社部门的牵头作用。深入推进建筑业工伤保险工作需要多部门联动，人社部门作为社会保险行政管理部门，必须将这项工作作为当前工伤保险扩面的首要任务，牵头推进工作落实。各级人社部门主要负责同志，尤其是分管工伤保险工作的负责同志要亲自做好相关协调工作和任务安排，既要争取党委、政府分管领导的支持，更要协调相关部门建立良好的沟通合作机制。要重点加强对地市一级工作落实的督导，对工作进展慢、特别是仍存在部门配合不畅问题的地市，要协调当地党委、政府分管领导牵头推进落实。要会同住建、安监、工会等部门研究制定2016年、2017年推进建筑业参加工伤保险工作的具体措施，并对推进工作中联合会商、联合督查、信息共享等工作措施作出制度性安排。有关推进工作措施于5月30日前报部工伤保险司、社保中心备案。

二、整合力量，进一步形成推进工作的合力。要进一步与住建、安监、工会等部门密切合作，整合各自的职能优势，建立畅通高效的长效协调机制，进一步形成工作合力。积极协调住建部门和安监部门发挥对建筑企业管理的职能优势，落实将工伤保险参保证明作为保证工程安全施工的具体措施之一，安全施工措施未落实的项目不予核发“施工许可证”和“安全生产许可证”，及时将建筑项目施工许可等信息予以公开，逐步完善信息共享机制，共同推动建筑业工伤保险工作；对不需要核发施工许可证的建筑项目，各地劳动保障监察、社保经办机构要积极发挥管理监督职能，督促建筑企业参加工伤保险，实行早期介入，共同做到建筑业参保扩面“无死角”。

三、改进服务，进一步简化参保手续。适应按项目参保特点，最大限度缩短流程、简化手续，力争实现施工企业办理参保缴费备案当日办结，避免因办理项目参保而拖延施工许可证的申领，影响工程开工进度。有条件的地区，可以将建筑项目参保事项纳入政府行政审批大厅办理，或协调住建部门，在统筹地区住建部门行政办事场所设立工伤保险参保经办窗口，也可委托住建部门办理参保核定手续并开具缴费通知单，方便施工企业在办理施工许可等行政审批手续时“一站式”办结参保手续。

四、提升效率，开设工伤认定和待遇支付绿色通道。适应建筑施工企业职工流动性大的特点，对于在工地内发生、事实清楚、当事双方无争议的案件实行“快认快结”，一般应当在10日内作出工伤认定的决定，可以开辟绿色通道，尽可能缩短劳动能力鉴定等待时限和待遇支付时限。有条件的地区对工伤认定后仍在医疗救治期间的职工特别是伤情较重人员，及时办理医疗费用联网实时结算手续，减轻施工企业和工伤职工的医疗费垫付压力。

五、适应特点，完善按项目参保统计工作。建筑业按项目参加工伤保险，参保人数的统计有一定的复杂性。为适应建筑业按项目参保统计要求，各地在按照《关于规范建筑业按项目参加工伤保险统计方法的通知（试行）》（人社厅发［2015］159号）要求统计参保人数的同时，应根据开工项目数、在建项目数、参保项目数统计项目参保率，于每双月10日前将上两月项目参保率报送工伤保险司和社保中心（见附件），部里将定期通报各地工作进展。

六、扩充系统，创新信息化服务水平。各地要按照《关于扩充社会保险管理信息系统功能支持建筑业按项目参加工伤保险工作的通知》（人社信息函［2016］17号）要求，扩充社会保险管理信息系统相关功能，支持建筑业按项目参加工伤保险，实现工伤保险参保登记、缴费、工伤认定、劳动能力鉴定等业务办理的全流程信息化。按照《关于加快推进社会保障卡应用的意见》（人社部发［2014］52号）要求，推进社会保障卡在建筑业工伤保险领域应用。加快推进全民参保计划的实施，建立完善全民参保登记数据库，通过信息比对、入户调查、资源共享、动态更新等措施，支持和促进按项目参保的人员管理。建立与住建、安监、工会等部门的信息交换机制，畅通信息共享渠道，共享项目用工、施工许可证发放、参保、安全生产管理等信息资源。

七、加强宣传培训，提升工伤保险参保积极性和社会知晓度。要充分运用传统媒体、新媒体等手段，高密度开展建筑业从业人员特别是农民工喜闻乐见的宣传活动。要在建筑项目施工现场设立工伤保险政策及参保流程宣传栏，实现宣传全覆盖，确保全体进场农民工知晓“个人不缴费、项目全参保、干活要打卡、咨询找社保”。要联合住建、安监、工会等部门，对各类新建、在建项目的有关管理人员进行培训，提高按项目参加工伤保险的自觉性和主动性，杜绝因不清楚、不了解、不会办而影响参保工作。已开展工伤预防试点的地区，可使用工伤预防经费对宣传培训活动予以必要经费保障，其他地区应由同级人社部门作出经费安排。

八、加强监督，有效防范和查处恶意骗保行为。在为建筑施工企业按项目参加工伤保险提供便捷、高效服务的同时，要加强管理监督工作，把住关键环节，做到快而不乱、便而不疏。对利用项目参保浑水摸鱼、造假骗保的行为，一经发现，要会同有关部门严肃处理、依法严惩。

做好建筑业工伤保险工作，是党中央、国

务院对工伤保险工作提出的新要求，是当前社保扩面的重点任务。各地要在政策全面落地的基础上，加大力度，扎实有效推进建筑业按项目参加工伤保险工作全面落实。同时，应适时启动与交通运输、铁路、水利、能源等部门的沟通协调工作，尽早使这一惠民政策覆盖相关领域从业人员。

附件：建筑项目参保情况统计表（略）

二〇一六年三月二十四日

人力资源社会保障部办公厅关于印发社会保险欺诈案件管理办法的通知

人社厅发［2016］61号

各省、自治区、直辖市及新疆生产建设兵团人力资源社会保障厅（局）：

为加强社会保险欺诈案件管理，规范执法办案行为，提高案件查办质量和效率，强化执法监督制约和控制，促进公正廉洁执法，现将《社会保险欺诈案件管理办法》印发给你们，请认真贯彻执行。

二〇一六年四月二十八日

社会保险欺诈案件管理办法

第一章　总　　则

第一条　为加强社会保险欺诈案件管理，规范执法办案行为，提高案件查办质量和效率，促进公正廉洁执法，根据《社会保险法》、《行政处罚法》和《行政执法机关移送涉嫌犯罪案件的规定》等法律法规以及《人力资源社会保障部　公安部关于加强社会保险欺诈案件查处和移送工作的通知》，结合工作实际，制定本办法。

第二条　社会保险行政部门应当建立规范、有效的社会保险欺诈案件管理制度，加强案件科学化、规范化、全程化、信息化管理。

第三条　社会保险行政部门对社会保险欺诈案件的管理活动适用本办法。

第四条　社会保险行政部门的基金监督机构具体负责社会保险欺诈案件归口管理工作。

上级社会保险行政部门应当加强对下级社会保险行政部门社会保险欺诈案件查办和案件管理工作的指导和监督。

第五条　社会保险行政部门应当制定统一、规范的社会保险欺诈案件执法办案流程和法律文书格式，实现执法办案活动程序化、标准化管理。

第六条　社会保险行政部门应当建立健全社会保险欺诈案件管理信息系统，实现执法办案活动信息化管理。

第七条　社会保险行政部门根据社会保险欺诈案件查办和管理工作需要，可以聘请专业人员和机构参与案件查办或者案件管理工作，提供专业咨询和技术支持。

第二章　记录管理和流程监控

第八条　社会保险行政部门应当建立社会保险欺诈案件管理台账，对社会保险欺诈案件进行统一登记、集中管理，对案件立案、调查、决定、执行、移送、结案、归档等执法办案全过程进行跟踪记录、监控和管理。

第九条　社会保险行政部门应当及时、准确地登记和记录案件全要素信息。

案件登记和记录内容包括：案件名称、编号、来源、立案时间、涉案对象和险种等案件基本信息情况，案件调查和检查、决定、执行、移送、结案和立卷归档情况，案件办理各环节法律文书签发和送达情况，办案人员情况以及其他需要登记和记录的案件信息。

第十条　社会保险行政部门应当建立案件流程监控制度，对案件查办时限、程序和文书办理进行跟踪监控和督促。

第十一条　社会保险行政部门应当根据案件查办期限要求，合理设定执法办案各环节的控制时限，加强案件查办时限监控。

第十二条　社会保险行政部门应当根据案件查办程序规定，设定执法办案程序流转的顺序控制，上一环节未完成不得进行下一环节。

第十三条　社会保险行政部门应当根据案件查办文书使用管理规定，设定文书办理程序和格式控制，规范文书办理和使用行为。

第三章　立案和查处管理

第十四条　社会保险行政部门立案查处社会保险欺诈案件，应当遵循依法行政、严格执法的原则，坚持有案必查、违法必究，做到事实清楚、证据确凿、程序合法、法律法规规章适用准确适当、法律文书使用规范。

第十五条　社会保险欺诈案件由违法行为发生地社会保险行政部门管辖。

社会保险行政部门对社会保险欺诈案件管辖发生争议的，应当按照主要违法行为发生地或者社会保险基金主要受损地管辖原则协商解决。协商不成的，报请共同的上一级社会保险行政部门指定管辖。

第十六条　社会保险行政部门应当健全立案管理制度，对发现的社会保险欺诈违法违规行为，符合立案条件，属于本部门管辖的，应当按照规定及时立案查处。

第十七条　社会保险行政部门对于查处的重大社会保险欺诈案件，应当在立案后10个工作日内向上一级社会保险行政部门报告。

立案报告内容应当包括案件名称、编号、来源、立案时间、涉案对象、险种等案件基本信息情况以及基本案情等。

第十八条　社会保险行政部门立案查处社会保险欺诈案件，应当指定案件承办人。

指定的案件承办人应当具备执法办案资格条件，并符合回避规定。

第十九条　案件承办人应当严格按照规定的程序、方法、措施和时限，开展案件调查或者检查，收集、调取、封存和保存证据，制作和使用文书，提交案件调查或者检查报告。

第二十条　社会保险行政部门应当对案件调查或者检查结果进行审查，并根据违法行为的事实、性质、情节以及社会危害程度等不同情况，作出给予或者不予行政处理、处罚的决定。

社会保险行政部门在作出行政处罚决定前，应当按照规定履行事先告知程序，保障当事人依法行使陈述、申辩权以及要求听证的权利。

第二十一条　社会保险行政部门作出行政处理、处罚决定的，应当制作行政处理、处罚决定书，并按照规定期限和程序送达当事人。

社会保险行政部门应当定期查询行政处理、处罚决定执行情况，对于当事人逾期并经催告后仍不执行的，应当依法强制执行或者申请人民法院强制执行。

第二十二条　社会保险行政部门及其执法办案人员应当严格执行罚款决定和收缴分离制度，除依法可以当场收缴的罚款外，不得自行收缴罚款。

第二十三条 对于符合案件办结情形的社会保险欺诈案件，社会保险行政部门应当及时结案。

符合下列情形的，可以认定为案件办结：

（一）作出行政处理处罚决定并执行完毕的；

（二）作出不予行政处理、处罚决定的；

（三）涉嫌构成犯罪，依法移送司法机关并被立案的；

（四）法律法规规定的其他案件办结情形。

第二十四条 社会保险行政部门跨区域调查案件的，相关地区社会保险行政部门应当积极配合、协助调查。

第二十五条 社会保险行政部门应当健全部门行政执法协作机制，加强与审计、财政、价格、卫生计生、工商、税务、药品监管和金融监管等行政部门的协调配合，形成监督合力。

第四章 案件移送管理

第二十六条 社会保险行政部门应当健全社会保险欺诈案件移送制度，按照规定及时向公安机关移送涉嫌社会保险欺诈犯罪案件，不得以行政处罚代替案件移送。

社会保险行政部门在查处社会保险欺诈案件过程中，发现国家工作人员涉嫌违纪、犯罪线索的，应当根据案件的性质，向纪检监察机关或者人民检察院移送。

第二十七条 社会保险行政部门移送涉嫌社会保险欺诈犯罪案件，应当组成专案组，核实案情提出移送书面报告，报本部门负责人审批，作出批准或者不批准移送的决定。

作出批准移送决定的，应当制作涉嫌犯罪案件移送书，并附涉嫌社会保险欺诈犯罪案件调查报告、涉案的有关书证、物证及其他有关涉嫌犯罪的材料，在规定时间内向公安机关移送，并抄送同级人民检察院。在移送案件时已经作出行政处罚决定的，应当将行政处罚决定书一并抄送。

作出不批准移送决定的，应当将不批准的理由记录在案。

第二十八条 社会保险行政部门对于案情重大、复杂疑难，性质难以确定的案件，可以就刑事案件立案追诉标准、证据固定和保全等问题，咨询公安机关、人民检察院。

第二十九条 对于公安机关决定立案的社会保险欺诈案件，社会保险行政部门应当在接到立案通知书后及时将涉案物品以及与案件有关的其他材料移交公安机关，并办理交接手续。

第三十条 对于已移送公安机关的社会保险欺诈案件，社会保险行政部门应当定期向公安机关查询案件办理进展情况。

第三十一条 公安机关在查处社会保险欺诈案件过程中，需要社会保险行政部门协助查证、提供有关社会保险信息数据和证据材料或者就政策性、专业性问题进行咨询的，社会保险行政部门应当予以协助配合。

第三十二条 对于公安机关决定不予立案或者立案后撤销的案件，社会保险行政部门应当按照规定接收公安机关退回或者移送的案卷材料，并依法作出处理。

社会保险行政部门对于公安机关作出的不予立案决定有异议的，可以向作出决定的公安机关申请复议，也可以建议人民检察院进行立案监督。

第三十三条 社会保险行政部门应当与公安机关建立联席会议、案情通报、案件会商等工作机制，确保基金监督行政执法与刑事司法工作衔接顺畅，坚决克服有案不移、有案难移、以罚代刑现象。

第三十四条 社会保险行政部门应当与公安机关定期或者不定期召开联席会议，互通社会保险欺诈案件查处以及行政执法与刑事司法衔接工作情况，分析社会保险欺诈形势和任务，协调解决工作中存在的问题，研究提出加强预防和查处的措施。

第三十五条 社会保险行政部门应当按照规定与公安、检察机关实现基金监督行政执法与刑事司法信息的共享，实现社会保险欺诈案件移送等执法、司法信息互联互通。

第五章　重大案件督办

第三十六条　社会保险行政部门应当建立重大社会保险欺诈案件督办制度，加强辖区内重大社会保险欺诈案件查处工作的协调、指导和监督。

重大案件督办是指上级社会保险行政部门对下级社会保险行政部门查办重大案件的调查、违法行为的认定、法律法规的适用、办案程序、处罚及移送等环节实施协调、指导和监督。

第三十七条　上级社会保险行政部门可以根据案件性质、涉案金额、复杂程度、查处难度以及社会影响等情况，对辖区内发生的重大社会保险欺诈案件进行督办。

对跨越多个地区，案情特别复杂，本级社会保险行政部门查处确有困难的，可以报请上级社会保险行政部门进行督办。

第三十八条　案件涉及其他行政部门的，社会保险行政部门可以协调相关行政部门实施联合督办。

第三十九条　社会保险行政部门（以下简称督办单位）确定需要督办的案件后，应当向承办案件的下级社会保险行政部门（以下简称承办单位）发出重大案件督办函，同时抄报上级社会保险行政部门。

第四十条　承办单位收到督办单位重大案件督办函后，应当及时立案查处，并在立案后10个工作日内将立案情况报告督办单位。

第四十一条　承办单位应当每30个工作日向督办单位报告一次案件查处进展情况；重大案件督办函有确定报告时限的，按照确定报告时限报告。案件查处有重大进展的，应当及时报告。

第四十二条　督办单位应当对承办单位督办案件查处工作进行指导、协调和督促。

对于承办单位未按要求立案查处督办案件和报告案件查处进展情况的，督办单位应当及时询问情况，进行催办。

第四十三条　督办单位催办可以采取电话催办、发函催办、约谈催办的方式，必要时也可以采取现场督导催办方式。

第四十四条　对因督办案件情况发生变化，不需要继续督办的，督办单位可以撤销督办，并向承办单位发出重大案件撤销督办函。

第四十五条　承办单位应当在督办案件办结后，及时向督办单位报告结果。

办结报告内容应当包括案件名称、编号、来源、涉案对象和险种等基本信息情况、主要违法事实情况、案件调查或检查情况、行政处理处罚决定和执行情况以及案件移送情况等。

第六章　案件立卷归档

第四十六条　社会保险行政部门应当健全社会保险欺诈案件立卷归档管理制度，规范案卷管理行为。

第四十七条　社会保险欺诈案件办结后，社会保险行政部门应当及时收集、整理案件相关材料，进行立卷归档。

第四十八条　社会保险欺诈案件应当分别立卷，统一编号，一案一卷，做到目录清晰、资料齐全、分类规范、装订整齐、归档及时。

案卷可以立为正卷和副卷。正卷主要列入各类证据材料、法律文书等可以对外公开的材料；副卷主要列入案件讨论记录、法定秘密材料等不宜对外公开的材料。

第四十九条　装订成册的案卷应当由案卷封面、卷内文件材料目录、卷内文件材料、卷内文件材料备考表和封底组成。

第五十条　卷内文件材料应当按照以下规则组合排列：

（一）行政决定文书及其送达回证排列在最前面，其他文书材料按照工作流程顺序排列；

（二）证据材料按照所反映的问题特征分类，每类证据主证材料排列在前，旁证材料排列在后；

（三）其他文件材料按照取得或者形成的时间顺序，并结合重要程度进行排列。

第五十一条　社会保险行政部门应当按照

国家规定确定案卷保管期限和保管案卷。

第五十二条 社会保险行政部门建立案件电子档案的，电子档案应当与纸质档案内容一致。

第七章 案件质量评查

第五十三条 社会保险行政部门应当健全社会保险欺诈案件质量评查制度，组织、实施、指导和监督本区域内社会保险欺诈案件质量评查工作，加强案件质量管理。

第五十四条 案件质量评查应当从证据采信、事实认定、法律适用、程序规范、文书使用和制作等方面进行，通过审阅案卷、实地调研等方式，对执法办案形成的案卷进行检查、评议，发现、解决案件质量问题，提高执法办案质量。

评查内容主要包括：

（一）执法办案主体是否合法，执法办案人员是否具有资格；

（二）当事人认定是否准确；

（三）认定事实是否清楚，证据是否充分、确凿；

（四）适用法律、法规和规章是否准确、适当；

（五）程序是否合法、规范；

（六）文书使用是否符合法定要求，记录内容是否清楚，格式是否规范；

（七）文书送达是否符合法定形式与要求；

（八）行政处理、处罚决定和执行是否符合法定形式与要求；

（九）文书和材料的立卷归档是否规范。

第五十五条 社会保险行政部门应当定期或者不定期开展案件质量评查。

案件质量评查可以采取集中评查、交叉评查、网上评查方式，采用重点抽查或者随机抽查方法。

第五十六条 社会保险行政部门应当合理确定案件质量评查标准，划分评查档次。

第五十七条 社会保险行政部门开展案件质量评查，应当成立评查小组。

评查小组开展评查工作，应当实行一案一查一评，根据评查标准进行检查评议，形成评查结果。

第五十八条 评查工作结束后，社会保险行政部门应当将评查结果通报下级社会保险行政部门。

第八章 案件分析和报告

第五十九条 社会保险行政部门应当建立社会保险欺诈案件分析制度，定期对案件总体情况进行分析，对典型案例进行剖析，开展业务交流研讨，提高执法办案质量和能力。

第六十条 社会保险行政部门应当建立社会保险欺诈案件专项报告制度，定期对案件查处和移送情况进行汇总，报送上一级社会保险行政部门。

省级社会保险行政部门应当于半年和年度结束后20日内上报社会保险欺诈案件查处和移送情况报告，并附社会保险欺诈案件查处和移送情况表（见附表），与社会保险基金要情统计表同时报送（一式三份）。

专项报告内容主要包括：社会保险欺诈案件查处和移送情况及分析、重大案件和上级督办案件查处情况、案件查处和移送制度机制建设和执行情况以及案件管理工作情况。

第六十一条 社会保险行政部门应当建立社会保险欺诈案件情况通报制度，定期或者不定期通报本辖区内社会保险欺诈案件发生和查处情况。

通报社会保险欺诈案件情况，可以在本系统通报，也可以根据工作需要向社会公开通报。

对于重大社会保险欺诈案件可以进行专题通报。

第六十二条 社会保险行政部门应当健全社会保险欺诈案例指导制度，定期或者不定期收集、整理、印发社会保险欺诈典型案例，指导辖区内案件查处工作。

第六十三条 社会保险行政部门应当健全社会保险欺诈案件信息公开制度，依法公开已办结案件相关信息，接受社会监督。

第六十四条 社会保险行政部门查处社会保险欺诈案件，作出行政处罚决定的，应当在作出决定后7个工作日内，在社会保险行政部门门户网站进行公示。

第六十五条 社会保险行政部门应当完善单位和个人社会保险欺诈违法信息记录和使用机制，将欺诈违法信息纳入单位和个人诚信记录，加强失信惩戒，促进社会保险诚信建设。

第九章 监督检查

第六十六条 上级社会保险行政部门应当定期或者不定期对下级社会保险行政部门社会保险欺诈案件查处和移送情况以及案件管理情况进行监督检查，加强行政层级执法监督。

第六十七条 社会保险行政部门应当健全执法办案责任制，明确执法办案职责，加强对执法办案活动的监督和问责。

第十章 附则

第六十八条 本办法自发布之日起施行。

第六十九条 本办法由人力资源社会保障部负责解释。

附表：________年（上半年）社会保险欺诈案件查处和移送情况表（略）

人力资源社会保障部办公厅　中国残疾人联合会办公厅关于实施《残疾人职业技能提升计划（2016—2020年）》的通知

人社厅发［2016］69号

各省、自治区、直辖市及新疆生产建设兵团人力资源社会保障厅（局）、残联，各计划单列市人力资源社会保障局、残联：

为贯彻《国务院关于加快推进残疾人小康进程的意见》（国发［2015］7号）和《国务院关于进一步做好新形势下就业创业工作的意见》（国发［2015］23号）要求，进一步提高残疾人职业技能水平和就业创业能力，保障和改善残疾人民生，决定实施残疾人职业技能提升计划（2016—2020年）。现就有关事项通知如下：

一、指导思想

贯彻落实党的十八大和十八届三中、四中、五中全会精神，牢固树立创新、协调、绿色、开放、共享的发展理念，以促进残疾人就业为宗旨，大力开展面向残疾人的职业技能培训，将残疾人职业培训纳入终身职业技能培训制度，不断提升残疾人职业素质和就业创业能力，促进残疾人就业增收，加快推进残疾人小康进程。

二、基本原则

（一）统筹规划，分工负责。各地人力资源社会保障部门、残联要科学统筹，制定工作规划，全面部署安排。加强与相关部门协调配合，建立任务明确、分工负责、政策共享、运转协调的工作机制。

（二）突出重点，分类实施。残疾人职业技能提升计划实施的重点对象是青壮年残疾人。要根据不同类别残疾劳动者的需求，分类组织实施各具特色的职业培训，大力开展就业技能培训、岗位技能提升培训和创业培训。

（三）广泛动员，形成合力。充分发挥政府、行业企业、社会团体、院校和职业培训机构等各方面作用，综合运用各类激励政策和措施，调动各方面积极性。整合职业培训资源，培育残疾人职业培训基地，采取政府购买服务等方式，广泛开展残疾人职业培训。

三、目标任务

适应残疾人实现就业和稳定就业的需要，大力开展残疾人职业培训，鼓励引导有就业愿望和培训需求的残疾人接受相应的职业培训，掌握就业技能，提升技能等级，帮助残疾人就业创业。到2020年，力争使新进入人力资源市场的残疾人都有机会接受至少一次相应的就业技能培训；使企业技能岗位的残疾人都有机会得到一次以上岗位技能提升培训或高技能人才培训；使具备一定创业条件或已创业的残疾人都有机会接受创业培训。

四、主要内容

（一）就业技能培训。对残疾人中新成长劳动力和城镇登记失业人员开展专项技能或初级技能培训。以就业为导向，依托技工院校、职业院校、企业培训机构、就业培训中心、民办职业培训机构等教育培训机构开展培训，强化实际操作技能训练和职业素质培养，使培训对象达到上岗要求或掌握初级以上职业技能，着力提高培训后的就业率。重点加强适合残疾人特点的职业培训，扶持一批民间工艺和民族传统文化技艺传承人。

（二）岗位技能提升培训。对用人单位在岗残疾职工开展提高技能水平的培训。由用人单位依托所属培训机构或其他各类培训机构，根据行业特点和岗位技能需求，结合技术进步和产业升级对职工技能水平的要求，对新录用残疾职工开展岗前培训或学徒培训，对已在岗残疾职工开展岗位技能提升培训或高技能人才培训。

（三）创业培训。对有创业意愿并具备一定创业条件的残疾人开展提高创业能力的培训。依托培训机构，结合当地产业发展和创业项目，根据培训对象特点和需求组织开展创业培训。重点开展创业意识教育、创业项目指导和企业经营管理培训，提高培训对象的创业能力。

五、保障措施

（一）加强组织领导。各地要建立在政府统一领导下，残联为主要工作部门，人力资源社会保障部门积极支持，相关部门各司其职、密切配合的工作机制，共同推动残疾人职业技能提升计划的组织实施。

（二）加大政策落实力度。充分发挥残疾人就业保障金等资金在残疾人职业培训中的重要作用，提高残疾人就业保障金对残疾人职业培训的支出额度和比例，保障残疾人职业培训工作开展，确保完成培训目标任务。人力资源社会保障部门要将符合条件的残疾人纳入就业补助资金补贴范围，落实职业培训补贴和职业技能鉴定补贴政策。鼓励企事业单位、社会团体和个人捐资用于残疾人职业培训。进一步创新政策支持方式，提高资金使用效率。

（三）加强培训监管和评估考核。人力资源社会保障部门、残联要严格按照程序和标准确定残疾人职业培训基地，承担政府补贴性职业培训任务。执行开班申请、过程检查、结业审核制度，加强培训过程管理，确保培训质量和效果。要会同财政等相关部门开展考核检查和绩效评估，加强资金监管工作，确保培训任务按时完成。

（四）加强就业服务和权益保障。各级残联所属的残疾人就业服务机构要充分发挥职能作用，促进残疾人实现就业。各级各类就业服务机构要积极为残疾劳动者提供相关就业服务。加强残疾人创业指导和创业服务，强化创业培训与小额担保贷款、税费减免等扶持政策及创业咨询、创业孵化等服务手段的衔接，提升其创业成功率。指导和督促用人单位与残疾人依法签订并履行劳动合同，缴纳社会保险费，加强残疾人职业健康保护，加强劳动保障监察，切实维护残疾人劳动保障权益。

（五）加强基础能力建设。结合区域经济发展，围绕吸纳残疾人就业集中的产业行业，选择现有技工院校、职业院校、企业培训机构、就业培训中心、民办职业培训机构等教育培训机构，择优确定承担政府补贴性职业培训任务的定点培训机构。依托定点培训机构建设残疾人职业培训基地。拓宽残疾人培训项目，丰富培训课程内容。加强师资队伍建设，有条件的地区可选派培训教师进行不同等级的培训进修，提高教学能力水平。

（六）加强舆论宣传。创新宣传方式，充分运用各类新闻媒体，采取群众喜闻乐见的形式，扩大残疾人对职业培训相关政策的知晓率。加强对残疾人教育引导，树立劳动光荣、技能宝贵的理念。通过宣传技能就业、技能成才的残疾人先进典型，进一步营造全社会关心尊重残疾人、重视支持残疾人职业培训工作的良好社会氛围。

各地要根据本通知精神，结合地区实际情况，研究制定残疾人职业技能提升计划实施方案，并于2016年7月底前报送上级人力资源社会保障部门和残联。

二〇一六年五月十七日

人力资源社会保障部办公厅关于简化优化流动人员人事档案管理服务的通知

人社厅发［2016］75号

各省、自治区、直辖市及新疆生产建设兵团人力资源社会保障厅（局）：

《中共中央组织部　人力资源社会保障部等五部门关于进一步加强流动人员人事档案管理服务工作的通知》（人社部发［2014］90号）印发以来，各地认真贯彻落实文件要求，将流动人员人事档案管理服务纳入基本公共服务范围，及时取消收取人事关系及档案保管费，积极做好档案接收、整理、保管、利用和转递工作，取得明显进展。但是，目前流动人员人事档案管理服务中仍然存在手续烦琐、标准不统一、个别机构拒收档案等问题，与流动人员的期待还有一定差距。按照《国务院办公厅关于简化优化服务流程方便基层群众办事创业的通知》（国办发［2015］86号）和《人力资源社会保障部关于加强和改进人力资源社会保障领域公共服务的意见》（人社部发［2016］44号）有关精神，为进一步简化优化服务流程，创新和改进流动人员人事档案管理服务，切实解决流动人员存档过程中的问题，现就有关事项通知如下：

一、推进流动人员人事档案管理服务信息公开

（一）公布机构目录和办事指南。各地要汇总整理辖区内公共就业和人才服务机构以及授权管理流动人员人事档案的机构（以下简称档案管理服务机构）信息，包括机构名称、地址和联系方式等，并实行动态更新。要全面落实人社部发［2014］90号文件明确的基本公共服务内容，并结合本地实际，梳理服务项目，细化办事流程，编制服务指南，明晰办事时限和注意事项。要通过各级政府网站、相关专业网站、服务场所显示屏以及印制手册等形式，向社会公开档案管理服务机构信息和办事指南。有条件的地方可开通官方微博、微信公众号等，及时发布相关信息。

（二）加强对重点群体的指导。各地要积极做好面向高校毕业生等重点群体的政策解读，每年在高校毕业生离校前后，将档案管理服务政策作为就业创业政策咨询、就业指导等活动的重要内容，加大宣传力度，引导做好档案转递工作。

（三）宣传普及档案政策知识。各地要通过多种渠道组织形式多样的流动人员人事档案管理服务知识宣传，介绍档案材料内容、形成过程及主要功能，提高用人单位和存档人对档案重要性的认识，强化档案材料收集意识，营造良好工作氛围。

二、促进流动人员人事档案管理服务便民利民

（四）实行档案接收告知承诺制。档案管理服务机构在接收档案时，要本着实事求是、

便民利民的原则，对缺少材料的实行告知承诺制。要认真审核和甄别档案材料，对缺少关键材料的，一次性告知所缺材料及其可能造成的影响，经本人作出书面知情说明、承诺补充材料后予以接收，或与原工作单位协商退回并补充材料。对缺少非关键材料的，采取先存后补方式予以接收。关键材料一般是指用于核定存档人的出生日期、参加工作时间、入党时间、学历学位、工作经历等重要信息的材料。

（五）取消办理转正定级等手续。为简化办事环节和手续，今后档案管理服务机构对初次就业的流动人员不再办理转正定级手续。机关事业单位和国有企业在招考、聘用、招用流动人员时，可参考档案中的劳动合同、企业录用手续等材料及就业登记、劳动用工备案、社会保险缴费记录，认定参加工作时间和工作年限。档案管理服务机构要通过多种渠道，指导、督促用人单位和个人及时将上述材料收集归档。流动人员人事档案存档期间，档案管理服务机构不再办理档案工资记载、调整相关手续。

（六）畅通档案转递渠道。档案管理服务机构转递档案时不再开具行政（工资）介绍信。应届高校毕业生档案被档案管理服务机构接收、成为流动人员人事档案后，即可按照有关规定进行转递。个人跨地区就业且按照有关规定办理入职手续后，其档案在有人事档案管理权限的机关事业单位、国有企业和流动人员人事档案管理服务机构之间可直接办理转递手续。档案转递时，转出机构要在档案内附上档案材料目录清单，通过机要通信或专人送取方式进行转递，不得个人自带档案。

（七）推进前台业务受理、后台政策协调。办理社会保险代缴、退休初审、专业技术资格评定等其他基于档案延伸服务的档案管理服务机构，要加强前台服务和后台政策的协调，及时反映有关共性问题，并配合行政管理部门研究制定合理可行的解决办法，积极为存档人解决难题。

（八）强化人力资源社会保障系统信息共享。各地要建立人力资源社会保障部门内部信息共享机制。档案管理服务机构要加强与其他经办机构的信息互通和数据衔接，依据档案材料可出具相关证明的，不再转递档案。

（九）推进档案信息化工作。各级人力资源社会保障部门要加快流动人员人事档案电子化、数字化工作，建立全国流动人员人事档案基础信息数据库，推动数据向上集中，方便档案信息异地查询，加强信息安全管理。有条件的地方可开发流动人员人事档案管理服务网上办事平台，推广网上预审、网上受理、网上办理，提高管理水平和服务效率。

三、规范收费行为

（十）严格落实取消收费规定。档案管理服务机构要不折不扣地贯彻落实取消档案收费和人才集体户口管理服务费（包括经营服务性质的收费）的决定。各级人力资源社会保障部门要积极协调同级财政部门落实人社部发［2014］90号文件要求，将流动人员人事档案基本公共服务相关经费纳入同级财政预算，参考保管的档案数量等因素确定经费数额。

（十一）规范基于档案的延伸服务的收费行为。不得将参加社会保险、职称评审等业务与档案保管相挂钩，杜绝以档案为载体的捆绑收费、隐形收费行为。对基于档案延伸的其他服务，严格按物价部门核准的收费依据和标准进行收费，并且做到公开透明；没有收费项目和收费标准的，一律不得收费。

（十二）加大对基础设施建设的投入。各地要结合制定“十三五”规划、实施金保工程二期、加强基层就业和社会保障服务设施建设等，加大对流动人员人事档案库房、服务场所和信息系统等基础设施建设的投入，保障档案管理服务工作正常开展。

四、健全流动人员人事档案管理服务工作体系

（十三）建立科学合理的服务体系。各省级人力资源社会保障部门要根据当前辖区内档案管理服务机构现状，建立科学合理的流动人员人事档案管理服务体系，形成以县级及以上公共就业和人才服务机构为主体，授权管理服务机构为补充的流动人员人事档案管理服务工作格局。省级、地市级档案管理服务机构要充分考虑县级档案管理服务机构的实际服务能力和条件，不得强行推行档案属地化管理服务，对现已保管的流动人员人事档案，除因用人单位或本人申请档案转递外，一律不得以任何理由进行清退。

（十四）落实人事档案管理的主体责任。对用人单位集体委托存档的，原则上由用人单位工商营业执照或组织机构代码登记的同级档案管理服务机构负责；对个人委托存档的，按照本人自愿选择，由其现工作单位所在地或户籍所在地的档案管理服务机构负责。鼓励用人单位办理集体委托存档业务，加强档案材料收集，提高管理服务效率。有人事档案管理权限的国有企业、国有控股企业和事业单位，要依据有关规定做好本单位干部职工档案管理工作。

（十五）强化行政部门指导监督职能。各级人力资源社会保障行政部门要将流动人员人事档案管理服务作为公共服务的重要内容，切实加强组织领导，做好统筹规划，明确职责分工，完善政策制度，强化监督检查。对存在虚假宣传、推诿拒收、无故清理档案、违反档案保密纪律等行为的档案管理服务机构，要加强问责，督促整改。流动人员人事档案比较集中的超大城市人力资源社会保障部门，要尽快制定并实施在本地就业的非户籍流动人员的人事档案管理服务相关规定。

各级人力资源社会保障部门要统一思想，提高认识，切实贯彻落实好简化优化流动人员人事档案管理服务的各项措施，加强服务窗口作风建设，创造性地开展工作，为人才流动就业服务，为大众创业、万众创新服务。各地在工作中遇到的新情况新问题，请及时向人力资源社会保障部人力资源市场司反馈。

二〇一六年五月二十五日

人力资源社会保障部办公厅关于开展长期护理保险制度试点的指导意见

人社厅发［2016］80号

河北、吉林、黑龙江、上海、江苏、浙江、安徽、江西、山东、湖北、广东、重庆、四川省（市）人力资源社会保障厅（局），新疆生产建设兵团人力资源社会保障局：

探索建立长期护理保险制度，是应对人口老龄化、促进社会经济发展的战略举措，是实现共享发展改革成果的重大民生工程，是健全社会保障体系的重要制度安排。建立长期护理保险，有利于保障失能人员基本生活权益，提升他们体面和有尊严的生活质量，弘扬中国传统文化美德；有利于增进人民福祉，促进社会公平正义，维护社会稳定；有利于促进养老服务产业发展和拓展护理从业人员就业渠道。根据党的十八届五中全会精神和“十三五”规划纲要任务部署，现就开展长期护理保险制度试点，提出以下意见：

一、指导思想和原则

（一）指导思想。全面贯彻党的十八大和十八届三中、四中、五中全会精神，以邓小平理论、“三个代表”重要思想、科学发展观为指导，深入贯彻习近平总书记系列重要讲话精神，按照“五位一体”总体布局和“四个全面”战略布局，推动探索建立长期护理保险制度，进一步健全更加公平更可持续的社会保障体系，不断增加人民群众在共建共享发展中的获得感和幸福感。

（二）基本原则。坚持以人为本，着力解决失能人员长期护理保障问题，提高人民群众生活质量和人文关怀水平。坚持基本保障，根据当地经济发展水平和各方面承受能力，合理确定基本保障范围和待遇标准。坚持责任分担，遵循权利义务对等，多渠道筹资，合理划分筹资责任和保障责任。坚持因地制宜，各地根据长期护理保险制度目标任务和基本政策，结合地方实际，制定具体实施办法和政策标准。坚持机制创新，探索可持续发展的体制机制，提升保障绩效，提高管理水平。坚持统筹协调，做好各类社会保障制度的功能衔接，协同推进健康产业和服务体系的发展。

二、目标和任务

（三）试点目标。探索建立以社会互助共济方式筹集资金，为长期失能人员的基本生活照料和与基本生活密切相关的医疗护理提供资金或服务保障的社会保险制度。利用1～2年试点时间，积累经验，力争在“十三五”期间，基本形成适应我国社会主义市场经济体制的长期护理保险制度政策框架。

（四）主要任务。探索长期护理保险的保障范围、参保缴费、待遇支付等政策体系；探索护理需求认定和等级评定等标准体系和管理办法；探索各类长期护理服务机构和护理人员服务质量评价、协议管理和费用结算等办法；

探索长期护理保险管理服务规范和运行机制。

三、基本政策

（五）保障范围。长期护理保险制度以长期处于失能状态的参保人群为保障对象，重点解决重度失能人员基本生活照料和与基本生活密切相关的医疗护理等所需费用。试点地区可根据基金承受能力，确定重点保障人群和具体保障内容，并随经济发展逐步调整保障范围和保障水平。

（六）参保范围。试点阶段，长期护理保险制度原则上主要覆盖职工基本医疗保险（以下简称职工医保）参保人群。试点地区可根据自身实际，随制度探索完善，综合平衡资金筹集和保障需要等因素，合理确定参保范围并逐步扩大。

（七）资金筹集。试点阶段，可通过优化职工医保统账结构、划转职工医保统筹基金结余、调剂职工医保费率等途径筹集资金，并逐步探索建立互助共济、责任共担的长期护理保险多渠道筹资机制。筹资标准根据当地经济发展水平、护理需求、护理服务成本以及保障范围和水平等因素，按照以收定支、收支平衡、略有结余的原则合理确定。建立与经济社会发展和保障水平相适应的动态筹资机制。

（八）待遇支付。长期护理保险基金按比例支付护理服务机构和护理人员为参保人提供的符合规定的护理服务所发生的费用。根据护理等级、服务提供方式等制定差别化的待遇保障政策，对符合规定的长期护理费用，基金支付水平总体上控制在70%左右。具体待遇享受条件和支付比例，由试点地区确定。

四、管理服务

（九）基金管理。长期护理保险基金参照现行社会保险基金有关管理制度执行。基金单独管理，专款专用。建立举报投诉、信息披露、内部控制、欺诈防范等风险管理制度。建立健全长期护理保险基金监管制度，确保基金安全有效。

（十）服务管理。建立健全对护理服务机构和从业人员的协议管理和监督稽核等制度。明确服务内涵、服务标准以及质量评价等技术管理规范，建立长期护理需求认定和等级评定标准体系，制定待遇申请和资格审定及变更等管理办法。探索引入第三方监管机制，加强对护理服务行为和护理费用使用情况的监管。加强费用控制，实行预算管理，探索适应的付费方式。

（十一）经办管理。加强长期护理保险经办管理服务能力建设，规范机构职能和设置，积极协调人力配备，加快信息系统建设。制定经办规程，优化服务流程，明确相关标准，创新管理服务机制。社会保险经办机构可以探索委托管理、购买以及定制护理服务和护理产品等多种实施路径、方法，在确保基金安全和有效监控前提下，积极发挥具有资质的商业保险机构等各类社会力量的作用，提高经办管理服务能力。加强信息网络系统建设，逐步实现与养老护理机构、医疗卫生机构以及其他行业领域信息平台的信息共享和互联互通。

五、配套措施

（十二）加强与其他保障制度之间的统筹衔接。做好与其他社会保险制度在筹资、待遇等方面的政策与管理衔接。应由已有社会保障制度和国家法律规定支付的护理项目和费用，长期护理保险基金不再给予支付，避免待遇重复享受。

（十三）协同推进长期护理服务体系建设和发展。积极推进长期护理服务体系建设，引导社会力量、社会组织参与长期护理服务，积极鼓励和支持长期护理服务机构和平台建设，促进长期护理服务产业发展。充分利用促进就业创业扶持政策和资金，鼓励各类人员到长期护理服务领域就业创业，对其中符合条件的，按规定落实相关补贴政策。加强护理服务从业人员队伍建设，加大护理服务从业人员职业培训力度，按规定落实职业培训补贴政策。逐步探索建立长期护理专业人才培养机制。充分运用费用支付政策对护理需求和服务供给资源配置的调节作用，引导保障对象优先利用居家和社区护理服务，鼓励机构服务向社区和家庭延伸。鼓励护理保障对象的亲属、邻居和社会志愿者提供护理服务。

（十四）探索建立多层次长期护理保障制度。积极引导发挥社会救助、商业保险、慈善事业等的有益补充，解决不同层面护理需求。鼓励探索老年护理补贴制度，保障特定贫困老年人长期护理需求。鼓励商业保险公司开发适销对路的保险产品和服务，发展与长期护理社会保险相衔接的商业护理保险，满足多样化、多层次的长期护理保障需求。

六、组织实施

（十五）组织领导。长期护理保险制度试点工作政策性强，涉及面广，各级人力资源社会保障部门要高度重视，加强部门协调，上下联动，共同推进试点工作有序开展。为积极稳妥推进试点，从2016年起确定在部分地区开展试点（名单附后）。试点地区人力资源社会保障部门要在当地政府领导下，加强工作力量配备，按照指导意见要求，研究制定和完善试点方案，周密计划部署，协调相关部门，推动工作落实。新开展试点的地区要抓紧制定试点方案，报省人力资源社会保障厅批准并报人力资源社会保障部备案后，确保年内启动实施。已开展试点的地区要按照本意见要求继续完善政策。

（十六）工作机制。试点原则上以地市为单位整体实施。要建立信息沟通机制，通过简报、情况专报、专题研讨等方式，交流地方探索情况，总结推广典型经验。要建立工作督导机制，试点地区应按季度报送工作进度和试点情况。部里定期组织督导调研，研究试点中出现的新问题、新情况。要建立协作咨询机制，方案制定过程中要广泛听取各方意见，成立专家团队等协作平台，组织和利用社会各界力量。要注重加强宣传工作，大力宣传建立长期护理保险制度的重要意义、制度功能和试点成效，充分调动广大人民群众参与试点的积极性和主动性，引导社会舆论，凝聚社会共识，为试点顺利推进构建良好的社会氛围。

试点中遇有重大事项，要及时向我部报告。

附件：长期护理保险制度试点城市名单（略）

二〇一六年六月二十七日

人力资源社会保障部办公厅　全国妇联办公厅关于印发《巾帼家政服务专项培训工程实施方案》的通知

人社厅发［2016］83号

各省、自治区、直辖市及新疆生产建设兵团人力资源社会保障厅（局）、妇联组织：

为进一步贯彻落实《国务院办公厅关于发展家庭服务业的指导意见》（国办发［2010］43号），根据发展家庭服务业促进就业部际联席会议第八次全体会议部署和发展改革委、人力资源社会保障部等部门（单位）《关于印发促进消费带动转型升级行动方案的通知》（发改综合［2016］832号）要求，人力资源社会保障部、全国妇联决定在“十三五”期间联合组织实施巾帼家政服务专项培训工程。现将《巾帼家政服务专项培训工程实施方案》印发你们，请结合本地实际抓好落实。

二〇一六年六月八日

巾帼家政服务专项培训工程实施方案

为贯彻落实《国务院关于进一步做好为农民工服务工作的意见》（国发［2014］40号）和《国务院办公厅关于发展家庭服务业的指导意见》（国办发［2010］43号），加强农民工职业技能培训和家庭服务业职业化建设，促进建档立卡农村贫困人口实现精准脱贫，按照发展家庭服务业促进就业部际联席会议的工作部署和发展改革委、人力资源社会保障部等部门（单位）联合下发的《关于印发促进消费带动转型升级行动方案的通知》（发改综合［2016］832号）要求，人力资源社会保障部、全国妇联决定在“十三五”期间联合组织实施巾帼家政服务专项培训工程。

一、目标任务

将巾帼家政服务专项培训工程作为职业技能培训规划和农民工职业技能提升计划（春潮行动）的重要组成部分，建立各级人力资源社会保障部门和妇联组织的家政服务培训协作机制，力争到2020年使有意愿到家政服务行业从业的女性劳动者都能接受一次就业技能培训，家政服务企业在岗的女性家政服务员都能接受一次岗位技能提升培训或高技能人才培训，有意愿或已经在家政服务行业创业的女性劳动者都能接受一次创业培训。

二、培训对象

已经或拟从事家政服务的农村转移就业女性劳动者尤其是建档立卡的农村贫困妇女、城镇登记女性失业人员、毕业年度高校女毕业生、劳动年龄内的城乡未继续升学的应届初高中女毕业生。

三、实施步骤

（一）建立协作机制。各级人力资源社会保障部门和同级妇联组织应当建立巾帼家政服务专项培训工程协作机制，由人力资源社会保障部门负责农民工和发展家庭服务业、就业和职业培训的相关机构以及妇联组织负责巾帼家政服务培训、农村妇女动员组织的相关机构共同组成。协作机制办公室设在同级妇联组织，由分管领导负责，明确专门人员，具体承担巾帼家政服务专项培训工程组织实施工作。各级人力资源社会保障部门要对妇联组织开展专项培训相关工作给予支持。

（二）开展摸底调查。各级妇联组织要会同人力资源社会保障部门开展专项培训摸底调查工作。一是调查本地区妇联系统所属家政服务培训机构、家政服务企业的数量、规模；二是调查本地区相关女性劳动者总体数量及家政服务员参加职业培训情况；三是结合精准扶贫调查本地区有条件、有意愿从事家政服务的建档立卡农村女性贫困劳动者情况。

（三）制定实施方案。在摸底调查基础上，各市、县妇联组织要会同人力资源社会保障部门研究制定具体的巾帼家政服务专项培训工程实施方案，明确培训任务、工作程序和相关保障措施。

（四）宣传动员。各市、县人力资源社会保障部门要向社会公示家政服务培训机构名录、培训项目、补贴标准及程序。妇联组织要发挥自身优势，通过巾帼家政服务培训机构及巾帼家政服务企业做好培训对象的宣传动员工作，特别是要加大对建档立卡农村女性贫困劳动者的宣传动员力度，发动更多的女性劳动者参加巾帼家政服务专项培训，做好输送保障工作。

（五）组织培训。各市、县人力资源社会保障部门和妇联组织应当对培训机构、培训师资、培训教材、培训课程设置等严格审定把关，落实开班申请、过程检查、结业审核制度，加强培训过程管理。妇联组织应当指导巾帼家政服务培训机构及符合条件的巾帼家政服务企业严格按计划、按程序、按标准组织培训，做到培训一人、合格一人。

（六）开展职业技能鉴定。各市、县妇联组织要鼓励和引导参加培训的人员参加职业技能鉴定。人力资源社会保障部门要本着方便、快捷的原则，充分利用家政服务机构的资源开展技能鉴定工作。

（七）做好培训和鉴定补贴申领工作。培训班结束后，各市、县妇联组织要指导巾帼家政服务培训机构、巾帼家政服务企业做好培训补贴的申领工作。人力资源社会保障部门要及时审核，按规定给予培训补贴和技能鉴定补贴。

（八）加强专项培训统计。各市、县巾帼家政服务专项培训工程协作机制办公室要建立巾帼家政服务专项培训工程台账制度，统计参加培训人员的基本信息、数量以及落实培训补贴情况，并逐级上报到全国妇联、人力资源社会保障部（见附件）。

四、政策支持

（一）人力资源社会保障部门和妇联组织要采取措施鼓励和支持巾帼家政服务培训机构及其他家政服务培训机构加大招生和培训力度，积极吸引和招收各类培训对象参加培训。

（二）人力资源社会保障部门要按照《国务院关于加强职业培训促进就业的意见》（国发［2010］36号）、《财政部　人力资源社会保障部关于技师培训项目补贴资金使用管理有关问题的通知》(财社[2013]141号)、《财政部 人力资源社会保障部关于印发〈就业补助资金管理暂行办法〉的通知》(财社[2015]290号)要求，执行职业培训补贴和职业技能鉴定补贴政策，落实补贴资金。

(三)人力资源社会保障部门要积极协商有关部门加大就业专项资金对巾帼家政服务专项培训的支持力度。有条件的地区可争取专项财政资金专门用于巾帼家政服务专项培训。要科学核定培训成本，合理确定培训补贴标准。

(四)人力资源社会保障部门在开展家庭服务业培训示范基地建设中，要将符合条件的巾帼家政服务培训基地纳入其中；在举办各类职业经理人培训、家庭服务师资培训时，要将巾帼家政服务企业和巾帼家政服务培训机构相关人员纳入培训计划，支持妇联组织加强培训能力建设。

(五)人力资源社会保障部门要支持妇联组织广泛开展多层次的家政服务职业竞赛活动，充分发挥职业竞赛在技能人才培养中的积极作用，为提升家政服务员技能水平、培养高技能人才创造条件。

五、保障措施

(一)加强组织领导。各级人力资源社会保障部门和妇联组织应当加强对巾帼家政服务专项培训工程的领导，巾帼家政服务专项培训工程协作机制应当定期召开工作会议，研究解决问题，推动工作落实。

(二)加强协调配合。各级人力资源社会保障部门和妇联组织应加强沟通，做到工作步调统一，互相支持配合，形成工作合力。

(三)加强监督检查。各级人力资源社会保障部门和妇联组织要加强对巾帼家政服务专项培训工作的跟踪督导，对工作进展缓慢、落实不到位的予以督查问责。各省、自治区、直辖市及新疆生产建设兵团巾帼家政服务专项培训工程协作机制办公室应于每年1月31日前将上年度巾帼家政服务专项培训工程实施情况报人力资源社会保障部和全国妇联。

附件：巾帼家政服务专项培训工程实施情况统计表(略)

人力资源社会保障部办公厅　农业部办公厅　国务院扶贫办行政人事司　共青团中央办公厅　全国妇联办公厅关于实施农民工等人员返乡创业培训五年行动计划（2016—2020年）的通知

人社厅发［2016］90号

各省、自治区、直辖市及新疆生产建设兵团人力资源社会保障厅（局）、农业（农牧、农村经济）厅（委、局）、扶贫办（局）、团委、妇联：

按照《国务院关于大力推进大众创业万众创新若干政策措施的意见》（国发［2015］32号）和《国务院办公厅关于支持农民工等人员返乡创业的意见》（国办发［2015］47号）要求，为进一步推进农民工、建档立卡贫困人口、大学生和退役士兵等人员返乡创业培训工作，有效促进农民工等人员在大众创业、万众创新热潮中实现创业就业，人力资源社会保障部等五部门将实施农民工等人员返乡创业培训五年行动计划（2016—2020年）。现就有关事项通知如下：

一、指导思想

全面贯彻落实党的十八大和十八届三中、四中、五中全会精神，牢固树立创新、协调、绿色、开放、共享的发展理念，主动适应经济发展新常态，以服务就业和经济发展为宗旨，鼓励以创业带动就业，紧密结合农民工等人员返乡创业培训需求，健全完善创业培训体系，充分发挥优质培训资源作用，大力开展创业培训，提高针对性和有效性，全面激发农民工等人员创业热情，提高创业能力，逐步形成以创业培训为基础，创业扶持政策和创业服务相结合，全面推进创业促就业工作的新局面。

二、工作目标

以提升农民工等人员创业能力，促进其成功创业为根本目标，以开展符合不同群体实际需求的创业培训为主要抓手，形成创业培训、创业教育、创业考评、试创业、创业帮扶、创业成效第三方评估等六环联动，政府、院校和相关企业合作推进，与精准扶贫、精准脱贫紧密结合，全覆盖、多层次、多样化的创业培训体系，使创业培训总量、结构、内容、模式与经济社会发展和农民工等人员创业需求相适应；到2020年，力争使有创业要求和培训愿望、具备一定创业条件或已创业的农民工等人员都能参加一次创业培训，有效提升创业能力。

三、主要任务

（一）做好培训对象信息统计分析。将返

乡农民工等人员中有意愿开展创业活动和处于创业初期的人员全部纳入创业培训服务范围。依托乡镇（街道）劳动保障等公共服务平台，摸清返乡农民工等人员底数、创业总体情况、创业培训需求等。建立返乡创业农民工等人员信息库和数据统计分析机制，对人员类型、性别、创业情况等进行分析，为编制创业培训计划、确定创业培训项目等提供有效依据。推动创业培训与扶贫开发紧密结合，有创业愿望的建档立卡等精准扶贫人员优先成为创业培训对象，具有创业能力的建档立卡贫困人口特别是贫困妇女开展试创业或正式创业优先享受各项扶持政策。

（二）开展有针对性的创业培训。以生产性农业服务业和生活性农业服务业创业为重点，针对返乡农民工等人员不同创业阶段的特点、不同性别、不同需求和地域经济特色，开展内容丰富、针对性强的创业培训。力求依托真实项目设计培训内容，使培训成为试创业的过程，切实提高培训实效。开展多层次的创业培训。对有创业要求和培训愿望、具备一定创业条件的人员，结合适合创业的绿色农产品经营、民族传统手工艺、乡村旅游、家庭农家乐或输入地市场与输出地资源能够有效对接的项目等，重点开展创业意识教育、创业项目指导等培训；对处于创业初期的人员，结合区域专业市场对企业发展需求，重点开展企业经营管理等培训；对已经成功创业的人员，重点开展发达地区产业组织形式、经营管理方式等培训，把小门面、小作坊等升级为特色店、连锁店、品牌店。

（三）积极开展互联网创业培训。依托电子商务进农村综合示范县建设、农村电子商务百万英才计划以及农村青年电商培育工程等，积极开展电子商务培训。推动农民工等人员借力“互联网＋”信息技术开办和发展企业，利用互联网拓宽扩展产品销售渠道。有条件的地区可以依托专业的电子商务人才培训基地和师资队伍，努力培养一批既懂理论又懂业务、会经营网店、能带头致富的复合型人才。引导具有实践经验的电子商务从业者从城镇返乡创业，鼓励电子商务职业经理人到农村发展。

（四）依托优质资源开展创业培训。建立政府支持、市场运作工作机制。发挥市场机制在资金筹措、机构建设、生源组织、过程监管、效果评价等方面的积极作用。鼓励各类优质培训资源参与农民工等人员返乡创业培训。在师资培养、就业创业信息服务、政府购买创业培训成果等方面实行公办民办培训机构平等待遇。推进优质创业培训资源下乡。按照有关规定择优确定培训资源承担政府补贴性培训项目。做好定点机构日常管理与指导，及时了解定点机构在制订培训计划、规范教学管理、组织实施培训等方面的情况，指导定点机构按照统一要求组织教学，确保培训质量，打造农民工等人员返乡创业培训品牌。对培训过程进行实时监测，开展绩效评估，将受训人数、创业人数、创业成功率作为培训机构重要评价指标，确保培训质量和效果。

（五）加强创业培训基础能力建设。探索创业培训与技能培训、创业培训与区域产业相结合的培训方式，采取有针对性和实用性的培训模式开展创业培训。试点推广“互联网＋”创业培训模式。扩大创业培训教师选拔范围，优化师资队伍结构，通过教学研讨、培训交流、教学竞赛等多种方式提高创业培训教师教学水平。国家、省、市、县形成四级联动，利用好现有各类创业培训师资培训项目，加强师资队伍建设。可结合实际，自主开发和选用具有地方特色的教辅资料。支持返乡创业培训实习基地建设，并纳入公共实训基地建设项目范围。有条件的地区可依托现有实训基地、技工院校等职业教育院校，探索建立培训创业扶贫一体化基地。加强输出地与本省及全国经济发达地区劳务协作。公共就业服务机构要做好创业服务工作，提高主动服务意识，为农民工等人员打造创业服务绿色通道，提高公共服务质量。

（六）建立创业培训与创业孵化对接机制。指导创业培训机构在加强自身开展培训、实训、实践能力的基础上，建立与农民创业园、乡村旅游集聚地等各类创业孵化机构的对接机制，实施培训、孵化、服务“一条龙”帮扶，帮助学员尽快将培训所成付诸创业行动，通过孵化服务和政策落实，使其稳定发展并能成功创业。举办适合农民工等人员创业的项目对接交流活动，收集并推荐适应大众创业的项目，使学员及早定位自身创业方向，通过载体孵化和项目选择两步走的方式，提高培训后创业成功率。

（七）做好创业培训对象后续跟踪扶持。按照政府提供平台、平台集聚资源、资源服务创业的原则，依托基层就业和社会保障、中小企业、农村社区等公共服务平台，进一步强化培训后的后续扶持和跟踪服务，建立培训学员跟踪服务机制，动态掌握培训后学员就业创业情况，积极帮助返乡创业人员改善管理、改进技术、开拓市场。引导和支持龙头企业建设市场化创新创业促进机制，加速资金、技术和服务扩散，带动和支持返乡创业人员依托其相关产业链创业发展。

四、有关要求

（一）加强组织领导，健全工作机制。各地区、各部门要高度重视农民工等人员返乡创业培训工作，根据部门职能落实工作责任，完善工作机制。制定、实施组合型创业培训政策，实行资金、税收、用地、设施设备、成果购买、质量评价等联动，并切实抓好各项政策措施的落实。各级有关部门特别是县级有关部门要结合地区实际情况，将农民工等人员创业培训工作纳入当地经济发展的总体部署和职业培训规划，研究制定农民工等人员返乡创业培训年度计划和实施方案，与现有农民工培训项目有效对接，进行专项统计，建立年度报告、检查和评估机制。

（二）加大资金投入，确保资金安全。各地要科学合理确定创业培训补贴标准，建立动态调整机制，确保完成高质量培训教学活动。相关部门要按照统筹规划、集中使用、提高效益的原则，将各级各类创业培训资金统筹使用。各部门根据职责和任务，做好相关培训工作，改变资金分散安排、分散下达、效益不高的状况。要加大资金投入，安排工作经费，对培训创业扶贫一体化基地建设、师资培训、管理人员培训、管理平台开发等基础工作给予支持。相关部门要及时足额拨付各类补贴资金，建立健全资金管理制度，明确资金监管责任主体，采取有效措施，加强对培训补贴资金监管，提高资金使用效益，确保资金使用安全。

（三）严格培训考核，健全管理制度。对于培训机构承担的政府补贴性培训项目，要建立统一规范的结业考核程序，加强对考核过程、考核结果和培训合格证书发放的监督检查。返乡农民工等人员参加创业培训，按规定程序和要求考核合格后，颁发培训合格证书，对其中不能开展创业的人员可优先推荐其就业。

（四）注重宣传引导，营造良好氛围。以返乡农民工等人员喜闻乐见的形式，宣传解读支持农民工等人员返乡创业的有关政策。通过创业训练营、创业创新大赛、创业项目展示推介等活动，宣传各地区、各部门开展农民工等人员返乡创业培训、提高创业服务质量的经验与成效。通过开展“青春创富故事汇”等活动，大力宣传农民工等人员返乡创业典型事迹，营造鼓励创业、支持创业、全民创业的社会氛围。

二〇一六年六月十三日

人力资源社会保障部办公厅关于印发流动就业人员基本医疗保险关系转移接续业务经办规程的通知

人社厅发［2016］94号

各省、自治区、直辖市及新疆生产建设兵团人力资源社会保障厅（局）：

为落实人力资源社会保障部、国家发展改革委、财政部、国家卫生计生委《关于做好进城落户农民参加基本医疗保险和关系转移接续工作的办法》（人社部发［2015］80号）要求，规范流动就业人员基本医疗保险关系转移接续经办工作，我们制定了《流动就业人员基本医疗保险关系转移接续业务经办规程》（以下简称《规程》）。现印发给你们，请遵照执行。

各地可结合本地流动就业人员实际情况和管理服务能力，细化完善《规程》。有关情况请及时向我部社会保险事业管理中心报告。

二〇一六年六月二十二日

流动就业人员基本医疗保险关系转移接续业务经办规程

第一条 为统一规范流动就业人员基本医疗保险关系转移接续业务办理流程，根据《流动就业人员基本医疗保障关系转移接续暂行办法》（人社部发［2009］191号）和《关于做好进城落户农民参加基本医疗保险和关系转移接续工作的办法》（人社部发［2015］80号），制定本规程。

第二条 本规程适用于职工基本医疗保险和城镇（城乡）居民基本医疗保险参保人员（以下简称参保人员）流动就业时跨制度、跨统筹地区转移接续基本医疗保险关系的业务经办。

第三条 本规程所称经办机构是指社会（医疗）保险经办机构。本规程所称参保（合）凭证是各统筹地区经办机构按照人力资源社会保障部、国家卫生计生委监制要求填写和打印的凭证（附件1）。

第四条 参保人员跨统筹地区流动前，参保人员或其所在用人单位到基本医疗保险关系所在地（以下简称“转出地”）经办机构办理中止参保手续，并按规定提供居民身份证等相关证明材料，申请开具参保（合）凭证。

转出地经办机构应核实参保人在本地的缴费年限和缴费情况，核算个人账户资金，生成并出具参保（合）凭证；对有欠费的参保人员，告知欠费情况并提醒其及时补缴。

转出地经办机构应保留其参保信息，以备核查。参保人遗失参保（合）凭证，转出地经办机构应予补办。

第五条 参保人员跨统筹地区流动就业后，按规定参加转入地基本医疗保险。参保人员或其新就业的用人单位向转入地经办机构提出转移申请并提供参保（合）凭证，填写《基本医疗保险关系转移接续申请表》（附件2，以下简称《申请表》），并按规定提供居民身份证等相关证明材料。

转入地经办机构受理申请后，对符合当地转移接续条件的，应在受理之日起15个工作日内与转出地经办机构联系，生成并发出《基本医疗保险关系转移接续联系函》（附件3，以下简称《联系函》）。

第六条 转出地经办机构在收到《联系函》之日起的15个工作日内完成以下转移手续：

1. 终止参保人员在本地的基本医疗保险关系。

2. 按规定处理个人账户，需办理个人账户余额划转手续的，划转时需标明转移人员姓名和社会保障号。

3. 生成并核对《参保人员基本医疗保险类型变更信息表》（附件4，以下简称《信息表》），并提供给转入地经办机构。

4. 转出地经办机构将参保人员有关信息转出后，仍需将该信息保留备份。

《联系函》信息不全或有误的，应及时联系转入地经办机构，转入地经办机构应予以配合更正或说明情况。不符合转移条件的，转出地经办机构应通知转入地经办机构。

第七条 转入地经办机构在收到《信息表》和个人账户余额后的15个工作日内办结以下接续手续：

1. 核对《信息表》列具的信息及转移的个人账户金额。

2. 将转移的个人账户金额计入参保人员的个人账户。

3. 根据《信息表》及用人单位或参保人员提供的材料，补充完善相关信息。

4. 将办结情况通知用人单位或参保人员。

5.《信息表》按照社保档案管理规定存档备案。

参保（合）凭证、《信息表》或个人账户金额有误的，转入地经办机构应及时联系转出地经办机构，转出地经办机构应予以配合更正或说明情况。

第八条 人力资源社会保障部制定《基本医疗保障参保（合）凭证样张、标准格式和填写要求》（附件1），并将凭证样张公布在部网站上，各地经办机构按照标准打印。

第九条 各统筹地区经办人员可以登录人力资源社会保障部网址（http://www.mohrss.gov.cn）查询全国县级以上经办机构的邮寄地址、联系电话和传真号码，下载各地行政区划代码。经办机构联系方式发生变化，要及时通过系统变更或直报人力资源社会保障部社会保险事业管理中心，确保部网站上公布的县级以上经办机构信息的准确性。

第十条 关系转移接续函、表等材料应以纸质方式通过信函邮寄。为便于及时办理手续，经办机构间尚未实现信息系统互联的，可先通过传真方式传送相关材料；已经实现信息系统互联的，可先通过信息系统交换参保人员基本医疗保险关系转移接续的有关信息。

第十一条 进城落户农民和流动就业人员参加新农合或城镇（城乡）居民等基本医疗保险的信息应连续计入新参保地业务档案，保证参保记录的完整性和连续性。

第十二条 本规程从2016年9月1日起实施。原《流动就业人员基本医疗保险关系转移接续业务经办规程（试行）》（人社险中心函［2010］58号）同时废止。

附件：

1. 基本医疗保障参保（合）凭证样张、标准格式和填写要求（略）

2. 基本医疗保险关系转移接续申请表（略）

3. 基本医疗保险关系转移接续联系函（略）

4. 参保人员基本医疗保险类型变更信息表（略）

人力资源社会保障部办公厅　中华全国工商业联合会办公厅关于开展第二批非公有制企业商（协）会劳动争议预防调解示范工作的通知

人社厅发［2016］109号

各省、自治区、直辖市及新疆生产建设兵团人力资源社会保障厅（局），工商业联合会：

非公有制经济是社会主义市场经济的重要组成部分，是促进就业创业的主要渠道，是构建和谐劳动关系的重要领域。按照党中央、国务院关于鼓励、支持和引导非公有制经济发展的要求，为推动非公有制企业、商（协）会普遍建立劳动争议预防调解机制，提升预防解决劳动争议的能力，人力资源社会保障部、全国工商联于2013年6月在全国选择部分非公有制企业、商（协）会开展了劳动争议预防调解示范工作（以下简称“示范工作”）。示范工作启动以来，各地人力资源社会保障部门、工商联组织密切配合，通过组织培训、经验交流、督查调研等方式，共同指导示范单位加强劳动争议预防预警，建立调解组织网络，完善调解制度，发展调解工作队伍，积极开展非公有制企业劳动争议预防调解工作，形成了一批可推广的经验做法，为其他企业、行业开展预防调解工作提供了借鉴。经检查验收，有73家示范单位完成了示范工作任务（名单见附件1）。

为适应当前非公有制企业劳动争议处理工作的新形势新要求，进一步探索非公有制企业劳动争议预防调解工作规律，有效发挥行业调解在化解劳动争议中的作用，在组织各地推荐的基础上，人力资源社会保障部、全国工商联确定在全国57家商（协）会开展第二批非公有制企业劳动争议预防调解示范工作（名单见附件2）。现就示范工作有关事项通知如下：

一、总体要求

认真贯彻《中共中央　国务院关于进一步构建和谐劳动关系的意见》以及《中共中央办公厅　国务院办公厅关于完善矛盾纠纷多元化解机制的意见》精神，进一步落实《人力资源社会保障部　中华全国工商业联合会关于加强非公有制企业劳动争议预防调解工作的意见》，坚持“预防为主、基层为主、调解为主”的工作方针，按照以点带面、分类指导的原则，以商（协）会为重点，指导、推动第二批示范单位建立健全覆盖会员企业的调解组织，建立完善灵活高效、符合非公有制企业特点的预防调解工作机制，探索人力资源社会保障部门、工商联组织指导商（协）会开展劳动争议预防调解工作新模式，不断提高非公有制企业特别是小微型企业劳动争议预防调解工作能力。

二、示范内容

（一）建立健全调解组织。示范商（协）会要建立健全劳动争议调解组织，主要负责人由商（协）会会长、常务副会长或秘书长担任，秘书长负责日常工作，并保障必要的工作条件。要指导会员企业根据自身实际情况，依法设立劳动争议调解委员会或推举调解工作人员，配合商（协）会调解组织共同开展预防调解工作。要按照基层劳动人事争议调解工作规范的有关要求，制定调解登记、调解记录、统计报告等制度，规范调解组织名称、标识、工作职责、工作流程和调解员行为，创新灵活有效的调解方法，提高调解工作的专业化水平，提升调解工作的公信力。

（二）强化调解工作队伍建设。示范商（协）会要根据工作需要，通过多种方式充实调解工作人员，提高调解工作能力。示范商（协）会调解组织要配备至少 1 名专职工作人员，同时吸收会员企业负责人或人力资源管理人员担任兼职调解员，也可以聘请律师参与调解工作。积极选派调解人员参加人力资源社会保障部门、工商联组织举办的相关培训。建立激励机制，调动调解人员的工作积极性，稳定和发展调解工作队伍。

（三）做好劳动争议风险防控工作。示范商（协）会要主动为会员企业提供劳动保障法律宣传、政策咨询和人员培训，帮助会员企业特别是小微型企业规范劳动用工、工资支付、社保缴纳、规章制度订立等工作。要促进会员企业搭建与职工的沟通对话平台，引导双方通过协商将纠纷化解在萌芽状态，解决在企业、行业内部。要建立行业性劳动争议风险防控机制，定期进行劳动争议隐患排查和形势分析研判，建立劳动争议风险预测、预报制度，发现问题及时向当地人力资源社会保障部门、工商联组织报告。

（四）加强与人力资源社会保障部门、工商联组织联系。示范商（协）会要与当地人力资源社会保障部门、工商联组织建立日常沟通机制，由秘书长作为联络员，具体负责相关工作。每半年向人力资源社会保障部门、工商联组织书面报告示范工作进展情况，反映存在的问题，并提出意见建议。及时向会员企业传达劳动争议处理工作要求，并协助当地调解仲裁机构深入会员企业开展工作。积极接受仲裁机构委托调解工作，引导达成调解协议的当事人申请仲裁审查。

（五）参与重大集体劳动争议处理。示范商（协）会调解组织要直接参与会员企业重大集体劳动争议处理工作，发生重大集体劳动争议时，要及时到达现场，配合有关部门做好说服劝导、政策解释、沟通协调等工作，防止矛盾升级。参与重大集体劳动争议应急调解机制建设，定期分析本行业重大集体劳动争议特点，探索建立相应调解工作模式。

三、实施步骤

（一）启动阶段（2016 年 7 月至 9 月）。各地人力资源社会保障部门、工商联组织指导示范单位制定示范工作实施方案，包括工作目标任务、具体安排、保障措施等内容，并于 2016 年 9 月底前将实施方案分别报送人力资源社会保障部调解仲裁管理司和全国工商联法律部备案。各地可以在本地区同步开展非公有制企业商（协）会劳动争议预防调解示范工作。

（二）实施阶段（2016 年 10 月至 2017 年 12 月）。各地人力资源社会保障部门、工商联组织指导督促示范商（协）会开展示范工作。各示范商（协）会按照示范工作实施方案开展相关工作。

（三）总结验收和宣传推广阶段（2018 年 1 月至 6 月）。人力资源社会保障部调解仲裁管理司、全国工商联法律部共同制定量化考核标准，组织各地对示范工作进行总结验收，对工作做得好的示范单位予以通报，并通过多种形式进行宣传。

四、组织领导

各地人力资源社会保障部门、工商联组织要高度重视，加强沟通协调，共同指导推动示范工作。要明确示范工作的阶段性目标和主要任务，落实责任单位和责任人。要指导示范商

（协）会加强调解组织建设，加大调解员培训力度，做好调解与仲裁有效衔接，定期向示范商（协）会通报劳动争议案件及处理情况。要结合开展非公有制经济人士理想信念教育实践活动，不断提高企业依法用工、依法管理的意识和能力，积极构建和谐劳动关系。要注重发挥示范商（协）会行业自律作用，并依托示范商（协）会调解组织将劳动争议预防调解工作向小微型企业延伸。各地要密切关注和及时跟踪示范工作进展情况，认真研究解决遇到的问题，重要事项及时向人力资源社会保障部调解仲裁管理司、全国工商联法律部报告。

附件：

1. 第一批已完成非公有制企业商（协）会劳动争议预防调解示范工作任务的单位名单（略）

2. 第二批非公有制企业商（协）会劳动争议预防调解示范单位名单（略）

二〇一六年七月八日

人力资源社会保障部办公厅关于做好企业“五证合一”社会保险登记工作的通知

人社厅发［2016］130号

各省、自治区、直辖市及新疆生产建设兵团人力资源社会保障厅（局）：

为贯彻落实《国务院办公厅关于加快推进“五证合一、一照一码”登记制度改革的通知》（国办发［2016］53号）精神和《工商总局等五部门关于贯彻落实〈国务院办公厅关于加快推进“五证合一”登记制度改革的通知〉的通知》（工商企注字［2016］150号）要求，切实做好企业“五证合一”社会保险登记工作，现就有关事项通知如下：

一、明确“五证合一”登记制度改革的适用范围

从2016年10月1日起，在工商部门登记的企业和农民专业合作社（以下统称“企业”）按照“五证合一、一照一码”登记制度进行社会保险登记证管理。国家机关、事业单位、社会团体等未纳入“五证合一、一照一码”登记制度管理的单位仍按原办法，到社会保险经办机构办理社会保险登记，由社会保险经办机构核发社会保险登记证，并逐步采用统一社会信用代码进行登记证管理。

二、简化优化企业社会保险登记业务流程

各地要及时建立适合“五证合一、一照一码”登记制度的企业社会保险登记业务流程，为企业提供更加方便快捷的登记服务。新成立的企业在办理工商注册登记时，同步完成企业的社会保险登记。实行“五证合一”制度改革前办理社会保险登记时要求企业提供的银行账号等指标项目，改革后由企业在为职工办理社会保险登记时提供。

企业办理“五证合一”登记后，社会保险经办机构应及时接收工商部门交换的数据，生成企业的《社会保险登记表》，并按规定存档。企业登记信息变更或注销后，社会保险经办机构应依据工商部门的交换数据及时更新企业的社会保险登记信息。其中，已参加社会保险的企业办理工商注销登记后，仍需到社会保险经办机构办理注销登记。社会保险经办机构对工商部门交换数据有疑义的，要及时反馈工商部门。同时做好社会保险登记与就业失业登记、劳动用工备案等其他人力资源和社会保障业务的信息共享和业务协同。

三、做好企业社会保险登记与职工参保登记业务的衔接

社会保险经办机构要充分利用工商部门提供的共享信息，实现企业社会保险登记与职工参保登记业务的有机衔接，切实做好扩面征缴工作。接收工商部门共享的企业社会保险登记信息后，社会保险经办机构要通过公开信、公告、短信等多种方式，提醒、督促已办理“五证合一”营业执照的企业在产生用工后30日内，依法及时到社会保险经办机构为职工办理参保登记手续。逾期仍不办理职工参保登记手续的，经办机构提请有关部门依法要求用人单位履行职工参保缴费义务。

企业为职工办理参保登记手续时，社会保险经办机构应核对“五证合一”营业执照。对于已从工商部门获取数据信息的企业，社会保险经办机构可直接调取该单位基本信息，补充开户银行账号等有关资料，完成职工参保登记。职工参保登记时补充的相关信息发生变更的，由企业向社会保险经办机构办理变更手续。

四、加强信息比对和跟踪管理

登记是社会保险经办管理的重要环节，在简化企业社会保险登记证办理流程、取消社会保险登记证定期验证换证规定后，社会保险经办机构要深化共享登记信息的比对和分析应用，继续做好年度缴费基数的申报和核定，切实加强跟踪管理。原社会保险登记证定期验证时，要求企业填报的参加社会保险人数、缴费工资总额、缴费金额、欠缴社会保险费等情况，纳入企业年度报告，由企业自行向工商部门报告并向社会公示。对于工商部门提供的企业基本信息、年度报告信息、经营异常名录信息和严重违法失信企业名单信息，社会保险经办机构要及时分析，准确掌握企业的存续、经营和履行社会保险缴费义务等情况。对企业年报数据与实际参保缴费数据不一致、企业公示相关情况与参保缴费规模不匹配的，要及时与企业沟通，查找原因，作出处理。

建立健全企业社会保险诚信管理制度，规范企业登记和参保缴费行为。对已取得“五证合一”营业执照并产生用工的企业，应通过查看参保缴费证明和社会保险个人权益记录单等方式，核验是否依法履行参保缴费义务。大力推广网上办事、掌上社保和自助服务，方便企业和个人查询和打印单位参保缴费证明和社会保险个人权益记录单。对存在虚假公示、申报社会保险参保缴费等情况的，要督促企业更正；情节严重的，应商有关部门开展联合惩戒。

五、建立有效的工作机制

推行企业“五证合一”社会保险登记是当前人力资源社会保障部门简化优化流程、改进公共服务、加强作风建设的重要内容，各地区要高度重视，主要领导亲自抓，确保登记制度改革措施平稳实施。建立与工商等部门信息共享、互信互动的工作机制，及时接收企业的工商登记信息和年报等公示信息，并按要求向工商部门反馈企业相关基本信息。强化系统联动，社会保险经办机构与信息化综合管理机构要密切配合，做好共享信息的整理、传输、反馈和分析应用；省级人力资源社会保障部门接收企业工商登记信息后，应在5个工作日内分发至市级社会保险经办机构，确保企业社会保险登记工作的及时开展。各级社会保险经办机构要加强工作调度，建立“五证合一”社会保险登记工作台账，并将企业登记信息的管理和在扩面征缴工作中的应用情况作为年度业务考核的重要内容。

各地开展“五证合一”社会保险登记工作的有关情况，请于12月31日前报送我部社会保险事业管理中心。

二〇一六年八月二十二日

人力资源社会保障部办公厅　财政部办公厅关于印发《“三支一扶”人员能力提升专项计划实施方案》的通知

人社厅发［2016］136号

各省、自治区、直辖市及新疆生产建设兵团人力资源社会保障厅（局）、财政（财务）厅（局）：

为贯彻落实《中共中央组织部　人力资源社会保障部等九部门关于实施第三轮高校毕业生“三支一扶”计划的通知》（人社部发［2016］41号）要求，建立健全“三支一扶”人员教育培训制度，切实加强“三支一扶”人员教育培训工作，人力资源社会保障部、财政部决定在“十三五”期间，实施“三支一扶”人员能力提升专项计划。现将《“三支一扶”人员能力提升专项计划实施方案》印发给你们，请结合本地实际，抓好贯彻落实。

二〇一六年八月三十日

“三支一扶”人员能力提升专项计划实施方案

为建立健全“三支一扶”人员教育培训制度，进一步提高“三支一扶”人员服务基层工作能力水平，根据《中共中央组织部　人力资源社会保障部等九部门关于实施第三轮高校毕业生“三支一扶”计划的通知》（人社部发［2016］41号），特制定“三支一扶”人员能力提升专项计划（以下简称能力提升计划）实施方案。

一、指导思想和总体目标

贯彻落实党的十八大和十八届三中、四中、五中全会精神，紧紧围绕协调推进“四个全面”战略布局和打赢脱贫攻坚战的要求，以服务基层发展为核心，以提高“三支一扶”人员能力素质为重点，加快构建“三支一扶”人员教育培训体系，完善“三支一扶”人员教育培训制度，力争到2020年“三支一扶”人员每年接受岗前培训或在岗脱产培训不少于5天，国家组织示范培训2.5万人次以上，帮助“三支一扶”人员不断增强政治思想水平，提高为基层群众办实事的能力素质，提升服务基层效率。

二、培训对象

能力提升计划的培训对象为“三支一扶”全体新招募人员和在岗人员。

三、培训内容

（一）岗前培训。主要针对新招募“三支一扶”人员，以理想信念教育、国情民情教育、法治意识、相关业务政策、群众工作方式方法、基层工作所需通用基础知识和基本技能等为主要内容开展岗前培训，帮助学员尽快完成角色转换，提高其基层工作生活适应能力。

（二）在岗培训。主要针对在岗服务半年以上“三支一扶”人员，以基层公共服务基本理论知识、基本政策法规、社会管理和专门业务培训等为主要内容开展在岗培训，全面提高其适应基层岗位、服务基层群众的能力。

（三）离岗前培训。主要针对即将期满就业“三支一扶”人员，以期满流动政策措施、就业形势分析、就业指导、创新创业政策等为主要内容开展离岗前培训，宣传鼓励多渠道流动的政策措施，提高期满人员就业创业能力。

四、培训方式

能力提升计划分为示范培训项目和一般培训项目。

（一）示范培训项目。人力资源社会保障部会同财政部根据全国“三支一扶”工作需要和地方工作开展情况，确定示范培训项目，下达年度培训计划，由省级人力资源社会保障部门按计划制定方案、组织实施。示范培训项目原则上以在岗培训为主。

（二）一般培训项目。一般培训由省级或地市级人力资源社会保障部门根据本地工作实际需要，制定年度培训计划并组织实施。

五、组织保障

（一）加强组织领导。人力资源社会保障部牵头制定能力提升计划实施方案，充分发挥全国“三支一扶”工作领导小组成员单位职能优势，共同推进计划实施。各级人力资源社会保障部门要切实加大工作力度，会同有关部门结合实际，完善培训制度，健全培训体系，加快构建“三支一扶”人员培训长效机制。

（二）加大支持力度。国家安排“三支一扶”人员示范培训经费，对纳入示范培训计划的人员按照每人3 000元/次的标准给予补助。地方各级财政部门也要安排相应经费，用于实施能力提升计划，确保培训目标任务的实现。

（三）丰富培训内容和方式。各地要坚持问题导向和目标导向，紧紧围绕基层事业发展和“三支一扶”人员职业发展的需求，科学安排培训计划，精心设计培训课程，创新完善培训方式，周密组织培训班次，结合培训对象和主题设置经验传授、专题讲座、研讨交流和现场观摩等板块，采取讲授、座谈、答疑、互动教学、情景模拟、素质拓展等方式开展培训工作，增强教育培训的针对性和实效性。

（四）加强管理服务。各地要科学制定培训计划，合理安排培训时间，岗前培训一般在每年三季度举办，在岗培训和离岗前培训一般在每年4—11月举办；示范培训每期培训时间不少于6天（含报到、撤离共1天）。要严格执行培训计划，加强学员管理，严格培训纪律，加强学风建设，强化考核培训结果的运用。要做好培训评估，广泛听取“三支一扶”人员对培训内容、教学方法、教师授课情况及培训管理服务工作的意见，不断改进教学，提高教学培训质量。

六、示范培训项目的申报和管理

（一）计划申报和确定。示范培训项目由各地在每年1月底申报年度人员招募计划时一并提出。申报内容包括培训名称、对象、内容、时间、地点、参训人数、绩效目标等。人力资源社会保障部会同财政部根据各省本年招募计划、上年实际到岗人数、上年示范培训实施情况等因素确定示范培训计划，并于每年3月底随年度人员招募计划一并下达。2016年培训计划由人力资源社会保障部商财政部确定。

（二）经费拨付。当年8月15日前，各地按照下达的年度示范培训计划测算所需经费，与其他经费一并提出申请。财政部会同人力资源社会保障部于9月底前将本年度补助资金下达到省级财政部门、人力资源社会保障部门。

（三）组织实施。各地要按照下达的示范培训计划，制定本年度具体培训实施方案，于4月底前报全国“三支一扶”办备案。各省要按既定计划认真组织实施示范培训，并于培训结束后1个月内，将总结报告报送全国“三支一扶”办。

（四）经费列支范围。各地要按照《中央和国家机关关于培训费管理的办法》、《高校毕业生“三支一扶”计划中央补助资金管理办法》等文件规定，切实做好经费保障和管理工作，提高财政资金使用效益。

七、工作要求

（一）高度重视。实施能力提升计划是提高“三支一扶”人员服务基层能力，保障第三轮高校毕业生“三支一扶”计划实施效果的重要措施。各地要高度重视，加强组织领导，结合实际统筹安排能力提升计划的培训班次、对象、内容和地点。

（二）严格财经纪律。各地不得使用培训费购置电脑、复印机、打印机、传真机等固定资产以及开支与本次培训无关的其他费用，不得组织参训人员旅游和与培训无关的参观，不得利用办班机会搞公款宴请、个人宴请，不得在培训费中列支公务接待费，不得套取培训费设立“小金库”。

（三）加强督促检查。人力资源社会保障部会同财政部将对示范培训班举办和经费使用情况进行定期或不定期的检查，对存在虚假办班、违规使用资金等问题的，按照相关规定进行处理。各省级人力资源社会保障部门要加强对地市级组织实施能力提升计划的指导、督促和检查，规范培训活动，提高培训实效。

各地要结合实际，尽快制定实施本地能力提升计划实施方案，有关情况及时报送全国“三支一扶”办。

附件：2016年“三支一扶”计划示范培训名额分配表（略）

人力资源社会保障部办公厅关于加快推进公共就业服务信息化建设和应用工作的指导意见

人社厅发［2016］159 号

各省、自治区、直辖市及新疆生产建设兵团人力资源社会保障厅（局）：

公共就业服务信息化是就业服务和就业管理的信息化，涉及就业工作的方方面面，既是一项重要的基础工作，更是改进服务质量和提升管理效能的关键措施。为贯彻落实《国务院关于进一步做好新形势下就业创业工作的意见》（国发［2015］23 号）、《国务院关于积极推进“互联网＋”行动的指导意见》（国发［2015］40 号）、《国务院关于印发促进大数据发展行动纲要的通知》（国发［2015］50 号）等文件要求，推动以“互联网＋”、大数据为代表的新理念、新技术、新模式在就业领域的广泛应用，加快实现就业服务和就业管理工作全程信息化，全面提升服务能力和管理水平，现提出如下意见：

一、总体要求

（一）指导思想

全面贯彻落实党中央、国务院关于“十三五”时期加强就业创业工作以及信息化建设的一系列决策部署，将就业创业工作的新目标、服务对象的新需求和信息技术的新发展深度融合，以“互联网＋”思维引领、支持就业服务和就业管理工作的理念创新、模式创新和技术创新，到 2020 年，全面建成系统省级集中、信息全国共享的公共就业服务信息化格局，提升就业服务和就业管理工作能力，为进一步做好新形势下的就业创业工作提供根本保障。

（二）基本原则

1. 坚持统一规划，流程再造。将公共就业服务信息化建设纳入本地人力资源和社会保障信息化工作总体安排以及“金保工程”二期项目，统一规划，整体建设。依据部颁相关标准规范和工作要求，加快省级集中信息系统建设，并以此推动业务流程的优化再造，实现就业服务和就业管理工作全程信息化。

2. 坚持需求导向，服务优先。全面树立以用户为中心的思想，根据服务对象的需求，积极推进各项公共就业创业服务由线下向线上拓展，构建线上线下一体的综合服务体系，优先解决提升公共就业创业服务能力问题。

3. 坚持业务协同，信息共享。横向上，加快推进部门内部及部门间的业务协同和信息共享，避免信息的重复采集；纵向上，部省两级有效衔接，实现跨地区、跨层级业务协同以及数据的及时交换，减少信息孤岛，提升就业管理水平。

4. 坚持分类指导，有序推进。结合本地就业工作实际及公共就业服务发展要求，查找关键问题和薄弱环节，明确工作目标和实现路径，制定公共就业服务信息化工作方案，并根据各地的不同情况进行分类指导，有重点、分步骤地予以推进。

（三）工作目标

1. 2016—2018年，夯实信息化建设基础。

部级：制定全国统一的公共就业服务信息指标体系；以中国公共招聘网为载体，建设国家级公共就业信息服务平台，推进就业信息的全国共享和统一发布；加强全国就业信息监测平台建设，探索开展大数据分析应用。

省级：全面推进省级集中的公共就业服务信息系统建设，支持就业服务和就业管理工作全程信息化；构建全省统一、线上线下一体的公共就业创业服务平台，探索向供求双方提供精准服务。

2. 2019—2020年，提升信息化应用水平。

部级：进一步加强全国就业信息监测平台和国家级公共就业信息服务平台建设，建立就业信息开放共享机制；开展大数据分析应用，探索构建就业形势分析研判模型，支持宏观决策。

省级：全面推进公共就业服务信息系统应用，实现就业服务和就业管理工作全程信息化；建设省级就业信息资源库，开展大数据分析应用，支持资金审核监管、服务绩效考核和就业形势分析研判。

二、重点任务

（一）加快公共就业服务业务应用系统建设

各地要在2018年底前建成省级集中、业务专网管理和互联网经办服务一体的公共就业服务业务应用系统（以下简称业务应用系统），功能覆盖就业与失业管理、职业介绍与职业指导、职业培训、创业服务、失业保险管理、就业援助、流动人员人事档案管理服务、劳动力资源调查、人力资源社会保障事务代理，以及就业扶持政策经办等就业服务和就业管理核心业务，同时实现线下支持服务大厅办理各项业务和提供各项服务，线上支持通过互联网、移动互联网等非现场模式开展的业务和服务。

业务应用系统还要加强与社会保险、劳动关系、人事人才等信息系统的业务协同和信息共享，相关联的业务信息要做到主动推送、主动接收、主动处理，具有先后流程关系的业务信息要做到先行业务主动推送、后行业务主动提醒。

已建成省级集中业务应用系统的地区，要根据业务发展，进一步完善系统功能，并全面推进系统应用，将服务延伸到区县、街道（乡镇）、社区（行政村），为城乡各类劳动者和用人单位提供就近就地、便捷高效的就业服务。尚未建成省级集中业务应用系统的地区，要加快建设进度，积极推进各地市系统向省级集中的过渡。

（二）打造“互联网＋”公共就业创业服务平台

各地要依托业务应用系统，在2018年底前同步完成全省统一的公共就业创业服务平台（以下简称服务平台）建设任务，加快推进各项公共就业创业服务从线下向线上拓展，充分运用网站、移动应用、自助终端、12333电话等渠道，打造线上线下一体的服务体系，实现就业扶持政策、公共就业和人才服务机构、招聘岗位、招聘会、职业培训、就业见习、市场供求状况、工资指导价位等就业信息的多渠道发布和精准推送；实现就业扶持政策的网上申请、网上审核以及办理进度和办理结果的实时查询；开展在线政策咨询、职业指导、视频招聘、职业培训、创业辅导等项服务。

各地还要有序推进公共就业服务信息的对外开放，支持社会服务机构利用政府数据资源，面向社会开展更为专业化、个性化的服务，进一步增强公共就业创业服务供给能力和社会创新活力。

我部将继续加强国家级公共就业服务信息平台建设，推进就业信息全国联网，提高信息质量，完善服务功能，到2017年底中国公共招聘网覆盖到全部省级地区及70％以上地市的公共就业和人才服务机构，实现各类就业服务信息的全国共享和统一发布。

（三）加强就业形势分析研判

各地要以社会保障卡持卡人基础信息库、

用人单位基础信息库为基础，依托业务应用系统和服务平台的业务数据，建设省级就业信息资源库。在此基础上，聚集多方信息资源，开展大数据分析应用，为就业形势分析研判提供支撑。要加强信息系统数据与统计报表数据的一致性校验，逐步实现登记失业人员、失业人员再就业、就业困难人员、就业困难人员就业、享受扶持政策人员及就业补助资金使用等核心数据从信息系统中直接生成，确保统计报表数据的及时准确。要完善市场供求分析、农村劳动力转移就业信息监测、失业动态监测等各项统计监测工作，加强信息技术手段的应用，实现信息系统操作和网上直报。有条件的地区还要通过与相关部门的信息共享，逐步开展跨部门的数据比对分析，进一步拓宽就业形势分析研判的信息渠道。

我部将依托全国就业信息监测平台，建立部级就业信息资源库，结合社会保险、劳动关系、人事人才等各类业务数据，以及从相关部门获取的宏观经济数据、从社会机构获取的市场数据，探索构建以大数据分析为基础的就业形势分析研判模型，逐步提高对宏观决策的支撑能力。

（四）开展资金审核监管与服务绩效考核工作

各地要结合业务应用系统和服务平台的建设及应用，积极开展（最迟从 2019 年起）对就业补助资金的审核监管和对公共就业创业服务的绩效考核工作。建立与财政部门的信息共享机制，通过部门内部及部门间相关数据的比对核验，随机抽查系统操作“痕迹”，对重要信息、关键环节设置风险提示等措施，有效甄别资金申请对象及其提供信息的真实性，切实加强对资金审核的事中事后监管。建立服务质量评价机制，通过多渠道收集劳动者和用人单位对线上线下各项服务的评价与反馈，结合服务数量、服务内容等信息，对各级公共就业和人才服务机构、基层劳动就业社会保障服务平台的服务工作进行绩效考核。

我部将继续加强全国就业信息监测平台建设，从 2018 年起对就业失业登记、高校毕业生、就业困难人员、就业补助资金等重要信息进行全面监测，并依此对各地的就业工作进行考核评价。

（五）加强信息化基础工作

1. 制定标准规范

我部将在 2017 年 6 月底前制定全国统一的公共就业服务信息指标体系，并相应建立指标完善和扩充机制。各地要遵照使用并严格执行部颁各项信息化技术标准规范，确保公共就业服务信息系统中各类业务代码和信息标准的规范和统一，支持业务数据的互联互通。

2. 推进社会保障卡应用

各地要加快推进社会保障卡在就业领域的应用，充分利用社会保障卡的电子凭证、信息记录、自助查询、待遇领取等功能，使其逐步替代《就业创业证》，成为劳动者办理就业失业登记、接受就业服务和享受各项就业扶持政策的主要身份凭证，并借助社会保障卡便捷享受公共就业服务。

3. 加强安全体系建设

各地在推进信息化建设和应用的同时，务必要高度重视安全工作。各个系统、网站、平台未经安全测试，一律不得上线运行。要认真排查数据采集、传输、存储、使用的每个环节以及网络的每个连接边界，切实采取访问控制、病毒木马等恶意程序防范、入侵检测等基础安全防护手段，堵塞安全漏洞，保护个人隐私，防止敏感信息泄露，确保信息安全。要进一步完善安全防护措施，加强容灾系统建设，提高信息安全防范和应急处理能力。

三、工作保障

（一）制度保障

各地要建立健全公共就业服务信息化建设应用、运行维护、安全管理等方面的规章制度，确保各项工作有章可循。要建立考核机制，对各地市推进系统向省级集中过渡和加强系统应用等方面进行考核，切实推进公共就业服务信息化建设和应用工作。

（二）队伍保障

各地要加强信息化综合管理机构能力建设，强化对建设人员的业务和技术培训，加快信息系统建设，保障技术运维。同时，还要加强对各相关业务处（室）、公共就业和人才服务机构、基层劳动就业社会保障服务平台工作人员的系统操作培训，不断提升信息系统应用能力。

（三）资金保障

各地要积极协调同级财政部门，按照《财政部　人力资源社会保障部关于印发〈就业补助资金管理暂行办法〉的通知》（财社［2015］290号）中“就业补助资金中的就业创业服务补助重点支持信息网络系统建设及维护等”的规定，落实好信息系统建设应用和运行维护经费。同时，还要统筹运用好“金保工程”二期项目和资金，加快推进公共就业服务信息化建设和应用工作。

四、工作要求

（一）提高认识，加强领导

各地要充分认识加快推进公共就业服务信息化建设和应用工作的极端重要性，将其作为新形势下进一步做好就业创业工作的“治本”之策，切实加强组织领导，一把手要亲自抓，统筹安排人力、物力、财力。各相关单位要加强协调配合，通力合作，切实贯彻落实。

（二）制定方案，抓紧实施

各地要按照本指导意见要求，结合工作实际，尽快制定本地公共就业服务信息化工作方案，明确规划设计、开发建设、推广应用、运行维护的责任主体、工作要求和完成时限，并据此细化年度工作计划。方案一经确定，就要抓紧实施，确保如期完成各项重点任务。

（三）严格管理，防范风险

各地要健全规章制度，加强对公共就业服务信息化建设项目和资金的监督管理，严格执行有关政府采购的法律法规以及相关财政（财务）管理规定，切实防范廉政风险。

（四）加强指导，督促检查

请各地于2016年底前将本地公共就业服务信息化工作方案和2017年度工作计划报我部备案，今后每年1月底前报送当年的工作计划。我部将通过业务培训、经验交流、情况通报等方式，加强对各地的工作指导。从2017年起，对各地工作进行专项督查，并将公共就业服务信息化建设和应用情况纳入对各地就业工作绩效评价的重要内容。各地也要采取多种措施，加强对地市的工作指导和督促检查。

各地在推进公共就业服务信息化建设和应用过程中，要进一步解放思想、大胆创新，在拓展服务手段、强化政策落实、加强业务监管、支撑宏观决策等方面不断探索新途径，创造新经验。在推进过程中出现的新情况、新问题，请及时报告。

二〇一六年十月二十一日

人力资源社会保障部办公厅关于职业年金计划备案和编码规则等有关问题的通知

人社厅发［2016］168号

各省、自治区、直辖市及新疆生产建设兵团人力资源社会保障厅（局），各职业年金基金管理机构：

为贯彻落实《国务院关于机关事业单位工作人员养老保险制度改革的决定》（国发［2015］2号）、《国务院办公厅关于印发机关事业单位职业年金办法的通知》（国办发［2015］18号）、《人力资源社会保障部 财政部关于印发职业年金基金管理暂行办法的通知》（人社部发［2016］92号），规范职业年金计划管理，现就职业年金计划备案和编码规则等有关问题通知如下：

一、职业年金计划备案

（一）备案地及备案材料

职业年金计划备案地为人力资源社会保障行政部门，其中，中央国家机关事业单位职业年金计划备案地为人力资源社会保障部社会保险基金监管局，各省、自治区、直辖市职业年金计划备案地为所在省、自治区、直辖市人力资源社会保障行政部门社会保险基金监管机构。

职业年金计划备案材料主要包括：

1. 职业年金计划备案申请函。受托人或代理人根据不同申请类型按要求报送相应备案申请函。

2. 职业年金计划管理合同。包括受托人与代理人签订的受托管理合同、受托人与托管人及投资管理人签订的委托管理合同、根据人力资源社会保障行政部门审核意见签订的补充协议的正本、电子文本（含合同正文 word 版及合同原件 pdf 扫描版）等材料。受托人兼任投资管理人的，有关委托管理合同的内容可包括在受托管理合同中。

3. 合同条款差异说明。指不同于《职业年金计划合同指引》条款的内容说明。

4. 相关授权文件。职业年金基金管理机构的省级分行或省级分公司签订职业年金计划管理合同的，要报送该管理机构同意其开展年金业务的授权文件；合同签署人与管理机构法定代表人不一致的，要报送法定代表人签署的有效授权书；其他需要授权情况的授权文件。

5. 其他相关材料。

（二）职业年金计划建立备案

新建职业年金计划并确定计划管理人后，由受托人向相关人力资源社会保障行政部门报送备案申请函（参见附件1）、管理合同等相关材料，履行备案程序。人力资源社会保障行政部门应及时审核，反馈审核意见，并于收到符合规定的备案材料之日起15个工作日内出具计划确认函（参见附件2）。

（三）职业年金计划变更备案

1. 计划管理人变更

职业年金计划受托人变更，或受托人与其

他管理人同时变更的，由新任受托人向相关人力资源社会保障行政部门报送备案申请函（参见附件3）、管理合同等相关材料，履行备案程序。人力资源社会保障行政部门应及时审核，反馈审核意见，并于收到符合规定的备案材料之日起15个工作日内出具确认函（参见附件4）。

职业年金计划受托人不变，托管人或投资管理人变更的，由受托人向相关人力资源社会保障行政部门报送备案申请函（参见附件5）、管理合同等相关材料，履行备案程序。人力资源社会保障行政部门应及时审核，反馈审核意见，并于收到符合规定的备案材料之日起15个工作日内出具确认函（参见附件6）。

2. 合同主要内容变更

职业年金计划管理合同主要内容变更是指在合同有效期内，出现证券投资组合增减、管理费率调整、计划名称变更等合同主要条款变更的情况。由受托人向相关人力资源社会保障行政部门报送备案申请函（参见附件7，以新增证券投资组合为例）、管理合同、变更差异说明等相关材料，履行备案程序。人力资源社会保障行政部门应及时审核，反馈审核意见，根据不同情况于收到符合规定的备案材料之日起15个工作日内出具确认函（参见附件8，以新增证券投资组合为例）。

（四）职业年金计划合同到期顺延或续签备案

职业年金计划管理合同到期顺延或续签的，受托人应及时到相关人力资源社会保障行政部门履行备案程序。

原有管理合同到期，管理人及合同条款均无变更的，受托人应将备案申请函（参见附件9）报送相关人力资源社会保障行政部门，人力资源社会保障行政部门于收到符合规定的备案材料之日起15个工作日内出具确认函（参见附件10）。

原有管理合同到期，管理人不变更，但合同条款有变更的，受托人应将备案申请函（参见附件11）、管理合同或有关变更条款的说明等相关材料报送人力资源社会保障行政部门。人力资源社会保障行政部门应及时审核，反馈审核意见，并于收到符合规定的备案材料之日起15个工作日内出具确认函（参见附件12）。

（五）职业年金计划终止备案

职业年金计划终止并完成清算工作后，职业年金计划代理人代表清算组向人力资源社会保障行政部门报送备案申请函（参见附件13）等相关材料，履行备案程序。人力资源社会保障行政部门审核后，出具计划注销确认函（参见附件14）。

二、职业年金编码规则

（一）计划名称

职业年金计划名称由职业年金计划代理人负责编制。

职业年金计划名称编制方法为“XX＋序列号＋职业年金计划”。其中：XX为“在京中央国家机关及所属事业单位”或“X省（自治区、直辖市）”；序列号为大写数字（壹、贰、叁……），根据职业年金计划管理合同报备的顺序确定。

职业年金计划名称不能随意变更，不得重复使用，已终止运作的职业年金计划名称不再使用。

（二）计划登记号

职业年金计划登记号由人力资源社会保障行政部门负责编制。

职业年金计划登记号为12位代码，编制方法为“备案地代码＋ZY＋4位数年份＋2位序列号”。备案地代码参照《职业年金基金数据交换规范》中的备案地代码执行（参见附件15）。

职业年金计划登记号不能随意变更，不得重复使用，已注销的职业年金计划登记号不再使用。

（三）投资组合代码

职业年金基金管理机构在取得计划确认函且开始正式投资运作之前，应编制投资组合代码。投资管理人负责编制投资组合代码，受托人负责编制受托直投养老金产品组合代码。

投资组合代码长度为8位，投资管理人投资组合代码编制方法为“3位投资管理人机构代码＋Z＋4位序列号”，受托人直投养老金产品组合代码编制方法为“3位受托人机构代码＋Z＋4位序列号”。投资管理人、受托人机构代码参照《职业年金基金数据交换规范》中年金基金管理机构代码执行（参见附件16）。

投资管理人和受托人应保证其负责编制的投资组合代码的唯一性，已终止运作的投资组合代码不再使用。

（四）统一计划名称及代码

一个地区建立多个职业年金计划且实行统一收益率的，统一计划名称为“在京中央国家机关及所属事业单位职业年金统一计划”或“XX省（自治区、直辖市）职业年金统一计划”，统一计划代码长度为8位，由代理人按照“备案地代码＋ZY＋00”规则记录。

三、有关要求

人力资源社会保障行政部门要认真履行监管职责，切实做好职业年金计划备案审核工作，按规定编制职业年金计划登记号，建立备案审核台账，加强档案管理，监督职业年金计划建立和合同履行情况，指导职业年金计划规范管理。

中央国家机关养老保险管理中心及各省、自治区、直辖市社会保险经办机构要认真履行职业年金计划代理人职责，依规建立职业年金计划，做好职业年金计划名称编制和与职业年金计划备案有关的各项工作，推动职业年金计划备案管理规范化、制度化。

受托人要按规定认真做好职业年金计划备案申请工作，加强对职业年金计划的管理和对其他管理人的监督，做好管理人变更时的衔接和合同到期顺延或续签等工作，按规定编制受托人直投养老金产品组合代码。托管人在职业年金财产移交过程中要严格按照规定和受托人指令要求，做好职业年金基金财产保管和移交工作，切实维护职业年金基金财产安全。投资管理人要按规定编制投资管理人投资组合代码，建立和加强投资风险控制机制，切实防范职业年金基金财产移交风险。

附件：

1. 关于××省X号职业年金计划管理合同备案的函（略）
2. 关于确认××省X号职业年金计划的函（略）
3. 关于申请××省X号职业年金计划受托人（或受托人及其他管理人）变更及管理合同备案的函（略）
4. 关于确认××省X号职业年金计划受托人（或受托人及其他管理人）变更的函（略）
5. 关于申请××省X号职业年金计划××管理人变更及管理合同备案的函（略）
6. 关于确认××省X号职业年金计划××管理人变更的函（略）
7. 关于申请××省X号职业年金计划增加证券投资组合的函（略）
8. 关于确认××省X号职业年金计划增加证券投资组合的函（略）
9. 关于××省X号职业年金计划管理合同顺延情况说明的函（略）
10. 关于确认××省X号职业年金计划管理合同顺延的函（略）
11. 关于申请××省X号职业年金计划管理合同续签的函（略）
12. 关于确认××省X号职业年金计划管理合同续签的函（略）
13. 关于申请××省X号职业年金计划注销的函（略）
14. 关于确认××省X号职业年金计划注销的函（略）
15. 职业年金计划备案地代码表（略）
16. 代理人、职业年金基金管理机构代码表（略）

二〇一六年十月三十一日

人力资源社会保障部办公厅关于印发职业年金计划管理合同指引的通知

人社厅发［2016］169号

各省、自治区、直辖市及新疆生产建设兵团人力资源社会保障厅（局），各职业年金基金管理机构：

为贯彻落实《国务院关于机关事业单位工作人员养老保险制度改革的决定》（国发［2015］2号）、《国务院办公厅关于印发机关事业单位职业年金办法的通知》（国办发［2015］18号）、《人力资源社会保障部 财政部关于印发职业年金基金管理暂行办法的通知》（人社部发［2016］92号），规范职业年金计划管理，我部制定了《职业年金计划管理合同指引》（以下简称《合同指引》），现就有关问题通知如下：

职业年金计划代理人要严格执行职业年金政策法规，按照《合同指引》签订职业年金计划受托管理合同，代理委托人认真履行职责，切实维护受益人利益。

职业年金基金管理机构要严格执行相关政策规定，自觉履行相关管理职责，按照《合同指引》签订管理合同。受托人要按照《人力资源社会保障部办公厅关于职业年金计划备案和编码规则等有关问题的通知》（人社厅发［2016］168号）的规定履行报备手续，建立科学的业绩评价机制，引导各方签订长期合同，避免短期行为，不断推动职业年金事业规范、健康发展。

各地人力资源社会保障行政部门要严格按照有关政策规定审核报备的管理合同。当出现合同新建、续签、变更或终止等情况且受托人或代理人不及时履行报备手续的，人力资源社会保障行政部门应进行监管提示，提示后在规定时间内仍不报备的，向人力资源社会保障部报告，人力资源社会保障部依据《职业年金基金管理暂行办法》进行查处。

附件：

1. 职业年金计划受托管理合同指引（略）
2. 职业年金计划托管合同指引（略）
3. 职业年金计划投资管理合同指引（略）

二〇一六年十月三十一日

人力资源社会保障部办公厅关于印发职业年金基金管理运营流程规范的通知

人社厅发［2016］170号

各省、自治区、直辖市及新疆生产建设兵团人力资源社会保障厅（局），各职业年金基金管理机构：

为贯彻落实《国务院关于机关事业单位工作人员养老保险制度改革的决定》（国发［2015］2号）、《国务院办公厅关于印发机关事业单位职业年金办法的通知》（国办发［2015］18号）、《人力资源社会保障部　财政部关于印发职业年金基金管理暂行办法的通知》（人社部发［2016］92号），提高职业年金基金运营管理效率，实现职业年金基金标准化、规范化管理，我部制定了《职业年金基金管理运营流程规范》（以下简称《流程规范》），现就有关问题通知如下：

《流程规范》依据《职业年金基金管理暂行办法》及相关法规政策和职业年金管理要求，对职业年金计划代理人和职业年金基金管理机构、各职业年金基金管理机构间开展职业年金基金管理的业务流程、工作职责、时效要求及信息交互等方面进行了统一规定。

职业年金计划代理人、职业年金基金管理机构要严格按照《流程规范》的规定开展各项职业年金基金运营管理工作，认真履行各自工作职责，并主动做好相互配合，确保职业年金基金管理的规范、有序、安全、高效，切实维护委托人和受益人的利益。

附件：职业年金基金管理运营流程规范（略）

二〇一六年十月三十一日

人力资源社会保障部办公厅关于印发职业年金基金数据交换规范的通知

人社厅发［2016］171号

各省、自治区、直辖市及新疆生产建设兵团人力资源社会保障厅（局），各职业年金基金管理机构：

为贯彻落实《国务院关于机关事业单位工作人员养老保险制度改革的决定》（国发［2015］2号）、《国务院办公厅关于印发机关事业单位职业年金办法的通知》（国办发［2015］18号）、《人力资源社会保障部　财政部关于印发职业年金基金管理暂行办法的通知》（人社部发［2016］92号），提高职业年金基金运营管理效率，实现职业年金基金标准化、规范化管理，我部制定了《职业年金基金数据交换规范》（以下简称《数据交换规范》），现就有关问题通知如下：

《数据交换规范》依据《职业年金基金管理暂行办法》及相关法规政策和职业年金管理要求，对职业年金计划代理人和职业年金基金管理机构、各职业年金基金管理机构间开展职业年金基金管理数据交换所涉及的数据集、数据项和参数等作出统一规定，规范职业年金基金数据交换行为。

职业年金计划代理人、职业年金基金管理机构要充分认识实施《数据交换规范》的重要意义，准确理解其内容和要求，并积极做好贯彻实施工作，在此基础上建立可靠的数据接口，确保职业年金基金管理的规范、有序、安全、高效，切实维护委托人和受益人的利益。

附件：职业年金基金数据交换规范（略）

二〇一六年十月三十一日

人力资源社会保障部办公厅关于做好取消部分技能人员职业资格许可认定事项后续工作的通知

人社厅发［2016］182号

各省、自治区、直辖市及新疆生产建设兵团人力资源社会保障厅（局），国务院有关部门、有关行业组织和集团公司人事劳动保障工作机构：

为做好取消部分技能人员职业资格许可认定事项后续工作，妥善处理有关问题，确保不出现影响社会稳定情况，现就有关事项通知如下：

一、对已经发布鉴定考试公告或已受理鉴定考试报名的，根据考生意愿，或继续做好鉴定考试工作，或退费。

二、对已组织完成鉴定考试的，做好职业资格证书发放等后续工作。

三、对按“双证书”（毕业证书和职业资格证书，下同）招生的职业院校（技工院校），兑现招生条件，使学生毕业时按规定取得“双证书”。

四、对取消前取得的职业资格证书，可作为水平能力的证明。

二〇一六年十二月十三日

人力资源社会保障部办公厅关于加快推进跨省异地就医结算系统建设的通知

人社厅发［2016］185号

各省、自治区、直辖市及新疆生产建设兵团人力资源社会保障厅（局）：

为贯彻落实党中央、国务院关于基本医疗保险全国联网和异地就医结算工作的精神，根据异地就医结算工作统一部署，按照“统一标准、部省系统、最小改造、一卡通行”的建设思路，部里组织建设跨省异地就医结算系统。现将有关事项通知如下：

一、跨省异地就医结算系统建设目标

部里遵循金保工程整体规划，依托部级数据中心和业务专网，建成国家异地就医结算系统，建立跨地区信息交换的渠道。2016年底前，实现大部分省级异地就医结算系统与国家异地就医结算系统对接，开始上线试运行；2017年上半年，实现所有省级异地就医结算系统与国家异地就医结算系统对接；2017年底前，实现所有统筹区全面对接，支持跨省异地安置退休人员和符合转诊规定人员的住院费用持社会保障卡直接结算。

二、完善省级异地就医结算系统

（一）加快省级异地就医结算系统改造。各省要按照部里制定的接口规范和地方系统改造要点，统筹推进省级异地就医结算系统改造工作，扩展跨省结算功能。已建省级异地就医结算系统或利用省级集中的业务系统实现省内异地就医的地区，要完善省级系统。尚未实现省内异地就医的地区，要抓紧建设省级异地就医结算系统。

（二）开展部省系统对接。各省完成省内系统改造任务后，向部里申请开展联调测试。省里要统筹安排省内各统筹区的测试进度，提前做好网络联通、密码设备安装、数字证书申请、域通信环境设置等准备工作。各省按照部里统一的接入流程和测试标准，开展交易及登录功能测试、社会保障卡业务测试、性能及可靠性测试。联调测试通过的省份，部里按照“成熟一个、接入一个”的原则，以地市为单位入网。

（三）实现系统运行监测。省级统一建设运行监测系统，支持对异地就医关联的重要系统进行网络、系统、应用等方面的运行监测，实时对省内系统运行的性能、事件和报警等信息进行采集、管理和监控。通过预防预警机制，做到“快速定位、及时处理”，确保业务平稳运行。已建运行监测系统的省份要与部级运行监测系统实现对接，开展全流程、全网络、全时段的运行监测，提高全网监控能力，确保业务连续不间断运行。

三、改造地市医保信息系统

（一）改造地市医保业务管理系统。各地要在保证市域范围内医疗费用直接结算的基础上，按照最小必须的原则，完成统筹区医保业务管理系统的改造任务。尽量减少调整定点医疗机构信息系统，确需调整的，需保证定点医疗机构信息系统的改造进度。部分尚未纳入省级异地就医结算系统的统筹区，要利用本次省内系统改造的契机，按照“省内全覆盖”的要求，一并完成与省级异地就医结算系统对接。有条件地区，充分利用医保业务管理系统，实现异地就医人员基本医疗保险、大病保险、医疗救助“一站式”结算服务。各地要积极推进城乡居民医保系统整合，制度尚未整合的地区要在医保业务管理系统中预留相关接口，为确有需要的参合人员提供跨省异地就医结算服务。

（二）实现对异地就医服务的智能监控。实现医疗服务智能监控系统建设全覆盖，尚未建设医疗服务智能监控系统的地区，要抓紧组织建设医疗服务智能监控系统。已经建设医疗服务智能监控系统的地区，要按照异地就医人员纳入就医地统一管理的要求，扩展对异地就医人员就医行为的监管功能，支持对结算费用的审核扣款，确保基金安全。有条件的省份，统一建设医疗服务智能监控系统，进行全省统一智能监控。

四、提升社会保障卡在异地就医中的支撑能力

（一）全面发行社会保障卡。加快社会保障卡发行进度，优先为跨省异地安置退休人员和符合转诊规定人员发卡，将社会保障卡作为参保人员跨省异地就医身份识别和直接结算的唯一凭证。各地要严格控制产品质量，保证社会保障卡的统一规范和全国通用，确保异地就医人员能够持卡直接结算。

（二）改造用卡环境。根据《社会保障卡跨省应用技术方案》全面完善跨省用卡环境。按照《社会保障卡读写终端接口规范》修改完善和更新社会保障卡读写终端动态库，结合具体业务场景重新封装和升级业务系统动态库。开展从社会保障卡读写终端、地市业务系统到异地就医结算系统、部社会保障卡持卡人员基础信息库（以下简称持卡库）的全链条联调测试。建立社会保障卡用卡环境的日常检查机制，确保规范性和安全性。

（三）加快省级持卡库建设。全面完成省级持卡库部署和上线。各地要按照《关于开展社会保障卡持卡人员基础信息库建设的通知》（人社部发［2014］36号）要求，加快持卡人员基础信息入库进度，切实保证已发卡人员的人员基础信息和社会保障卡基础信息入库，跨省异地安置退休人员和符合转诊规定人员要优先入库。社会保障卡管理系统在持卡库上线时须同步接入，实现人员卡应用状态变更的全国实时联动，确保持卡库对跨省异地就医用卡鉴权的支撑能力。

五、加强异地就医服务信息化建设

（一）提供多种信息服务。各地要基于现有人力资源社会保障公共服务体系，面向异地就医人群，提供高质量的信息服务，包括异地就医定点医疗服务机构、异地就医业务经办指南等公共类信息；提供精准化、个性化信息服务，包括出院结算单打印等服务内容，使异地就医人员能够更全面、更便捷地获悉异地就医相关的信息。

（二）多渠道支持备案服务。结合部分参保人员长期异地居住的特点，以及备案变更的需求，各地要为异地就医人员备案提供方便。探索利用人力资源社会保障公共服务信息平台，对接网站、12333电话、移动终端等渠道，有针对性地为异地就医人员提供备案服务。

（三）做好社会保障卡服务。各地要建立快速补换卡和发卡机制，进一步缩短发卡周期。提供远程邮寄、代理补换等服务，保证出省人员能够及时拿到卡片。提供异地社会保障卡检查、PIN修改、重置、解锁等服务，保证异地就医人员持卡结算。积极探索自助、网上等便利服务方式，探索挂失解挂等卡服务事项的异地协作机制。

六、夯实异地就医结算系统的基础设施环境

（一）拓宽网络带宽。遵循金保工程业务专网建设有关规范，各地应提供省市主备线路服务，并合理评估本地异地就医业务量，对原有省市线路带宽进行扩容，调整省市通信设备的配置，以满足实时性业务要求。结合本地实际，适当扩充省级或地市级数据中心互联网接入带宽，为互联网服务提供相应支撑。

（二）提升数据中心支撑能力。省里要统筹做好省级数据中心基础设施建设，按照业务支撑能力，合理增加硬件配置，保证实时、稳定、安全的服务能力。要同步建设异地就医结算应用级灾备系统，已经建设和规划建设容灾备份中心的省份，要将省级异地就医结算系统纳入其中，确保省级异地就医结算系统在遭遇故障和灾难时能迅速恢复并不间断运行。

（三）保障系统安全。省里要构建完善的信息安全保障体系，加快省级电子认证体系（省级 RA）建设，提供基于数字证书的认证服务，配置加密机，有针对性地做好基础安全防护措施。建设省级集中的数据备份系统，强化数据安全保护。各地要完善相应工作机制，建立应急处理机制，制定应急预案、灾难恢复预案，定期进行灾难恢复演练，实现省级异地就医结算系统的安全可靠运行。

各地要高度重视，加强组织领导，全力保障跨省异地就医结算系统建设工作的顺利推进。人力资源社会保障信息化综合管理机构、医保行政部门、社会保险经办机构要通力协作，密切配合。以今年年底前与国家系统对接为时间节点，倒排时间表，尽快制定系统建设工作方案，确定工作任务、工作要求、计划安排，明确责任人。各地要积极与发展改革、财政等部门协调沟通，争取异地就医结算系统建设资金，并将系统运行和维护费用纳入年度预算。要加强信息化队伍建设，加大培训力度，提高系统建设人员的技术和管理水平，提高业务操作人员的专业操作能力。

二〇一六年十二月十六日

人力资源社会保障部办公厅关于加快推进12333电话咨询服务事业发展的指导意见

人社厅发［2016］186号

各省、自治区、直辖市及新疆生产建设兵团人力资源社会保障厅（局）：

“十二五”时期，党中央、国务院大力推进简政放权、放管结合、优化服务，12333电话咨询服务作为人力资源社会保障部门面向群众提供公共服务的重要窗口，在政策解疑释惑、沟通社情民意、化解社会矛盾、提升服务能力等方面发挥了重要作用。但也存在人员配备不足、区域发展不协调、服务手段不丰富等问题，与人民群众的服务需求相比仍有不小差距。《国民经济和社会发展第十三个五年规划纲要》将“12333电话咨询服务”列入“基本公共服务项目清单”，对12333电话咨询服务工作提出了更高要求。为加快推进12333电话咨询服务事业发展，进一步方便群众咨询办事，按照加强和改进人力资源社会保障领域公共服务有关要求，提出以下意见：

一、总体要求

认真贯彻落实国务院建设服务型政府、增加公共服务供给有关要求，紧紧围绕人力资源和社会保障中心工作，坚持从群众需要出发的发展思路，强化12333电话咨询服务能力建设，推动技术、服务、业务创新，秉承“倾听民意，服务民生”的服务理念，提升服务意识，丰富服务内容，拓宽服务渠道，规范服务标准，全力构建上下联动、高效优质、专业规范的咨询服务体系，推动12333电话咨询服务事业全面发展。

（一）服务群众，务求实效。将以人为本的服务理念贯穿于咨询服务工作的全过程，确保群众问题及时解答、咨询服务快捷有效。

（二）统筹发展，全面覆盖。紧跟事业发展，为群众提供优质高效的咨询服务，推动服务地域、业务领域、服务功能全覆盖，强化电话咨询服务的普及性和有效性。

（三）共享协同，创新服务。持续完善知识库，开放共享数据，加强各业务之间的协同联动。拓展多元化服务渠道，提升咨询服务的主动性和便捷性，形成智能化的服务能力。

（四）统一标准，规范发展。统一电话咨询服务标准，形成上下一体、标准一致的咨询服务体系，推进电话咨询服务科学化、规范化发展。

二、发展目标

12333电话咨询服务要围绕中心、服务群众，着力加强机构队伍建设，增强咨询服务能力，加大咨询服务供给，拓展咨询服务内容，创新咨询服务方式，健全咨询服务标准，规范咨询服务体系，提升咨询服务质量，实现机构实体化、咨询专业化、服务规范化、渠道多样化和管理一体化。“十三五”时期12333电话咨询服务事业发展的主要目标是：

——服务供给明显增强。80%的地区实现12333电话咨询服务机构实体化，每百万户籍人口拥有10名以上咨询员，12333电话综合接通率80%以上。

——服务手段日益丰富。全部省份建立12333电话咨询服务系统，依托知识库开展咨询服务。90%以上的省份提供网上服务，80%的省份开通移动应用、短信、微信等服务渠道。

——业务范围持续扩大。纳入“人力资源社会保障领域基本公共服务项目清单”的服务事项，全部提供12333电话咨询服务。创造条件，加快推进12333电话咨询服务覆盖人力资源和社会保障全部业务领域。

——服务质量不断提升。健全12333电话咨询服务标准规范，提升12333电话咨询服务质量，提高12333电话咨询服务满意度，年均服务质量投诉率低于万分之一。

三、主要任务

（一）推进机构实体化建设，夯实服务基础。积极争取多方支持，推进12333电话咨询服务机构实体化建设，明确职能，落实场地和设施，强化咨询服务基础。多渠道引进人才，壮大咨询队伍力量，建立咨询员激励机制，研究核心人才成长发展路径，努力打造专业化的咨询员队伍，强化人员服务基础。探索社会化服务方式，利用社会资源提升服务效能。建立健全管理制度和工作机制，提高咨询服务科学化水平。

（二）抓好信息系统建设，做好服务支撑。推进12333电话咨询服务系统省级集中建设，完善自动语音、质量监控、满意度评价等功能，实现集约化发展，有效支撑跨地区业务服务和数据集中管理。健全知识库运行维护机制，定期梳理政策文件和答复口径，依法依规提供服务。借助数据集成和应用集成技术，建立12333电话咨询服务监测分析平台，推动部省之间系统联网，提高部省间政策法规和业务数据的共享能力，形成部省间数据双向交互机制。

（三）丰富服务内容，加强业务联动。推动12333电话咨询服务向全业务领域、全服务流程拓展，业务范围覆盖就业、社会保险、劳动关系、人事人才和收入分配等业务领域；业务环节由政策咨询向投诉举报、信息查询、业务办理延伸，实现业务办理的在线预约和进度查询，提升12333电话咨询服务体验。探索面向各类服务对象的身份验证机制，并与网站、短信、移动应用及线下窗口等服务渠道实现用户身份互信与服务联动。

（四）拓展服务渠道，提升服务水平。巩固和完善12333电话咨询服务渠道，提供5×8小时人工服务和7×24小时自动语音服务。大力发展自动语音和互联网服务，丰富移动应用、自助终端、短信、微信等服务渠道，打通服务群众“最后一公里”，形成多形式、多层次、全方位的人力资源和社会保障咨询服务体系。加强技术创新，探索语音识别、智能客服等新技术的应用，提升12333电话咨询服务的智能化水平。

（五）强化咨询数据收集，推进数据利用。建立和完善咨询数据采集标准，搜集整理咨询业务数据和来电行为数据，夯实数据基础，提升数据质量。完善咨询数据报送机制，形成支撑大数据应用的资源基础。加强数据分析利用，洞察民生诉求、分析用户行为规律，提升服务的针对性、有效性和主动性。加强分析成果的应用转化，提升对管理决策的支撑作用。

（六）健全12333电话咨询标准体系，规范服务形象。统一12333短号码对外提供电话和短信服务。加强研究，健全12333电话咨询服务标准规范体系。加强服务质量监控，推动各项规范贯彻落实，形成管理有标准、过程有监督、工作有评价、事后有考核的工作管理格局。开展示范单位建设，引领12333电话咨询服务发展。统一形象，加大宣传力度，提升12333知晓度，打造12333公共服务品牌。

四、保障措施

（一）加强组织领导。各级人力资源社会保障部门要高度重视12333电话咨询服务工作，制定工作方案，推动各项任务落实。加强机构实体化建设，充实队伍，保障好咨询员待遇。建立完善财政资金投入机制，拓展资金来源渠道，形成政府部门主导，社会力量广泛参与的多元化资金投入格局。

（二）健全工作机制。建立沟通协作机制，业务部门应在政策向社会公布前及时向电话咨询机构进行宣讲、做好培训，明确解答口径，电话咨询服务机构应及时向业务部门反馈群众关注的热点问题。建立疑难问题办理制度，明确办理程序和答复时限。

（三）强化业务培训。建立咨询队伍培训长效机制，分级分类定期开展培训。搭建12333电话咨询服务教育培训平台，促进学习交流，形成线下专题培训与在线日常培训相结合的学习制度，提高咨询队伍的整体素质。

（四）持续改进作风。建立和完善服务评价、督导检查等工作机制，强化纪律要求，推动改进作风，不断提升服务水平。依法依规，严格信息管理，热情服务。

二〇一六年十二月十六日

人力资源社会保障部办公厅关于调整规范国家基本医疗保险、工伤保险和生育保险药品目录中部分药品名称的通知

人社厅函［2016］23号

各省、自治区、直辖市及新疆生产建设兵团人力资源社会保障厅（局）：

近期，国家食品药品监督管理总局对部分药品品种和名称进行了变更。据此，对我部印发的《国家基本医疗保险、工伤保险和生育保险药品目录（2009年版）》中部分药品名称进行如下调整规范，请遵照执行。

一、西药部分107号“帕司烟肼”中文名称变更为“帕司烟肼（对氨基水杨酸异烟肼）”。

二、西药部分第146号“利奈唑胺”中文名称变更为“利奈唑胺（利奈唑胺葡萄糖）”。

三、西药部分第198号“缓解感冒症状的复方OTC制剂”中增加“氨酚伪麻美芬片（Ⅱ）与苯酚伪麻片、氨酚伪麻那敏分散片、氨酚伪麻那敏分散片（Ⅲ）”，删除“氨酚美伪麻片与苯酚伪麻片、双扑伪麻分散片”。

四、西药部分第390号“重组人白介素-11”中文名称变更为“重组人白介素-11［重组人白介素-11（酵母）］”。

五、西药部分第394号“胸腺肽α1”中文名称变更为“胸腺肽α1（胸腺法新）”。

六、西药部分第547号“胞磷胆碱”中文名称变更为“胞磷胆碱（胞二磷胆碱）”。

七、西药部分第550号“吡拉西坦”中文名称变更为“吡拉西坦（乙酰胺吡咯烷酮）”。

八、西药部分第687号“埃索美拉唑”中文名称变更为“埃索美拉唑（艾司奥美拉唑）”。

九、西药部分第810号“可乐定”中文名称变更为“可乐定（苯氨咪唑啉）”。

十、西药部分第902号“血凝酶（巴曲酶）”中文名称变更为“矛头蝮蛇血凝酶（巴曲酶）”。

十一、西药部分第905号“低分子肝素注射剂”包含的“那屈肝素钙注射液”名称变更为“那屈（曲）肝素钙注射液”。

十二、西药部分第927号“维生素B4”中文名称变更为“维生素B4（磷酸腺嘌呤）”。

十三、中药部分第9号“小儿感冒片”药品名称变更为“小儿清热感冒片”。

十四、中药部分第918号“口腔炎喷雾剂”药品名称变更为“口腔炎喷雾剂（气雾剂）”。

二〇一六年一月二十一日

人力资源社会保障部办公厅关于印发《技工院校工匠精神教育课教学大纲（试行）》的通知

人社厅函［2016］252号

各省、自治区、直辖市及新疆生产建设兵团人力资源社会保障厅（局）：

为贯彻落实《人力资源社会保障部关于推进技工院校改革创新的若干意见》（人社部发［2014］96号）精神，加强技工院校学生工匠精神培养，我部组织编制了《技工院校工匠精神教育课教学大纲（试行）》，现予以印发。

各地人力资源社会保障部门要指导技工院校根据教学大纲要求安排教学。2016年秋季学期，要面向全体在校生将工匠精神教育作为开学第一课主要学习内容。从2017年起，要将工匠精神教育课作为新生入学第一学期的德育必修课程，纳入各专业教学计划，利用学习高技能人才楷模专题教育模块、入学教育等学时，安排教学一般10个课时左右。

为帮助技工院校开展好工匠精神教育，我部根据《技工院校工匠精神教育课教学大纲（试行）》组织编写了《工匠精神读本》，将于2016年7月由中国人力资源和社会保障出版集团出版发行。各技工院校要积极使用《工匠精神读本》开展教学。

各地在实施过程中有何意见和建议，请及时向我部职业培训教材工作委员会办公室反馈；征订《工匠精神读本》相关事宜，请与中国人力资源和社会保障出版集团联系。

附件：技工院校工匠精神教育课教学大纲（试行）

二〇一六年六月二十四日

附件

技工院校工匠精神教育课教学大纲（试行）

一、课程性质

工匠精神教育是技工院校学生的一门必修课。课程以社会主义核心价值观为指导，按照教育要面向现代化、面向世界、面向未来的要求，适应我国从“制造大国”走向“制造强国”的现实需要，为培养新时期高素质技能人才服务。

二、课程目标

课程是以工匠精神为核心，以《工匠精神读本》为载体，重点通过对当代“大国工匠”故事的解读，培养学生正确认知、感悟工匠精神的能力，使之具有践行工匠精神的积极情感和自觉意识，进而为促进学生综合职业素质的形成奠定坚实的基础。

三、课程要求

（一）课程列入学校德育课教学计划，采用课堂教学为主的方式。建议用8个课时完成基本教学内容，2个课时进行综合测评，总计10个课时。

（二）学校要引导学生深入了解身边的能工巧匠，特别是深入了解校友中杰出工匠的工作内容、真实生活乃至内心世界；引导学生立志成为一名对国家、对社会有所贡献的当代工匠。

四、课程内容

（一）工匠之道：继往开来薪火传

1. 工匠是指有手艺专长的人。距今大约2万年前的陶工，是迄今考古发现的最早工匠。工匠的出现源自人类日常生活和社会发展的需要，他们既为后人留下了丰富的物质遗产，也留下了以“探索”和“至善至美”为特征的精神财富。

2. 在人类社会发展进程中，工匠不但生产出当时社会所需的各种产品，还以自己的智慧和创造性劳动促进了社会生产力水平的不断提高，甚至引发了人类社会的科技变革，将人类的各种奇思妙想转化为造福时代、泽被后世的科技成果。

3. 我国当代“大国工匠”的故事为工匠精神注入了新的内涵。以他们为代表的当代工匠是打造“中国制造”的人才基石，是实现“中国品牌”走向世界的核心竞争力。时代需要大批优秀工匠，各类工匠特别是“大国工匠”的作用不可替代。

（二）执着专注：一生只做一件事

1. 工匠对于手艺所能达到的境界都有着锲而不舍的追求。他们有毅力、有恒心，坚持不懈、持之以恒。特别是当代工匠，已不再将手艺仅仅作为谋生的手段，而是视工作为事业，视责任为使命，视技艺为财富，在为社会创造价值的过程中，实现自己的人生价值。

2. 工匠对自己选择的事业有着专心致志的投入。他们潜心钻研技艺，对工作一心一意，心无旁骛，往往能达到忘我的境地。优秀的工匠甚至“穷毕生之材力心思，以制造一物”，一生只做一件事，不三心二意，不见异思迁。

3. 工匠执着于自己的事业，淡泊宁静，有着自己独特的精神世界。他们往往在工作的过程中就能感受到如切如磋、如琢如磨的快乐，不受世俗干扰，不为名利所惑，耐得住“孤独”和“寂寞”，只专注于自己的目标。

（三）精益求精：要做就要做最好

1. 工匠有严谨求实的做事原则和工作态度。他们对自己的产品有着非常高的品质要求，因此在工作过程中对自己的工作内容、工艺应用都有着客观精确的认识和细致周全的考虑。他们敬畏自己的工作，用心做事，能够赋予产品独有的精神气质。

2. 工匠有一丝不苟的工作作风和行为习惯。他们严格遵循工作规范和品质标准，踏踏实实做事，一板一眼工作。他们不走捷径，在精、细、实上下功夫，把每个动作都做到位。他们注重细节，精雕细琢，不允许自己的产品留有任何瑕疵，竭尽所能将产品做到最好。

3. 工匠有“要做就做最好”的志向。他们对技艺和产品品质有着能达到“极致”的严苛要求。他们不以生产合格品而以生产精品为目标，不刻意追求当下而是放眼长远。他们不断改进工艺，提高品质，力求在业内能长久地领先同行。

（四）创新进取：愿乘长风破浪行

1. 工匠有着艺无止境的学习理念。他们对技艺的追求没有尽头，这让他们除了入门时的勤学苦练，更多的是在实践中不断学习、善于学习、终身学习，不断提升技艺水平。他们敢于质疑现状，敢于面对挑战，敢于创新进取，从而不断完善自我。

2. 工匠对技艺和产品品质有着积极进取、推陈出新的情愫。他们心中有目标，行动有方向，创新有动力，就是为了在现有努力的基础上再上一个台阶。他们学习新知、探索新知，哪怕是一个小小的零部件，也要掌握内在机理，就是为了能够突破自己。

3. 工匠都有敢为人先、勇攀高峰的气魄。他们善于发挥专业团队的合力，不怕失败，勇于担当。他们善于将经验技艺与当代科技完美结合，立足生产一线，实干巧干，发奋攻坚。他们坚韧不拔，默默前行，一步一个脚印，不断地从一个成功走向另一个成功。

（五）匠心筑梦：家国情怀铸人生

1. 工匠的梦想也是国家的梦想、社会的梦想，一个工匠只有将国家之梦、社会之梦作为自己的梦想，才能够将工匠精神内化为自己的信念，也才能够正确处理国家利益、社会利益和个人利益的关系，诚实劳动、勤奋工作，不管在什么情况下都能坚守工匠操守。

2. 工匠总是用自己的技艺和产品品质来彰显理想和追求。他们对技艺勤学苦练，对产品精益求精，对责任勇于担当。他们在生产实践中努力传承和发扬工匠精神，他们是人类文明发展的创新者。

3. 工匠总是有着浓郁的家国情怀。工匠对美好生活的期盼只有通过为国家和社会创造精美的产品才能得到实现。他们在平凡的岗位上，在普通的工作中，将“我的梦”与“中国梦”有机融合，努力提高自身素质，用技能报国的理想追求雕塑自己的工匠人生。

五、课程建设

（一）德育教师是完成课程目标的具体执行者和组织者，学校应当为教师提供相应的教学条件，鼓励教师通过社会实践、专门访谈等各种路径加强自身对工匠精神的理解，并身体力行，努力使自己成为一名技工教育领域内的优秀“工匠”。

（二）以《工匠精神读本》为基础，建立课程教育教学资源库。注意搜集校友中杰出工匠、学校所在地区各类能工巧匠的成长故事和主要事迹，努力形成学生身边的工匠群体和工匠文化氛围。相关教学资源可登录职业教育教学资源和数字学习中心（http://zyjy.class.com.cn）查看。

（三）积极推进课程教育教学方法研究。根据学生认知规律和情感特征设计各种主题活动，及时付诸实施，并以合适的教育测量技术评估活动成效。不断完善活动方案，积累优秀课型和活动案例，努力形成科学化、系统化的课程模式。

（四）学校要努力营造卓有成效的校园

“工匠文化”，将工匠精神融入各科课程，特别是实训课程教学之中。鼓励教师根据学生特点，不断改进教学方法，确保课程教学质量。

六、课程评价

（一）工匠精神课程评价包括学生的学习效果、教师的教育教学状况、课程建设及学校对课程的定位等方面。学生的学习效果主要通过学习态度、学习行为以及学生对工匠精神的认知程度和情感水平综合评价。教师的教育教学状况、课程建设及学校对课程的定位等主要通过学生的实际学习效果和工匠行为习得程度来体现。

（二）具体的评价方法，提倡采用公开讨论、案例分析、专题活动、社会实践等开放的平台，让师生在自主、自在、自为的状态下，在相互观察、交流和借鉴的过程中形成基本的情感倾向和价值判断；不提倡采用书面闭卷笔试并以笔试分数为主要标准的评价方法。

（三）课程的评价结果应记入学生学习档案，并以此作为学生后续学习行为变化及职业素养养成情况评估的基本参照。

人力资源社会保障部办公厅　财政部办公厅关于加快推进中央国家机关所属京外单位属地参加机关事业单位养老保险工作的通知

人社厅函［2016］280号

各省、自治区、直辖市及新疆生产建设兵团人力资源社会保障厅（局）、财政（财务）厅（局），党中央各部门，国务院各部委、各直属机构，全国人大常委会办公厅、全国政协办公厅，最高人民法院，最高人民检察院，各民主党派中央，各人民团体人事、财务部门：

按照《国务院关于机关事业单位工作人员养老保险制度改革的决定》（国发［2015］2号）精神，2015年11月人力资源社会保障部办公厅会同财政部办公厅印发了《关于提供中央国家机关所属京外单位属地参加机关事业单位养老保险相关信息的函》（人社厅函［2015］373号，以下简称“373号函”），要求做好中央国家机关所属京外单位属地参加机关事业单位养老保险工作。373号函下发后，各地区各方面积极努力推进这项工作，但从目前的情况看，总体进展依然较慢。按照《人力资源社会保障部　财政部关于2016年调整退休人员基本养老金的通知》（人社部发［2016］37号）精神，为确保中央国家机关所属京外单位退休人员属地参加2016年基本养老金调整，现就加快推进中央国家机关所属京外单位属地参加机关事业单位养老保险工作通知如下：

一、各地要抓紧将中央国家机关所属京外单位纳入参保范围。各地要高度重视中央国家机关所属京外单位属地参保工作，在工作安排上要做到同部署、同培训、同步开展数据采集等工作。要按照373号函的要求，抓紧与中央国家机关所属京外单位做好工作对接，组织京外单位开展信息采集和审核，尽快将符合属地参保条件的中央单位纳入本省（自治区、直辖市）机关事业单位养老保险范围。对于未列入373号函所附名单的单位，如符合纳入属地管理范围的，应做好信息核实比对并尽快将其纳入。

二、中央国家机关要督促所属京外单位做好属地参保相关工作。各部门要加强与地方的沟通协调，配合做好相关工作。要督促所属京外单位主动与所在省（自治区、直辖市）人力资源社会保障部门、财政（财务）部门联系，按照相关要求，抓紧采集上报本单位人员的相关信息，准备好参保所需材料，并协助做好其他工作。要依据国家有关文件精神，抓紧对本单位在职人员和已退休人员的编制、工资（原退休费）、工作年限等信息进行清理核查，确保数据采集准确无误，并做好政策宣传和解释工作。

三、各地要确保中央国家机关所属京外单位退休人员2016年调整基本养老金工作按时到位。各地在组织落实2016年调整退休人员基本养老金工作时，要统筹考虑地方和中央国家机关所属京外单位退休人员的基本养老金调整问题，做到同步安排部署。对已经实现社保经办机构社会化发放基本养老金的地区，各地人力资源社会保障部门、财政（财务）部门应切实做好调待所需资金安排，确保已参保的退休人员调整增加后的基本养老金按时发放到位。尚未实现社保经办机构社会化发放基本养老金的地区，中央国家机关所属各京外单位人事、财务部门应按照所在省（自治区、直辖市）关于落实2016年调整退休人员基本养老金的具体要求，配合做好本单位的相关工作，强化资金保障，确保本单位退休人员能够按时领取调整增加后的基本养老金。

二〇一六年七月十四日

人力资源社会保障部办公厅关于进一步加强基本医疗保险异地就医监管的通知

人社厅函［2016］488号

各省、自治区、直辖市及新疆生产建设兵团人力资源社会保障厅（局），福建省医保办：

近年来，全民医保体系不断健全，保障水平稳步提高，对于推进健康中国建设，保障和改善民生，维护社会公平正义，促进社会和谐稳定发挥了重要作用。但是，随着城乡居民基本医疗保险制度整合，人员流动性不断增强，确保基金安全尤为重要。为进一步加强基本医疗保险异地就医监管，更好地维护基金安全和参保人员合法权益，保障制度平稳有序运行，现就有关问题通知如下：

一、完善和落实异地就医管理制度及经办流程

各地要按照基本医疗保险相关法律法规和规章政策，结合医保基金专项审计和专项检查等反映的突出问题以及管理中存在的薄弱环节，不断健全医保异地就医管理制度，完善异地就医结算办法和经办流程。经办机构要完善内控制度，强化内部监督和制约，严格执行费用结算审核制度、流程和标准，以异地就医费用结算为审核重点加大监控力度。参保地经办机构要按照规定做好参保人员异地就医登记备案工作，引导参保人员合理有序就医。就医地经办机构要将异地就医人员纳入本地统一管理，进一步完善医疗保险智能监控系统，将异地就医费用纳入就医地监控范围。对于已实现城乡居民基本医疗保险制度整合地区，要按照城乡一体化的要求，统一和规范经办业务流程，加强基层经办审核能力建设，从源头上防范和控制各类违法违规使用医疗保险基金的行为，切实提高基金的使用效能。

二、大力推进异地就医直接结算

加快推进基本医保全国联网和异地就医结算工作，建立完善国家级异地就医结算系统，与各省异地就医结算系统实现对接，基本实现跨省异地安置退休人员住院费用直接结算。不断扩大纳入国家异地就医直接结算人群范围，逐步减少个人垫资和事后报销方式，从根本上遏制不法分子采用虚假票据骗取医保基金的违规行为。

三、进一步加强医疗机构协议管理

各统筹地区经办机构要将异地就医纳入医疗机构协议管理，纳入对医疗机构的考核指标，细化和完善协议条款，明确在医疗机构确定、医疗信息记录、医疗行为监控、医疗费用审核和稽核等方面提供与本地参保人员相同的服务和管理，保障异地就医人员权益。要指导和督促医疗机构按照协议要求，及时向经办机构传输参保人员就医、结算及其他相关信息，确保信息真实准确，不得篡改作假。

四、加快健全异地协作协查机制

参保地与就医地经办机构要积极建立健全异地就医经办管理协作机制，协同做好参保人员异地就医经办管理服务工作。就医地社会保险行政部门及经办机构要进一步明确和落实协查责任，主动支持配合参保地社会保险行政部门和经办机构开展异地就医核查或者案件调查，并督促相关医疗机构协助配合，共同做好医保违法违规违约行为查处工作。为加强对暂未实现异地就医直接结算人群的医疗服务监管，以异地就医人员持票据报销为核查重点，通过信息化手段，支持就医地和参保地定期交换就医费用信息，对异地就医费用进行核查。

五、加大各方联动打击医保违法违规行为力度

社会保险行政部门和经办机构要采取多种形式加强医保监督，依法依规依约查处发现的违法违规违约行为。对于违反协议规定的医疗机构和医务人员，经办机构要按照协议约定，根据违约情节轻重，采取约谈、拒付费用、暂停结算限期整改和终止协议等措施，并及时向社会保险行政部门报告。对于违法违规行为，社会保险行政部门和经办机构要在查清事实的基础上，依法依规作出行政处理处罚决定。对于涉嫌犯罪的，要依法依规及时移送公安机关，不得以行政处理处罚代替刑事处罚，坚决打击和遏制欺诈骗保等违法犯罪行为。各级社会保险行政部门要加快与公安机关建立联席会议制度，加强案情通报和信息共享，健全基金监督行政执法与刑事司法有效衔接机制，增强震慑力和强制力。要建立健全与审计、财政、卫生计生、药监、价格等部门执法协作机制，协调配合，形成合力。要加强宣传教育，适时公布查处的重大医保违法违规案件，发挥警示教育作用，引导参保人员、医疗机构及医务人员自觉遵守医保法律法规，鼓励支持社会各方面积极参与医保监督，共同维护基金安全。

各地要高度重视加强基本医疗保险异地就医监管工作，社会保险行政部门和信息综合管理机构、经办机构要健全内部协作机制，密切配合，分工协作，确保工作落到实处，取得实效。各地在工作中遇有重要情况要及时报告，并认真研究，妥善解决，保证工作顺利推进。

二〇一六年十二月十九日

（三）联合发文

国家发展和改革委员会　民政部　财政部　人力资源和社会保障部　国家统计局　关于进一步完善社会救助和保障标准与物价上涨挂钩联动机制的通知

发改价格规［2016］1835号

各省、自治区、直辖市发展改革委、物价局、民政厅（局）、财政厅（局）、人力资源社会保障厅（局）、统计局，新疆生产建设兵团办公厅、发展改革委、民政局、财务局、人力资源社会保障局、统计局，国家统计局各调查总队：

2011年以来，各地认真贯彻落实国务院决策部署，建立并认真执行社会救助和保障标准与物价上涨挂钩的联动机制（以下简称“联动机制”），对缓解物价上涨影响、保障困难群众基本生活发挥了重要作用。为主动适应、把握、引领经济发展新常态，有效应对当前价格运行的新特点、新变化，更好地发挥联动机制作用，确保困难群众基本生活水平不因物价上涨而降低，经国务院同意，现就进一步完善联动机制有关事项通知如下：

一、明确保障对象

联动机制保障对象为：享受国家定期抚恤补助的优抚对象、城乡低保对象、特困人员、领取失业保险金人员。各地可根据实际适当扩大保障范围，但不得缩小保障范围。

二、调整优化启动条件

满足以下任一条件即启动联动机制：

（一）居民消费价格指数（CPI）单月同比涨幅达到3.5%。采用城镇低收入居民基本生活费用价格指数（SCPI）的地方可继续沿用，并参考CPI同比涨幅3.5%合理设定临界值。

（二）CPI中的食品价格单月同比涨幅达到6%。

各地可结合实际降低启动条件，但原则上不得提高启动条件。

三、提高补贴发放的时效性

价格临时补贴实行“按月测算、按月发放”。达到启动条件的，要在锚定价格指数发布后及时启动联动机制，并确保在指数发布后20个工作日内完成价格临时补贴发放。在通过现有渠道向困难群众发放价格临时补贴时，要注明所发补贴为“价格临时补贴”。当月所有启动条件均不满足时，即中止联动机制，停止发放价格临时补贴。

四、规范启动单位层级

各地要以省（区、市）级或地市级为单位统一启动或中止联动机制，不得下放至县区级。以地市级为启动单位的省（区），必要时可在全省（区）范围内全面启动或中止联动机制。

五、加强资金保障

各地要根据当地物价走势，提前安排财政预算，确保价格临时补贴资金足额到位。对低保对象、特困人员发放的价格临时补贴可从地方困难群众基本生活救助资金列支，或由地方财政预算另行安排。对享受国家定期抚恤补助的优抚对象发放的价格临时补贴由地方财政预算安排。对领取失业保险金人员发放的价格临时补贴从失业保险基金列支。中央财政继续按现行渠道加大对困难群众基本生活救助和抚恤优待等资金的投入力度。

六、抓好责任落实

各地要按照本通知要求，结合当地实际，进一步完善联动机制，确保于2016年9月中旬前完成，现行机制符合本通知要求的可暂不调整，相关情况应于2016年9月底前报国家发展改革委；要认真执行完善后的联动机制，根据物价上涨情况及时启动联动机制并发放价格临时补贴，相关情况应及时报国家发展改革委。国家发展改革委将会同有关部门加强对各地完善和落实联动机制工作的跟踪指导和督促检查，定期通报各地联动机制执行情况，推广各地有效做法和成功经验，及时总结评估，适时提出完善联动机制的建议。

七、强化宣传引导

各地要充分利用当地媒体，深入解读、宣传联动机制完善工作，重点宣传近年来联动机制取得的成效，及国家进一步完善联动机制、更好保障困难群众生活的积极意义。在每次启动联动机制时要同步披露相关情况，有针对性地开展舆论引导，增进社会各方面特别是困难群众对联动机制的理解认识，保障联动机制平稳实施。

二〇一六年八月二十二日

国家发展和改革委员会　国家卫生和计划生育委员会　人力资源和社会保障部　财政部关于印发推进医疗服务价格改革意见的通知

发改价格［2016］1431号

各省、自治区、直辖市发展改革委、物价局、卫生计生委（局）、人力资源社会保障厅（局）、财政厅（局）：

根据党的十八大和十八届三中、四中、五中全会精神以及深化医药卫生体制改革的总体部署，国家发展改革委、国家卫生计生委、人力资源社会保障部、财政部制定了《推进医疗服务价格改革的意见》，经国务院同意，现印发你们，请遵照执行，并就有关事项通知如下：

一、各地价格、卫生计生、人力资源社会保障、财政等部门要按照《推进医疗服务价格改革的意见》的要求，积极稳妥推进改革。要抓紧制定改革具体实施方案，明确部门分工，加强政策衔接，做好政策解读和舆论引导工作，形成改革合力，确保改革平稳实施。

二、各地要按照“总量控制、结构调整、有升有降、逐步到位”的原则，统筹考虑各方面承受能力，合理制定和调整医疗服务价格，逐步理顺医疗服务比价关系，并与医保支付、医疗控费政策同步实施，确保群众费用负担总体不增加。

三、此前有关医疗服务价格管理政策规定，凡与本通知不符的，以本通知规定为准。

附件：推进医疗服务价格改革的意见

二〇一六年七月一日

附件

推进医疗服务价格改革的意见

推进医疗服务价格改革，是价格机制改革和深化医药卫生体制改革的重要任务，对推动医疗机构建立科学合理补偿机制，促进医药卫生事业健康发展具有重要作用。近年来，各地结合实际规范医疗服务价格管理，调整医疗服务价格，取得了积极成效。但医疗服务价格尚未理顺，管理方式仍需改进，价格行为有待进一步规范。为深入推进医疗服务价格改革，经国务院同意，现提出以下意见。

一、指导思想、基本原则和主要目标

（一）指导思想。全面贯彻党的十八大和十八届三中、四中、五中全会精神，按照党中央、国务院的决策部署，牢固树立并切实贯彻创新、协调、绿色、开放、共享的发展理念，紧紧围绕深化医药卫生体制改革目标，按照“总量控制、结构调整、有升有降、逐步到位”要求，积极稳妥推进医疗服务价格改革，合理调整医疗服务价格，同步强化价格与医疗、医保、医药等相关政策衔接联动，逐步建立分类管理、动态调整、多方参与的价格形成机制，确保医疗机构良性运行、医保基金可承受、群众负担总体不增加。

（二）基本原则。

坚持调放结合。按照公立医院综合改革要求，科学核算医疗服务成本，控制医药费用总量，优化医药费用结构，逐步理顺医疗服务比价关系，体现医务人员技术劳务价值。合理确定医疗服务政府定价范围，充分发挥行业监管、医保控费和市场机制作用，引导价格合理形成。

坚持协同配套。与公立医院补偿机制、公立医疗机构薪酬制度、药品流通体制、医保支付、分级诊疗、医疗行为监管等改革协同推进、衔接配套，增强改革的整体性、系统性和协同性，形成政策合力。

坚持统筹兼顾。落实政府投入责任，正确处理好完善公立医院补偿机制、保障医保基金运行安全、提高群众受益水平的关系，统筹考虑各方面利益，切实保障困难群众的基本医疗需求。坚持稳步推进。加强整体谋划，把握好时机、节奏和力度，分步实施，有序推进，及时完善政策，确保改革平稳实施，防止价格异常波动、诱发社会不稳定因素。

（三）主要目标。到 2017 年，逐步缩小政府定价范围，改革医疗服务项目管理，改进价格管理方式，结合公立医院综合改革同步调整医疗服务价格。到 2020 年，逐步建立以成本和收入结构变化为基础的价格动态调整机制，基本理顺医疗服务比价关系。积极探索建立通过制定医保支付标准引导价格合理形成的机制。

二、主要任务

（一）推进医疗服务价格分类管理。

1. 公立医疗机构提供的基本医疗服务实行政府指导价。对人力消耗占主要成本，体现医务人员技术劳务价值、技术难度和风险程度的医疗服务，公立医院综合改革试点地区可探索由政府主导、利益相关方谈判形成价格的机制。

2. 公立医疗机构提供的特需医疗服务及其他市场竞争比较充分、个性化需求比较强的医疗服务，实行市场调节价。严格控制特需医疗服务规模，提供特需医疗服务的比例不超过全部医疗服务的 10%。公立医疗机构实行市场调节价的具体医疗服务项目，由省级价格主管部门会同卫生计生、人力资源社会保障、中医药部门，根据本地区医疗市场发展状况、医疗保障水平等因素确定，并在 2016 年底前向社会公布。

3. 非公立医疗机构提供的医疗服务，落实市场调节价政策。基本医保基金支付的实行市场调节价的医疗服务，由医保经办机构综合考虑医疗服务成本以及社会各方面承受能力等因素，与医疗机构谈判合理确定医保支付标准，引导价格合理形成。

（二）逐步理顺医疗服务比价关系。围绕公立医院综合改革，统筹考虑取消药品加成及当地政府补偿政策，按照总量控制、结构调整的原则，同步调整医疗服务价格，重点提高诊疗、手术、康复、护理、中医等体现医务人员技术劳务价值的医疗服务价格，降低大型医用设备检查治疗和检验等价格。在此基础上，通过规范诊疗行为，降低药品、耗材等费用腾出空间，动态调整医疗服务价格。实行分级定价，根据医疗机构等级、医师级别和市场需求等因素，对医疗服务制定不同价格，拉开价格差距，引导患者合理就医。做好与医保支付、医疗控费等政策相互衔接，保证患者基本医疗费用负担总体不增加。

（三）改革医疗服务价格项目管理。国家负责制定全国医疗服务项目技术规范，统一项目名称和服务内容，指导医疗机构规范开展服务，并作为确定医疗机构收费项目的依据。各地依据全国医疗服务项目技术规范，确定本地区医疗机构服务收费的具体项目。2020 年前，形成全国统一的医疗服务项目技术规范，并实行动态调整。坚持鼓励创新和使用适宜技术相结合的原则，及时受理新增医疗服务项目，简化工作程序，提高工作效率，促进医疗新技术尽早进入临床使用。

（四）推进医疗服务定价方式改革。扩大按病种、按服务单元收费范围，逐步减少按项目收费的数量。到 2016 年底，城市公立医院综合改革试点地区实行按病种收费的病种不少于 100 个。各地可结合本地实际，按照价格法的规定，授权设区市和有条件的县（市）对医疗服务价格进行调整，并做好协调指导和监督管理工作。

（五）加强医疗服务价格监管。对实行政府指导价的医疗服务，要按照“管细、管好、管到位”的要求，加强医疗服务成本监审和价格监测，完善定价过程中公众参与、专家论证制度，主动接受社会监督。对实行市场调节价的医疗服务，医疗机构要遵循公平、合法和诚实信用的原则，合理制定和调整价格，并保持相对稳定。加强医药费用控制，各地要综合考虑经济发展水平、基本医疗保障和群众承受能力等因素，合理确定本地区医药费用总量，明确控费指标，确保区域内医疗费用不合理增长得到有效控制。建立全方位、多层次的价格监督机制，发挥 12358 全国价格监管平台作用，依法严肃查处各种乱收费行为。

三、保障措施

（一）明确部门分工。各有关部门要按照推进医疗服务价格改革要求和职责分工，及时细化落实改革措施。价格主管部门会同有关部门统筹研究制定医疗服务价格改革政策，建立多种形式并存的定价方式，合理确定和调整医疗服务项目及价格，强化价格行为监管。卫生计生行政部门（含中医药管理部门）会同有关部门制定全国医疗服务项目技术规范，加强行业监管和医疗机构内部管理，制定规范医疗服务行为、控制医疗费用不合理增长的政策措施，在 2016 年底前建立健全公立医疗机构医疗总费用、次均（床日）费用、检查检验收入占比、药占比、门诊和住院人次等指标定期通报制度，督促落实医疗服务价格公示制度、费用清单制度，强化社会监督和医疗机构控费意识。人力资源社会保障、卫生计生部门要做好医保与价格政策的衔接配合，加强医保对医疗服务行为的监管，并会同财政等有关部门积极推进医保支付方式改革，加强费用控制，制定医保支付标准的政策措施。

（二）协同推进改革。各有关部门要按照深化医药卫生体制改革要求，加快药品流通体制、医保支付制度、公立医疗机构薪酬制度和分级诊疗制度等改革，推动建立经营规范、竞争有序、服务高效的药品流通新秩序和合理用药、合理诊疗的医疗机构内在激励约束机制，切实减轻患者费用负担。各地价格、卫生计生、人力资源社会保障和中医药等部门要密切配合、相互协作，共同研究制定医疗服务价格改革具体方案，出台医疗服务价格改革政策时，同时公布医保支付和医疗控费等措施。

（三）鼓励探索创新。鼓励地方按照医疗服务价格改革的总体要求和目标任务，在推进医疗服务定价方式改革、医保支付方式改革以及控制医药费用、强化社会监督、发挥商业保险作用等方面大胆探索，勇于创新，积累经验，促进改革整体推进。充分发挥第三方在规范医疗服务项目、核算医疗服务成本和开展政策评估等方面的技术支撑作用，促进医疗服务价格管理更加客观、公正、规范、透明。

（四）做好跟踪评估。各地要建立医疗服务价格改革的督导、考核和评估机制，加强对改革进展和效果的跟踪评价，及时总结经验、完善政策，推广好的做法。要密切关注改革后医药费用变化情况，防止出现其他方面未见到实际效果，医疗服务价格却大幅上升，群众和全社会医疗负担加重的问题。对改革中出现的新问题，要及时研究分析，提出解决措施。要建立应急处置工作预案，第一时间研究处理社会反映的问题。

（五）加强舆论宣传。强化政策宣传和舆论引导，及时准确解读医疗服务价格改革政策措施，合理引导社会预期，积极回应社会关切，争取社会各界的理解和支持，引导广大医务人员积极参与，凝聚各方共识，为改革创造良好环境，确保改革顺利推进。医疗服务价格改革涉及面广、影响大、情况复杂，各地区、各有关部门要充分认识改革的重要性、艰巨性和复杂性，加强领导，落实责任，精心组织实施。国家发展改革委会同有关部门对改革落实情况加强监督检查，改革中出现的重大情况，各地要及时报告。

附表：部分重点工作任务分工及进度安排表（略）

教育部　国务院国有资产监督管理委员会　国家发展和改革委员会　工业和信息化部　财政部　人力资源和社会保障部　国家税务总局关于印发《职业学校教师企业实践规定》的通知

教师［2016］3号

各省（自治区、直辖市）教育厅（教委）、国资委、发展改革委、工业和信息化主管部门、财政厅（局）、人力资源社会保障厅（局）、税务局，新疆生产建设兵团教育局、国资委、发展改革委、工信委、财务局、人力资源社会保障局：

为贯彻落实全国职业教育工作会议精神以及《国务院关于加快发展现代职业教育的决定》（国发［2014］19号）要求，进一步加强职业学校"双师型"教师队伍建设，促进职业学校教师专业发展，提升教师实践教学水平，特制定《职业学校教师企业实践规定》。现印发给你们，请遵照执行。

执行中如遇问题，请及时反馈。

二〇一六年五月十一日

职业学校教师企业实践规定

第一章　总　　则

第一条　为建设高水平职业教育教师队伍，根据《中华人民共和国职业教育法》、《中华人民共和国教师法》、《国家中长期教育改革和发展规划纲要（2010—2020年）》、《国务院关于加快发展现代职业教育的决定》，制定本规定。

第二条　组织教师企业实践，是加强职业学校"双师型"教师队伍建设，实行工学结合、校企合作人才培养模式，提高职业教育质量的重要举措。企业依法应当接纳职业学校教师进行实践。地方各级人民政府及有关部门、行业组织、职业学校和企业要高度重视，采取切实有效措施，完善相关支持政策，有效推进教师企业实践工作。

第三条　定期到企业实践，是促进职业学校教师专业发展、提升教师实践教学能力的重要形式和有效举措。职业学校应当保障教师定期参加企业实践的权利。各级教育行政部门和职业学校要制定具体办法，不断完善教师定期到企业实践制度。

第二章　内容和形式

第四条　职业学校专业课教师（含实习指导教师）要根据专业特点每5年必须累计不少于6个月到企业或生产服务一线实践，没有企业工作经历的新任教师应先实践再上岗。公共基础课教师也应定期到企业进行考察、调研和学习。

第五条　教师企业实践的主要内容，包括了解企业的生产组织方式、工艺流程、产业发展趋势等基本情况，熟悉企业相关岗位职责、操作规范、技能要求、用人标准、管理制度、企业文化等，学习所教专业在生产实践中应用的新知识、新技术、新工艺、新材料、新设备、新标准等。

第六条　教师企业实践的形式，包括到企业考察观摩、接受企业组织的技能培训、在企业的生产和管理岗位兼职或任职、参与企业产品研发和技术创新等。鼓励探索教师企业实践的多种实现形式。

第七条　教师企业实践要有针对性和实效性。职业学校要会同企业结合教师专业水平制定企业实践方案，根据教师教学实践和教研科研需要，确定教师企业实践的重点内容，解决教学和科研中的实际问题。要将组织教师企业实践与学生实习有机结合、有效对接，安排教师有计划、有针对性地进行企业实践，同时协助企业管理、指导学生实习。企业实践结束后，要及时总结，把企业实践收获转化为教学资源，推动教育教学改革与产业转型升级衔接配套。

第三章　组织与管理

第八条　各地要将教师企业实践工作列为职业教育工作部门联席会议的重要内容，组织教育、发展改革、工业和信息化、财政、人力资源社会保障等相关部门定期研究，将教师企业实践纳入教师培训规划，加强与行业主管部门和行业组织的沟通与协调，建立健全教师企业实践的激励机制和保障体系，统筹管理和组织实施教师企业实践工作。

第九条　省级教育行政部门负责制订本省（区、市）教师企业实践工作总体规划和管理办法，依托现有资源建立信息化管理平台，制定教师企业实践基地遴选条件及淘汰机制，确定教师企业实践时间折算为教师培训学时（学分）的具体标准，对各地（市）教师企业实践工作进行指导、监督和评估，会同人力资源社会保障、财政、发展改革等相关部门研究制定支持教师企业实践的政策措施。

第十条　地（市）级教育行政部门负责制定本地区教师企业实践实施细则和鼓励支持政策，建立区域内行业组织、企业与职业学校的沟通、磋商、联动机制，管理和组织实施教师企业实践工作。

第十一条　各行业主管部门和行业组织应积极引导支持行业内企业开展教师企业实践活动，配合教育行政部门、人力资源社会保障行政部门落实教师企业实践基地，对行业内企业承担教师企业实践任务进行协调、指导与监督。

第十二条　企业应根据自身实际情况发挥接收教师企业实践的主体作用，积极承担教师企业实践任务。承担教师企业实践任务的企业，将其列入企业人力资源部门工作职责，完善教师企业实践工作管理制度和保障机制，并与教育、人力资源社会保障部门联合制定教师企业实践计划，按照“对口”原则提供技术性岗位（工种），解决教师企业实践必需的办公、生活条件，明确管理责任人和指导人员（师傅），实施过程管理和绩效评估。

第十三条　职业学校要做好本校教师企业实践规划、实施计划、组织管理、考核评价等工作。除组织教师参加教育行政部门统一安排的教师企业实践外，职业学校还应自主组织教师定期到企业实践。

第十四条 教师参加企业实践，要充分发挥自身优势，积极承担企业职工教育与培训、产品研发、技术改造与推广等工作，严格遵守相关法律法规及企业生产、管理、安全、保密、知识产权及专利保护等各方面规定，必要时双方应签订相关协议。

第四章 保障措施

第十五条 建立政府、学校、企业和社会力量各方多渠道筹措经费机制，推动职业学校教师企业实践工作。鼓励引导社会各方通过设立专项基金、捐资赞助等方式支持教师企业实践。

第十六条 教师企业实践所需的设施、设备、工具和劳保用品等，由接收企业按在岗职工岗位标准配置。企业因接收教师实践所实际发生的有关合理支出，按现行税收法律规定在计算应纳税所得额时扣除。

第十七条 鼓励支持具有行业代表性的规模以上企业在接收教师企业实践方面发挥示范作用。

第十八条 国家和省级教育行政部门应会同行业主管部门依托现有资源，遴选一批共享开放的示范性教师企业实践基地，引导职业学校整合校内外企业资源建设具备生产能力的校级教师企业实践基地，逐步建立和完善教师企业实践体系。

第十九条 经学校批准到企业实践的教师，实践期间享受学校在岗人员同等的工资福利待遇，培训费、差旅费及相关费用按各地有关规定支付。教师参加企业实践应根据实际需要办理意外伤害保险。

第五章 考核与奖惩

第二十条 各地要将教师企业实践工作情况纳入对办学主管部门和职业学校的督导考核内容，对于工作成绩突出的基层部门、学校按照国家有关规定给予表彰，并予以鼓励宣传。

第二十一条 省级教育行政部门应会同有关行政部门和行业组织定期对所辖企业的教师企业实践工作进行监督、指导、考核，对工作成绩突出的企业、个人按照国家有关规定予以表彰奖励。采取有效措施，鼓励支持有条件的企业常设一批教师企业实践岗位。

第二十二条 地方各级教育行政部门要会同人力资源社会保障行政部门建立教师企业实践考核和成绩登记制度，把教师企业实践学时（学分）纳入教师考核内容。引导支持有条件的企业对参加实践的教师进行职业技能鉴定，取得相应职业资格证书。

第二十三条 职业学校要会同企业对教师企业实践情况进行考核，对取得突出成绩、重大成果的教师给予表彰奖励。

第二十四条 教师无正当理由拒不参加企业实践或参加企业实践期间违反有关纪律规定的，所在学校应督促其改正，并视情节给予批评教育；有违法行为的，按照有关规定处理。

第六章 附则

第二十五条 本规定所称职业学校教师指中等职业学校和高等职业学校教师。技工院校教师企业实践有关工作由各级人力资源社会保障行政部门负责。

第二十六条 本规定所称企业指在各级工商行政管理部门登记注册的各类企业。教师到机关、事业单位、社会团体和组织、境外企业等其他单位或机构实践，参照本规定执行。

第二十七条 本规定由教育部等部门根据职责分工，对本部门职责范围内事项负责解释。

第二十八条 本规定自公布之日起施行。

教育部　人力资源社会保障部　民政部　中央编办　工商总局关于印发《民办学校分类登记实施细则》的通知

教发［2016］19号

各省、自治区、直辖市教育厅（教委）、人力资源社会保障厅（局）、民政厅（局）、编办、工商行政管理局：

2016年11月7日，全国人民代表大会常务委员会通过了《全国人民代表大会常务委员会关于修改〈中华人民共和国民办教育促进法〉的决定》，规定对民办学校实行非营利性和营利性分类管理，并以国家主席习近平签署的中华人民共和国主席令（第五十五号）予以公布。《国务院关于鼓励社会力量兴办教育促进民办教育健康发展的若干意见》（国发［2016］81号，以下简称《若干意见》），全面部署了民办教育改革发展的各项政策措施。为深入贯彻落实党中央、国务院的决策部署，稳妥推进民办学校分类管理改革，特研究制定《民办学校分类登记实施细则》，现予印发。

民办学校分类管理是党中央、国务院确定的重大改革方向，是贯彻落实《民办教育促进法》修法精神的重要举措，是深化教育领域综合改革的重要内容。请各地务必高度重视，紧密结合《民办教育促进法》和《若干意见》的贯彻落实，做好民办学校的分类管理与分类登记工作，明确任务，细化要求，落实责任，确保党中央、国务院决策部署的切实落地和教育系统的和谐稳定。

二〇一六年十二月三十日

民办学校分类登记实施细则

第一章　总　　则

第一条　为贯彻落实《国务院关于鼓励社会力量兴办教育促进民办教育健康发展的若干意见》，推动民办教育分类管理，促进民办教育健康发展，根据《中华人民共和国教育法》、《中华人民共和国民办教育促进法》和2016年11月7日《全国人民代表大会常务委员会关于修改〈中华人民共和国民办教育促进法〉的决定》等法律法规，制定本细则。

第二条 民办教育是社会主义教育事业的重要组成部分。民办学校应当遵守国家法律法规，全面贯彻党的教育方针，坚持党的领导，坚持社会主义办学方向，坚持公益性导向，坚持立德树人，对受教育者加强社会主义核心价值观教育，培养德、智、体、美等方面全面发展的社会主义建设者和接班人。

第二章 设立审批

第三条 民办学校分为非营利性民办学校和营利性民办学校。民办学校的设立应当依据《中华人民共和国民办教育促进法》等法律法规和国家有关规定进行审批。经批准正式设立的民办学校，由审批机关发给办学许可证后，依法依规分类到登记管理机关办理登记证或者营业执照。

第四条 设立民办学校应当具备《中华人民共和国教育法》、《中华人民共和国民办教育促进法》和其他有关法律法规规定的条件，符合地方经济社会和教育发展的需要。

第五条 民办学校的设立应当参照国家同级同类学校设置标准，无相应设置标准的由县级以上人民政府按照国家有关规定制定。申请设立民办学校，应当提交《中华人民共和国民办教育促进法》等法律法规和学校设置标准规定的材料、学校党组织建设有关材料。

第六条 审批机关对批准正式设立的民办学校发给办学许可证；对不批准正式设立的，应当以书面形式向申请人说明理由。

第三章 分类登记

第七条 正式批准设立的非营利性民办学校，符合《民办非企业单位登记管理暂行条例》等民办非企业单位登记管理有关规定的到民政部门登记为民办非企业单位，符合《事业单位登记管理暂行条例》等事业单位登记管理有关规定的到事业单位登记管理机关登记为事业单位。

第八条 实施本科以上层次教育的非营利性民办高等学校，由省级人民政府相关部门办理登记。实施专科以下层次教育的非营利性民办学校，由省级人民政府确定的县级以上人民政府相关部门办理登记。

第九条 正式批准设立的营利性民办学校，依据法律法规规定的管辖权限到工商行政管理部门办理登记。

第十条 登记管理机关对符合登记条件的民办学校，依法依规予以登记，并核发登记证或者营业执照；对不符合登记条件的，不予登记，并以书面形式向申请人说明理由。

第十一条 民办学校的名称应当符合国家有关规定，体现学校的办学层次和类别。

第四章 事项变更和注销登记

第十二条 民办学校涉及办学许可证、登记证或者营业执照上事项变更的，依照法律法规和有关规定到原发证机关办理变更手续。其中，民办本科高等学校办学许可证上除名称外需核准的其他事项变更，由省级人民政府核准。

第十三条 民办学校终止办学应当及时办理撤销建制、注销登记手续，将办学许可证、登记证或者营业执照正副本缴回原发证机关。

第五章 现有民办学校分类登记

第十四条 现有民办学校选择登记为非营利性民办学校的，依法修改学校章程，继续办学，履行新的登记手续。

第十五条 现有民办学校选择登记为营利性民办学校的，应当进行财务清算，经省级以下人民政府有关部门和相关机构依法明确土地、校舍、办学积累等财产的权属并缴纳相关税费，办理新的办学许可证，重新登记，继续办学。

第十六条 民办学校变更登记类型的办法由省级人民政府根据国家有关规定，结合地方实际制定。

第六章　附　　则

第十七条　本细则所称现有民办学校为2016年11月7日《全国人民代表大会常务委员会关于修改〈中华人民共和国民办教育促进法〉的决定》公布前经批准设立的民办学校。本细则所称的审批机关包括县级以上教育、人力资源社会保障部门以及省级人民政府。本细则所称的登记管理机关包括县级以上民政、编制、工商行政管理部门。

第十八条　本细则由教育部、人力资源社会保障部、民政部、中央编办、工商总局负责解释。

教育部　人力资源社会保障部　工商总局关于印发《营利性民办学校监督管理实施细则》的通知

教发〔2016〕20号

各省、自治区、直辖市教育厅（教委）、人力资源社会保障厅（局）、工商行政管理局：

2016年11月7日，全国人民代表大会常务委员会通过了《全国人民代表大会常务委员会关于修改〈中华人民共和国民办教育促进法〉的决定》，规定对民办学校实行非营利性和营利性分类管理，并以国家主席习近平签署的中华人民共和国主席令（第五十五号）予以公布。《国务院关于鼓励社会力量兴办教育促进民办教育健康发展的若干意见》（国发〔2016〕81号，以下简称《若干意见》），全面部署了民办教育改革发展的各项政策措施。为深入贯彻落实党中央、国务院的决策部署，确保分类管理改革的有序推进，特研究制定《营利性民办学校监督管理实施细则》，现予印发。

民办学校分类管理是党中央、国务院确定的重大改革方向，是贯彻落实《民办教育促进法》修法精神的重要举措，是深化教育领域综合改革的重要内容。请各地务必高度重视，紧密结合《民办教育促进法》和《若干意见》的贯彻落实，科学稳妥做好营利性民办学校监督管理各项工作，明确任务，细化要求，落实责任，确保党中央、国务院决策部署的切实落地和教育系统的和谐稳定。

二〇一六年十二月三十日

营利性民办学校监督管理实施细则

第一章　总　　则

第一条　为贯彻落实《国务院关于鼓励社会力量兴办教育促进民办教育健康发展的若干意见》，规范营利性民办学校办学行为，促进民办教育健康发展，根据《中华人民共和国教育法》、《中华人民共和国民办教育促进法》和2016年11月7日《全国人民代表大会常务委员会关于修改〈中华人民共和国民办教育促进法〉的决定》等法律法规，制定本细则。

第二条 社会组织或者个人可以举办营利性民办高等学校和其他高等教育机构、高中阶段教育学校和幼儿园，不得设立实施义务教育的营利性民办学校。

社会组织或者个人不得以财政性经费、捐赠资产举办或者参与举办营利性民办学校。

第三条 营利性民办学校应当遵守国家法律法规，全面贯彻党的教育方针，坚持党的领导，坚持社会主义办学方向，坚持立德树人，对受教育者加强社会主义核心价值观教育，培养德、智、体、美等方面全面发展的社会主义建设者和接班人。

营利性民办学校应当坚持教育的公益性，始终把培养高素质人才、服务经济社会发展放在首位，实现社会效益与经济效益相统一。

第四条 审批机关、工商行政管理部门和其他相关部门在职责范围内，依法对营利性民办学校行使监督管理职权。

第二章 学校设立

第五条 批准设立营利性民办学校参照国家同级同类学校设置标准，一般分筹设、正式设立两个阶段。经批准筹设的营利性民办学校，举办者应当自批准筹设之日起3年内提出正式设立申请，3年内未提出正式设立申请的，原筹设批复文件自然废止。

营利性民办学校在筹设期内不得招生。

第六条 审批机关应当坚持高水平、有特色导向批准设立营利性民办学校。设立营利性民办高等学校，应当纳入地方高等学校设置规划，按照学校设置标准、办学条件和学科专业数量等严格核定办学规模。中等以下层次营利性民办学校办学规模由省级人民政府根据当地实际制定。

第七条 营利性民办学校注册资本数额要与学校类别、层次、办学规模相适应。

第八条 举办营利性民办学校的社会组织或者个人应当具备与举办学校的层次、类型、规模相适应的经济实力，其净资产或者货币资金能够满足学校建设和发展的需要。

第九条 举办营利性民办学校的社会组织，应当具备下列条件：

（一）有中华人民共和国法人资格。

（二）信用状况良好，未被列入企业经营异常名录或严重违法失信企业名单，无不良记录。

（三）法定代表人有中华人民共和国国籍，在中国境内定居，信用状况良好，无犯罪记录，有政治权利和完全民事行为能力。

第十条 举办营利性民办学校的个人，应当具备下列条件：

（一）有中华人民共和国国籍，在中国境内定居。

（二）信用状况良好，无犯罪记录。

（三）有政治权利和完全民事行为能力。

第十一条 申请筹设营利性民办学校，举办者应当提交下列材料：

（一）筹设申请报告。内容主要包括：举办者的名称、地址或者姓名、住址及其资质，筹设学校的名称、地址、办学层次、办学规模、办学条件、培养目标、办学形式、内部管理机制、党组织设置、经费筹措与管理使用等。

（二）设立学校论证报告。

（三）举办者资质证明文件。举办者是社会组织的，应当包括社会组织的许可证、登记证或者营业执照、法定代表人有效身份证件复印件，决策机构、权力机构负责人及组成人员名单和有效身份证件复印件，有资质的会计师事务所出具的该社会组织近2年的年度财务会计报告审计结果，决策机构、权力机构同意投资举办学校的决议。举办者是个人的，应当包括有效身份证件复印件、个人存款、有本人签名的投资举办学校的决定等证明文件。

（四）资产来源、资金数额及有效证明文件，并载明产权。

（五）民办学校举办者再申请举办营利性民办学校的，还应当提交其举办或者参与举办的现有民办学校的办学许可证、登记证或者营业执照、组织机构代码证、校园土地使用权证、校舍房屋产权证明复印件，近2年年度检查的证明材料，有资质的会计师事务所出具的学校上年度财务会计报告审计结果。

（六）有两个以上举办者的，应当提交合作办学协议，明确各举办者的出资数额、出资方式、权利义务，举办者的排序、争议解决办法等内容。出资计入学校注册资本的，应当明确各举办者计入注册资本的出资数额、出资方式、占注册资本的比例。

第十二条 申请正式设立营利性民办学校，举办者应当提交下列材料：

（一）正式设立申请报告。

（二）筹设批准书。

（三）举办者资质证明文件。提交材料同本细则第十一条第（三）项。

（四）学校章程。

（五）学校首届董事会、监事（会）、行政机构负责人及组成人员名单和有效身份证件复印件。

（六）学校党组织负责人及组成人员名单和有效身份证件复印件，教职工党员名单。

（七）学校资产及其来源的有效证明文件。

（八）学校教师、财会人员名单及资格证明文件。

第十三条 直接申请正式设立营利性民办学校的，须提交本细则第十一条第（二）项规定的材料、第十二条除第（二）项以外的材料。

第十四条 审批机关对批准正式设立的营利性民办学校发给办学许可证；对不批准正式设立的，应当书面说明理由。经审批正式设立的营利性民办学校应当依法到工商行政管理部门登记。

第十五条 设立营利性民办学校，要坚持党的建设同步谋划、党的组织同步设置、党的工作同步开展。

第三章 组织机构

第十六条 营利性民办学校应当建立董事会、监事（会）、行政机构，同时建立党组织、教职工（代表）大会和工会。

营利性民办学校法定代表人由董事长或者校长担任。

第十七条 营利性民办学校董事会、行政机构、校长应当依据国家有关法律法规和学校章程设立和行使职权。

第十八条 营利性民办学校监事会中教职工代表不得少于1/3，主要履行以下职权：

（一）检查学校财务。

（二）监督董事会和行政机构成员履职情况。

（三）向教职工（代表）大会报告履职情况。

（四）国家法律法规和学校章程规定的其他职权。

第十九条 有犯罪记录、无民事行为能力或者限制行为能力者不得在学校董事会、监事会、行政机构任职。一个自然人不得同时在同一所学校的董事会、监事会任职。

第二十条 营利性民办学校应当切实加强党组织建设，强化党组织政治核心和政治引领作用，在事关学校办学方向、师生重大利益的重要决策中发挥指导、保障和监督作用。推进双向进入、交叉任职，党组织书记应当通过法定程序进入学校董事会和行政机构，党员校长、副校长等行政机构成员可按照党的有关规定进入党组织领导班子。监事会中应当有党组织领导班子成员。营利性民办学校应当加强共青团组织建设，充分发挥教职工（代表）大会和工会的作用。

第四章 教育教学

第二十一条 营利性民办学校应当以培养人才为中心，遵循教育规律，不断提高教育教学质量，增强受教育者的社会责任感、创新精神、实践能力。

第二十二条 营利性民办学校应当抓好思想政治教育和德育工作。加强思想政治理论课和思想品德课教学，推进中国特色社会主义理论体系进教材、进课堂、进头脑。深入开展理想信念、爱国主义、集体主义、中国特色社会主义教育和中华优秀传统文化、革命传统文化、民族团结教育，引导师生员工树立正确的世界观、人生观、价值观。

第二十三条 实施学历教育的营利性民办学校应当按照国家规定设置专业、开设课程、选用教材。营利性民办幼儿园应当依据国家和地方有关规定科学开展保育和教育活动。

第二十四条 营利性民办学校招收学历教育学生、境外学生应当遵守国家有关规定，招生简章和广告应当报审批机关备案。其中，本科高等学校的招生简章和广告应当报省级人民政府教育行政部门备案。

第二十五条 营利性民办学校聘任的教师应当具备国家规定的教师资格或者相关专业技能资格，学校应当按照《中华人民共和国教师法》、《中华人民共和国劳动合同法》等国家法律法规和有关规定与教职工签订劳动合同。学校应当加强教师师德建设和业务培训，依法保障教职工工资、福利待遇和其他合法权益。学校聘任外籍教师应当符合国家有关规定。

第五章 财务资产

第二十六条 营利性民办学校执行《中华人民共和国公司法》及有关法律规定的财务会计制度。学校应当独立设置财务管理机构，统一学校财务核算，不得账外核算。

第二十七条 营利性民办学校应当建立健全财务内部控制制度，按实际发生数列支，不得虚列虚报，不得以计划数或者预算数代替实际支出数。

第二十八条 营利性民办学校按学期或者学年收费，收费项目及标准应当向社会公示30天后执行。不得在公示的项目和标准外收取其他费用，不得以任何名义向学生摊派费用或者强行集资。

第二十九条 营利性民办学校收入应当全部纳入学校财务专户，出具税务部门规定的合法票据，由学校财务部门统一核算、统一管理，保障学校的教育教学、学生资助、教职工待遇以及学校的建设和发展。学校应当将党建工作、思想政治工作和群团组织工作经费纳入学校经费预算。

第三十条 营利性民办学校拥有法人财产权，存续期间，学校所有资产由学校依法管理和使用，任何组织和个人不得侵占、挪用、抽逃。营利性民办学校举办者不得抽逃注册资本，不得用教育教学设施抵押贷款、进行担保，办学结余分配应当在年度财务结算后进行。

第三十一条 营利性民办学校应当建立健全学校风险防范、安全管理制度和应急预警处理机制，保障学校师生权益、生命财产安全，维护学校安全稳定。学校法定代表人是学校安全稳定工作的第一责任人。

第六章 信息公开

第三十二条 营利性民办学校应当依据法律法规建立信息公开制度及信息公开保密审查机制，公开的信息不得危及国家安全、公共安全、经济安全、社会稳定和学校安全稳定。

第三十三条 营利性民办高等学校信息公开内容应当执行《高等学校信息公开办法》等国家有关规定，其他营利性民办学校信息公开办法由地方人民政府学校主管部门制定。

第三十四条 营利性民办学校应当按照《企业信息公示暂行条例》规定，通过国家企业信用信息公示系统，公示年度报告信息、行政许可信息以及行政处罚信息等信用信息。

第三十五条 营利性民办学校信息应当通过学校网站、信息公告栏、电子屏幕等场所和设施公开，并可根据需要设置公共阅览室、资料索取点方便调取和查阅。除学校已经公开的信息外，社会组织或者个人可以书面形式向学校申请获取其他信息。

第七章 变更与终止

第三十六条 营利性民办学校分立、合并、终止及其他重大事项变更，应当由学校董事会通过后报审批机关审批、核准，并依法向工商行政管理部门申请变更、注销登记手续。

其中，营利性民办本科高等学校分立、合并、终止、名称变更由教育部审批，其他事项变更由省级人民政府核准。

第三十七条 营利性民办学校分立、合并、终止及其他重大事项变更，应当制定实施方案和应急工作预案，并按隶属关系报学校主管部门备案，保障学校教育教学秩序和师生权益不受影响。

第三十八条 营利性民办学校有下列情形之一的，应当终止：

（一）根据学校章程规定要求终止，并经审批机关批准的。

（二）被吊销办学许可证的。

（三）因资不抵债无法继续办学的。

第三十九条 营利性民办学校终止时，应当依法进行财务清算，财产清偿依据《中华人民共和国民办教育促进法》等法律法规和学校章程的规定处理，切实保障学校师生和相关方面的权益。

第四十条 营利性民办学校终止时，应当及时办理建制撤销、注销登记手续，将学校办学许可证正副本、印章交回原审批机关，将营业执照正副本缴回原登记管理机关。

第四十一条 营利性民办学校发生分立、合并、终止等重大事项变更，学校党组织应当及时向上级党组织报告，上级党组织应当及时对学校党组织的变更或者撤销作出决定。

第八章 监督与处罚

第四十二条 教育、人力资源社会保障行政部门依据《中华人民共和国民办教育促进法》规定的管理权限，对营利性民办学校实施年度检查制度。工商行政管理部门对营利性民办学校实施年度报告公示制度。

第四十三条 教育、人力资源社会保障行政部门依据《中华人民共和国民办教育促进法》规定的管理权限，加大对营利性民办学校招生简章的监管力度，对于使用未经备案的招生简章、发布虚假招生简章的民办学校依法依规予以处理。

第四十四条 教育、人力资源社会保障行政部门依据《中华人民共和国民办教育促进法》规定的管理权限，加强对营利性民办学校办学行为和教育教学质量的监督管理，依法依规开展督导和检查，组织或者委托社会组织定期进行办学水平和教育教学质量评估，并向社会公布评估结果。

第四十五条 教育行政部门应当加强对实施学历教育的营利性民办学校执行电子学籍和学历证书电子注册制度情况的监督，对非法颁发或者伪造学历证书、学位证书的营利性民办学校依法予以处理。

第四十六条 地方教育、人力资源社会保障及其他相关部门应当通过实施审计、建立监管平台等措施对营利性民办学校财务资产状况进行监督。

第四十七条 营利性民办学校违反《中华人民共和国教育法》、《中华人民共和国民办教育促进法》及相关法律法规，有下列行为之一的，由教育、人力资源社会保障、工商行政部门或者其他相关部门依法责令限期改正，并予以警告；有违法所得的，退还所收费用后没收违法所得；情节严重的，责令停止招生、吊销办学许可证；构成犯罪的，依法追究刑事责任：

（一）办学方向、教学内容、办学行为违背党的教育方针，违反国家相关法律规定。

（二）办学条件达不到国家规定标准，存在安全隐患。

（三）提供虚假资质或者进行虚假广告、宣传等行为。

（四）筹设期间违规招生，办学期间违规收费。

（五）因学校责任造成教育教学及安全事故。

（六）抽逃办学资金、非法集资。

（七）存在其他违反法律法规行为。

第四十八条 民办学校有下列情形之一的，其举办者不得再举办或者参与举办营利性民办学校：

（一）法人财产权未完全落实。

（二）民办学校属营利性的，其被列入企业经营异常名录或严重违法失信企业名单。

（三）办学条件不达标。

（四）近 2 年有年度检查不合格情况。

（五）法律法规规定的其他情形。

第九章　附　　则

第四十九条　营利性民办培训机构参照本细则执行。

第五十条　本细则由教育部、人力资源社会保障部、工商总局负责解释。

教育部　财政部　人力资源社会保障部　安全监管总局　中国保监会关于印发《职业学校学生实习管理规定》的通知

教职成〔2016〕3号

各省、自治区、直辖市教育厅（教委）、财政厅（局）、人力资源社会保障厅（局）、安全生产监督管理局、保监局，各计划单列市教育局、财政局、人力资源社会保障局、安全生产监督管理局、保监局，新疆生产建设兵团教育局、财务局、人力资源社会保障局、安全生产监督管理局：

为贯彻落实全国职业教育工作会议精神，规范职业学校学生实习工作，维护学生、学校和实习单位的合法权益，提高技术技能人才培养质量，教育部、财政部、人力资源社会保障部、国家安全监管总局、中国保监会研究制定了《职业学校学生实习管理规定》，现印发给你们，请遵照执行。

二〇一六年四月十一日

职业学校学生实习管理规定

第一章　总　　则

第一条　为规范和加强职业学校学生实习工作，维护学生、学校和实习单位的合法权益，提高技术技能人才培养质量，增强学生社会责任感、创新精神和实践能力，更好服务产业转型升级需要，依据《中华人民共和国教育法》、《中华人民共和国职业教育法》、《中华人民共和国劳动法》、《中华人民共和国安全生产法》、《中华人民共和国未成年人保护法》、《中华人民共和国职业病防治法》及相关法律法规、规章，制定本规定。

第二条　本规定所指职业学校学生实习，是指实施全日制学历教育的中等职业学校和高等职业学校学生（以下简称职业学校）按照专业培养目标要求和人才培养方案安排，由职业学校安排或者经职业学校批准自行到企（事）业等单位（以下简称实习单位）进行专业技能培养的实践性教育教学活动，包括认识实习、跟岗实习和顶岗实习等形式。

认识实习是指学生由职业学校组织到实习单位参观、观摩和体验，形成对实习单位和相关岗位的初步认识的活动。

跟岗实习是指不具有独立操作能力、不能完全适应实习岗位要求的学生，由职业学校组织到实习单位的相应岗位，在专业人员指导下部分参与实际辅助工作的活动。

顶岗实习是指初步具备实践岗位独立工作能力的学生，到相应实习岗位，相对独立参与实际工作的活动。

第三条 职业学校学生实习是实现职业教育培养目标，增强学生综合能力的基本环节，是教育教学的核心部分，应当科学组织、依法实施，遵循学生成长规律和职业能力形成规律，保护学生合法权益；应当坚持理论与实践相结合，强化校企协同育人，将职业精神养成教育贯穿学生实习全过程，促进职业技能与职业精神高度融合，服务学生全面发展，提高技术技能人才培养质量和就业创业能力。

第四条 地方各级人民政府相关部门应高度重视职业学校学生实习工作，切实承担责任，结合本地实际制定具体措施鼓励企（事）业等单位接收职业学校学生实习。

第二章 实习组织

第五条 教育行政部门负责统筹指导职业学校学生实习工作；职业学校主管部门负责职业学校实习的监督管理。职业学校应将学生跟岗实习、顶岗实习情况报主管部门备案。

第六条 职业学校应当选择合法经营、管理规范、实习设备完备、符合安全生产法律法规要求的实习单位安排学生实习。在确定实习单位前，职业学校应进行实地考察评估并形成书面报告，考察内容应包括：单位资质、诚信状况、管理水平、实习岗位性质和内容、工作时间、工作环境、生活环境以及健康保障、安全防护等方面。

第七条 职业学校应当会同实习单位共同组织实施学生实习。

实习开始前，职业学校应当根据专业人才培养方案，与实习单位共同制订实习计划，明确实习目标、实习任务、必要的实习准备、考核标准等；并开展培训，使学生了解各实习阶段的学习目标、任务和考核标准。

职业学校和实习单位应当分别选派经验丰富、业务素质好、责任心强、安全防范意识高的实习指导教师和专门人员全程指导、共同管理学生实习。

实习岗位应符合专业培养目标要求，与学生所学专业对口或相近。

第八条 学生经本人申请，职业学校同意，可以自行选择顶岗实习单位。对自行选择顶岗实习单位的学生，实习单位应安排专门人员指导学生实习，学生所在职业学校要安排实习指导教师跟踪了解实习情况。

认识实习、跟岗实习由职业学校安排，学生不得自行选择。

第九条 实习单位应当合理确定顶岗实习学生占在岗人数的比例，顶岗实习学生的人数不超过实习单位在岗职工总数的10%，在具体岗位顶岗实习的学生人数不高于同类岗位在岗职工总人数的20%。

任何单位或部门不得干预职业学校正常安排和实施实习计划，不得强制职业学校安排学生到指定单位实习。

第十条 学生在实习单位的实习时间根据专业人才培养方案确定，顶岗实习一般为6个月。支持鼓励职业学校和实习单位合作探索工学交替、多学期、分段式等多种形式的实践性教学改革。

第三章 实习管理

第十一条 职业学校应当会同实习单位制定学生实习工作具体管理办法和安全管理规定、实习学生安全及突发事件应急预案等制度性文件。

职业学校应对实习工作和学生实习过程进行监管。鼓励有条件的职业学校充分运用现代信息技术，构建实习信息化管理平台，与实习单位共同加强实习过程管理。

第十二条 学生参加跟岗实习、顶岗实习前，职业学校、实习单位、学生三方应签订实习协议。协议文本由当事方各执一份。

未按规定签订实习协议的，不得安排学生实习。

认识实习按照一般校外活动有关规定进行管理。

第十三条 实习协议应明确各方的责任、权利和义务，协议约定的内容不得违反相关法律法规。

实习协议应包括但不限于以下内容：

（一）各方基本信息；

（二）实习的时间、地点、内容、要求与条件保障；

（三）实习期间的食宿和休假安排；

（四）实习期间劳动保护和劳动安全、卫生、职业病危害防护条件；

（五）责任保险与伤亡事故处理办法，对不属于保险赔付范围或者超出保险赔付额度部分的约定责任；

（六）实习考核方式；

（七）违约责任；

（八）其他事项。

顶岗实习的实习协议内容还应当包括实习报酬及支付方式。

第十四条 未满18周岁的学生参加跟岗实习、顶岗实习，应取得学生监护人签字的知情同意书。

学生自行选择实习单位的顶岗实习，学生应在实习前将实习协议提交所在职业学校，未满18周岁学生还需要提交监护人签字的知情同意书。

第十五条 职业学校和实习单位要依法保障实习学生的基本权利，并不得有下列情形：

（一）安排、接收一年级在校学生顶岗实习；

（二）安排未满16周岁的学生跟岗实习、顶岗实习；

（三）安排未成年学生从事《未成年工特殊保护规定》中禁忌从事的劳动；

（四）安排实习的女学生从事《女职工劳动保护特别规定》中禁忌从事的劳动；

（五）安排学生到酒吧、夜总会、歌厅、洗浴中心等营业性娱乐场所实习；

（六）通过中介机构或有偿代理组织、安排和管理学生实习工作。

第十六条 除相关专业和实习岗位有特殊要求，并报上级主管部门备案的实习安排外，学生跟岗和顶岗实习期间，实习单位应遵守国家关于工作时间和休息休假的规定，并不得有以下情形：

（一）安排学生从事高空、井下、放射性、有毒、易燃易爆，以及其他具有较高安全风险的实习；

（二）安排学生在法定节假日实习；

（三）安排学生加班和夜班。

第十七条 接收学生顶岗实习的实习单位，应参考本单位相同岗位的报酬标准和顶岗实习学生的工作量、工作强度、工作时间等因素，合理确定顶岗实习报酬，原则上不低于本单位相同岗位试用期工资标准的80%，并按照实习协议约定，以货币形式及时、足额支付给学生。

第十八条 实习单位因接收学生实习所实际发生的与取得收入有关的、合理的支出，按现行税收法律规定在计算应纳税所得额时扣除。

第十九条 职业学校和实习单位不得向学生收取实习押金、顶岗实习报酬提成、管理费或者其他形式的实习费用，不得扣押学生的居民身份证，不得要求学生提供担保或者以其他名义收取学生财物。

第二十条 实习学生应遵守职业学校的实习要求和实习单位的规章制度、实习纪律及实习协议，爱护实习单位设施设备，完成规定的实习任务，撰写实习日志，并在实习结束时提交实习报告。

第二十一条 职业学校要和实习单位相配合，建立学生实习信息通报制度，在学生实习全过程中，加强安全生产、职业道德、职业精神等方面的教育。

第二十二条 职业学校安排的实习指导教师和实习单位指定的专人应负责学生实习期间

的业务指导和日常巡视工作，定期检查并向职业学校和实习单位报告学生实习情况，及时处理实习中出现的有关问题，并做好记录。

第二十三条 职业学校组织学生到外地实习，应当安排学生统一住宿；具备条件的实习单位应为实习学生提供统一住宿。职业学校和实习单位要建立实习学生住宿制度和请销假制度。学生申请在统一安排的宿舍以外住宿的，须经学生监护人签字同意，由职业学校备案后方可办理。

第二十四条 鼓励职业学校依法组织学生赴国（境）外实习。安排学生赴国（境）外实习的，应当根据需要通过国家驻外有关机构了解实习环境、实习单位和实习内容等情况，必要时可派人实地考察。要选派指导教师全程参与，做好实习期间的管理和相关服务工作。

第二十五条 鼓励各地职业学校主管部门建立学生实习综合服务平台，协调相关职能部门、行业企业、有关社会组织，为学生实习提供信息服务。

第二十六条 对违反本规定组织学生实习的职业学校，由职业学校主管部门责令改正。拒不改正的，对直接负责的主管人员和其他直接责任人依照有关规定给予处分。因工作失误造成重大事故的，应依法依规对相关责任人追究责任。

对违反本规定中相关条款和违反实习协议的实习单位，职业学校可根据情况调整实习安排，并根据实习协议要求实习单位承担相关责任。

第二十七条 对违反本规定安排、介绍或者接收未满16周岁学生跟岗实习、顶岗实习的，由人力资源社会保障行政部门依照《禁止使用童工规定》进行查处；构成犯罪的，依法追究刑事责任。

第四章　实习考核

第二十八条 职业学校要建立以育人为目标的实习考核评价制度，学生跟岗实习和顶岗实习，职业学校要会同实习单位根据学生实习岗位职责要求制定具体考核方式和标准，实施考核工作。

第二十九条 跟岗实习和顶岗实习的考核结果应当记入实习学生学业成绩，考核结果分优秀、良好、合格和不合格四个等次，考核合格以上等次的学生获得学分，并纳入学籍档案。实习考核不合格者，不予毕业。

第三十条 职业学校应当会同实习单位对违反规章制度、实习纪律以及实习协议的学生，进行批评教育。学生违规情节严重的，经双方研究后，由职业学校给予纪律处分；给实习单位造成财产损失的，应当依法予以赔偿。

第三十一条 职业学校应组织做好学生实习情况的立卷归档工作。实习材料包括：（1）实习协议；（2）实习计划；（3）学生实习报告；（4）学生实习考核结果；（5）实习日志；（6）实习检查记录等；（7）实习总结。

第五章　安全职责

第三十二条 职业学校和实习单位要确立安全第一的原则，严格执行国家及地方安全生产和职业卫生有关规定。职业学校主管部门应会同相关部门加强实习安全监督检查。

第三十三条 实习单位应当健全本单位生产安全责任制，执行相关安全生产标准，健全安全生产规章制度和操作规程，制定生产安全事故应急救援预案，配备必要的安全保障器材和劳动防护用品，加强对实习学生的安全生产教育培训和管理，保障学生实习期间的人身安全和健康。

第三十四条 实习单位应当会同职业学校对实习学生进行安全防护知识、岗位操作规程教育和培训并进行考核。未经教育培训和未通过考核的学生不得参加实习。

第三十五条 推动建立学生实习强制保险制度。职业学校和实习单位应根据国家有关规定，为实习学生投保实习责任保险。责任保险范围应覆盖实习活动的全过程，包括学生实习期间遭受意外事故及由于被保险人疏忽或过失导致的学生人身伤亡，被保险人依法应承担的责任，以及相关法律费用等。

学生实习责任保险的经费可从职业学校学费中列支；免除学费的可从免学费补助资金中列支，不得向学生另行收取或从学生实习报酬中抵扣。职业学校与实习单位达成协议由实习单位支付投保经费的，实习单位支付的学生实习责任保险费可从实习单位成本（费用）中列支。

第三十六条 学生在实习期间受到人身伤害，属于实习责任保险赔付范围的，由承保保险公司按保险合同赔付标准进行赔付。不属于保险赔付范围或者超出保险赔付额度的部分，由实习单位、职业学校及学生按照实习协议约定承担责任。职业学校和实习单位应当妥善做好救治和善后工作。

第六章 附 则

第三十七条 各省、自治区、直辖市教育行政部门应会同人力资源社会保障等相关部门依据本规定，结合本地区实际制定实施细则或相应的管理制度。

第三十八条 非全日制职业教育、高中后中等职业教育学生实习参照本规定执行。

第三十九条 本规定自发布之日起施行，《中等职业学校学生实习管理办法》（教职成〔2007〕4号）同时废止。

财政部 教育部 人力资源社会保障部关于印发《中等职业学校国家助学金管理办法》的通知

财科教［2016］35号

各省、自治区、直辖市、计划单列市财政厅（局）、教育厅（局、教委）、人力资源社会保障厅（局），新疆生产建设兵团财务局、教育局、社会保障局：

为规范和加强中等职业学校国家助学金管理，提高资金使用效益，根据国家有关法律制度规定，财政部、教育部、人力资源和社会保障部修订了《中等职业学校国家助学金管理办法》，现予印发，请遵照执行。

附件：中等职业学校国家助学金管理办法

二〇一六年十二月六日

附件

中等职业学校国家助学金管理办法

第一条 为了规范中等职业学校国家助学金管理（以下简称国家助学金），确保资助工作顺利实施，根据国家有关法律制度规定，制定本办法。

第二条 本办法所称中等职业学校是指经政府有关部门依法批准设立，实施全日制中等学历教育的各类职业学校，包括公办和民办的普通中专、成人中专、职业高中、技工学校和高等院校附属的中专部、中等职业学校等。

第三条 国家助学金资助对象是具有中等职业学校全日制学历教育正式学籍的一、二年级在校涉农专业学生和非涉农专业家庭经济困难学生。

六盘山区、秦巴山区、武陵山区、乌蒙山区、滇桂黔石漠化区、滇西边境山区、大兴安岭南麓山区、燕山—太行山区、吕梁山区、大别山区、罗霄山区等11个连片特困地区和西藏及四省藏区、新疆南疆四地州中等职业学校农村学生（不含县城）全部纳入享受国家助学金范围。

第四条 国家助学金由中央和地方政府共同出资设立，主要资助受助学生的生活费开支，资助标准每生每年 2 000 元。以后年度，将根据经济发展水平和财力状况适时调整资助标准。

计算公式为：某省份中央财政应承担的国家助学金＝该省份受助学生人数×资助标准×中央财政分担比例。

第五条 国家助学金按学期申请和评定，按月发放。学校应将《中等职业学校国家助学金申请表》（附 1）及《中等职业学校国家助学金申请指南》（附 2）随同入学通知书一并寄发给录取的新生。新生和二年级学生在新学年开学一周内向就读学校提出申请，并递交相关证明材料。

中等职业学校应当根据本办法和各地制定的国家助学金实施细则，受理学生申请，组织初审，并通过全国中等职业学校学生管理信息系统和技工学校学生管理信息系统报至同级学生资助管理机构审核、汇总。学生资助管理机构将审核结果在相关学校内进行不少于 5 个工作日的公示。

第六条 财政部、教育部、人力资源和社会保障部于每年全国人民代表大会批准中央预算后 90 日内正式下达国家助学金预算。每年 10 月 31 日前，向各省份提前下达下一年度国家助学金预计数。省级财政、教育、人力资源和社会保障部门在收到国家助学金（含提前下达预计数）后，应当在 30 日内按照预算级次将预算合理分配、及时下达，并抄送财政部驻当地财政监察专员办事处。

第七条 国家助学金通过学生资助卡发放给受助学生。中等职业学校或学生资助管理机构为每位受助学生办理学生资助卡，学生本人持身份证原件和学生证，到发卡银行网点柜台激活资助卡后方可使用。不得向学生收取卡费或押金等费用，也不得以实物或服务等形式，抵顶或扣减国家助学金。

第八条 中等职业学校国家助学金实行学校法人代表负责制，校长是第一责任人，对学校助学工作负主要责任。学校应当制定本校国家助学金具体实施办法，设立专门机构和配备专职人员具体负责助学工作。

中等职业学校应当建立专门档案，将学生申请表、受理结果、资金发放等有关凭证和工作情况分年度建档备查。

第九条 省级教育、人力资源社会保障、财政部门要根据实际情况，对享受资助政策的民办中等职业学校，在办学条件、学费标准、招生就业、资助家庭经济困难学生措施等方面作出明确规定，督促民办中等职业学校依法办学，规范收费。

第十条 国家鼓励地方政府、行业企业和社会团体设立中等职业学校助学金、奖学金，鼓励和引导金融机构为接受中等职业教育的学生提供助学贷款。

中等职业学校应当开辟“绿色通道”，对携有可证明其家庭经济困难材料的新生，可先办理入学手续，根据核实后的家庭经济情况予以不同方式的资助，再办理学籍注册。

第十一条 财政部、教育部、人力资源和社会保障部根据工作需要适时开展监督检查和绩效管理。地方各级财政、教育、人力资源和社会保障部门应当加强国家助学金的监督检查和绩效管理，建立健全全过程预算绩效管理机制，不断提高资金使用效益，并按照规定做好信息公开工作。财政部驻各地财政监察专员办事处应当按照工作职责和财政部要求，对国家助学金实施监管。

第十二条 国家助学金应当专款专用、专账核算。对于挤占、挪用、虚列、套取国家助学金等行为，将按照《预算法》、《财政违法行为处罚处分条例》等国家有关法律规定严肃处理。

第十三条 各级财政、教育、人力资源和社会保障部门及其工作人员在国家助学金分配方案的制定和复核过程中，违反规定分配国家助学金或者向不符合条件的单位分配国家助学金以及滥用职权、玩忽职守、徇私舞弊的，按照《预算法》、《公务员法》、《行政监察法》、《财政违法行为处罚处分条例》等国家有关法律规定追究责任；涉嫌犯罪的，移送司法机关处理。

第十四条 本办法由财政部、教育部、人力资源和社会保障部负责解释，各省（区、市）可依据本办法制定实施细则，并报财政部、教育部、人力资源和社会保障部备案。

第十五条 本办法自2017年1月1日起施行。原《中等职业学校国家助学金管理办法》（财教［2013］110号）同时废止。

附：

1. 中等职业学校国家助学金申请表（略）

2. 中等职业学校国家助学金申请指南（略）

财政部　教育部　人力资源社会保障部关于印发《中等职业学校免学费补助资金管理办法》的通知

财科教〔2016〕36号

各省、自治区、直辖市、计划单列市财政厅（局）、教育厅（局、教委）、人力资源社会保障厅（局），新疆生产建设兵团财务局、教育局、社会保障局：

为规范和加强中等职业学校免学费补助资金管理，提高资金使用效益，根据国家有关法律制度规定，财政部、教育部、人力资源和社会保障部修订了《中等职业学校免学费补助资金管理办法》，现予印发，请遵照执行。

附件：中等职业学校免学费补助资金管理办法

二〇一六年十二月六日

附件

中等职业学校免学费补助资金管理办法

第一条　为了规范中等职业学校免学费补助资金管理，确保免学费政策顺利实施，根据国家有关法律制度规定，制定本办法。

第二条　本办法所称中等职业学校是指经政府有关部门依法批准设立，实施全日制中等学历教育的各类职业学校，包括公办和民办的普通中专、成人中专、职业高中、技工学校和高等院校附属的中专部、中等职业学校等。

第三条　中等职业学校免学费补助资金是指中等职业学校学生享受免学费政策后，为弥补学校运转出现的经费缺口，财政核拨的补助资金。

第四条　中等职业学校免学费补助资金由中央和地方财政共同承担，省级财政统筹落实，省和省以下各级财政根据各省（区、市）人民政府及其价格主管部门批准的公办中等职业学校学费标准予以补助。

第五条 中央财政统一按每生每年平均2 000元测算标准和一定比例与地方财政分担，具体分担比例为：西部地区，不分生源，分担比例为8∶2；中部地区，生源地为西部地区的，分担比例为8∶2，生源地为其他地区的，分担比例为6∶4；东部地区，生源地为西部地区和中部地区的，分担比例分别为8∶2和6∶4，生源地为东部地区的，分担比例分省确定。

第六条 中等职业学校免学费资金的补助方式为：第一、二、三学年因免除学费导致公办学校运转出现的经费缺口，由财政按照享受免学费政策学生人数和免学费标准补助学校。

对在职业教育行政管理部门依法批准、符合国家标准的民办学校就读的一、二、三年级符合免学费政策条件的学生，按照当地同类型同专业公办学校免除学费标准给予补助。民办学校经批准的学费标准高于补助的部分，学校可以按规定继续向学生收取。

计算公式为：某省份中央财政应承担的免学费补助资金＝该省份享受免学费政策学生人数×免学费补助测算标准×中央财政分担比例。

第七条 财政部、教育部、人力资源和社会保障部于每年全国人民代表大会批准中央预算后90日内正式下达免学费补助资金预算。每年10月31日前，向各省份提前下达下一年度免学费补助资金预计数。省级财政、教育、人力资源和社会保障部门在收到免学费补助资金（含提前下达预计数）后，应当在30日内按照预算级次将预算合理分配、及时下达，并抄送财政部驻当地财政监察专员办事处。

第八条 中等职业学校应当根据本办法和各地制定的免学费实施细则，受理学生申请，组织初审，并通过全国中等职业学校学生管理信息系统和技工学校学生管理信息系统报至同级学生资助管理机构审核、汇总。学生资助管理机构将审核结果在相关学校内进行不少于5个工作日的公示。

第九条 中等职业学校免学费工作实行学校法人代表负责制，校长是第一责任人，对学校免学费工作负主要责任。中等职业学校应当加强财务管理，建立规范的预决算制度，按照预算管理的要求，编制综合预算，收支全部纳入学校预算管理，年终应当编制决算。

第十条 各地职业教育行政管理部门应当加强学生学籍管理，建立健全学生信息档案，保证享受免学费政策的学生信息完整和准确。

第十一条 每年春季学期开学前，各地职业教育行政管理部门应当对中等职业学校办学资质进行全面清查并公示，对年检不合格的学校，取消其享受免学费补助资金的资格。各地职业教育行政管理部门应当根据《民办教育促进法》的规定，加强对民办中等职业学校的监管，纳入免学费补助范围的民办学校名单由省级教育和人力资源社会保障部门负责审定。

第十二条 财政部、教育部、人力资源和社会保障部根据工作需要适时开展监督检查和绩效管理。地方各级财政、教育、人力资源和社会保障部门应当加强免学费补助资金的监督检查和绩效管理，建立健全全过程预算绩效管理机制，不断提高资金使用效益，并按照规定做好信息公开工作。财政部驻各地财政监察专员办事处应当按照工作职责和财政部要求，对免学费补助资金实施监管。对于挤占、挪用、虚列、套取免学费补助资金等行为，将按照《预算法》、《财政违法行为处罚处分条例》等国家有关法律规定严肃处理。

第十三条 各级财政、教育、人力资源和社会保障部门及其工作人员在免学费补助资金分配方案的制定和复核过程中，违反规定分配免学费补助资金或者向不符合条件的单位分配免学费补助资金以及滥用职权、玩忽职守、徇私舞弊的，按照《预算法》、《公务员法》、《行政监察法》、《财政违法行为处罚处分条例》等国家有关法律规定追究责任；涉嫌犯罪的，移送司法机关处理。

第十四条 本办法由财政部、教育部、人力资源和社会保障部负责解释。各省（区、市）可依据本办法制定实施细则，并报财政部、教育部、人力资源和社会保障部备案。

第十五条 本办法自 2017 年 1 月 1 日起施行。原《中等职业学校免学费补助资金管理办法》（财教［2013］84 号）同时废止。

财政部　人力资源社会保障部
关于《高校毕业生“三支一扶”计划
中央补助资金管理办法》的补充通知

财社［2016］208号

各省、自治区、直辖市、计划单列市财政厅（局）、人力资源社会保障厅（局），新疆生产建设兵团财务局、人力资源社会保障局：

为进一步加强“三支一扶”计划中央补助资金监督管理，明确责任追究事项，现将《财政部　人力资源社会保障部关于印发〈高校毕业生“三支一扶”计划中央补助资金管理办法〉的通知》（财社［2016］121号）所附资金管理办法第二十七条修改为“各级财政部门、人力资源社会保障部门及其工作人员在资金审批、下达工作中，存在违反规定分配资金、向不符合条件的单位或人员分配资金、擅自超出规定的范围或者标准分配或使用资金等行为，以及其他滥用职权、玩忽职守、徇私舞弊等违法违纪行为的，按照《预算法》、《公务员法》、《行政监督法》、《财政违法行为处罚处分条例》等国家有关规定追究相应责任；涉嫌犯罪的，移送司法机关处理”。原第二十七条失效。

二〇一六年十二月九日

财政部 人力资源社会保障部 国家卫生计生委关于加强基本医疗保险基金预算管理发挥医疗保险基金控费作用的意见

财社［2016］242号

各省、自治区、直辖市财政厅（局）、人力资源和社会保障厅（局）、卫生计生委，财政部驻各省、自治区、直辖市财政监察专员办事处：

我国基本医疗保险制度自建立以来，覆盖范围不断扩大，保障水平逐步提高，在保障参保人员基本医疗需求、提高群众健康水平等方面发挥了重要作用，但也面临医疗费用不合理增长、基金运行压力增大等问题，存在中长期不可持续的风险。不合理增长的医疗费用部分抵消了政府投入的效果，加重了社会和个人负担。为加强基本医疗保险基金收支预算管理，控制医疗费用不合理增长，减轻个人负担，确保基本医疗保险制度和基金可持续运行，根据《预算法》、《社会保险法》和国务院有关规定，现提出如下意见。

一、加强基本医疗保险基金收支预算管理

（一）科学编制收支预算。各统筹地区要严格按照“以收定支、收支平衡、略有结余”的原则编制收支预算。根据缴费基数（或缴费标准）、缴费率、参保人数等因素，全面、准确、完整编制基本医疗保险基金收入预算。地方各级财政部门要按照规定足额安排行政事业单位参加基本医疗保险单位缴费支出预算；要按照不低于国家规定标准以及中央和地方分担比例，足额安排政府对城乡居民基本医疗保险参保居民的补助支出预算。综合考虑以前年度支出规模、本地医疗费用水平、医疗费用控制目标、参保人员年龄结构、享受待遇人数、待遇政策调整等因素编制年度支出预算。原则上不应编制当年赤字预算，不得编制基金历年累计结余赤字预算。除基本医疗保险待遇支出、用于大病保险支出、转移支出、上解上级支出、补助下级支出外，原则上不应编制其他支出预算。确需编制其他支出预算或编制预算时需动用历年累计结余弥补当年支出的，需符合社会保险基金财务制度有关规定，并作出详细说明，报同级人民政府审批。各地要在做好年度预算工作基础上，根据国家关于社会保险基金预算和中期财政规划具体部署和安排，结合地方中期财政规划，做好基本医疗保险基金中期收支测算工作。

（二）依法足额征收保费。各统筹地区要进一步扩大基本医疗保险覆盖范围，确保应保尽保。要加强和规范职工基本医疗保险费征收管理，做好缴费基数核定和日常稽核等工作，确保依法按时足额征收职工基本医疗保险费。要按照不低于国家规定的标准足额征收城乡居民基本医疗保险个人缴费，逐步建立个人缴费

标准与城乡居民可支配收入相衔接机制，稳步提高个人缴费占总体筹资的比重。统筹地区财政部门要按规定及时将各级财政安排的城乡居民基本医疗保险补助资金拨付至社会保险基金财政专户。加大监督检查力度，进一步提高征收率，杜绝违规缓缴、减免和拖欠等行为，确保应收尽收。

（三）规范个人账户支出。加强职工基本医疗保险个人账户支出管理，个人账户原则上不得用于非医疗支出。逐步优化统账结构，提高统筹基金共济和支付能力。同步改革门诊费用支付方式，开展门诊费用统筹，逐步提高门诊大病及慢性病保障水平，确保参保人员门诊保障水平不降低。

（四）完善待遇支付政策。基本医疗保险待遇标准要与筹资水平及当地经济发展水平相适应。提高基本医疗保障水平不应超过基本医疗保险基金承受能力。在确保基金收支平衡的前提下，合理提高基本医疗保险报销封顶线，全面实施城乡居民大病保险和重特大疾病医疗救助，切实落实各项制度保障责任，做好政策衔接，形成制度合力，稳步提高大病保障水平，缓解因病致贫、因病返贫。结合推进分级诊疗制度建设，完善参保人员在不同层级医疗机构就医的差别化支付政策，充分发挥基本医疗保险支付政策的引导约束作用，促进患者有序流动。适当提高基层医疗卫生机构政策范围内医疗费用报销比例，对符合规定的转诊住院患者可以连续计算起付线。合理拉开基层、县级和城市大医院间报销水平差距，引导参保患者有序就诊，减少无序就医造成的不必要支出。

（五）坚持基金精算平衡。地方各级人力资源社会保障、卫生计生、财政等部门要开展基本医疗保险基金中长期精算，并于每年6月底前完成上年度精算报告。参考精算结果，及时完善本地区基本医疗保险实施办法，确保基金精算平衡。

二、严格基本医疗保险基金预算执行

（一）严格收支预算执行。基本医疗保险基金预算应严格按照批准的预算和规定的程序执行，不得随意调整。基本医疗保险经办机构应按规定报告预算执行情况。在执行中因特殊情况需要增加支出或减少收入，应当编制基本医疗保险基金预算调整方案，按社会保险基金预算调整程序经批准后执行。

（二）实施全程实时监控。各统筹地区要按照国家统一规划和部署，完善医疗保险信息系统，对定点医疗机构医疗费用实行事前提醒、事中监控、事后审核的全程实时监管。重点对药品、高值医用耗材使用情况及大型医用设备检查等医疗行为进行跟踪监测评估，及时发现违规行为，并依据《社会保险法》、《执业医师法》、《医疗机构管理条例》等有关法律法规和定点协议对相关医疗机构及医务人员作出相应处罚，促进诊疗行为规范，防止发生不合理医疗费用支出。

（三）做好相关信息披露。推进基本医疗保险基金预算及执行情况向社会公开。基本医疗保险经办机构要按规定公开参保人员医疗保险待遇政策及享受情况等信息，接受社会各界的监督。定点医疗机构要按规定及时公开医院收支情况、医药价格、次均门诊及住院费用、主要病种例均费用等信息，各级卫生计生、人力资源社会保障等部门要对各定点医疗机构费用指标进行排序，定期公布排序结果。

三、实施基本医疗保险支付方式改革

（一）全面改革支付方式。各统筹地区要结合本地实际，全面实施以总额预算为基础，门诊按人头付费，住院按病种、按疾病诊断相关分组（DRGs）、按床日付费等多种方式相结合，适应不同人群、不同疾病及医疗服务特点的复合支付方式，逐步减少按项目付费，将支付方式改革覆盖所有医疗机构和医疗服务。充分发挥基本医疗保险激励约束和控制医疗费用不合理增长作用，促进医疗机构和医务人员主动控制成本和费用，提高医疗资源和基金使用效率，从源头上减轻参保人员医药费用负担。各统筹地区要按要求制定出台全面推进基本医疗保险支付方式改革实施方案，要对支付方式改革效果进行定期评估，并及时改进完善。各省级人力资源社会保障、卫生计生部门要通过设立专家库、改革案例库等方式，加强对统筹地区的指导。

（二）建立质量控制机制。完善服务协议管理和定点医疗机构考核办法，在全面改革支付方式的同时，建立健全对定点医疗机构服务数量及质量的考核评价机制。适应不同支付方式的特点，完善考核办法，并将考核结果与基金支付挂钩，避免医疗机构为控制成本推诿病人、减少必要服务或降低服务质量。

（三）建立激励约束机制。建立健全“结余留用、合理超支分担”的激励约束机制，激励医疗机构提高服务效率和质量。实行按病种付费、按人头付费、按床日付费等支付方式的地区，医疗机构实际发生费用低于约定支付标准的，结余部分由医疗机构留用；实际费用超过约定支付标准的，超出部分由医疗机构承担，对于合理超支部分，可在协商谈判基础上，由医疗机构和医疗保险基金分担。

（四）建立谈判协商机制。统筹地区人力资源社会保障、卫生计生、财政等相关部门应指导基本医疗保险经办机构与定点医疗机构建立谈判协商机制，鼓励参保人员代表参与谈判协商过程。支付方式改革方案要确保医疗保险基金可承受、群众负担总体不增加、医疗机构有激励。坚持公平、公正、公开，要确保定点医疗机构参与支付方式改革方案制定及实施全过程。

（五）同步推进配套改革。按照国务院统一部署，大力推动医保、医疗、医药“三医”联动改革，加快推进公立医院和基层医疗卫生机构体制机制改革，改革医疗服务价格形成机制，制定医疗保险药品支付标准，大力整顿药品生产流通秩序，采取综合措施，有效控制医疗费用不合理增长。

四、加强考核通报和组织实施

（一）建立绩效考核机制。各地要加强对基本医疗保险经办机构的绩效考核，将预算编制、费用控制、服务质量等纳入考核范围，促使其工作重心从审核报销向费用控制、加强收支预算管理、提高服务质量转移。鼓励各统筹地区探索建立与基本医疗保险经办机构工作绩效挂钩的激励机制。

（二）建立表扬通报机制。“十三五”期间，财政部、人力资源社会保障部、国家卫生计生委将联合对各地加强收支预算管理、推进支付方式改革、控制医疗费用不合理增长等情况进行考核（考核指标见附件），对工作推进快、成效好的省份予以通报表扬，对工作进度滞后的省份予以通报批评。将通报考核内容纳入财政部驻各省（区、市）财政监察专员办事处审核范围。

（三）做好组织实施工作。各地要充分认识加强基本医疗保险基金预算管理、控制医疗费用不合理增长的重要性和紧迫性，将此项工作作为今后一段时间完善医疗保险制度、深化医药卫生体制改革的重点任务抓好落实。要明确各自职责，加强协同配合，及时研究解决重大问题，形成工作合力。要加强政策解读和舆论引导，妥善回应社会关切，争取各方理解和支持。省级财政、人力资源社会保障、卫生计生等部门要加强对统筹地区的指导，按要求向财政部、人力资源社会保障部、国家卫生计生委等部门报送基本医疗保险基金运行及控制医疗费用不合理增长等有关情况。本意见自2017年1月1日起施行。

附件：考核指标（略）

二〇一六年十二月二十九日

国家卫生计生委　国家发展改革委　科技部　工业和信息化部　民政部　财政部　人力资源社会保障部　国务院国资委　安全监管总局　全国总工会关于印发加强农民工尘肺病防治工作的意见的通知

国卫疾控发［2016］2号

各省、自治区、直辖市卫生计生委、发展改革委、科技厅（委、局）、工业和信息化主管部门、民政厅（局）、财政厅（局）、人力资源社会保障厅（局）、国资委、安全生产监督管理局、总工会，新疆生产建设兵团卫生局、发展改革委、科技局、工业和信息化主管部门、民政局、财务局、人力资源社会保障局、国资委、安全生产监督管理局、工会：

为贯彻落实《职业病防治法》，切实保障劳动者健康权益，根据农民工尘肺病防治工作需要，国家卫生计生委、国家发展改革委、科技部、工业和信息化部、民政部、财政部、人力资源社会保障部、国务院国资委、安全监管总局和全国总工会联合制定了《关于加强农民工尘肺病防治工作的意见》。经国务院同意，现印发给你们，请认真贯彻落实。

二〇一六年一月八日

关于加强农民工尘肺病防治工作的意见

农民工已成为我国产业工人的主体，截至2014年底，我国农民工人数达2.74亿人，是推动国家现代化建设的重要力量，为经济社会发展作出了巨大贡献。党中央、国务院高度重视农民工的职业健康。近年来，我国先后公布了《职业病防治法》等一系列法律法规、规划和职业卫生标准，监管力度逐步加大，职业病防治能力和服务体系持续加强，诊断服务的可及性和诊断水平不断提高。但是，由于一些用人单位不履行防治主体责任，健康监护不到位，加上部分农民工缺乏职业防护和维权意识，农民工罹患尘肺病的势头并没有得到有效控制，病后得不到及时诊断、救治和赔偿的问题也没有得到有效解决。为进一步深入贯彻党的十八大和十八届三中、四中、五中全会精神，落实《国务院关于进一步做好为农民工服务工作的意见》（国发〔2014〕40号）有关要求，预防、控制和消除尘肺病危害，切实保护农民工职业健康和相关权益，提出以下意见：

一、着力加强农民工尘肺病源头治理

用人单位要建立健全粉尘防治规章制度和责任制，落实粉尘防治主体责任。要建立健全粉尘防治管理机构，配备专职管理人员，负责粉尘防治日常管理工作。严格执行建设项目防尘设施“三同时”，确保新建设项目粉尘防护设施齐全有效。按照要求开展工作场所粉尘日常监测和定期检测，加强防尘设施设备维护管理，配备合格有效的个人粉尘防护用品。强化职业病危害告知和职业卫生宣教培训，提高农民工的粉尘防范能力和自我防护意识。各地要抓住国家经济转型和产业结构调整契机，强化新技术、新工艺、新设备和新材料的推广应用，淘汰粉尘危害严重的落后产能，主动关闭粉尘危害严重、不具备防治条件的小矿山、小水泥、小冶金、小陶瓷、小石材加工等企业。各级安全监管部门要会同能源等行业管理部门，深入开展矿山开采、建材生产等粉尘危害严重行业领域的专项治理。加大对用人单位粉尘防治工作的监督检查力度，依法查处违法违规行为，对工艺落后、粉尘危害严重且整改无望的企业，要提请地方政府依法予以关闭。要建立粉尘危害企业黑名单制度，对违法违规企业坚决予以曝光。加大尘肺病事件的查处力度，对出现群体性尘肺病的用人单位，依法从严从重查处并追究相关责任人的责任。

二、大力推进农民工职业健康检查工作

用人单位要为农民工建立个人职业健康监护档案，依法对农民工进行上岗前、在岗期间和离岗时职业健康检查，书面告知检查结果，并为离开本单位的农民工提供档案复印件。不得安排未经上岗前职业健康检查或有职业禁忌的农民工从事粉尘作业，在岗期间职业健康检查发现有职业健康禁忌的，应当调离有健康损害的工作岗位。对疑似尘肺病农民工应当及时安排进行诊断，离岗前未进行职业健康检查的农民工不得与其解除或终止劳动合同。地方各级卫生计生行政部门要根据工作需要，统一规划、科学布局、合理设置职业健康检查机构。职业健康检查机构要优化检查流程，加强质量控制，为用人单位和农民工提供方便高效的服务，并可根据需要，在登记机关管辖区域范围内开展外出职业健康检查。发现疑似尘肺病和职业禁忌的应当及时书面告知农民工和用人单位，并将疑似尘肺病报告用人单位所在地的卫生计生行政部门和安全监管部门。

三、认真做好尘肺病诊断鉴定和医疗救治工作

劳动者有粉尘接触史且临床表现以及辅助检查结果符合尘肺病特征的，医疗机构应当及时作出尘肺病相关临床诊断。符合职业性尘肺病相关诊断标准的，职业病诊断机构应当加强有关部门协调，提高效率，尽快作出职业性尘肺病诊断。没有证据否定职业病危害因素与病人临床表现之间的必然联系的，应当诊断为职业性尘肺病。各级卫生计生、人力资源社会保障、安全监管等部门和工会组织要针对当前农民工尘肺病诊断过程中存在的实际问题，研究制定具体办法，简化诊断程序，缩短诊断时间，切实解决农民工尘肺病诊断的实际困难。对诊断有争议的，按照有关规定进行鉴定。要按照“方便治疗、疗效可靠、价格合理、服务周到”的原则，优化尘肺病定点医疗机构设置。有关科技行政部门要将尘肺病防治技术和产品的研发列入有关科研计划，组织产学研医等方面的优势力量，加大科研攻关力度。各级人力资源社会保障和卫生计生行政部门要及时按规定将疗效可靠的尘肺病治疗药品列入各类基本医疗保险药品目录。各级卫生计生行政部门要加强医务人员培训，规范尘肺病救治工

作，提高尘肺病治疗技术水平。

四、有效保障符合条件的尘肺病农民工工伤保险待遇

要大力推进《劳动合同法》和《工伤保险条例》的贯彻落实，规范用人单位劳动用工管理，督促其依法与农民工签订劳动合同，按时足额为农民工缴纳工伤保险费。对于不依法签订劳动合同、不按规定缴纳工伤保险费的，各级人力资源社会保障行政部门要及时查处。各级人力资源社会保障行政部门要按规定及时进行工伤认定和劳动能力鉴定，依法落实其各项工伤保险待遇。对于未参保尘肺病农民工，由用人单位依法支付其各项工伤保险待遇。用人单位不支付的，工伤保险基金按规定先行支付，并由社会保险经办机构依法向用人单位追偿。

五、切实解决特困尘肺病农民工医疗和生活问题

未参加工伤保险，且用人单位已经不存在或无法确认劳动关系的尘肺病病人，参加基本医疗保险的，按规定享受基本医疗保险相应待遇，并可向地方人民政府民政部门申请医疗救助和生活等方面的救助。各地要落实大病保险和医疗救助制度，及时将符合条件的尘肺病农民工纳入大病保险和城乡医疗救助体系。上述保障制度仍不能解决医疗救治问题的，要采取多种措施，使其获得医疗救治。各级民政部门要将符合条件的尘肺病农民工纳入最低生活保障、临时救助等社会救助范围。对尘肺病农民工遭受突发性、紧迫性、临时性基本生活困难的，应当按规定给予临时救助。各地要出台优惠政策，鼓励企业、社会团体和个人弘扬中华民族“扶危济困”的传统美德，为尘肺病农民工献爱心、送温暖，逐步形成政府救助与社会关爱相结合的工作格局，共同解决尘肺病农民工的生活困难。

六、全力维护尘肺病农民工职业健康权益

各级工会组织要加强基层组织建设，努力把农民工组织到工会中，依法对农民工尘肺病防治工作进行监督。通过政府与工会联席会议、协调劳动关系三方机制、集体协商、职代会等途径，反映农民工尘肺病防治诉求，推动解决农民工尘肺病防治突出问题。加强平等协商和签订劳动安全卫生专项集体合同工作，督促用人单位保障农民工职业卫生保护权利，对用人单位尘肺病防治工作提出意见和建议。在农民工相对聚集的行业企业，深入开展群众性职业危害隐患排查活动。

七、全面强化政府落实责任

各地要高度重视农民工尘肺病防治工作，将其纳入本地国民经济和社会发展计划以及职业病防治规划，纳入本地健康城市的创建工作，加强领导协调，研究落实解决农民工尘肺病防治的重大问题，加强尘肺病防治能力建设，保证尘肺病防治工作的经费。各级卫生计生、安全监管、发展改革、科技、工业和信息化、民政、财政、人力资源社会保障、国资、能源等有关部门和工会组织按照职责分工，密切配合，落实防治监管、医疗服务、经费保障等责任，确保各项防治措施落实到位。

交通运输部　人力资源社会保障部
关于印发《海事劳工条件检查办法》的通知

交海发［2016］202号

各省、自治区、直辖市、新疆生产建设兵团人力资源社会保障厅（局），中国远洋海运集团、招商局集团、交通建设集团，长江航务管理局，各直属海事局，交通运输部内各司局，人力资源社会保障部内各司局：

为履行好《2006年海事劳工公约》，保护船员的合法权益，交通运输部、人力资源社会保障部制定了《海事劳工条件检查办法》，现印发给你们，请遵照执行。

二○一六年十一月二十二日

海事劳工条件检查办法

第一章　总　　则

第一条　为规范海事劳工条件检查行为，保障船员合法权益，根据《中华人民共和国劳动法》、《中华人民共和国劳动合同法》、《中华人民共和国船员条例》、《劳动保障监察条例》等法律法规规章以及《2006年海事劳工公约》（以下简称《公约》），制定本办法。

第二条　本办法适用于海事劳工条件检查相关活动。

本办法所称船舶系指中国籍国际航行船舶和国内沿海航行船舶，但军事船舶、公务船舶、渔业船舶、体育运动船艇，以及仅在港区、内河和遮蔽水域航行、作业的船舶除外。

第三条　国务院交通运输主管部门和人力资源社会保障主管部门主管全国海事劳工条件检查工作。

交通运输部设在各地的海事管理机构（以下简称“海事管理机构”）负责船东、船员服务机构等单位履行海事劳工公约中涉及船舶及船员管理情况的监督检查，包括船员健康证明、船员资格、船舶配员、起居舱室、船上娱乐设施、食品和膳食服务、健康和安全及防止事故、船上投诉程序等内容。

地方人力资源社会保障行政部门负责用人单位履行海事劳工公约中涉及《中华人民共和国劳动法》、《中华人民共和国劳动合同法》等国家劳动保障法律法规规章执行情况的监督检查，包括最低年龄、劳动合同、工资支付、工作和休息时间、休假、社会保险等内容。

第二章　海事劳工条件检查

第四条　船东应遵守我国劳动保障和海事管理的法律法规规章，依法承担海事劳工责任，履行《公约》规定的义务，维护船员合法权益，保障船员体面工作。

第五条　船东应当建立海事劳工保障的管理制度，采取必要的措施，以确保船舶、船员满足我国法律法规规章和《公约》规定的海事劳工条件标准，并持续改进。

第六条　海事管理机构和地方人力资源社会保障行政部门应当根据职责，依法实施海事劳工条件检查，并相互通报检查情况。

第七条　海事劳工条件检查包括定期检查、附加检查和临时检查。

第八条　海事劳工条件定期检查应当每三年开展一次，对船舶是否满足海事劳工条件标准进行全面检查。

第九条　当船上船员起居舱室作了实质性改动，或船员投诉，且提供证据表明该船舶海事劳工条件存在问题，或检查机构认为应当检查的，船舶应当接受海事劳工条件附加检查。

第十条　下列情况下，船舶应当接受海事劳工条件临时检查：

（一）刚交付的新船；

（二）船舶国籍变更；

（三）船东新承担了某一艘船舶的经营责任。

第十一条　海事劳工条件检查应当由两名及以上检查人员实施，检查机构应当就每一次海事劳工条件检查签发海事劳工条件检查报告，对检查中发现的缺陷予以记录，并提出整改要求和纠正期限。对采用实质等效方式履行海事劳工条件标准或船舶舱室适用免除的，应当在报告中注明。

国际航行船舶的海事劳工条件检查报告应当有英文译文。

第十二条　海事管理机构和地方人力资源社会保障行政部门应当配备足够、合格的检查人员和必要的装备等，以满足海事劳工条件检查工作的需要。

第十三条　从事海事劳工条件检查的人员应当根据相关法律法规规章规定经过培训，具备必要的海事劳工条件检查知识和技能。

第十四条　对于境外港口国检查中发现中国籍国际航行船舶有存在劳动保障缺陷的，交通运输部海事局负责回应港口国当局的质询和处理，并及时通报国务院人力资源社会保障主管部门。

第十五条　国务院交通运输主管部门和人力资源社会保障主管部门应建立联合工作机制，协调海事劳工条件检查工作，建立定期情况通报、部门联动和应急处置机制，必要时，可组织开展联合检查。

第三章　海事劳工证书

第十六条　海事劳工证书或临时海事劳工证书是船舶符合海事劳工条件标准的证明文件。

海事劳工证书的有效期不超过5年。

临时海事劳工证书的有效期不超过6个月，且不得展期。

第十七条　海事劳工证书应当附有海事劳工符合声明。

临时海事劳工证书不必附有海事劳工符合声明。

第十八条　海事劳工符合声明包括国家声明部分和公司声明部分。

国家声明部分由国务院交通运输主管部门和人力资源社会保障主管部门编制，包括下列内容：

（一）法律法规规章和国际公约有关海事劳工条件标准的清单和要求；

（二）对具体船舶类型的要求；

（三）相关实质等效的措施；

（四）主管机关同意免除的条款。

公司声明部分由船东编制，明确船东为确保船舶持续符合海事劳工条件标准所采取的措施以及不断改进的安排。

第十九条 对于船舶适用免除或实质等效的，应当在海事劳工符合声明国家声明部分进行签注。

第二十条 通过海事劳工条件定期检查的船舶，需要主管机关签发海事劳工证书的，船东可向其公司注册所在地海事管理机构提交以下材料：

（一）海事劳工证书信息表；

（二）船东、船员用人单位营业执照（如适用）；

（三）船员舱室设备证书及其复印件（如适用）；

（四）船员劳动用工制度；

（五）船员名单、船员用工方式及具体构成；

（六）船员劳动合同、船员派遣协议、船员工资支付明细、船员社会保险缴费证明及明细、船员工时制度及考勤制度、船员健康证明；

（七）海事劳工符合声明公司声明部分及相关材料；

（八）船东将船舶委托管理的，应当提供被委托人同意依法承担海事劳工条件责任的证明材料。

第二十一条 海事管理机构商地方人力资源社会保障行政部门，依据海事劳工条件标准和船东提交的材料，对符合条件的，于接收材料之日起40个工作日内签注海事劳工符合声明公司声明部分，并签发海事劳工证书。

第二十二条 对于有效期为5年的海事劳工证书，船东需要中期签注的，可在证书有效期内的第2个周年日和第3个周年日期间，向其注册所在地海事管理机构提交海事劳工符合声明公司声明部分和相关文件中发生变更的情况说明及变更的材料。

海事管理机构商地方人力资源社会保障行政部门依据海事劳工条件标准和船东提交的材料，对符合条件的，于接收材料之日起20个工作日内予以中期签注，对不符合条件的，撤销海事劳工证书。

第二十三条 船东需要换发海事劳工证书的，应在证书到期之日3个月前提出。

第二十四条 在海事劳工证书到期之日前3个月内完成海事劳工条件定期检查的，新换发的海事劳工证书从完成该检查之日起有效，有效期自原证书到期之日起不超过5年。

在海事劳工证书到期之日的3个月前完成海事劳工条件定期检查的，新换发的海事劳工证书的有效期从完成该检查之日起不超过5年。

第二十五条 通过海事劳工条件临时检查的船舶，需要主管机关签发临时海事劳工证书的，船东可以向其公司所在地海事管理机构提交以下材料：

（一）临时海事劳工证书信息表；

（二）船员舱室设备符合证明复印件（如适用）；

（三）编制海事劳工符合声明所需的信息及相关材料；

（四）船东将船舶委托管理的，应当提供被委托人同意依法承担海事劳工条件责任的证明材料。

第二十六条 海事管理机构商地方人力资源社会保障行政部门，依据海事劳工条件标准和船东提交的材料，对符合条件的，于接收材料之日起40个工作日内签发临时海事劳工证书。

第二十七条 海事劳工证书或临时海事劳工证书记载的事项发生变更或者证书损坏、遗失的，船东可以向其公司注册所在地海事管理机构提出重新签发或补发。

海事管理机构应在5个工作日内完成重新签发或补发。

第二十八条 下列情况下，海事劳工证书不再有效，签发证书的海事管理机构应当撤销其海事劳工证书：

（一）未在规定时间内完成海事劳工条件检查；

（二）未通过海事劳工条件检查或附加检查；

（三）船舶国籍变更；

（四）船东变更；

（五）船员起居舱室的结构和设备发生实质性改变。

第二十九条 有证据表明船舶不符合海事劳工条件标准或本办法规定，且没有采取必要的纠正措施时，签发证书的海事管理机构应当商地方人力资源社会保障行政部门撤销其海事劳工证书或临时海事劳工证书。

第四章 法律责任

第三十条 船东提供虚假材料或采取欺骗手段取得海事劳工证书或临时海事劳工证书的，由海事管理机构商地方人力资源社会保障行政部门撤销海事劳工证书或临时海事劳工证书。

第三十一条 海事管理机构和地方人力资源社会保障行政部门检查人员应当严格执行法律法规规章的规定，按照部门职责开展海事劳工条件检查工作。

第三十二条 海事管理机构和地方人力资源社会保障行政部门工作人员在检查中滥用职权、玩忽职守、徇私舞弊或者泄露在履行职责过程中知悉的商业秘密的，按规定给予处分。

第五章 附则

第三十三条 500总吨及以上国际航行船舶应持有海事劳工证书或临时海事劳工证书。

海事劳工证书或临时海事劳工证书原件保存在船上，复印件张贴在船上船员能够到达的显著位置。

第三十四条 海事劳工证书、临时海事劳工证书格式按照国际劳工组织推荐式样，由国务院交通运输主管部门和人力资源社会保障主管部门印制。

第三十五条 本办法自2017年1月1日起施行。

中国人民银行　财政部　人力资源社会保障部关于实施创业担保贷款支持创业就业工作的通知

银发［2016］202号

针对国有企业下岗职工、城镇登记失业人员、残疾人等特殊就业困难群体定向提供小额信贷支持的小额担保贷款政策自2002年创设实施以来，贷款对象范围逐步扩大，政策机制不断完善，在扩大就业、促进创业、改善民生方面发挥了重要作用。根据《国务院关于进一步做好新形势下就业创业工作的意见》（国发［2015］23号）精神，小额担保贷款政策调整为创业担保贷款政策。为了进一步增强创业担保贷款政策的针对性和有效性，支持大众创业、万众创新，现就有关事项通知如下：

一、明确贷款对象范围。将创业担保贷款对象范围在目前小额担保贷款对象范围基础上调整扩大为：城镇登记失业人员、就业困难人员（含残疾人）、复员转业退役军人、刑满释放人员、高校毕业生（含大学生村官和留学回国学生）、化解过剩产能企业职工和失业人员、返乡创业农民工、网络商户、建档立卡贫困人口。对上述群体中的妇女，应纳入重点对象范围。

二、统一贷款额度。各经办金融机构对符合条件的个人发放的创业担保贷款最高额度为10万元。对符合条件的借款人合伙创业或组织起来共同创业的，贷款额度可适当提高。

三、调整贷款期限。面向个人发放的创业担保贷款期限由目前的最高不超过2年调整为最高不超过3年；贷款经经办金融机构认可，可以展期1次，展期期限不超过1年，展期期限内贷款不贴息。

四、合理确定贷款利率。经办金融机构对符合条件的个人发放的创业担保贷款，参照贷款基础利率并结合贷款风险分担情况合理确定贷款利率水平，在贷款合同中载明。个人创业担保贷款在贷款基础利率上上浮3个百分点以内的，由财政部门按相关规定贴息。各经办金融机构不得以任何形式变相提高个人创业担保贷款实际利率或额外增加贷款不合理收费。

五、发挥好小微企业促进就业创业的辐射拉动作用。将现行适用于劳动密集型小企业的小额担保贷款政策调整为适用于所有符合条件的小微企业。对小微企业当年新招用符合创业担保贷款申请条件的人员（不包括大学生村官、留学回国学生、返乡创业农民工、网络商户）数量达到企业现有在职职工人数30%（超过100人的企业达到15%）、并与其签订1年以上劳动合同的，经办金融机构根据企业实际招用人数合理确定创业担保贷款额度，最高不超过200万元，并由财政部门按相关规定贴息。小微企业应无拖欠职工工资、欠缴社会保险费等严重违法违规信用记录。小微企业认定标准按照《中小企业划型标准规定》（工信部联企业［2011］300号）执行。

六、管好用好创业担保贷款担保基金和贴息资金。小额担保贷款担保基金名称相应调整为创业担保贷款担保基金（以下简称担保基金），继续实行单独列账、单独核算，保证专款专用和封闭运行。担保基金担保条件和手续要尽量简化。财政贴息资金要按规定及时足额拨付到位。各担保基金担保创业担保贷款责任余额原则上不得超过该担保基金在银行存款余额的5倍。地方各级财政部门应当建立健全担保基金的持续补充机制，担保基金不足时要及时予以补充，所需资金从一般预算中安排，其他专项资金或者财政专户资金不得作为担保基金的资金来源。创业担保贷款财政贴息及奖补具体政策，由财政部会同有关部门另文规定。

七、大力提升贷款服务质量和服务效率。创业担保贷款按照“借款人依规定申请、人力资源社会保障部门按规定审核借款人资格、担保基金运营管理机构按职责尽职调查、经办金融机构审核放贷、财政部门按规定贴息”的流程办理。各经办金融机构和担保基金运营管理机构要坚持为民、便民、务实、高效原则，精心梳理简化创业担保贷款申请审批手续，细化完善贷款管理具体操作措施，扎实做好借款人资信调查和还款能力评估，全面提高贷款服务质量和服务效率，努力提升创业担保贷款的便捷性和可获得性。鼓励经办金融机构通过营业柜台、手机客户端等多种渠道公示贷款办理程序和贷款申报材料要求。各地要充分利用个人和小微企业信用信息，鼓励担保机构降低反担保门槛或取消反担保。

八、加强政策统筹协调管理。人民银行分支机构要会同当地财政部门、人力资源社会保障部门建立跨部门协调机制，健全完善创业担保贷款统计制度，加强监测分析和信息共享，及时协商解决政策落实中的问题，定期对经办机构政策执行情况进行监督检查。省级财政部门负责做好担保基金、财政贴息和奖补资金的管理工作，制定相关管理细则，明确担保基金来源和补偿机制，确保资金及时拨付到位。省级人力资源社会保障部门负责制定创业担保贷款借款人资质审核细则，对基层人力资源社会保障部门和担保基金运营管理机构进行指导监督。各地人力资源社会保障部门要加强与当地人民银行分支机构、财政部门的协调配合，对借款人资格、创业形态等情况进行核实，确保政策落实到位。各担保基金运营管理机构和经办金融机构根据职责分工，按季向当地人民银行分支机构、财政、人力资源社会保障部门报告担保基金运营管理情况和创业担保贷款发放使用情况。

九、本通知自发布之日起实施。各地人民银行分支机构、财政部门、人力资源社会保障部门要结合当地实际和本通知要求，抓紧制定辖区政策具体落实意见或实施办法。此前发布的小额担保贷款政策有关规定与本通知不一致的，以本通知为准；本通知没有新的明确规定的，仍按小额担保贷款政策有关规定执行。本通知实施前已生效的小额担保贷款合同，仍按原合同约定执行。

请人民银行分支机构联合当地财政部门、人力资源社会保障部门将本通知尽快转发至辖区内相关金融机构和担保基金运营管理机构，扎实抓好政策贯彻实施。

二〇一六年七月十六日

中国残疾人联合会　国家发展改革委　民政部　人力资源社会保障部　国家卫生计生委　国家税务总局　国家中医药管理局关于印发《残疾人就业促进“十三五”实施方案》的通知

残联发［2016］48号

各省、自治区、直辖市及计划单列市残联、发展改革委、民政厅（局）、人力资源社会保障厅（局）、卫生计生委、国税局、地税局、中医药局，新疆生产建设兵团残联、发展改革委、民政局、人力资源社会保障局、卫生局：

为做好“十三五”期间残疾人就业促进工作，根据国务院印发的《“十三五”加快残疾人小康进程规划纲要》，中国残联、国家发展改革委、民政部、人力资源社会保障部、国家卫生计生委、国家税务总局、国家中医药管理局联合制定了《残疾人就业促进“十三五”实施方案》，现印发给你们，请认真贯彻执行。

二〇一六年十月八日

残疾人就业促进“十三五”实施方案

一、背景

“十二五”期间，通过落实就业优先战略，完善残疾人就业保护和就业促进政策措施，实施“城镇百万残疾人就业工程”，着力加强残疾人就业服务和职业培训，残疾人就业状况明显改善，就业渠道不断拓宽，就业规模稳步扩大。但是残疾人就业总体状况与残疾人就业需求相比仍存在较大差距，残疾人就业收入与社会平均水平相比明显偏低，残疾人就业环境有待改善，就业年龄段内未就业残疾人所占比例依然较大。

“十三五”期间，我国经济发展进入新常态，就业总量压力持续存在，结构性矛盾进一步凸显，残疾人就业形势将更加严峻。为如期打赢脱贫攻坚战、实现全面建成小康社会目标，千方百计促进残疾人就业增收，依据《“十三五”加快残疾人小康进程规划纲要》，制定本方案。

二、任务目标

以残疾人基本服务状况和需求专项调查中未就业的残疾人为主要对象，扎实做好残疾人就业促进、就业培训和就业服务工作。

（一）为城镇100万残疾人免费提供职业技能培训，着力提高就业能力，实现城镇新增残疾人就业50万人。

（二）面向中西部地区50万名农村贫困残疾人开展免费的实用技术培训，使具备劳动能力的残疾人掌握一技之长，参加生产劳动，实现就业增收。

（三）加强残疾人就业服务。有就业创业需求和能力的城乡残疾人普遍获得职业介绍、职业指导等服务。

三、主要措施

（一）完善政策，拓宽渠道，促进残疾人多种形式就业。

1. 依法推进按比例就业。

建立各类用人单位按比例安排残疾人就业情况公示、残疾人就业保障金征收使用情况公示、各级党政机关残疾人公务员实名统计等制度。落实《关于促进残疾人按比例就业的意见》和地方具体实施办法，加大为用人单位服务、岗位开发力度，促使更多的用人单位选择安排残疾人。加大残疾人就业保障金对按比例和超比例安排残疾人就业单位的奖励力度。各级残工委成员单位要率先招录残疾人，推进各类党政机关招录残疾人工作。各级党政机关中的非公务员岗位（科研、技术、后勤等），要积极安排残疾人就业，并依法与残疾职工订立劳动合同，保障其合法权益。到2020年，所有省级党政机关、地市级残工委主要成员单位至少安排有1名残疾人。制定残疾人就业保障金征收使用管理办法地方实施细则，切实发挥保障金促进残疾人就业的作用。

2. 稳定发展集中就业。

落实残疾人就业税收和城市建设与公用事业收费优惠政策，对集中安排残疾人就业单位实施行政性事业收费和政府性基金减免。鼓励各地加大残疾人就业保障金对残疾人集中就业单位的投入，扶持其稳定发展。推动地方政府制定优先或定向采购残疾人集中就业单位产品和服务目录。扶持安置、带动残疾人就业能力强的残疾人集中就业龙头企业，打造一批残疾人集中就业知名品牌。探索残疾人文化创意产业基地建设。

3. 鼓励扶持自主创业、灵活就业。

制定发展残疾人自主创业、灵活就业政策，加大对“互联网＋”就业、居家就业、社区就业、灵活就业等适合残疾人的新就业形态的扶持力度。探索建立一批残疾人创业孵化示范基地，在创业项目、创业培训、启动资金、后续发展资金筹集等方面，为残疾人创业者提供个性化服务。及时了解和掌握市场新兴行业和企业信息，鼓励引导各类互联网企业为残疾人提供就业岗位或以众包服务等方式，帮助残疾人网络就业。通过在设施设备、网络费用补贴等方面帮扶残疾人实现网络创业。积极开发社区便民服务、居家服务岗位，优先安排符合条件的残疾人；城市便民服务网点免费或以低价承租方式优先提供给残疾人经营。政府开发的公益性岗位优先安排给符合条件的残疾人。扶持有一定基础的残疾人从事非物质文化遗产传承项目。

4. 全面推开辅助性就业。

制定《关于发展残疾人辅助性就业的意见》地方实施意见，加强部门协调，确保各项辅助性就业扶持政策落到实处。开展为辅助性就业机构提供劳动生产项目企业残疾人就业保障金抵扣政策试点，扶持一批残疾人辅助性就业示范机构，鼓励更多企事业单位参与残疾人辅助性就业。到2017年所有市辖区、到2020年所有县（市、旗）应至少建有一所残疾人辅助性就业机构，基本满足具有一定劳动能力的智力、精神和重度肢体残疾人的就业需求。

5. 积极探索支持性就业。

调动各类社会资源，以智力、精神残疾人

为主要对象，以扶持其在劳动力市场实现就业为目的，继续在部分省市开展残疾人支持性就业试点。扶持建设残疾人就业辅导员培训专业机构（基地），培训 2 500 名就业辅导员，帮助更多残疾人实现支持性就业。

6. 帮扶农村残疾人就业增收、转移就业。

统筹培训资源，为中西部地区 50 万名农村贫困残疾人免费提供实用技术培训，提高农村残疾人种植、养殖、手工加工等技能水平，使之掌握一技之长；开展一人一策精准帮扶，帮助残疾人参与“种养加”及设施农业项目，实现就业增加。加强城乡劳动力资源信息对接与就业服务，做好农村残疾人劳动力转移就业。

7. 大力发展盲人按摩业。

依托盲人保健按摩规范化实训基地、盲人按摩培训学校、盲校、盲人按摩机构、残疾人职业培训机构及社会职业培训机构，组织盲人接受保健按摩师技能培训，确保培训质量。加大对农村和西部地区的培训扶持力度，对在就业年龄段有就业意愿的盲人做到应培尽培。加强盲人医疗按摩教育，鼓励和扶持残疾人职业中等专业学校、盲校和社会中等、高等医学院校，增设盲人医疗按摩专业和扩大招生，提升教育培养能力。健全盲人医疗按摩继续教育制度和工作机制，采取集中授课、网络远程、函授、学术交流等多种形式，全面实施盲人医疗按摩继续教育制度。“十三五”期间，全国培训盲人保健按摩人员不少于 5 万名，其中新增盲人保健按摩人员不少于 2 万名，通过学历教育、继续教育，培养培训盲人医疗按摩人员不少于 2.5 万人，建立 70 家盲人医疗按摩、保健按摩规范化实训基地。

规范盲人按摩行业管理，严格执行盲人医疗按摩资格认证、证书管理、执业备案、继续教育、职称评审制度，符合条件的盲人医疗按摩人员可吸纳到各级各类医疗机构就业。依托社区卫生服务中心、康复机构、敬老院和社区服务机构开发盲人医疗按摩岗位或购买服务，鼓励社会力量设立集中安排盲人医疗按摩人员就业的医疗机构，解决盲人医疗按摩人员执业问题。扶持全国建设不少于 10 家集中安置盲人医疗按摩人员就业的按摩专科医院。鼓励和扶持盲人医疗按摩人员按规定开办盲人医疗按摩所，以创业带动就业。鼓励、扶持盲人和社会力量开办保健按摩机构，集中安排盲人按摩人员就业。推动盲人按摩规范化、品牌化发展。

开展多种形式的盲人职业教育和培训，积极支持拓展盲人新的就业和创业之路。

（二）加大职业培训力度，提升残疾人就业能力。

1. 各级政府开展的各类职业培训要将有就业创业愿望和培训需求的残疾人列为培训对象。加大就业资金和残疾人就业保障金对残疾人职业培训的投入，对城乡残疾人参加职业培训的按规定给予职业培训补贴，通过职业技能鉴定取得职业资格证书的，按规定给予职业技能鉴定补贴。

2. 实施残疾人职业能力提升计划。统筹利用职业院校、特殊教育院校、职业培训基地和企业等各类职业培训资源，对有就业创业愿望、具备就业创业条件的残疾人依据残疾类别、残疾等级、性别、年龄、学历等进行分类，了解掌握每一个人的培训需求，研究确定培训方向和内容，抓好就业创业技能培训。配合用人单位，根据岗位要求，有计划地组织实施岗位技能提升培训。依托全国残疾人就业创业网络服务平台和各类网络服务平台，开展面向各类残疾人的远程职业技能培训。

3. 依托现有设施设备，规范和加强各级残疾人职业培训基地建设，制定并完善基地建设规范和评估标准，建立对基地的认证、考核和评估机制，实行准入和退出机制。进一步完善对基地的扶持政策，切实发挥基地作用。采取社会化合作方式，依托高校、科研机构和社会组织，开展与残疾人职业培训相关的研究、教学、评估、信息发布等工作，为残疾人职业培训提供技术支持。

（三）转变服务方式，提高残疾人就业服务水平。

1. 各级残疾人就业服务机构要充分发挥作用，为残疾人提供有针对性的就业服务。公共就业服务机构和基层劳动就业社会保障公共服务平台也要将残疾人列为重点服务对象，免费提供职业介绍、职业指导等针对性就业服务。建立健全就业困难残疾人就业援助长效机制，做到政策宣传到位，帮扶服务到位，确保零就业家庭、最低生活保障家庭至少有一人实现就业。

2. 依托各级各类人力资源机构、职业培训机构，大力推进政府购买残疾人岗位提供、职业培训、职业指导、职业能力评估等服务，广泛吸纳社会力量参与残疾人就业服务，创新残疾人就业服务供给机制和方式，提升残疾人就业服务社会化、专业化水平。依托各级各类人力资源市场，组织开展残疾人就业专场招聘活动。

3. 将残疾人大中专毕业生就业创业服务工作放在残疾人就业工作的首位。密切与残疾人大中专毕业生所在学校联系，提前介入，准确掌握每一名毕业生基本情况和需求，实行“一生一策”、“一对一”就业创业服务，帮助毕业生了解就业形势，落实扶持政策，做到“不就业、不脱钩”，确保应届残疾人大中专毕业生当年就业率达到60％以上。

4. 加强残疾人就业和职业培训实名制信息管理，确保就业年龄段残疾人的信息数据应录尽录；完善季度年度通报制度、目标责任制度、季度更新制度，推动实名制统计管理规范化、常态化。加强系统管理员队伍能力建设，通过举办系统管理人员操作技术培训班，并通过送教上门、分片指导开展社区管理员培训等方式，不断提高实名制统计管理系统信息采集、录入、统计、分析的质量。对信息数据实行动态监管，定期核查，做好与《残疾人基本服务状况与需求专项调查数据》比对工作，确保数据口径一致，真实有效。

5. 加强残疾人就业服务能力建设。制定残疾人就业服务标准，规范残疾人就业服务内容和流程，加快推进市、县两级残疾人就业服务机构规范化建设。依托各类社会资源，采取多种形式，对各级残疾人就业服务机构工作人员普遍开展专项业务能力提升培训，打造一支专业化的残疾人就业服务队伍，完善社区就业指导员培训课程，提升培训质量，对10 000名社区就业指导员开展业务提升培训。

6. 完善和推广使用全国残疾人就业创业网络服务平台。建立平台管理员队伍。做好信息采集、录入、统计和上报工作，确保数据互联互通、信息共享；利用平台做好职业介绍、远程培训、产品推介、政务服务、培训众包等各种服务。

7. 充分发挥全国残疾人技术资源中心的龙头作用，在残疾人就业人才培养、教材研发与推广、培训基地建设、岗位能力标准建设、模拟实训基地建设以及残疾人学历提升等方面广泛开展合作。成立全国残疾人就业创业促进会，发挥社团组织优势，围绕残疾人就业创业组织开展理论政策研究，配合有关部门开展形式多样的就业创业服务活动。

8. 制定加强残疾人职业能力建设相关政策，全面推进评估工作的开展。省级、地市级和有条件的县级残疾人就业服务机构要建立职业能力评估室。省级和有条件的地市级要在实习实训和就业创业基地开展示范性职业能力跟踪评估。

9. 研究制定残疾人职业技能竞赛相关实施办法，建立和优化裁判专家库。建立机制，培养、扶持和宣传残疾人技能人才先进典型。按照国家和地方有关规定，举办残疾人职业技能竞赛活动，举办就业机构工作人员竞赛。举办第六届全国残疾人职业技能竞赛暨第三届全国残疾人展能节，组团参加第十届国际残疾人职业技能竞赛。

10. 强化部门间协作，加强残疾人平等就业的制度保障。依法开展执法活动，严厉打击侵害残疾人合法权益的行为，切实维护残疾人劳动保障权益。

四、检查监督

（一）各地要依照实施方案，因地制宜制定具体计划，明确责任，落实任务指标，逐级建立监督检查考核制度。

（二）各地要认真做好各项数据的统计上报工作，确保各类统计信息及时、真实、有效，中国残联将组织检查抽查。

（三）各地要按年度开展检查评估，督促落实。中国残联将组织中期检查和终期评估，并建立通报公示制度。

人力资源和社会保障大事记

2016 年人力资源和社会保障大事记

一月

1 月 4 日至 5 日　尹蔚民部长陪同国务院总理李克强在山西省调研。

1 月 4 日　信长星副部长参加中央军委国防动员部成立大会。

孔昌生副部长参加由国务委员、2016 年二十国集团峰会筹备委员会主任杨洁篪主持召开的二十国集团峰会筹委会第 3 次会议，介绍人力资源社会保障部筹备二十国集团劳工就业部长会议及就业工作组会议的有关情况。

1 月 5 日　信长星副部长参加全国民委主任会议并宣读全国民委系统先进集体和先进工作者表彰决定。下午，参加全国城市民族工作会议第一次全体会议，并作大会交流发言。

张义珍副部长参加全国宣传部长会议全体会议。

1 月 6 日　尹蔚民部长列席国务院第 118 次常务会议。

信长星副部长主持召开公务员局第 62 次局党组会，审议《国家公务员局党组 2015 年述职报告》，卢雍政、吴云华、陈刚副局长参加。下午，参加汪洋副总理主持召开的食品安全标准工作汇报会。

张义珍副部长参加刘延东副总理主持召开的卫生计生和医改工作座谈会。

1 月 7 日　尹蔚民部长主持召开第 115 次党组会，审议机关人事问题和《人力资源社会保障部党组 2015 年选拔任用工作情况报告（送审稿）》、《2016 年人力资源和社会保障工作要点（送审稿）》、《人力资源社会保障部党组 2015 年述职报告（送审稿）》。中央纪委驻部纪检组组长耿文清，邱小平、汤涛、孔昌生、游钧、张义珍副部长参加。

信长星副部长到全国人大预算工作委员会介绍人力资源社会保障部部门预算、全国社会保险基金预算 2015 年执行和 2016 年安排建议等有关情况。

1 月 8 日　尹蔚民部长参加 2015 年度国家科学技术奖励大会。下午，尹蔚民部长、游钧副部长向马凯副总理汇报养老保险制度改革有关工作。

信长星副部长出席中央机关直属机构 2016 年度公务员招考面试工作部署视频会并讲话。

汤涛副部长出席职业培训工作研讨会。

1 月 9 日　汤涛副部长出席在湖北省襄阳技师学院举行的《中国大能手》（第二季）大型职业技能竞技节目海选启动仪式。启动仪式前，汤涛副部长主持召开座谈会，听取湖北省人社厅及部分技工院校专题汇报，并对进一步贯彻落实《人力资源社会保障部关于推进技工院校改革创新的若干意见》（人社部发［2014］96 号），做好技工院校改革发展和职业培训等工作提出要求。

孔昌生副部长点击开通 G20 就业工作组工作网站与公众网站。

1 月 11 日　尹蔚民部长主持召开部党组 2015 年度考核测评暨干部选拔任用“一报告两评议”会议，并作部党组 2015 年度工作述职报告。部党组成员、公务员局党组成员、部属各单位和公务员局各司班子成员和部机关、公务员局各司参加，对干部选拔任用工作进行民主评议；部机关司级干部、公务员局各司和部属企事业单位主要负责人对部党组年度考核进行民主测评。中组部干部监督局有关同志到会。同日，主持召开第116次党组会，传达学习习近平总书记在中央政治局“三严三实”专题民主生活会上的重要讲话精神和中央有关通报精神。中央纪委驻部纪检组组长耿文清，信长星、邱小平、汤涛、孔昌生、游钧、张义珍副部长参加。下午，列席中央全面深化改革领导小组第20次会议。

信长星副部长主持召开国家公务员局党组2015年度考核测评会议，并作局党组2015年度工作述职报告。公务员局全体同志参加，并对局党组年度考核进行民主测评。中组部干部监督局有关同志到会。

1月12日　尹蔚民部长、信长星副部长参加十八届中央纪委第六次全会。同日，尹蔚民部长参加中央密码工作领导小组会议。

1月12日至14日　中央纪委驻部纪检组组长耿文清参加十八届中央纪委第六次全会。

1月13日　尹蔚民部长、汤涛副部长列席国务院第119次常务会。下午，尹蔚民部长、邱小平副部长参加国务院农民工工作领导小组第四次全体会议。

信长星副部长主持召开国家公务员局第64次局务会，审议《国务院任命的国家工作人员宪法宣誓实施办法》和《2016年公务员对口培训计划》。卢雍政、吴云华、陈刚副局长参加。

汤涛副部长出席刘延东副总理主持召开的国家科技体制改革和创新体系建设领导小组第14次会议。

1月14日　尹蔚民部长列席中央政治局常委会会议。下午，尹蔚民部长、汤涛副部长参加张高丽副总理主持召开的国务院推进职能转变协调小组第6次全体会议。

1月15日　尹蔚民部长和信长星、孔昌生副部长参加全国组织部长会议。公务员局卢雍政、吴云华、陈刚副局长同往。下午，尹蔚民部长、孔昌生副部长参加中央国家机关第三十次党的工作会议暨第二十八次纪检工作会议。同日，尹蔚民部长主持召开第117次党组会，传达中央纪委第六次全会精神，分析部党风廉政建设和反腐败斗争形势，研究贯彻落实措施；听取2015年直属机关党建工作述职报告；听取关于部属各单位、公务员局各司2015年党建考核等次和2015年度民主评议党员情况的汇报；听取司级干部2015年度考核等次有关情况的汇报；研究机关人事问题。中央纪委驻部纪检组组长耿文清，信长星、张建国、邱小平、汤涛、孔昌生、游钧、张义珍副部长参加。

汤涛副部长参加教育部教育工作座谈会。下午，参加国务院重大政策例行吹风会，介绍减少职业资格许可和认定工作情况并答记者问。

张义珍副部长参加第二十九次全国“扫黄打非”工作电视电话会议。

1月18日至21日　尹蔚民部长在中央党校参加省部级主要负责同志学习贯彻党的十八届五中全会精神专题研讨班。

1月18日　信长星副部长列席省部级主要负责同志学习贯彻党的十八届五中全会精神专题研讨班。下午，主持召开国家公务员局第63次党组会，传达学习十八届中央纪委第六次全会和全国组织部长会议精神，研究部署贯彻实施意见。卢雍政、吴云华、陈刚副局长参加。

1月18日至19日　邱小平副部长带队赴青海省开展扶贫宣讲慰问活动。其间，听取青海省扶贫工作汇报，向省扶贫工作领导小组成员单位、地市州、重点扶贫县和有关扶贫村进行中央扶贫政策宣讲，系统宣讲解读中央关于脱贫攻坚的决策部署，帮助地方深入把握中央扶贫开发工作会议精神；调研西宁市湟中县、海东市乐都区以及2个贫困村扶贫工作进展情况，走访慰问8家贫困户，听取对扶贫工作的意见建议。

1月18日至19日　孔昌生副部长到人力

资源社会保障部定点扶贫县山西省天镇县，就帮扶脱贫工作进行对接。其间，与天镇县主要领导同志召开扶贫工作座谈会，看望挂职扶贫干部，到新平堡村走访慰问贫困户，实地考察家政服务培训基地和县人社局就业社保服务大厅，了解有关服务情况；与省人社厅相关负责同志座谈，听取关于解决拖欠农民工工资问题等有关情况汇报。

1月18日至21日　游钧副部长出席人力资源社会保障部召开的贯彻落实《国务院关于整合城乡居民基本医疗保险制度的意见》工作视频会并讲话。随后，到广西壮族自治区进行调研督导，了解社会保险特别是城乡居民养老保险、机关事业单位养老保险制度改革、城乡居民大病保险工作推进情况，以及2016年贯彻落实全国人力资源社会保障工作会议部署情况，对拖欠农民工工资问题进行督导，到基层经办机构进行调研，与村干部、村民座谈。

1月18日　张义珍副部长就工资调查比较工作听取中国人民大学和部内相关单位专家意见。

1月19日　信长星副部长在四川省德阳市出席人力资源社会保障部与中国残联召开的就业援助工作座谈会并讲话。下午，在德阳市看望慰问“三支一扶”大学生并座谈。

张义珍副部长参加马凯副总理主持召开的国有企业改革领导小组第17次会议，并就中央企业负责人薪酬有关问题作汇报。

1月20日　人力资源社会保障部召开传达贯彻十八届中央纪委第六次全会精神会议。尹蔚民部长主持会议并讲话。中央纪委驻部纪检组组长耿文清传达习近平总书记重要讲话和中央纪委书记王岐山工作报告精神。汤涛、孔昌生、张义珍副部长出席。

1月20日至23日　中央纪委驻部纪检组组长耿文清带队赴河北省督导调研农民工工资支付和人社系统廉政风险防控工作。其间，听取省人社厅和石家庄人社局工作汇报；调研赞皇县、井陉县基层就业和社保服务窗口，慰问一线干部，听取基层同志对当前人社系统廉政风险防控工作的意见建议。

1月20日　信长星副部长出席由人力资源社会保障部和中组部在四川省成都市联合召开的第八批援藏干部人才选派计划协调会，并作总结讲话。下午，在成都市调研督导保障农民工工资支付工作有关情况。

1月20日至21日　邱小平副部长带队，由人力资源社会保障部和国办督查室、国务院国有企业改革领导小组办公室、工信部相关人员共同组成的督查组赴江苏省、上海市和东航集团公司、宝钢集团公司开展国有企业改革任务落实情况专项督查。其间，听取了上述地区和单位工作情况汇报，召开国有企业座谈会，赴企业实地调研，深入了解国有企业改革工作任务推进落实情况，听取各方面意见建议。

1月20日　孔昌生副部长出席第二届“中国创翼”青年创业创新大赛启动会并致辞。

1月21日　汤涛副部长参加国务院扶贫开发领导小组第九次全体会议。

孔昌生副部长与安徽省金寨县负责同志对接定点脱贫工作。

张义珍副部长主持召开深化国防和军队改革期间转业干部安置政策文件起草领导小组全体会议，就有关问题听取中编办、财政部和军委政治工作部干部局、军委后勤保障部等相关部门的意见，总结前一段工作，部署下一步工作任务。

1月22日　尹蔚民部长、信长星副部长参加国务院第5次全体会议。同日，尹蔚民部长列席国务院第120次常务会议。

汤涛副部长出席第十三届高技能人才表彰活动工作小组第一次会议并讲话。

1月23日　汤涛副部长出席全国高级人民法院院长会议，宣读全国模范法院和全国模范法官表彰决定。

张义珍副部长参加中央政法工作会议，并就司法体制改革有关工资政策以及公安机关执法勤务警员、警务技术人民警察职务序列设置有关情况作说明。

1月24日　张义珍副部长出席全国防范

处理邪教系统表彰大会，宣读表彰决定并为获奖代表颁奖。

1月25日　尹蔚民部长参加李克强总理主持召开的座谈会，分别听取各民主党派中央、全国工商联负责人和无党派人士代表，专家学者和企业界人士对政府工作报告和“十三五”规划纲要的意见建议。

1月25日至26日　首届金砖国家劳工就业部长会议在俄罗斯乌法召开。会议围绕高质量和包容性就业、劳动力市场正规化、劳动和就业信息交流等议题进行深入交流和讨论，并开展与社会伙伴的对话。信长星副部长率团出席会议，就三个会议议题分别发言，介绍中国的成就和经验，表达我方关切和立场。金砖国家劳工就业部长、部分国际组织机构、社会伙伴代表参加。会议通过金砖国家劳工就业部长会议宣言。会议期间，信长星副部长与巴西劳工部长罗塞托和世界银行副行长汉森进行双边会谈，并就加强与有关国家和国际组织在人力资源社会保障领域的合作，与参会金砖国家部长和国际组织负责人进行交流。

1月25日至26日　邱小平副部长带队赴海南省开展保障春节期间农民工工资支付督查和全国总工会送温暖活动。其间，听取海南省保障农民工工资支付工作情况汇报，与省公安、交通、住建、工商等部门和工会进行座谈，实地赴三亚市部分建设施工项目工地进行现场督查，并与建设单位、施工企业、劳务公司和农民工进行座谈，听取意见和建议。同时，代表全国总工会慰问有关困难企业、困难职工和全国劳模。

1月26日　尹蔚民部长参加李克强总理主持召开的座谈会，听取教育、科技、文化、卫生、体育界人士和基层群众代表对政府工作报告和“十三五”规划纲要的意见建议。下午，列席中央财经领导小组会议。

中央纪委驻部纪检组组长耿文清到外专局给全体干部讲党课。

汤涛副部长到河北省石家庄市出席《中国大能手》（第二季）华北区海选启动活动。到河北省技师学院、石家庄市技师学院实地调研，并主持召开座谈会，听取部分技工院校负责人对贯彻落实《人力资源社会保障部关于推进技工院校改革创新的若干意见》（人社部发［2014］96号），特别是做好技工院校招生工作的意见建议。

张义珍副部长出席深化国防和军队改革期间转业干部安置政策军地联合座谈会并讲话。下午，走访中央人民广播电台，沟通人力资源社会保障宣传工作。

1月27日　尹蔚民部长列席中央反腐败协调小组第8次会议。

人力资源社会保障部召开2015年度工作总结表彰大会。尹蔚民部长出席并讲话。中央纪委驻部纪检组组长耿文清主持。孔昌生副部长宣读表彰决定。邱小平、汤涛、游钧、张义珍副部长出席。

邱小平副部长列席国务院第121次常务会议。下午，出席国际劳动与雇佣关系协会第9届亚洲会议筹委会第一次会议并讲话。

1月28日　尹蔚民部长会见中央改革办常务副主任穆虹一行。邱小平副部长与穆虹一行座谈，衔接2016年改革任务。

尹蔚民部长主持召开第119次党组会、第85次部务会，学习讨论《政府工作报告（征求意见稿）》和《中华人民共和国国民经济和社会发展第十三个五年规划纲要（草案）（征求意见稿）》；审议《人力资源社会保障部党组中心组2016年度专题学习计划（送审稿）》和《2016年部外事活动计划（送审稿）》，研究机关人事问题；审议《关于加强和改进人力资源社会保障领域公共服务的意见（送审稿）》和《人力资源社会保障部2016年度业务培训班计划（送审稿）》。中央纪委驻部纪检组组长耿文清，信长星、邱小平、孔昌生、张义珍副部长参加。

汤涛副部长参加国家教育体制改革领导小组第19次会议。

游钧副部长参加国务院医改领导小组座谈会。下午，参加2016年中央新疆工作协调小组全体会议。

1月29日　全国公务员管理工作会议在北京召开。会议全面贯彻党的十八大和十八届三中、四中、五中全会以及全国组织部长会议、全国人力资源和社会保障工作会议精神，总结2015年工作，分析面临的形势，安排部署2016年工作。上午，尹蔚民部长作工作报告，中组部副部长兼干部一局（公务员管理办公室）局长（主任）邓声明主持；下午，中组部邓声明副部长作会议总结，信长星副部长主持。卢雍政、吴云华、陈刚副局长出席。

尹蔚民部长参加中央政治局集体学习。

1月29日至30日　中央纪委驻部纪检组组长耿文清为南京市纪委作报告，讲授两项法规。

1月29日　邱小平副部长就农民工工作接受央视采访。

张义珍副部长参加国务委员王勇主持召开的全国双拥工作领导小组全体会议。下午，走访新华通讯社，沟通人力资源和社会保障宣传工作。

二月

2月1日　国务院农民工工作领导小组在北京召开全国优秀农民工和农民工工作先进集体表彰大会，表彰981名全国优秀农民工和100个农民工工作先进集体，总结交流先进典型经验，对做好新时期农民工工作作出部署。李克强总理作出重要批示。马凯副总理出席会议并讲话。尹蔚民部长主持会议，邱小平副部长宣读表彰决定。

尹蔚民部长、汤涛副部长看望专家和高技能人才。

信长星副部长主持召开国家公务员局第65次局务会，审议《中央纪委等19个单位的部级荣誉称号表彰计划》。

邱小平副部长出席全国农民工工作暨家庭服务业工作办公室主任座谈会并讲话。会议传达学习了李克强总理对全国优秀农民工和农民工工作先进集体表彰大会作出的重要批示和马凯副总理讲话精神，总结2015年和“十二五”时期农民工工作及家庭服务业工作，部署“十三五”时期和2016年主要任务。

2月1日至3日　孔昌生副部长赴广州出席2016年二十国集团就业工作组第一次会议开幕式并致辞。此次会议是中方担任2016年二十国集团主办国后举行的首次就业工作组会议，与会代表围绕就业工作组章程、多年期计划、扩大就业机会、增强就业能力、国别就业计划自我报告模板等议题进行深入讨论。在广州期间，前往广船国际、广州市轻工技师学院进行调研。

2月1日　游钧副部长参加刘延东副总理主持召开的国务院医改领导小组座谈会。

张义珍副部长参加中宣部部长刘奇葆主持召开的中央文化体制改革和发展工作领导小组会议。

2月2日　尹蔚民部长、汤涛副部长参加中央人才工作协调小组第42次会议。

汤涛副部长参加国家科技体制改革和创新体系建设领导小组第15次会议。

2月3日　尹蔚民部长列席国务院第122次常务会议。下午，尹蔚民部长、张义珍副部长走访中央军委政治工作部。

张义珍副部长走访人民日报社，沟通人力资源和社会保障宣传工作。

2月4日　尹蔚民部长主持召开第120次党组会、第86次部务会，研究机关人事问题，审议社保中心“三定”规定，听取关于2015年预算管理和2016年预算编制情况的汇报；审议《人力资源社会保障部关于宣布失效和废止一批文件的决定（草案）》、《人力资源社会保障部2016年立法工作计划（草案）》、《关于进一步扩大基本医疗保障支付的医疗康复项目范围的通知（送审稿）》、《人力资源社会保障部2016年度一类、二类、三类会议计划（送审稿）》。中央纪委驻部纪检组组长耿文清，信长星、邱小平、汤涛、孔昌生、游钧、张义珍副部长参加。

2月5日　尹蔚民部长、张建国副部长参

加李克强总理会见在华工作的部分外国专家并同他们座谈的活动。

邱小平副部长与全国政协委员沈建国沟通解决拖欠农民工工资问题有关工作。

汤涛副部长参加国务院领导听取研究制定《中国教育现代化2030》进展情况汇报会议。

张义珍副部长走访武警总部。

2月14日　尹蔚民部长列席国务院第123次常务会议。

信长星副部长出席国务院“十三五”规划纲要起草小组第三次会议。

2月16日　汤涛副部长到国务院法制办沟通《职业教育法》修订有关工作。

2月16日至19日　张义珍副部长参加全国政协“深化医药卫生体制改革”调研组到福建省开展调研。

2月17日　尹蔚民部长、信长星副部长列席国务院第124次常务会议。

汤涛副部长参加“加强和改善党对金融工作的领导，建设坚强领导班子和高素质人才队伍”专题调研工作会。下午，与住房城乡建设部就建设领域职业资格、技能人才职业培训和清理拖欠农民工工资等问题进行沟通。

游钧副部长参加中央保密委员会全体会议。

2月18日　信长星副部长参加国务院各部门负责人及办公厅（室）主任会议。

汤涛副部长拜访全国人大常委会副委员长、民建中央主席、中华职业教育社理事长陈昌智，汇报人力资源社会保障部在技能人才队伍建设方面的工作情况以及修订《职业教育法》的有关考虑，并就加强与中华职业教育社的合作交换了意见。

游钧副部长参加国务院会议，研究健康中国文件起草等工作。

2月19日　中央纪委驻部纪检组组长耿文清参加中央纪委二室联系单位派驻纪检组长会议，配合做好中央巡视组对中央国家机关巡视工作。

信长星副部长出席全国保密工作先进集体先进工作者和劳动模范表彰会。

2月22日　尹蔚民部长列席中央政治局会议。上午，主持召开第121次党组会、第88次部务会，审议《关于配合中央巡视组工作的工作方案》，研究机关人事问题；审议《关于化解钢铁煤炭行业过剩产能实现脱困发展职工安置工作的意见》。中央纪委驻部纪检组组长耿文清，信长星、张建国、邱小平、汤涛、孔昌生、游钧、张义珍副部长参加。下午，主持召开国际组织人才工作领导小组第二次会议。孔昌生副部长出席。

信长星副部长主持召开国家公务员局第65次党组会，传达部党组会有关精神，研究国家公务员局配合做好中央巡视组工作的安排。

2月23日　尹蔚民部长参加国务院深入推进新型城镇化建设电视电话会议并发言。下午，列席中央全面深化改革领导小组会议。

2月23日至25日　张义珍副部长参加全国政协“深化医药卫生体制改革”调研组到安徽省开展调研。

2月24日　尹蔚民部长列席国务院第125次常务会议。

游钧副部长参加国务院会议，研究医保报销全国联网有关事宜。

2月25日　尹蔚民部长列席中央政治局常委会会议。

中央纪委驻部纪检组组长耿文清参加中央纪委派驻机构座谈会。

信长星副部长出席中共中央党史研究室表彰会并宣读表彰决定。

2月26日　张建国副部长主持召开国家外专局干部大会，宣布尹成基同志任职，孔昌生副部长受部党组和尹蔚民部长委托前往送行，并宣读中央和国务院任职决定。

2月28日　中央第十一巡视组召开与人力资源社会保障部、外专局、公务员局党组主要负责人见面沟通会。中央第十一巡视组组长陈小江、中央巡视办副主任玄洪云，尹蔚民部长和信长星、张建国副部长参加。

同日，召开中央第十一巡视组专项巡视人力资源社会保障部党组、公务员局党组工作动员会。中央第十一巡视组组长陈小江、中央巡视办副主任玄洪云讲话，尹蔚民部长、信长星副部长分别代表人力资源社会保障部党组和公务员局局党组表态发言。中央第十一巡视组全体同志、中央巡视办有关同志，潘立刚副部长、中央纪委驻部纪检组组长耿文清和张建国、邱小平、汤涛、孔昌生、游钧、张义珍副部长，公务员局卢雍政、吴云华、陈刚副局长出席。

尹蔚民部长主持部党组工作汇报会并汇报党组工作。中央第十一巡视组组长陈小江出席并讲话。潘立刚副部长、中央纪委驻部纪检组组长耿文清和张建国、邱小平、汤涛、孔昌生、游钧、张义珍副部长参加。

尹蔚民部长主持召开人力资源社会保障部党组专题会议，中央纪委驻部纪检组组长耿文清传达习近平总书记关于巡视工作的重要讲话精神，孔昌生副部长通报关于配合巡视工作的工作方案，尹蔚民部长、信长星副部长讲话。潘立刚、张建国、邱小平、汤涛、游钧、张义珍副部长出席。外专局孙照华副局长，公务员局卢雍政、吴云华、陈刚副局长参加。

2 月 29 日　尹蔚民部长、游钧副部长出席国务院新闻办公室就业和社会保障专题新闻发布会并答记者问。

信长星副部长参加党的建设制度改革专项小组第八次会议并作汇报。下午，主持国家公务员局党组工作汇报会并汇报党组工作。中央第十一巡视组组长陈小江出席并讲话。中央纪委驻部纪检组组长耿文清、孔昌生副部长出席，卢雍政、吴云华、陈刚副局长参加。下午，主持召开公务员局党组专题会议，传达学习习近平总书记关于巡视工作的重要讲话精神。卢雍政副局长通报关于配合巡视工作的工作方案。吴云华、陈刚副局长参加。

孔昌生副部长向中央巡视组汇报人力资源社会保障部干部人事工作。

张义珍副部长出席纪念“三八”国际妇女节暨全国三八红旗手（集体）表彰大会。下午，与海关总署沟通海关工作人员工资待遇问题。

三月

3 月 1 日　国务院就业工作部际联席会议召开 2016 年全体会议，马凯副总理出席并作重要讲话。尹蔚民部长主持会议并传达李克强总理近期关于就业工作的重要批示精神，信长星副部长代表联席会议办公室汇报 2015 年就业工作有关情况和 2016 年工作安排。

3 月 2 日　尹蔚民部长参加李源潮副主席主持召开的会议，讨论编制《国家中长期青年发展规划》有关工作。

信长星副部长参加国家行政学院 2016 年春季开学典礼。

3 月 2 日　游钧副部长参加国务院医改领导小组第 18 次会议。

3 月 4 日　尹蔚民部长主持召开第 123 次党组会、第 89 次部务会，研究机关人事问题；审议《关于筹建二十国集团创业研究中心的工作方案（送审稿）》、《关于做好 2016—2020 年深化国防和军队改革期间转业干部安置工作的通知（送审稿）》。中央纪委驻部纪检组组长耿文清，信长星、邱小平、汤涛、孔昌生、张义珍副部长参加。下午，陪同国务院领导参加全国政协十二届四次会议经济、农业界委员联组会。

中央纪委驻部纪检组组长耿文清主持召开部机关党建工作领导小组和党风廉政建设工作领导小组 2016 年第 1 次会议，孔昌生副部长出席。会议审议并原则通过《人力资源社会保障部 2016 年直属机关党建工作要点》、《人力资源社会保障部第八次党的工作会议方案》、《全国人社系统 2016 年党风廉政建设工作座谈会方案》、《中共人力资源社会保障部党组关于对照检查、落实整改任务分工的通知》。

游钧副部长参加中央领导同志看望政协委员活动。同日，与上海市沟通社会保险有关工作。

3 月 7 日　尹蔚民部长参加十二届全国人大四次会议解放军代表团全体会议。

信长星副部长主持国家公务员局第 67 次局党组会暨中心组集中学习，传达学习习近平总书记在中央全面深化改革领导小组会议上的重要讲话精神，研究部署公务员局下一阶段改革落实任务。卢雍政、吴云华、陈刚副局长参加。同日，主持召开国家公务员局第 66 次局务会，审议《表彰奖励工作条例（送审稿）》。卢雍政、吴云华、陈刚副局长参加。

游钧副部长参加国务院会议，研究降低“五险一金”费率有关问题。

3 月 8 日　尹蔚民部长参加十二届全国人大四次会议河北代表团全体会议。

汤涛副部长参加国务院职能转变协调小组加大取消职业资格力度专题会。

游钧副部长主持召开长期护理保险制度试点工作领导小组工作动员会暨第一次会议，审议首批试点地区名单和办公室近期工作计划，讨论试点指导意见稿。

3 月 9 日　尹蔚民部长列席十二届全国人大四次会议第二次全体会议。

3 月 10 日　尹蔚民部长主持召开部人才工作领导小组 2016 年第一次会议，传达学习习近平总书记在中央政治局常委会审议《关于深化人才发展体制机制改革的意见（稿）》时的重要讲话精神，总结 2015 年部人才工作，部署 2016 年工作任务，并就贯彻落实习近平总书记重要讲话精神、做好部人才工作提出要求。汤涛副部长出席。

邱小平副部长会见应我部邀请来华访问的加拿大劳工部副部长斯特林一行，双方交换由两部部长签署的《中国人力资源社会保障部和加拿大就业和社会发展部/劳工部在产业关系和劳动标准领域的合作框架》，签署中加《劳动调解员和仲裁员能力建设合作项目备忘录》，并就加强在劳动关系领域的多双边合作交换意见。下午，列席全国政协十二届四次会议全体会议。

汤涛副部长参加网络安全工作协调机制会议。

游钧副部长参加国务院医改领导小组部分省份综合医改试点工作汇报会。

3 月 11 日　游钧副部长参加国务院会议，研究编制“十三五”医改规划有关工作。

3 月 14 日　尹蔚民部长主持召开第 124 次党组会，讨论报送中央的有关报告，研究机关人事问题，审议《人力资源社会保障部党组关于在全体党员中开展“学党章党规、学系列讲话，做合格党员”学习教育实施方案（送审稿）》、《人力资源社会保障部 2016 年直属机关党建工作要点（送审稿）》、《关于部党组配合中央巡视自查自纠任务分工的通知（送审稿）》，审议党纪处分事项。中央纪委驻部纪检组组长耿文清，信长星、张建国、邱小平、汤涛、孔昌生副部长参加。

信长星副部长主持国家公务员局第 68 次局党组会、第 67 次局务会，审议《国家公务员局党组中心组 2016 年度专题学习计划》、《中共国家公务员局党组关于整改中央巡视期间自查问题的分工方案》和《国家公务员局 2016 年机关党建工作要点》；审议《关于印发国家公务员局 2016 年度业务培训班计划的通知》和《关于推进公务员职业道德建设工程的意见》。卢雍政、吴云华副局长参加。

游钧副部长参加国务院医改领导小组第十九次会议。

张义珍副部长参加党政机关和国有企事业单位培训疗养机构改革文件修改工作会议。下午，参加马凯副总理听取改革性补贴和地区附加津贴有关情况的汇报会。

3 月 15 日　邱小平副部长参加国务院会议，研究贫困人口劳务输出对接有关工作。

游钧副部长参加国务院领导听取部分全国政协委员医改工作意见建议座谈会。

3 月 16 日　尹蔚民部长列席十二届全国人大四次会议闭幕会。

信长星、邱小平副部长听取黑龙江省人社厅负责同志关于化解过剩产能工作情况的汇报。

汤涛副部长参加马凯副总理主持召开的国家集成电路产业发展领导小组第三次会议。

孔昌生副部长参加李源潮副主席主持召开的会议，研究共青团中央改革有关问题。

3月17日　人力资源社会保障部召开传达贯彻2016年两会精神大会。尹蔚民部长主持会议并讲话。孙宝树同志传达十二届全国人大四次会议精神，吴江同志传达全国政协十二届四次会议精神。中央纪委驻部纪检组组长耿文清，信长星、汤涛、孔昌生、张义珍副部长和部分离退休的原部领导出席。公务员局卢雍政、吴云华、陈刚副局长参加。

3月17日至20日　游钧副部长参加全国政协教科文卫体委员会“深化医药卫生体制改革”专题调研组，赴江苏省调研。

3月18日　尹蔚民部长、信长星副部长列席国务院第126次常务会议。

汤涛副部长到农业部沟通职称制度改革和分类推进人才评价机制改革工作。

3月21日　尹蔚民部长主持召开第125次党组会、第90次部务会，研究机关人事问题；传达国务院第126次常务会议精神，研究贯彻落实措施；审议《2016年人力资源和社会保障事业发展计划（送审稿）》、《关于执行〈工伤保险条例〉若干问题的意见（二）（送审稿）》、《人力资源社会保障部2016年度评比表彰工作计划（送审稿）》。中央纪委驻部纪检组组长耿文清，邱小平、汤涛、孔昌生、游钧、张义珍副部长参加。

信长星副部长参加全国政协十二届四次会议提案交办会。下午，主持召开国家公务员局第69次党组会、第68次局务会，研究局党组成员分工事宜，审议公务员局党组关于在全局党员中开展“学党章党规、学系列讲话，做合格党员”学习教育实施方案；审议公务员局2016年度培训班计划。吴云华、陈刚副局长参加。

3月22日至23日　全国就业工作座谈会召开。尹蔚民部长出席全体大会并讲话，对2016年就业创业和失业保险工作及做好化解过剩产能过程中职工安置工作进行部署。信长星副部长主持会议，邱小平、游钧副部长出席。各省（区、市）、新疆生产建设兵团及副省级市人社厅（局）分管就业、劳动关系工作负责同志和部内相关单位负责同志在北京主会场参加，各省（区、市）、新疆生产建设兵团人社厅（局）主要负责同志和分管养老保险工作及相关处室同志在各地分会场参加。

3月22日　全国劳动关系工作座谈会在北京召开。邱小平副部长出席并讲话。会议回顾2015年和“十二五”时期劳动关系工作情况，交流地方工作经验，分析“十三五”时期面临的形势和任务，研究部署2016年的主要任务。各省（区、市）、新疆生产建设兵团和副省级市人社厅（局）分管劳动关系工作的厅（局）长及有关处室负责同志，全国人大法工委、国务院有关部委及全国总工会、全国工商联、中国企联相关部门和组织的负责同志参加。

游钧副部长参加国务院领导主持召开的三方五家医改联合研究情况汇报会。

张义珍副部长列席中央深化改革领导小组会议。

3月23日　汤涛副部长主持召开2016年留学人员回国服务工作部际联席会议并讲话。

游钧副部长参加国务院医改领导小组会议，研究综合医改试点省有关工作。

3月24日　信长星、邱小平副部长与国务院扶贫办主任刘永富一行座谈，就劳务输出脱贫和建立国家扶贫荣誉制度等工作进行沟通。

汤涛副部长调研北京市职称改革工作，听取北京市人社局、北京安贞医院、北京四中等单位职称工作汇报。

3月24日至25日　全国社保局长会议在海南省海口市召开。游钧副部长出席并讲话。

3月25日　尹蔚民部长列席中央政治局会议。

信长星副部长参加中央经济责任审计部际联席会议第六次全体会议并讲话。

邱小平副部长参加全国国有企业提质增效工作电视电话会议。

汤涛副部长到全国人大教科文卫委员会就《职业教育法》修订和职业技能开发立法工作进行工作交流。

张义珍副部长主持召开座谈会，听取部分地方人社厅（局）负责同志对鼓励事业单位科研人员创新创业的意见和建议。下午，参加国务院实施新一轮农村电网改造升级工程电视电话会议。

3月26日　信长星副部长参加2016年共和国部长义务植树活动。

3月28日　尹蔚民部长、信长星副部长参加国务院第四次廉政工作会议。下午，尹蔚民部长主持召开第126次党组会、第91次部务会，传达国务院第四次廉政工作会议精神，研究贯彻落实措施；审议《关于实施第三轮高校毕业生“三支一扶”计划的通知（送审稿）》、《关于2016年调整退休人员基本养老金的通知（送审稿）》。中央纪委驻部纪检组组长耿文清，信长星、孔昌生、游钧、张义珍副部长参加。

邱小平副部长参加国务院扶贫开发领导小组第十次全体会议。

3月28日至29日　汤涛副部长在四川省调研，先后到九洲集团、长虹集团、东材集团、中国工程物理研究院调研人才工作，实地考察技能大师工作室、博士后创新实践基地，召开人才工作座谈会。出席在成都召开的全国人事考试工作座谈会并讲话。

3月29日　孔昌生副部长出席国际行政科学专家委员会第七次会议，就加强与公共行政领域国际组织的交流合作事宜作出部署。

3月30日　尹蔚民部长列席国务院第127次常务会。

信长星副部长出席2016年全国“三支一扶”工作领导小组会议暨统筹实施基层服务项目协调小组会议并讲话。会议交流各基层服务项目工作情况，研究部署第三轮“三支一扶”计划。

汤涛副部长出席中国继续工程教育协会第六届会员代表大会并讲话。

孔昌生副部长会见由理事长人见一夫率领的日中技能者交流中心成立三十周年访华团一行，就加强中日技能实习生项目合作交换意见。

张义珍副部长出席全国人力资源社会保障宣传工作座谈会并讲话。会议以深入学习贯彻习近平总书记在党的新闻舆论工作座谈会上的重要讲话精神为主题，总结工作，交流经验，分析形势，明确任务。各省（区、市）和新疆生产建设兵团及副省级市人社厅（局）分管新闻宣传工作的负责同志参加。下午，到中央编办沟通事业单位人事管理、收入分配及军官转业安置工作中涉及的编制问题。

3月31日　尹蔚民部长主持召开发展家庭服务业促进就业部际联席会议第八次全体会议并讲话，对“十三五”时期和2016年发展家庭服务业促进就业工作进行部署。邱小平副部长代表部际联席会议办公室汇报2015年工作情况。部际联席会议成员审议2016年工作要点。

中央第十一巡视组和中组部选人用人检查组到人力资源社会保障部检查和指导选人用人工作。孔昌生副部长汇报有关工作情况。

四月

4月1日　尹蔚民部长主持召开第127次党组会、第92次部务会，学习讨论《中共中央关于郭伯雄严重违纪违法案件及其教训的通报》；审议《人力资源社会保障部关于宣布失效和废止一批文件的通知（二）（送审稿）》、《国务院及其各部门任命的国家工作人员宪法宣誓组织实施办法（送审稿）》。中央纪委驻部纪检组组长耿文清，信长星、邱小平、汤涛、孔昌生、游钧、张义珍副部长参加。

汤涛副部长到科技部进行职称制度改革和分类推进人才评价机制改革调研，听取科技部相关司局和事业单位的汇报。

张义珍副部长参加国务委员王勇主持召开

的研究优抚安置工作有关问题的会议。

4月5日　尹蔚民部长主持召开第128次党组会、第93次部务会，审议《全民社会保障信息化工程——金保工程二期（中央部分）初步设计和投资概算（送审稿）》；审议《人力资源社会保障部关于废止部分规章的决定（送审稿）》、《关于阶段性降低社会保险费率的通知（送审稿）》。中央纪委驻部纪检组组长耿文清，邱小平、汤涛、孔昌生、游钧、张义珍副部长参加。

信长星副部长参加全国政协“大学生创业引领计划实施情况”特邀常委视察团组团会议并介绍情况。

汤涛副部长参加刘延东副总理主持召开的国家科技体制改革和创新体系建设领导小组第十六次会议并发言。

4月6日　尹蔚民部长、游钧副部长列席国务院第128次常务会议。

信长星、孔昌生副部长参加中央召开的“两学一做”学习教育工作座谈会。中央政治局常委、中央书记处书记刘云山讲话，中央政治局委员、中央书记处书记、中组部部长赵乐际主持会议。

信长星副部长先后参加国务院长江三峡工程整体竣工验收委员会第二次全体会议和国务院研究化解产能过剩有关工作的会议。

邱小平副部长参加农村留守儿童关爱保护工作部际联席会议第一次全体会议和全国加强农村留守儿童关爱保护工作电视电话会议。

张义珍副部长参加刘延东副总理主持召开的深化医药卫生体制改革领导小组会议，研究新增综合医改试点省和推进全科医生签约服务有关工作。

4月7日　尹蔚民部长列席中央政治局常委会会议。下午，主持召开第129次党组会，传达学习习近平总书记重要指示和“两学一做”学习教育工作座谈会精神，研究贯彻落实措施。中央纪委驻部纪检组组长耿文清，张建国、汤涛、孔昌生、张义珍副部长参加。

信长星副部长主持国家公务员局第70次局党组会，传达学习习近平总书记关于“两学一做”学习教育的重要指示和刘云山、赵乐际同志在中央“两学一做”学习教育座谈会上的重要讲话精神；再次审议《国家公务员局党组关于在全局党员中开展“学党章党规、学系列讲话，做合格党员”学习教育实施方案》。吴云华、陈刚副局长参加。下午，参加国务院会议，研究阶段性降低社保费率等有关工作。

邱小平副部长出席国家协调劳动关系三方会议第21次会议并讲话。会议总结2015年工作情况，分析研判劳动关系形势，审议2016年工作要点等。

游钧副部长出席在浙江省宁波市召开的全国工伤保险工作座谈会并讲话。会议总结“十二五”取得的成绩，深入梳理面临的矛盾问题，紧扣工作重点难点，部署安排2016年各项工作。各省（区、市）和新疆生产建设兵团人社厅（局）分管领导和工伤保险行政部门、劳鉴机构及经办机构负责同志参加。

4月8日　人力资源社会保障部直属机关第八次党的工作会议暨“两学一做”学习教育动员部署会召开，尹蔚民部长出席并讲话，中央纪委驻部纪检组组长耿文清主持，信长星副部长传达习近平总书记关于“两学一做”学习教育重要指示精神，孔昌生副部长作机关党建工作报告并通报2015年度司级干部考核情况。张建国、邱小平、汤涛、游钧、张义珍副部长出席。

邱小平副部长参加国务院国有企业改革领导小组第18次会议。

孔昌生副部长主持召开全国人社系统窗口单位作风建设工作协调小组第二次会议，总结2015年工作，部署2016年任务。

张义珍副部长主持召开调研评估县以下公务员职务职级并行制度实施情况工作协调会。部属有关单位、中组部公务员管理办公室、中央编办、财政部有关负责同志参加。

4月10日至14日　孔昌生副部长到浦东干部学院，参加中组部和中央国家机关工委举办的中央国家机关部门机关党委书记“两学一做”专题培训研讨班。

4 月 11 日　尹蔚民部长参加李克强总理主持召开的部分省（市）政府主要负责人经济形势座谈会。

信长星副部长会见美国国务院国际残疾人权利特别顾问茱蒂斯·霍伊曼、美国劳工部残疾人就业政策代理助理部长詹妮弗·什亥一行，就促进残疾人就业等议题进行交流。

游钧副部长到财政部，就养老保险顶层设计有关问题交换意见。

4 月 12 日　尹蔚民部长主持召开解决企业拖欠工资问题部际联席会议第一次全体会议并讲话。邱小平副部长传达近期中央领导同志对保障农民工工资支付工作的重要批示精神。会议审议通过部际联席会议工作规则、职责分工和 2016 年工作安排，就贯彻落实国办发［2016］1 号文件进行动员部署。

4 月 12 日至 13 日　全国职业能力建设工作座谈会暨全国职业培训教材建设工作座谈会在天津召开，汤涛副部长出席会议并讲话。各省（区、市）、新疆生产建设兵团和副省级市人社厅（局）长及有关处室负责同志参加。

4 月 12 日　游钧副部长参加国务院研究阶段性降低“五险一金”缴存比例有关会议。

张义珍副部长参加全国文物工作会议。刘延东副总理出席并讲话。下午，参加国务院副秘书长肖捷、江小涓主持召开的会议，研究高校科研项目和经费管理、高等教育简政放权与深化改革等有关文件和政策制定工作。

4 月 13 日　尹蔚民部长、游钧副部长列席国务院第 129 次常务会。

信长星副部长出席国家行政学院第四期厅局级公务员管理研讨班论坛式教学活动，就公务员职业道德建设与公务员队伍建设和学员进行互动交流。

4 月 13 日至 16 日　邱小平副部长赴浙江出席全国劳动人事争议调解仲裁工作座谈会并讲话。会议总结 2015 年和“十二五”时期的工作成绩，交流各地经验做法，分析“十三五”时期面临的形势和任务，研究部署 2016 年工作任务。中央综治办、最高人民法院、全国总工会、全国工商联、中企联等相关部门和单位负责同志，各省（区、市）、新疆生产建设兵团、副省级市人社厅（局）相关负责同志参加。随后，在杭州市、台州市调研构建和谐劳动关系、去产能职工安置等工作。分别召开人社、工会、工商联、企联等劳动关系相关部门及企业座谈会，到杭钢集团、海康威视、聚光科技、伟星集团、飞跃集团等企业实地调研，总结地方在开展“双爱”（企业关爱职工、职工热爱企业）活动和去产能职工安置中的经验做法，听取各方面意见和建议。

4 月 13 日　汤涛副部长到天津广播电视大学、空客天津总装有限公司、天津特变电工集团调研职业培训和技能人才队伍建设工作。

张义珍副部长参加中央财经领导小组办公室刘鹤主任主持召开的协调会，研究向中央财经领导小组第 13 次会议汇报扩大中等收入者比重问题的准备工作。下午，参加刘延东副总理主持召开的医改领导小组会，研究医保基金可持续有关问题。

4 月 14 日　信长星副部长参加全国人大代表建议交办会。

4 月 14 日至 15 日　游钧副部长出席在湖北武汉召开的全国养老保险工作座谈会并讲话。会议总结“十二五”时期工作，分析“十三五”时期的形势和任务，研究部署 2016 年养老保险工作。各省（区、市）、新疆生产建设兵团和副省级市人社厅（局）分管厅（局）长、养老保险处长和财政部相关单位负责同志参加。

4 月 14 日　张义珍副部长参加中央政法委书记孟建柱主持召开的法官检察官及司法辅助人员工资制度改革专题会议。

4 月 15 日　尹蔚民部长参加李克强总理主持召开的高等教育改革创新座谈会。

信长星副部长出席“展望十三五”系列报告会，就促进就业创业、完善社保制度作专题报告。

汤涛副部长参加国务院化解钢铁煤炭行业

过剩产能部际联席会议第一次全体成员大会，审议相关工作文件。

孔昌生副部长参加全国人大常委会副委员长李建国主持召开的贯彻实施国家安全法座谈会。

张义珍副部长参加国务院新闻办公室召开的以降低社会保险费率和公积金缴存比例为主要内容的国务院政策例行吹风会。

4月16日　尹蔚民部长出席在深圳举行的第14届中国国际人才交流大会并到深圳市人社局调研。

4月18日　尹蔚民部长、信长星副部长列席中央全面深化改革领导小组第23次会议。下午，尹蔚民部长主持召开第130次党组会、第94次部务会，传达中组部反馈的2015年部领导班子年度考核测评情况，研究机关人事任免事项，审议《社会保险基金监管局“三定”规定（送审稿）》，传达中央有关文件精神；审议《人力资源社会保障部“十三五”时期拟编制的专项规划（“1617”专项规划体系）（送审稿）》。中央纪委驻部纪检组组长耿文清，信长星、张建国、邱小平、孔昌生、游钧、张义珍副部长参加。中央第十一巡视组杨金鹏同志列席。

信长星副部长参加张高丽副总理主持、马凯副总理和王勇国务委员出席的专题会议，研究钢铁煤炭行业化解过剩产能有关工作。

4月18日至22日　汤涛副部长在国家行政学院参加省部级干部自贸区战略与多双边自贸协定研讨班。

4月18日　孔昌生副部长会见应人力资源社会保障部邀请访华的亚美尼亚劳动和社会事务部副部长哈鲁迪安扬女士一行，就劳动力市场建设和发展、双边交流等议题交换意见。

4月19日　中央第十一巡视组组长陈小江一行到人力资源社会保障部，召集机关各司（局）党支部书记（司长）进行党的基本知识考试测验并召开座谈会。孔昌生副部长及部机关、公务员局共28名党支部书记参加。

4月19日至20日　信长星副部长到广州市出席广东与湖南、湖北贫困人口劳务输出对接试点工作启动仪式并讲话。

4月19日　张义珍副部长到全国政协参加“促进社会主义文艺繁荣发展——营造繁荣发展社会主义文艺的良好环境”专题座谈会。

4月20日　尹蔚民部长列席国务院第130次常务会议。下午，尹蔚民部长、游钧副部长参加国务院领导同志主持召开的会议，研究养老保险有关问题。

4月20日至24日　中央纪委驻部纪检组组长耿文清参加中央纪委派驻纪检组组长副组长培训班。

4月21日　尹蔚民部长列席中央政治局常委会会议。下午，尹蔚民部长，信长星、邱小平、孔昌生副部长分别会见安徽省副省长刘莉。

4月21日至22日　张义珍副部长赴宁夏出席工资工作座谈会并讲话。

4月22日　尹蔚民部长参加全国宗教工作会议。

信长星副部长主持国家公务员局第71次党组会，传达学习习近平总书记在中央全面深化改革领导小组会议上的重要讲话精神。吴云华副局长参加。

4月22日　游钧副部长参加国务院医改领导小组专题会议。

4月25日　尹蔚民部长主持召开第131次党组会、第95次部务会，审议纪律检查事项，传达全国宗教工作会议精神，研究贯彻落实措施；审议《关于开展长期护理保险制度试点的指导意见（送审稿）》、《关于推进公务员职业道德建设工程的意见（送审稿）》。中央纪委驻部纪检组组长耿文清，张建国、邱小平、孔昌生、游钧、张义珍副部长参加。

4月25日至26日　信长星副部长陪同汪洋副总理赴深圳市考察劳务输出对接工作。

4月25日至26日　汤涛副部长在江苏省无锡市出席第三届江苏技能状元大赛总决赛开幕式并讲话，参观绝技绝活展演、中国制造2025展示和摄影作品及DV短片展映，并前往中国（无锡）高技能人才公共实训中心巡视主赛场。到国家超级计算（无锡）中心、一汽无锡柴油机厂调研，考察张建裕技能大师工作室、高技能人才实训基地。出席第九届中国留学人员南京国际交流与合作大会开幕式并致辞。随后，到江苏省镇江市就职称制度改革工作进行调研座谈。

4 月 25 日至 29 日　张义珍副部长按照部党组统一部署，赴贵州省开展调研督查。其间，听取贵州省、遵义市、毕节市、六盘水市及七星关区、纳雍县、钟山区人社部门工作汇报；实地考察遵义大学生创业孵化基地、双余鞋业有限公司、钟山区杉树林社区基层人社服务平台、红桥新区“中国网络菜市场”、钟山区大河镇返乡农民工就业创业点、首钢水钢（集团）有限责任公司、公务员培训基地现场教学点等单位；与基层机关事业单位工作人员、医务人员、大学生、农民工、企业职工等座谈交流。

4 月 26 日　人力资源社会保障部举办“两学一做”学习教育学习党章专题辅导报告会。尹蔚民部长，邱小平、游钧副部长出席，孔昌生副部长主持报告会。中央党校教授、博士生导师刘炳香作辅导报告。公务员局吴云华、陈刚副局长参加。

邱小平副部长出席全国总工会庆祝“五一”国际劳动节有关活动。

4 月 27 日　尹蔚民部长列席国务院第 131 次常务会议。

游钧副部长参加 2016 年全国医改工作电视电话会议。

4 月 28 日　尹蔚民部长列席中央政治局常委会会议。下午，主持召开第 132 次党组会，审议纪律检查事项。中央纪委驻部纪检组组长耿文清，信长星、张建国、邱小平、汤涛、孔昌生副部长参加。

信长星、邱小平副部长听取河北省人社厅化解过剩产能职工安置工作情况汇报。

汤涛副部长参加马凯副总理主持召开的研究集成电路产业发展工作会议。

孔昌生副部长出席在上海召开的二十国集团就业工作组第二次会议开幕式并致辞。

游钧副部长参加刘延东副总理主持召开的国务院医改领导小组专题会议。

4 月 29 日　邱小平副部长出席全国总工会 2016 年庆祝“五一”国际劳动节及全国“五一”劳动奖表彰大会有关活动。

孔昌生副部长参加全国人大民族委员会召开的民族区域自治法配套法规情况专题调研组第一次会议，介绍人力资源社会保障部关于制定实施民族区域自治法配套规章和具体措施的情况。

游钧副部长主持全国医疗保险异地就医联网结算领导小组第一次会议，研究全国医疗保险异地就医联网结算工作方案。

五月

5 月 3 日　尹蔚民部长主持召开第 133 次党组会、第 96 次部务会，研究机关人事任免事项；审议《职业年金基金管理暂行办法（送审稿）》、《第六批拟取消的职业资格许可和认定事项（送审稿）》，听取关于山东、四川商建国家级人力资源服务产业园有关问题的汇报。中央纪委驻部纪检组组长耿文清，信长星、张建国、邱小平、汤涛、孔昌生、游钧、张义珍副部长参加。下午，尹蔚民部长参加国务院推进职能转变协调小组各专题组推进“放管服”改革措施汇报会并发言。汤涛副部长参加。

5 月 4 日　尹蔚民部长列席国务院第 132 次常务会议。下午，会见来部调研的中央国家机关工委副书记陈存根并主持召开座谈会。孔昌生副部长出席座谈会并汇报工作。

2016 年全国市级人社窗口单位作风建设专题示范培训班举行开班式，孔昌生副部长作动员讲话，并作人社工作形势任务及窗口单位作风建设思路要求专题报告。各省（区、市）、新疆生产建设兵团部分市（地、州、盟）人社局长及窗口单位作风建设处室负责同志 222 人参加。

5 月 4 日至 5 日　游钧副部长到安徽省合

肥市调研，听取安徽省人社部门工作汇报，专题研究安徽事业单位养老保险改革和医疗保险工作，实地考察合肥市社会保险经办机构和安徽医科大学附属医院，并与部分医疗机构院长及医务人员座谈交流。随后，出席在合肥市召开的全国医疗（生育）保险工作座谈会，总结“十二五”时期医疗、生育保险工作，研究谋划“十三五”时期改革发展总体思路，部署2016年医疗（生育）保险工作。

5月5日　尹蔚民部长列席中央政治局常委会会议。

信长星副部长主持召开部分地区人力资源和社会保障事业发展“十三五”规划纲要座谈会，听取地方人力资源社会保障部门对纲要（草案）的意见建议，并就做好规划编制工作提出要求。

邱小平副部长参加国务院会议，研究建筑领域保证金有关工作。

汤涛副部长出席全国技工院校招生工作视频会并讲话。

张义珍副部长与中央政法委副秘书长姜伟、最高人民法院政治部主任徐家新、最高人民检察院政治部主任王少峰一行座谈，沟通法官检察官工资待遇问题。

5月6日　中共中央政治局常委、国务院总理李克强到人力资源社会保障部考察调研就业工作并主持召开就业工作座谈会。尹蔚民部长、教育部袁贵仁部长、前程无忧网首席执行官甄荣辉发言。国务院就业工作部际联席会议22个成员单位主要负责同志，中央纪委驻部纪检组组长耿文清，信长星、张建国、邱小平、汤涛、孔昌生、游钧、张义珍副部长参加。

尹蔚民部长出席学习贯彻《关于深化人才发展体制机制改革的意见》座谈会并作总结讲话，汤涛副部长出席。

游钧副部长参加国务院会议，研究驻港澳中资企业内派人员选派管理有关问题。

5月9日　尹蔚民部长出席中央保健工作先进集体和先进工作者表彰会，并宣读表彰决定。游钧副部长参加。下午，尹蔚民部长参加中央农村工作领导小组第10次会议。

5月9日至11日　中央纪委驻部纪检组组长耿文清在江西省出席全国人社系统2016年党风廉政建设工作座谈会并到抚州市调研。

5月9日　国务院召开全国推进简政放权放管结合优化服务改革电视电话会议。李克强总理作重要讲话。张高丽副总理主持。信长星、汤涛副部长在主会场参加。张义珍副部长在我部分会场参加。

5月9日至11日　汤涛副部长赴吉林省开展调研督察，听取省人社厅工作汇报，督察人社系统民生领域重大改革举措落实情况，实地调研九台大学生创业园、高技能人才公共实训基地、中铁十三局技师学院、吉林省摆渡创新工场、中车长春轨道客车公司、一汽集团，主持召开东北三省专技和技能人才工作座谈会。

5月9日至11日　孔昌生副部长在江西省开展调研督察，并出席全国人社系统2016年党风廉政建设工作座谈会。其间，分别听取江西省及南昌市、赣州市、宁都县人社工作总体情况、已出台改革举措落实情况汇报；实地考察省社保中心服务大厅、南昌市红谷滩沙井基层服务平台、南昌699众创空间、南昌大学博士后工作站等，并看望人力资源社会保障部在宁都县挂职干部。

5月9日　张义珍副部长参加国务院副秘书长肖捷、江小涓主持召开的会议，研究高等教育改革创新有关问题。

5月10日　尹蔚民部长列席中央国家安全委员会会议。

5月10日至11日　信长星副部长到河北省唐山市就化解过剩产能职工安置工作进行调研。

5月10日　邱小平副部长为全国劳动人事争议调解仲裁机构负责人师资培训班授课。

5月10日至13日　游钧副部长到重庆市调研督察人力资源社会保障工作，听取重庆市和大足区、永川区工作情况汇报，召开医保支付方式改革座谈会、基层干部和城乡居民座谈会、企业职工座谈会、大学毕业生就业工作座谈会，与市、区政府相关领导和部门负责人交流，实地考察重庆市小微企业融资担保有限公司、人力资源服务产业园、药品交易所、大学生就业创业公共服务中心及有关企业。其间，出席全国人力资源和社会保障信息化工作座谈会。

5月10日至11日　张义珍副部长到四川省调研县以下机关公务员职务职级并行制度实施情况和完善公立医院薪酬制度问题。其间，在眉山市彭山区召开座谈会，听取省人社厅、眉山市、彭山区有关工作情况汇报及县以下基层工作代表的意见建议；在成都市召开完善公立医院薪酬制度座谈会，听取省人社、财政、卫生、中医药等部门有关情况汇报及10家医院相关负责人的意见建议；实地考察华西医院，听取10家医院医务人员代表的意见建议。

5月11日　尹蔚民部长列席国务院第133次常务会议。

5月12日　尹蔚民部长列席中央政治局常委会会议。下午，主持召开第134次党组会、第97次部务会，研究贯彻落实李克强总理到人力资源社会保障部考察座谈时重要讲话精神的相关措施，审议《关于学习贯彻李克强总理重要讲话精神进一步做好就业创业工作的通知（送审稿）》、《关于地市以上机关建立公务员职务与职级并行制度的试点意见（送审稿）》，听取关于推荐中央国家机关优秀共产党员、优秀党务工作者和先进基层党组织工作情况的汇报，研究机关人事任免事项；审议《关于加强政法部门接收安置军队转业干部工作的意见（送审稿）》、《关于加强人力资源市场事中事后监管的意见（送审稿）》，研究贯彻落实全国推进简政放权放管结合优化服务改革电视电话会议精神的措施。中央纪委驻部纪检组组长耿文清，信长星、邱小平、汤涛、孔昌生、张义珍副部长参加。

信长星副部长主持召开国家公务员局第72次党组会、第69次局务会，学习贯彻中央《关于深化人才发展体制机制改革的意见》座谈会精神，审议《关于地市以上机关建立公务员职务与职级并行制度的试点意见》；学习贯彻全国推进简政放权放管结合优化服务改革电视电话会议精神，审议《2016年全国行政机关公务员培训工作要点》。吴云华、陈刚副局长参加。

5月13日　尹蔚民部长出席第七次全国人民防空会议并宣读表彰决定。下午，主持召开贯彻落实全面治理拖欠农民工工资问题意见电视电话会议。马凯副总理出席并讲话。邱小平副部长代表人力资源社会保障部发言。

5月15日至19日　孔昌生副部长率团出席在老挝万象召开的第九届东盟与中日韩劳工部长会议；访问国际劳工组织亚太局，与西本伴子局长会谈并出席中国—国际劳工组织就业促进南南合作项目总结会；在中国驻泰国大使馆主持召开中国籍国际职员座谈会，代表人力资源社会保障部看望国际职员，并听取意见和建议。

5月15日至22日　张义珍副部长赴美国和墨西哥开展双边关系访问。其间，与美劳工部常务副部长卢佩宁进行第六次中美劳工部长对话，就国家层面劳工就业挑战、加强创业、通过学徒制加强青年就业、工人权利保护等议题开展交流，展望未来合作；会见墨劳动社会福利部副部长瓦拉斯科，与墨劳动和社会福利部部长纳瓦雷特签署谅解备忘录；代表尹蔚民部长，分别邀请美劳工部部长佩雷斯和墨劳动社会福利部部长纳瓦雷特出席2016年7月在北京召开的二十国集团劳工就业部长会议。访问了美国马里兰州上区就业服务中心、美劳工部领事伙伴关系项目和墨西哥公共就业服务中心。

5月16日　尹蔚民部长列席中央财经领导小组第13次会议。下午，尹蔚民部长、游钧副部长分别会见西藏自治区党委副书记、政府常务副主席、政法委书记邓小刚。

5月16日至22日　中央纪委驻部纪检组组长耿文清按照部党组的统一部署，赴新疆维吾尔自治区开展调研督察，并专题调研党风廉政建设情况。其间，到昌吉、克州、喀什 3 个地（州）和昌吉、阿图什、伽师、塔什库尔干 4 个县（市）开展调研督察，听取人社系统工作汇报；实地考察留疆战士岗前培训基地、创业孵化基地、小微产业园、工业园区、高校毕业生就业服务窗口、基层人社服务平台、返乡农民工就业创业点等；与基层公务员、事业单位工作人员、企业员工、大学生、农牧民访谈交流；专题听取驻自治区人社厅纪检组工作汇报，调研地（州）、县（市）人社系统反腐败工作。

5 月 16 日至 19 日　信长星副部长带队赴宁夏回族自治区开展集中调研。其间，听取自治区政府和固原、龙德、吴忠等市县及宁东能源化工基地的情况介绍，查看相关文件和资料，深入部分园区、企业、基层乡镇、农村和服务机构实地考察，并召开政府部门、企业和劳动者、高校及高校毕业生座谈会。

5 月 16 日至 18 日　邱小平副部长赴山西省开展集中调研和督察。其间，听取省人社厅工作汇报；分别在太原理工大学、焦煤集团、朔州市召开座谈会，听取高校以及高校毕业生、煤炭钢铁企业和市县人社局负责同志对做好 2016 年高校毕业生就业、去产能职工安置、推进重点改革任务等工作的意见和建议；实地考察省就业局、太原理工大学晓明研究室、焦煤集团、太原市社保中心和朔州市劳动保障监察机构、劳动人事争议仲裁院等。

5 月 17 日　尹蔚民部长参加张高丽副总理主持召开的国务院推进职能转变协调小组第七次全体会议并汇报人力资源社会保障部有关工作情况。汤涛副部长参加。

游钧副部长主持召开会议，听取辜胜阻、郑功成、宋晓梧等 9 名专家学者对养老保险顶层设计有关材料的意见建议。财政部副部长余蔚平出席。

5 月 18 日　尹蔚民部长列席国务院第 134 次常务会议。下午，参加党和国家功勋荣誉表彰工作委员会第 1 次会议。

5 月 19 日至 20 日　游钧副部长和财政部副部长余蔚平出席在贵州省贵阳市召开的养老保险顶层设计工作座谈会。

5 月 20 日　尹蔚民部长列席中央全面深化改革领导小组第 24 次会议。下午，国务院召开全国普通高等学校毕业生就业创业工作电视电话会议，深入贯彻落实党中央、国务院关于高校毕业生就业工作的决策部署和李克强总理重要讲话精神，对做好 2016 年高校毕业生就业创业工作进行全面部署。会议传达了李克强总理重要批示。刘延东、马凯副总理出席会议并讲话。尹蔚民部长和教育部负责同志作会议发言。信长星副部长参加。

汤涛副部长到中国电子科技集团调研人才队伍建设有关情况。

5 月 22 日至 26 日　应俄罗斯教育和科学部邀请，汤涛副部长率高级访问团一行 5 人赴莫斯科出席俄罗斯全国技能大赛决赛开幕式并参观比赛现场。其间，与俄教育和科学部副部长克里莫夫、劳动和社会保护部副部长埃尔特索娃举行会谈；会见世界技能组织主席西蒙·巴特利和首席执行官霍伊。

5 月 23 日　尹蔚民部长主持召开第 135 次党组会、第 98 次部务会，研究机关人事任免事项；审议《人力资源社会保障部关于第三批宣布失效和废止文件的通知（送审稿）》、《人力资源社会保障部关于简化优化流动人员人事档案管理服务的通知（送审稿）》、《关于加强人力资源市场事中事后监管的意见（送审稿）》。中央纪委驻部纪检组组长耿文清，信长星、邱小平、孔昌生、游钧、张义珍副部长参加。下午，尹蔚民部长主持国务院军队转业干部安置工作小组会议，总结 2015 年军转安置工作，研究 2016 年工作安排。张义珍副部长参加。

5 月 24 日　中央纪委驻部纪检组组长耿文清出席全国县级人社窗口单位作风建设专题示范培训班并作专题报告。

信长星副部长参加国家统计局局长宁吉喆主持召开的学习贯彻中央领导同志关于统计工

作批示精神座谈会，研究防范统计弄虚作假的对策、提高统计数据质量和公信力的措施。下午，到中组部全国组织干部学院就地市以上机关建立公务员职务与职级并行制度有关工作听取地方省委组织部门负责同志意见，公务员局吴云华副局长参加。

邱小平副部长主持召开人力资源社会保障部“十三五”时期精准扶贫工作实施方案座谈会。

孔昌生副部长参加刘延东副总理主持召开的国家科技体制改革和创新体系建设领导小组第十七次会议，讨论《“十三五”科技创新规划（送审稿）》。

游钧副部长参加国务院会议，研究推进“五证合一”改革实施方案。

5月24日至6月5日　张义珍副部长在中国延安干部学院参加第10期省部级干部党性教育专题培训班。

5月25日　孔昌生副部长出席全国县级人社窗口单位作风建设专题示范培训班并作专题报告。

游钧副部长参加十省份养老保险顶层设计工作座谈会并作方案说明。

5月26日　马凯副总理主持召开十省份养老保险顶层设计工作座谈会并讲话，十省份分管人社工作的副省长对养老保险顶层设计方案发表意见。尹蔚民部长、国务院副秘书长肖亚庆、财政部部长楼继伟，以及十省份人社厅（局）、财政厅（局）主要负责同志参加。

部党组召开巡视期间纪律审查情况通报会。中央纪委驻部纪检组组长耿文清代表部党组宣读有关问题的通报，孔昌生副部长主持会议并提出要求。

5月26日至27日　邱小平副部长赴辽宁省开展东北地区国有企业专题调研。其间，听取大连市政府和人社、发展改革、财政、经信、金融、银监等部门工作汇报，实地考察大连重工集团、中车大连公司等，并召开国有企业专题座谈会，听取对推动东北地区国有企业改革发展的意见和建议。

5月27日　尹蔚民部长主持召开第136次党组会、第99次部务会，讨论《中国共产党问责条例（征求意见稿）》；学习领会习近平总书记在中央巡视办《关于人社部和公务员局机关司局级党支部书记问卷测评情况的报告》上的重要批示，研究贯彻落实措施；听取人力资源社会保障部领导干部个人有关事项报告查核验证工作有关问题的汇报；审议《公务员考试录用违纪违规行为处理办法》修订草案（送审稿）。中央纪委驻部纪检组组长耿文清，信长星、张建国、汤涛、孔昌生、游钧副部长参加。下午，尹蔚民部长列席中央政治局集体学习。

信长星副部长主持召开国家公务员局第73次党组会、第70次局务会，传达学习习近平总书记在中央巡视办《关于人社部和公务员局机关司局级党支部书记问卷测评情况的报告》上的重要批示，研究贯彻落实措施；研究改进公务员局政府信息公开及门户网站建设问题，并对做好下一步重点工作提出要求。陈刚副局长参加。下午，接受中国政府网访谈，解读就业政策，回答网友问题。

孔昌生副部长主持召开2016年人社系统窗口单位作风建设明察暗访工作部署动员会，对明察暗访工作提出要求。

5月28日　孔昌生副部长参加杨洁篪国务委员主持召开的G20峰会筹委会第四次会议。

5月30日　尹蔚民部长和信长星、汤涛副部长参加全国科技创新大会、两院院士大会、中国科协第九次全国代表大会。

5月31日　信长星副部长参加全国政协“推动大众创业万众创新”专题协商会。

六月

6月1日　尹蔚民部长列席国务院第135次常务会议，汇报第六批减少职业资格许可和认定工作。汤涛副部长参加。

6月1日至3日　尹蔚民部长按照部党组统一部署，赴陕西省开展集中调研，并就重点改革举措落实情况进行督察。其间，听取陕西省人社厅和西安市人社局工作汇报，到中国西安人才市场、陕西煤业化工集团、中科院西安光学精密机械研究所等单位进行调研，分别召开部分高校负责人、大学毕业生代表和部分煤炭、钢铁企业负责人参加的座谈会，了解大学生就业创业和化解过剩产能职工安置情况；实地考察铜川市统筹城乡就业创业基地，了解失地农民、返乡农民工、回乡高校毕业生等就业创业情况；到村民家中做客，了解村民生活、社会保障等情况。

信长星副部长出席全国人力资源标准化技术委员会第二届二次工作会议并讲话。

6 月 2 日　信长星副部长列席中央政治局常委会会议。

汤涛副部长出席中国科协第九次全国代表大会闭幕会，并宣读关于表彰“中国优秀青年科技人才”获奖者决定。

游钧副部长会见到人力资源社会保障部调研的中央改革办协调局局长于培伟一行，并就2016 年人力资源社会保障部改革任务推进情况进行座谈。

6 月 3 日　信长星副部长主持召开国务院就业工作部际联席会议农民工返乡创业专题会，传达李克强总理等国务院领导同志近期有关农民工返乡创业的批示以及 5 月 6 日在就业工作座谈会上的讲话精神，通报各地区、各部门贯彻落实国办发［2015］47 号文件工作进展情况，研究进一步落实和完善返乡创业政策的工作方案。

邱小平副部长参加中央政法委司法体制改革专题会议。

汤涛副部长参加中央领导同志主持召开的国家中长期青年发展规划征求意见会议。下午，参加马凯副总理主持召开的国家制造强国建设领导小组第三次会议。

游钧副部长参加国务院医改领导小组会议。

6 月 6 日　尹蔚民部长主持召开第 137 次党组会、第 100 次部务会，传达全国科技创新大会精神并研究贯彻落实措施，审议党纪处分事项，研究机关人事任免事项，听取关于金保工程二期中央异地灾备中心建设选址的汇报，研究基本养老保险制度改革方案；审议《关于进一步规范公文办理工作有关事项的通知（送审稿）》等。中央纪委驻部纪检组组长耿文清，信长星、张建国、邱小平、汤涛、孔昌生、游钧、张义珍副部长参加。

6 月 7 日　2016 年全国军队转业干部安置工作会议在北京召开。中央政治局常委、中央书记处书记刘云山出席会议并讲话。中央政治局委员、中央书记处书记、中组部部长赵乐际传达习近平总书记在中央政治局常委会审议深化国防和军队改革期间军队转业干部安置工作文件时的重要指示精神。中央政治局委员、国务院副总理马凯就做好 2016 年及深化国防和军队改革期间的军转安置工作作动员部署。中央政治局委员、中央军委副主席许其亮出席会议。尹蔚民部长主持会议。张义珍副部长和国务院军队转业干部安置工作小组成员，各省（区、市）有关负责同志，军队各大单位、武警部队和各省军区相关负责同志参加。

尹蔚民部长向马凯副总理汇报机关事业单位工资有关问题，张义珍副部长参加。

6 月 7 日至 14 日　信长星副部长率团赴日内瓦出席第 105 届国际劳工大会并发言。其间，与国际劳工组织总干事莱德和两位副总干事以及波兰、新加坡、芬兰、阿根廷等国劳工部长分别进行会谈；先后出席亚太劳工部长会、G20 劳工和就业部长工作餐会、金砖国家劳工部长工作餐会并发言；看望国际劳工组织中国籍职员代表。会后，应奥地利劳动、社会事务和消费者保护部邀请访奥，签署两部门合作谅解备忘录，并与奥总理府公务员和行政改革局进行交流。

由国土资源部总工程师彭齐鸣带队的中央信访工作联席会议信访工作制度改革措施落实情况第五联合督察组到人力资源社会保障部督察。邱小平副部长作汇报，并陪同督察组实地察看部机关信访接待和来信办理场所，查阅相关工作资料。部相关职能单位负责同志参加座谈，并介绍依法分类处理信访投诉请求、解决业务领域信访突出问题的情况。

汤涛副部长参加中国共产党成立95周年和红军长征胜利80周年有关纪念活动筹办工作协调会。下午，汤涛、游钧副部长陪同国务院领导同志参观国家“十二五”科技创新成就展。

张义珍副部长参加中央政法委书记孟建柱召集的会议，研究法官检察官工资问题。

6月8日　中央第十一巡视组向人力资源社会保障部党组、国家公务员局党组反馈专项巡视情况。中央巡视工作领导小组成员姜信治向尹蔚民部长传达习近平总书记关于巡视工作的重要讲话精神；中央第十一巡视组组长陈小江，副组长王国利、许成仓反馈专项巡视情况。之后，召开中央第十一巡视组专项巡视人社部党组、公务员局党组情况反馈会议，陈小江同志代表巡视组进行反馈，姜信治同志对巡视整改工作提出要求，尹蔚民部长主持会议并作表态发言，公务员局吴云华副局长受信长星副部长委托代表公务员局党组作表态发言。中央第十一巡视组、中央巡视办有关同志，部党组成员潘立刚副部长，中央纪委驻部纪检组组长耿文清，张建国、邱小平、汤涛、孔昌生、游钧副部长，公务员局党组成员陈刚，中组部干部监督局负责同志出席；部属各单位、公务员局各司司级干部列席。

尹蔚民部长主持召开第138次党组会，学习领会习近平总书记听取中央第九轮巡视情况汇报时的重要讲话精神，研究中央专项巡视整改方案，传达中组部选人用人工作检查组对人力资源社会保障部（国家公务员局）选人用人工作检查反馈意见。中央纪委驻部纪检组组长耿文清，汤涛、孔昌生、游钧、张义珍副部长参加。

张义珍副部长列席国务院第136次常务会议。

6月12日　尹蔚民部长主持召开第139次党组会、第101次部务会，审议《人力资源和社会保障事业发展“十三五”规划纲要（草案）（送审稿）》、《表彰奖励工作条例（送审稿）》；审议《全国人社系统2014—2016年度优质服务窗口评比表彰工作方案及通知》。中央纪委驻部纪检组组长耿文清，邱小平、汤涛、游钧、张义珍副部长参加。

孔昌生副部长参加全国政协“劳动法律法规贯彻执行情况”委员视察团组团会议，并向视察团成员介绍劳动法律法规执行情况。下午，与来华参加第四轮中德政府磋商的德国劳动和社会部国务秘书罗泽克鲁格·莫勒举行双边会谈，围绕未来劳动世界议题交流政策经验，并就二十国集团、国际劳工组织等多边合作机制交换意见。同日，主持部党组专项巡视整改工作方案征求意见座谈会，部巡视整改工作领导小组成员单位和部属有关单位负责同志参加。

6月13日　尹蔚民部长参加由李克强总理和德国默克尔总理共同主持的第四轮中德政府磋商，并在两国总理见证下，与德国劳动和社会部国务秘书罗泽克鲁格·莫勒签署《中华人民共和国人力资源和社会保障部与德意志联邦共和国联邦劳动和社会部关于进一步加强合作的联合声明》。磋商前，会见罗泽克鲁格·莫勒女士一行。

孔昌生副部长主持部党组专项巡视整改工作方案征求意见座谈会，部巡视整改工作领导小组成员单位和部属有关单位负责同志参加。

张义珍副部长与中央综治办综治一室和秘书室有关同志座谈，听取关于综治奖项工作的情况汇报。

6月14日　尹蔚民部长主持召开部专项巡视整改领导小组第一次会议，审议《中共人力资源社会保障部党组专项巡视整改工作方案》和《整改台账》。孔昌生副部长参加。

中央纪委驻部纪检组组长耿文清为北京市人社局作关于党规党纪辅导报告。

游钧副部长参加国务院医改办有关医保工作专题会议。

张义珍副部长出席中宣部《国家人权行动

计划（2012—2015年）》实施评估总结会议并讲话。

6月15日　部党组召开专项巡视整改工作动员部署会。尹蔚民部长对巡视整改工作进行动员部署、提出要求。中央纪委驻部纪检组组长耿文清宣读部党组专项巡视整改工作方案。孔昌生副部长通报中组部对人社部、公务员局党组选人用人专项检查的反馈意见和2015年度“一报告两评议”情况。信长星副部长主持会议。张建国、邱小平、汤涛、游钧、张义珍副部长出席。

信长星副部长列席国务院第137次常务会议。

汤涛副部长到国家文物局调研，就文物保护人才培养等问题进行座谈。

张义珍副部长向中央政法委书记孟建柱汇报法官检察官工资有关问题。

6月16日　尹蔚民部长参加党和国家功勋荣誉表彰工作委员会第2次会议。

6月16日至21日　中央纪委驻部纪检组组长耿文清到广西壮族自治区巡视社会工作者职业水平考试工作，并就廉政风险防控工作开展调研。

6月16日　汤涛副部长与中国青年报社党组书记、社长、总编辑张坤会谈，就加强技能人才工作宣传进行沟通。

6月17日　中央第十一巡视组在中央纪委机关向信长星副部长反馈专项巡视情况。下午，信长星副部长主持召开国家公务员局党组第75次会议，学习贯彻习近平总书记在听取十八届中央第九轮巡视情况汇报时的重要讲话精神，审议《中共国家公务员局党组专项巡视整改工作方案》，讨论《关于组织实施第一次国务院任命的国家工作人员宪法宣誓有关工作考虑》。吴云华、陈刚副局长参加。

6月20日　尹蔚民部长主持召开第140次党组会、第102次部务会，审议关于推荐东城区人大代表候选人的请示，审议关于对有关人员“裸官”问题处理意见的请示；听取关于新增“养老保险顶层设计工作座谈会”为三类会议计划的汇报，审议《关于建立机关事业单位防治“吃空饷”问题长效机制的意见（送审稿）》。信长星、邱小平、汤涛、孔昌生、游钧、张义珍副部长参加。下午，尹蔚民部长会见北京市副市长林克庆一行。

国家公务员局党组召开专项整改工作动员部署会。信长星副部长对巡视整改工作进行动员部署、提出要求。吴云华副局长宣读局党组专项巡视整改工作方案。陈刚副局长主持会议。

6月20日至22日　按照国务院要求，信长星副部长带队到山东省就实施2011—2020年中国妇女儿童发展纲要进行中期评估督导。其间，听取省政府实施纲要工作情况汇报；参加分领域座谈会；实地考察青州市弥河镇中心卫生院、青州市旗城中学、亚泰农业科技有限公司、潍坊区人民商城社区、潍坊市妇幼保健院、潍坊市人力资源市场；入户与当地村民访谈；同专家一起查阅档案资料。调研督导结束后，代表督导组向省政府反馈意见。

6月20日　汤涛副部长到国家体育总局调研，就有关申办国际大型比赛活动进行探讨。

游钧副部长参加国务院领导同志听取促进民间投资发展督查工作汇报会议。

6月21日　尹蔚民部长、汤涛副部长参加张高丽副总理主持召开的国务院推进职能转变协调小组第八次全体会议。

邱小平副部长参加国务院会议，研究钢铁、煤炭行业去产能有关工作。

6月22日　尹蔚民部长列席国务院第138次常务会议。下午，参加国务院“两学一做”专题学习。

汤涛副部长参加全民科学素质行动实施工作电视电话会议。

6月23日　尹蔚民部长以“切实把全面从严治党责任扛在肩上，努力解决‘灯下黑’问题，做一名真正合格的共产党员”为题，讲专题党课。中央纪委驻部纪检组组长耿文清，邱小平、汤涛、游钧副部长参加，孔昌生副部长主持。公务员局吴云华、陈刚副局长，中央“两学一做”学习教育协调小组督导二组有关同志，部机关、公务员局处级以上干部，直属企事业单位司级干部和党办主任参加。

6月23日至24日　信长星副部长在山东省烟台市出席全国人力资源市场建设工作座谈会并讲话。各省（区、市）、新疆生产建设兵团及副省级市人社厅（局）分管负责同志，国家级人力资源服务产业园、部分国家级人才市场主要负责同志参加。随后，考察中国烟台人力资源服务产业园，听取市人社工作情况汇报；考察东岳汽车总装生产车间，听取开发区人社工作情况汇报。

6月23日　邱小平副部长听取苏州工业园区负责同志关于构建和谐劳动关系工作汇报。

6月24日　尹蔚民部长参加中央政法委书记孟建柱主持召开的会议，研究司法体制改革有关工资问题。张义珍副部长作工作情况汇报。

汤涛副部长参加中央人民广播电台“公益报时”节目录制。

孔昌生副部长出席中央国家机关优秀共产党员、优秀党务工作者和先进基层党组织表彰大会并向受表彰的代表颁奖。

张义珍副部长到中宣部参加群体性事件舆情引导处置工作专题会议。

6月28日　尹蔚民部长主持召开第141次党组会、第103次部务会，审议《关于进一步引导和鼓励高校毕业生到基层工作的意见（送审稿）》、《关于分类推进职称制度改革的意见（送审稿）》；审议《关于加强基层专业技术人才队伍建设的意见（送审稿）》；审议统一职工个人账户记账利率方案（送审稿）和《生育保险和基本医疗保险合并实施工作的意见（送审稿）》、《企业劳动保障守法诚信等级评价办法（送审稿）》。中央纪委驻部纪检组组长耿文清，信长星、张建国、邱小平、汤涛、孔昌生、游钧副部长参加。下午，尹蔚民部长列席中央政治局集体学习。

信长星副部长出席上半年就业形势分析会并讲话。国务院发展研究中心、中国社科院、中国经济改革研究基金会等机构的专家学者就当前经济和就业形势发表看法、建言献策。

张义珍副部长出席2016年中央单位军队转业干部安置工作会议并讲话。

6月29日　尹蔚民部长、张义珍副部长列席国务院第139次常务会议，并作有关工作情况汇报。

汤涛副部长出席2016中国（大连）海外学子创业周开幕式并致辞。随后，到大连高新区科技企业就人才工作进行调研。

孔昌生副部长参加汪洋副总理主持召开的中美投资协定谈判工作领导小组全体会议。

张义珍副部长出席中国组织人事报新闻网开通仪式并讲话。

6月30日　尹蔚民部长列席中央政治局常委会会议。

6月30日至7月1日　中央纪委驻部纪检组组长耿文清到教培中心承德基地调研。其间，深入承德市基层人社部门了解党风廉政建设工作情况。

6月30日　信长星副部长出席北京市大学生创业服务平台和大学生创业板启动仪式并讲话。

张义珍副部长到中国人民大学调研，与部分专家座谈，听取事业单位人事管理和工资收入分配方面的意见建议。

七月

7月1日　尹蔚民部长、信长星副部长参加庆祝中国共产党成立95周年大会。

邱小平副部长出席住房城乡建设部、财政部和人力资源社会保障部召开的贯彻落实《国务院办公厅关于清理规范工程建设领域保证金的通知》电视电话会议。

汤涛副部长到国务院扶贫办，协商技能扶贫工作。

7月4日　尹蔚民部长主持召开第142次党组会，研究部署学习贯彻习近平总书记在庆祝中国共产党成立95周年大会上的重要讲话精神，听取部党组专项巡视整改工作进展情况汇报，审议《人力资源社会保障部党组关于落实中央八项规定精神有关制度规定开展“回头看”情况的报告（送审稿）》及部党组九项规定（修改稿）。中央纪委驻部纪检组组长耿文清，信长星、张建国、汤涛、孔昌生、游钧、张义珍副部长参加。

信长星副部长参加国务院会议，分析上半年经济形势，研究推进“三去一降一补”五大重点任务和专项建设基金有关问题。

邱小平副部长参加全国国有企业改革座谈会并发言。

7月5日　信长星副部长主持国家公务员局第76次局党组会，研究部署学习贯彻习近平总书记在庆祝中国共产党成立95周年大会上的重要讲话精神；听取关于巡视整改工作进展情况的汇报；审议《局党组专项巡视整改专题民主生活会工作方案》、《局党组落实中央八项规定精神开展“回头看”情况报告》及局党组九项规定修订建议；对近期工作进行部署。吴云华、陈刚副局长出席。

张义珍副部长到中国科学院调研，听取对事业单位人事管理、工资收入分配等方面的意见建议。

7月6日　尹蔚民部长主持召开部党组巡视整改工作领导小组第2次会议，听取关于研究解决干部选拔任用方式单一问题和几个部属单位职能交叉问题等方面的专题汇报。中央纪委驻部纪检组组长耿文清，信长星、邱小平、汤涛、孔昌生、张义珍副部长和部巡视整改工作领导小组成员单位主要负责同志参加。

7月7日　尹蔚民部长先后列席中央政治局常委会会议和国务院第140次常务会议。

信长星副部长参加国务院残工委纪念联合国《残疾人权利公约》通过十周年大会。

7月7日至8日　汤涛副部长在江西省九江市和南昌市调研人才工作。

张义珍副部长先后到清华大学、北京大学调研，听取对事业单位人事管理、工资收入分配等方面的意见建议。

7月8日　尹蔚民部长参加习近平总书记主持召开的经济形势专家座谈会。下午，主持召开部党组专项巡视整改专题民主生活会。中央纪委驻部纪检组组长耿文清，信长星、张建国、邱小平、汤涛、孔昌生、游钧、张义珍副部长参加，“两学一做”学习教育协调小组督导二组、中纪委、中组部、中央国家机关工委有关部门同志参加。

信长星副部长出席国务院新闻办公室政策吹风会，介绍上半年就业形势有关情况并答记者问。

邱小平副部长参加国务院扶贫开发领导小组第十一次全体会议。

张义珍副部长参加中央政法委第二十五次全体会议暨中央司法体制改革领导小组专题会议，研究审议全国司法体制改革试点工作推进会相关材料。

7月11日　尹蔚民部长会见来华出席G20集团劳工就业部长会议的英国就业和养老金国务大臣帕特尔一行，就中英两国就业创业、职业培训和可持续养老金领域合作交流等议题交换意见。孔昌生副部长参加。

尹蔚民部长会见来华出席G20集团劳工就业部长会议的国际劳工组织总干事盖·莱德一行，就劳动世界的未来议题、促进南南合作项目、加强合作和分享国际劳工组织经验等议题交换意见。孔昌生副部长参加。

尹蔚民部长会见来华出席G20集团劳工就业部长会议的土耳其劳动和社会保障部部长索伊卢一行，就“一带一路”建设、就业政策、人才政策和G20集团劳工就业部长会议机制等领域合作交换意见。孔昌生副部长参加。

孔昌生副部长出席在钓鱼台国宾馆召开的G20集团第四次就业工作组会议，发表欢迎讲话。工作组会议讨论劳工就业部长会议成果文件。

7月12日　尹蔚民部长会见来华出席G20集团劳工就业部长会议的德国联邦劳动和

社会事务部部长纳勒斯一行，就 G20 集团劳工就业部长会议机制发展，特别是 2017 年 G20 集团劳工就业部长会议主题议题设想、劳动领域合作、劳动世界的未来、就业创业政策、职业培训制度等议题中德政府间磋商交换意见。孔昌生副部长参加。

尹蔚民部长会见来华出席 G20 集团劳工就业部长会议的韩国雇佣劳动部长官李基权一行，就建立两部门机制化合作关系、韩国留学生希望在华就业实习等议题交换意见。孔昌生副部长参加。

邱小平副部长参加中央新疆工作协调小组办公会。下午，出席 G20 集团劳工就业部长会议并致辞。

汤涛副部长视察第 44 届世界技能大赛全国选拔赛集中选拔赛举办地场馆、中国（上海）高技能人才公共实训基地、国家会展中心，听取上海人社局关于选拔赛筹备进展情况。

孔昌生副部长会见来华出席 G20 集团劳工就业部长会议的老挝劳动保障部部长赛宋平一行，就国际劳工组织南南合作项目的延续、职业技能培训、劳动力市场建设领域合作等议题交换意见。

张义珍副部长参加刘延东副总理主持召开的国家科技体制改革和创新体系建设领导小组第十八次会议。下午，到中国社会科学院调研，听取对事业单位人事管理、工资收入分配等方面的意见建议。

7 月 13 日　尹蔚民部长会见来华出席 G20 集团劳工就业部长会议的日本厚生劳动大臣盐崎恭久一行，就中日社保协定、应对老龄化等议题交换意见。孔昌生副部长参加。

尹蔚民部长会见来华出席 G20 集团劳工就业部长会议的新加坡人力部部长林瑞生一行，就两国就业领域的挑战和劳动力市场发展趋势等议题交换意见。孔昌生副部长参加。

尹蔚民部长出席 G20 集团劳工就业部长会议新闻发布会，介绍会议基本情况及主要成果并答记者问。孔昌生副部长参加。

信长星副部长主持召开国家公务员局党组专项巡视整改专题民主生活会，吴云华、陈刚副局长参加。同日，主持召开公务员局第 77 次党组会，审议《关于更好发挥公务员局党组领导核心作用的实施意见（送审稿）》。吴云华、陈刚副局长参加。

张义珍副部长参加中央分类推进事业单位改革工作部际联席会议第六次会议。下午，到发展改革委参加关于上半年经济形势和做好下半年经济工作的征求意见会。

7 月 14 日　尹蔚民部长列席中央政治局常委会会议。下午，出席人力资源和社会保障事业发展“十三五”规划纲要实施动员视频会并讲话。信长星副部长主持会议。

信长星副部长接受央视《新闻联播》栏目采访。同日，主持召开化解过剩产能中职工安置工作重点建议提案办理座谈会，听取部分人大代表、政协委员和民主党派代表关于去产能中职工安置工作的意见建议，并对下一步工作提出要求。

汤涛副部长会见来华出席 G20 集团劳工就业部长会议的阿根廷劳动、就业和社会保障部副部长庞特，就职业技能培训、创业培训、学徒制和加强两部门合作等议题交换意见。

7 月 15 日　尹蔚民部长、汤涛副部长到北京市工贸技师学院出席“世界青年技能日”主题活动，并观摩北京市青年技能人才建设工作情况、第 44 届世界技能大赛北京市选拔赛各项目情况和移动机器人项目全国机械行业选拔赛情况。尹蔚民部长讲话，汤涛副部长主持并传达李克强总理关于举办“世界青年技能日”活动的重要批示精神。

尹蔚民部长，中央纪委驻部纪检组组长耿文清，邱小平、游钧、张义珍副部长出席部学习贯彻习近平总书记“七一”重要讲话精神专题辅导报告会，孔昌生副部长主持会议。中央党校党史部主任谢春涛教授作辅导报告。部机关和公务员局处以上干部，企事业单位司级干部、党办主任参加。

7 月 18 日　尹蔚民部长主持召开第 143

次党组会，审议《关于更好发挥公务员局党组领导核心作用的实施意见（送审稿）》、《关于加强和改进直属事业单位党建工作的实施意见（送审稿）》、《关于落实巡视整改要求加强流动人才党员管理工作的汇报》、《关于解决部属科研、培训、新闻单位机构重叠、职能交叉问题的整改意见（送审稿）》、《关于解决部分层级干部选拔任用方式单一问题的意见（送审稿）》，研究机关人事问题，审议纪律检查事项和报送中央的有关事项。中央纪委驻部纪检组组长耿文清，信长星、邱小平、汤涛、孔昌生、游钧副部长参加。下午，尹蔚民部长参加国务院地方政府负责人经济形势及促进社会投资健康发展座谈会。

7 月 18 日至 19 日　张义珍副部长在吉林省长春市参加全国司法体制改革推进会，并就法官、检察官工资制度改革问题发言。其间，与吉林省人社厅及延边州有关同志座谈，听取工作情况汇报。

7 月 19 日　尹蔚民部长列席国务院第 141 次常务会议。

7 月 20 日　尹蔚民部长参加习近平总书记主持召开的东西部扶贫协作座谈会。下午，到银川市民大厅调研，了解社会保险经办服务情况；主持召开高校毕业生就业工作座谈会，了解宁夏高校毕业生就业创业情况，听取高校和大学生代表的意见建议。

信长星副部长列席国务院第 142 次常务会议，并就《国务院及其各部门任命的国家工作人员宪法宣誓组织办法（送审稿）》作汇报。下午，主持召开国家公务员局第 78 次党组会，研究学习贯彻《中国共产党问责条例》措施；审议《关于委托部考试中心等单位承担 2016 年中央机关公开遴选和公开选调公务员相关工作的请示》。吴云华、陈刚副局长参加。随后，主持公务员局党组中心组学习，专题学习习近平总书记“七一”重要讲话精神和毛泽东同志《党委会的工作方法》。吴云华、陈刚副局长参加。

7 月 21 日　尹蔚民部长列席中央政治局常委会会议。

7 月 21 日至 22 日　张义珍副部长在云南省昆明市出席全国企业军转干部解困稳定工作联合座谈会并讲话。中央维稳办、国家信访局有关领导及公安部一局负责同志出席会议。下午，与各省（区、市）人社厅（局）分管负责同志座谈，听取关于企业军转干部解困稳定工作的意见和建议。会后，在昆明市调研自主择业军转干部就业创业、管理服务工作，并到省人社厅了解全国自主择业工作信息平台试点运行情况。

7 月 22 日　尹蔚民部长参加李克强总理与六大国际组织负责人举行的“1＋6”圆桌对话会。下午，尹蔚民部长、信长星副部长列席中央全面深化改革领导小组会议。

信长星副部长主持召开国家公务员局 2016 年年中务虚会并讲话。深入学习贯彻习近平总书记系列重要讲话精神，研究分析公务员管理面临的新形势新任务，总结上半年工作，推动落实下半年重点工作。吴云华、陈刚副局长参加。

游钧副部长出席部分全国人大代表、政协委员见面会，就异地就医联网结算工作向全国人大代表单守勤、杨梧、梁丽娜和全国政协委员安阿玥当面汇报建议提案办理情况，进一步沟通交流。下午，参加国务院领导同志会见世界银行行长金墉有关活动；参加医改联合研究成果发布会。

7 月 23 日　信长星副部长主持第八批援藏和第三批援青干部人才培训班开班式，并作总结讲话。

7 月 25 日　尹蔚民部长参加中央党外人士征求意见座谈会。下午，参加功勋荣誉表彰委会议。

汤涛副部长参加马凯副总理主持召开的会议，听取“加强和改善党对金融工作的领导，建设坚强领导班子和高素质人才队伍”等有关专题调研汇报。

孔昌生副部长主持召开法治人社建设实施纲要座谈会，听取部分单位对《人力资源和社会保障法治建设实施纲要（2016—2020年）（草案）》的意见和建议。

游钧副部长出席第20期社会保险经办机构负责人培训班结业式并讲话。

7月26日　尹蔚民部长先后列席中央政治局会议和中央政治局集体学习。

信长星副部长主持国家公务员局第79次党组会，听取关于巡视整改工作最新进展情况汇报；审议《中共国家公务员局党组关于巡视整改情况的报告》；审议《关于在公务员录用考试中开展电子化考试有关事项的请示》。吴云华、陈刚副局长参加。

汤涛副部长出席2016年度博士后创新人才支持计划专家评审会并讲话。

7月27日至28日　人力资源社会保障部召开2016年年中务虚会。会议以“改革破解发展中的难题”为主题，分别围绕就业创业、社会保障、人才体制机制改革和人事制度改革、收入分配制度改革和构建和谐劳动关系专题进行研讨，深入分析人社工作面临的形势，研究推进人社领域重大改革任务落实，安排部署下半年重点工作。尹蔚民部长讲话。中央纪委驻部纪检组组长耿文清，张建国、邱小平、汤涛、孔昌生、游钧、张义珍副部长发言。

7月27日至28日　信长星副部长赴青海为第三批援青干部送行，出席对口援青工作总结暨轮换交接大会并讲话。其间，到青海省人才交流中心、西宁市人力资源服务中心、西宁市创业孵化基地、西宁市城北区创业创新大厦调研“双创”及人力资源服务等工作。

7月27日　邱小平副部长列席国务院第143次常务会议。

张义珍副部长参加刘延东副总理主持召开的会议，研究公立医院薪酬制度改革试点、全国卫生与健康大会筹备等工作。

7月28日　汤涛副部长与广州市委副书记、市长温国辉一行就中国留学人员广州科技交流会筹备工作进行座谈。

7月29日　尹蔚民部长出席全国双拥模范城（县）命名暨双拥模范单位和个人表彰大会，并宣读《关于表彰全国爱国拥军模范和拥政爱民模范的决定》。下午，主持召开第144次党组会，审议《人力资源社会保障部直属事业单位重大项目投资管理暂行规定（送审稿）》、《人力资源社会保障部科研经费使用管理暂行办法（送审稿）》、《修订的人力资源社会保障部财务管理规定（送审稿）》，审议纪律检查事项和《中共人力资源社会保障部党组关于专项巡视整改情况的报告（送审稿）》，研究机关人事任免事项。中央纪委驻部纪检组组长耿文清，信长星、邱小平、汤涛、孔昌生、游钧、张义珍副部长参加。

汤涛副部长出席2016年全国骨干技工院校校长高级研修活动座谈会并讲话。下午，出席中国博士后科学基金会第五届理事会第十次会议并讲话。

游钧副部长与新华社有关同志商谈社会保障政策宣传相关事宜。

人力资源社会保障部与财政部召开法官、检察官工资制度改革试点工作电视电话会议。张义珍副部长代表两部部署工作，财政部部长助理戴柏华主持会议。最高人民法院副院长贺荣、最高人民检察院政治部主任王少峰讲话。

八月

8月1日　尹蔚民部长先后主持召开第145次党组会和第146次党组会、第104次部务会，审议《人社部干部领取讲课费和部属单位举办培训班支付课酬规定（送审稿）》、《关于选人用人检查整改进展情况的报告（送审稿）》，听取对16家有用人权的直属单位开展选人用人检查有关情况的汇报，审议关于部属企事业单位职业培训巡视反馈问题整改意见的请示，审议《“十三五”时期人力资源社会保障精准扶贫工作方案（送审稿）》；听取关于2015年度预算执行等审计情况及整改措施的汇报，审议关于推荐2016年享受政府特殊津贴人选的请示，审议《人力资源社会保障部关于建议国务院以行政法规形式对婚丧假作出规定的请示》、《用人单位重大劳动保障违法行为社会公布办法（送审稿）》、《人力资源市场条例（送审稿）》。中央纪委驻部纪检组组长耿文清，信长星、邱小平、汤涛、孔昌生、游钧、张义珍副部长参加。

8月2日　汤涛副部长视察第44届世界技能大赛全国选拔赛木工项目比赛现场和邢台技师学院，听取邢台技师学院改革创新转型发展、河北省人社厅关于全省技工院校招生工作等情况汇报。

8月4日　信长星副部长出席钢铁煤炭行业化解过剩产能和脱困发展工作部际联席会议第三次全体会议、钢铁煤炭行业化解过剩产能工作全国电视电话会议。

8月5日　尹蔚民部长陪同中央领导同志看望北戴河休假专家。

8月13日　尹蔚民部长、汤涛副部长在上海出席2016年中国技能大赛——第44届世界技能大赛全国选拔赛开幕式。上海市市长杨雄、世界技能组织首席执行官大卫·霍伊致辞。尹蔚民部长讲话并宣布开幕。汤涛副部长主持开幕式。与会领导同志在开幕式后参观技能展示交流活动并观摩上海赛区15个项目的比赛。上海市副市长时光辉、世界技能组织副主席兼竞赛委员会主任施泰芬·普拉绍尔参加。下午，汤涛副部长召集2016年中国技能大赛——第44届世界技能大赛全国选拔赛13个赛区和观摩上海赛区比赛的厅局长（处长）座谈，了解各赛区全国选拔赛筹备情况，听取对全国选拔赛的意见和建议。

8月14日至15日　汤涛副部长到安徽省池州市、合肥市调研，与全国人大代表夏玉发等座谈交流，听取关于失地农民转移就业技能培训有关意见建议，并实地调研安徽轻工业技师学院、合肥学院等。其间，出席职业能力建设工作座谈会。

8月14日　张义珍副部长到2016年中央单位和北京市市级单位接收安置军转干部统一笔试现场巡视。

8月15日至17日　信长星副部长赴湖南省湘西自治州进行就业脱贫调研，考察武陵山片区湘西创新创业孵化基地、花垣县兴盛供销公司，深入了解企业稳定和吸纳建档立卡贫困人口就业情况；走访吉首市坪朗村和花垣县十八洞村，与村民座谈，了解情况，听取意见建议。其间，出席人力资源社会保障部、国务院扶贫办在长沙召开的劳务协作试点总结会并讲话。

8月16日　尹蔚民部长列席国务院第144次常务会议。

孔昌生副部长参加国务委员杨洁篪主持召开的2016年G20峰会筹备委员会第五次会议。

8月17日　尹蔚民部长主持召开第147次党组会、第105次部务会，学习讨论中央有关文件；审议《关于印发全国人力资源社会保障系统法治宣传教育第七个五年规划（2016—2020年）的通知（送审稿）》。中央纪委驻部纪检组组长耿文清，邱小平、汤涛、孔昌生、游钧、张义珍副部长，党的十八大代表杨志明、杨士秋，十八届中央纪委委员袁彦鹏参加。

8月18日　尹蔚民部长列席中央政治局常委会会议。

8月19日　尹蔚民部长，信长星、游钧副部长参加全国卫生与健康大会。

8月22日　全国人力资源社会保障系统对口援藏工作座谈会在拉萨召开，尹蔚民部长出席会议并讲话，信长星副部长主持会议。会议贯彻落实中央第六次西藏工作座谈会精神，总结中央第五次西藏工作座谈会以来人社援藏工作成效，交流对口援藏工作经验，对人社援藏工作作出部署。西藏自治区党委书记陈全国及自治区党委、人大、政府、政协负责同志，17个对口支援省市人社厅局负责同志，西藏自治区人社厅负责同志，7个西藏受援地市分管领导和人社部门负责同志参加。下午，尹蔚民部长赴山南市调研，实地考察基层公共服务平台，到藏民家中走访，了解就业、社会保险等情况。

8月22日至23日　信长星副部长到西藏

自治区人社厅看望干部职工；赴西藏阿里地区札达县调研，实地考察基层公共服务平台和农牧民创业基地，到藏民家中走访，了解就业、社会保险等情况。

8月22日　汤涛副部长参加刘延东副总理主持召开的国家科改领导小组专题会议，研究《国家实验室组建方案》。

8月23日　游钧副部长参加推进“五证合一、一照一码”登记制度改革工作电视电话会议并发言。下午，会见阿里巴巴集团总裁金建杭一行，双方就加强“互联网＋人社”、人社大数据、云计算应用等方面合作事宜进行探讨和交流。

8月24日　尹蔚民部长、游钧副部长列席国务院第145次常务会议。

汤涛副部长出席全国人事考试中心主任培训班并讲话。

张义珍副部长主持召开座谈会，研究金融监管机构等金融单位薪酬制度有关问题。

8月25日　尹蔚民部长列席中央政治局常委会会议。下午，参加党和国家领导人会见第31届奥运会中国体育代表团全体成员活动。

8月26日　尹蔚民部长列席中央政治局会议。

信长星副部长出席中组部、人力资源社会保障部、公务员局联合组织的2016年中央机关新录用公务员宣誓仪式暨公务员先进模范事迹报告会并讲话。

张义珍副部长主持第32次人社部讲坛，公务员局吴云华副局长以“关于公务员分类管理”为题作专题报告。

8月29日　尹蔚民部长主持召开第148次党组会，传达学习全国卫生与健康大会精神并研究贯彻落实措施，审议《人力资源社会保障部全面从严治党工作领导小组组成人员及职责（送审稿）》、《人力资源社会保障部2016年上半年全面从严治党工作形势分析报告（送审稿）》、《人力资源和社会保障法治建设实施纲要（2016—2020年）（送审稿）》、《人力资源社会保障部关于申办2021年第46届世界技能大赛的请示（送审稿）》，研究机关人事任免事项。中央纪委驻部纪检组组长耿文清，信长星、邱小平、汤涛、孔昌生、游钧副部长参加。

尹蔚民部长、陈润儿省长分别代表人力资源社会保障部、河南省政府在郑州签署《部省共同推进河南省农民工返乡创业工作备忘录》。签字仪式前，河南省委书记谢伏瞻、省长陈润儿会见尹蔚民部长和信长星副部长。

8月30日　尹蔚民部长出席河南省推进农民工返乡创业大会并讲话。河南省省长陈润儿主持会议并讲话。信长星副部长出席。

游钧副部长列席中央全面深化改革领导小组第27次会议。

8月31日　尹蔚民部长参加马凯副总理召集的会议，研究养老保险有关问题。

信长星副部长主持召开国家公务员局第80次党组会、第71次局务会，传达《中共中央关于辽宁拉票贿选案查处情况及其教训警示的通报》，审议《中共国家公务员局党组中心组学习规定（送审稿）》、《国家公务员局突发事件新闻发布舆论引导工作应急预案（送审稿）》；审议《2016—2020年行政机关公务员培训纲要（送审稿）》。吴云华、陈刚副局长参加。

邱小平副部长主持召开解决企业拖欠工资问题部际联席会议办公室2016年第一次全体会议并讲话。会议听取各成员单位工作汇报，对落实国办发［2016］1号文件有关制度草案进行讨论，对下一阶段全面治理拖欠农民工工资工作进行部署。

人力资源社会保障部、财政部召开调整机关事业单位基本工资标准和增加离休人员离休费实施工作电视电话会议。张义珍副部长代表两部部署工作，财政部部长助理戴柏华主持会议。

九月

9月1日　尹蔚民部长列席国务院第146次常务会议。下午，参加国务院中央军委专门委员会第二次会议。

信长星副部长带领国务院化解钢铁煤炭行业过剩产能工作专项督查第四督查组到北京市督查煤炭行业去产能工作。

9月2日　尹蔚民部长主持召开第149次党组会、第106次部务会，学习讨论《中共中央关于辽宁拉票贿选案查处情况及其教训警示的通报》，研究机关人事任免事项；审议《人力资源社会保障部　财政部关于建立公务员职务与职级并行制度试点中有关工资问题的通知（送审稿）》、《人力资源社会保障部办公厅关于推进人力资源社会保障公共服务信息化建设的指导意见（送审稿）》。中央纪委驻部纪检组组长耿文清，信长星、邱小平、汤涛、孔昌生、张义珍副部长参加。

邱小平副部长出席全国总工会十六届执委会主席团第十次全体会议。

9月2日至9日　游钧副部长在国家行政学院参加推进供给侧结构性改革研讨班学习。

9月3日　汤涛副部长出席人力资源社会保障部、工业和信息化部共同在北京航空航天大学举办的"'智能制造'百千万人才工程创新讲坛"开幕式并致辞。随后，考察调研北京航空航天大学相关重点实验室高层次人才队伍情况。

9月4日至5日　孔昌生副部长出席在杭州市举办的G20集团领导人峰会相关活动。

9月5日　尹蔚民部长列席国务院第147次常务会议。

9月5日至9日　中央纪委驻部纪检组组长耿文清到贵州省调研人社系统党风廉政风险防控情况。

9月5日至7日　邱小平副部长带领国务院钢铁煤炭行业化解过剩产能第四督查组赴吉林省开展专项督查。其间，听取省政府、相关市政府和企业的汇报；赴长春市、通化市开展实地督查，到通化钢铁集团、吉煤集团梅河口镇煤矿三井、辉南县杉矿集团一井、长春市长龙钢铁公司等现场查看关闭情况；督查结束后代表第四督查组向吉林省政府反馈督查意见。

9月6日　尹蔚民部长与国际劳工组织总干事盖·莱德在北京共同签署《中国人力资源和社会保障部与国际劳工组织合作谅解备忘录》。孔昌生副部长出席备忘录签字仪式。同日，"劳动世界的未来"高级别三方对话会在北京举行。尹蔚民部长出席会议并讲话。孔昌生副部长主持会议。

9月6日至13日　尹蔚民部长率团访问格鲁吉亚、荷兰。在格鲁吉亚期间，会见格鲁吉亚总理克维里卡什维利，并与劳动、卫生和社会事务部部长大卫·谢尔延吉科共同签署《中华人民共和国人力资源和社会保障部与格鲁吉亚劳动、卫生和社会事务部合作备忘录》，共同会见记者，访问社会服务中心、残障老年人护理中心等社会保障机构。在荷兰期间，会见荷兰副首相兼社会事务和就业部大臣路德维希·阿舍，并分别代表两国政府签署中荷社会保障协定；会见在海牙的中国籍国际职员代表并座谈。

9月6日至8日　国际劳工组织—中国—东盟社会保障高层研讨会在北京召开。孔昌生副部长出席开幕式并致辞。

9月7日至9日　汤涛副部长在乌鲁木齐市出席第五批新疆少数民族科技骨干特殊培养工作会议并讲话。随后，赴新疆和田市和新疆生产建设兵团十四师调研人才工作，考察和田市团结新村、艾特莱斯丝绸企业、和田地毯厂、和田米兰食品有限公司、霸丽穆商贸有限公司、和田技师学院以及兵团十四师224团，了解当地专业技术人才、技能人才队伍建设和就业工作等情况，与特培学员和技师学院教师座谈，听取意见建议。

9月7日　孔昌生副部长会见国际劳工组织都灵培训中心主任刘延国一行，就加强双方在人社领域合作事宜交换意见。

9月8日　信长星副部长率第四督查组赴天津市开展钢铁行业去产能工作专项督查，向天津市政府有关负责同志及有关部门传达近期党中央、国务院领导重要指示批示精神；与市政府、有关部门及企业进行座谈；实地查看天津钢铁集团设备封闭情况。

张义珍副部长出席中国人才研究会第六次会员代表大会暨人才发展体制机制改革研讨会并讲话。

9月8日至9日　张义珍副部长到广东省就实施地区附加津贴制度、完善公务员奖金制度有关工作进行调研。其间，与广东省和广州市、深圳市有关领导座谈；听取广东省、广州市、深圳市、广州市越秀区人社部门、绩效考核主管部门工作情况汇报。

9月9日　信长星副部长出席推进大众创业万众创新部际联席会议第二次会议。

游钧副部长参加国务院会议，研究“十三五”医改规划等有关工作。

9月12日至14日　邱小平副部长带队赴广东省开展全面治理拖欠农民工工资问题督查。其间，听取了省政府、深圳市政府和相关区政府汇报；赴广州市、深圳市开展实地督查，分别召开用人单位和农民工座谈会，到盐田国际集装箱码头公司、云海学校建筑工地等现场检查工资支付情况，调研省劳动保障监察指挥中心建设和运行情况。督查结束后，代表督查组向省政府反馈了督查意见。随后，邱小平副部长在广州主持召开劳动保障监察体制改革研讨会，听取广东省和部分市综合行政执法体制改革进展情况汇报，分析改革面临的形势和存在的问题，研究改革的方向和措施。

9月12日　汤涛副部长视察第44届世界技能大赛全国选拔赛（北京赛区）数控车、数控铣和移动机器人项目比赛现场，并与北京市人社局、北京市工业技师学院、北京市工贸技师学院等单位负责同志座谈交流选拔赛组织工作情况。下午，与宁波市人社局负责同志就贯彻落实中央人才体制机制改革设想、加快高技能人才队伍建设和人才科技周活动有关问题进行座谈。

9月13日　尹蔚民部长、游钧副部长参加马凯副总理召集的会议，研究养老保险有关问题。

信长星副部长参加内地高校新疆籍少数民族毕业生就业创业工作电视电话会议。

9月14日　尹蔚民部长、张义珍副部长列席国务院第148次常务会议。

信长星副部长参加第39届国际标准化组织（ISO）大会。

汤涛副部长参加制定《推进产业工人队伍建设改革方案》协调小组第一次会议。

9月17日至18日　汤涛副部长视察在建中的中国重庆人力资源服务产业园。出席2016年中国技能大赛——第44届世界技能大赛全国选拔赛重庆赛区开赛仪式，观摩美发、美容、烘焙、烹饪（西餐）项目比赛；到长安汽车股份有限公司渝北分厂调研，视察刘源国家级技能大师工作室和研究总院展厅，并与重庆市人社局、长安汽车股份有限公司负责同志，以及技能大师和世赛专家等座谈交流。

9月18日　尹蔚民部长主持召开第107次部务会，审议《人力资源服务图形符号（送审稿）》。中央纪委驻部纪检组组长耿文清，信长星、邱小平、游钧、张义珍副部长参加。同日，国务院任命的国家工作人员首次宪法宣誓仪式在国务院小礼堂举行。尹蔚民部长、信长星副部长参加。

9月18日至19日　孔昌生副部长赴江苏省淮安市出席人力资源社会保障部在恩来干部学院举办的第九期司级干部培训班开班式，并作动员讲话。随后，赴淮安市政务服务中心、清河区水渡口街道办事处调研。

9月19日　信长星副部长主持国家公务员局第81次局党组会，审议《关于2017年度中央机关公务员招考网上报名技术服务工作有关事项的请示》、《关于调整会议名称和经费预算的请示》。吴云华、陈刚副局长出席。

9月19日至23日　汤涛副部长在国家行政学院参加省部级干部深化制造业与互联网融合发展专题研讨班学习。

9月19日　张义珍副部长与公安部相关负责同志座谈，研究协调《关于加强政法部门接收安置军队转业干部工作的指导意见（稿）》有关问题。

9月20日　尹蔚民部长在四川省成都市调研就业工作。其间，主持召开就业工作座谈会，重点了解高校毕业生就业、农民工返乡就业创业、去产能职工安置等情况，听取高校、企业、群众代表等有关方面的意见建议；实地考察四川鲲鹏鳄鱼养殖有限公司，了解农民工返乡创业情况；考察郫县菁蓉镇、天府软件园，了解创业带动就业和大学生创业情况。

9月20日至23日　国际行政科学学会暨国际行政院校联合会2016年联合大会在四川成都召开。尹蔚民部长出席开幕式并致辞。孔昌生副部长作主题演讲。张义珍副部长出席闭幕式并致辞。

9月20日至25日　中央纪委驻部纪检组组长耿文清在青海省西宁市出席部分省市人社厅（局）纪检组长工作座谈会并讲话。会后，赴西宁市、玉树州调研人社系统党风廉政建设工作。其间，听取了青海省、玉树州人社部门工作情况汇报；考察青海省医保局、西宁市城北区人社局、玉树州人社局社保服务窗口。

9月20日　信长星副部长会见孟加拉国公共管理部国务部长伊斯马特·阿拉·萨迪克女士一行。

游钧副部长出席基本养老保险基金投资运营部际工作小组第二次会议并讲话。

9月21日至28日　信长星副部长参加国务院第三次大督查，赴宁夏回族自治区、新疆维吾尔自治区和新疆生产建设兵团开展实地督查工作。

9月21日　邱小平副部长主持召开国有企业工资决定机制改革研讨会。

孔昌生副部长赴四川省成都市郫县双创区域示范基地、武侯区社保大厅、高新区天府软件园创业场调研。

9月22日　尹蔚民部长列席中央政治局常委会会议。

邱小平副部长主持召开国有企业工资决定机制改革研讨会。

孔昌生副部长主持召开人力资源社会保障部行政许可事项清理工作座谈会，游钧副部长参加。

9月22日至23日　张义珍副部长到四川省就建立事业单位管理岗位职员等级晋升制度、实施地区附加津贴制度和完善公务员奖金制度进行调研。其间，听取四川省、成都市、雅安市及所属区县人社部门的工作情况汇报，并与有关部门、部分事业单位负责同志座谈；到雅安市公积金管理中心、成都市房屋产权交易中心进行实地调研并与工作人员座谈。

9月23日至29日　邱小平副部长率团访问波兰并赴印度出席金砖国家第二届劳工就业部长会议。在波兰期间，与波兰家庭、劳动和社会政策部国务秘书斯坦尼斯拉夫·施韦德进行会谈，并代表人力资源社会保障部签署两部间合作谅解备忘录；赴波兰劳动监察总局调研。在印度出席金砖国家第二届劳工就业部长会议期间，代表人力资源社会保障部在三个会议议题下发言；会见国际劳工组织总干事盖·莱德，就2017年在我国举办金砖国家劳工就业部长会议相关事宜交换意见。

9月23日　游钧副部长参加国务院会议，研究养老服务业发展有关问题。

9月25日　汤涛副部长出席在河北省廊坊市固安高新技术产业开发区举办的中国（河北）博士后成果转化基地博士后学术交流暨首届中国博士后创业训练营开营活动并讲话。

9月26日　尹蔚民部长参加党和国家功勋荣誉表彰工作委员会第3次会议。下午，会见应人力资源社会保障部邀请访华的国际社会保障协会（ISSA）秘书长康克乐伍斯基先生一行，简要介绍了我国社会保险事业发展情况，并就进一步加强合作交换了意见。会前，游钧副部长会见了康克乐伍斯基先生一行。

孔昌生副部长礼节性会见国际劳工组织副总干事格林菲尔德一行。

张义珍副部长参加第五次全国残疾人事业工作会议并宣读表彰决定。

9月27日　尹蔚民部长先后列席中央政治局会议和中央政治局集体学习。

国务院第一督查组到人力资源社会保障部

督促检查国务院重大政策措施落实情况。国务院副秘书长、第一督查组组长江小涓主持召开部门见面会并讲话。受尹蔚民部长委托，汤涛副部长代表部党组就贯彻落实国务院重大政策措施自查情况作了汇报。第一督查组和与会同志进行互动交流。中央纪委驻部纪检组组长耿文清，孔昌生、游钧副部长出席。

9月27日至28日　张义珍副部长在江西省就军转安置、建立事业单位管理岗位职员等级晋升制度、实施地区附加津贴制度和完善公务员奖金制度等工作进行调研，听取江西省、南昌市、鹰潭市及部分区县人社等相关部门工作情况汇报，与部分事业单位工作人员座谈。出席在南昌市召开的全国自主择业工作座谈会并讲话。

9月28日　中央政治局委员、中组部部长赵乐际主持召开中央人才工作协调小组第43次会议。尹蔚民部长参加。汤涛副部长就《关于深化职称制度改革的意见（稿）》作说明。

游钧副部长陪同国务院领导同志考察国家计算机网络与信息安全管理中心。

9月29日　尹蔚民部长、信长星副部长参加中共中央学习《胡锦涛文选》报告会。

尹蔚民部长、张建国副部长参加2016年度中国政府友谊奖颁奖大会。

在习近平主席和卢卡申科总统的见证下，尹蔚民部长在人民大会堂与白俄罗斯劳动和社会保障部部长玛丽安娜·谢特基纳女士共同签署《中华人民共和国人力资源和社会保障部和白俄罗斯共和国劳动和社会保障部合作谅解备忘录》，建立双方在就业服务、职业培训、劳动监察和社会保障等领域的合作框架。

汤涛副部长在广东省江门市就推进产业工人队伍建设工作召开座谈会，听取企业负责人、工会负责人和职工代表的意见建议。

孔昌生副部长会见捷克劳动和社会事务部部长米哈伊拉·玛尔克索娃女士一行，就加强中捷两国社会保障领域合作事宜交换意见。

游钧副部长主持召开国家基本医疗保险、工伤保险和生育保险药品目录调整工作领导小组第一次全体会议，审议通过目录调整工作方案、咨询专家产生办法等。下午，出席人社系统贯彻全国卫生与健康大会精神视频会议并讲话。

张义珍副部长出席全国人社系统新媒体宣传培训班结业式并讲话。

9月30日　尹蔚民部长参加烈士纪念日向人民英雄敬献花篮仪式。

尹蔚民部长、张建国副部长参加国务院领导同志会见2016年度中国政府友谊奖获奖专家活动。

尹蔚民部长，信长星、张建国副部长参加国务院举行的庆祝中华人民共和国成立67周年国庆招待会。

十月

10月4日至8日　汤涛副部长率团赴加拿大出席世界技能组织2016年大会，在大会上宣布中国申办2021年第46届世界技能大赛的意向。其间，会见世界技能组织主要官员及俄罗斯、英国等9个国家和地区的代表。

10月8日　尹蔚民部长主持召开第151次党组会、第108次部务会，研究机关人事任免问题，审议《关于中央第十一巡视组移交问题线索办理情况及意见建议》、《关于分类推进人才评价机制改革的指导意见（送审稿）》；审议《关于进一步深化基本医疗保险支付方式改革的意见（送审稿）》。中央纪委驻部纪检组组长耿文清，信长星、邱小平、孔昌生、游钧、张义珍副部长参加。下午，尹蔚民部长列席国务院第149次常务会议。

10月9日　尹蔚民部长、游钧副部长参加纪念《老年人权益保障法》颁布实施20周年座谈会。

孔昌生副部长参加经济体制和生态文明体制改革专项小组会议。会议传达落实习近平总书记在中央全面深化改革领导小组会议上的重要讲话精神，研究落实改革评估发现问题的整改工作。

10月10日至11日　尹蔚民部长、邱小平副部长参加全国国有企业党的建设工作会议。

10月10日至12月13日　中央纪委驻部纪检组组长耿文清到国防大学参加第49期国家安全研究班学习。

10月10日　游钧副部长会见法国国家高等社会保障学院院长多米尼克·里博一行，就中法社会保障领域问题进行交流。

10月11日　尹蔚民部长列席中央全面深化改革领导小组第28次会议。

孔昌生副部长出席全国人社系统厅局级干部就业创业工作专题研讨班开班式并作动员讲话。

汤涛副部长参加中央政治局委员、中组部部长赵乐际主持召开的党的建设制度改革专项小组第十次会议，并就《关于深化职称制度改革的意见》作说明。

10月12日至13日　技工院校校企合作工作推进会在黑龙江省哈尔滨市召开。汤涛副部长出席并讲话。会议对深化技工院校校企合作、企业新型学徒制试点和技能脱贫千校行动进行部署。会后，到大庆市就推进产业工人队伍建设工作开展调研，走访了大庆石油管理局任相财技能大师工作室、大庆技师学院，听取企业负责人、院校负责人的意见建议。

10月13日　张义珍副部长参加张高丽副总理主持召开的会议，研究钢铁煤炭行业去产能有关工作。

10月14日　尹蔚民部长列席国务院第150次常务会议。下午，主持召开第152次党组会、第109次部务会，传达学习全国国有企业党的建设工作会议精神并研究贯彻落实措施，研究机关人事任免问题；审议《进一步减少和规范职业资格许可认定改革方案（送审稿）》、《人力资源社会保障部行政许可事项清理意见（送审稿）》、《关于进一步做好艰苦边远地区县乡事业单位公开招聘工作的通知（送审稿）》、第七批拟取消的职业资格许可和认定事项、第一批国家职业资格目录清单。邱小平、汤涛、孔昌生、游钧、张义珍副部长参加。

10月16日　邱小平副部长出席全国脱贫攻坚奖表彰大会并宣读表彰决定。

10月17日　尹蔚民部长主持召开第153次党组会、第110次部务会，审议《中共人力资源和社会保障部党组关于学习〈胡锦涛文选〉的总体安排（送审稿）》；审议《人力资源社会保障部关于第四批宣布失效和废止文件的通知（草案）》、《人力资源社会保障部定点帮扶山西省天镇县2016—2020年脱贫工作规划（送审稿）》、《人力资源社会保障部定点帮扶安徽省金寨县2016—2020年脱贫工作规划（送审稿）》、《人力资源社会保障部关于加快推进公共就业服务信息化建设和应用工作的通知（送审稿）》、《“互联网＋人社”2020行动计划（送审稿）》、《人力资源社会保障部部内出版物报酬领取办法（送审稿）》、《国际职员国外管理服务工作办法（送审稿）》。邱小平、汤涛、游钧、张义珍副部长参加。下午，尹蔚民部长视察第二届“中国创翼”青年创业创新大赛优秀项目展示，出席农民工专项赛全国总决赛颁奖仪式并讲话。张义珍副部长参加。

10月18日　张高丽副总理主持召开国务院推进职能转变协调小组第九次全体会议。尹蔚民部长就《进一步减少和规范职业资格许可认定改革方案》、第七批拟取消的职业资格许可和认定事项、第一批国家职业资格目录清单等作说明。汤涛副部长参加。下午，尹蔚民部长参加国务院振兴东北地区等老工业基地领导小组会议。

10月18日至21日　邱小平副部长主持在江西省召开的劳动人事争议调解仲裁有关规章草案研讨会。会后，就全面治理拖欠农民工工资问题开展督查。其间，听取省政府和有关地市政府汇报；赴南昌市、宜春市、新余市开展实地督查，到中国工商银行分行工程项目工地、铜万高速项目工地、宜春新区坤田棚户区改造项目工地、新钢集团公司等现场检查农民工工资支付情况。

10月18日　孔昌生副部长会见美国商务

部副部长布鲁斯·安德鲁斯、卫生和公众服务部代理副部长玛丽·韦柯菲尔德率领的美国政府和企业代表组成的美国医疗卫生发展代表团，向外宾介绍中国医疗保险制度及改革情况。下午，与芬兰驻华大使马寰雅签署《关于实施中华人民共和国政府和芬兰共和国政府社会保障协定的行政协议》，并进行礼节性会见。中芬社保协定行政协议的签署将为协定的顺利实施奠定基础。

10 月 19 日　尹蔚民部长列席国务院第 151 次常务会议。下午，参加中央政治局委员、中央书记处书记、中宣部部长刘奇葆主持召开的会议，汇报有关工作。

汤涛副部长出席 2016 年（第九届）穗港澳蓉青年技能竞赛暨技能欢乐体验活动开幕式并讲话，观摩竞赛和视察技能欢乐体验活动。下午，到广州地铁集团调研，视察广州地铁综合实训基地，与广东省人社厅、广州市人社局、广州地铁集团负责同志和技能大师等座谈。之后，会见世界技能组织技术委员会副主席冯建强、香港职业训练局执行干事尤曾家丽、澳门劳工事务局局长黄志雄。

10 月 20 日　汤涛副部长参加刘延东副总理主持召开的深化教育督导改革暨第十届国家督学聘任工作会议。

人力资源社会保障部、财政部召开中央有关事业单位实施绩效工资工作部署会。张义珍副部长代表两部部署工作。财政部部长助理戴柏华主持会议。

10 月 21 日　汤涛副部长在辽宁省鞍山市出席“技能中国行 2016——走进辽宁”技能展示交流活动开幕式。下午，到鞍钢集团调研产业工人队伍建设工作情况。

张义珍副部长参加全国退役士兵安置工作领导小组专题会议。

10 月 23 日　汤涛副部长出席 2016 年中国技能大赛——第七届全国数控技能大赛全国组委会工作会，听取大赛决赛筹备工作和技术准备工作情况汇报，对进一步做好大赛决赛工作提出要求，并视察 2016 年世界机器人大会现场，即大赛决赛举办场地。

10 月 24 日至 27 日　党的十八届六中全会在北京举行。尹蔚民部长、汤涛副部长参加。中央纪委驻部纪检组组长耿文清，张建国副部长、袁彦鹏同志列席。

10 月 24 日至 26 日　邱小平副部长带队赴重庆市开展 2016 年扶贫工作督查。其间，赴石柱县六塘乡三汇村和大歇镇龙泉村开展实地督查，与十几名县乡干部、驻村干部、村干部和贫困户等进行一对一访谈，深入村委会、农户家中查看扶贫工作台账资料、产业扶贫项目、转移就业情况等。

10 月 24 日至 27 日　游钧副部长带队赴浙江省调研督查人社工作。其间，听取省人社厅和杭州市、丽水市、龙泉市人社局工作情况汇报，与各市政府相关领导交流；召开高校毕业生就业创业座谈会；实地走访和考察杭州市长河街道社区公共就业服务站、杭州市社保局咨询中心、杭州市红会医院、余杭区大学生创业梦想小镇、龙泉市农村电子商务创业孵化园、龙泉青瓷雕塑领雁工程培训点、丽水市大学生创业孵化园、丽水市人民医院等。

10 月 24 日至 27 日　张义珍副部长率调研组赴辽宁省开展党组第二次集中调研，了解人社工作进展特别是去产能职工安置、高校毕业生就业等情况。

10 月 27 日　邱小平副部长主持召开部分省市和专家研讨会，就《劳动合同法》具体修改意见稿进行讨论。

10 月 28 日　尹蔚民部长主持召开第 154 次党组会，传达学习党的十八届六中全会精神，研究贯彻落实措施；审议纪律审查事项。中央纪委驻部纪检组组长耿文清，邱小平、汤涛、孔昌生、游钧、张义珍副部长参加。下午，尹蔚民部长主持召开党组扩大会议，中央纪委驻部纪检组组长耿文清、汤涛副部长传达党的十八届六中全会精神，邱小平、孔昌生、游钧、张义珍副部长参加。

10 月 29 日　张义珍副部长出席在北京举办的东部地区公共行政组织电子政务研究中心

2016年“大数据与公共服务”国际研讨会。

10月31日　尹蔚民部长列席国务院第152次常务会议。下午，参加党和国家功勋荣誉表彰工作委员会第4次会议。

邱小平副部长参加全国安监系统先进集体和先进工作者表彰大会并宣读表彰决定。

汤涛副部长出席中央机关及其直属机构2017年度考试录用公务员考务工作部署视频会并讲话。公务员局陈刚副局长主持会议。

孔昌生副部长会见法国外交和国际发展部部长让-马克·艾罗，并共同签署《中华人民共和国政府和法兰西共和国政府社会保障协定》。双方充分肯定中法社保协定的重要意义，并就中法千人实习生计划等合作事宜交换意见。

十一月

11月1日　尹蔚民部长、汤涛副部长列席中央全面深化改革领导小组第29次会议。

邱小平副部长出席国际劳动与雇佣关系协会第9届亚洲会议并致辞。

11月2日　尹蔚民部长主持召开公务员局全体干部会议，宣读国务院关于朱建平、张义全、杨春光同志任职的决定和中组部关于吴云华、陈刚同志免职的决定，并就做好工作衔接、确保公务员局各项工作平稳推进等提出要求。

汤涛副部长参加刘延东副总理主持召开的国家科技体制改革和创新体系建设领导小组第20次会议。

张义珍副部长参加张高丽副总理主持召开的会议，研究2017年经济社会发展主要预期指标。

11月3日　尹蔚民部长、张建国副部长列席中央政治局常委会会议。

张义珍副部长参加全国政协“退役军人管理保障问题”考察团组团会议，介绍军队转业干部安置工作有关情况。

11月4日　汤涛副部长出席马凯副总理主持召开的促进新材料产业创新发展座谈会。

张义珍副部长参加刘延东副总理主持召开的会议，研究“十三五”医改规划有关薪酬分配问题。

11月7日至9日　尹蔚民部长到山东省调研，重点了解高校毕业生就业、化解过剩产能职工安置、就业扶贫等工作情况。其间，听取省人社工作汇报，到省人社政务服务大厅和数据中心、济南市农民工综合服务中心、济南市燕山街道人社服务中心、山东财经大学大学生创业园、菏泽高新区创业大学等单位进行调研，实地考察菏泽市鄄城县旧城镇、郑营乡的“扶贫车间”，分别召开去产能职工安置、高校毕业生就业和部分市县人社局长座谈会。

11月8日至10日　游钧副部长出席在广东深圳召开的全国社会保险基金监督工作座谈会并讲话。会议总结“十二五”时期工作，分析面临的形势，安排部署“十三五”时期和2017年重点工作任务。会后，就“互联网＋人社”工作进行调研。其间，听取省人社厅和广州、深圳、佛山人社信息化工作情况汇报，实地走访和考察平安集团、腾讯计算机系统有限公司、深圳人才园、北大深圳医院、广州妇女儿童医疗中心、佛山市石湾镇街道行政服务中心等。

11月8日　张义珍副部长参加中央国家机关学习宣传贯彻党的十八届六中全会精神动员部署会暨贯彻落实全面从严治党要求党组（党委）书记座谈会。下午，出席去产能、去杠杆、降成本部际联席会议全体成员大会，通报有关工作进展情况，审议相关工作文件，研究下一步工作安排。

11月9日　邱小平副部长参加农村留守儿童关爱保护工作部际联席会议第二次全体会议暨“合力监护、相伴成长”专项行动视频会议。

汤涛副部长主持召开部分省市对口支援四省藏区人社工作座谈会，听取工作情况汇报，对“十三五”期间对口支援四省藏区人社工作提出要求。下午，出席“千户企业、万个岗位进藏区就业援藏活动”启动仪式，到迪庆州民族创业园及众创空间、香格里拉市就业和社会保障服务中心、云南技师学院迪庆分院，就技能培训、基层平台建设工作进行调研。

11月10日　邱小平副部长到国资委，沟通国有企业负责人薪酬管理改革有关工作。

汤涛副部长出席第44届世界技能大赛中国组委会全体会议，听取全国选拔赛技术总结和邀请国外专家来华指导工作进展情况，并对下一步做好大赛备战工作提出要求。会议审议并通过第44届世界技能大赛中国集训基地、入围集训选手和技术专家组组长名单。

11月11日　尹蔚民部长参加纪念孙中山先生诞辰150周年大会。下午，主持召开第155次党组会，审议研究机关人事任免事项，传达中央有关文件精神。中央纪委驻部纪检组组长耿文清，汤涛、孔昌生、游钧、张义珍副部长参加。

张义珍副部长组织召开公务员和企业相当人员工资调查比较课题汇报会，听取中国人民大学公共管理学院董克用专家组汇报比较方法研究工作情况。下午，出席高校毕业生就业创业工作视频会议并讲话。

11月12日　汤涛副部长出席2016年中国技能大赛——第七届全国数控技能大赛决赛开幕式，宣布决赛开幕，并观摩比赛和参观决赛技术支持单位展台。

11月13日　张义珍副部长主持2016年全军师职转业干部教育培训班开学典礼。

11月14日　尹蔚民部长主持召开第156次党组会、第111次部务会，审议《〈中华人民共和国劳动合同法〉修订意见及说明（送审稿）》；审议《人力资源社会保障部关于妥善解决城镇企业职工基本养老保险关系转移接续若干问题的通知（送审稿）》、《人力资源社会保障部　财政部　国务院扶贫办关于切实做好就业扶贫工作的指导意见（送审稿）》，听取关于第十三届高技能人才评选表彰有关情况的汇报，听取关于2016年享受国务院政府特殊津贴人员选拔工作有关情况的汇报，听取关于与地方人民政府共建留学人员创业园有关情况的汇报。邱小平、汤涛、孔昌生、张义珍副部长参加。下午，尹蔚民部长参加李克强总理主持召开的经济发展和民生改善座谈会。

11月14日至17日　汤涛副部长到广西壮族自治区调研。其间，听取广西人社工作总体情况汇报；到钦州市和北海市，听取当地人社工作情况汇报；实地考察自治区社保局、人民医院、技师学院、创新创业基地、基层人社服务平台、高校和企业等；召开座谈会，随机走访干部群众，面对面听取基层单位和干部群众的意见建议。

11月14日至18日　游钧副部长在国家行政学院省部级干部推进卫生与健康发展专题研讨班学习，并为研讨班授课。

11月15日　尹蔚民部长列席国务院第153次常务会议。

邱小平副部长出席全国保障农民工工资支付集中宣传活动启动仪式并讲话。

11月15日至18日　邱小平副部长赴甘肃省调研。其间，听取省人社厅工作汇报，检查人社重点工作进展情况；赴兰州市、张掖市开展实地调研，分别召开就业工作座谈会、保障农民工工资支付工作座谈会、国有企业负责人薪酬和工资决定机制改革座谈会；听取市（县、区）人社部门、高校、企业等对做好高校毕业生就业、去产能中职工安置、保障农民工工资支付、推进重点改革任务等工作的意见和建议；实地考察社保服务大厅、人力资源市场、创业园、劳动人事争议仲裁院、劳动保障监察机构。

11月15日　张义珍副部长、公务员局朱建平副局长列席国务院第154次常务会议。

11月16日至20日　尹蔚民部长率团出席在巴拿马城举行的国际社会保障协会第32届全球大会。其间，国际社会保障协会向中国政府颁发“社会保障杰出成就奖”，表彰中国政府在社会保障扩面方面的贡献，尹蔚民部长代表我国政府领奖并介绍中国在社会保障扩面领域取得的成就；出席世界社会保障峰会并介绍社会保障在改善民生、推动经济社会发展方面的作用；与俄罗斯、尼日利亚等国家社会保障部门负责人及国际劳工组织、国际社会保障协会等国际组织代表进行会谈。

11 月 16 日　张义珍副部长参加刘延东副总理主持召开的中央文化体制改革和发展工作领导小组第 12 次会议。

11 月 17 日　张义珍副部长参加刘延东副总理主持召开的科技创新中心建设领导小组第一次会议。

11 月 18 日　参加制定《推进产业工人队伍建设改革方案》协调小组第二次会议。

11 月 20 日至 21 日　张义珍副部长在安徽省出席发挥人力资源市场作用促进高校毕业生就业工作座谈会，听取六安市、金寨县就业扶贫情况汇报和部分就业创业代表的意见建议。会后，到 2016 年全国人力资源市场高校毕业生就业服务周安徽招聘活动现场进行巡视，实地考察金寨县上街去电子商务有限公司、阳光照明电器有限公司、金寨技师学院；开展就业扶贫专项调研，到白塔畈镇项冲村慰问就业困难家庭、贫困劳动者。

11 月 21 日　尹蔚民部长、张建国副部长参加国务院总理李克强在上海主持召开的深化简政放权放管结合优化服务改革座谈会。

汤涛副部长出席第 44 届世界技能大赛参赛集训工作动员会并讲话，对参赛集训工作作动员部署。

游钧副部长在上海出席第九届全球健康促进大会。下午，与上海市人社局就异地就医结算、家庭医生、深化医药卫生体制改革等工作进行座谈，并就跨省异地就医结算工作进行督导。

11 月 22 日　尹蔚民部长主持召开第 157 次党组会，研究机关人事任免事项。邱小平、汤涛、孔昌生、游钧、张义珍副部长参加。

11 月 23 日　尹蔚民部长列席第 155 次国务院常务会议，并就第七批减少职业资格许可和认定事项作说明。汤涛副部长参加。下午，尹蔚民部长，邱小平、汤涛、游钧、张义珍副部长出席部学习贯彻党的十八届六中全会精神党组中心组学习扩大会暨专题辅导报告会，孔昌生副部长主持报告会，并就人力资源社会保障部处级以上干部学习贯彻党的十八届六中全会精神集中轮训作动员部署。

11 月 24 日至 25 日　人力资源社会保障部 2016 年年底务虚会在北京召开。尹蔚民部长主持并讲话。中央纪委驻部纪检组组长耿文清，邱小平、汤涛、孔昌生、游钧、张义珍副部长出席并发言。

11 月 25 日至 27 日　中央纪委驻部纪检组组长耿文清到宁夏回族自治区进行中央机关及直属机构公务员招考笔试巡考并调研。其间，到石嘴山市听取市人社部门工作情况汇报，考察市智能化人力资源市场、大武口区红旗社区、锦林街道办事处、华威保安服务有限公司；到银川市宁夏育才学校巡考；考察宁夏人事考试网上巡查指挥中心、社会保险监控中心、12333 咨询服务中心、社保云展示平台。

11 月 25 日　汤涛副部长出席国务院政策例行吹风会，介绍减少职业资格许可和认定工作有关情况，并回答记者提问。

张义珍副部长出席促进就业宏观政策研讨会并讲话。

11 月 28 日　尹蔚民部长主持召开第 112 次党组会、第 158 次部务会，审议《事业单位工作人员奖励规定（送审稿）》；审议《人力资源社会保障部 2016 年机关党建述职评议考核实施方案（送审稿）》、《人力资源社会保障部 2016 年年度考核工作方案（送审稿）》，听取关于全国人社系统 2014—2016 年度优质服务窗口拟表彰对象情况的汇报，研究机关人事任免事项，传达中央有关文件精神。邱小平、汤涛、孔昌生、游钧、张义珍副部长参加。

11 月 28 日至 12 月 1 日　孔昌生副部长率调研组赴云南省开展调研，了解人社工作进展情况，并在昆明市主持召开部分地方人社厅（局）主要负责人座谈会。其间，听取省人社厅工作汇报，实地走访和考察玉溪市现代农业庄园、云南大学启迪 K 栈众创空间、昆明市妇女创业创新示范中心、西双版纳傣族自治州双创产业园、傣医医院、曼弄枫村委会曼景法村民小组、普洱市绿色经济创业园、普洱市互联网众创空间、思茅区公共就业和人才服务窗口、倚象镇营盘村和大寨村丫口小组，随机走访干部群众，听取基层意见建议。

11月29日　尹蔚民部长列席国务院第156次常务会议。

张义珍副部长出席做好化解钢铁煤炭行业过剩产能过程中职工安置工作座谈会并讲话。

十二月

12月1日　解决企业拖欠工资问题部际联席会议成员单位联合召开2017年春节前保障农民工工资支付工作视频会议。尹蔚民部长出席并讲话。邱小平副部长主持会议。

12月1日至2日　汤涛副部长到浙江省参加世界工业设计大会暨工业工作座谈会。

12月1日至5日　张义珍副部长带队赴福建省督导检查禁毒工作。先后到厦门市及思明区、龙岩市长汀县开展实地督查，分别听取两市和区县的禁毒工作汇报，并到思明区社区戒毒康复工作站、厦门市第十中学、长汀县禁毒教育基地、长汀县毒品检查站、长汀县禁毒大队和长汀县河田镇实地检查禁毒宣传教育、戒毒康复、涉麻制毒整治等工作；在福州市，听取了福建省禁毒工作汇报，并代表督查组向省政府反馈督查意见。其间，还走访厦门市宸鸿科技公司并召开座谈会，听取基层人社部门、企业和员工意见；实地考察云创智谷创业基地、长汀县电子商务中心、龙岩市新罗区小池镇培斜村，调研了解创业和农村劳动力转移就业工作；听取福建省和福州市关于就业、事业单位管理、工资福利等方面的工作汇报。

12月2日　游钧副部长出席2016年社会保险经办机构负责人秋季培训班结业典礼并讲话，要求各级社保经办机构认真贯彻落实党的十八届六中全会精神，做好各项工作，为迎接党的十九大召开营造良好氛围。

12月3日至4日　汤涛副部长赴海南省看望慰问休假专家，并主持召开座谈会，听取院士专家对人才工作的建议。

12月5日　尹蔚民部长参加全国先进个体工商户表彰大会。下午，列席中央全面深化改革领导小组第30次会议。

12月5日至7日　孔昌生副部长率团赴印度尼西亚巴厘岛出席国际劳工组织第16届亚太区域会，并在会上发言。其间，分别与国际劳工组织总干事、韩国雇佣劳动部部长、老挝劳动保障部部长等沟通交流。

12月6日　尹蔚民部长主持召开第159次党组会、第112次部务会，研究部党组成员分工，研究机关人事任免事项，研究政研司、宣传中心“三定”规定调整有关问题，讨论《人力资源社会保障部党组关于〈十八届中央纪委第七次全会工作报告（征求意见稿）〉修改意见的报告（送审稿）》，听取关于创办《中国退役军人》有关情况的汇报；审议《事业单位工作人员奖励规定（送审稿）》、《技工教育“十三五”规划（送审稿）》。中央纪委驻部纪检组组长耿文清，邱小平、汤涛、游钧、张义珍副部长参加。

12月7日　尹蔚民部长、张义珍副部长参加全国高校思想政治工作会议。下午，尹蔚民部长列席国务院第157次常务会议。

12月7日至9日　邱小平副部长带队赴河北省开展第十次全国农民工工作督查。其间，听取河北省农民工工作情况汇报；到石家庄市、沧州市开展实地督查，分别召开基层人社部门和农民工、农民工工作者座谈会，听取意见和建议；实地考察乡镇街道农民工综合服务中心、农民工返乡创业园、农民工文化俱乐部、街道小学、家政服务企业、建筑项目工地等，查看农民工就业创业和文化生活、子女就学、工资支付等情况。

12月7日至10日　孔昌生副部长率团赴香港特别行政区访问交流，先后参观香港立法会，访问香港廉政公署、发展局、政制及内地事务局、劳工及福利局、律政司、政府新闻处、职业训练局等单位和部门。

12月7日　游钧副部长礼节性会见塞尔

维亚劳动、就业、退伍军人和社会事务部助理部长佐兰·米洛舍维奇及社保协定技术磋商代表团。

12月8日　尹蔚民部长出席第十三届高技能人才表彰大会并讲话，汤涛副部长主持会议，张义珍副部长宣读表彰决定。人力资源社会保障部领导与中组部、发展改革委、国资委、全国总工会、共青团中央、全国妇联有关领导为获奖代表颁奖。下午，马凯副总理在中南海出席高技能人才座谈会，接见第十三届中华技能大奖获得者、全国技术能手代表并发表重要讲话。尹蔚民部长汇报第十三届高技能人才评选表彰工作有关情况。汤涛、张义珍副部长参加。罗昭强等6名受表彰代表发言。

12月9日　尹蔚民部长列席中央政治局集体学习。

汤涛副部长参加推进产业工人队伍建设改革协调小组第三次会议。

张义珍副部长出席人力资源社会保障部、财政部、国务院扶贫办召开的全国就业扶贫工作视频会议并讲话。

12月12日　尹蔚民部长主持召开第160次党组会、第113次部务会，审议《全国人力资源和社会保障工作会议报告稿（送审稿）》，传达学习全国高校思想政治工作会议精神，传达中央有关文件精神；审议《人力资源社会保障部关于确定第三批全国创业孵化示范基地的通知（送审稿）》。傅兴国、汤涛、孔昌生、游钧、张义珍副部长参加。

邱小平副部长参加国务院扶贫开发领导小组第十四次全体会议。

12月13日至15日　游钧副部长到山东省及济南市、莱芜市调研人社工作。先后赴省人社服务大厅、电话咨询服务中心、数据中心，济南市政务服务中心、农民工综合服务中心、舜玉街道人社所，莱芜市人力资源市场、口镇人社所、莱芜大学生创业孵化中心、山东力创科技有限公司、莱芜高创中心等单位进行实地考察。

12月14日至16日　中央经济工作会议在北京召开。尹蔚民部长，张建国、傅兴国副部长参加。

12月14日至16日　汤涛副部长到江西省南昌市出席“技能中国行2016——走进江西”技能展示交流活动并调研。其间，出席开幕式，启动技能展示交流活动，参观技能展示；视察第44届世界技能大赛飞机维修项目中国集训基地，观摩江西省“振兴杯”航空行业职业技能竞赛活动；考察江西宁都高级技工学校、宁都县就业和社会保障服务中心建设项目；参观中央苏区反“围剿”战争纪念馆；考察宁都县梅江镇人社服务窗口，召开人力资源社会保障部对口支援宁都县调研座谈会，听取赣州市人民政府和赣州市、宁都县人社局工作汇报，了解人社局和服务对象遇到的困难和问题，对做好相关工作提出要求；视察江西德义半导体科技有限公司、抚州快乐时代科技发展有限公司和抚州高新区展示馆；视察童胜富国家级雕刻技能大师工作室、国家级高技能人才培训基地（江西铜业高级技工学校）、夏兴旺国家级贵金属冶炼技能大师工作室。

12月19日　尹蔚民部长列席十二届全国人大常委会第二十五次会议并就有关议题作说明。下午，主持召开部传达中央经济工作会议精神大会并讲话。傅兴国副部长传达习近平总书记、李克强总理在中央经济工作会议上的讲话精神。中央纪委驻部纪检组组长耿文清，邱小平、汤涛、孔昌生、游钧、张义珍副部长参加。

邱小平副部长参加2016年全国扶贫开发工作会议。

12月19日至20日　邱小平副部长参加中央农村工作会议。

12月19日　游钧副部长参加国务院会议，听取北京市医改工作情况汇报。

12月20日　尹蔚民部长主持召开第161次党组会、第114次部务会，研究机关人事任免事项，审议《中共人力资源社会保障部党组2016年度民主生活会工作方案（送审稿）》、《关于做好部党组2016年度民主生活会征求意见工作的通知（送审稿）》；审议《企业年金办法（送审稿）》、《人力资源社会保障部　财政部关于公安机关执法勤务警员和警务技术职务序列改革试点工资政策有关问题的请示（送审稿）》。中央纪委驻部纪检组组长耿文清，汤涛、孔昌生、游钧、张义珍副部长参加。下午，尹蔚民部长列席中央政治局常委会会议。

傅兴国副部长主持召开国家公务员局第88次局党组会，审议《关于签订2017年度面向公安院校公安专业毕业生考试录用公务员笔试工作委托协议的请示》、《关于公务员奖励证书政府采购中标单位建议的请示》。朱建平、张义全、杨春光副局长参加。同日，参加中央领导同志接见天宫二号和神舟十一号载人飞行任务有关人员代表活动。

游钧副部长出席基本医疗保险全国联网和异地就医直接结算工作视频会并讲话。

12月21日　尹蔚民部长、游钧副部长列席国务院第158次常务会议。下午，尹蔚民部长列席中央财经领导小组第14次会议。

12月21日至24日　中央纪委驻部纪检组组长耿文清在安徽省金寨县出席部定点帮扶金寨技师学院座谈会并调研。其间，听取安徽省人社厅和六安市人社局关于人社工作情况的专题汇报，听取驻厅纪检组关于推进党风廉政建设情况的汇报；走访慰问金寨县双河镇大畈村、桃岭乡龙潭村贫困户；实地考察六安市人社服务大厅、金安区就业与社会保障服务中心、六安技师学院、金寨县政务服务中心、金寨技师学院、双河镇人力资源社会保障服务所、农民工返乡创业示范点等基层人社服务窗口，随机走访干部群众。

12月21日　傅兴国副部长参加中央保密委全体会议。

邱小平副部长带队赴中国节能环保集团公司开展国有企业改革工作任务落实情况专项督察。

12月21日至22日　汤涛副部长出席2016中国海外人才交流大会暨第18届中国留学人员广州科技交流会，并赴清远、韶关就有关人才工作进行调研。

张义珍副部长在山西省出席2017年就业援助月暨东北等困难地区就业援助现场推进会并讲话。

12月22日　邱小平副部长带队赴新兴际华集团有限公司开展国有企业改革工作任务落实情况专项督察。

12月22日至23日　汤涛副部长在湖南省长沙市参加马凯副总理主持召开的推进《中国制造2025》工作现场会暨国家制造强国建设领导小组第四次会议。

12月23日　尹蔚民部长出席全国老干部工作先进集体和先进工作者表彰大会。下午，参加国务院西部地区开发领导小组会议。

傅兴国副部长到中组部沟通有关工作。下午，主持召开国家公务员局第89次党组会，审议《中共国家公务员局党组2016年度民主生活会工作方案》，传达学习全国高校思想政治工作会议精神。朱建平、张义全、杨春光副局长参加。

邱小平副部长参加中央政法委第28次全体会议暨中央司法体制改革领导小组专题会议。

12月26日　尹蔚民部长主持召开第162次党组会、第115次部务会，传达学习中央农村工作会议精神和全国党内法规工作会议精神，并分别研究贯彻落实措施，研究机关人事任免事项，审议《关于向中编办申请调整部分所属事业单位机构及有关问题的请示（送审稿）》、《中国劳动和社会保障科学研究院“三定”规定（送审稿）》，听取关于部属培训机构整合调整有关问题的汇报；审议《关于机关事业单位基本养老保险关系和职业年金转移接续若干问题的通知（送审稿）》。中央纪委驻部纪检组组长耿文清，傅兴国、邱小平、汤涛、孔昌生、游钧、张义珍副部长参加。

傅兴国副部长主持召开国家公务员局党组2016年度民主生活会征求意见座谈会。

12月27日　尹蔚民部长主持召开部党组2016年度民主生活会征求意见座谈会，孔昌生副部长参加。会议听取部属各单位和公务员局司级、处级、青年干部代表对部党组及党组成员的意见建议。

张义珍副部长主持召开就业形势专家分析会，邀请发展改革委、商务部、国务院发展研究中心、社科院、人民大学、华融证券、国际所等单位专家学者，共同分析研究当前经济和就业形势及2017年走势，听取促进就业的对策建议。

12月28日至29日　全国人力资源和社会保障工作会议暨优质服务窗口表彰大会在北京召开。会议全面贯彻党的十八届六中全会精神，深入贯彻习近平总书记系列重要讲话精神，落实中央经济工作会议部署，总结2016年工作，分析形势，安排部署2017年重点任务，对全系统第三批390个优质服务窗口进行表彰。尹蔚民部长作工作报告，中央纪委驻部纪检组组长耿文清主持会议，傅兴国副部长作会议总结，孔昌生副部长与受表彰单位代表座谈。张建国、邱小平、汤涛、游钧、张义珍副部长出席。公务员局领导班子成员，部属各单位和公务员局各司主要负责同志，各省（区、市）、新疆生产建设兵团、副省级市人社厅（局）主要负责同志，中央和国家机关各部委、各直属机构人事部门负责同志，军队有关单位负责同志，部分特邀单位代表参加。

12月28日　尹蔚民部长列席国务院第159次常务会议。

12月29日　傅兴国副部长参加国务院领导同志接见中医药高等学校教学名师并座谈活动。

邱小平副部长参加国务院会议，研究《劳动合同法》修订有关问题。